eXamen.press

Helmuth Partsch

Requirements-Engineering systematisch

Modellbildung für softwaregestützte Systeme

2. überarbeitete und erweiterte Auflage

 Springer

Prof. Dr. Helmuth Partsch
Universität Ulm
Institut für Programmiermethodik und Compilerbau
Fakultät für Ingenieurwissenschaften und Informatik
89069 Ulm
helmuth.partsch@uni-ulm.de

ISBN 978-3-642-05357-3   e-ISBN 978-3-642-05358-0
DOI 10.1007/978-3-642-05358-0
Springer Heidelberg Dordrecht London New York

Die Deutsche Nationalbibliothek verzeichnet diese Publikation in der Deutschen Nationalbibliografie; detaillierte bibliografische Daten sind im Internet über http://dnb.d-nb.de abrufbar.

Einbandentwurf: KuenkelLopka GmbH

Gedruckt auf säurefreiem Papier

Springer ist Teil der Fachverlagsgruppe Springer Science+Business Media (www.springer.com)

Vorwort

Seit der ersten Auflage dieses Buches ist einige Zeit vergangen. Inzwischen ist das Thema „Requirements-Engineering" noch mehr im Brennpunkt des Interesses all derer, die sich mit der Entwicklung softwaregestützter Systeme beschäftigen. Zudem ist es zunehmend auch ein Gegenstand intensiver Forschungsarbeiten – was sich nicht zuletzt in mehreren tausend Publikationen seit damals manifestiert.

Die rasante Entwicklung und die damit einhergehende Fülle von Vorschlägen und methodischen Ansätzen legen es nahe, sich bei einer Behandlung des Themas Requirements-Engineering vor allem auf die Grundlagen zu konzentrieren, die wesentlichen Konzepte (nicht ihre Erscheinungsformen) zu identifizieren und sich schwerpunktmäßig auf diejenigen davon zu konzentrieren, die auch eine Relevanz in der Praxis haben. Dabei ist es für mich wichtig, nicht nur den „Stand der Technik" darzustellen, sondern auch Hintergründe und Zusammenhänge aktueller Ansätze aufzuzeigen und dabei – wo relevant und sinnvoll – auch die Vergangenheit einzubeziehen, um so dem Leser eine echte Chance zu bieten, sich in dem „Methoden-Dschungel" zurechtzufinden und „alten Wein in neuen Schläuchen" zu erkennen.

Dieser Grundgedanke prägte bereits die erste Auflage des vorliegenden Buches, das sich mit der Problematik, den Zielsetzungen und den Lösungsmöglichkeiten des Requirements-Engineering beschäftigt. Dabei werden alle aus heutiger Sicht relevanten Aspekte des Requirements-Engineering behandelt. Eine zentrale Rolle spielt aber nach wie vor eine umfassende Übersicht über grundlegende Modellierungskonzepte, ihre Einordnung in die einschlägigen Fragestellungen des Requirements-Engineering und ihre wechselseitigen Zusammenhänge. Damit wird nicht nur ein wichtiges Fundament des Gebiets erfasst, sondern auch die Voraussetzung dafür geschaffen, sich konzeptuell mit konkreten Ansätzen zur Dokumentation von Anforderungen auseinanderzusetzen und diese entsprechend einzuordnen.

Bei vielen Büchern aus dem Dunstkreis des Software-Engineering ist ein Hang zur „epischen Breite" unverkennbar, der nur in wenigen Ausnahmefällen durch Anspruch und Umfang des behandelten Stoffs gerechtfertigt wird. Entgegen diesem verbreiteten Trend habe ich mich bereits bei der ersten Auflage bemüht, die Dinge so kompakt und konzis wie möglich darzustellen. Dass die vorliegende Auflage trotz erheblicher Kürzungen doch etwas umfangreicher als ihr Vorgänger geworden ist, liegt vor allem an den zahlreichen inhaltlichen Erweiterungen, zusätzlichen Beispielen und der Auseinandersetzung mit neuen Themen und Aspekten. Insbesondere wurden sehr umfangreiche Hinweise auf aktuelle, weiterführende

Literatur aufgenommen, die die Art und die Vielfalt der aktuellen Forschung verdeutlichen und den Weg zu einer Vertiefung des Stoffs aufzeigen sollen.

Ein kompaktes Buch erfordert offensichtliche Kompromisse bezüglich mathematischer Präzision, Vollständigkeit und manchmal auch Verständlichkeit. So sind etwa die einzelnen Kapitel und Hauptabschnitte zwar weitestgehend modular aufgebaut und unabhängig voneinander, gelegentlich wurde jedoch das Prinzip der Modularität zugunsten einer möglichst redundanzfreien Darstellung aufgegeben. Ebenso findet man zwar viele Beispiele zur Illustration einzelner Aspekte, ich habe aber bewusst darauf verzichtet große Fallstudien aufzunehmen – insbesondere, da diese in ausreichendem Maß in der Literatur zu finden sind.

Wie schon sein Vorgänger richtet sich die Neuauflage dieses Buches an alle, die mit den „frühen Phasen" der Entwicklung softwaregestützter Systeme bereits beschäftigt sind oder demnächst sein werden – also gleichermaßen an Praktiker wie auch Studierende. Deshalb wurde die Präsentationsform der ersten Auflage beibehalten, bei der die wesentlichen Begriffe im laufenden Text hervorgehoben, umgangssprachlich präzise erklärt und – wo sinnvoll – durch einfache Beispiele erläutert werden, während auf rein theoretische Aspekte nur marginal durch entsprechende Anmerkungen oder Literaturverweise eingegangen wird.

Einige der behandelten Themen, vor allem die, die auf eine stärkere Formalisierung abzielen, mögen dem reinen Praktiker (nach wie vor) „exotisch" erscheinen. Hierbei geht es mir nicht nur darum deutlich zu machen, dass es in diesem Bereich in den letzten zehn Jahren deutliche Fortschritte auch in der Praxis gegeben hat. Wichtig ist mir dabei vor allem, das Potenzial einer stärkeren Formalisierung herauszuarbeiten und aufzuzeigen, wie formale Methoden in das von Graphik und Umgangssprache geprägte traditionelle Umfeld eingepasst werden können.

Zu Inhalt und Form dieser Neuauflage haben über die Jahre viele Personen beigetragen, die nicht alle namentlich genannt werden können, denen aber dennoch großer Dank gebührt. Stellvertretend seien hier deshalb nur Armin Bolz, Dominik Gessenharter, Dr. Jens Kohlmeyer, Dr. Alexander Raschke und Martin Rauscher genannt, die durch ihre zahlreichen konstruktiven Bemerkungen das Entstehen dieser Neuauflage unterstützt haben. Dank geht auch an den Springer-Verlag, vor allem an Clemens Heine und Agnes Herrmann, mit denen die Zusammenarbeit ein echtes Vergnügen war. Nicht zuletzt möchte ich an dieser Stelle auch meiner Frau danken, die einmal mehr das Umfeld dafür geschaffen hat, dass diese Neuauflage überhaupt entstehen konnte.

Ulm, Dezember 2009   H. Partsch

Inhalt

1 Einleitung und Motivation

Im Folgenden wird zunächst ein intuitiver Zugang zur Thematik des Requirements-Engineering geschaffen, indem das Umfeld und einige typische Probleme beleuchtet werden.

1.1 Ingenieurmäßige Erstellung softwaregestützter Systeme

Es ist hinlänglich bekannt, dass softwaregestützte Systeme nicht immer das tun, was sie eigentlich sollen. Je spektakulärer das Fehlverhalten, desto breiter und ausführlicher wird die Angelegenheit in den Medien behandelt. Dabei lässt sich das jeweilige Fehlverhalten nach seinen Auswirkungen grob klassifizieren.

Probleme mit softwaregestützten Systemen. Es gibt vergleichsweise harmlose Vorfälle, die man vielleicht auch noch als amüsant empfindet. In diese Kategorie fällt etwa die rechnergestützte Auswertung der OB-Wahl in Neu-Ulm 1994, bei der man zunächst eine Wahlbeteiligung von 104% ermittelte, hinterher aber feststellen musste, dass sich in die Auswertungssoftware ein mysteriöser Faktor 2 eingeschlichen hatte. Harmlos war auch der folgende Vorfall: Kunden der Postbank konnten im Januar 2002 bei fremden Geldinstituten mit der „Sparcard" ohne Pincode und ohne Belastung des eigenen Kontos Geld abheben. Der Fehler entstand bei der Softwareumstellung auf Euro, wurde allerdings nur einmal ausgenutzt [Huc 09]. Ärgerlich war die Panne bei der Einführung des Arbeitslosengelds ALG II im Januar 2005, bei der Kontonummern mit weniger als 10 Stellen linksbündig verschoben und rechts mit Nullen aufgefüllt wurden. Dies führte zu einer Unmenge von Fehlbuchungen und vielen Arbeitslosen, die vergeblich auf ihre staatliche Unterstützung warten mussten.

Volkswirtschaftlich relevant sind diejenigen Vorfälle, bei denen durch Fehlverhalten von Software bemerkenswerter materieller Schaden entsteht. Dieser liegt nach Schätzungen des britischen Software-Experten Les Hatton zufolge jährlich europaweit in der Höhe von 100 bis 150 Mrd. Euro [pte 06]. Aus der Fülle einschlägiger Beispiele (siehe [Huc 09]), bei denen Softwarefehler wirtschaftlichen Schaden verursachten, hier nur einige Kostproben: Ca. 900 Millionen Euro „Lehrgeld" wurden bei dem 1992 begonnenen, fehlgeschlagenen Projekt „Fiscus" ausgegeben, bei dem deutsche Finanzämter durch eine Software miteinander verbun-

H. Partsch, *Requirements-Engineering systematisch*, eXamen.press, 2nd ed.,
DOI 10.1007/978-3-642-05358-0_1, © Springer-Verlag Berlin Heidelberg 2010

den werden sollten [Ste 06]. Ein Fehler in der softwaregesteuerten Innenbeleuchtung in Fahrzeugen eines deutschen Automobil-Herstellers führte 1994/95 zu vollständigem Batterieausfall des betroffenen PKW-Typs. Die Kosten der dadurch ausgelösten Rückrufaktion werden auf mehrere Millionen Mark geschätzt. Auch die Explosion der Ariane 5 auf dem Flug 501 im Jahr 1996 ist letztlich auf einen Entwurfsfehler in der Steuer-Software zurückzuführen. Die ESA bezifferte den dabei entstandenen Schaden in mehrstelliger Millionenhöhe.

Noch gravierender sind diejenigen Fälle, bei denen durch das Fehlverhalten von Software Menschen verletzt werden oder gar ihr Leben verlieren. Auch hier nur einige Beispiele (vgl. [Huc 09]): Am 7.10.2008 führten auf dem Quantas Flug 72 von Singapur nach Perth falsche Daten, die von der *Air Data Inertial Reference Unit* (ADIRU) an andere On-Board-Systeme geliefert wurden, zu falschen Warnungen, fehlerhaften Anzeigen auf einem Display des Piloten sowie zu zwei, ungewollten und ungeplanten Sturzflugmanövern des Flugzeugs. Letzteres führte dazu, dass Passagiere, Besatzungsmitglieder und Gepäckstücke durch die Kabine geschleudert wurden. Dabei wurden ein Besatzungsmitglied und 11 Passagiere schwer sowie 8 Besatzungsmitglieder und 95 Passagiere leicht verletzt. 1987 hatten vom Rechner ermittelte, zu hohe Strahlendosen im Strahlentherapiesystem Therac-25 drei Tote und mehrere Verletzte zur Folge. Eine Reihe von Vorfällen in der zivilen Luftfahrt, wie etwa der durch den Ausfall des Autopiloten bedingte Absturz eines Airbus A330 bei Toulouse, bei dem 1994 sieben Tote zu beklagen waren, sind letztlich auf das Fehlverhalten von Softwarekomponenten zurückzuführen. Eklatantestes Beispiel ist der Golfkrieg 1991, wo bei verschiedenen, durch Softwarefehler hervorgerufenen Vorfällen insgesamt 28 Menschen ihr Leben verloren und fast 100 Menschen verletzt wurden.

Systematische Vorgehensweise. Fehlverhalten von Software ist kein Phänomen unserer Zeit. Derartige Vorfälle haben bereits Ende der 60er Jahre zu der Erkenntnis geführt, dass die Erstellung von Software eine äußerst komplexe Aufgabe ist, die man diszipliniert, mit *ingenieurmäßigen Methoden* angehen sollte. Zu dieser Zeit wurde die Disziplin des *Software-Engineering* [NR 68, BR 69] geboren, deren Ziel in der Entwicklung zuverlässiger Software besteht, die sich durch gesicherte, hohe Qualität auszeichnet, kostengünstig innerhalb vorgegebener Budget-Rahmen erstellt wird und zum geplanten Zeitpunkt auslieferbar ist.

Eine der wichtigsten, bis heute prinzipiell nicht angefochtenen Erkenntnisse war die, dass zur Bewältigung der Komplexität die Erstellung von softwaregestützten Systemen zweckmäßigerweise in Schritten erfolgen sollte, wobei jeder Schritt eine gewisse Entwicklungsphase abdeckt, die ihrerseits wieder aus mehreren Einzelschritten bestehen kann. Dazu wurde ein allgemeines *Vorgehensmodell* für die Erstellung eines Softwareprodukts entwickelt.

In seiner Urform stellt sich ein solches Vorgehensmodell wie in Abb. 1.1.1 dar. Die Analyse- und Definitionsphase dient der Präzisierung der Aufgabenstellung (einschließlich aller Prämissen, Zielsetzungen und erwarteten Leistungen) in einem *Pflichtenheft* („Was" des softwaregestützten Systems). Um diese Phase geht es auch beim Requirements-Engineering. In der Entwurfsphase erfolgt die Konzeption einer Lösung durch Festlegung der *Architektur* des Systems („Was", „Wo" und „Wie" der Bausteine) sowie die Entscheidung darüber, welche der Komponenten in Software und welche in Hardware zu realisieren sind. Die Realisierung der Lösungskonzeption durch Übertragung der Softwarekomponenten des Entwurfs in ablauffähige Programme („Wie" des Softwareteilsystems) erfolgt in der Implementationsphase. In der Integrations-, Test- und Abnahmephase stehen der Zusammenbau der einzelnen Komponenten und die Überprüfung des installierten Gesamtsystems im Mittelpunkt. Die Phase „Einsatz und Wartung" fasst diejenigen Aktivitäten zusammen, die nach Abschluss der Entwicklung am System vorgenommen werden. Dazu zählt Fehlerkorrektur ebenso wie Perfektionierung und Weiterentwicklung des Systems.

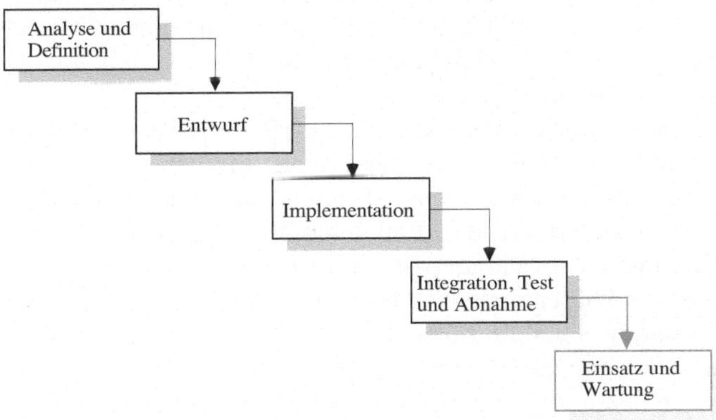

Abb. 1.1.1. „Wasserfallmodell"

Das (einfache) Wasserfallmodell ist eine A*ktivitäts-orientierte* Vorgehensweise, bei der zu jedem Zeitpunkt nur jeweils eine Aktivität durchgeführt wird. Dies ist eine stark vereinfachte Idealvorstellung, die nicht der Realität entspricht.

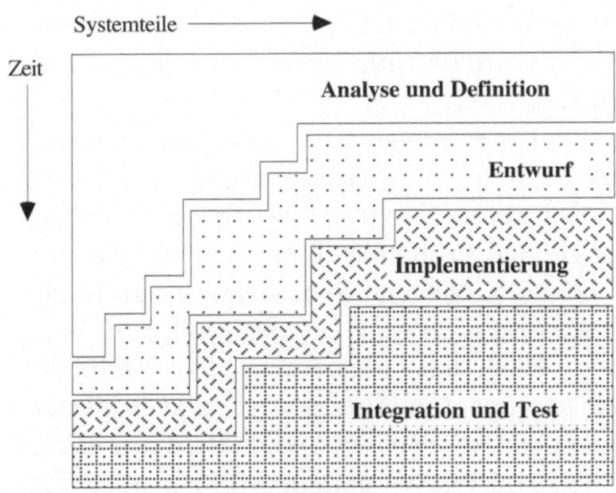

Abb. 1.1.2. Realistisches Phasenmodell

Zu einem realistischen *Phasenmodell* kommt man, wenn man diese Annahme dahingehend abschwächt, dass sich verschiedene Systemteile zu einem Zeitpunkt in unterschiedlichen Bearbeitungsphasen befinden, die Phasen sich also, auf das Gesamtsystem bezogen, überlappen, wobei aber zu jedem Zeitpunkt stets eine Phase dominiert, und das Phasenende *Ergebnis-orientiert* (durch einen Meilenstein) definiert ist. Dies illustriert Abb. 1.1.2.

Eine Weiterentwicklung des Phasenmodells, die Entwicklungsschritte mit Qualitätssicherungsmaßnahmen und Projektmanagementaktivitäten verknüpft, ist das V-Modell 97 und sein Nachfolger V-Modell XT [VXT 09].

Alternative Vorgehensmodelle. Auch für die Weiterentwicklungen des Phasenmodells verbleiben eine ganze Reihe inhärenter Probleme, die in ihrer Gesamtheit insbesondere die Phasenorientierung an sich in Frage stellen. Aus diesem Grund gibt es auch alternative Ansätze zu Vorgehensweisen für die Systemerstellung, die im Folgenden kurz beleuchtet werden.

Ein Modell, das insbesondere Managementaspekte explizit mitberücksichtigt, ist das *Spiralmodell*. Dabei handelt es sich um ein generisches Modell, das von der spezifischen Vorgehensweise abstrahiert und nur unterstellt, dass eine Systementwicklung aus einzelnen aufeinanderfolgenden Entwicklungsschritten besteht, die alle zu den kumulierten Gesamtkosten beitragen (wodurch die Spiralform entsteht).

Eine andere Alternative zum Phasenmodell ist der *Prototyping*-Ansatz. Darunter versteht man eine Vorgehensweise, bei der frühzeitig ablauffähige Versionen (Prototypen) des geplanten Systems entwickelt werden, um mit ihnen zu experimentieren und so etwa Missverständnisse zum frühest möglichen Zeitpunkt aufzudecken. Abhängig von der konkreten Zielsetzung, wird dabei unterschieden zwischen dem *explorativen Prototyping*, das die Klärung der Aufgabenstellung zum Ziel hat und der *evolutionären Softwareentwicklung*, bei der der Prototyp als „Rohling" des Zielsystems gesehen wird, der dann sukzessive modifiziert und erweitert wird.

Die evolutionäre Entwicklung ist ein Beispiel eines *nichtlinearen Vorgehensmodells*. Andere Beispiele sind die *iterative Entwicklung*, bei der ein System in mehreren, geplanten und kontrolliert durchgeführten Iterationsschritten entwickelt wird. Jede Iteration ist ein vollständiger Entwicklungszyklus, bei dem insbesondere Erfahrungen aus der vorhergehenden Iteration berücksichtigt werden. Ein anderes, nichtlineares Vorgehensmodell ist die *inkrementelle Entwicklung*, bei der ein System in vorher festgelegten Ausbaustufen entwickelt wird.

Ein ganz anders gearteter Ansatz wird in der *formalen Softwareentwicklung* verfolgt. Hier folgt der Problemanalyse eine *formale Spezifikation*, in der das Problem (mit formalen Darstellungsmitteln) präzise definiert wird. Die Übereinstimmung der formalen Definition mit der ursprünglichen Problemstellung wird im Rahmen einer *Validation* überprüft. Für den Übergang von der Spezifikation zur Implementation sind *Verifikation* und/oder *Transformation* (vgl. [Par 90]) möglich. Beim derzeit dominanten Verifikationsansatz wird mit mathematischen Methoden nachgewiesen, dass die Implementation der Spezifikation genügt (und in diesem Sinn korrekt ist). Wie man dabei die Implementation findet, bleibt allerdings offen.

Im *Unified Process* werden die Stärken von Phasenmodellen (hinsichtlich Planung und Management) mit den Vorteilen der iterativen und inkrementellen Entwicklung (vor allem bezüglich Identifikation von Risiken und deren Beseitigung) kombiniert.

Derzeit populär in bestimmten Anwendungsbereichen sind die *agilen Prozesse*, die den Menschen und seine Fähigkeiten in den Mittelpunkt stellen und sich als Alternative zu den „schwergewichtigen" Entwicklungsprozessen verstehen. Die wesentlichen Prinzipien dieser Vorgehensmodelle (und ihre jeweilige Präferenz im Hinblick auf entsprechende Aspekte der traditionellen Prozesse) sind im „agilen Manifest" zusammengefasst: *Individuen und Interaktion* vor Prozessen und Werkzeugen; *lauffähige Software* vor umfangreicher Dokumentation; *Zusammenarbeit mit dem Kunden* vor Vertragsverhandlungen; *flexible Reaktion auf Änderungen* vor sturer Planverfolgung.

Eine gute Übersicht über alle diese Vorgehensweisen, einschließlich einer Bewertung der jeweiligen Vor- und Nachteile, findet man z.B. in [LL 07].

Die Fragestellungen, die im Weiteren behandelt werden, sind zwar weitgehend unabhängig davon, welche der genannten Vorgehensweisen für die Systemerstellung unterstellt ist, beziehen sich aber häufig auf den noch immer weit verbreiteten, konventionellen phasenorientierten Ansatz. Wenn es um andere Ansätze geht, wird explizit darauf hingewiesen.

1.2 Die Bedeutung des Requirements-Engineering

Trotz enormer Anstrengungen in den vergangenen 40 Jahren im Bereich des Software-Engineering sind Planung und Realisierung umfangreicher softwaregestützter Systeme nach wie vor, vielleicht sogar in zunehmendem Maße, mit technischen und wirtschaftlichen Risiken verbunden, die sehr häufig in mangelndem Requirements-Engineering ihre Ursache haben.

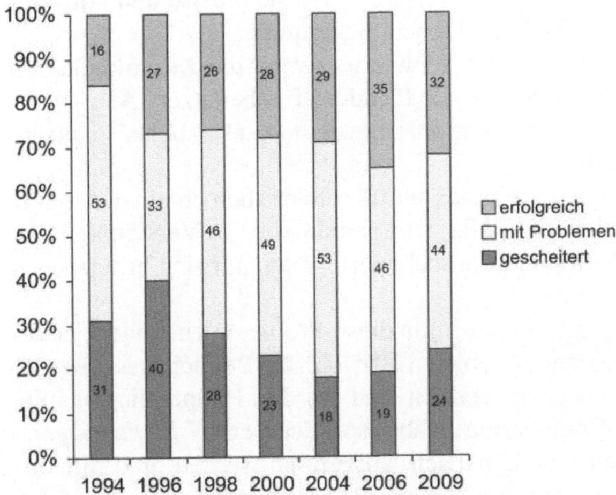

Abb. 1.2.1. Projekterfolgsquoten (Standish Group, [Sta 09])

Wie man in Abb. 1.2.1 sieht, war der Anteil der erfolgreichen Softwareprojekte in den Jahren bis 2006 kontinuierlich gestiegen, ist aber 2009 wieder etwas abgefallen. Nach wie vor hatten etwa zwei Drittel aller Projekte Probleme oder sind ganz gescheitert. Analysiert man die Ursachen für die Probleme im Detail, so sind noch stets verschiedene Aspekte (mangelnde Einbeziehung der Benutzer, unvollständige Anforderungen, Änderungen von Anforderungen, unrealistische Erwartungen, unklare Ziele), die dem Requirements-Engineering zuzuordnen sind, für etwa die Hälfte der Probleme verantwortlich.

Grundlegende Probleme. Die meisten Probleme des Requirements-Engineering sind Folgen ungelöster, grundlegenderer Probleme, die am Beginn eines Entwicklungsprojekts stehen. Dies sind insbesondere:

– *Unklarheit der Zielvorgaben* für das, was eigentlich erreicht werden soll;
– *inhärente Komplexität* der zu lösenden Aufgabe, die sich aus dem Umfang der vorliegenden Informationen und den vielfältigen Beziehungen zwischen den einzelnen Komponenten ergibt und durch zusätzliche Beschränkungen noch erhöht wird; sowie
– *Kommunikationsprobleme*, da an diesen anfänglichen Aktivitäten bei der Systemerstellung verschiedene Menschen mit unterschiedlichem Hintergrund und Kenntnisstand beteiligt sind, die zudem häufig divergierende Interessen und Ziele verfolgen.

Im Lauf eines Projekts kommen dann noch Schwierigkeiten im Umgang mit *Änderungen* hinzu, die zwar bekanntermaßen immer wieder auftreten, denen aber zu Beginn eines Projekts meist zu wenig oder zu oft gar keine Beachtung geschenkt wird.

Zu der Schwierigkeit, jedes der genannten Problemfelder am Anfang eines Projekts für sich zu beherrschen, kommt hinzu, dass diese abhängig voneinander sind und sich wechselseitig beeinflussen:

– Je komplexer eine Aufgabe ist, desto schwieriger ist es, sie präzise und vollständig zu beschreiben und so klare Zielvorgaben zu bekommen;
– Je unklarer die Zielvorgaben sind, desto schwieriger wird die Kommunikation zwischen den am Projekt Beteiligten (z. B. Kunden, Endbenutzer, Analytiker, Entwerfer), von denen jeder – zumindest unterbewusst – zusätzliche, unausgesprochene Annahmen unterstellt.
– Alle Ansätze zur Bewältigung der Komplexität führen letztlich zu einer Arbeitsteilung und damit zur Spezialisierung, die naturgemäß erneute Verständigungsprobleme und zusätzliche Kommunikationsschwierigkeiten mit sich bringen.

Lösungsansätze. Eine befriedigende Lösung für diese Probleme zu finden, erfordert Anstrengungen auf verschiedenen Gebieten, sowohl im Bereich des *Projektmanagements* als auch im technischen Bereich und ist das Hauptanliegen aller Bemühungen im Requirements-Engineering. Dabei soll der Begriff *Requirements-Engineering* (kurz: RE) zunächst pragmatisch aufgefasst werden und für die ingenieurmäßige Behandlung aller Aspekte stehen, die im Zusammenhang mit Anforderungen an softwaregestützte Systeme auftreten. Eine präzisere Klärung der zentralen Begriffe Requirements-Engineering, Anforderungen und Anforderungs-dokument wird in Abschnitt 2.1 gegeben.

Was die *Managementaspekte* betrifft, so findet man in der einschlägigen Literatur viele Empfehlungen für die Planung und Durchführung von Projekten, die letztlich alle darauf abzielen, die oben skizzierten Probleme zu lösen. Genannt werden:

- stärkere Einbeziehung aller „Stakeholder" (siehe 1.3);
- klare Trennung von Belangen und Zuständigkeiten;
- Verwendung einer geeigneten Notation, um letztlich präzise, konsistente und vollständige Anforderungen zu haben;
- Identifikation der wesentlichen Anforderungen mit dem Ziel, diese festzuschreiben, wobei im Rahmen der Projektplanung ausreichend Zeit für eventuelle Änderungen der Anforderungen vorzusehen ist;
- mehr Nachdruck auf Validation, qualitätssichernde Prüfmaßnahmen, Zurückführbarkeit und Testbarkeit von Anforderungen; sowie
- Berücksichtigung des gesamten Entwicklungsprozesses im Rahmen des RE.

Ähnliche Empfehlungen gibt es auch für den *technischen Bereich*, wo es vor allem um Beschreibungsmittel, Methodik und Werkzeuge geht. Auf diesen Aspekt werden wir im Folgenden (siehe 2.3) noch detaillierter eingehen.

Bedeutung des Requirements-Engineering. Das Scheitern von Projekten durch mangelhaftes RE ist einer der Gründe für die steigende Bedeutung des RE in der Praxis. Weitere Gründe sind die extrem hohen Kosten für die nachträgliche Beseitigung von Anforderungsfehlern, die zunehmende Bedeutung von Software in fast allen Industriezweigen sowie die damit verbundene Herausforderung qualitativ hochwertige softwaregestützte Systeme zu immer geringeren Kosten zu erstellen.

Requirements-Engineering ist eine „Schlüsselphase" in der Entwicklung softwaregestützter Systeme. Die meisten Fehler in diesen Systemen haben ihren Ursprung im Requirements-Engineering (vgl. [Boe 81]). Mängel in diesem Bereich sind die wichtigsten und häufigsten Gründe für abgebrochene Projekte und ein systematisches RE primärer Ansatzpunkt hinsichtlich Verbesserungsmöglichkeiten.

[Ale 06] betont, dass schon einfache Maßnahmen zu besseren Anforderungen führen. Eine große Studie über die Zusammenhänge zwischen Anforderungsqualität und Projekterfolg findet man in [KT 07]. Eine Fallstudie zum Requirements-Engineering in kleinen Firmen zeigt, dass Aussagen über RE firmenspezifisch und nicht universell sind (vgl. [AEW 07]).

Die Bedeutung des Requirements-Engineering für den Erfolg eines Entwicklungsprojekts wird schon in dem häufig zitierten Artikel von Brooks [Bro 87] betont: *„The hardest single part of building a software system is deciding precisely what to build. No other part of the conceptual work is as difficult as establishing the detailed technical requirements, including all the interfaces to people, to machines, and to other software systems. No other part of the work so cripples the resulting system if done wrong. No other part is more difficult to rectify later."*

Allerdings gibt es keine belastbaren, empirischen Nachweise über eine direkte Korrelation zwischen Aktivitäten des Requirements-Engineering und Projekterfolg (vgl. [DZ 06]). Verschiedene Indikatoren für den Erfolg von RE-Maßnahmen sowie entsprechende Metriken werden in [GD 08] behandelt. Auf die Chancen von Requirements-Engineering als Innovationstreiber wird in [KSM 07] auf der Grundlage einer mehrjährigen Beobachtung der RE-Aktivitäten von sechs finnischen Weltmarktfirmen hingewiesen.

Nutzen von RE. Die Bedeutung des RE wird auch durch den damit erzielten Nutzen gerechtfertigt. So lässt sich etwa durch effektives RE eine substanzielle Kostenreduktion erzielen, da 70-80% der Nacharbeitskosten in Projekten auf Fehler im RE zurückführbar sind [Lef 97]. Hinzu kommen ein verbessertes Projektcontrolling, ein vereinfachtes Änderungsmanagement sowie eine verbesserte Kommunikation zwischen allen Beteiligten. Zusammengefasst (und etwas plakativ) kann man sagen, dass – trotz der Skepsis in [DZ 06] – RE die wichtigste Voraussetzung für den Projekterfolg ist.

Für den tatsächlichen Erfolg des RE gibt es allerdings eine Reihe zu berücksichtigender Einflussfaktoren. Zu nennen sind hier etwa die Art des Systems bzw. Produkts (Standard oder innovativ) und die Branche (Normen, Vorgehensweisen, Kundenerwartungen), in der es erstellt wird. Ebenfalls dazu gehört das Umfeld des Projekts (z.B. Zeit- und Kostenrahmen, vertragliche Vorgaben, Anzahl der beteiligten Personen, Vorgehensweisen beim Auftragnehmer oder Entscheidungsprozesse des Auftraggebers). Und schließlich spielen auch soziale und zwischenmenschliche Einflussfaktoren eine nicht zu unterschätzende Rolle.

1.3 Das Kommunikationsproblem

Eines der Grundprobleme des Requirements-Engineering ist das *Kommunikationsproblem*, das in der Vielzahl und Verschiedenheit der am Anforderungsprozess beteiligten Personen („Stakeholder") sowie ihren unterschiedlichen Persönlichkeitsmerkmalen, Rollen und Zielsetzungen seine Ursache hat.

Die prinzipielle Rollenverteilung zeigt Abb. 1.3.1, wobei „Anforderungsingenieur" stellvertretend für die technische Gruppe und „Auftraggeber" für die Nutzergruppe (vgl. Abb. 1.3.3) steht.

Stakeholder (Interessenvertreter, Wissensträger, Projektbeteiligter oder Systembetroffener) sind Personen oder Organisationen, die ein potenzielles Interesse an einem zukünftigen System haben und somit in der Regel auch Anforderungen an das System stellen. DIN 69905 definiert „Projektbeteiligter" als „Person oder Personengruppe, die am Projekt beteiligt, am Projektverlauf interessiert oder von den Auswirkungen des Projekts betroffen ist."

Die Vielfalt an Personengruppen, die hier eventuell zu berücksichtigen sind, zeigt Abb. 1.3.2. Eine Person kann dabei auch mehrere Interessen vertreten (d.h. mehrere Rollen einnehmen). Eine (direkte und indirekte) Charakterisierung von

Stakeholdern gibt [GW 07]. Verschiedene Methoden, wie man Stakeholder identifizieren kann, behandeln z.B. [PG 08, Wie 03].

Abb. 1.3.1. Rollenverteilung im Requirements-Engineering

Auftraggeber
Anwender
Käufer
Fachexperte
Umfeld-
  Experte
	Anforderungs-
	  ingenieur
	Entwickler
	Architekt
	Tester/Prüfer
	Konfigurations-
	  manager
	Qualitätsver-
	  antwortlicher
		Geschäftsleitung
		Steuerungsausschuss
		Projektmanager
		Business Analyst
		Produktdesigner
		Marketing
		Vertrieb
		Auditoren
		Ergonomen
		Prozessoptimierer
		Qualitätsmanagement
		Änderungs-
		  management
		Security-Abteilung
		Schulungspersonal
		Controller
			Gesetzgeber
			Standardisierungs-
			  gremien
			Betriebsrat
			Projekt-/Produkt-
			  Gegner
			Öffentliche Meinung

Abb. 1.3.2. Verschiedene Stakeholder-Gruppen

Neben dem Aspekt der Dokumentation von Anforderungsdetails hat eine Beschreibung der Anforderungen vor allem auch die Aufgabe, eine solide Grundlage bereitzustellen für die Kommunikation der beteiligten Stakeholder. Dies betrifft vor allem die Nutzergruppe einerseits und die technische Gruppe andererseits unter Einbeziehung der jeweiligen Entscheidungsträger und Fachexperten (vgl. auch Abb. 1.3.3).

Es gibt verschiedene Ursachen für die Schwierigkeiten der menschlichen Kommunikation im Anforderungsprozess, etwa den Gebrauch von Schlagwörtern und Jargonausdrücken („Fach-Chinesisch"), die Verwendung von Schlüsselbegriffen mit unterschiedlicher Semantik sowie das Fehlen einer gemeinsamen Verständnisgrundlage, eines gemeinsamen Hintergrunds oder gemeinsamer Erfahrung.

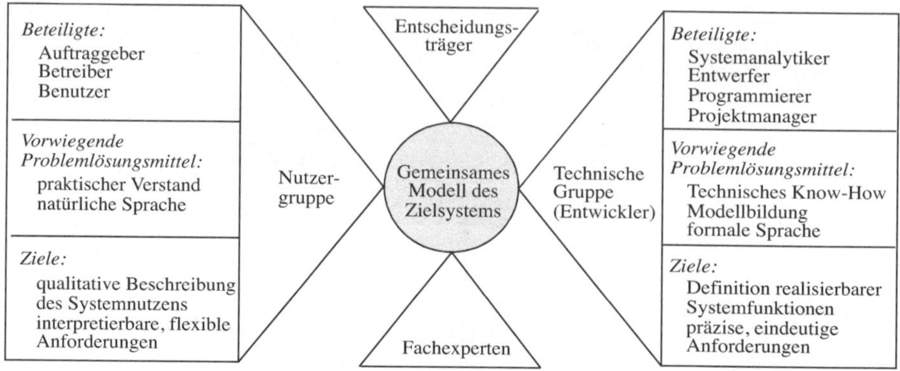

Abb. 1.3.3. Einige an der Aufgabendefinition Beteiligte und ihre Charakterisierung

Schwierigkeiten in der Kommunikation. Besonders auffallend sind die Schwierigkeiten in der Verständigung zwischen dem Anforderungsingenieur, der für die Erstellung der Anforderungsdefinition verantwortlich ist, und dem Kunden. Einige dieser Schwierigkeiten, die das Kommunikationsproblem im Detail beleuchten, sind die Folgenden:

– *Besondere Fähigkeiten des Anforderungsingenieurs.* Der Anforderungsingenieur muss als „Katalysator" zwischen allen Stakeholdern wirken. Dazu braucht er neben analytischem Denkvermögen und fachlichem Wissen (methodische Kompetenz und technisches Know-How) vor allem Sozialkompetenz (Kommunikations-, Moderations-, und Überzeugungsfähigkeit, sprachliche Kompetenz) und eine realistische Selbsteinschätzung. Um die Kluft zwischen den Begriffswelten der Beteiligten überbrücken zu können, sind besondere Fähigkeiten nötig, insbesondere die, Anforderungen in die verschiedenen Terminologien der beteiligten Personengruppen übersetzen zu können.

– *Gemeinsame, konsistente Terminologie.* Der Anforderungsingenieur muss mit dem Problem des Kunden prinzipiell vertraut sein, was zumindest eine gemeinsame Referenzterminologie erfordert. Anforderungsingenieur und Kunde müssen sich auch auf eine konsistente Menge problemspezifischer Schlüsselbegriffe für ihre Kommunikation einigen, um nicht aneinander vorbeizureden. Hier bietet sich etwa ein Begriffslexikon (s.u.) an.

– *Verschiedene Detaillierungsniveaus.* Es besteht eine deutliche Diskrepanz bezüglich des Detaillierungsniveaus für ein geplantes System zwischen Systementwickler und Kunden. Der Systementwickler ist naturgemäß an Details interessiert, während der Kunde meist nur grobe Vorstellungen hat. Auch diese Kluft muss vom Anforderungsingenieur überbrückt werden.

– *Notwendigkeit einer Anforderungsdefinition*. Der Entwickler sieht die Anforderungen als erste Aktivität einer möglicherweise langen Systementwicklung. Der Kunde dagegen ist meist nur am fertigen Produkt interessiert ist und betrachtet die Anforderungen bestenfalls als notwendiges Übel. Der Anforderungsingenieur muss diesen perspektivischen Unterschied kennen und in seiner Arbeit mit dem Kunden berücksichtigen. Manchmal muss er erst den Kunden von der Notwendigkeit und vom Nutzen einer Anforderungsdefinition überzeugen.
– *Berücksichtigung der Systembenutzer*. Bei der Anforderungsdefinition sind insbesondere auch die Systembenutzer zu berücksichtigen. Der Anforderungsingenieur aber hat meist keinen direkten Kontakt zu den Endbenutzern eines geplanten Systems. Dadurch entstehen für ihn Schwierigkeiten, etwa wenn es darum geht, die Fähigkeiten der Benutzer einzuschätzen.
– *Verwendete Beschreibungsmethode*. Schwierigkeiten gibt es auch hinsichtlich der zu verwendenden Beschreibungsmethode. Der Anforderungsingenieur muss in der Lage sein, formale wie informelle Anforderungsbeschreibungen konsistent zu verwenden. Grundlage sollte ein formales Dokument sein, insbesondere, wenn die Zuverlässigkeit des geplanten Systems ein kritischer Aspekt ist. Für die Kommunikation mit dem Kunden allerdings, der üblicherweise mit Formalismen nicht vertraut ist, muss der Anforderungsingenieur dann in der Lage sein, eine bedeutungstreue Übersetzung dieses formalen Dokuments in die Sprache des Kunden anzufertigen.

Der Anforderungsingenieur muss also insbesondere als Anforderungsübersetzer zwischen „Kunden" (Management, Kundenbeauftragter, Benutzer) und Entwicklern (Management, Entwerfer) vermitteln. Die Schwierigkeit dieser Aufgabe ergibt sich aus der schon erwähnten Verschiedenheit dieser beiden Gruppen, die noch deutlicher wird, wenn man die Charakteristiken der jeweiligen Schnittstellen betrachtet (siehe auch Abb. 1.3.3).

Begriffslexikon. Als Grundlage dafür, dass die am Anforderungsprozess Beteiligten eine „gemeinsame" Sprache finden, kann ein *Begriffslexikon* (auch: Glossar) dienen, in dem die relevanten Grundbegriffe definiert werden.

Wie einzelne Einträge im Begriffslexikon aussehen könnten, illustriert Abb. 1.3.4. Hier folgt dem zu definierenden Begriff und eventuellen Synonymen zunächst eine Definition zur Erklärung der Bedeutung des Begriffs. Des Weiteren sind auch interessant und hilfreich Gültigkeit und Abgrenzung des Begriffs, verwandte Begriffe und (noch) nicht beseitigte Unklarheiten.

Die *Vorteile* eines Begriffslexikons liegen auf der Hand. Es

– klärt wichtige Begriffe (die evtl. für einige Stakeholder unbekannt sind),
– deckt die Möglichkeit zur unterschiedlichen Interpretation von Begriffen auf,
– verhindert Redundanzen und unterschiedliche (durch Erfahrungshintergrund geprägte) Interpretation oder Verwendung von Begriffen und
– vereinheitlicht die Begriffsbildung.

Bei der Erstellung eines Begriffslexikons sollte eine verbindliche Struktur der Einträge festgelegt und deren Einhaltung regelmäßig überprüft werden. Es sollten insbesondere mehrdeutige Begriffe definiert und dabei Stakeholder mit unterschiedlichem Erfahrungshintergrund einbezogen werden. Im Zweifelsfall sollte man lieber zu viel als zu wenig Begriffe definieren. Außerdem sollten Querbezüge zwischen verschiedenen Begriffen explizit gemacht werden. Für eine Familie von Projekten ist es sinnvoll, ein projektübergreifendes Begriffslexikon durch ein projektspezifisches Glossar zu ergänzen.

Subsystem, synonym Teilsystem, Komponente

Relevanter Teil des Gesamtsystems, mit klar definierten Schnittstellen, der exklusiv für eine oder mehrere Systemfunktionalitäten zuständig ist.

Module sind keine Subsysteme. Systemteile, die nur einen Beitrag zu einer Funktionalität liefern, sind ebenfalls keine Subsysteme.

Ein Subsystem wird beim Architekturentwurf identifiziert und festgelegt; es existiert bis zur Restrukturierung der Systemarchitektur oder der Ausmusterung des Gesamtsystems. Detailänderungen an der Systemarchitektur haben auf die Teilsystemstruktur keinen Einfluss.

Ein Subsystem ist durch seinen Namen eindeutig bestimmt. Andere Attribute können mehrfach vorkommen.

Siehe auch: Systemarchitektur, Schnittstellen

Abb. 1.3.4. Beispiel eines Eintrags im Begriffslexikon

1.4 Zielsetzung des Requirements-Engineering

Neben den bereits genannten Schwierigkeiten im Bereich des RE besteht ein weiteres zentrales Problem darin, dass Bedeutung und Rolle der Anforderungsdefinition im Rahmen der Systemerstellung falsch eingeschätzt werden. Oft wird die Anforderungsspezifikation gar nicht, zum falschen Zeitpunkt oder nicht gründlich genug gemacht. Dabei wird insbesondere übersehen, dass darin enthaltene Mängel später nur schwierig und äußerst kostenintensiv beseitigt werden können [Boe 81] (vgl. auch 2.3.1).

Dass sich Aufwände für das Requirements-Engineering sogar mehr als amortisieren können zeigt Abb. 1.4.1. Dort wird – anonymisiert – für verschiedene NASA-Projekte (dargestellt durch Quadrate bzw. Kreise) der Aufwand für RE in Beziehung gesetzt zur Kostenüberschreitung bei diesen Projekten.

Fehleinschätzung und unzureichende Beachtung des Requirements-Engineering ziehen weitreichende Konsequenzen nach sich. Zu nennen sind z.B. die fehlerhafte Interpretation von Anforderungen oder ein inadäquates Verständnis der Stakeholderbedürfnisse, die zu unvollständigen und inkonsistenten Spezifikationen und damit zum Fehlverhalten von Systemen führen. Auch ist eine systematische Systementwicklung schwierig bis unmöglich, wenn ein wohl-definierter Ausgangspunkt fehlt. Und schließlich hat man häufig auch ein unkontrolliertes Management durch unrealistische Kostenschätzungen und Zeitpläne aufgrund von Mängeln im RE.

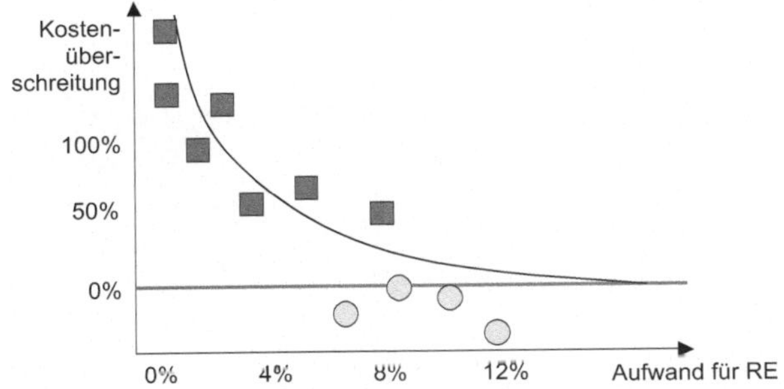

Abb. 1.4.1. Aufwand für RE und Kostenüberschreitung (verschiedene NASA-Projekte)

Aber selbst wenn in einem Projekt dem Requirements-Engineering der gebührende Stellenwert eingeräumt wird, tauchen viele Probleme auf, die in prinzipiellen Mängeln bezüglich durchgängiger Methoden, geeigneter Beschreibungsmittel und unterstützender Werkzeuge ihre Ursache haben.

Noch immer und auch viel zu oft werden die Anforderungen – wenn überhaupt – erst beim Entwurf eines Systems oder gar erst nach seiner Fertigstellung festgelegt. Zwar ist dann die Chance, dass Anforderungen und System übereinstimmen, deutlich höher, eine Berücksichtigung der Stakeholderwünsche allerdings meist (offensichtlich) nicht gegeben.

Es werden oft ad-hoc-Techniken eingesetzt, die nicht nur naheliegende Kommunikationsprobleme mit sich bringen, sondern meist einer exakt festgelegten Grundlage entbehren, so dass eine ausführliche Prüfung der Anforderungen (siehe 2.2.3) gar nicht möglich ist. Oft werden auch verschiedene Techniken und methodische Vorgehensweisen unreflektiert vermischt, ohne dass man sich der im Allgemeinen damit verbundenen semantischen Probleme bewusst ist.

Wie im Bereich der Methoden, so gibt es auch im Zusammenhang mit Beschreibungsmitteln deutliche Defizite. Man ist sich zwar weitgehend einig, wie ein geeignetes Beschreibungsmittel aussehen müsste (siehe 2.3.2) und bei den früher typischen „Glaubenskriegen" zwischen textuellen und graphischen Beschreibungsmitteln herrscht heute weitgehend Waffenstillstand. Das ideale, allgemein akzeptierte Beschreibungsmittel selbst aber existiert bis heute noch nicht. Insbesondere ist hier der Interessenkonflikt zwischen Verständlichkeit und Präzision, also zwischen natürlicher und formaler Sprache, noch ungelöst, vor allem im Zusammenhang mit einer umfassenden Theorie.

Man ist sich einig, dass die Komplexität gewisser Probleme nur dann bewältigt werden kann, wenn man neben geeigneten Methoden und Beschreibungsmitteln auch geeignete, mächtige Werkzeuge zu ihrer Unterstützung zur Verfügung hat. Während bereits viele Werkzeuge existieren, die das Management von Anforderungen unterstützen, so gibt es doch kaum gute Werkzeuge zur (semantischen) Analyse von Anforderungen, insbesondere im Hinblick auf Konsistenz und Vollständigkeit, zur umfassenden Unterstützung der Verfolgbarkeit (vgl. 2.3.5) und zur Simulation. Auch bezüglich der Integration verschiedener Einzelwerkzeuge in umfassenden Systemen gibt es noch einiges zu tun (siehe auch 2.3.4).

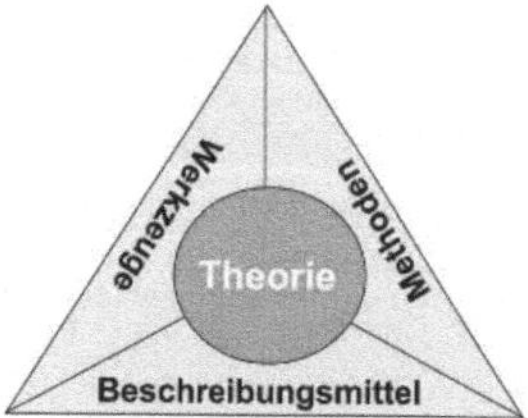

Abb. 1.4.2. Beschreibungsmittel, Methoden und Werkzeuge im Zusammenspiel mit theoretischen Grundlagen

Kurz gefasst könnte man also das allgemeine Ziel der Bemühungen im Bereich des Requirements-Engineering wie folgt charakterisieren: Es geht um das Finden eines *geeigneten, theoretisch fundierten Beschreibungsmittels*, das (in einem Gesamtentwicklungsprozess) *methodisch sauber eingebettet* ist und durch *praktisch brauchbare Werkzeuge* unterstützt wird. Diese Aspekte hängen wechselseitig voneinander ab (vgl. Abb. 1.4.2) und beeinflussen sich gegenseitig. Außerdem sollten sie soweit verstanden sein, dass es eine gemeinsame, zugrunde liegende Theorie gibt, die alle miteinander verbindet.

1.5. Hauptsächliche Beispiele

In den folgenden Kapiteln werden verschiedene Konzepte und Ansätze für das Requirements-Engineering in ihren wesentlichen Aspekten erläutert und übersichtsmäßig dargestellt. Um dem Leser den Vergleich zu erleichtern, werden im Wesentlichen zur Illustration zwei einfache Beispiele als roter Faden verwendet.

Die Probleme, um die es in diesen Beispielen geht, sind sehr leicht zu verstehen. Der bei komplizierteren Beispielen oft nötige Aufwand, um einen inhaltlichen Aspekt zu erläutern, entfällt. Trotz ihrer Einfachheit sind die Beispiele ausreichend, um alle wesentlichen Aspekte verschiedener Ansätze im Bereich des Requirements-Engineering (einschließlich verschiedener Systemsichtweisen, vgl. 2.3.3) illustrieren zu können.

Die Verwendung durchgängiger Beispiele hat einen weiteren Vorteil: Beispiele in der Literatur sind vielfach so gewählt, dass die Stärken eines Ansatzes deutlich zu Tage treten, während Schwächen verborgen bleiben. „Neutrale" Beispiele (wie die im Folgenden vorgestellten) geben in diesem Sinne objektivere Information.

1.5.1 Beispiel „Vertriebsorganisation"

Ein laufendes Beispiel zur Illustration verschiedener Ansätze und Formalismen ist eine einfache „Vertriebsorganisation". Mit diesem Beispiel können vor allem Aspekte typischer „organisatorischer Systeme" (vgl. 2.1.2) illustriert werden.

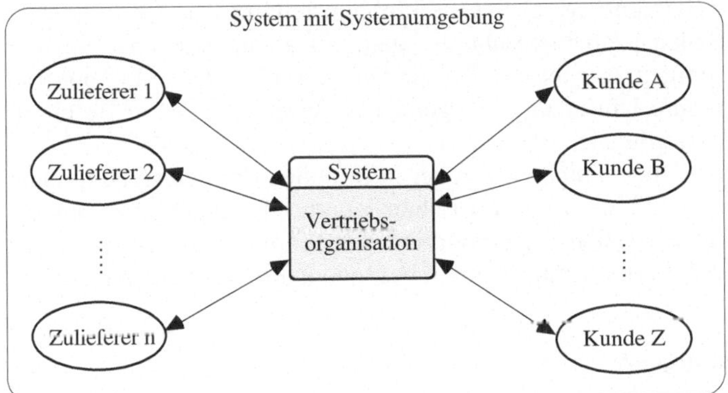

Abb. 1.5.1. Vertriebsorganisation

Bei diesem Beispiel geht es um eine Vertriebsorganisation mit beschränkter Lagerhaltung. Die Quintessenz des Beispiels lässt sich wie in Abb. 1.5.1 skizzieren. Informell können Zielsetzung, Anforderungen und Randbedingungen an dieses System folgendermaßen formuliert werden:

1. Eine Vertriebsorganisation mit einer gewissen Produktpalette hat eine Reihe von Kunden und arbeitet mit einer bestimmten Anzahl von Zulieferern zusammen. Sowohl Kunden als auch Zulieferfirmen können sich ändern.
2. Jeder Kunde kann bei der Organisation Auskünfte (z.B. über Preise oder Liefertermine) einholen, Waren bestellen, gegebenenfalls reklamieren und muss gelieferte Waren (natürlich) bezahlen.
3. Die Vertriebsorganisation informiert ihre Kunden regelmäßig über das aktuelle Warensortiment und die zugehörigen Preise sowie über etwaige Sonderangebote. Sie gibt den Kunden Auskünfte, macht Angebote, liefert bestellte Ware und stellt Rechnungen, mahnt säumige Kunden und reagiert auf Reklamationen.
4. Die Vertriebsorganisation bezieht ihre Waren von den jeweils aktuellen Zulieferern, von denen jeder eine gewisse Teilmenge der Produktpalette der Organisation herstellt. Insbesondere gibt es Artikel, die von verschiedenen Zulieferern hergestellt werden. Die Vertriebsorganisation kann bei jedem Zulieferer Auskünfte (z.B. über Liefermengen und -termine, Rabatte etc.) einholen, Artikel bestellen, eventuelle Reklamationen weiterreichen und muss in vereinbarten Abständen gelieferte Waren bezahlen.
5. Die Zulieferer erteilen der Organisation Auskünfte, liefern bestellte Ware, stellen Rechnungen und bearbeiten Reklamationen.

6. Die Vertriebsorganisation hat für die Artikel ihrer Produktpalette eine Lagerhaltung mit eingeschränkter Kapazität. Übersteigt der aktuelle Lagerbestand ein bestimmtes Maximum, reagiert die Vertriebsorganisation mit einer Sonderangebotsaktion an ihre Kunden. Wird umgekehrt ein unterer Grenzwert für die gelagerte Anzahl eines bestimmten Artikels unterschritten, wird bei dem (den) einschlägigen Zulieferer(n) nachbestellt.

Bei oberflächlicher Betrachtung scheint die Problemstellung völlig klar zu sein. Wie aber in allen verbalen Problembeschreibungen, vor allem in solchen aus der Praxis, sind auch die obigen Angaben weder eindeutig, noch vollständig, noch so präzise abgefasst, dass ihre Umsetzung in irgendeinen Formalismus zur Beschreibung von Anforderungen offensichtlich ist.

Wir werden derartige Ungenauigkeiten in der informellen Problemstellung nicht ausräumen. Stattdessen werden wir sie im Folgenden zu unserem Vorteil nutzen, nämlich dann, wenn eine spezielle Interpretation des Problems es erlaubt, einen bestimmten Aspekt eines Formalismus dadurch besonders deutlich zu machen.

1.5.2 Beispiel „Alarmanlage"

Das zweite laufende Beispiel ist eine Alarmanlage, die stark an dasselbe Beispiel in [Pre 05] angelehnt ist. Den relevanten, selbsterklärenden Teil der Problembeschreibung enthält Abb. 1.5.2.

Das SAFEHOME Softwaresystem erlaubt es dem Hausbesitzer das Sicherheitssystem zu konfigurieren, wenn es installiert wird. Es überwacht alle Sensoren, die an das Sicherheitssystem angeschlossen sind und interagiert mit dem Hausbesitzer über eine Bedieneinheit („control panel"), bestehend aus Tastatur, Funktionstasten sowie LCD-Display.

Der durch SAFEHOME überwachte Bereich ist in verschiedene Zonen unterteilt. Die Zonen umfassen jeweils einige Sensoren und Alarmgeber. Sie können individuell aktiviert oder deaktiviert sein.

Während der Installation wird die Bedieneinheit verwendet, um das System zu „programmieren" und zu konfigurieren: Jeder Sensor erhält eine Nummer und einen Typ, ein Master-Passwort zum Ein- und Ausschalten des Systems wird eingegeben, und eine (oder mehrere) Telefonnummern werden eingegeben, die automatisch angerufen werden, sobald ein Sensorereignis eintritt.

Sobald ein Sensorereignis erkannt wird, löst die Software einen akustischen und optischen Alarm aus. Nach einer Verzögerungszeit, die durch den Hausbesitzer bei der Konfiguration der Anlage festgelegt wird, wählt die Software die Telefonnummer eines Überwachungsdienstes und übermittelt Informationen über den Ort und die Art des Ereignisses. Die Telefonnummer wird im Abstand von 20 Sekunden solange gewählt, bis eine Verbindung zustande kommt.

Die Interaktion mit SAFEHOME wird über eine Benutzerschnittstelle abgewickelt, die Eingaben über die Tastatur oder die Funktionstasten liest sowie Bestätigungen und Status-Information auf dem Display zeigt. Über die Tastatur wird wie folgt kommuniziert: ...

Abb. 1.5.2. Wesentliche Problemstellung der Alarmanlage (vgl. [Pre 05])

1.6 Vorschau auf die folgenden Kapitel

Das hauptsächliche Anliegen des vorliegenden Buches über Requirements-Engineering ist es, ein tieferes Verständnis für die Problematik zu entwickeln und ein Grundwissen über den Stand der Kunst zu vermitteln, wobei ein klarer Schwerpunkt im Bereich Modelle und Modellbildung gesetzt wird. Dadurch werden die wesentlichen Voraussetzungen für die richtige Einschätzung der Bedeutung des RE, seine Anwendung in der Praxis, die Bewertung neuer Ansätze und selbständige Weiterbildung geschaffen.

Bei praktischen Problemen möchte das Buch den Leser in die Lage versetzen, für eine gegebene Aufgabenstellung geeignete Vorgehensweisen und Formalismen auszuwählen sowie Anforderungsdokumente zu bewerten oder gar selbst eindeutige, vollständige und konsistente Anforderungsdokumente zu erstellen. Neue Ansätze können konzeptionell eingeordnet sowie eigenständig und fundiert beurteilt werden. Das vermittelte Wissen reicht außerdem, sich selbständig weiteres Detailwissen anzueignen. Umfangreiche Literaturhinweise stellen Bezüge zu aktuellen Forschungsarbeiten her.

Dagegen soll dieses Buch kein Manual sein, das es erlaubt, eine der vorgestellten Methoden unmittelbar in der industriellen Praxis anzuwenden – solche Bücher findet man in der Literaturliste. Auch werden die Methoden vor allem konzeptionell behandelt und *nicht* in ihren speziellen Ausprägungen, wie sie in bestimmten Firmen auftauchen.

In Kapitel 2 wird das Thema allgemein angegangen, also insbesondere unabhängig von irgendwelchen grundlegenden Voraussetzungen, wie sie bei speziellen Ansätzen stets unterstellt sind. Aufbauend auf ausführlichen Präzisierungen der zentralen Begriffe (Requirements-Engineering, System, Anforderungen, Anforderungsdokument, Modell und Modellbildung) wird zunächst auf die wesentlichen Aspekte der essenziellen Tätigkeiten des Requirements-Engineering (Ermittlung, Beschreibung und Analyse von Anforderungen) eingegangen. Anschließend stehen die zentralen Themen zur Unterstützung dieser Tätigkeiten – Beschreibungsmittel, Methoden und Werkzeuge – im Mittelpunkt. Abschließend wird noch auf das Thema Verfolgbarkeit sowie ausführlich auf die spezielle Rolle der (formalen) Präzision im Zusammenhang mit der Definition von Anforderungen eingegangen.

In Kapitel 3 werden eine Reihe grundlegender Formalismen und Konzepte in ihren wesentlichen Zügen vorgestellt, die, obwohl ursprünglich in anderen Teilgebieten der Informatik (und verwandter Disziplinen) für andere Zwecke entwickelt, auch im Requirements-Engineering Verwendung finden. Diese Formalismen umfassen neben vermutlich bekannten Dingen wie etwa Ablaufplänen, Entscheidungstabellen oder Zustandsautomaten auch etwas weniger geläufige und vertraute, wie etwa hierarchische Automaten oder Formalismen für die Behandlung von Zeitaspekten. Ebenfalls betrachtet werden einige formale Beschreibungstechniken, vor allem solche, die ein vielversprechendes Potenzial für die Praxis bieten. Abgesehen davon, dass alle in Kapitel 3 behandelten Formalismen allein für die Belange des Requirements-Engineering unzureichend sind, haben sie weiter gemeinsam, dass sie innerhalb spezieller, auf das RE ausgerichteter Ansätze als Bestandteile wieder

Verwendung finden und so als das konzeptuelle Fundament des Gebiets gesehen werden können.

Kapitel 4 enthält verschiedene Ansätze, die sich unter der gemeinsamen Überschrift „strukturierte Methoden" zusammenfassen lassen. Ihnen allen liegt der Aspekt der funktionalen Zerlegung eines Systems nach dem Prinzip der schrittweisen Verfeinerung zugrunde.

Kapitel 5 rekapituliert zunächst kurz verschiedene objektorientierte Ansätze. Dabei waren die Relevanz des jeweiligen Ansatzes, seine praktische Bedeutung sowie sein Einfluss auf die weitere Entwicklung die zentralen Kriterien, um aus der Fülle möglicher Kandidaten auszuwählen. Hauptaspekt in diesem Kapitel ist dann die UML und ihr „Ableger" SysML.

Im abschließenden Kapitel 6 wird kurz auf die „Geschichte" des Requirements-Engineering eingegangen; u.a. werden einige weitere, entwicklungsgeschichtlich interessante Ansätze skizziert. Des Weiteren werden noch einmal zusammenfassend strukturierte und objektorientierte Ansätze gegenübergestellt. Außerdem wird ein Überblick über den aktuellen „Stand der Kunst" sowie ein Ausblick auf die weitere Entwicklung des Requirements-Engineering gegeben.

2 Begriffliche Grundlagen

2.1 Präzisierung der grundlegenden Begriffe

In Kapitel 1 haben wir eine Reihe von Begriffen pragmatisch verwendet und ein intuitives Verständnis vorausgesetzt. Um für die folgenden, mehr technisch orientierten Überlegungen eine solidere Grundlage zu haben, ist es zunächst erforderlich, die zentralen Begriffe Requirements-Engineering, System, Systemumgebung, Anforderung, Anforderungsdokument und Modell zu klären und zu präzisieren.

2.1.1 Requirements-Engineering

Es wird vielfach zu Recht beklagt, dass in der Informatik angelsächsische Bezeichnungen für Begriffe verwendet werden, für die es ebenso treffende deutsche Bezeichnungen gibt. Dem ist im Prinzip zuzustimmen, obwohl es gerechtfertigte Ausnahmen gibt, wie etwa die Bezeichnung „Systems-Engineering", deren Eindeutschung „Systemtechnik" den Inhalt des damit bezeichneten Begriffs bei weitem nicht so treffend wiedergibt wie das angelsächsische Wort. Dasselbe Argument gilt für die Bezeichnung Requirements-Engineering. Auch hier gab es wiederholt Versuche, gleichwertige deutsche Bezeichnungen zu finden, etwa Aufgabendefinition, Anforderungsfestlegung oder auch Anforderungstechnik, die aber ebenfalls nur einen Teil der üblicherweise mit Requirements-Engineering bezeichneten Thematik abdecken.

Bedeutungsvarianten. Die Bezeichnung *Requirements-Engineering* (kurz: RE) hat zwei, wenn auch verwandte, so doch wohl zu unterscheidende Bedeutungsvarianten. Das Wort steht einmal für alle konkreten Aktivitäten am Beginn einer Systementwicklung, die auf eine Präzisierung der Problemstellung abzielen. Ebenso steht es aber auch für eine ganze Teildisziplin im Grenzbereich zwischen Systems-Engineering, Informatik und Anwendungswissenschaften. Zur Unterscheidung dieser beiden Bedeutungsvarianten werden wir im Folgenden die Bezeichnungen Requirements-Engineering (im engeren Sinn) und Requirements-Engineering (im weiteren Sinn) verwenden.

Requirements-Engineering (im weiteren Sinn) ist eine Disziplin, die sich mit allen Aspekten im Zusammenhang mit der systematischen Entwicklung einer vollständigen, konsistenten und eindeutigen Spezifikation beschäftigt, in der beschrie-

H. Partsch, *Requirements-Engineering systematisch*, eXamen.press, 2nd ed.,
DOI 10.1007/978-3-642-05358-0_2, © Springer-Verlag Berlin Heidelberg 2010

ben wird, *was* ein softwaregestütztes Produkt leisten soll (aber nicht wie), und die als Grundlage für Vereinbarungen zwischen allen Stakeholdern dienen kann. Diese Disziplin umfasst Methoden, Beschreibungsmittel und Werkzeuge für Ermittlung, Dokumentation, Analyse und Management von Aufgabenstellungen und Anforderungen an Systeme oder Produkte. Da im Folgenden fast alle Aussagen sowohl für Systeme als auch für Produkte gelten, werden diese beiden Begriffe in unserem Kontext als synonym angesehen.

Meistens wird der Begriff *Requirements-Engineering (im engeren Sinn)* dazu verwendet, die Tätigkeiten am Beginn eines Systemprojekts zu charakterisieren. Innerhalb dieser anfänglichen *Analyse- und Definitionsphase* müssen die Anforderungen an das zu entwickelnde System ermittelt, festgelegt, beschrieben, analysiert und verabschiedet werden (vgl. auch [IEE 90]). Entsprechend umfasst das RE (im engeren Sinn) drei wichtige Teilaufgaben (siehe auch 2.2):

- *Ermittlung von Anforderungen,*
- *Dokumentation der Anforderungen,*
- *Analyse der Anforderungsbeschreibung.*

Anforderungen an ein neues Produkt sind naturgemäß zunächst vage, verschwommen, mehrdeutig, unzusammenhängend, unvollständig und gelegentlich sogar widersprüchlich. Häufig müssen sie erst aus allgemeineren Informationen, z.B. Zielen oder Wunschvorstellungen, abgeleitet oder zusammen mit den Betroffenen erarbeitet werden. Wesentliches Ziel des Definitionsprozesses ist es, ausgehend von den anfänglich verfügbaren Informationen, die Anforderungen an das neue Produkt (einschließlich der Interaktion mit Benutzern, anderen Systemen, Medien, Geräten) präzise, eindeutig, konsistent und vollständig zu erfassen und zu beschreiben (als Grundlage der anschließenden Systementwicklung).

Dabei gibt es verschiedene Schwerpunkte in der Zielsetzung des Requirements-Engineering, die von den jeweiligen Zielgruppen abhängen:

- Den Kunden und Benutzern geht es um die Erfüllung ihrer Wünsche bezüglich Funktion und Leistung.
- Das Management ist an Quantifizierung und Überwachung der Randbedingungen für die Systemerstellung interessiert.
- Der Systemanalytiker oder Anforderungsingenieur, als Ersteller der Anforderungsdefinition, möchte ein leicht prüf- und änderbares Dokument.
- Entwurfsspezialisten und Systementwickler erwarten präzise Vorgaben zur Erstellung der Funktionen unter den angegebenen Beschränkungen.
- Und schließlich erhoffen sich Systemtester Unterstützung für den (späteren) Nachweis, dass alle Anforderungen erfüllt sind.

Vorgehensweisen. Bei einer Vorgehensweise zur Erstellung eines Systems nach dem klassischen Phasenmodell (vgl. 1.1) ist das Requirements-Engineering (im engeren Sinn) die erste Phase. Es beginnt, wenn der Wunsch nach einem System vorliegt und dessen Hauptmerkmale (z.B. Zielsetzung, zentrale Funktion und Zweck, vorgesehene Einsatzumgebung, Größenordnung der zulässigen Kosten) fixiert sind. Es endet, wenn die Anforderungen an das System in Form eines Anforderungsdokuments (vgl. 2.1.4) verabschiedet sind.

Diese Sichtweise ist insofern idealisiert, als sich häufig in späteren Phasen der Systementwicklung, weitere, entwicklungsbedingte Anforderungen, etwa an einzelne Komponenten des Systems, als notwendig erweisen. Lassen sich diese Anforderungen widerspruchsfrei zu den bereits vorliegenden Anforderungen hinzufügen, muss das Anforderungsdokument lediglich entsprechend ergänzt und angepasst werden. Stehen diese neuen Anforderungen im Widerspruch zu bereits vorhandenen, ist eine entsprechende Änderung der gesamten Anforderungen notwendig.

Bei inkrementeller oder evolutionärer Systementwicklung, also einer schrittweisen Vervollständigung eines Systems entsprechend einer schrittweise vervollständigten Aufgabenstellung, wird das Requirements-Engineering projektbegleitend durchgeführt und endet erst mit dem Abschluss der gesamten Systementwicklung.

Bei der Anwendung des explorativen Prototyping sind Erstellung und Auswertung eines Prototyps, die auch noch der Ermittlung der Anforderungen dienen, ebenfalls Bestandteile des Requirements-Engineering. Auch hier lässt sich ein Ende nicht eindeutig festlegen, da es von der gewählten Gesamtvorgehensweise abhängt, d.h. Festlegung der Anforderungen auf der Basis des Prototyps und phasenorientierte Systemerstellung oder evolutionäre Entwicklung unter Einbeziehung des Prototyps.

Bei den agilen Ansätzen werden Anforderungen erst (meist in Form sogenannter „storycards") ermittelt, wenn sie dann anschließend auch gleich umgesetzt werden. Dass sich Anforderungen im Projektverlauf ändern können, gehört zum Selbstverständnis der agilen Vorgehensweisen. Aus diesen Gründen ist hier RE ein kontinuierlicher Prozess, der sich über die gesamte Projektlaufzeit erstreckt.

Abgrenzung: Requirements-Engineering vs. Entwurf. Eine Unterscheidung zwischen den Phasen Anforderungsdefinition und Entwurf im Rahmen der phasenorientierten Systemerstellung ist nicht unumstritten, insbesondere deshalb, weil es keine scharfe, allgemeingültige Abgrenzung zwischen diesen beiden Phasen gibt. Bei der Festlegung von Anforderungen werden oft auch eindeutige Vorgaben oder Lösungskonzepte für den Entwurf und manchmal sogar auch für die Implementierung festgeschrieben. Zudem findet in beiden Phasen häufig Modellbildung statt, wobei die verwendeten Modelle meist auf denselben Grundkonzepten beruhen und Modelle teilweise übernommen oder erweitert werden. Eine Unterscheidung der Phasen RE und Entwurf ist jedoch sinnvoll und wünschenswert, weil in beiden Phasen signifikant unterschiedliche Tätigkeiten ausgeübt werden.

In der Definitionsphase werden *Anforderungen* (das „was") an ein neues Produkt oder System ermittelt, gesichtet, verhandelt, klassifiziert, dokumentiert und analysiert. Das primäre Ziel dabei ist es, das Problem und die zu berücksichtigenden fachlichen Vorgaben zu verstehen. Dabei wird häufig ein Modell (vgl. 2.1.5) des Problembereichs erstellt, das – im Sinne eines *Abbilds* – vom gestellten Problem abhängt.

In der Entwurfsphase wird dagegen versucht, unter Ausnutzung aller Freiheitsgrade eine *Lösungskonzeption* (das „wie") zu entwerfen, die den definierten Anforderungen gerecht wird. Hier ist das primäre Ziel das Entwerfen im Hinblick auf das anschließende Bauen. Ein hierbei erstelltes Modell repräsentiert den Lösungsbereich und dient als *Vorbild* für das zu bauende System.

Anforderungsdefinition und Entwurf finden zudem üblicherweise auf verschiedenen *Detaillierungsebenen* (z.B. System-, Teilsystem-, Modulebene) statt und hängen wechselseitig voneinander ab:

– Die Anforderungsdefinition auf einer Detaillierungsebene liefert Vorgaben für den Entwurf auf derselben Ebene;
– Der Entwurf auf einer Detaillierungsebene liefert Vorgaben (Anforderungen) für die Anforderungsdefinition auf der nächsten Verfeinerung dieser Ebene.

Diesen Zusammenhang illustriert Abb. 2.1.1 anhand verschiedener Detaillierungsebenen und beispielhaften, diesen Ebenen jeweils zuzuordnenden Anforderungen.

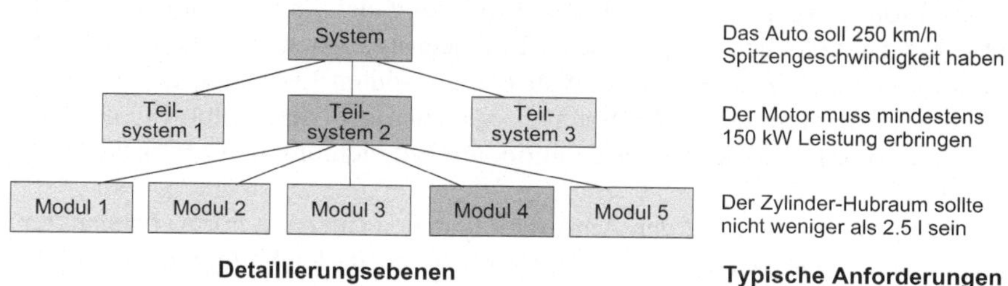

Abb. 2.1.1. Ableitung von Anforderungen auf nachgelagerten Ebenen

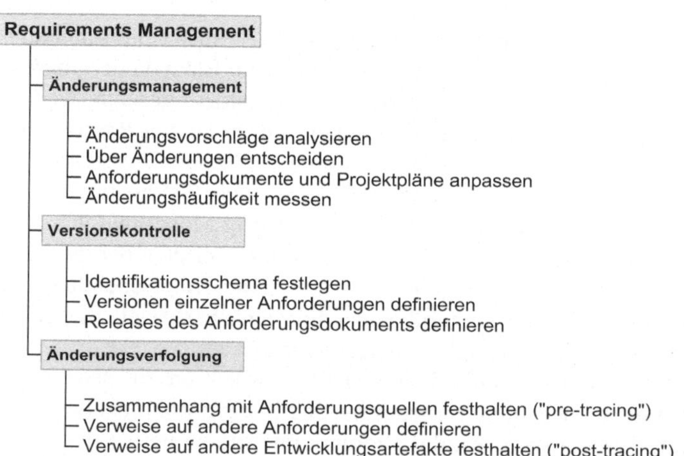

Abb. 2.1.2. Wesentliche Inhalte des Requirements-Management

Requirements-Management. Zusätzlich zu den genannten wesentlichen Teilaufgaben des Requirements-Engineering (im engeren Sinn) werden manchmal auch *Verwaltung von Anforderungen* (Zusammenhänge, Änderungen, usw.) und *Umfor-*

mung oder Änderung von Anforderungen als wichtige Aktivitäten genannt. Diese Aktivitäten werden üblicherweise dem *Requirements-Management* zugeordnet, dessen wichtigste Teilaufgaben Abb. 2.1.2 wiedergibt.

Dagegen wird die *Überprüfung der Einhaltung der Anforderungen* in späteren Phasen der Systementwicklung im allgemeinen *nicht* als Bestandteil des Requirements-Engineering angesehen, sondern den entsprechenden späteren Phasen zugeordnet, in denen diese Überprüfungen stattfinden. Ebenso sind alle Aktivitäten einer allgemeinen *Versionsverwaltung*, sofern sie nicht Änderungen von Anforderungen betreffen, nicht Bestandteil des Requirements-Engineering.

Allerdings ist es zweckmäßig, sowohl die Überprüfung der Einhaltung der Anforderungen wie auch die Versionsverwaltung im Zusammenhang mit Methoden, Beschreibungsmitteln und Werkzeugen des Requirements-Engineering (im weiteren Sinn) zu berücksichtigen. Zumindest sollte dabei sichergestellt werden, dass eine Prüfung (prinzipiell) möglich ist.

2.1.2 System und Systemumgebung

Die wichtigste Teilaufgabe innerhalb des Requirements-Engineering ist die präzise Beschreibung des Funktions- und Leistungsumfangs an ein softwaregestütztes System zur Lösung eines Problems unter Berücksichtigung aller wichtigen Umgebungsbedingungen des Einsatzgebietes und der Systemerstellung.

System. Unter einem *System* versteht man eine Einheit von *Komponenten* (atomare Bestandteile oder *Subsysteme*), die nach einem bestimmten Kriterium von ihrer Umgebung abgegrenzt sind, über Beziehungen verknüpft sind oder miteinander interagieren und der Erreichung eines bestimmten Ziels oder Zwecks dienen.

Ein System ist charakterisiert durch seine Struktur und sein Verhalten. Dabei fasst die *Systemstruktur* die Gesamtheit der Komponenten und ihrer Beziehungen zusammen, das *Systemverhalten* das Zusammenwirken der Komponenten zur Erreichung des Systemziels oder -zwecks.

Der allgemeine Systembegriff ist sehr weit gefasst und umfasst etwa auch biologische, soziale oder ökonomische Systeme. *Softwaregestützte Systeme* sind all die Systeme, die mindestens eine Softwarekomponente enthalten. Diese lassen sich nach ganz unterschiedlichen Kriterien relativ fein klassifizieren und differenzieren. Im Hinblick auf die Fragestellungen des Requirements-Engineering genügt jedoch eine grobe Differenzierung (vgl. auch [Wie 96]) in folgende Arten:

– Ein *technisches System* ist ein System, dessen Komponenten überwiegend technische Artefakte sind. Menschen spielen dabei – wenn überhaupt – nur eine untergeordnete Rolle. Die Softwarekomponente dient in einem solchen System primär zur Kontrolle und Steuerung anderer Komponenten unter Einbeziehung von Zeitaspekten. Beispiele solcher „Echtzeitsysteme" sind eingebettete Systeme, Prozessautomatisierungs-, Kommunikations- oder Multimediasysteme.

– Ein *organisatorisches System* ist ein System, dessen Komponenten überwiegend Bestandteile organisatorischer Strukturen sind. In solchen Systemen spielen Menschen häufig eine zentrale Rolle. Aufgabe der Softwarekomponente ist hier die Beschaffung, Verarbeitung, Speicherung und Bereitstellung (komplexer) Informationen. Typische Beispiele sind „betriebliche Systeme" wie Informationssysteme oder Buchhaltungs- und Abrechnungssysteme.

– *Reine Softwaresysteme* (auch „geschlossene Systeme") zeichnen sich dadurch aus, dass, außer Ein-/Ausgabe, keine Interaktion mit der Umgebung stattfindet. Simulationssysteme oder Numerische Software sind Beispiele solcher berechnungsintensiver Systeme.

Anstelle des Begriffs „softwaregestütztes System" findet man in der Literatur auch den gleichwertigen Begriff *soziotechnisches System* (vgl. MS 05]). Darunter versteht man eine komplexe Beziehung zwischen Menschen und Technologie, einschließlich Hardware, Software, Daten, physikalische Umgebung, Personen, Prozeduren, Gesetze und Regelungen.

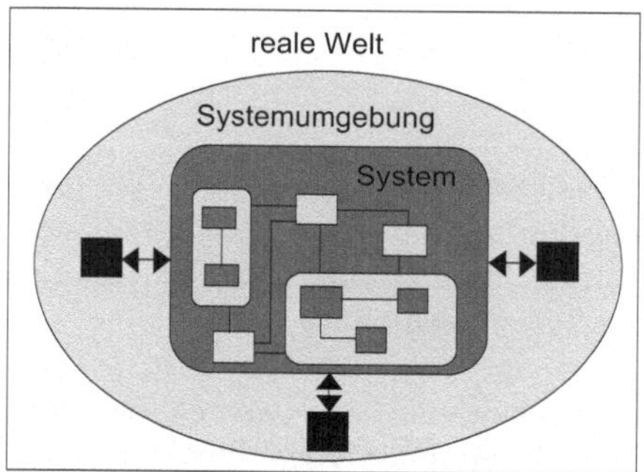

Abb. 2.1.3. System und Systemumgebung

Systemumgebung. Unter der *Systemumgebung* (manchmal auch „Kontext" genannt) versteht man denjenigen Ausschnitt aus der „realen Welt", der für das Verständnis der Anforderungen und die vollständige Charakterisierung eines Systems relevant ist. Für die Anforderungen an ein System ist die Systemumgebung insofern wichtig, als sie mögliche Interpretationen (von Anforderungen) einschränken kann und es (direkte oder indirekte) Beziehungen von Anforderungen zu Elementen des Systemkontexts geben kann.

Die Systemumgebung umfasst insbesondere verschiedene Komponenten (meist „Aktoren" genannt und üblicherweise als „black boxes" aufgefasst, weil ihre innere Struktur oft unwichtig ist), die mit dem eigentlichen System interagieren, selbst aber nicht Bestandteil des Systems sind. Im Rahmen des Requirements-Engineering dienen sie dazu, das eigentliche System von seiner Umgebung abzugrenzen. Die Verbindung zwischen Systemumgebung und System wird *Systemschnittstelle* genannt. Dieser Zusammenhang wird in Abb. 2.1.3 illustriert.

Für die Ermittlung der Anforderungen kann es manchmal hilfreich sein eine „Kontextstrukturierung" (vgl. [Poh 07]) durchzuführen. Dabei betrachtet man verschiedene Teilbereiche (sog. "Facetten") der Systemumgebung und innerhalb dieser verschiedene Aspekte im Hinblick auf mögliche Anforderungen. Diese Systematik soll vor allem helfen, dass keine Anforderungen übersehen werden.

2.1.3 Anforderungen

Anforderungen treten in unterschiedlichen Erscheinungsformen auf. [Poh 07] unterscheidet verschiedene *Anforderungsartefakte*, die wechselseitig zusammenhängen:

– *Ziele* dokumentieren die Absichten und Wünsche der Stakeholder;
– *Szenarien* beschreiben exemplarisch die (Nicht-)Erfüllung von Zielen;
– *Lösungs-orientierte Anforderungen* dokumentieren Eigenschaften und Merkmale des Systems im Hinblick auf dessen Realisierung.

Die Kenntnis der Ziele (der Stakeholder) und ihrer Abhängigkeiten hilft insbesondere bei der Ermittlung der „wesentlichen" Anforderungen. Szenarien unterstützen vor allem die Abgrenzung zwischen System und Systemumgebung. Ein Beispiel, in dem verschiedene Anforderungsartefakte zu finden sind, gibt Abb. 2.1.4.

Entwerfen Sie ein Auto, das Platz für zwei Bauern in Stiefeln und einen Zentner Kartoffeln oder ein Fässchen Wein bietet, mindestens 60 km/h schnell ist und dabei nur drei Liter Benzin auf 100 km verbraucht. Außerdem soll es selbst schlechteste Wegstrecken bewältigen können und so einfach zu bedienen sein, dass selbst eine ungeübte Fahrerin problemlos mit ihm zurechtkommt. Es muss ausgesprochen gut gefedert sein, sodass ein Korb voll mit Eiern eine Fahrt über holprige Feldwege unbeschadet übersteht. Und schließlich muss das neue Auto wesentlich billiger sein als unser 'Traction Avant'. Auf das Aussehen des Wagens kommt es dabei überhaupt nicht an.

(Quelle: Wikipedia)

Abb. 2.1.4. Anforderungen an den 2CV (vgl. [2CV 09])

Anforderungen sind Aussagen über zu erfüllende Eigenschaften oder zu erbringende „Leistungen" eines Systems (bzw. Produkts), eines Prozesses oder der am Prozess beteiligten Menschen. Typischerweise umfassen sie Informationen darüber, warum ein System entworfen wird, was dieses System leisten soll und welche Einschränkungen dabei einzuhalten sind. Eine entsprechende Definition findet sich in Abb. 2.1.5. Dort sind Anforderungen definiert als Bedingungen oder Fähigkeiten, die ein System oder eine Komponente erfüllen bzw. haben muss, um einen Kontrakt, einen Standard, eine Spezifikation oder ein anderes formales Dokument zu erfüllen.

(1) A condition or capability needed by a user to solve a problem or achieve an objective

(2) A condition or capability that must be met or possessed by a system or system component to satisfy a contract, standard, specification, or other formally imposed documents

(3) A documented representation of a condition or capability as in (1) or (2)

Abb. 2.1.5. Definition „Requirement" (IEEE-Standard, vgl. [IEE 90])

Typische Beispiele von Anforderungen (bzw. Anforderungsartefakten) findet man in Abb. 2.1.6. Dort ist (a) eine allgemeine Anforderung, ein Ziel des Systems; (b) eine Anforderung hinsichtlich Funktionalität; (c) eine Anforderung an die Implementierung; (d) eine Leistungs-Anforderung; (e) eine Anforderung an die Benutzbarkeit und (f) eine Anforderung an die Dokumentation.

(a) Das System soll den Hausbesitzer vor Einbrüchen schützen

(b) Wenn es aktiviert ist, soll das System alle durch die Sensoren festgestellten Ereignisse mitprotokollieren

(c) Das System soll in Micro-C implementiert werden

(d) Wird über einen der Sensoren ein Einbruchsversuch erkannt, soll das System innerhalb von maximal 10 Millisekunden einen Alarm auslösen

(e) Die Bedienung des Systems (einschließlich Konfiguration) soll den Benutzern in maximal 15 Minuten erklärbar sein

(f) Die Systemdokumentation soll 10 Seiten (DIN A4) nicht überschreiten

Abb. 2.1.6. Typische Anforderungen an eine Alarmanlage

Klassifikation von Anforderungen. Wie Abb. 2.1.6 deutlich zeigt, gibt es unterschiedliche Arten von Anforderungen. Im Folgenden wird nun näher darauf eingegangen, welche Arten von Anforderungen in der Anforderungsdefinition zu berücksichtigen sind. Ziel ist es dabei, eine möglichst umfassende Sammlung anzugeben, um deutlich zu machen, welche Aspekte in einer Systementwicklung möglicherweise eine Rolle spielen. Welche dieser Aspekte für ein konkretes Projekt tatsächlich von Belang sind, kann anhand dieser „Checkliste" dann von Fall zu Fall entschieden werden.

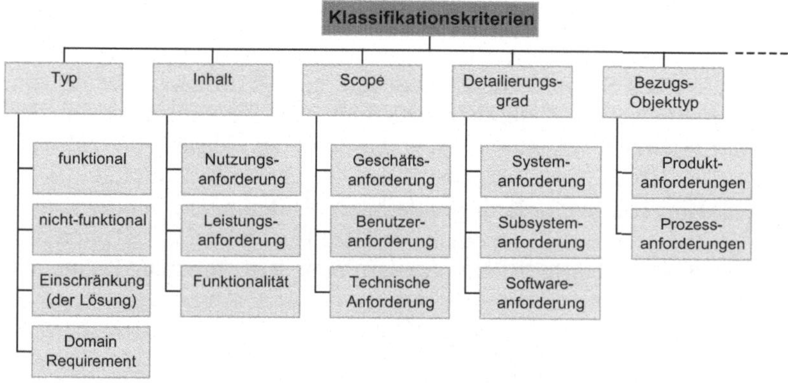

Abb. 2.1.7. Klassifikation von Anforderungen (Fortsetzung in Abb. 2.1.8)

Detaillierte Anhaltspunkte über verschiedene Typen von Anforderungen enthält die in [IEE 90] gegebene Definition des Begriffs Anforderungsspezifikation (*re-*

quirements specification). Genannt werden dort funktionale Anforderungen, Leistungs-, Schnittstellen- und Entwurfsanforderungen sowie Entwicklungsrichtlinien.

Anforderungen lassen sich nach ganz unterschiedlichen Kriterien klassifizieren. Verschiedene (selbsterklärende) Möglichkeiten zeigen Abb. 2.1.7 und Abb. 2.1.8. Die übliche Klassifikation von Anforderungen ist die in funktionale und nichtfunktionale Anforderungen.

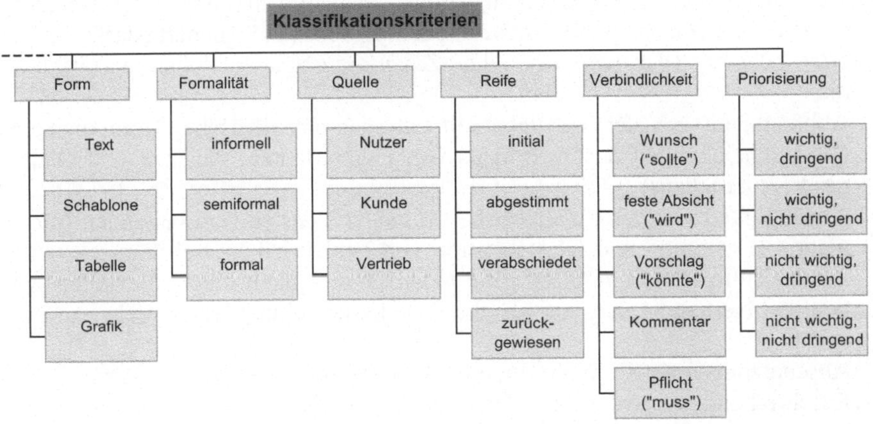

Abb. 2.1.8. Klassifikation von Anforderungen (Fortsetzung von Abb. 2.1.7)

Funktionale Anforderungen beziehen sich auf die funktionellen Aspekte eines Systems. Sie ergeben sich als Antworten auf die Fragen „*Was* tut das System?", „Was soll es aufgrund der Aufgabenstellungen können?". Dabei unterscheidet man üblicherweise [KPR 87] bezüglich

- Eingaben (Daten, Ereignisse, Stimuli) und deren Einschränkungen;
- Funktionen, die das System ausführen können soll (Umformung von Daten, Verhaltensweisen abhängig von Stimuli), beschrieben durch extern sichtbare Effekte, d.h. aus der Sicht des Benutzers oder der Systemumgebung;
- Ausgaben (Daten, Fehlermeldungen, Reaktionen des Systems).

Häufig werden auch relevante Systemzustände sowie das Verhalten des Systems und seiner Umgebung im Zusammenhang mit den funktionalen Anforderungen genannt. Auch Angaben über die Struktur eines Systems und seiner funktionellen Bestandteile werden gelegentlich subsumiert.

Ein typisches Beispiel einer funktionalen Anforderung für das Beispiel der Alarmanlage wäre: „Stellt ein Glasbruchsensor fest, dass eine Fensterscheibe eingeschlagen wurde, soll ein Alarm ausgelöst werden".

Nicht-funktionale Anforderungen lassen sich qualitativ unterscheiden in

- Qualitätsattribute der gewünschten Funktionen,
- Anforderungen an das implementierte System als Ganzes,

– Vorgaben für die Durchführung der Systemerstellung,
– Anforderungen an Prüfung, Einführung, Betreuung und Betrieb.

Qualitätsattribute der gewünschten Funktionen ergeben sich als Antwort auf die Frage „*Wie* soll das geplante System die gestellten Aufgaben erfüllen?". Hierbei geht es um zusätzliche Eigenschaften (vgl. [ISO 05, Boe 08]), die die einzelnen Systemfunktionen aufweisen sollen. Beispiele solcher Qualitätsattribute sind

– Ausführungsverhalten (Verarbeitung unter Echtzeitbedingungen, Auslastung von Ressourcen, Genauigkeit, Antwortzeiten, Durchsatz, Speicherbedarf)
– „Verlässlichkeit" (*dependability*), d.h. Zuverlässigkeit, Ausfallsicherheit, Robustheit:
  – Abhängigkeit von der Verfügbarkeit externer physikalischer Komponenten (Wahrscheinlichkeit des Auftretens von Fehlverhalten; Ausmaß und Dauer des Fehlverhaltens)
  – Abhängigkeit von der Unversehrtheit (*integrity*) der zu verarbeitenden Information (Definition und Klassifikation von Fehlverhalten, bei dem relevante Zustandsinformation verloren geht; Wahrscheinlichkeit dieser speziellen Art von Fehlverhalten; Kosten für die Wiederherstellung eines sicheren Zustands)
  – Abschätzungen für die Wahrscheinlichkeit des Auftretens von Fehlern
  – Beschreibung unerwünschter Ereignisse, Erkennung und Behandlung von Fehlern (Gerätefehler, inkorrekte Eingabe oder interne Daten)
– sonstige softwaretechnische Qualitätskriterien (z.B. Wartbarkeit, Portabilität, Adaptierbarkeit, Kompatibilität mit vorhandenen Komponenten).

Anforderungen an das implementierte System als Ganzes (*product requirements*) umfassen alle Vorgaben und Eigenschaften, die das zu erstellende Zielsystem und seine Komponenten betreffen. Dazu gehören

– Realisierung in Software und/oder Hardware
– räumliche Verteilung von Komponenten
– verfügbare oder zu verwendende Geräte
– einzuhaltende Schnittstellen (mit anderen Teilsystemen)
– Qualität und Verständlichkeit der Systemdokumentation
– Überlebensfähigkeit bei Störungen, Katastrophen usw.
– physikalische Sicherheit (*safety*) (zulässige Grenzwerte, Standards für Anschlussverbindungen, abschaltbare Endgeräte, Verwahrung sicherheitsrelevanter Bänder und Disketten)
– operationelle Sicherheit (*security*) (Methoden, die für Verschlüsselung, Modularisierung und Beschränkung von Datenübertragungen verwendet werden sollen oder die Verfügbarkeit sensitiver Daten betreffen)
– menschliche Faktoren (Benutzerfreundlichkeit, Qualifikation des Bedienpersonals).

Vorgaben für die Durchführung der Systemerstellung (*process requirements*) enthalten spezifische Angaben und Einschränkungen darüber, wie und unter welchen Umständen das System erstellt werden soll. Hierunter fallen

- Projektorganisation, Managementstruktur, Geschäftspolitik
- Art der Entwicklung (z.B. *ein* Produkt zu einem bestimmten Zeitpunkt, Auslieferung fertiger Teile für Feldtests, iterative Entwicklung mit Prototypen)
- Vorgehensweise bei der Entwicklung (z.B. V-Modell, ESA-Normen, usw.) und damit verbundene Dokumente
- zu verwendende Hilfsmittel (Methoden, Beschreibungsmittel, Werkzeuge)
- zur Verfügung stehende Ressourcen (Maschinenzeit/Kapazität/Konfiguration, verfügbares Personal, Termine und sonstige zeitliche Beschränkungen, Kosten)
- Umfang des Projekts (Anzahl der zu erstellenden Prototypen und Versionen; Zeitplanung für Auslieferung und Installation)
- Prioritäten und Änderbarkeit (essentielle und wünschenswerte, kritische und weniger kritische Anforderungen):
  - grundlegende Annahmen
  - relative Bedeutung einzelner Anforderungen
  - Identifikation derjenigen Faktoren, bei denen Änderungen möglich oder wahrscheinlich sind (Ordnung entsprechend Änderungswahrscheinlichkeit, Identifikation alternativer Anforderungen)
- Maßnahmen zur Qualitätssicherung (im Hinblick auf Wartbarkeit, Erweiterbarkeit, Portabilität, Flexibilität, Wiederverwendbarkeit von Teilen, Aufwärts-Kompatibilität, Lebensdauer, Integration in Produktfamilie):
  - zu verwendende Standards für die Qualitätskontrolle
  - Meilensteine und Begutachtungsverfahren (einschließlich Durchführbarkeitsstudien)
  - Akzeptanzkriterien (*benchmarks*)
- zu berücksichtigende Konventionen, Vorschriften, Richtlinien, Normen des Anwendungsbereichs
- gewünschte Art der Dokumentation der Systemerstellung
- ökonomische Aspekte der Systementwicklung (Kostenziele und Richtlinien):
  - Abwägungen (*tradeoffs*) (Verwendung vorhandener Komponenten oder Neuentwicklung, kostenabhängige oder funktionsabhängige Planung, Einbeziehung von *outsourcing*)
  - Kostenrahmen bezüglich Entwicklung/Auslieferung für einzelne Entwicklungsstufen, Zwischenziele oder Prototypen
  - Kosten für jedes Exemplar des Zielsystems
  - allgemeine Marktüberlegungen
- politische Einschränkungen (gesetzliche Vorschriften, Copyright).

Über die bisherigen Arten von Anforderungen hinaus, gibt es noch solche, die Auskunft geben über *Bedingungen und Vereinbarungen*, die sich auf die Installation des Systems beim Kunden und seinen Gebrauch beziehen. Sie umfassen

- Ziele und Verfahren für Testvorbereitung und Test
- Abnahmebedingungen, Freigabe, Endprüfung
- Betriebsbeschränkungen:
  - Benutzungshäufigkeit und -dauer (aus der Sicht von Personalausstattung, Wartung und verfügbaren Ressourcen)
  - Kontrolle (z.B. per Fernzugriff, lokal, keine)

- verfügbare Personalausstattung
- Zugreifbarkeit für die Wartung
- physikalische Einschränkungen und Umweltbedingungen (Größe, Gewicht, Temperatur, Stromversorgung, Strahlung, Feuchtigkeit)
- Qualifikation des Bedienpersonals (Ausbildung, notwendige Fähigkeiten)
- Konfigurationsmanagement
- Wartung (benötigtes Personal, vertragliche Vereinbarungen über Art und Umfang der Fehlerbehebung) von
  - Software (Verantwortlichkeiten für Fehlerbehebung, Vorkehrungen zur Fehlererkennung)
  - Hardware (Frequenz und Dauer präventiver Wartungsmaßnahmen, Verantwortlichkeit für Fehlerreparatur, Testausstattung)
- Kundendienst (Wartung, Änderung, Garantie, Archivierung, Ersatzteile)
- Schulung und Ausbildung für den Gebrauch des Systems.

Neben der hier angegebenen Klassifikation von nicht-funktionalen Anforderungen finden sich in der einschlägigen Literatur auch andere, z.B. in Produktanforderungen, Unternehmensanforderungen und externe Anforderungen in [Som 07] oder in unterspezifizierte funktionale Anforderungen, Qualitätsanforderungen und Rahmenbedingungen in [Poh 07]. Verschiedene, aus der Literatur bekannte Definitionen von nicht-funktionalen Anforderungen werden in [Gli 07] verglichen und Probleme mit diesen Definitionen diskutiert. Häufig werden in der Literatur auch nicht-funktionale Anforderungen mit Qualitätsanforderungen gleichgesetzt, was aber meiner Meinung nach eindeutig zu kurz greift.

Besonderheiten nicht-funktionaler Anforderungen. Nicht-funktionale Anforderungen weisen – im Vergleich zu funktionalen Anforderungen – auch einige Besonderheiten auf. Sie werden häufig ignoriert ("das weiß man ja") und wenn überhaupt, dann meist nicht präzise formuliert. Oft sind dabei spezifische Stakeholder (z.B. Sicherheitsexperten oder Ergonomiespezialisten) zu berücksichtigen, häufig sind sie in firmen- oder branchenspezifischen Standards und Normen bereits vordefiniert und – wegen ihrer allgemeinen Bedeutung – auch projektübergreifend wiederverwendbar.

Nicht-funktionale Anforderungen an ein System setzen zumindest die elementare Kenntnis über das funktionale Verhalten voraus. Wenn nicht einmal bekannt ist, *was* ein System eigentlich können soll, ist es natürlich schwierig, etwas darüber auszusagen, *wie* dieses getan werden soll. Daher steht häufig das funktionale Verhalten im Mittelpunkt, während zusätzliche Forderungen an das fertige Produkt zweitrangig, marginal oder oft gar nicht behandelt werden. Auch Forderungen bezüglich der Durchführung des Projektes werden meist in den Bereich des Projektmanagements verbannt und somit als nicht zum eigentlichen Requirements-Engineering gehörig abgestempelt.

Literaturhinweise zu nicht-funktionalen Anforderungen. Die erste umfassende Behandlung von nicht-funktionalen Anforderungen (in Form sog. *softgoals*) findet man in [CNY 00]. Eine Erweiterung dieses Ansatzes um quantitative Aspekte behandelt [HWN 04]. Andere Erweiterungen beschäftigen sich mit der Wartung zentraler Qualitätseigenschaften kritischer Systeme (vgl. [CSB 05]) oder der Unterstützung von Zielanalyse und Entscheidungsfindung (vgl. [KOD 07]). Nach [JFS 06] kann man die Qualität nicht-funktionaler Anforderungen verbessern, wenn man zusätzliche Charakterisierungen von Softgoals (Ungenauigkeit, Subjektivität, Kontext-Abhängigkeit, implizite Präferenzen) explizit macht.

[DKK 05, KDP 05] stellen die Anwendung einer systematischen, erfahrungsbasierten Methode zur Erhebung, Dokumentation und Analyse von mess- und verfolgbaren nicht-funktionalen Anforderungen vor. Die automatische Erkennung und Klassifikation nicht-funktionaler Anforderungen behandelt [CSZ 07].

Eine Integration der Ziel-orientierten Sprache i* (vgl. [ist 09]) mit Konzepten aus „Problem Frames" [Jac 95], die die gleichzeitige Berücksichtigung der subjektiven Absichten des Analytikers und der physikalischen Einschränkungen aus der Umgebung ermöglicht, schlägt [LJ 07] vor. Die Kombination von Zielmodellen mit UML behandeln [HF 04, TT 05]. Eine Weiterentwicklung von i* ist URN (User Requirements Notation), die insbesondere die Sprachen GRL (Goal-oriented Requirements Language) zur grafischen Beschreibung von nicht-funktionalen Anforderungen, Alternativen und Begründungen sowie UCM (Use Case Maps) zur grafischen Beschreibung funktionaler Anforderungen umfasst [AM 03, Mus 08].

Ausführliche Informationen zum Ziel-orientierten Ansatz KAOS findet man unter [KAO 09]. Die schrittweise Umsetzung von Zielmodellen (in KAOS) in zustandsbasierte Modelle behandeln [DLL 03, LKM 08].

Ideen zur Quantifizierung von nicht-funktionalen Anforderungen und ihre Grenzen zeigt [Mai 06] auf. Allerdings empfiehlt [Gli 08] eine Quantifizierung von Anforderungen nur bei hohem Risiko.

[RJC 01] stellt ein Framework vor, das sich mit der Beschreibung von nicht-funktionalen Anforderungen, ihrer Interaktion mit funktionalen Anforderungen, sowie ihrer Verfeinerung und Abbildung auf aktuelle Elemente der Implementierung beschäftigt.

Einen Überblick über verschiedene Ansätze im Hinblick auf nicht-funktionale Anforderungen findet man in [PK 04]. Einen Überblick über verschiedene Ziel-orientierte Vorgehensweisen gibt [RS 05].

Eigenschaften von Anforderungen. Funktionale wie nicht-funktionale Anforderungen haben charakteristische *Attribute* und *Operationen*.

Häufigste Attribute sind ein eindeutiger Bezeichner, Angabe von Autor/Verantwortlicher, Detaillierungsgrad, Beziehung zu anderen Anforderungen, Statusinformation (hinsichtlich „Reifegrad", Entwicklungsstand oder Prüfung), Zuordnung zu einem Release, Priorität oder Abnahmekriterien.

Beispiele für Operationen auf Anforderungen sind initial definieren, löschen, verändern, abfragen (nach Schlüsselwörtern), (einer Systemkomponente) zuordnen oder (einem Team) zuteilen.

Sowohl funktionale als auch nicht-funktionale Anforderungen sollten naheliegenderweise gewisse Qualitätskriterien erfüllen. In der einschlägigen Literatur (vgl. z.B. [IEE 98a]) findet man dazu die folgenden Eigenschaften:

– eindeutig (d.h. nur eine mögliche Interpretation)
– korrekt (auch: adäquat; d.h. den Stakeholderwunsch richtig wiedergebend)

- in sich konsistent
- vollständig (d.h. alle Aspekte erfasst)
- testbar (auch: verifizierbar; d.h. die Erfüllung kann überprüft werden)
- klassifizierbar (bezüglich Verbindlichkeit)
- aktuell gültig
- verstehbar (für alle Stakeholder)
- realisierbar
- notwendig
- bewertbar (hinsichtlich Wichtigkeit, Stabilität, Kritikalität oder Priorität).

Gängige Bewertungskriterien bezüglich Kritikalität und Priorisierung findet man in den Abb. 2.1.9 bzw. 2.1.10.

Kritikalität	Mögliche Konsequenzen des Fehlverhaltens
Hoch	Verlust von Menschenleben
Mittel	Gefährdung der Gesundheit von Menschen; Zerstörung von Sachgütern
Gering	Beschädigung von Sachgütern; keine Gefährdung von Menschen
Keine	weder Gesundheit von Menschen noch Sachgüter gefährdet

Abb. 2.1.9. Kritikalität (V-Modell 97 für technische Systeme)

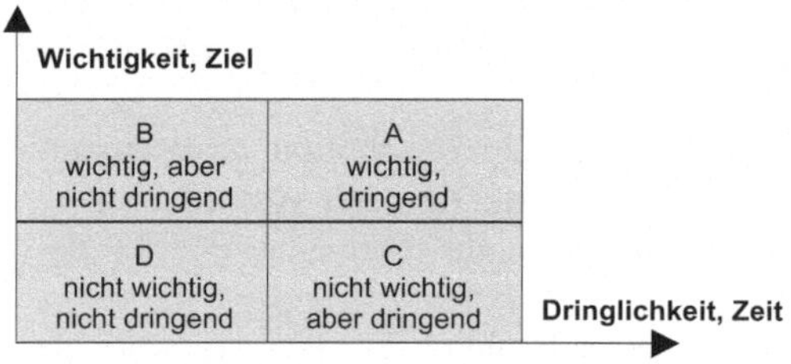

Abb. 2.1.10. Priorisierung (nach Eisenhower)

2.1.4 Anforderungsdokument

Resultat der Tätigkeiten des Requirements-Engineering (vgl. 2.2) ist das *Anforderungsdokument*, das auch Anforderungsspezifikation, Anforderungsdefinition, Lastenheft, Pflichtenheft, Produktdefinition oder Requirementkatalog genannt wird. Dieses Dokument enthält (insbesondere) die Menge aller Anforderungen für ein System (oder Produkt).

In der Literatur wird gelegentlich differenziert nach den jeweils Beteiligten. So trifft etwa [Som 07] eine Unterscheidung zwischen *Definition* von Benutzeranforderungen (als allgemein gehaltene Beschreibung, bevorzugt in natürlicher Sprache, für die Nutzergruppe) und *Spezifikation* der Systemanforderungen (als präzise Beschreibung für die technische Gruppe). Wir werden auf diese Unterscheidung verzichten und „Anforderungsdokument" als (neutralen) Oberbegriff verwenden. Dabei geht es im Folgenden nicht um eine umgangssprachliche Darstellung von Anforderungen, sondern um eine detaillierte präzise Beschreibung der Anforderungen (einschließlich deren Zusammenhänge), die als „Teil des Vertrags zwischen dem Käufer des Systems und dem Softwareentwickler" [Som 07] dienen kann.

Das Anforderungsdokument kann in verschiedenen Repräsentationen vorliegen, die sich an den Bedürfnissen der verschiedenen Zielgruppen im Anforderungsprozess orientieren, etwa in lesbarer Form (für Benutzer und Manager), in les- und prüfbarer Form (für Systemanalytiker) oder in formaler Form (für Entwerfer, Systementwickler und Systemtester).

Projekt-Treiber
1. Zweck des Projekts
2. Auftraggeber, Kunde und andere Stakeholder
3. Nutzer des Produkts

Projekt-Randbedingungen
4. Einschränkungen
5. Namenskonventionen und Definitionen
6. Relevante Fakten und Annahmen

Funktionale Anforderungen
7. Arbeitsrahmen
8. Systemgrenzen
9. Funktionale und Daten-Anforderungen

Nicht-funktionale Anforderungen
10. Look-and-Feel-Anforderungen
11. Usability-Anforderungen
12. Performanz-Anforderungen
13. Operationale und Umfeld-Anforderungen
14. Wartungs- und Unterstützungsanforderungen
15. Sicherheitsanforderungen
16. Kulturelle und politische Anforderungen
17. Rechtliche Anforderungen

Projekt-Aspekte
18. Offene Punkte
19. Standardlösungen
20. Neu aufgetretene Probleme
21. Installationsaufgaben
22. Migrationstätigkeiten
23. Risiken
24. Kosten
25. Nutzerdokumentation
26. Zurückgestellte Anforderungen
27. Lösungsideen

Abb. 2.1.11. Volere-Template (vgl. [RR 06])

Inhalte des Anforderungsdokuments. Das Anforderungsdokument beinhaltet natürlich in der Hauptsache die Anforderungen an das zu erstellende System. Darüber hinaus sind meistens noch weitere Angaben enthalten. Typische Standardinhalte eines Anforderungsdokuments sind:

- Einleitung
- ggf. Geheimhaltungsaspekte
- relevante Standards, Vorschriften, Referenzdokumente
- System- bzw. Produktkontext (Zweck, Stakeholder)
- Systemkurzbeschreibung
- funktionale Anforderungen (Ablauf-, Verhaltens- und Datenbeschreibung)
- nicht-funktionale Anforderungen
- Annahmen und Abhängigkeiten (inklusive Risiken)
- Abnahmekriterien
- Glossare, sowie Quellenangaben zur Informationserhebung.

Diese Standardinhalte finden sich im Wesentlichen auch in den Kapitelstrukturen der einschlägigen Standards (vgl. 2.2.2) sowie im „Volere-Template" (vgl. Abb. 2.1.11). Letzteres wird typischerweise nicht auf einmal vollständig ausgefüllt, sondern nach und nach (vgl. [RR 06]). Vor allem dient es auch als Checkliste, da nicht alle Aspekte für alle Arten von Projekten relevant sind.

Qualitätskriterien für Anforderungsdokumente. Auch für ein Anforderungsdokument gibt es Qualitätskriterien. Zusätzlich zu der naheliegenden Forderung, dass alle enthaltenen Anforderungen die in 2.1.2 angegebenen Qualitätskriterien für Anforderungen erfüllen sollen, findet man in der einschlägigen Literatur die Kriterien:

- vollständig (inhaltlich – d.h. alle Anforderungen sind erfasst –, formal, normkonform)
- konsistent (keine Widersprüche zwischen den Bestandteilen des Dokuments, insbesondere keine Konflikte zwischen verschiedenen Anforderungen)
- lokal änderbar (Änderungen an einer Stelle sollten keine Einflüsse auf Konsistenz und Vollständigkeit des Gesamtdokuments haben)
- verfolgbar (ursprüngliche Stakeholderwünsche und Zusammenhänge zwischen Anforderungen sind leicht zu finden, vgl. 2.3.5)
- klar strukturiert
- umfangsmäßig angemessen
- sortierbar/projezierbar (nach verschiedenen Kriterien, für verschiedene Stakeholder).

2.1.5 Modelle und Modellbidung

Modelle spielen im Requirements-Engineering eine wichtige Rolle. Entsprechende Gründe dafür findet man in der einschlägigen Literatur zu Genüge. [Poh 07] etwa schreibt: *„Anforderungsmodelle bieten gegenüber natürlichsprachlichen Anforderungen die Möglichkeit zur Bildung diskreter Perspektiven bei der Modellbildung. [...] Konzeptuelle Modellierungssprachen bieten zudem die Möglichkeit zur Abstraktion [...]. Abstraktionen ermöglichen es, die Komplexität der resultierenden Modelle zu verringern und damit die Komplexität des betrachteten Gegenstandsbereichs beherrschbar zu machen."* Und in [Ebe 05] findet man: *„[...] Modelle unterstützen die Kommunikation der Aufgaben- und Lösungsbeschreibung und helfen* *damit, dass verschiedene Experten [...] die konsistente und korrekte Wiedergabe der Aufgabe prüfen können.“*

Diese beiden Zitate nennen auch bereits einige der Vorteile, die Modelle bieten:

- sie ermöglichen Abstraktion (d.h. die Reduktion komplexer Sachverhalte auf das Wesentliche);
- sie sind (in der Regel) leichter verständlich als die Realität;
- sie strukturieren Sichten auf ein System („Perspektiven“);
- sie erfassen Anwender-, Experten- und Entwicklerwissen;
- sie verbessern die Kommunikation und dienen als Diskussions- und Entwicklungsgrundlage.

Allerdings bergen (falsche oder unzulängliche) Modelle auch die Gefahr von Fehlentwicklungen.

Modelle. Schlägt man in einem gängigen Lexikon nach, so findet man unter „Modell“ meist zwei unterschiedliche Bedeutungsfacetten dieses Begriffs:

- verkleinerte, meist maßstabsgetreue Nachbildung eines Gebäudes, einer Maschine, eines Fahrzeugs, etc. (*Abbild*);
- Musterstück, Beispiel (*Vorbild*);

Im Weiteren soll *Modell* für die abstrakte Repräsentation eines festgelegten Aspekts der Realität (Struktur, Funktion oder Verhalten) in einem bestimmten Formalismus stehen, die sich meist durch den Einsatz einer Methode ergibt.

Unter *Formalismus* soll eine Menge von Konzepten in einer speziellen Notation verstanden werden, unter *Methode* eine aus grundlegenden Regeln abgeleitete Vorgehensweise zur Erreichung eines bestimmten Ziels. Den Zusammenhang zwischen diesen Begriffsbildungen illustriert Abb. 2.1.12.

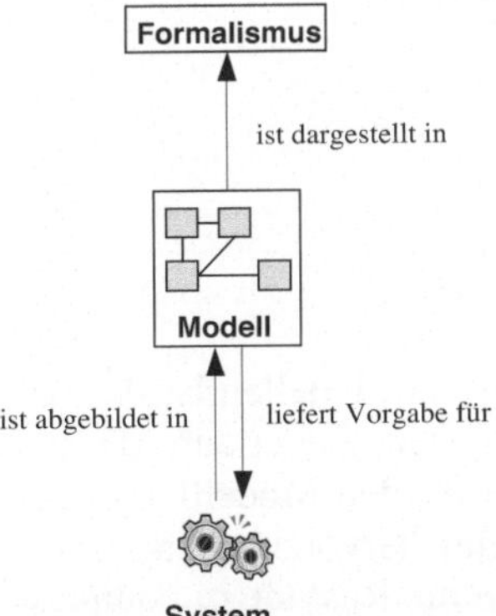

Abb. 2.1.12. Zusammenhang zwischen System, Modell und Formalismus

Betrachtet man typische Beispiele für Modelle im Zusammenhang mit Menschen, etwa

- Strichmännchen, Piktogramme, Gemälde, Zeichnungen, ...
- Photos, Videos, ...
- verbale Beschreibungen („Steckbrief"), Stammdaten, ...
- schematischer Blutkreislauf, Reizleitung im Gehirn, ...
- Sozialversicherungsnummer, Matrikelnummer, ...

so stellt sich unmittelbar die Frage, wann man am Besten welches Modell verwendet. Auf diese zentrale Frage wird im Rest des Buches noch sehr detailliert eingegangen.

Hilfreich bei der Beantwortung dieser Frage ist auch die Kenntnis der charakteristischen Merkmale von Modellen (vgl. [Sta 73]):

- *Abbildungsmerkmal*
  Zu jedem Modell gibt es ein Original (vorher oder nachher), das selbst wieder ein Modell sein kann;
- *Pragmatisches Merkmal*
  Modelle können unter bestimmten Bedingungen das Original ersetzen; Die Zuordnung zwischen Modell und Original orientiert sich am Nützlichen und wird durch Fragen wie „Für wen?", „Warum?" und „Wozu?" relativiert;
- *Verkürzungsmerkmal*
  Nicht alle Attribute des Originals werden erfasst (nur die „relevanten"), neue kommen hinzu.

Insbesondere das letzte Merkmal illustriert Abb. 2.1.13.

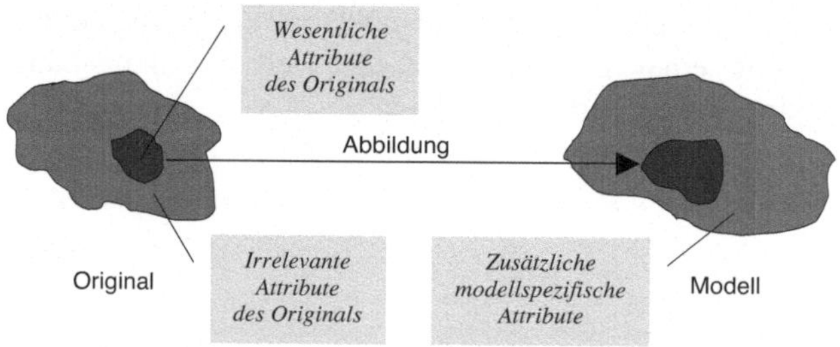

Abb. 2.1.13. Zusammenhang zwischen Original und Modell

Von den oben genanten Vorteilen und Eigenschaften von Modellen ist die *Abstraktion* (zur Verringerung der Komplexität) am wichtigsten. Sie erlaubt die bewusste Vernachlässigung bestimmter Merkmale, um die für den Modellierer oder den Modellierungszweck wesentlichen Modelleigenschaften hervorzuheben.

Modelle werden typischerweise dann eingesetzt, wenn die Realität zu komplex, unüberschaubar und ungeeignet ist, um sinnvolle Schlüsse zu ziehen, oder wenn ein Vergleich oder eine Wertung durchzuführen sind, die in der Realität nicht möglich sind. Auch bieten sich Modelle an, wenn die Durchführung von geplanten Änderungen in der Realität riskant oder schwierig ist. Dies illustriert Abb. 2.1.14.

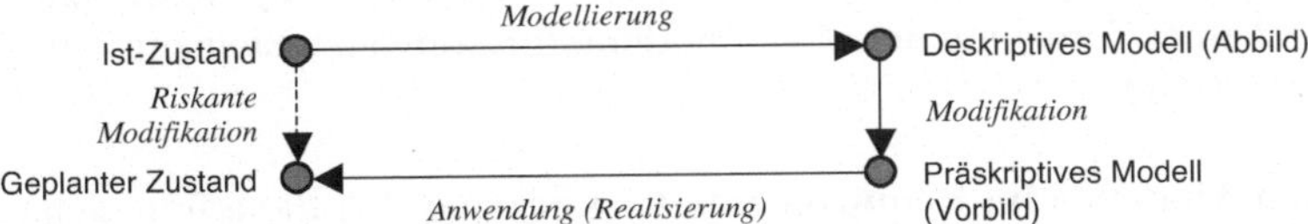

Abb. 2.1.14. Einsatz von Modellen (riskante Modifikation)

In der einschlägigen Literatur wird ferner im Zusammenhang mit der Modellbildung zwischen konzeptionellen und operationellen Modellen unterschieden. *Konzeptionelle Modelle* beschreiben Systeme auf der Ebene menschlicher Konzeptdarstellung. Sie werden vor allem verwendet, um ein Verständnis für Zusammenhänge in großen, komplexen Systemen zu erhalten. Bei *operationellen Modellen* steht die Ausführbarkeit einzelner Systemkomponenten im Vordergrund. Sie erlauben es etwa, einzelne Dienste (*features*) eines Systems und die Durchführbarkeit von Benutzeranforderungen zu evaluieren und können daher als frühe Prototypen betrachtet werden.

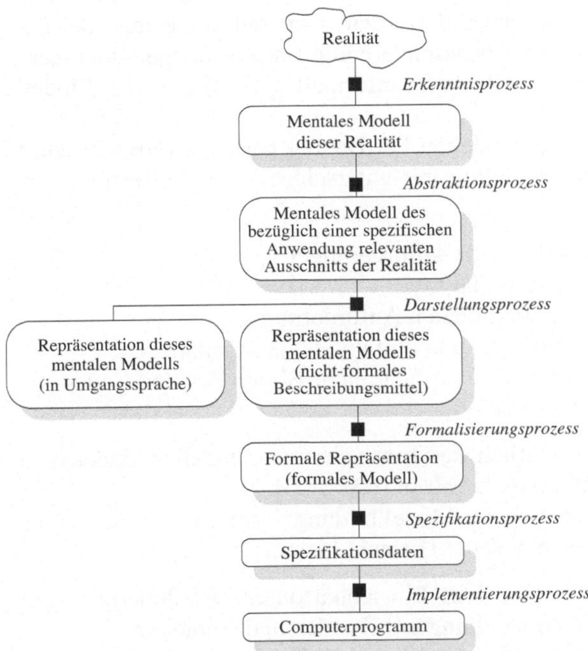

Abb. 2.1.15. Abbildung der Realität in ein Modell

Modellbildung. Bei der *Modellbildung* geht es im Wesentlichen darum, eine Abbildung der Anforderungen der realen Welt in ein geeignetes Modell zu finden, das dann den Ausgangspunkt für Entwurf und Implementierung darstellt. Modellbildung ist ein komplexer Vorgang, der üblicherweise verschiedene Teilprozesse umfasst. Ein Beispiel einer Zerlegung der Modellbildung für Softwaresysteme in Teilprozesse gibt Abb. 2.1.15.

Verwendung von Modellen im Requirements-Engineering. Für die erfolgreiche Verwendung von Modellen im Rahmen des Requirements-Engineering müssen einige Voraussetzungen erfüllt sein. So muss man z.B. die genaue Rolle der Modelle im Entwicklungsprozess verstanden haben, d.h. es muss zweifelsfrei geklärt sein, ob Modelle nur erläuternde Skizzen oder aber wesentliche Artefakte (mit Versionskontrolle) sind. Des Weiteren müssen die Modelle sauber in den Entwicklungsprozess integriert sein. Und schließlich muss der ökonomische Nutzen – von Modellen und Modelltransformationen sowie von Unterstützungswerkzeugen – nachgewiesen sein.

Bezüglich des Vorgehens bei der Modellierung ist es wichtig, dass klar ist, welchem Ziel (z.B. Illustration, Klärung von Fragen, Detaillierung, Präzisierung) die Modellierung dienen soll. Auch muss klar sein, welcher Systemaspekt (statische Struktur, Funktionalität, dynamisches Verhalten, vgl. Kap. 3) modelliert werden soll. Zudem müssen alle Einschränkungen und Besonderheiten der konkreten Problemstellung identifiziert sein. In Abhängigkeit von diesen Vorarbeiten sollte dann ein angemessener Formalismus ausgewählt werden. Generell sollte man bei der Modellierung systematisch vorgehen (insbesondere alle Entscheidungen dokumentieren) und stets die Informationsquelle (z.B. informeller Text) und das Modell synchronisieren.

Über den typischen Einsatz von Modellen bei Boeing berichtet [NB 02]. Dort werden Modelle auf verschiedenen Stufen mit unterschiedlicher Zielsetzung verwendet:

- Validierung von (natürlichsprachlichen) Anforderungen
- Teilsystem-übergreifende Funktionsanalyse
- Erfassung und Validierung von funktionalen Anforderungen
- Erfassung funktionaler Anforderungen und umfangreiche Simulation
- Erfassung funktionaler Anforderungen, umfangreiche Simulation und Codegenerierung für eingebettete Systeme.

Diese verschiedenen Stufen hinsichtlich des Einsatzes von Modellen findet man sinngemäß auch als *Modeling Maturity Levels* in [KWB 03].

Für das Requirements-Engineering ist Modellbildung insofern interessant, als sie *Verbesserungspotenzial* in verschiedener Hinsicht bietet:

- besseres Problemverständnis (zusätzliche Einsichten durch Detailüberlegungen und Visualisierung; fundierte Verhandlung mit Kunden und Anbietern)
- Evaluierung von Alternativen zum frühest möglichen Zeitpunkt
- Analyse der Auswirkungen von Änderungen (*impact analysis*)
- verbesserte Schätzmöglichkeiten (Kosten, Aufwand, Termine) in den frühen Phasen
- frühzeitige und umfassende Risiko-Analyse
- Grundlage für automatisierte Prüfungen
- Wiederverwendung von Anforderungen an Komponenten und Subsysteme.

Literaturhinweise. Einen Erfahrungsbericht über die (bekannten) Vorteile von Modellen findet man in [MW 08]. Dass bereits eine teilweise Formalisierung von Anforderungen Vorteile bietet, betont [KB 06]. Die Vorteile von Modellen stellt auch [Sch 05] heraus. Dort wird darüber hinaus gezeigt, wie man textuelle Anforderungen in formale Teile von Anforderungsmodellen einbetten kann.

Über praktische Erfahrungen mit modell-basiertem RE berichtet [AW 00]. [AKS 08] zeigt, wie modellgetriebene Techniken verwendet werden können, um automatisch Anforderungsmodelle für spezifische Produkte einer Software-Produktlinie abzuleiten.

Über eine Studie, in der untersucht wurde, ob UML oder „Problem Frames" [Jac 95] als Notation (für die Beschreibung des Problembereichs und der Software-Anforderungen) speziell für Nicht-Spezialisten besser verständlich ist, berichtet [Vin 08]. Die Übersetzung von (Klassen-)Modellen in umgangssprachlichen Text zur besseren Verständlichkeit schlägt [MAA 08] vor.

2.2 Prinzipielle Vorgehensweise

Die wesentlichen Aktivitäten *Ermittlung*, *Beschreibung* und *Analyse* von Anforderungen, die in den folgenden Unterabschnitten noch im Einzelnen zu behandeln sind, werden sequentiell in Zusammenarbeit mit den Stakeholdern durchlaufen, jedoch meist in mehreren Iterationen verfeinert. Dadurch „überlappen" die Tätigkeiten (vgl. [HD 04]) und es entstehen Rückkopplungsschleifen, die üblicherweise eine Klärung der Anforderungen mit den betroffenen Stakeholdern erfordern, wie in Abb. 2.2.1 angegeben. Die dort dargestellte allgemeine Vorgehensweise deckt sich im Kern auch mit anderswo angegebenen, z.B. denen in [RS 07] oder [PR 09].

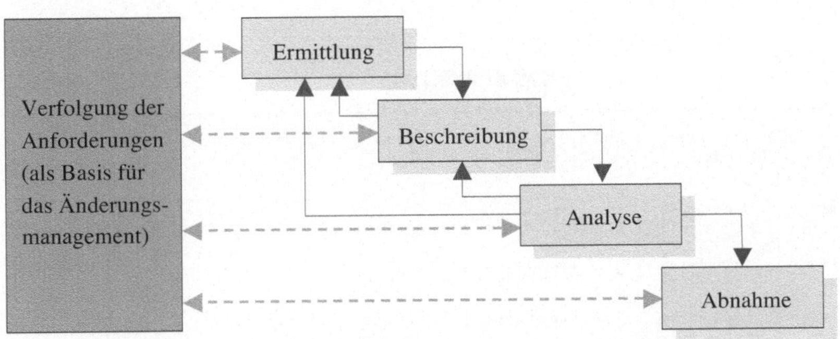

Abb. 2.2.1. „RE life cycle" (nach [KPR 87])

Eine Modifikation dieser Vorgehensweise durch Integration mit anderen Entwicklungsschritten schlägt [Som 05] vor. Allerdings wird auch dort die obige, klassische Vorgehensweise für kritische Systeme weiterhin als unabdingbar gesehen.

Hinweise zur Vorgehensweise liefern auch einschlägige Standards (z.B. [IEE 98b, IEE 98c, VDI 01]). Eine Vorgehensweise zur Auswahl verschiedener RE-Techniken in Abhängigkeit von Projektcharakteristika stellt [JEF 08] vor.

Zu beachten ist hier auch, dass es verschiedene Durchläufe auf verschiedenen Detaillierungsebenen (entsprechend der System-Definition, vgl. 2.1.2) geben kann und dass die jeweiligen konkreten Aktivitäten abhängig sind vom Projekttyp (z.B. Auftrag, Inhouse-Projekt) sowie dem gewählten Vorgehensmodell.

Zu beachten ist ferner, dass in der einschlägigen Literatur der Begriff Analyse (*requirements analysis*) eine zweifache Bedeutung hat, wie etwa aus der in [IEE 90] gegebenen Definition deutlich wird:

1. Die Analyse von Kundenwünschen mit dem Ziel der Definition von System- oder Softwareanforderungen.
2. Die Überprüfung und Verifikation von System- oder Softwareanforderungen.

2.2.1 Ermittlung von Anforderungen

Vor der eigentlichen Ermittlung gibt es einige Tätigkeiten, die im Vorfeld zu erledigen sind. Abb. 2.2.2 gibt eine Übersicht.

Abb. 2.2.2. Tätigkeiten im Vorfeld

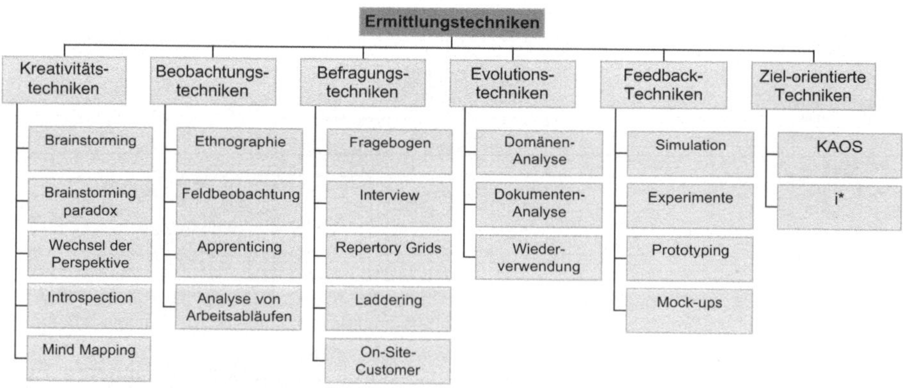

Abb. 2.2.3. Ermittlungstechniken

Bei der Ermittlung der Anforderungen geht es darum, durch geeignete Techniken herauszufinden, worin eigentlich das Problem besteht, das es zu lösen gilt, und was die Stakeholder wollen. Eine Übersicht über verschiedene Techniken der Anforderungsermittlung gibt Abb. 2.2.3. Detaillierte Beschreibungen dieser Techniken, Hinweise auf die jeweiligen Vor- und Nachteile sowie ihre Eignung für verschiedene Anforderungstypen findet man z.B. in [CY 04, CZ 05, RS 07, Poh 07]. Abb. 2.2.4 gibt einen Überblick über Techniken, die unterstützend eingesetzt werden können (vgl. [RS 07]).

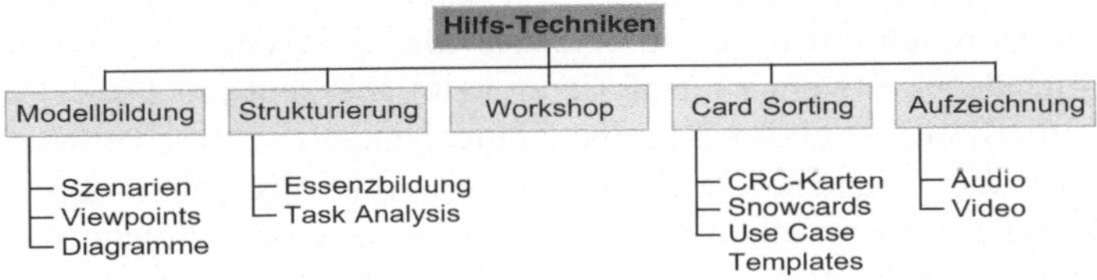

Abb. 2.2.4. Hilfs-Techniken

Literaturhinweise. Sehr ausführlich und detailliert wird der Aspekt der Anforderungserhebung in [CB 04] behandelt. [ZC 05, CZ 05] enthalten gute Überblicke über Techniken, Ansätze und Werkzeuge zur Ermittlung von Anforderungen. Dabei werden auch die jeweiligen Vor- und Nachteile der Ansätze, die relevanten Forschungsthemen sowie Trends und Herausforderungen in diesem Bereich angesprochen. Ein vereinheitlichtes Modell für die Ermittlung, das alle detaillierten Techniken integriert, stellt [HD 04] vor.

Über eine Auswertung von publizierten Studien über Wirksamkeit von Ermittlungs-Techniken berichtet [DDH 06]. Am Besten schneiden dabei (strukturierte) Interviews ab. Dabei spielt die Erfahrung der Analysten keine Rolle. Insbesondere konnte kein Zusammenhang zwischen Techniken und Art der gewonnenen Informationen festgestellt werden. Zu ähnlichen Ergebnissen – ebenfalls durch Auswertung publizierter Studien – kommt [DJS 08].

Einzelaktivitäten. Anforderungsermittlung ist typischerweise ein interaktiver, kooperativer Prozess, bei dem – parallel zur systematischen Beschaffung fehlender Informationen (durch geeignete Ermittlungstechniken, s.o.) – insbesondere folgende Einzelaktivitäten durchzuführen sind:

– Entwicklung eines Verständnisses für die Problemstellung
– Durchführung von Bedarfs- und Ist-Analyse (falls notwendig)
– Definition von Benutzerschnittstelle und -profil
– Festlegung der Qualitätsmerkmale
– Bestimmung von Entwicklungs- und Zielumgebung.

Zunächst gilt es ein Verständnis für die Problemstellung zu entwickeln, etwa dadurch, dass man sich (unter Einbeziehung der relevanten Stakeholder) mit dem Problemumfeld oder dem jeweiligen Anwendungsbereich des geplanten Systems auseinandersetzt. Typische Anforderungsquellen, die in diesem Zusammenhang zu berücksichtigen sind, sind Stakeholder (und ihre Interessen oder Wünsche), Geschäftsziele, Unternehmenspolitik, Qualitätsaspekte, bereits existierende Anforderungen oder das künftige Systemumfeld („Rahmenbedingungen").

Die Notwendigkeit für die Erstellung eines neuen Systems steht nicht immer zweifelsfrei fest. Daher wird im Rahmen einer *Bedarfsanalyse* zunächst untersucht, ob überhaupt ein solches System gebraucht wird. Dazu ist es erforderlich, die derzeit vorliegende Situation, die selbst wieder als (technisches oder organisatorisches) System aufgefasst werden kann, zu erfassen und zu analysieren (*Ist-Analyse*). Dies ist unabhängig davon, ob geplant ist, ein bereits vorhandenes System weiter zu entwickeln, es durch ein neues zu ersetzen oder ein System ganz neu einzuführen. Ein vorhandenes System zu analysieren heißt aber, entsprechend der Festlegung des Begriffs System (vgl. 2.1.2), seine Komponenten zu betrachten und deren Zusammenwirken zu verstehen. Zweckmäßigerweise geht man dabei schrittweise vor und konzentriert sich jeweils auf einen bestimmten Aspekt. Solche Aspekte umfassen statische Komponenten, dynamisches Verhalten sowie kausale und funktionale Zusammenhänge (siehe auch Kap. 3).

Neben den oben genannten, allgemeinen Anforderungsquellen kommen im speziellen Fall der Ablösung eines Altsystems weitere hinzu, etwa Problemberichte, Helpdesk und Unterstützungsteam, Trainer und Berater (mit häufigem Kundenkontakt), Vorschläge und Klagen des Kunden, durch den Nutzer durchgeführte Verbesserungen, unbeabsichtigte Verwendung des Altsystems, Konkurrenzprodukte oder auch vorhandene Entwürfe und Spezifikationen.

Die *Benutzerschnittstelle* umfasst zum einen die Funktionen, die die Benutzer des zukünftigen Systems von ihm erwarten (d.h. die funktionalen Anforderungen, vgl. 2.1.3), zum anderen aber auch Angaben darüber, wie die zukünftigen Benutzer mit dem System kommunizieren. Bezüglich der zukünftigen Benutzer ist zu unterscheiden zwischen menschlichen Benutzern und anderen Systemkomponenten, etwa im Zusammenhang mit technischen Systemen.

Menschliche Benutzer lassen sich je nach Kenntnissen und Aufgaben einteilen in Laien (die den Rechner ohne jegliche Fachkenntnisse als Arbeitshilfsmittel benutzen), Fachleute des Anwendungsgebiets (die die gelieferte Software für ihre fachliche Tätigkeit einsetzen) und Rechnerbetriebsspezialisten (die dafür sorgen, dass das Softwareprodukt den anderen Benutzern zur Verfügung steht, aber nicht selbst mit ihm arbeiten).

Ist ein System selbst Bestandteil eines umfassenden Systems, dann sind andere Komponenten (des umfassenden Systems) seine Benutzer. Auch hierbei gibt es Unterschiede, je nachdem ob es sich um Softwarekomponenten, Hardwarekomponenten oder andere technische Prozesse handelt.

Die Beschreibung der Benutzer des geplanten Systems ergibt das *Benutzerprofil*, dessen Bedeutung in der Praxis oft unterschätzt wird. Es enthält – neben der Charakterisierung der verschiedenen Benutzer – unter anderem detaillierte Angaben zu Anzahl und Häufigkeit der Benutzung des Systems sowie zu besonderen Wünschen und Ansprüchen seiner Benutzer.

Sofern noch nicht im Rahmen der Bedarfs- und Ist-Analyse oder der Festlegung des Benutzerprofils in ausreichendem Maße geschehen, müssen auch noch die an das geplante System zu stellenden *Qualitätsmerkmale* in Kooperation mit dem Kunden ermittelt werden. Hinweise darüber, welche Aspekte im Einzelnen dabei zu berücksichtigen sind, ergeben sich aus den im Hinblick auf Qualität einschlägigen nicht-funktionalen Anforderungen (vgl. 2.1.3).

Ähnlich wie bei den Qualitätsmerkmalen ergeben sich aus den Vorgaben für die Systemerstellung und den Anforderungen an Prüfung, Einführung, Betrieb und Betreuung (vgl. 2.1.3) die wesentlichen Hinweise, welche Informationen zur Bestimmung von *Entwicklungs- und Zielumgebung* ermittelt werden müssen.

Ausreichende Informationen für die anschließende Festlegung und Beschreibung der Anforderungen an ein System zu erhalten durch persönliche Gespräche, Workshops oder Ermittlungen per Fragebogen ist aber oft mit Schwierigkeiten verbunden. Neben den bereits in Abschnitt 1.3 ausführlich behandelten Kommunikationsschwierigkeiten kommt hier noch eine psychologische Komponente ins Spiel, etwa dadurch, dass die Befragten gegenuber geplanten Änderungen misstrauisch sind und daher die Mitarbeit verweigern oder gar absichtlich falsche Informationen geben.

Die verschiedenen Informationsquellen für Anforderungen, wie Auftraggeber, Kunde, Benutzer, Fachexperten, denken in unterschiedlichen Begriffswelten und Modellen. Sie geben ihre Information auch weder systematisch noch in strukturierter Form wieder. Daher ist eine *systematische Vorgehensweise* bei der Ermittlung der Anforderungen besonders wichtig, wobei man entweder verschiedene (Benutzer-)Perspektiven berücksichtigt (*viewpoint-oriented analysis*) oder gemäß den Vorgaben einer spezifischen Vorgehensweise vorgeht (*method-based analysis*).

Konflikte und deren Auflösung. Wichtig bei der Ermittlung der Anforderungen sind auch eine kontinuierliche Überprüfung der Anforderungen (insbesondere auf Konsistenz und Vollständigkeit) sowie eine frühzeitige Auflösung von Konflikten und das *Aushandeln* (*negotiation*) einer Übereinstimmung zwischen den beteiligten Stakeholdern.

Konflikte können auf verschiedene Weise entstehen, z.B. durch widersprüchliche Wünsche oder Bedürfnisse verschiedener Stakeholder oder die unkoordinierte, parallele Erhebung von Anforderungen. Auch die Auflösung eines Konflikts kann an anderer Stelle einen neuen auslösen.

Es gibt auch verschiedene Typen von Konflikten (vgl. [Poh 07]), die jeweils unterschiedliche Ursachen haben. Mangel an Information oder unterschiedliche Interpretation eines Sachverhalts führen zu einem *Sachkonflikt*. Ein *Interessenskonflikt* entsteht bei subjektiv oder objektiv verschiedenen Interessen und Zielen. Ein *Wertekonflikt* hat seine Ursache in verschiedenen Kriterien zur Bewertung von Sachverhalten. Aus negativem zwischenmenschlichem Verhalten ergibt sich meist ein *Beziehungskonflikt*.

Wurde ein Konflikt erkannt, dann sollte zunächst seine Ursache analysiert werden. Abhängig davon kann dann eine zur Ursache passende Konfliktauflösungsstrategie gewählt und damit der Konflikt aufgelöst werden. Anschließend sollte die Auflösung des Konflikts geeignet dokumentiert werden (z.B. Konflikttyp und Ursache, erzielte Lösung, zentrale Argumente). Gängige Konfliktauflösungsstrategien sind (vgl. [Poh 07]) Verhandlung (Austausch von Argumenten und Einigung), eine kreative Lösung (Verwerfen der alten Standpunkte, Entwicklung einer gemeinsamen neuen Lösung) oder eine Entscheidung (durch eine übergeordnete Instanz oder durch Abstimmung).

Literaturhinweise. Eine Vorgehensweise zur Anforderungserhebung die speziell darauf fokussiert, herauszufinden, welche Anforderungen die Stakeholder wirklich interessieren, schlägt [Gil 05] vor. Speziell mit der Ermittlung nicht-funktionaler Anforderungen ist [CY 04] befasst. Mit der Ableitung von (nicht-funktionalen) Anforderungen aus Mißbrauchsszenarien und potenziellen Gefährdungen beschäftigen sich [Ale 03, HP08]. Einen Vorschlag, wie man die wichtigsten Usability-Anforderungen und entsprechende funktionale Umsetzungen findet, behandelt [JMS 07]. [Tro 08] präsentiert einen Ansatz zur Ableitung von Sicherheitsanforderungen aus FTA (*fault-tree-analysis*) und FMEA (*failure mode and effect analysis*). Auf der Grundlage von Domänenwissen in Form von Ontologien basieren mehrere Ansätze. [AFD 07] stellt das Werkzeug ElicitO zur Unterstützung bei der Erhebung von präzisen nicht-funktionalen Anforderungen vor. Eine spezielle Vorgehensweise findet sich in [SKS 07].

Eine gute Einführung zum Thema Aushandeln („negotiation") sowie einen Überblick, einschließlich Diskussion und Klassifikation existierender Unterstützungswerkzeuge gibt [GS 05a]. Ein Spiralmodell für das Aushandeln mit unterstützenden Elementen hinsichtlich Erhebung und Analyse von Anforderungen sowie verschiedene Konfliktauflösungsstrategien findet man in [Ahm 08]. Ein anderer Ansatz, der „WinWin"-Ansatz, der aus einer Vorgehensweise für das Aushandeln und einem unterstützenden Werkzeug besteht, wird in [BK 07] behandelt.

2.2.2 Beschreibung der Anforderungen

Aus der in einer systematischen Ermittlung gewonnenen Information wird bei der *Dokumentation* eine präzise Anforderungsspezifikation erstellt. Dabei fallen insbesondere die folgenden Tätigkeiten an:

– Exakte Formulierung der Einzelanforderungen
– Systematische Gruppierung und Klassifizierung der Einzelanforderungen
– Beschreibung der Zusammenhänge zwischen den Einzelanforderungen
– Unterteilung in unbedingt notwendige und wünschenswerte Anforderungen
– Kennzeichnung stabiler und instabiler Anforderungen.

Beschreibung einzelner Anforderungen. Für eine exakte Formulierung aller Einzelanforderungen kann man sich an den Qualitätskriterien für Anforderungen (vgl. 2.1.3) orientieren. Wichtig dabei ist auch die Wahl eines geeigneten Beschreibungsmittels. *Mögliche Beschreibungsmittel* sind normaler Text, eine semi-formale Darstellung (durch strukturierte natürliche Sprache oder mit Schablonen) sowie eine formale Beschreibung (durch eine formale Sprache, graphische oder mathematische Modelle). Die verschiedenen Möglichkeiten haben ihre jeweiligen Vor- und Nachteile und sind unterschiedlich für verschiedene Ziele und Detaillierungsebenen geeignet.

Hinweise zu Aufbau und Inhalt einzelner Anforderungen gibt der IEEE-Standard 830 (vgl. [IEE 98a]). Die wichtigsten dort genannten Informationen sind:

– Anforderungsnummer (eindeutiger Schlüssel)
– Kurzbezeichnung der Anforderung
– Erläuterung (präzise, verständlich, mit Projektbezug)
– Einschränkungen (Bezug zu nicht-funktionalen Anforderungen)
– Ausreichende Begründung (Nutzen aus Kunden- oder Marktsicht)
– Priorität
– Querbezüge (zu anderen Anforderungen)
– Einflüsse auf die Realisierung der Anforderung (z.B. Funktionen, Hardware)
– Akzeptanzkriterien (Testfälle, quantitative Vorgaben in messbarer Form)
– Kommentare (z.B. zu Änderungen, Erweiterungen bis zur Freigabe).

Schlüsselwort	Beschriebene Information
Funktion	Kurzbezeichnung der Funktion
Beschreibung	Funktion (und ihr Kontext)
Eingaben/Quelle	Eingaben (und woher sie kommen)
Ausgaben/Ziel	Ausgaben (und wohin sie gehen)
Aktion	Detaillierte Angaben zur Berechnung
Voraussetzung	evtl. Anforderungen an den Kontext
Vorbedingung	Einschränkungen für die Anwendung
Nachbedingung	Effekt der Funktion
Seiteneffekte	Indirekte Auswirkungen

Abb. 2.2.5. Beispielschablone für funktionale Anforderungen

Schlüsselwort	Beschriebene Information
Requirement #	Eindeutige ID
Requirement type	Typ aus vordefinierten Kategorien (Projekt-Treiber u. -Randbedingungen, Funktionale und Nicht-funktionale Anforderungen, Projekt-Planung)
Event/use case #	Liste von Ereignissen/Anwendungsfällen, die die Anforderung benötigen
Description	Kurze Aussage über die Intension der Anforderung
Rationale	Begründung für die Anforderung
Originator	Stakeholder, von dem die Anforderung kommt
Fit Criterion	Messbare Vorgabe zur Entscheidung, ob die Anforderung erfüllt ist
Customer Satisfaction	Grad der Zufriedenheit des Stakeholders, wenn diese Anforderung erfolgreich umgesetzt ist (1: uninteressiert – 5: extrem zufrieden)
Customer Dissatisfaction	Grad der Unzufriedenheit des Stakeholders, wenn die Anforderung nicht erfolgreich umgesetzt ist (1: macht nichts aus – 5: extrem unzufrieden)
Conflicts	Andere Anforderungen die nicht umgesetzt werden können, wenn die vorliegende umgesetzt wird
Priority	Priorität dieser Anforderung
Support Material	Verweise auf Dokumente, die die Anforderung illustrieren und erläutern
History	Erzeugung, Änderungen, Löschung, etc.

Abb. 2.2.6. Volere-Karte („shell", vgl. [RR 06])

Hilfreich zur Formulierung einzelner Anforderungen sind auch *Schablonen* (*templates*), die die einzelnen Beschreibungsaspekte vorgeben. Diese Schablonen bieten offensichtliche Vorteile, etwa dass fehlende Aspekte leicht erkannt werden, oder neue Mitarbeiter besser eingearbeitet werden können. Dadurch, dass dieselben Informationen immer an derselben Stelle zu finden sind, wird der Vergleich von Informationen einfacher und man kann schneller selektiv auf Einzelinformationen zugreifen.

Ein einfaches, selbsterklärendes Beispiel für eine Schablone gibt Abb. 2.2.5. Ein weiteres Beispiel findet sich in Abb. 2.2.6. Diese „Volere-Karten" werden nach [RR 06] bei den Interviews der Stakeholder eingesetzt und dabei die vorgegebenen Rubriken inkrementell gefüllt.

Gruppierung und Klassifikation von Anforderungen. Mit systematischer Gruppierung und Klassifikation von Einzelanforderungen ist nicht eine Einteilung der Anforderungen anhand der in Abschnitt 2.1.3 gegebenen Kategorien gemeint. Vielmehr zielt man hierbei auf eine inhaltlich-logische, von Systemgegebenheiten abhängige Unterteilung ab. Diese wiederum hängt aber sehr stark davon ab, wie man überhaupt methodisch vorgeht. Daher wird dieser Aspekt ausführlicher im Zusammenhang mit Methoden (siehe 2.3.3) behandelt.

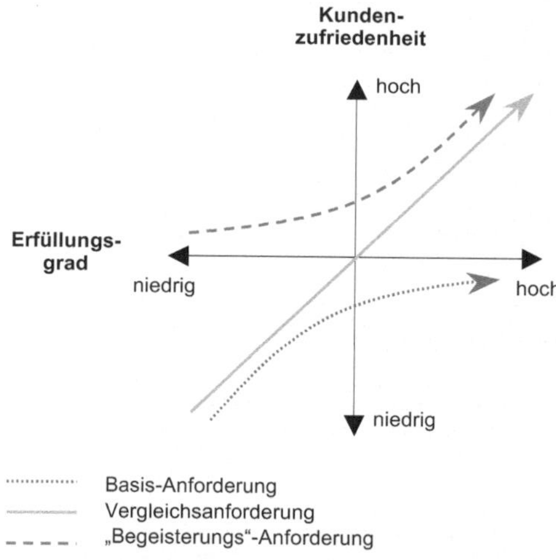

Abb. 2.2.7. Klassifikation von Anforderungen (Kano-Modell)

Eine in der Praxis häufig eingesetzte Methode zur Klassifikation bietet das „Kano-Modell", das Anforderungen an Produktmerkmale mit der Kundenzufriedenheit in Beziehung setzt (vgl. Abb. 2.2.7). Dabei werden drei Typen von Anforderungen durch Kundenbefragung hinsichtlich „Funktionalität" (erwünschte Merkmale) und „Dysfunktionalität" (unerwünschte Merkmale) erhoben:

– *Basisanforderungen* werden als selbstverständlich vorausgesetzt. Sie sind nicht verhandelbar, ihre Untererfüllung ist ein KO-Kriterium. Andererseits wird die Kundenzufriedenheit durch Übererfüllung nur geringfügig gesteigert.

- *Vergleichsanforderungen* (auch: Leistungsanforderungen) werden explizit gefordert und dienen als Leistungsvergleich zu Mitbewerbern. Sie sind direkt korreliert an die Kundenzufriedenheit.
- *„Begeisterungs"-Anforderungen* betreffen Produktmerkmale, die der Kunde erst bei der Benutzung kennen und schätzen lernt. Sie differenzieren vom Mitbewerber und haben einen großen Einfluss auf die Kundenzufriedenheit.

Deutlich wird diese Differenzierung etwa an einem Mobiltelefon. Telefonieren zu können ist zweifellos eine Basisanforderung, Betriebszeiten und Funktionsumfang sind Vergleichsanforderungen, eine neue (bisher unbekannte) Funktionalität (etwa Standheizung im Auto einschalten) wäre eine Begeisterungsanforderung. An diesem Beispiel sieht man auch recht gut, dass sich die Klassifikation über die Zeit verändert, d.h. ehemalige Begeisterungsanforderungen sind mittlerweile Basisanforderungen.

Neben den oben angegebenen drei Typen von Anforderungen werden bei der klassischen Kano-Analyse auch noch „unerhebliche Merkmale" und „Rückweisungsmerkmale" ermittelt. Diese (insgesamt) fünf verschiedenen Arten von Kundenantworten werden nach Häufigkeiten gemäß spezieller Regeln zu einem „Zufriedenheitskoeffizienten" statistisch ausgewertet.

Ähnlich wie bei der systematischen Gruppierung hat man auch bei der Beschreibung von Zusammenhängen zwischen einzelnen Anforderungen eine deutliche Abhängigkeit von methodischen Überlegungen. Daher werden wir auch auf diesen Aspekt im Zusammenhang mit Methoden wieder zurückkommen.

Kennzeichnung von Anforderungen. Es empfiehlt sich auch, Anforderungen entsprechend ihrer Änderungswahrscheinlichkeit zu kennzeichnen. Bei der Modellbildung wird man sich dann bevorzugt auf die stabilen Anforderungen konzentrieren und gleichermaßen bei den instabilen Anforderungen die große Wahrscheinlichkeit der Änderung berücksichtigen.

Anforderungen an ein geplantes System sind nicht alle von gleicher Qualität. Oft gibt es eine klare Trennung zwischen „muss" und „kann", also eine Aufteilung in Anforderungen, die unbedingt notwendig sind und solche, die nur wünschenswert sind. Eine entsprechende Kennzeichnung der Anforderungen durch Priorisierung bringt offensichtliche Vorteile für spätere Aktivitäten (etwa bei der Auflösung von Konflikten und Widersprüchen im Zusammenhang mit der Analyse von Anforderungen) und liefert die Grundlage für eine sinnvolle, stufenweise Realisierung des Systems.

Literaturhinweise. Einen guten Überblick über Techniken für die *Priorisierung* von Anforderungen, Grenzen und Probleme sowie aktuelle Forschungsfragestellungen gibt [BA 05]. Warum Priorisierung wichtig und manchmal schwierig ist, diskutiert [Ale 07].

Ein spezielle Art der Priorisierung bei beschränkt verfügbarer Zeit und knappen Ressourcen, die „Triage", behandelt [Dav 03]. Einen Ansatz, wie man signifikante Teile des Priorisierungsprozesses automatisieren kann, schlägt [LCD 07] vor. Dort findet man ebenfalls einen brauchbaren Überblick über Priorisierungstechniken. Die Ergebnisse einer Studie, in der vier Methoden (*Analytical Hierarchy Process*

(AHP), *MoSCoW*, *Hundred Dollar Method*, *Simple Ranking*) zur Priorisierung von Zielen untersucht wurden, präsentiert [Hat 07].

Inhalt und Aufbau einer Anforderungsbeschreibung. Eine Anforderungsbeschreibung kann inhaltlich entweder individuell problemspezifisch aufgebaut sein oder eine generische Struktur haben, die sich an vorgegebenen Standards orientiert. Beispiele solcher Standards verschiedener Organisationen in den USA (Verteidigungsministerium (DoD), NASA, ANSI/IEEE) finden sich in Abb. 2.2.8 - 2.2.11. Einen entsprechenden deutschen Standard findet man in [VDI 08].

1. Inhalt und Umfang
2. Relevante Dokumente
3. Technische Anforderungen (für ein Subsystem)
    3.1 Anforderungen an externe Schnittstellen
    3.2 Funktionale Anforderungen
    3.3 Interne Schnittstellen
    3.4 Anforderungen an Datenelemente
    3.5 Anforderungen für die Installation
    3.6 Größen- und Zeitanforderungen
    3.7 Sicherheitsanforderungen (*safety*)
    3.8 Anforderungen an Datensicherheit und Datenschutz (*security*)
    3.9 Entwurfsbeschränkungen
    3.10 Qualitätsfaktoren
    3.11 Anforderungen an das Bedienpersonal (*human engineering*)
    3.12 Zurückführbarkeit der Anforderungen
4. Anforderungen an die Qualifikation
5. Vorbereitung für die Auslieferung
6. Zusätzliche Informationen (Glossar, Abkürzungen, Hintergrundinformation)

Abb. 2.2.8. DoD-Standard DI-MCCR-80025A (gekürzt)

1. Einführung
2. Verwandte Dokumentation
3. Anforderungsansatz und Abwägungen
4. Anforderungen an externe Schnittstellen
5. Anforderungsspezifikation
    5.1 Anforderungen an Prozesse und Daten
    5.2 Anforderungen an Ausführungsverhalten und Qualität
    5.3 Sicherheitsanforderungen
    5.4 Anforderungen an Datensicherheit und Datenschutz
    5.5 Implementierungsbeschränkungen
    5.6 Installationsanforderungen
    5.7 Entwurfsziele
6. Zurückführbarkeit der Anforderungen
7. Aufteilung für schrittweise Auslieferung
8. Abkürzungen und Akronyme
9. Glossar
10. Notizen
11. Anhänge

Abb. 2.2.9. NASA-Standard SMAP-DID-P200-SW (gekürzt)

In der aktuellen Version des *V-Modell XT* [VXT 09], dem Entwicklungsstandard für IT-Systeme des Bundes, wird zwischen *Lastenheft* (Anforderungen aus der Sicht des Auftraggebers), *Pflichtenheft* (Anforderungen aus Sicht des Auftragnehmers) und *Systemspezifikation* unterschieden. Die inhaltlichen Strukturen dieser Dokumente sind in Abb. 2.2.12, 2.2.13 und 2.2.14 zusammengefasst.

1. Einführung
    1.1   Zweck der Anforderungsbeschreibung
    1.2   Umfang des Produkts
    1.3   Definitionen, Akronyme und Abkürzungen
    1.4   Referenzen
    1.5   Übersicht über den Rest der Anforderungsbeschreibung
2. Allgemeine Beschreibung
    2.1   Produktperspektive
    2.2   Produktfunktionen
    2.3   Benutzercharakteristik
    2.4   Allgemeine Einschränkungen
    2.5   Annahmen und Abhängigkeiten
3. Spezifische Anforderungen
    Anhänge
    Index

Abb. 2.2.10. ANSI/IEEE-Standard STD-830-1993 (gekürzt)

Alternative I:

   3. Spezifische Anforderungen
      3.1   Funktionale Anforderungen
      3.2   Anforderungen an externe Schnittstellen
      3.3   Anforderungen an das Ausführungsverhalten
      3.4   Entwurfsbeschränkungen
      3.5   Qualitätsattribute
      3.6   Andere Anforderungen

Alternative II:

   wie Alternative I, aber Anforderungen an externe Schnittstellen für jede einzelne funktionale Anforderung

Alternative III:

   3.1 und 3.2 wie Alternative I; restliche Aspekte jeweils als Unterpunkte dazu

Abb. 2.2.11. ANSI/IEEE-Standard STD-830-1984: verschiedene Alternativen für Abschnitt 3

1. Ausgangssituation und Zielsetzung
2. Funktionale Anforderungen
3. Nicht-funktionale Anforderungen
4. Skizze des Lebenszyklus und der Gesamtsystemarchitektur
5. Sicherheitsrelevante Anforderungen, Risikoakzeptanz und Sicherheitsstufen
6. Lieferumfang
7. Abnahmekriterien

Abb. 2.2.12. V-Modell XT Abschnitt 3.7.5 Anforderungen (Lastenheft)

1. Ausgangssituation und Zielsetzung
2. Funktionale Anforderungen
3. Nicht-funktionale Anforderungen
4. Sicherheitsrelevante Anforderungen, Risikoakzeptanz und Sicherheitsstufen
5. Lebenszyklusanalyse und Gesamtsystemarchitektur
6. Schnittstellenübersicht
7. Lieferumfang
8. Abnahmekriterien
9. Anforderungsverfolgung zu den Anforderungen (Lastenheft)
10. Anforderungsverfolgung

Abb. 2.2.13. V-Modell XT Abschnitt 3.9.1 Gesamtsystemspezifikation (Pflichtenheft)

1. Systemelementüberblick
2. Schnittstellenbeschreibung
3. Nicht-funktionale Anforderungen
4. Schnittstellenrealisierung
5. Verfeinerung nicht-funktionaler Anforderungen
6. Anforderungsverfolgung

Abb. 2.2.14. V-Modell XT Abschnitt 3.9.2 Systemspezifikation

Eigenschaften des Anforderungsdokuments. Zu den inhaltlichen Aspekten der Beschreibung von Anforderungen kommt hinzu, dass man letztlich eine Anforderungsbeschreibung haben möchte, die qualitativ hochwertig ist (vgl. 2.1.4) und weitere *wünschenswerte Eigenschaften* aufweist. So sollte eine Anforderungsbeschreibung

- der Problemstellung angemessen sein
- einfach, präzise, konzeptionell klar und minimal (keine Überspezifikation) sein
- für alle betroffenen Personengruppen verständlich und lesbar sein
- den Zusammenhang mit den ursprünglichen Anforderungen erkennen (Zurückführbarkeit, *traceability*) und überprüfen (*verifiability*) lassen
- ein besseres Verständnis des Problems und seiner korrekten Interpretation ermöglichen (insbesondere auch akzeptierbare Reaktionen auf unerwünschte Ereignisse charakterisieren)
- auf Eindeutigkeit, Vollständigkeit und interne Konsistenz überprüfbar sein
- konstruierbar, (bezüglich Akzeptanz) testbar oder sogar ausführbar sein
- konzeptionell und methodisch in den Gesamtentwicklungsprozess homogen einbettbar sein
- als Grundlage für den Abnahmetest des fertig gestellten Systems brauchbar sein
- Entscheidungshilfen (wie auch Beschränkungen) für Entwurf und Implementierung liefern
- „liberal" sein, d.h. beschreiben, was das Produkt tun soll, ohne eine Implementation vorwegzunehmen
- anpassbar und änderungsfreundlich, d.h. robust gegenüber Änderungen sein
- eine brauchbare Produktdokumentation (z.B. als Referenzdokument) darstellen.

Die Ergebnisse einer empirischen Studie über Art, Zusammenhänge und Verwendung der verschiedenen Dokumente, die im RE-Prozess erzeugt werden, findet man in [Win 07].

2.2.3 Analyse der Anforderungsbeschreibung

Die Analyse der in einer Anforderungsdefinition festgelegten Anforderungen zielt letztlich darauf ab, Aufschluss über die Qualität der Anforderungsbeschreibung zu erhalten. Tätigkeiten, die in diesem Zusammenhang anfallen, sind:

– Überprüfung der Anforderungen auf Vollständigkeit, Konsistenz, Testbarkeit, andere gängige Kriterien sowie bekannte Fehlerquellen und Risiken
– Maßnahmen, um festzustellen, ob die Anforderungsbeschreibung den Wünschen und Zielen der Stakeholder entspricht („Adäquatheit")
– Simulationen, etwa um die Benutzerakzeptanz zu prüfen
– Zuverlässigkeitsanalyse
– Durchführbarkeitsstudie, die Aufschluss über die Durchführbarkeit des Vorhabens unter technischen, personellen und ökonomischen Aspekten geben soll.

Verifikation und Validation. All diese Aktivitäten im Zusammenhang mit der Analyse von Anforderungen lassen sich durch die Stichworte Verifikation und Validation charakterisieren. Bei der *Verifikation* gilt es herauszufinden, ob eine Anforderungsbeschreibung bestimmte Kriterien erfüllt, wie etwa Vollständigkeit und Widerspruchsfreiheit. Bei der *Validation* hingegen geht es darum, festzustellen, ob eine Beschreibung die ursprüngliche Intention des Stakeholders adäquat wiedergibt. In [Boe 84] wird der Unterschied dieser beiden Aktivitäten auf folgenden kurzen Nenner gebracht:

– *Verifikation*. „Am I building the product right?"
– *Validation*. „Am I building the right product?"

Verifikation und Validation sollen dazu dienen, Probleme und risikoreiche Aspekte eines Projekts frühzeitig zu erkennen und aufzulösen. Kriterien, die in diesem Zusammenhang eine Rolle spielen, sind neben der Durchführbarkeit (siehe unten) vor allem Vollständigkeit, Konsistenz und Testbarkeit.

Prüfaspekte. Bei dem Aspekt der *Vollständigkeit* geht es zum einen darum, dass die Anforderungsdefinition formal vollständig ist, also zum Beispiel keine TBDs („To Be Determined"s, zurückgestellte Bemerkungen) oder keine Verweise auf nicht existierende Komponenten enthält. Zum anderen soll hierbei sichergestellt werden, dass inhaltlich nichts fehlt, dass alle Stakeholderwünsche berücksichtigt sind und dass alle aus (funktionalen und nicht-funktionalen) Anforderungen abgeleiteten Anforderungen identifiziert sind. Konformität mit einschlägigen Normen ist ein weiterer Aspekt der inhaltlichen Vollständigkeit.

Auch bezüglich *Konsistenz* gibt es verschiedene Aspekte, die zu berücksichtigen sind. Beispiele sind interne Konsistenz (in sich widerspruchsfrei), externe Konsistenz (keine Widersprüche zu anderen Anforderungen) oder der Zusammenhang mit den ursprünglichen Stakeholderwünschen.

Anforderungen an ein System sind nur dann sinnvoll, wenn sich anhand des fertigen Systems nachweisen lässt, dass sie auch erfüllt werden. Dies schließt nicht-quantifizierte Anforderungen der Art „das System soll möglichst schnell reagieren" oder „das System soll bequem bedienbar" aus. Im Rahmen der Analyse von Anforderungen auf *Testbarkeit* muss daher festgestellt werden, ob sich die betreffenden Anforderungen später überprüfen oder testen lassen und, falls ja, auch wie (vgl. „fit criterion" in Abb. 2.2.6).

In dieselbe Kategorie fallen weitere *gängige Prüfkriterien*. Allgemeine Aspekte sind dabei etwa die Relevanz und Notwendigkeit der Anforderungen oder die Berücksichtigung aller Stakeholder-Interessen und -prioritäten. Formale Aspekte sind z.B. die Konsistenz zwischen Begriffsdefinition und -anwendung, die eindeutige Identifizierbarkeit von Anforderungen (etwa hinsichtlich Zuordnung von Testfällen) oder der Zusammenhang mit anderen Entwicklungsdokumenten (z.B. zur Verfolgbarkeit von Änderungen). Und schließlich gibt es auch noch inhaltliche Aspekte, beispielsweise prüfbare Gütekriterien hinsichtlich Realisierung, die präzise und quantitative Beschreibung nicht-funktionaler Anforderungen oder die hinreichend genaue Beschreibung von Ausnahmeszenarien.

Typische Beispiele für *bekannte Fehlerquellen* sind methodische Fehler – etwa unzureichende Stakeholder-Repräsentanz, Verzicht auf Prüfung von Anforderungen, unkontrollierte Änderungen, unnötige Perfektionierung („gold plating") – oder inhaltliche Fehler wie beispielsweise falsch verstandene Anforderungen (im Hinblick auf die Originalquelle), falsche zugrunde liegende Annahmen (z.B. Ziele, Einschränkungen, Bedürfnisse), fehlende Anforderungen (z.B. nicht-funktionale oder abgeleitete Anforderungen), ungenaue Formulierungen (z.B. bezüglich Verbindlichkeit) sowie Vorgriffe auf Entwurf oder Implementierung.

Risiken (die durch entsprechende Fragen aufgedeckt werden) gibt es z.B. bei den Randbedingungen (die Einfluss auf die Anforderungen haben), etwa neue, bisher nicht eingesetzte RE-Methoden, -Technologien oder -Werkzeuge, Defizite bei den vorgesehenen Mitarbeitern oder sich (häufig) ändernde Anforderungen. Weitere Risiken liegen in der prinzipiellen Vorgehensweise, etwa (meist undokumentierte) Ad-hoc-Vorgehensweisen mit unklaren Zuständigkeiten oder der unzureichenden Einbindung und Information des Kunden (z.B. bei Anforderungsänderungen und ihren Auswirkungen). Haupt-Risiken jedoch sind unklare Anforderungen (mit verschiedenen Interpretationen), Vernachlässigung nicht-funktionaler Anforderungen, mangelhafte Bewertungskriterien und ungeprüfte Anforderungen (vgl. auch [LWE 01]).

Prüftechniken. Zur Durchführung der Analyse von Anforderungen lassen sich ganz unterschiedliche Techniken einsetzen, die von einfachen manuellen bis hin zu detaillierten automatischen Techniken reichen.

Einfache manuelle Techniken sind solche, die keinerlei Hilfsmittel voraussetzen, also stets vom Menschen jederzeit und ohne allzu großen Aufwand durchführbar sind. Hierunter fallen Inspektion, manuelle Querverweise, Interviews, Checklisten, manuelle Modelle (z. B. mathematische Formeln) oder einfache Szenarien (die das arbeitende System in speziellen Fällen beschreiben).

Einfache automatische Techniken setzen einfache (implementierte) Hilfsmittel voraus, etwa um automatisch Querverweise oder einfache automatische Modelle (z.B. mathematische Formeln durch kleine Programme implementiert) zu erzeugen.

Detaillierte manuelle Techniken wie detaillierte Szenarien (ausführliche operative Beschreibungen), technische Reviews oder mathematische Beweise setzen zwar keine Hilfsmittel voraus, erfordern aber doch einigen Aufwand.

Detaillierte automatische Techniken verlangen entsprechend mächtige Werkzeuge. Typische Beispiele sind detaillierte automatisierte Modelle (z. B. Simulationen mit entsprechenden Programmen) oder Prototypen.

Zuverlässigkeit. Besonderes Augenmerk bei der Analyse der Anforderungen sollte dem Aspekt der *Zuverlässigkeit* gewidmet werden, insbesondere, wenn es um kritische Software geht. Eine detaillierte Prüfliste für Zuverlässigkeitsaspekte sollte unter anderem zuverlässige Eingabeverarbeitung und Ausführung, Fehlermeldungen und Diagnostik sowie Wiederaufsetzen im Fehlerfall enthalten.

Eine zuverlässige Verarbeitung der Eingabe ist eine Grundvoraussetzung für das korrekte Funktionieren eines Systems. Zu prüfende Aspekte sind:

- geeignete Wahl von Eingabedarstellungen, so dass die Wahrscheinlichkeit von Trivialfehlern (z.B. Tippfehler) minimiert wird
- genügend Redundanz in der Eingabe für Fehlerprüfungen
- saubere Behandlung unspezifizierter Eingabe
- korrekte Verarbeitung aller Charakteristiken von Eingabewerten (z.B. Typ, Umfang, Ordnung).

Um eine zuverlässige Ausführung der Systemfunktionen zu gewährleisten, werden in der Literatur weitere Prüfaspekte genannt:

- Maßnahmen zur sauberen Initialisierung aller Kontrolloptionen, Datenwerte und externen Geräte
- Schutzmaßnahmen hinsichtlich undefinierter Werte
- Verwendung von Standards zur internen Fehlerbehandlung und Synchronisation konkurrierender Prozesse sowie bei der funktionalen Beschreibung
- geeignete Strukturierung der Daten, sodass unbeabsichtigte Seiteneffekte verhindert werden.

Auch dem möglichen Fehlverhalten eines Systems ist bereits bei der Anforderungsdefinition Rechnung zu tragen. Dabei ist es erforderlich, explizite Anforderungen für klare, hilfreiche Fehlermeldungen oder zur diagnostischen Unterstützung und Fehlerbehebung zu haben. Ebenfalls vorzusehen sind eine explizite Identifikation von Mess- und Bewertungspunkten in der Spezifikation sowie eine Festlegung diagnostischer Maßnahmen hinsichtlich der Prüfung auf Konsistenz, Vollständigkeit und Übereinstimmung mit eventuellen Standards.

Schließlich ist in der Spezifikation auch Vorsorge für das *korrekte Wiederaufsetzen* im Fehlerfall zu treffen und für eine Validation dieser Maßnahmen durch eine Analyse von Fehlerzuständen und ihren Auswirkungen zu sorgen.

Prüfung der Durchführbarkeit. Eine *Studie der Durchführbarkeit* (*feasibility*) soll letztendlich feststellen, ob die Anforderungen an ein geplantes System unter technischen, personellen und ökonomischen Aspekten überhaupt realisierbar und sinnvoll sind, und welche Risiken dabei eingegangen werden.

Bei der technischen Durchführbarkeit geht es zunächst darum festzustellen, ob die gestellten Probleme überhaupt lösbar sind. In zweiter Linie soll herausgefunden werden, ob die Anforderungen unter den angegebenen Umgebungsbedingungen realisierbar sind.

In der personellen Durchführbarkeitsstudie wird untersucht, ob für die Herstellung, Einführung und den Betrieb des neuen Systems Fachkräfte mit geeigneter Qualifikation zur Verfügung stehen.

In einer ökonomischen Durchführbarkeitsstudie werden neben dem erwarteten Nutzen eines Systems vor allem die zu erwartenden Projektkosten bestimmt und zueinander in Beziehung gesetzt (Kosten-Nutzen-Analyse). Weiter geht es darum, festzustellen, ob das Projekt in dem vorgesehenen Zeitrahmen unter akzeptierbaren Kosten durchführbar ist und ob das System später kosteneffektiv wartbar ist. Die Kosten selbst zu ermitteln, ist unter anderem die Aufgabe der Projektplanung, die ihrerseits dem hier nicht betrachteten Bereich Projektmanagement zuzuordnen ist.

Literaturhinweise. Mit Ansätzen zur Validation von Anforderungen beschäftigen sich [KS 06b, SSV 06]. Eine gute Übersicht (mit vielen anschaulichen Beispielen) über Techniken und Werkzeuge zur Vermeidung und Entdeckung von Mehrdeutigkeiten in natürlichsprachlichen Anforderungen gibt [BK 04]. Zur Aufdeckung von Mehrdeutigkeiten in natürlichsprachlichen Anforderungen wird in [Kam 05] eine Technik vorgestellt, die Checklisten und Szenario-basiertes Lesen kombiniert. Ansätze zur werkzeuggestützten Prüfung von textuellen Anforderungen (auf Konsistenz und andere Kriterien) finden sich in [BGM 04, VK 08]. Im Rahmen der Methode ORE (*Ontology-Based RE*) zur Erhebung der Anforderungen behandelt [KS 06a] auch die Analyse von Anforderungen hinsichtlich Vollständigkeit und Konsistenz.

Den Einsatz formaler Analysetechniken, insbesondere Model Checking, behandeln [FLM 04, SSV 06]. Über eine Fallstudie, in der untersucht wurde, ob formale Methoden für die frühe Validierung von Systemanforderungen zu vernünftigen Kosten verwendet werden können, berichtet [MTW 06]. Dabei wurden mit Model Checking und Theorembeweisen sowohl Fehler in den ursprünglichen Anforderungen als auch im formalen Modell gefunden.

[GS 05b] stellt eine Methode und ein Werkzeug zur (Szenario-basierten) Validierung von nicht-funktionalen Anforderungen in komplexen soziotechnischen Systemen vor. [HLM 08] behandelt ein Rahmenwerk zur Erhebung und Analyse von Sicherheitsanforderungen. Ein generischer Ansatz zur Konsistenzprüfung für unterschiedliche Modelle, der auf Verschmelzung der Modelle unter Berücksichtigung vorgegebener Beziehungen beruht, findet sich in [SNL 07].

2.3 Themen des Requirements-Engineering

Entsprechend dem zentralen Anliegen des Requirements-Engineering (vgl. 1.4 und 2.1.1) sind Beschreibungsmittel, Methodik und Werkzeuge als dessen wesentliche Themen zu nennen. Folgen der bereits diskutierten Defizite in diesen Bereichen sind Schwachstellen in den Anforderungsdokumenten und Fehler in den Anforderungsdefinitionen. Umgekehrt erhält man aus einschlägigen Fehleranalysen wertvolle Hinweise auf Aspekte, die bezüglich der Themen Beschreibungsmittel, Methodik und Werkzeuge besonders zu beachten sind.

2.3.1 Mängel und Fehler in der Anforderungsdefinition

Häufig anzutreffende *Schwachstellen* eines Anforderungsdokuments sind das Fehlen wichtiger Information, mehrdeutig beschriebene, überholte oder irrelevante Information, sowie falsche, nicht prüfbare oder undurchführbare Anforderungen.

Typische *Fehler* in Anforderungsdefinitionen sind Unvollständigkeit, Inkonsistenz, Mehrdeutigkeit, Redundanz (durch Mehrfachdefinitionen, die zu Verwirrung und Inkonsistenzen führen) oder Überspezifikation (Entwurf anstelle von Anforderungen).

Veröffentlichte (qualitative und quantitative) Studien über Fehler und Fehlerverteilungen in Anforderungsdefinitionen sind in der neueren, einschlägigen Literatur kaum zu finden. In [Boe 81] findet man die Verteilung, die in Abb. 2.3.1 wiedergegeben ist. Unveröffentlichte neuere Studien bestätigen die qualitative Aussage dieser Fehlerverteilung.

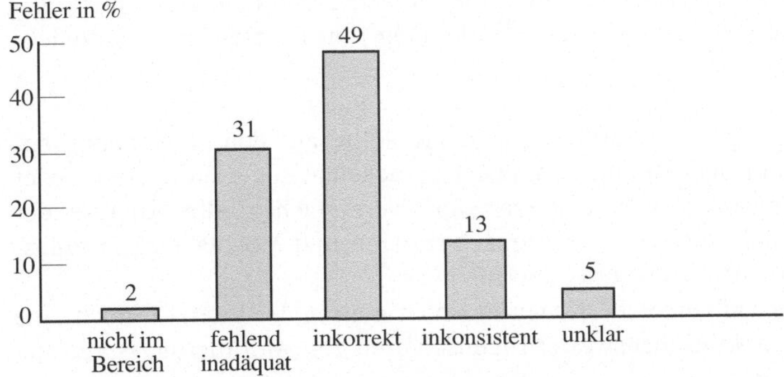

Abb. 2.3.1. Fehlerverteilung in Anforderungsspezifikationen für das Flugzeug A-7E (nach [Boe 81])

Da anhand der definierten Anforderungen die grundlegenden Entscheidungen für den Entwurf getroffen werden, sind Fehler in den Anforderungen später nur mit großem Aufwand zu beheben. Hinzu kommt, dass einige Fehler oft zu spät, manchmal sogar erst bei der Endabnahme des Produkts durch den Auftraggeber oder im Betrieb festgestellt werden. Enthält ein Produkt Fehler infolge einer falsch verstandenen oder formulierten Aufgabenstellung, dann können diese Fehler auch durch ausführliche Korrektheitsprüfungen in späteren Phasen nicht oder nur sehr schwer entdeckt werden.

Auch vom wirtschaftlichen Gesichtspunkt aus betrachtet ist es wichtig, Fehler so früh wie möglich zu erkennen und zu beheben. Nach verschiedenen Studien haben mehr als die Hälfte aller Softwarefehler ihren Ursprung in fehlerhaften Anforderungen. Hinzu kommt, dass nach [Boe 81] die Kosten der Fehlerbehebung in den einzelnen Entwicklungsphasen exponentiell ansteigen. Kostet also zum Beispiel das Finden und Beheben eines Anforderungsfehlers in der Definitionsphase vielleicht 100 Euro, so kostet die Behebung beim Abnahmetest bereits 3000 Euro und während des Systembetriebs gar 10000 Euro.

Um Fehler in der Anforderungsdefinition zu vermeiden oder zumindest deren Anzahl zu reduzieren, gibt es in der einschlägigen Literatur nur sehr allgemein gehaltene Vorschläge. So wird vor allem empfohlen, der Anforderungsdefinition die nötige Aufmerksamkeit zu widmen, d.h. mehr Zeit und Sorgfalt auf die Definition der Anforderungen zu verwenden, und die Möglichkeiten von Methoden, präzisen Sprachen und Werkzeugen konsequent zu nutzen.

2.3.2 Beschreibungsmittel

Viele Fehlerquellen bei der Anforderungsdefinition lassen sich ausschalten, wenn die Anforderungen mit einem geeigneten Beschreibungsmittel beschrieben werden. Dabei hängt die Eignung eines Beschreibungsmittels natürlich zunächst davon ab, welche Konstrukte für die Darstellung von Anforderungen vorgesehen sind und wie diese auf projektspezifische Bedürfnisse angepasst werden können. Daneben gibt es eine Reihe weiterer Eigenschaften, die entweder von dem Beschreibungsmittel direkt gefordert werden oder auf die Lösung von Problemen im Entwicklungsprozess abzielen.

Eigenschaften. Eine gute Spezifikationssprache sollte auf den Anwendungsbereich ausgerichtet sein oder diesen zumindest berücksichtigen, den System- oder Software-Entwicklungsprozess unterstützen und vereinfachen, die Analyse der Spezifikation bezüglich interner Konsistenz, Präzision und Vollständigkeit zulassen und die Adäquatheitsprüfung erleichtern.

Neben diesen mehr allgemeinen Kriterien findet man in der Literatur noch eine ganze Reihe konkreter wünschenswerter Eigenschaften von Anforderungssprachen. Genannt werden etwa:

- Natürlichkeit, etwa durch Verwendung eines „vertrauten" Sprachvorrats (aus dem Anwendungsbereich)
- leichte Erlernbarkeit und Anwendbarkeit
- Präzision und Eindeutigkeit der Darstellung (durch exakt festgelegte Syntax und Semantik)
- Möglichkeit einer ökonomischen, kompakten oder modularen Beschreibung

- maschinelle Verarbeitbarkeit
- Möglichkeit der inkrementellen Erstellung und Veränderung von Anforderungs-
  beschreibungen
- konzeptionelle Erweiterbarkeit
- Toleranz gegenüber partiellen Beschreibungen und zeitweiligen Unvollständig-
  keiten
- Möglichkeit der Formulierung von Nebenläufigkeiten, keine erzwungene Se-
  quentialisierung
- Möglichkeit der Projektion (zur Darstellung verschiedener Gesichtspunkte)
- Unterstützung redundanter Beschreibungen.

Genauso wichtig wie die Eigenschaften der Sprache selbst, sind die Eigenschaften einer damit erstellbaren Anforderungsdefinition, die auch, wenngleich nur indirekt, wichtige Aussagen über die Eignung eines Sprachmittels liefern. Eine Liste
wünschenswerter Eigenschaften von Anforderungsdefinitionen findet man in Abschnitt 2.2.3.

Ideale Anforderungssprache. Die Wünsche sowohl an ein Beschreibungsmittel
als auch an die mit dieser Sprache erstellte Anforderungsdefinition zeigen deutlich,
dass eine künstliche, semiformale oder formale Sprache gegenüber der natürlichen
Sprache vorzuziehen ist. Die *natürliche Sprache* stellt zwar eine unbeschränkte
Sprachmenge zur Verfügung, ist aber andererseits nicht präzise genug, enthält
inhärente Mehrdeutigkeiten (die Missverständnisse nach sich ziehen) und erlaubt
keine formalen Überprüfungen (bezüglich Konsistenz und Vollständigkeit). Eine
künstliche Sprache dagegen umfasst zwar nur eine eingeschränkte Sprachmenge,
hat aber eine festgelegte Syntax und Semantik und bietet dadurch die Grundvoraussetzung für formale Überprüfungen.

Aufgrund dieser Überlegungen sollte die ideale Anforderungssprache weitgehend formal sein. Dabei kann die Verständlichkeit für Kunden und Management
etwa durch Umsetzung in Umgangssprache oder andere geeignete Darstellungsformen erzielt werden. Ob eine solche formale Sprache eher graphisch oder textuell
sein sollte, ist letztlich eine Geschmacksfrage. Für beide Repräsentationen sind
offensichtliche Vor- und Nachteile zu nennen.

Eine Anforderungsdefinition soll letztendlich alle Anforderungen, also funktionale wie nicht-funktionale (vgl. 2.1.3), an ein System beschreiben. Welche Konstrukte in einem Beschreibungsmittel dafür vorzusehen sind, hängt natürlich stark
von den theoretischen Grundlagen, methodischen Überlegungen und anderen
grundlegenden Annahmen ab. Daher findet man in der Literatur auch wenig allgemeine Hinweise darauf, welche konkreten Konstrukte in einer Anforderungssprache enthalten sein sollten. Genannt werden lediglich allgemeine Forderungen,
wie etwa nicht-prozedurale Konstrukte („was" statt „wie") oder, orientiert am
Systembegriff (vgl. 2.1.2), Konstrukte zur Modellierung von aktiven Komponenten
(Funktionen, Aktivitäten, Prozesse), passiven Komponenten (Daten, Ereignisse),
Attributen zur näheren Beschreibung von Komponenten, Beziehungen und Interaktionen zwischen Komponenten.

2.3.3 Methodik

Alle derzeit bekannten Methoden des Requirements-Engineering setzen vor allem
gesunden Menschenverstand voraus. Eigenständige, allgemein akzeptierte, den drei
Schritten Problemanalyse, Anforderungsdefinition und Anforderungsanalyse zugeordnete spezifische methodische Prinzipien haben sich noch nicht herauskristallisiert. Allerdings wurden mit den ziel-orientierten Vorgehensweisen (wie etwa i*
[ist 09], KAOS [KAO 09] oder Tropos [BPG 04, CMS 04]) erhebliche Fortschritte
dahingehend gemacht, wie man systematisch von vagen Stakeholdervorstellungen
zu Anforderungen gelangt.

Allgemeine methodische Richtlinien. Es gibt allgemeine methodische Richtlinien
darüber, wie man prinzipiell vorgehen kann, um ein komplexes Problem anzu-
packen. Bekannt sind etwa Vorgehensweisen, die durch Bezeichnungen wie top-
down, bottom-up, outside-in, inside-out oder hardest-first charakterisiert werden.

Eine weithin bekannte Vorgehensweise, um zu einer Anforderungsbeschreibung
zu kommen, ist die *Top-down-Vorgehensweise* (vgl. Abb. 2.3.2), die auch in anderen Teilbereichen des Software-Engineering Verwendung findet. Dabei beginnt
man mit dem Ganzen und zerlegt dieses schrittweise in stets kleinere Stücke, bis
man die Ebene der atomaren Einheiten erreicht hat. Implizit unterstellt ist dabei
meist auch eine schrittweise Konkretisierung und Detaillierung, bei der in jedem
Zerlegungsschritt weitere, konkretere Einzelheiten zugefügt werden („schrittweise
Verfeinerung").

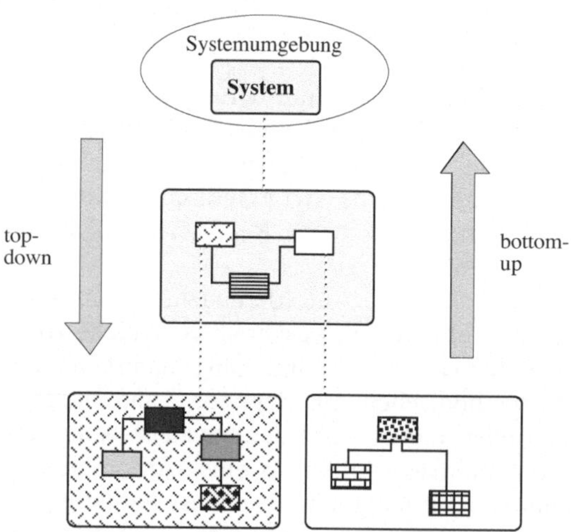

Abb. 2.3.2. Top-down- und Bottom-up-Vorgehensweise

Bei der *Bottom-up-Vorgehensweise* (vgl. Abb. 2.3.2) geht man den umgekehrten
Weg. Man beginnt mit den kleinsten Einheiten und fügt diese sukzessive zu immer
größeren strukturellen Komponenten zusammen. Diese Vorgehensweise bietet sich
insbesondere dann an, wenn geeignete Einheiten bereits zur Verfügung stehen.

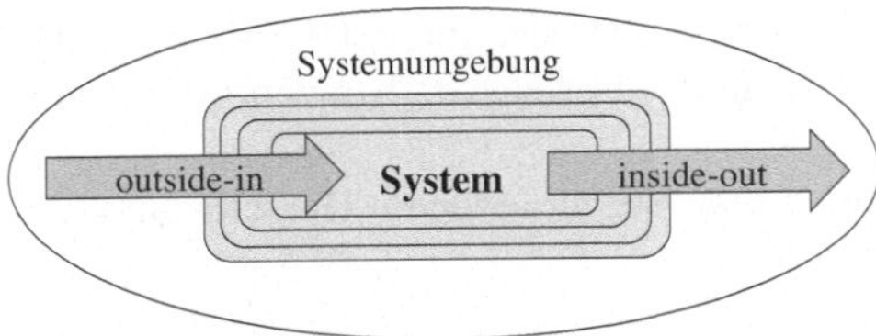

Abb. 2.3.3. Outside-in- und Inside-out-Vorgehensweise

Unter *outside-in* (vgl. Abb. 2.3.3) versteht man eine Vorgehensweise zur Erstellung einer Anforderungsspezifikation, bei der zunächst die Umgebung eines Systems (etwa durch Zusammenfassen mehrerer Sichtweisen und Informationen) modelliert wird. Dadurch gewinnt man vor allem Aufschluss über die Schnittstellen des eigentlichen Systems zu seiner Umgebung. Die Anforderungen an das eigentliche System werden dann von den Schnittstellen ausgehend sukzessive „von außen nach innen" festgelegt.

Bei der Vorgehensweise, die man *inside-out* (vgl. Abb. 2.3.3) nennt, wird zunächst der Kern des Systems vollständig beschrieben und dieser dann unter verschiedenen Gesichtspunkten, wie etwa räumlich (zusätzliche Komponenten), funktional (zusätzliche Funktionen) oder kapazitätsmäßig (zusätzliche Daten) erweitert. Zusätzlich kann dabei noch eine Beschreibung verschiedener Systemaspekte eine Rolle spielen.

Mit *hardest-first* bezeichnet man eine Vorgehensweise, die mit den schwierigsten Aspekten beginnt. Dahinter steckt die Auffassung, dass der Rest einfach ist, wenn man erst einmal die schwierigen Aspekte gemeistert hat. Abgesehen davon, dass es häufig a priori gar nicht klar ist, was die schwierigsten Aspekte sind, weiß man aus Erfahrung, dass vermeintlich leichte Aspekte letztlich doch schwieriger sind und länger dauern als von vorneherein vermutet.

Alle diese Vorgehensweisen sind insofern idealisiert, als sie in ihren Reinformen in der Praxis kaum vorkommen. Eine reine Top-down-Vorgehensweise gibt es genauso wenig wie eine reine Bottom-up-Vorgehensweise, weil in beiden Fällen (möglicherweise nicht explizit formulierte) Informationen über das zu erreichende Ziel in die jeweilige Vorgehensweise eingehen und diese beeinflussen. Ähnliches gilt auch für die Outside-in-, die Inside-out- und die Hardest-first-Vorgehensweise. In der Praxis wird man also hauptsächlich *Mischformen* dieser Vorgehensweisen antreffen.

Strukturierung. Ein System ist selten als Ganzes beschreibbar. Zur Bewältigung der Komplexität ist es fast immer nötig, eine gegebene Problemstellung zu zerlegen und in Teile zu strukturieren. Mittlerweile etablierte *Prinzipien der Strukturierung* sind:

- *Vereinfachung.* Behandlung der wichtigsten Teilprobleme und Weglassen von unwichtigen Teilen
- *Abstraktion.* Behandlung aller Teilprobleme, aber dabei Unterdrückung von Details und Konzentration auf die wesentlichen Eigenschaften

- *Partition*. Systematische Zerlegung in Teile (nach geeigneten Kriterien, z.B. Baugruppen, Verantwortlichkeiten, etc.) und sukzessive Konzentration auf einzelne Komponenten
- *Projektion*. Betrachtung eines Systems unter verschiedenen Gesichtspunkten („Systemsichtweisen").

Systemsichtweisen. Bei der Definition der Anforderungen an ein System anhand verschiedener *Systemsichtweisen* werden jeweils bestimmte Systemaspekte als zentral angesehen, denen sich die anderen unterordnen. Typische Systemsichtweisen sind etwa:

- *Funktions-orientiert*. Hier stehen die auszuführenden Funktionen oder funktionalen Einheiten eines Systems und deren logische wie zeitliche Verknüpfung im Mittelpunkt.
- *Ablauf-orientiert*. Anders als bei der Funktions-orientierten Sichtweise, bei der vor allem das Zusammenspiel funktionaler Einheiten im Vordergrund steht, sind es hier die Abläufe einzelner Tätigkeiten bzw. ihr Zusammenwirken.
- *Ereignis-orientiert*. Ausgangspunkt der Überlegungen sind hier Ereignisse, auf die reagiert werden muss. Die Beschreibung der Reaktionen erfolgt durch Prozesse oder Aktionen, die wiederum implizit die auszutauschenden Daten festlegen. Deshalb sind gelegentlich auch *Aktions-orientiert* oder *Prozess-orientiert* als Synonyme zu finden.
- *Datenfluss-orientiert*. Im Mittelpunkt stehen die zu erfassenden, zu verarbeitenden oder zu beeinflussenden Datenströme und die sie verbindenden Umformungen der Daten durch Prozesse.
- *Datenstruktur-orientiert*. Zentrale Einheiten sind hier die Datenstrukturen und ihr struktureller Aufbau, anhand dessen die Systemfunktionen beschrieben werden.
- *Aufgabenbereich-orientiert*. Ausgehend von logisch zusammenhängenden Aufgabenbereichen werden die auszutauschenden Daten und zu verwendenden Funktionen beschrieben.
- *Anlagen/Geräte-orientiert*. Hier dominieren die zu verwendenden Gerätekomponenten und Anlagenteile, denen Funktionen und Abläufe zugeordnet werden. Über die Verbindungen der Geräte ergeben sich dann die zugehörigen Daten.

Ähnlich wie die oben genannten allgemeinen Vorgehensweisen, sind auch diese Sichtweisen idealisiert. Auch hier wird man in der Praxis vorwiegend Mischformen antreffen, die sich nicht eindeutig einer dieser Sichtweisen zuordnen lassen.

Eine mittlerweile weitgehend etablierte Vorgehensweise besteht darin, im Sinne der Projektion ein System unter den Gesichtspunkten *statische Strukturen*, *Funktionalität*, *dynamisches Verhalten* sowie *Sonstiges* (z.B. Zeitverhalten) zu betrachten (vgl. Kap. 3) und jeden dieser Gesichtspunkte nach den Prinzipien Vereinfachung, Abstraktion oder Partition zu behandeln.

Auch wenn ein konkreter Ansatz des Requirements-Engineering (siehe Kap. 4 und 5) prinzipiell alle diese Gesichtspunkte unterstützt, gibt es individuelle Stärken und Schwächen. Für die fundierte Auswahl eines geeigneten Ansatzes im Rahmen eines konkreten Projekts ist es daher wichtig zu wissen, welche der Gesichtspunkte für das Projekt besonders wichtig sind und welcher Ansatz die betreffenden Gesichtspunkte entsprechend gut unterstützt.

Literaturhinweise. Über den positiven Einfluss einer systematischen Vorgehensweise auf die Qualität von Anforderungen wird in [AE 04, AGN 05] berichtet. Ebenso führt eine frühzeitige Benutzereinbindung nachweislich zu besserer Anforderungsqualität (vgl. [Das 08, KKL 05]). [BGK 07] stellt ein Vorgehensmodell vor, das textuelle Anforderungen mit Modellen kombiniert. [MJF 03] empfiehlt eine Vorgehensweise die verschiedene Techniken umfasst (z.B. Zielmodellierung mit i*, human activity modeling, extended context, Kreativitäts-Workshops oder die Vernetzung von Anforderungen mit Szenarien und Anwendungsfällen).

Verschiedene Ansätze (vgl. [CS 08, Ili 07, IRB 06, Jør 07, Kof 07]) schlagen (unterschiedliche) Vorgehensweisen vor, wie man von natürlichsprachigen Anforderungen zu formalen Beschreibungen kommt. Dabei spielen unterschiedliche Formalismen eine Rolle: Prozessalgebra-Modelle (in CSP-Notation) in [CS 08], formale Spezifikation in der Sprache B in [Ili 07], farbige Petrinetze in [Jør 07], Z und Statecharts in [KS 04] oder Message Sequence Charts in [Kof 07]. Einen interessanten Ansatz zur Erzeugung von Modellen aus natürlichsprachlichen Beschreibungen stellt [AG 06] vor.

Mit Vorgehensweisen zur Umsetzung von Zielmodellen in formale Spezifikationen beschäftigen sich [LKM 08, NTH 07]. Einen Ansatz zur Synthese von Verhaltensmodellen aus Szenarien stellt [DLL 06] vor. Berichte über die erfolgreiche Anwendung einer Szenario-basierten Vorgehensweise in der Praxis findet man in [JM 05, MR 05].

2.3.4 Werkzeuge

Die Verwendung semiformaler und formaler Sprachen für die Modellierung von Anforderungen schafft auch die Grundvoraussetzung für unterstützende Softwarewerkzeuge. Diese dienen vor allem der Ermittlung von Anforderungen, sowie der Organisation, Dokumentation und Buchhaltung aller anfallenden Informationen („RM-Werkzeuge") oder der Erstellung von Modellen, der Analyse dieser Modelle sowie (gelegentlich) deren Ausführung oder der Erzeugung von Code aus Modellen („RE-Werkzeuge").

Es gibt Werkzeuge, die eine ganz bestimmte Vorgehensweise unterstützen („single-method tool") oder solche, die Hilfestellung für mehrere verwandte Methoden bieten („multi-method tool"). Manche Werkzeuge unterstützen auch das Management (z.B. durch Verfolgung und Bewertung des Projektfortschritts), die Führung des Denkprozesses (etwa bei der Sammlung von Information) sowie die Entscheidungsfindung (z.B. durch Messung von Eigenschaften des Systems oder „Vorhersage" des Systemverhaltens).

Die typische Architektur eines integrierten Werkzeugs für das Requirements-Engineering zeigt Abb. 2.3.4. Ein- und Ausgabe sind über verschiedene Medien und in verschiedenen Darstellungen möglich. Das eigentliche Werkzeug (in Abb. 2.3.4 durch eine gepunktete Umrandung gekennzeichnet) umfasst als zentrale

Komponente eine Datenbank, die der Aufbewahrung und Verwaltung aller Informationen dient, sowie eine Reihe weiterer Komponenten (zur bequemen Erstellung von Modellen sowie zur Unterstützung von Dokumentation und Analyse), die über die Datenbank miteinander verbunden sind. Integrierte Werkzeugumgebungen für das Requirements-Engineering, wie sie in den folgenden Kapiteln zur Sprache kommen, folgen im Wesentlichen dieser Standardarchitektur. Sie unterscheiden sich davon lediglich dadurch, dass manche Komponenten (z.B. die in Abb. 2.3.4 gestrichelt dargestellten) fehlen oder eine spezielle Ausprägung haben.

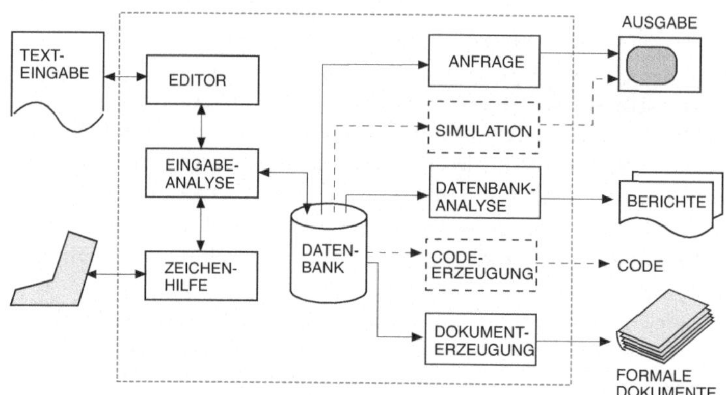

Abb. 2.3.4. Aufbau eines Werkzeugs für die Anforderungsdefinition

Diese Architektur scheint intuitiv naheliegend und völlig zeitlos zu sein. Man findet sie – in nahezu identischer Form – bereits in sehr frühen [BBD 77] oder auch in aktuellen Publikationen (z.B. [RS 07]).

Einzelwerkzeuge, die die Erstellung von Modellen und Anforderungsbeschreibungen unterstützen, sind vor allem *syntaxgesteuerte Texteditoren* und *Zeichenhilfen*, die meist noch mit entsprechenden Analysatoren (für Syntax und einfache Konsistenzprüfungen) gekoppelt sind.

Typische Aufgaben, die durch *Dokumentationswerkzeuge* unterstützt werden, sind:

– Verwaltung (Aufbewahren, schnelles Lokalisieren und Auffinden) verschiedener Arten von Information (Problemkontext, Modelle und daraus abgeleitete Information, Zusammenhang mit der ursprünglichen Problemstellung)
– Aufbereitung von Information aus verschiedenen Perspektiven und für verschiedene Zielgruppen
– Darstellung von Information in verschiedenen Formen (graphisch, formale textuelle Sprache, natürlichsprachliche Erläuterung)
– Hilfestellung für Änderung und Prüfung.

Bezüglich der Aufbereitung und Darstellung von Information unterscheiden sich existierende Werkzeuge vor allem dadurch, dass sie entweder nur fest vorgegebene Dokumenttypen zusammenstellen können oder aber so flexibel ausgelegt sind, dass der Benutzer interaktiv beliebige Arten von Dokumenten selbst komponieren kann. Neuere Werkzeuge berücksichtigen dabei sogar inhaltliche Standards für Anforderungsspezifikationen (vgl. 2.2.2) oder derzeitige De-facto-Standards für Dokumente, wie z.B. HTML, TEX, MS Word oder PDF.

Zu den Dokumentationswerkzeugen sind auch die typischen RM-Werkzeuge (z.B. DOORS, CaliberRM, RequisitePro) zu zählen, die die Verfolgbarkeit (*traceability*, vgl. 2.3.5) der Anforderungen unterstützen. Sie führen Buch über die Herkunft von Anforderungen (etwa aus Benutzerforderungen) und über ihre wechselseitigen Beziehungen, überwachen Zusammenhänge zwischen Analyse und Entwurf und dienen der Vertragsüberprüfung.

Einfache Analysewerkzeuge unterscheiden sich nur marginal von guten Dokumentationswerkzeugen. Auch sie erlauben, über eine syntaktische Prüfung hinaus, gezielt Informationen aus der Anforderungsdefinition zusammenzustellen, die dann die Grundlage für manuelle Analysen des modellierten Systems sind, um Mängel und Fehler in der Anforderungsdefinition zu entdecken. *Mächtigere Analysewerkzeuge* bieten darüber hinaus direkte Unterstützung der Analyse, etwa hinsichtlich interner Konsistenz oder formaler Vollständigkeit.

Simulationswerkzeuge können als spezielle Analysewerkzeuge gesehen werden. Sie sollen es ermöglichen, das dynamische Verhalten des durch die Anforderungen definierten Systems zu überprüfen, um sich so von der Adäquatheit der Anforderungsdefinition überzeugen zu können.

Echte *Codeerzeuger* setzen Modelle automatisch in ausführbare Programme um. Im Idealfall sind sie so mit den anderen Werkzeugen gekoppelt, dass jegliche Änderungen automatisch nachgeführt werden. Meistens werden jedoch nur Codeschnittstellen erzeugt, die dann noch von Hand nachgearbeitet und entsprechend ergänzt werden müssen.

Ein geeignetes Werkzeug für die Anforderungsdefinition sollte nicht nur die oben genannten Tätigkeiten unterstützen, sondern auch noch weitere qualitative Eigenschaften haben. So sollte ein Werkzeug etwa auch

- flexibel sein bezüglich Entwicklungsprozess, Maschinenumgebung und Zielsoftware sowie anpassbar („tailorable") an firmenspezifische Bedürfnisse
- automatisch, parallel zur Entwicklung, die Dokumentation (in verschiedener Darstellung) erzeugen
- Prüfungen auf Vollständigkeit und Konsistenz einer Anforderungsdefinition unterstützen (z.B. durch eine zuverlässige Kopplung der Datenbank mit den anderen Komponenten)
- interaktive Modifikationen zulassen und Änderungen unmittelbar bei ihrer Durchführung analysieren.

Literaturhinweise. Eine Übersicht über kommerzielle RM-Werkzeuge mit detaillierten Angaben zu verschiedenen Aspekten und direkten Weblinks auf die jeweiligen Firmen gibt [INC 09]. Auf Anforderungen, die beachtet werden müssen, wenn RM-Werkzeuge erfolgreich bei Produktlinien eingesetzt werden sollen, geht [BBD 08] ein. Dort findet man auch eine Evaluation existierender RM-Werkzeuge sowie Verweise auf weitere Vergleichsstudien. Eine Auswertung mehrerer Evaluationsstudien enthält [RBS 09].

RE-Werkzeuge, die sowohl mit Modellen als auch mit textuellen Anforderungen umgehen können, findet man z.B. in [DFD 06, GGS 06, Wil 06]. Hinweise auf Echtzeit-fähige Werkzeuge für das RE gibt [ART 05].

2.3.5 Verfolgbarkeit

Ein wichtiges Thema im Zusammenhang mit Anforderungen ist deren Verfolgbarkeit (*traceability*). Dabei geht es um die Nachvollziehbarkeit von Entscheidungen im Hinblick auf Anforderungen und deren Abhängigkeiten vom Projektbeginn bis Projektende, über alle Informationen und Repräsentationsformen der Darstellung.

Verfolgbar in diesem Sinne ist eine Anforderung also genau dann, wenn bekannt ist, wo sie herkommt, wie sie sich über die Zeit entwickelt hat und welchen Zusammenhang sie mit nachgelagerten Entwicklungsartefakten hat. Dafür werden in der einschlägigen Literatur die Begriffe *pre-* und *post-traceability* verwendet, je nachdem, ob es um Zusammenhänge mit vor- oder nachgelagerten Entwicklungsartefakten geht, und zwar sowohl im Hinblick auf verschiedene Anforderungsebenen als auch bezüglich unterschiedlicher Entwicklungsartefakte.

Diese Zusammenhänge zu kennen ist insbesondere vorteilhaft im Rahmen von Änderungen, da dadurch deren indirekte Auswirkungen sichtbar werden. Dies soll Abb. 2.3.5 veranschaulichen.

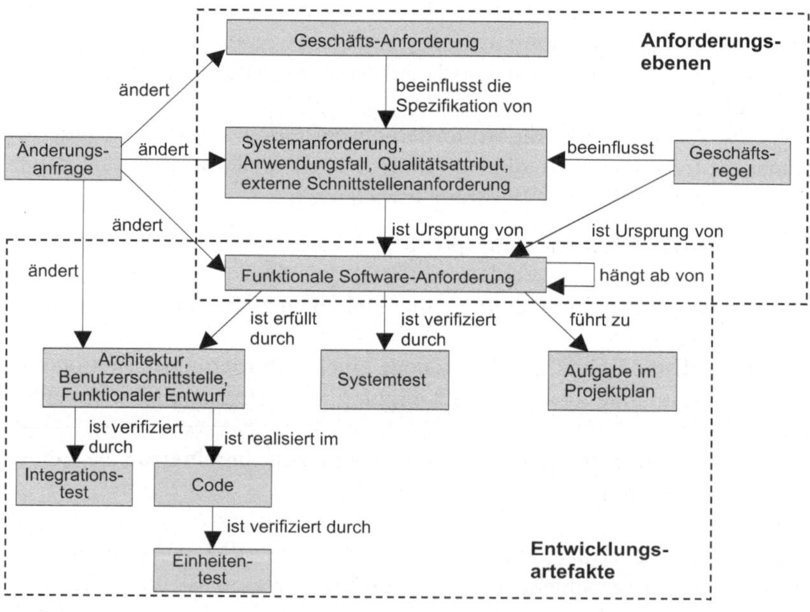

Abb. 2.3.5. Zusammenhänge (bezüglich Verfolgbarkeit von Anforderungen)

Eine andere Differenzierung von Verfolgbarkeit ist die in horizontale und vertikale Verfolgbarkeit. *Horizontale Verfolgbarkeit* fasst Zusammenhänge auf derselben Entwicklungsstufe zusammen, z.B. zwischen verschiedenen Anforderungen oder verschiedenen Dokumenten derselben Entwicklungsstufe. *Vertikale Verfolgbarkeit* umfasst die Zusammenhänge zwischen Artefakten auf verschiedenen Entwicklungsstufen. Dies soll Abb. 2.3.6 an einem einfachen Beispiel illustrieren.

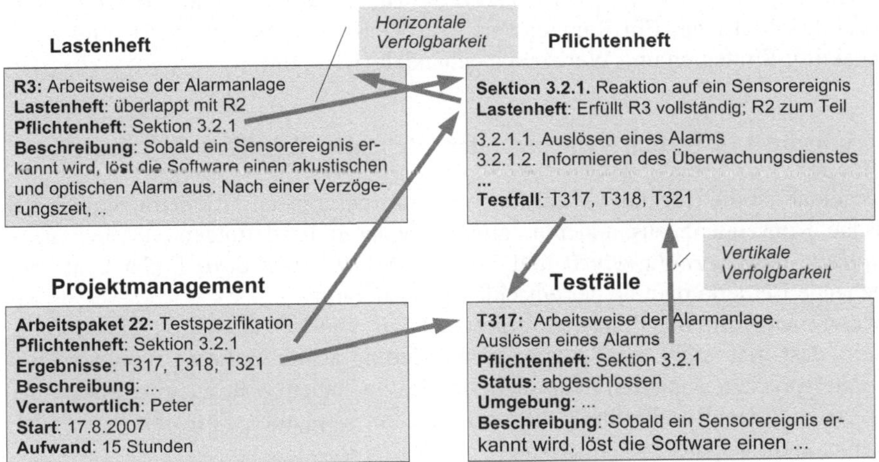

Abb. 2.3.6. Horizontale und vertikale Verfolgbarkeit von Anforderungen (nach [Ebe 05])

Wie man sich anhand der Abbildungen 2.3.5 und 2.3.6 recht schnell klar machen kann, führt die Berücksichtigung aller Abhängigkeiten zu mehreren Beziehungen pro Anforderung. Damit wächst die Anzahl der Zusammenhänge exponentiell in der Anzahl der Anforderungen, wobei das durch Versionierung bedingte Wachstum noch gar nicht berücksichtigt ist. Eine große Herausforderung im Zusammenhang mit Verfolgbarkeit besteht daher in der Entscheidung, welche Zusammenhangsbeziehungen wirklich wichtig sind und deshalb aufbewahrt werden sollten (vgl. [WW 03]).

Literaturhinweise. Über einen Nachweis, dass das Verfolgen („Tracing") von Anforderungen den Projekterfolg positiv beeinflusst, berichtet [ARB 06]. Dort findet man auch ein interessantes Datenmodell für Traceability. Eine Erläuterung des Konzepts Traceability und eine ausführliche Diskussion damit zusammenhängender Aspekte gibt [Pin 04]. Mögliche Zusammenhänge zwischen Anforderungen behandeln [DP 05, Poh 07]. Eine Untersuchung über aktuelle Praktiken und Herausforderungen für das Tracing von nicht-funktionalen Anforderungen sowie einen Überblick über verschiedene Tracing-Techniken (einschließlich ihrer jeweiligen Vor- und Nachteile) gibt [Cle 05]. Überblicke über Tracing-Ansätze findet man auch in [KP 02, GG 07].

Auf die Einflussanalyse (*impact analysis*) im Zusammenhang mit Traceability geht [JL 05] ein. Ein Framework, mit dem erwartete Kosten und Vorteile von Tracing-Ansätzen gemessen werden können, stellt [HB 08] vor. Dort findet man auch viele detaillierte Hinweise auf einschlägige Literatur zum Thema Traceability. [HB 06] schlägt Konzepte für ein fortschrittliches Requirements Tracing vor, die insbesondere eine Begründung für die Anforderungen, verwandte Entscheidungen, ihre Geschichte und Werteinschätzungen der Stakeholder berücksichtigen.

[HDS 07] berichtet über ein Werkzeug zur Erzeugung und Wartung von Traceability-Matrizen. Ein Rahmenwerk von Richtlinien zum Entwurf effektiver Traceability-Strategien und Werkzeuge behandelt [KKK 08].

2.3.6 Informell vs. formal – Die besondere Rolle der (formalen) Präzision

Naturgemäß ist die (formale) Präzision von Anforderungsdefinitionen lediglich die logische Konsequenz aus anderen, grundlegenderen Forderungen, nämlich *Eindeutigkeit*, *Widerspruchsfreiheit* und *Vollständigkeit*. Auch dazu findet man entsprechende Bemerkungen in der einschlägigen Literatur.

Wenn man (formale) Präzision fordert, scheint man sich auch weitgehend einig zu sein, dass man nicht die Art von Formalisierung anstrebt, die existierende Programmiersprachen anbieten. Was man stattdessen haben will, ist eine klare, unmissverständliche Beschreibung dessen, *was* ein geplantes Softwaresystem tun soll, aber nicht *wie* das System arbeitet.

Formale Präzision ist eine delikate Angelegenheit, insbesondere deshalb, weil man sie nicht unabhängig von den anderen Forderungen, etwa Lesbarkeit und Verständlichkeit, sehen kann. Eine Sprache für die Anforderungsdefinition sollte sowohl hinreichend präzise für Konsistenz- und Vollständigkeitsprüfungen sein, als auch natürlich genug, um menschliches Verständnis zu ermöglichen. Auf der einen Seite möchte man also die Präzision der Mathematik, auf der anderen Seite die Verständlichkeit der Umgangssprache (vgl. [Hen 81]).

Diese kontroversen Wünsche zwingen aber nicht nur zu einem Kompromiss, sie liefern auch Ansatzpunkte und Ziele für mögliche Ansätze: Man kann entweder von der Umgangssprache ausgehen und versuchen, durch geeignete Einschränkungen soviel Struktur aufzuprägen, bis man ein zufriedenstellendes Maß an Präzision erreicht hat. Oder man kann mit einer formalen, mathematischen Grundlage beginnen, die a priori die Präzision sicherstellt, und diese durch geeignete Zusatzmaßnahmen verständlich machen.

Vor allem Ansätze in der Vergangenheit haben im Wesentlichen den ersten Weg eingeschlagen. Ihre Vorteile sind in einer benutzernahen und daher leicht verständlichen Darstellungsweise zu sehen. Ihre Hauptnachteile sind jedoch:

– Semantische Ungenauigkeit, d.h., der Bedeutungsspielraum für ein System, das den so festgelegten Anforderungen entspricht, ist nicht exakt festgelegt. Damit sind auch die wichtigen semantischen Prüfungen auf Eindeutigkeit, Konsistenz und Vollständigkeit nur bedingt durchführbar.
– Ungenügende Möglichkeiten zur Überprüfung der Adäquatheit der Anforderungsdefinition, d.h., es kann nicht in zufriedenstellender Weise gewährleistet

werden, dass die Anforderungsdefinition die ursprünglichen Vorstellungen des Auftraggebers treffend wiedergibt.

Außerdem reichen textuelle Anforderungen aufgrund der Komplexität in manchen Anwendungsbereichen (z.B. im Automotive-Bereich) nicht aus (vgl. [WW 03]).

Die Schwierigkeit, in Umgangssprache etwas präzise auszudrücken, ist bekannt. Versuche, mit Hilfe einer nicht-formalen Sprache etwas sehr präzise zu formulieren, führen meistens zu geschraubten, für Ungeübte fast unverständlichen Formulierungen. Dies ist etwa aus dem Juristen-Deutsch hinlänglich bekannt. Gelegentlich führen derartige Versuche sogar zu fast lächerlichen Erklärungen wie der Vorschlag für eine Richtlinie des EG-Rats (zitiert aus [RP 88]) in Abb. 2.6.1.

```
„Vorschlag für eine Richtlinie des Rates zur Angleichung der Rechtsvorschriften der
Mitgliedstaaten über typenmäßig durch die Verwendung von hinten angebrachter
Überrollbügel, Überrollrahmen oder Schutzkabinen gekennzeichnete Umsturz-Schutz-
vorrichtungen für land- und forstwirtschaftliche Schmalspurzugmaschinen auf Rädern
mit den klassischen Definitionen:
• Führersitz ist der einer einzigen Person Platz bietende Sitz, der für den Führer
    bestimmt ist, wenn dieser die Zugmaschine führt.
• Sitzfläche ist die nahezu horizontale Fläche des Sitzes, die die sitzende
    Haltung des Fahrers ermöglicht.
• Rückenlehne des Sitzes ist die nahezu vertikale Fläche des Sitzes, die dem
    Führer als Rückenstütze dient.
• Sitzbezugspunkt ist der Punkt in der Längsmittelebene des Sitzes, in dem sich
    die Tangentialebene am unteren Teil der gepolsterten Rückenlehne auf der
    Sitzoberfläche schneidet; diese Horizontalebene schneidet ihrerseits die
    Oberfläche des Sitzes 150 Millimeter vor dem Sitzbezugspunkt.“
```

Abb. 2.6.1. Umgangssprache und Präzision

Anstatt durch teilweise Formalisierung einen Kompromiss zwischen Verständlichkeit und Präzision zu erreichen, wird in einigen neueren Ansätzen der andere Weg beschritten. Dabei wird von einem streng formalen, mathematisch fundierten Konzept ausgegangen, das insbesondere die oben erwähnten Nachteile der Ungenauigkeit nicht hat. Alle diese Ansätze gehen von einer streng formalen Grundlage für die Problemspezifikation aus, die von ganz unterschiedlicher Art sein kann, etwa relational, funktional, prädikativ oder algebraisch. Für einige dieser Ansätze (z.B. [FJM 94]) wird auch aufgezeigt, wie in der Praxis gebräuchliche graphische Formalismen in das streng formale Grundgerüst integrierbar sind. Einige dieser formalen Ansätze werden auch im Rahmen der Betrachtung grundlegender Konzepte und Formalismen (siehe Kap. 3) behandelt.

Zur Bewältigung des Problems der Unverständlichkeit formaler Spezifikationen für den Laien, wird bei einigen dieser Ansätze vorgeschlagen, durch Ergänzungen methodischer Art den Bezug zwischen der formalen Spezifikation und den Vorstellungen des Auftraggebers herzustellen. Eine dieser Möglichkeiten ist etwa die Interpretation durch Übersetzung in Umgangssprache [Ehl 85, MAA 08, Swa 82] oder in eine andere dem Auftraggeber geläufige Darstellungsweise. Auch (formal überprüfbare) Umsetzungen in Formalismen, wie sie für bestimmte Anwendungsgebiete bereits existieren, sind hier zu subsumieren.

Auch diese prinzipielle Vorgehensweise ist, isoliert betrachtet, nicht unumstritten, vor allem weil der Gebrauch der betreffenden Formalismen deutlich mehr Kenntnis und Erfahrung voraussetzt und dadurch einen Experten erfordert.

Aktuelle Ansätze (vgl. Kap. 4 und Kap. 5) sind in die Kategorie „halb-formal" einzustufen. Sie beruhen auf meist einfachen Formalismen (mit mehr oder weniger festgelegter Bedeutung), die mit Umgangssprache angereichert sind, was natürlich ihrer Verständlichkeit zugute kommt. Alle diese Ansätze unterstützen die Modellierung verschiedener Systemaspekte. Zusätzlich bieten sie eine integrierte Methodik und relativ weitgehende Werkzeugunterstützung. Der jeweilige Grad der Formalisierung ist dabei vom Benutzer beeinflussbar.

3 Formalismen und Konzepte

Im Folgenden werden einige grundlegende Formalismen und Konzepte behandelt, die in unterschiedlichem Ausmaß im Bereich des Requirements-Engineering Verwendung finden, obwohl sie ursprünglich zu anderen Zwecken entwickelt wurden. Diese Formalismen haben sich bereits in vielfältiger Hinsicht bewährt, sind von speziellen „Strömungen" weitgehend unabhängig und können daher als eine Art „Basiswissen" gesehen werden, für das es meist auch eine fundierte Theorie gibt.

Bis auf textuelle Darstellungen haben alle diese Formalismen gemeinsam, dass sie nur ganz spezielle Aspekte des Requirements-Engineering abdecken. So sieht etwa keiner der Formalismen in den Abschnitten 3.2 bis 3.6 Konstrukte zur Formulierung nicht-funktionaler Anforderungen vor. Auch gibt es für sie nur vereinzelt Werkzeuge und kaum Überlegungen hinsichtlich Verwendungsmethodik. Eine weitere Gemeinsamkeit besteht darin, dass nahezu alle Formalismen als Bestandteile von speziell auf das RE ausgerichteten Beschreibungstechniken wieder in Erscheinung treten werden (siehe Kap. 4 und 5).

Kurzgefasste Charakterisierungen für die meisten dieser Formalismen finden sich etwa in [Sch 97], ausführliche, auch theoretisch orientierte Betrachtungen in einschlägigen Lehrbüchern (z.B. [McD 93, RP 02]) oder, vor allem, im Internet (z.B. Wikipedia). Wir werden im Zusammenhang mit diesen Formalismen insbesondere auf diejenigen Aspekte eingehen, die für das Requirements-Engineering schon von Belang sind oder wichtig werden könnten.

Alle betrachteten Formalismen und Konzepte bauen auf grundlegenden mathematischen Begriffen auf, wie etwa Mengen, Relationen, Funktionen, endlichen (gerichteten, ungerichteten, markierten, bipartiten) Graphen, Matrizen sowie auf bekannten Begriffen aus der Logik, wie etwa Aussagen und Prädikaten. Auf diese mathematischen Begriffsbildungen wird im Folgenden nur kurz eingegangen. Für entsprechende ausführliche Behandlungen sei wiederum auf die einschlägige Literatur (z.B. [Hag 04], [KK 08]) verwiesen.

Das Repertoire an Basiskonzepten ist sehr umfangreich, selbst wenn man sich auf die Grundformen konzentriert und Variationen außer Acht lässt. Daher ist es zunächst erforderlich, geeignete *Aspekte* zur Strukturierung und Klassifikation des vorhandenen Wissens zu diskutieren und festzulegen, um so eine Grundlage zu haben, eventuelle Zusammenhänge aufzeigen zu können.

Ein naheliegender Gliederungsaspekt könnte die jeweilige *Darstellungsform* (textuell, graphisch oder multimedial) sein. Textuelle Darstellungen könnte man dann weiter klassifizieren, etwa nach dem Grad und der Art der Strukturierung („flacher" Text bis hin zu Hypertext) oder dem Maß der Einbeziehung formaler

H. Partsch, *Requirements-Engineering systematisch*, eXamen.press, 2nd ed.,
DOI 10.1007/978-3-642-05358-0_3, © Springer-Verlag Berlin Heidelberg 2010

Bestandteile. Bei graphischen Formalismen wäre eine weitere Unterscheidung nach Anzahl und Form der verwendeten Grundelemente (beliebig viele, wie etwa bei Piktogrammen, oder eine eingeschränkte Menge) und deren Beziehungen (tabellenartig oder an der spezifischen Zusammenhangsstruktur orientiert) denkbar. Bei multimedialen Darstellungen könnte man weiter nach der Art der eingesetzten Medien differenzieren. Allerdings hätte man mit der Darstellungsform ein wenig brauchbares Klassifikationskriterium, da in fast allen Fällen eine (meist automatische) Umsetzung in die jeweilige andere Repräsentation möglich ist und die Wahl einer bestimmten Darstellungsform letztlich eine Geschmacksfrage ist.

Der *Grad der Präzision* (informell, halbformal, oder vollständig formal) eines Beschreibungsmittels wäre ein anderer denkbarer Gliederungsaspekt. Auch hier hätte man ein relativ unscharfes Kriterium, da auch informelle oder halbformale Formalismen präzise Aussagen zulassen und, umgekehrt, vollständig formale Konzepte auch informell nutzbar sind. Darüber hinaus ist es in jedem Fall erstrebenswert, Formalität nicht zum Dogma zu erheben, sondern sie nach Bedarf so flexibel wie möglich zu nutzen.

Ein von der Präzision nicht unabhängiger Aspekt ist die *Handhabbarkeit* eines Formalismus, wozu etwa Lesbarkeit, Verständlichkeit, Lernaufwand, Ausdrucksmächtigkeit und Flexibilität, sowie die jeweiligen Einsatzvoraussetzungen gehören. Aber auch hier handelt es sich um ein kaum zu objektivierendes Kriterium, das sehr stark von der jeweiligen Vorbildung und Erfahrung abhängig ist.

In der Praxis haben sich im Laufe der Zeit verschiedene *Einsatzbereiche* für Formalismen herauskristallisiert, die jeweils typische Charakteristika aufweisen. Bei organisatorischen Systemen (vgl. 2.1.1) stehen die Aspekte der Datenstrukturierung und -haltung im Vordergrund, während algorithmische Aspekte eher untergeordneter Natur sind. Bei naturwissenschaftlich-technischen Anwendungssystemen hat man im Wesentlichen die umgekehrte Situation. In beiden Fällen spielen üblicherweise Nebenläufigkeit und Zeitaspekte, die bei Realzeitsystemen essentiell sind, bestenfalls marginal eine Rolle. Zwar hat man also in den unterschiedlichen Typen von Systemen jeweils dominante, charakteristische Systemaspekte, aber eben auch andere, die nicht vernachlässigt werden können, und eine Klassifikation nach dem Einsatzbereich würde zu sehr stark überlappenden Klassen führen.

Im Folgenden werden wir daher als primäres Gliederungskriterium den jeweils *darstellbaren Systemaspekt* (statische Strukturen, Funktionalität, dynamisches Verhalten, Zeitaspekte) verwenden und auf die anderen oben genannten Aspekte bei Bedarf eingehen. Wir haben damit nicht nur ein relativ objektives, sondern vor allem ein vergleichsweise „scharfes" Unterscheidungsmerkmal – obwohl auch hierbei Überschneidungen nicht völlig ausgeschlossen werden können, insbesondere hinsichtlich Abläufen und Steuerungsaspekten (siehe 3.3 und 3.4). Hinzu kommt, dass sich dieses Klassifikationsmerkmal mit der gängigen Auffassung bezüglich der Modellierung von Systemen (vgl. 2.3.3) deckt und auch anderswo verwendet wird (z.B. [Gra 06], [Poh 07]). Natürlich wären auch sinnvolle Kombinationen (etwa „Dynamik" = Funktionalität + Kontrolle oder „zeitabhängiges Verhalten" = Kontrolle + Zeitaspekte) denkbar, hätten aber den Nachteil, dass verschiedene Querbezüge und Zusammenhänge deutlich weniger transparent wären.

3.1 Textuelle Darstellungen

Bevor wir uns mit Formalismen und Konzepten für einzelne Systemaspekte beschäftigen, wollen wir kurz auf *textuelle Darstellungen* eingehen, die sich für alle Systemaspekte eignen, insbesondere auch für nicht-funktionale Anforderungen. Gleichermaßen gibt es keine Beschränkung bezüglich ihres Einsatzbereichs, und der Grad der Präzision reicht von informell bis hin zu halbformal. Textuelle, umgangssprachlich basierte Formalismen sind zudem in der Regel intuitiv verständlich, sehr flexibel und erfordern keine Einsatzvoraussetzungen.

> ...
>
> 3.2 Reaktion auf ein Sensorereignis
>
> Sobald ein Sensorereignis erkannt wird, löst die Software einen akustischen und optischen Alarm aus. Nach einer Verzögerungszeit, die durch den Hausbesitzer bei der Konfiguration der Anlage festgelegt wird, wählt die Software die Telefonnummer eines Überwachungsdienstes und übermittelt Informationen über den Ort und die Art des Ereignisses. Die Telefonnummer wird im Abstand von 20 Sekunden solange gewählt, bis eine Verbindung zustande kommt.
>
> ...

Abb. 3.1.1. Informeller, unstrukturierter Text (Alarmanlage)

> ...
>
> 3.2 Reaktion auf ein Sensorereignis
>
> 3.2.1 Auslösen eines Alarms
>
> ...
>
> 3.2.2 Informieren eines Überwachungsdienstes
>
> Nach einer Verzögerungszeit, die durch den Hausbesitzer bei der Konfiguration der Anlage festgelegt wird, wählt die Software die Telefonnummer eines Überwachungsdienstes und übermittelt Informationen über den Ort und die Art des Ereignisses. Die Telefonnummer wird im Abstand von 20 Sekunden solange gewählt, bis eine Verbindung zustande kommt.
>
> Systemarchitektur: Kap. 4.2
> Lösungsspezifikation: Kap. 5.3
> ...

Abb. 3.1.2. Grob systematisierter Text (Alarmanlage)

Textuelle Darstellungen lassen sich unterscheiden in unstrukturierte und strukturierte Darstellungen. Bei den *unstrukturierten Darstellungen* kann man weiter differenzieren danach, ob man *völlig freie Texte* (in Umgangssprache, ggf. mit Absätzen) oder durch Hervorhebungen (Fettdruck, Kursivschrift, Unterstreichung, etc.) oder einfache Strukturelemente (Leerzeilen, Abschnittsüberschriften, eindeutige Bezeichnungen für Textbestandteile) *systematisierte Texte* hat. Entsprechende Beispiele (im Zusammenhang mit der Alarmanlage, vgl. 1.5.2) finden sich in Abb. 3.1.1 - 3.1.3.

...

3.2.2   Informieren eines Überwachungsdienstes

3.2.2.1. Nach einer Verzögerungszeit, die durch den Hausbesitzer bei der Konfiguration der Anlage festgelegt wird, wählt die Software die Telefonnummer eines Überwachungsdienstes und übermittelt Informationen über den Ort und die Art des Ereignisses. Die Telefonnummer wird im Abstand von 20 Sekunden solange gewählt, bis eine Verbindung zustande kommt.

3.2.2.2. Die Abfolge der Schritte ist wie folgt:

3.2.2.2.1. Nach Eintritt eines Sensorereignisses wartet die Alarmanlage entsprechend einer bei der Konfiguration der Anlage eingestellten Zeit.

3.2.2.2.2. Die Anlage wählt die Telefonnummer eines Überwachungsdienstes.

3.2.2.2.3. Falls eine Verbindung zustande kommt, übermittelt die Anlage Informationen über den Ort und die Art des Ereignisses.

3.2.2.2.4. Falls keine Verbindung zustande kommt, wartet die Anlage 20 Sekunden und fährt bei 3.2.2.2.2 fort.

Systemarchitektur: Kap. 4.2

...

Abb. 3.1.3. Detailliert systematisierter Text (Alarmanlage)

Strukturierte Darstellungen lassen sich nach der Dimension der Struktur und der Form der Darstellung weiter klassifizieren.

Eindimensionale strukturierte Darstellungen sind übersichtliche Darstellungen in Form von *Listen* (vgl. Abb. 3.1.4) oder *Gliederungen* (vgl. Abb. 3.1.5).

- Firmenleitung
- Verwaltung
- Einkauf
- Verkauf
- Lagerverwaltung

Abb. 3.1.4. Bestandteile des Systems „Vertriebsorganisation" als Liste

1. Firmenleitung
2. Verwaltung
    2.1   Personalverwaltung
    2.2   Buchhaltung
3. Einkauf
4. Verkauf
5. Lagerverwaltung
    5.1   Wareneingang
    5.2   Lagerung
    5.3   Versand

Abb. 3.1.5. Hierarchische Gliederung der Vertriebsorganisation

Eine weitere Form eindimensional strukturierter Darstellungen sind formalisierte Texte unter Verwendung von Textschablonen (*templates*, siehe auch 2.2.2) oder

„Satzbaumustern". Ein Beispiel für einen mit einer Textschablone formalisierten Text findet sich in Abb. 3.1.6.

<table>
<tr><td colspan="2">...</td></tr>
<tr><td>Funktion:</td><td>Informieren eines Überwachungsdienstes</td></tr>
<tr><td>Beschreibung:</td><td>Die Software wählt die Telefonnummer eines Überwachungsdienstes und übermittelt Informationen über den Ort und die Art des Ereignisses. Der Wählvorgang wird solange wiederholt, bis eine Verbindung zustande kommt.</td></tr>
<tr><td>Eingaben:</td><td>voreingestellte Verzögerungszeit und Telefonnummer eines Überwachungsdienstes</td></tr>
<tr><td>Ausgaben:</td><td>Informationen über das Alarmereignis</td></tr>
<tr><td>Schritte:</td><td>1. Nach Eintritt eines Sensorereignisses wartet die Alarmanlage entsprechend der voreingestellten Verzögerungszeit.
2. Die Anlage wählt die voreingestellte Telefonnummer des Überwachungsdienstes.
3. Falls eine Verbindung zustande kommt, übermittelt die Anlage Informationen über den Ort und die Art des Ereignisses.
4. Falls keine Verbindung zustande kommt, wartet die Anlage 20 Sekunden und fährt bei Schritt 2 fort.</td></tr>
<tr><td>Ausnahmen:</td><td>Die Verbindung zum Überwachungsdienst wird unterbrochen, bevor die vollständige Information übertragen wurde</td></tr>
<tr><td>Vorbedingung:</td><td>Alarmanlage ist aktiviert</td></tr>
<tr><td>Nachbedingung:</td><td>Informationen über das Alarmereignis sind an den Überwachungsdienst übertragen</td></tr>
<tr><td>Einschränkungen:</td><td>keine</td></tr>
<tr><td colspan="2">...</td></tr>
</table>

Abb. 3.1.6. Formalisierter Text mit Textschablone (Alarmanlage)

Satzbaumuster für Anforderungen können unterschieden werden nach allgemeinen Mustern (*Anforderungsschablonen*) für die syntaktische Struktur beliebiger Anforderungen (siehe Abb. 3.1.7 und 3.1.8) oder spezielleren Mustern für verschiedene Anforderungstypen (siehe Abb. 3.1.9).

Form: (User type / result type (verb) / object / qualifier (adverbial phrase)

Beispiel: The house owner / shall be able to view / configuration details of his alarm system / within two seconds of issuing a query)

Abb. 3.1.7. Schematischer Aufbau von Anforderungen (nach [AS 02])

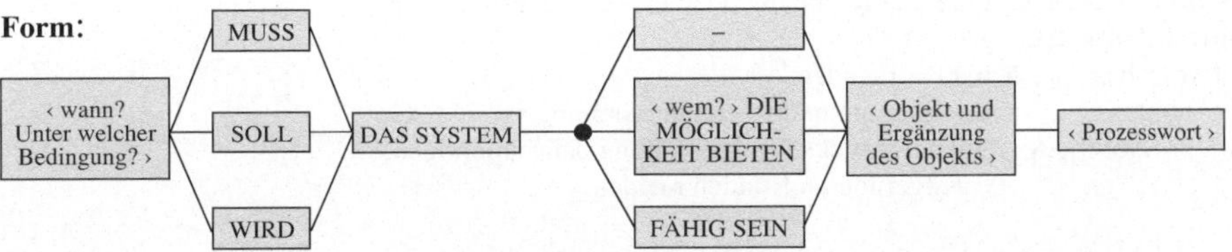

Beispiel: *Wenn es installiert wird SOLL DAS SYSTEM dem Hausbesitzer DIE MÖGLICHKEIT BIETEN das Sicherheitssystem zu konfigurieren*

Abb. 3.1.8. Anforderungsschablone (nach [RS 07])

Direkte Systemreaktion: *Precondition*: SOLANGE Zustand; *Bedingung*: UND WENN Ereignis; *Folgerung*: DANN MUSS Akteur Ereignis:Systemreaktion

Direkte Systemveränderung: *Precondition*: SOLANGE Zustand; *Bedingung*: UND WENN Ereignis; *Folgerung*: DANN MUSS Akteur Ereignis: Zustandswechsel | Ereignis:Variablensetzung | Ereignis: Parametersetzung

Negative Verhaltensbeschreibung: *Precondition*: SOLANGE Zustand; *Bedingung*: UND WENN Ereignis; *Folgerung*: DARF Akteur NICHT Aktivität | Ereignis

Situationsverhalten: *Precondition*: SOLANGE Zustand; *Folgerung*: MUSS Akteur Aktivitäten

Verhaltenseinschränkung: *Precondition*: SOLANGE Zustand; *Folgerung*: MUSS Variablensetzung

Verbot: *Precondition*: SOLANGE Zustand; *Folgerung*: DARF Akteur NICHT Aktivität | Ereignis

Beispiel: *SOLANGE die Alarmanlage aktiviert ist UND WENN ein Sensor einen Glasbruch erkennt DANN MUSS die Alarmanlage einen Alarm auslösen*

Abb. 3.1.9. Einige spezifische Anforderungsmuster (nach [Fle 08])

Zu eindimensional strukturierten Darstellungen gehören auch *Normsprachen* und *Pseudocode*. In beiden Fällen handelt es sich um Text, in dem (typographisch hervorgehobene) Schlüsselwörter (mit fester Bedeutung) zusammen mit frei wählbaren Textbestandteilen verwendet werden. Diese werden beim Pseudocode noch mit herkömmlichen Layout-Möglichkeiten zur Strukturierung kombiniert. Die Wahl der Schlüsselwörter richtet sich nach dem jeweils darzustellenden Systemaspekt (vgl. Abb. 3.1.10 - 3.1.14).

Musterart	Muster	Klassifikation
Partizipation	[Gegenstand] HAT EIN [Gegenstand]	Attribut
Inklusion	[Gegenstand] IST EIN [Gegenstand]	Spezialisierung
Partition	[Gegenstand] BESTEHT AUS [Gegenstand]	Aggregation
Fähigkeit	[Person] KANN [Handlung]	Methode
Regel	WENN [Ereignis] UND [Bedingung] DANN [Handlung]	Methode

Abb. 3.1.10. Typische Konstrukte einer Normsprache (nach [Sch 02])

EINGABE: Kundenbestellung
AUSGABE: Warenlieferung und Rechnung oder Verzögerungsmitteilung
VORGEHENSWEISE:
    FALLS bestellte Artikel vorhanden
        DANN   Auslieferung und Rechnungsstellung veranlassen
        ANSONSTEN   Einkauf zwecks Nachbestellung benachrichtigen;
                      Verzögerung an Kunden melden

Abb. 3.1.11. Pseudocode zur Strukturierung von *funktionalem Verhalten* (Abwicklung einer Kundenbestellung in der Vertriebsorganisation)

SYSTEM Vertriebsorganisation
   BESTEHT AUS
      TEILSYSTEM Firmenleitung
      TEILSYSTEM Verwaltung
      TEILSYSTEM Einkauf
      TEILSYSTEM Verkauf
      TEILSYSTEM Lagerverwaltung
TEILSYSTEM Verwaltung
   BESTEHT AUS
      TEILSYSTEM Personalverwaltung
      TEILSYSTEM Buchhaltung
        :

Abb. 3.1.12. Pseudocode zur Strukturierung von *System- und Komponentenstrukturen* (Firmenstruktur der Vertriebsorganisation)

WIEDERHOLE täglich
   FALLS maximale Lagerkapazität erreicht
      DANN Sonderverkauf einleiten
   FALLS minimale Lagermenge unterschritten
      DANN Artikel nachbestellen

Abb. 3.1.13. Pseudocode zur Strukturierung von *Kontrollverhalten- und Steuerungsstrukturen* (Einhaltung der Lagerbeschränkungen in der Vertriebsorganisation)

FALLS Sensorereignis erkannt
      DANN akustischen und optischen Alarm auslösen;
WIEDERHOLE
      20 Sekunden warten;
      wähle Telefonnummer des Überwachungsdienstes
      SOLANGE keine Verbindung hergestellt;
Übermittle Informationen

Abb. 3.1.14. Pseudocode zur Strukturierung von *Kontrollverhalten- und Steuerungsstrukturen* (Reaktion auf Sensorereignis in der Alarmanlage)

Zweidimensionale strukturierte Darstellungen umfassen die systematisierte, übersichtliche und komprimierte Darstellung in der Form von *Tabellen* oder die Darstellung von Strukturen, Zuordnungen oder Beziehungen durch *Matrizen*.

Abb. 3.1.15 gibt ein Beispiel für die Verwendung von Tabellen zur Darstellung von (gerichteten) Datenübertragungen. Die möglichen „Sender" sind in der linken Spalte angegeben. In den restlichen Spalten findet man für jeden möglichen „Empfänger" die Art der jeweils übertragenen Daten (wobei „–" für „keine Kommunikation" steht).

Abb. 3.1.16 illustriert die Verwendung einer Tabelle zur Darstellung von Geschäftsvorgängen. Jede Spalte stellt dabei einen Geschäftsvorgang dar, dessen Teilaktivitäten von oben nach unten angeordnet sind. Gleiche (bzw. gleichartige) Teilaktivitäten verschiedener Geschäftsvorgänge werden dabei in derselben horizontalen Ebene angeordnet.

	Einkauf	Verkauf	Buchhaltung	Lagerverwaltung
Einkauf	—	Sonderangebote	Bestellungen an Zulieferer	Kapazitäts-nachfragen
Verkauf	Reklamationen	—	Kunden-bestellungen	Bestandsnachfr. Lieferaufträge
Buchhaltung	—	—	—	—
Lagerverwaltung	Bedarfsmengen Auskünfte	Überkapazitäten Auskünfte	Wareneingänge Warenausgänge	—

Abb. 3.1.15. Tabelle zur Darstellung von Datenübertragungen (in der Vertriebsorganisation)

Zahlungsabwicklung bei Kundenbestellungen		
Bestellung mit Scheck	Bestellung per Nachnahme oder Rechnung	
	Alt-Kunden	Neu-Kunden
Scheck gutschreiben (ggf. Konto einr.)		Konto einrichten
Waren versenden	Waren versenden	Waren versenden
Konto belasten	Konto belasten	Konto belasten
	Rechnung stellen	Rechnung stellen

Abb. 3.1.16. Tabelle zur Darstellung von Geschäftsvorgängen

Ein weiteres, im Zusammenhang mit Anforderungen interessantes Beispiel der Verwendung von Tabellen sind „Anforderungszuordnungstabellen". Hier werden in einer Dimension (z.B. Zeilen) die einzelnen Anforderungen aufgelistet, in der anderen Dimension Entwurfsobjekte. Ein „X" in Zeile i und Spalte j der Matrix gibt dann an, dass die Anforderung i durch das Entwurfsobjekt j erfüllt wird. Ein schematisches Beispiel zeigt Abb. 3.1.17. Analog lassen sich auch Zusammenhänge zwischen Anforderungen auf verschiedenen Detaillierungsebenen darstellen (vgl. [Dor 99]).

Anforderungen \ Entwurfsobjekte	A	B	C	D	E	F	G
1		X					X
2	X			X			
3							
4		X					X
5	X			X			
6		X					
7	X			X		X	

Abb. 3.1.17. Anforderungszuordnungstabelle

Die Darstellung von Datenzugriffen durch eine Matrix wird in Abb. 3.1.18 illustriert. Die Zeilen sind mit den jeweiligen „Zugreifern" indiziert, die Spalten mit verschiedenen Daten(typen). Gibt es einen Zugriff auf ein bestimmtes Datum, so enthält die Matrix an dieser Stelle „$\otimes$", sonst „–".

	Artikel-Nummer	Einkaufs-Preis	Verkaufs-Preis	Menge	Lagerort
Einkauf	$\otimes$	$\otimes$	–	$\otimes$	–
Verkauf	$\otimes$	–	$\otimes$	$\otimes$	–
Buchhaltung	$\otimes$	$\otimes$	$\otimes$	$\otimes$	–
Lagerverwaltung	$\otimes$	–	–	$\otimes$	$\otimes$

Abb. 3.1.18. Matrixdarstellung von Datenzugriffen (in der Vertriebsorganisation)

Abb. 3.1.19 illustriert, wie Abb. 3.1.15, (gerichtete) Datenübertragungen zwischen den Abteilungen unserer Vertriebsorganisation. Allerdings werden hier in den Matrixeinträgen die jeweils anfallenden Mengen der übertragenen Daten zwischen „Sender" (Zeilenindex) und „Empfänger" (Spaltenindex) angegeben.

	Einkauf	Verkauf	Buchhaltung	Lagerverwaltung
Einkauf	–	3	42	156
Verkauf	12	–	264	235
Buchhaltung	–	–	–	–
Lagerverwaltung	45	4	402	–

Abb. 3.1.19. Matrixdarstellung von Datenübertragungsmengen

	Attr. 1	Attr. 2	Attr. 3	Attr. 4
Funktion 1	c	u	u	c
Funktion 2	c	u	d	r
Funktion 3	r	c	u	r
Funktion 4	u	d	r	d

Abb. 3.1.20. Zugriffs-Matrix für Konsistenzsicherung („*cdur-Schema*")

Eine spezielle Verwendung von Matrizen illustriert Abb. 3.1.20 in schematischer Form. Hier wird in der Matrix für verschiedene Funktionen (Zeilenindex) und Attribute (Spaltenindex) angegeben, in welcher Weise (c = create, d = delete, u = update, r = read) jede Funktion auf das jeweilige Attribut zugreift. Auf diese Weise wird festgehalten, dass z.B. die Funktion Funktion 2 das Attribut Attr. 1 erzeugt (c), Attr. 2 verändert (u), Attr. 3 löscht (d) und Attr. 4 liest (r). Diese, im Bereich der Informationssysteme verbreitete Darstellungsform („*cdur-Schema*") erlaubt einfache Konsistenzprüfungen. So wird bei unserem Beispiel etwa deutlich, dass

Attr. 1 ein permanentes Attribut sein muss (weil es von keiner Funktion gelöscht wird), während Attr. 4 nie verändert wird (also ein „konstantes" Attribut ist). Auch lässt sich feststellen, dass Attr. 2 überflüssig ist (weil kein lesender Zugriff vorgesehen ist), und dass für Attr. 3 entweder eine Funktion fehlt, die das Attribut erzeugt oder die Charakterisierung der vorhandenen Funktionen fehlerhaft ist.

Der wesentliche Vorteil solcher zweidimensional strukturierter Texte in Form von Tabellen und Matrizen besteht vor allem darin, dass Unvollständigkeiten oder auch andere „Ungereimtheiten" meist mit einem Blick erkannt werden. Dies gilt insbesondere auch für die Anforderungszuordnungstabelle in Abb. 3.1.17.

Eine weitere Kategorie textueller Beschreibungsformen sind *strukturierte Darstellungen mit einfachen graphischen Elementen*. Typische Vertreter dieser Kategorie sind Formulare, die zur strukturierten Erfassung von Daten, als Berechnungsschemata oder als „Rahmen" für andere Formalismen Verwendung finden. Bekannte Beispiele zeigen Abb. 3.1.21 und 3.1.22.

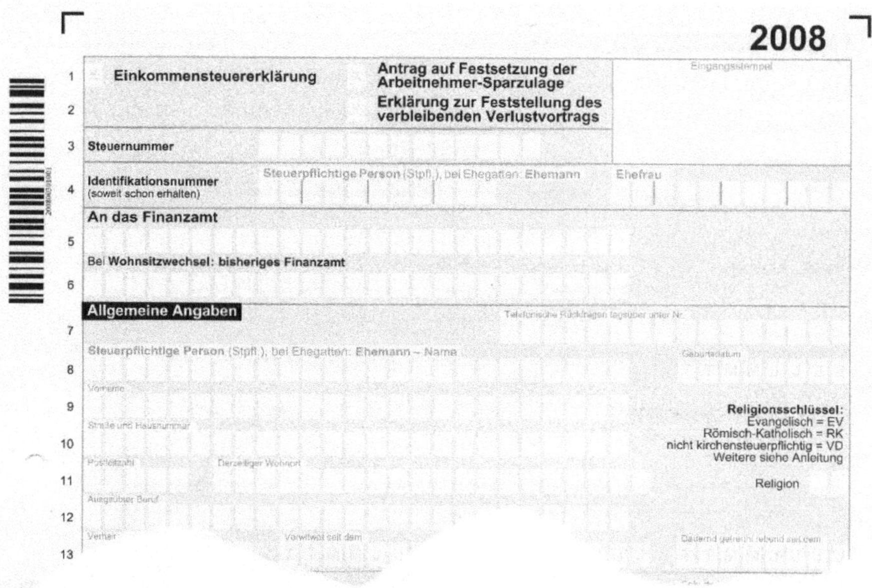

Abb. 3.1.21. Steuerformular (Datenerfassung)

3.2 Statische Strukturen

Im Folgenden werden Formalismen betrachtet, bei denen die Beschreibung der statischen Struktur, d.h. die Beschreibung von (statischen) Komponenten und die Darstellung von Beziehungen zwischen diesen Komponenten im Vordergrund stehen. Ein weiterer, ebenfalls berücksichtigter Aspekt sind Präzision und Vollständigkeit der Beschreibung.

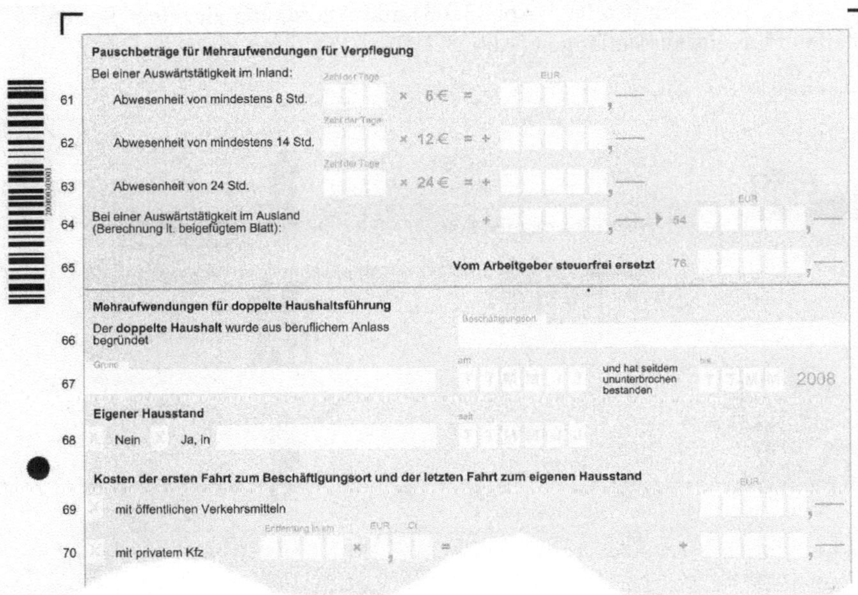

Abb. 3.1.22. Steuerformular (Berechnung)

3.2.1 Blockdiagramme, Zeichnungen

Blockdiagramme sind Darstellungen von Systemkomponenten durch (meist zusätzlich benannte) bildhafte Symbole und Beziehungen zwischen Komponenten durch (gelegentlich benannte) Linien oder Pfeile. Die Stärke von Blockdiagrammen besteht darin, dass man meist abstrahierte, intuitiv klare graphische Symbole (z.B. Piktogramme) zur Darstellung von konkreten Objekten, Begriffen und Vorgehensweisen verwendet, die fast immer ohne spezielle Vorkenntnisse verständlich und beliebig einsetzbar sind (vgl. Abb. 3.2.1). Ein typisches Beispiel für die Verwendung von Blockdiagrammen gibt Abb. 3.2.2.

Abb. 3.2.1. International gebräuchliche Symbole

Schematische Darstellungen durch entsprechende *Zeichnungen* zeigen ebenfalls einzelne (bildhaft dargestellte) Komponenten sowie deren Beziehungen, manchmal auch schon die jeweilige Anordnung der Komponenten. Typische Beispiele sind

Mensch-Maschine-Schnittstellen (Abb. 3.2.3) und Anordnung einzelner Systembestandteile in Layout-Darstellungen (Abb. 3.2.4).

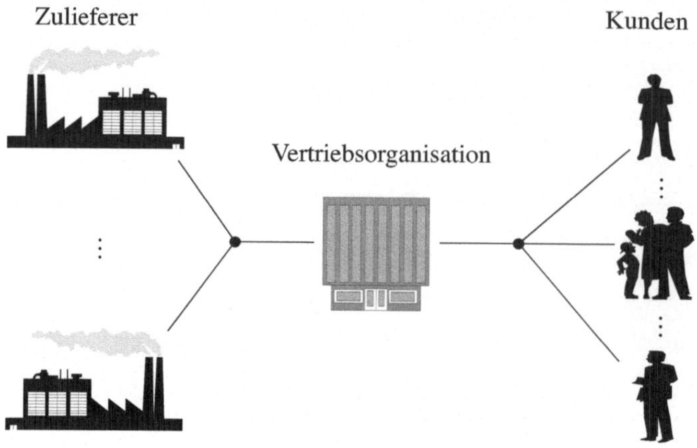

Abb. 3.2.2. Blockdiagramm (Vertriebsorganisation)

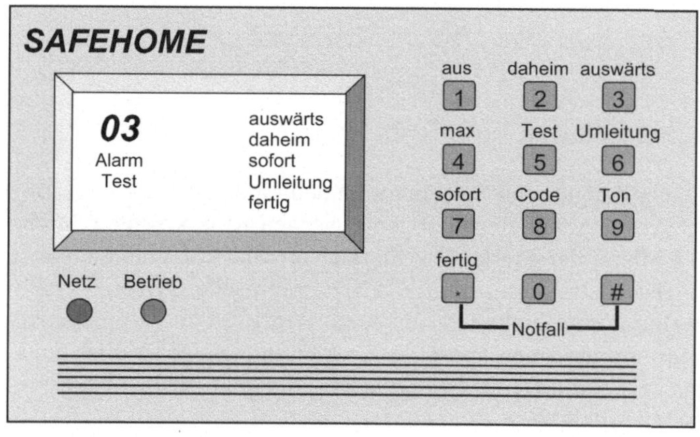

Abb. 3.2.3. Schematische Zeichnung (Bedieneinheit der Alarmanlage, nach [Pre 05])

3.2.2 Dekompositionsdiagramme

Dekompositionsdiagramme, auch *Strukturierungsdiagramme* oder *Zerlegungsdiagramme* genannt, dienen der graphischen Darstellung (knotenmarkierter) *baumartiger Strukturen*.

Bäume lassen sich induktiv wie folgt definieren: Ein **Baum** ist entweder elementar („Blattknoten") oder zusammengesetzt aus einem Knoten („Vaterknoten") und mehreren Bäumen („Söhne").

Entsprechend dieser Definition ist ein Baum also eine zusammenhängende Struktur bestehend aus (markierten) Knoten und gerichteten Kanten, wobei genau ein Knoten („Wurzel") keine eingehende Kante und alle übrigen Knoten genau eine eingehende Kante haben. Knoten mit (mehreren) ausgehenden Kanten heißen *innere Knoten*, Knoten ohne ausgehende Kanten nennt man *Blätter*.

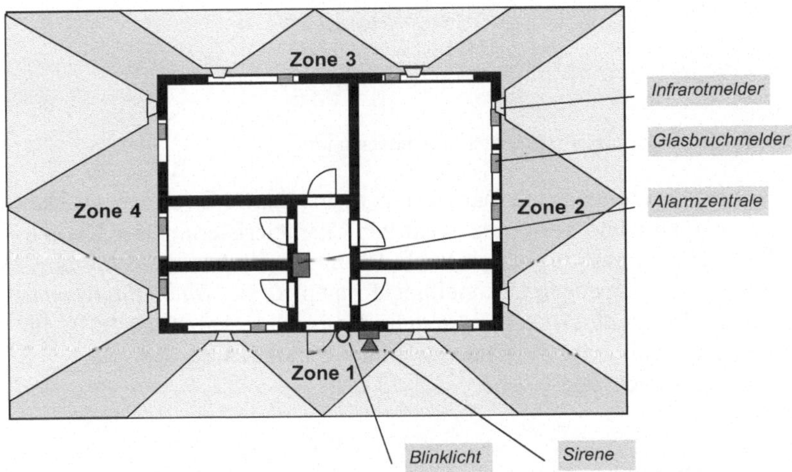

Abb. 3.2.4. Schematische Zeichnung (Layout der Alarmanlage)

Bäume eignen sich gut zur Darstellung strikt hierarchischer Strukturen, indem die Vater-Sohn-Beziehung als „besteht-aus-Beziehung" interpretiert wird. Sie lassen keine „überlappenden" Teilstrukturen zu („mehrere Väter können keine gemeinsamen Nachkommen haben"), insbesondere also auch keine Zyklen.

Durch weitere Eigenschaften der Vater-Sohn-Beziehung lassen sich speziellere Arten von Bäumen auszeichnen. Bei einem **geordneten Baum** ist für jeden Knoten eine Reihenfolge seiner Söhne festgelegt. Ein Baum heißt **binär**, wenn jeder Knoten höchstens zwei Söhne hat. Sind an jedem Knoten unterschiedlich viele Söhne erlaubt, spricht man von einem **beliebig verzweigten Baum**.

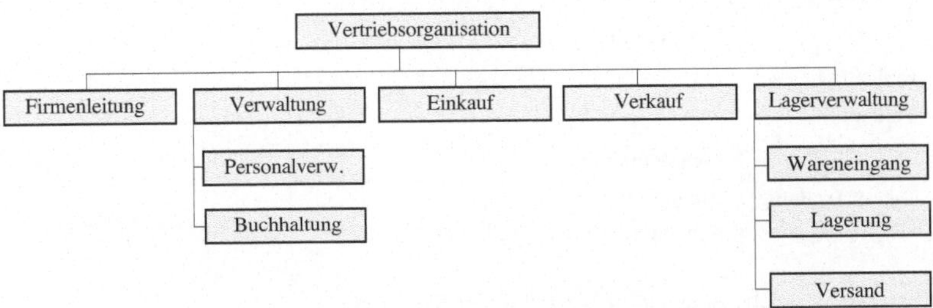

Abb. 3.2.5. Aufbau der Vertriebsorganisation als Baumdiagramm („*Organigramm*")

Vertriebsorganisation
Firmenleitung
Verwaltung
Buchhaltung
Personalverwaltung
Lagerverwaltung
Wareneingang
Lagerung
Versand
Einkauf
Verkauf

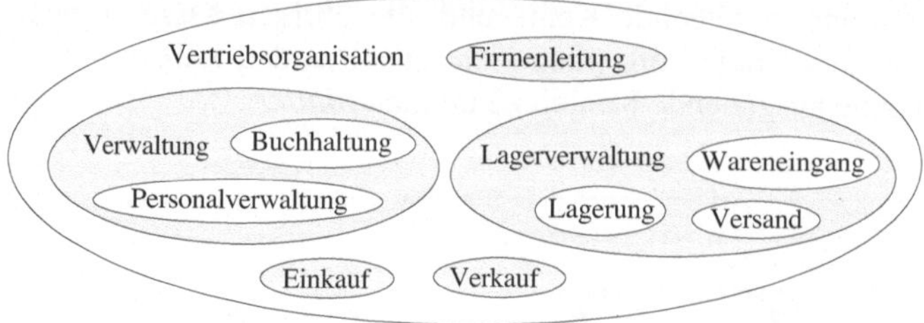

Abb. 3.2.6. Aufbau der Vertriebsorganisation als Ellipsendiagramm

In *Dekompositionsdiagrammen* hat man geeignete graphische Elemente zur Darstellung der Baumstruktur und verwendet Text zur Charakterisierung der Knoten. Die Vater-Sohn-Beziehung ist meist implizit (durch entsprechende Anordnung) dargestellt. Es gibt verschiedene Darstellungsformen (z.B. *Baumdiagramme*, *Ellipsendiagramme*, *Kastendiagramme*, *Klammerdiagramme*, vgl. [Sch 95]), für die jeweils eine horizontale oder vertikale Anordnung möglich ist. Beispiele von Dekompositionsdiagrammen zeigen Abb. 3.2.5 - 3.2.8.

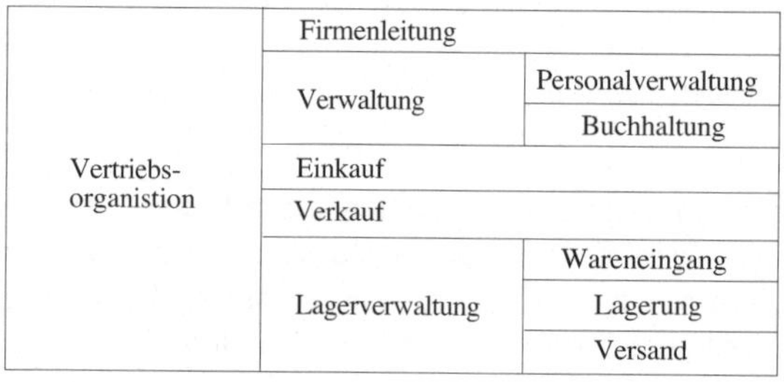

Vertriebs-
organistion
Firmenleitung
Verwaltung
Personalverwaltung
Buchhaltung
Einkauf
Verkauf
Lagerverwaltung
Wareneingang
Lagerung
Versand

Abb. 3.2.7. Aufbau der Vertriebsorganisation als Kastendiagramm

Vertriebs-
organisation
Firmenleitung
Verwaltung
Personalverwaltung
Buchhaltung
Einkauf
Verkauf
Lagerverwaltung
Wareneingang
Lagerung
Versand

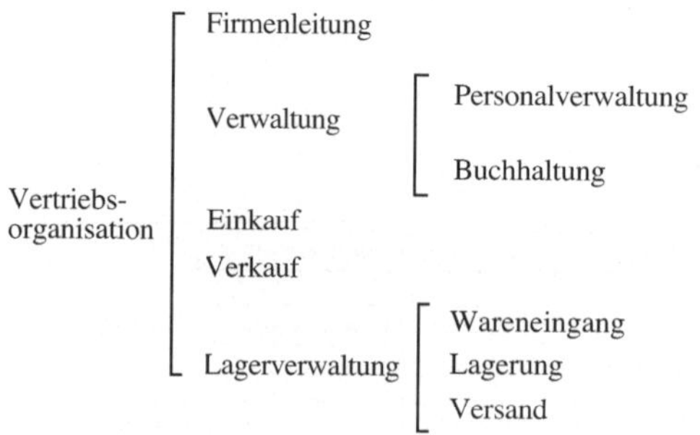

Abb. 3.2.8. Aufbau der Vertriebsorganisation als Klammerdiagramm

Der Vergleich des Dekompositionsdiagramms für die Bedieneinheit der Alarmanlage (vgl. Abb. 3.2.9) mit der schematischen Zeichnung in Abb. 3.2.3 macht auch deutlich, dass beide Darstellungen nicht alternativ, sondern eher komplementär sind. So zeigt die Zeichnung zusätzlich etwa Größenverhältnisse, potenzielles Erscheinungsbild, etc., aber nicht (explizit) strukturelle Einheiten (z.B. „Tastatur" oder „Funktionstasten").

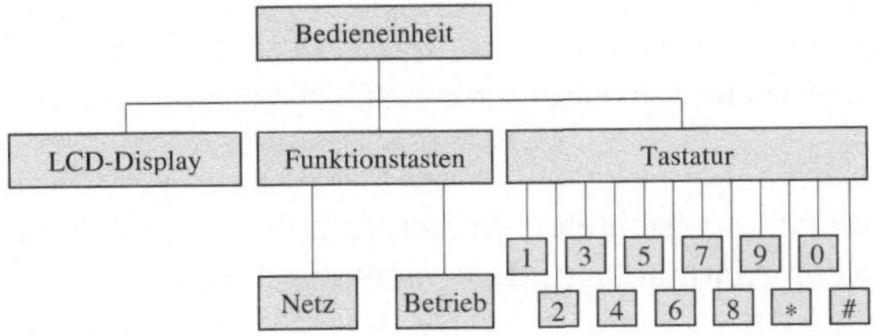

Abb. 3.2.9. Baum-Diagramm (Aufbau der Bedieneinheit der Alarmanlage)

3.2.3 Strukturgraphen

Ein (endlicher) **Graph** ist ein Paar, bestehend aus einer endlichen Menge von *Knoten* (dargestellt durch Kreise oder Rechtecke) und einer endlichen Menge von *Kanten* (dargestellt durch Linien oder Pfeile) zwischen je zwei Knoten. Ein Graph heißt **gerichtet**, wenn die Kanten Einfachpfeile sind, und **ungerichtet**, wenn die Kanten Linien oder Doppelpfeile sind. Bei einem **markierten Graph** sind Knoten und/oder Kanten (z.B. mit Text) benannt. Ein Graph heißt **zusammenhängend**, wenn jedes Knotenpaar über eine Kantenfolge miteinander verbunden ist.

Da bei einem Graph jeder Knoten beliebig viele eingehende und ausgehende Kanten haben kann, lassen sich damit nicht nur Bäume, sondern beliebige Beziehungsstrukturen darstellen, insbesondere auch zyklische.

Anstatt mit (graphischen) Knoten- und Kantensymbolen lassen sich Graphen auch durch Matrizen repräsentieren. Die Knotenmenge wird dabei zur Indizierung verwendet, die jeweiligen Matrixeinträge geben entweder an, ob eine Kante zwischen den betroffenen Knoten besteht (bei unmarkierten Kanten) oder von welcher Art die jeweilige Beziehung ist (bei markierten Kanten). Der Vorteil der Matrixdarstellung besteht – neben der einfacheren Vollständigkeits- und Plausibilitätsprüfung – vor allem darin, dass sich bestimmte Fragestellungen (z.B. Wege in einem Graphen) sehr elegant (über Matrizenmultiplikation) lösen lassen.

Ein **Strukturgraph** ist ein markierter, meist zusammenhängender (gerichteter oder ungerichteter) Graph zur Darstellung von Systemstrukturen, d.h. Systemkomponenten (Knoten) und deren Beziehungen (Kanten). Die dargestellten Beziehungen können dabei gleichartig („uniform") oder individuell verschieden sein.

Ein Beispiel für gleichartige Beziehungen gibt Abb. 3.2.10. Dort sind die möglichen Datenzugriffe der Abteilungen unserer Vertriebsorganisation auf verschiedene Datenattribute dargestellt. Dabei wird auch von der Möglichkeit Gebrauch gemacht gleichartige Knoten zu gruppieren und zu benennen. Die entsprechende Matrixdarstellung findet sich in Abb. 3.1.18.

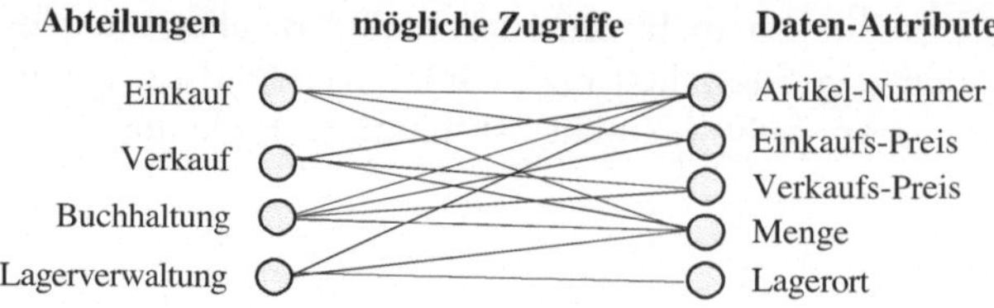

Abb. 3.2.10. Darstellung von Datenzugriffen durch einen (ungerichteten) Strukturgraphen

Als ein anderes Beispiel für einen ungerichteten Strukturgraphen zeigt Abb. 3.2.11 den schematischen Aufbau der Alarmanlage, die – analog zu Abb. 3.2.9 – komplementär zu Abb. 3.2.4 zu sehen ist.

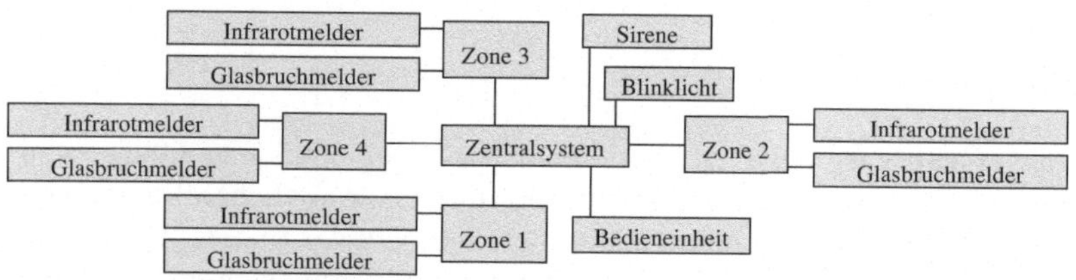

Abb. 3.2.11. Strukturgraph für den schematischen Aufbau der Alarmanlage

Eine weitere Möglichkeit der Verwendung von Strukturgraphen illustriert Abb. 3.2.12. Hier werden individuelle Beziehungen (dargestellt durch markierte gerichtete Kanten) zwischen den Knoten des Graphen verwendet, um die Arten der Datenübertragung zwischen den Abteilungen unserer Vertriebsorganisation darzustellen (vgl. auch Abb. 3.1.15).

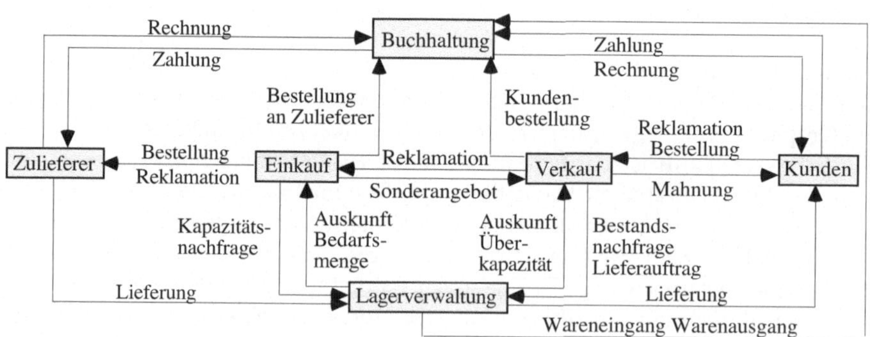

Abb. 3.2.12. Darstellung von Datenübertragungen durch einen (gerichteten) Strukturgraphen

3.2.4 Jackson-Diagramme

Jackson-Diagramme erlauben die kompakte graphische Darstellung von Mengen baumartiger Strukturen mit Hilfe markierter Knoten und der Strukturelemente (vgl. Abb. 3.2.13) *Sequenz* (A besteht aus B und C), *Auswahl* (A ist entweder B oder C) und *Wiederholung* (A umfasst beliebig viele Bs, eventuell auch keine). Sequenz und Auswahl können auch mehr als zwei Bestandteile haben. Komplexere Strukturen entstehen durch Einsetzen von Strukturelementen für markierte Blattknoten.

Entsprechend der Interpretation dieser Strukturelemente darf jede Bezeichnung eines Knotens stets nur einmal in einem Jackson-Diagramm vorkommen. Verwendet man nur das Strukturelement Sequenz, so hat man geordnete Bäume. Auswahl und Wiederholung legen *Äquivalenzklassen* auf Mengen von Bäumen fest.

Neben Datenstrukturen können durch Jackson-Diagramme auch Ablaufstrukturen (siehe 3.3.1) dargestellt werden. Dabei wird der Unterschied nur über die Benennungen der markierten Knoten deutlich. Auf die Analogie zu regulären Ausdrücken und Struktogrammen wird in den entsprechenden Abschnitten (3.2.5 und 3.3.3) eingegangen.

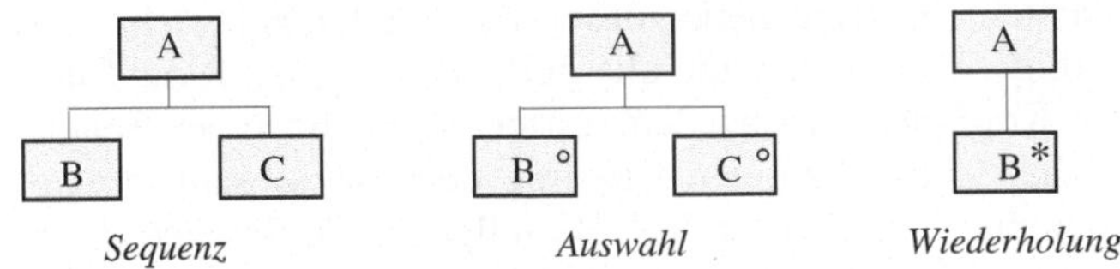

Abb. 3.2.13. Strukturelemente in Jackson-Diagrammen

Den Aufbau unserer Vertriebsorganisation als Jackson-Diagramm zeigt Abb. 3.2.14. Hier wird neben der hierarchischen Struktur (vgl. auch Abb. 3.2.5) angegeben, dass die Lagerung beliebig viele Artikel umfasst.

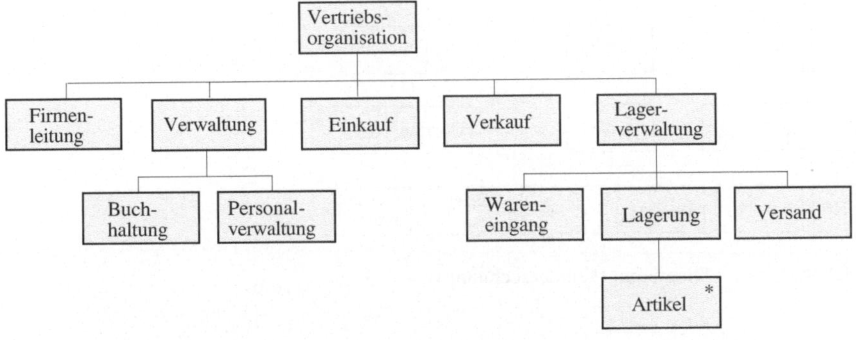

Abb. 3.2.14. Jackson-Diagramm (Aufbau der Vertriebsorganisation)

Den Aufbau der Alarmanlage als Jackson-Diagramm zeigt Abb. 3.2.15. Die beiden Knoten „Sensoren" und „Aktuatoren" sind syntaktisch erforderlich (vgl. [Kil 01]), da Bestandteile einer Sequenz oder Auswahl immer vom selben Typ sein müssen.

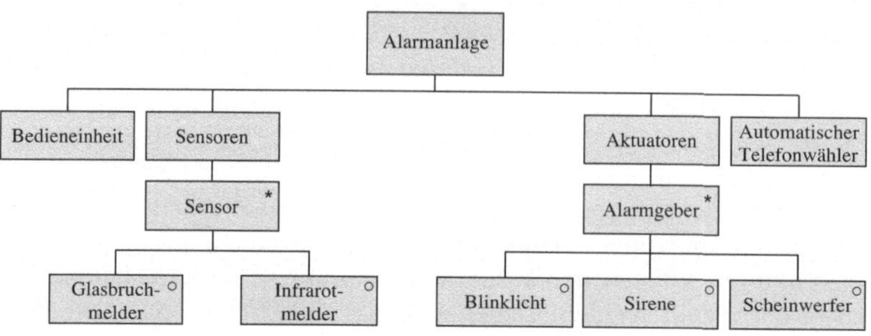

Abb. 3.2.15. Jackson-Diagramm (Aufbau der Alarmanlage)

Ein weiteres Beispiel gibt Abb. 3.2.16, die den Aufbau einer Kundenrechnung als Jackson-Diagramm darstellt. Entsprechend dieser Beschreibung besteht eine Kundenrechnung aus beliebig vielen Seiten, die alle einen Kopf, einen Rumpf und eine Fußzeile haben. Der Kopf besteht aus dem Firmenlogo und einer Seitennummer. Die Fußzeile enthält entweder einen Übertrag oder die Gesamtsumme. Der Rumpf besteht aus beliebig vielen Artikeln („Bestellposten"), die sich ihrerseits aus den Bestandteilen Positions-Nummer, Artikel-Nummer, Artikel-Bezeichnung, Menge, Einzelpreis und Gesamtpreis zusammensetzen.

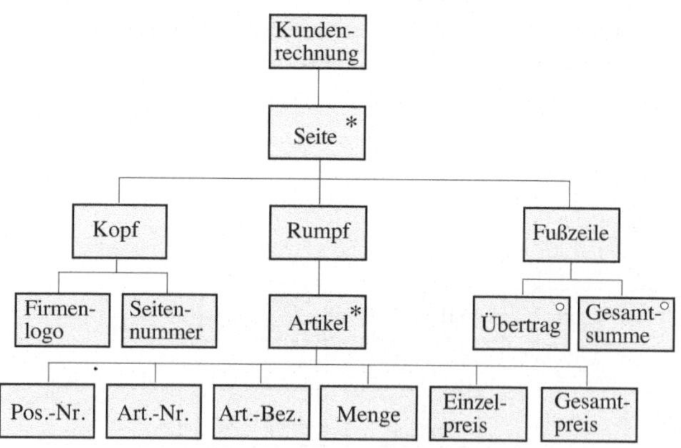

Abb. 3.2.16. Jackson-Diagramm (Kundenrechnung)

Wie man Jackson-Diagramme im Rahmen der Systementwicklung einsetzt, beschreibt die Methode JSD (Jackson System Development, vgl. [Kil 01]). Sie folgt im Wesentlichen einer Outside-in-Vorgehensweise (vgl. 2.3.3).

3.2.5 Grammatiken und reguläre Ausdrücke

Chomsky-Grammatiken (und weiter entwickelte Techniken wie etwa *zweistufige Grammatiken* oder *Attribut-Grammatiken*) wurden ursprünglich eingeführt für die präzise (formale) Beschreibung von Syntax (und Teilen der statischen Semantik) von Programmiersprachen. Da sich neben Zeichenreihen auch andere Datenstrukturen adäquat mit Hilfe von Grammatiken beschreiben lassen, werden diese Formalismen auch im Rahmen des Requirements-Engineering eingesetzt.

Eine **Chomsky-Grammatik** ist ein 4-Tupel (N, T, Z, P), wobei

- N eine (nicht-leere, endliche) Menge von syntaktischen Variablen (*Nicht-Terminalsymbole*),
- T eine (nicht-leere, endliche) Menge von *Terminalsymbolen*,
- Z eine ausgezeichnete syntaktische Variable (*Startsymbol*) und
- P eine (nicht-leere, endliche) Menge von *Produktionsregeln*

sind.

Die **Produktionsregeln** einer Grammatik sind Ersetzungsregeln, etwa von der Form A ::= x, wobei A (linke Seite) und x (rechte Seite) Folgen von Symbolen über dem Gesamtsymbolvorrat $V = N \cup T$ sind. Durch zusätzliche Forderungen an die Form der Symbolfolgen A und x werden spezielle Klassen von Grammatiken (z.B. *kontextsensitiv*, *kontextfrei*, *linear* oder *einseitig linear*, bzw. *Typ-0*, *Typ-1*, *Typ-2* oder *Typ-3*) unterschieden.

Mit Hilfe der Produktionsregeln lässt sich aus einer Symbolfolge s eine neue Symbolfolge s' **ableiten**. Die Symbolfolge s' kann aus s in einem Schritt abgeleitet werden, indem ein Vorkommen der linken Seite einer Produktionsregel in s durch die zugehörige rechte Seite der betreffenden Produktionsregel ersetzt wird.

Die **Sprache**, die durch eine Chomsky-Grammatik festgelegt wird, ist definiert als die Menge der *terminalen Symbolfolgen*, d.h. der über T gebildeten Symbolfolgen, die sich aus dem Startsymbol Z der Grammatik mit Hilfe der Produktionsregeln in mehreren Schritten ableiten lassen.

Es gibt eine Hierarchie („Chomsky-Hierarchie") von Klassen von Grammatiken mit zunehmender Ausdrucksmächtigkeit, die durch jeweilige Einschränkungen an die Produktionsregeln charakterisiert sind. Mit Typ-3-Grammatiken lassen sich Strukturen mit Sequenzen, Alternativen (d.h. Auswahl) und Wiederholungen beschreiben. Sie entsprechen in ihrer Ausdrucksmächtigkeit also den Jackson-Diagrammen. Kontextfreie (Typ-2-) Grammatiken erlauben darüber hinaus die Darstellung von Klammerstrukturen, „Nachbarschaftsbeziehungen" können durch Typ-1- und Typ-0-Grammatiken ausgedrückt werden.

Zu jedem Element der durch eine Grammatik definierten Sprache lässt sich auch dessen *Struktur* angeben. Sie enthält die Information darüber, welche Produktionsregeln wo angewandt werden müssen, um das betreffende Element zu erhalten.

Kontextfreie Grammatiken erlauben die Beschreibung von Mengen geordneter baumartiger Strukturen mit beliebigem Verzweigungsgrad. Die Wurzel und die inneren Knoten sind dabei mit Nicht-Terminalsymbolen markiert, die Blätter mit Terminalsymbolen. Die Blattmarkierungen von links nach rechts gelesen stellen die Symbolfolgen der durch die Grammatik festgelegten Sprache dar.

Kundenrechnung ::= Seite Seiten

Seiten ::= Seite Seiten

Seiten ::=

Seite ::= Kopf Rumpf Fußzeile

Kopf ::= Firmenlogo Seitennummer

Rumpf ::= Artikel Artikelliste

Artikelliste ::= Artikel Artikelliste

Artikelliste ::=

Artikel ::= Pos.-Nr. Art.-Nr. Art.-Bez. Menge Einzelpreis Gesamtpreis

Fußzeile ::= Übertrag

Fußzeile ::= Gesamtsumme

Abb. 3.2.17. Grammatik (Kundenrechnung)

Bei unseren Beispielproblemen können Grammatiken herangezogen werden, um die Struktur einiger der in den Beispielen vorkommenden Objekte zu beschreiben. So wird in Abb. 3.2.17 die Struktur einer Kundenrechnung durch eine Grammatik beschrieben. Der Aufbau hier ist mit dem in Abb. 3.2.16 gegebenen identisch (bis auf die Tatsache, dass jede Rechnung hier mindestens eine Seite und jede Seite mindestens einen Artikel enthält). Eine Kundenrechnung besteht aus einer Seite gefolgt von Seiten. Seiten sind entweder „nichts" (dritte Produktion) oder bestehen ihrerseits aus einer Seite gefolgt von Seiten (zweite Produktion).

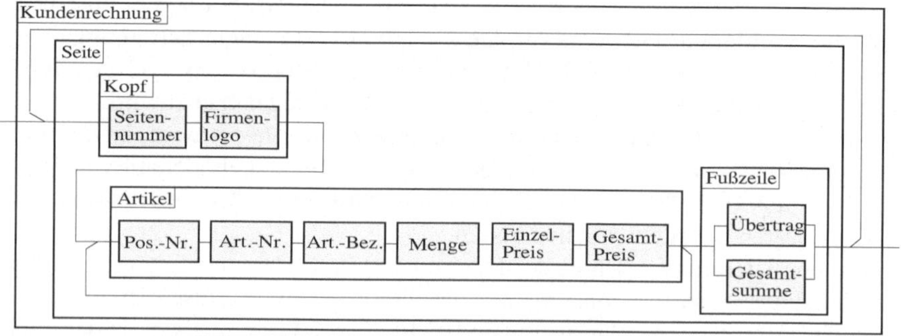

Abb. 3.2.18. Syntaxdiagramm (Kundenrechnung)

Die Produktionsregeln in Grammatiken entsprechen also der Sequenzbildung in Jackson-Diagrammen. Die Unterschiede zur Darstellung als Jackson-Diagramm (vgl. Abb. 3.2.16) bestehen darin, dass bei der verwendeten Darstellung von Grammatiken Alternativen durch mehrere Produktionsregeln (mit identischer linker Seite) und Wiederholungen durch (endständige) Rekursion dargestellt werden. Bei der Darstellung einer Grammatik mithilfe der sog. EBNF (erweiterte Backus-Naur-Form) würden diese Unterschiede entfallen. Allerdings bleibt die größere Ausdrucksmächtigkeit von Grammatiken aufgrund der Möglichkeit beliebiger Rekursionen in den Produktionen.

Es gibt auch graphische Darstellungen von Grammatiken in der Form sogenannter *Syntaxdiagramme*. In dieser Form lassen sich die Produktionsregeln aus
Abb. 3.2.17 wie in Abb. 3.2.18 darstellen. Dabei werden üblicherweise syntaktische Variable für Wiederholungen (wie etwa Seiten oder Artikelliste) nicht angegeben, sondern durch entsprechende Verbindungslinien dargestellt (vgl. Abb.
3.2.18 und 3.2.19).

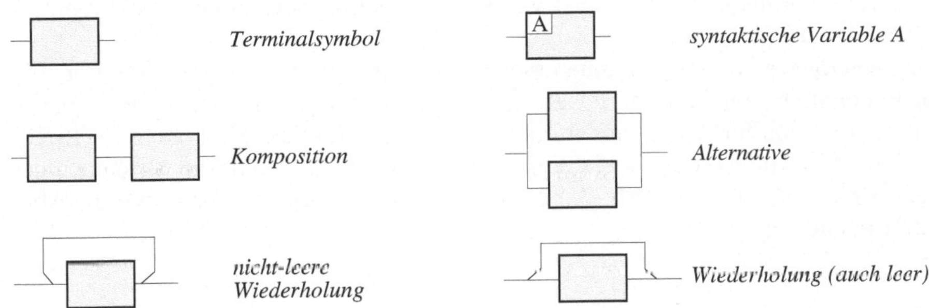

Abb. 3.2.19. Übersicht über die graphische Notation in Syntaxdiagrammen

Einen Überblick über die Notation von Syntaxdiagrammen gibt Abb. 3.2.19.
Terminalsymbole sind die atomaren Bestandteile. Syntaktische Variablen enthalten
neben einer Bezeichnung in ihrem Inneren wieder Syntaxdiagramme. Bei mehreren
Vorkommen derselben syntaktischen Variable wird deren „innere Struktur" allerdings üblicherweise nur einmal angegeben. Syntaxdiagramme können durch sequentielle *Komposition* („erst-dann"), *Alternativen* („entweder-oder") und *Wiederholungen* miteinander verbunden werden. Die möglichen durch ein Syntaxdiagramm dargestellten Strukturen erhält man, indem man von links nach rechts entsprechend den angegebenen Linien das Syntaxdiagramm „durchläuft" und dabei
die angetroffene Strukturinformation „aufsammelt". Analog lässt sich so auch
prüfen, ob eine konkrete Struktur gemäß dem durch die Grammatik definierten
„Bauplan" aufgebaut ist.

Reguläre Ausdrücke sind ein den Typ-3-Grammatiken (und damit auch den
Jackson-Diagrammen) äquivalenter Formalismus. Ausgehend von einer gegebenen
Grundsymbolmenge, lassen sie sich (induktiv) wie folgt bilden:

1. Jedes Symbol der gegebenen Symbolmenge ist ein regulärer Ausdruck (*Atom*).
2. Sind R1 und R2 reguläre Ausdrücke, dann ist auch (R1 | R2) ein regulärer Aus-
   druck (*Alternative*).
3. Sind R1 und R2 reguläre Ausdrücke, dann ist auch (R1 R2) ein regulärer Ausdruck (*Komposition*).
4. Ist R ein regulärer Ausdruck, dann ist auch (R)* ein regulärer Ausdruck (*Hül-
   lenbildung*).
5. Außer den angegebenen Möglichkeiten gibt es keine weiteren Möglichkeiten reguläre Ausdrücke zu bilden.

Die gegebene Grundsymbolmenge legt die Atome fest. Sie enthält alle für die jeweilige Anwendung relevanten Symbole. Die Alternative (R1 | R2) beschreibt die Vereinigung der Mengen von Strukturen, die durch R1 und R2 definiert sind. Die Komposition (R1 R2) beschreibt diejenige Struktur, die sich durch Aneinanderfügen von Strukturen aus R1 mit solchen aus R2 ergibt. (R)*, die Hüllenbildung von R, ist diejenige Struktur, die man erhält, wenn man eine beliebige Anzahl von Strukturen aus R aneinanderfügt. Insbesondere enthält (R)* auch die „leere Struktur". Die Klammern können dabei weggelassen werden, wenn keine Mehrdeutigkeiten entstehen.

Neben diesen Grundoperationen gibt es auch eine Erweiterung der Notation, die die Benennung von Teilausdrücken (zur Strukturierung) zulässt und $(R)^+$ (beliebige Anzahl von Strukturen aus R, aber mindestens eine) als Abkürzung für R(R)* vorsieht. Mit Hilfe (erweiterter) regulärer Ausdrücke lässt sich die Struktur einer Kundenrechnung wie in Abb. 3.2.20, die Struktur der Alarmanlage wie in Abb. 3.2.21 darstellen.

Kundenrechnung = Seite$^+$

Seite = (Firmenlogo Seitennummer) Artikel$^+$ (Übertrag | Gesamtsumme)

Artikel = (Pos.-Nr. Art.-Nr. Art.-Bez. Menge Einzelpreis Gesamtpreis)

Abb. 3.2.20. (Erweiterter) regulärer Ausdruck (Kundenrechnung)

Alarmanlage = Bedieneinheit Sensor$^+$ Alarmgeber$^+$ automatischer-Telefonwähler

Sensor = (Infrarotmelder | Glasbruchmelder)

Alarmgeber = (Blinklicht | Sirene | Scheinwerfer)

Abb. 3.2.21. (Erweiterter) regulärer Ausdruck (Alarmanlage)

Der Formalismus der Grammatiken ist speziell auf die Beschreibung strukturierter Objekte ausgerichtet. Hierarchiebeziehungen lassen sich durch die Verwendung verschiedener Grammatiken auf unterschiedlichen Abstraktionsebenen oder mehrstufige Grammatiken ausdrücken. Dabei sind die Terminalsymbole einer Hierarchiestufe die syntaktischen Variablen der darunter liegenden Ebene.

Für die Verwendung von Grammatiken gibt es keine direkten methodischen Hinweise. Liegt bereits eine Beschreibung in Form einer Grammatik vor, so gibt es verschiedene Techniken, um diese in eine äquivalente Grammatik (evtl. mit speziellen Eigenschaften) umzuformen. Es gibt auch Standardverfahren, um zu prüfen, ob eine gegebene Struktur einer Grammatik genügt („Erkennungsproblem").

Für durch Grammatiken definierte Strukturen gibt es verschiedenartigste Werkzeuge, die alle im Zusammenhang mit der Definition und Verarbeitung von Programmiersprachen entstanden sind. Zu nennen sind hier etwa *Editoren* (zur Unterstützung der Konstruktion von Grammatiken), *Generatoren* (Erzeugung von Lösungen für Standardaufgaben) sowie Analysewerkzeuge für verschiedenste Aspekte.

3.2.6 Relationale Ansätze, ER-Diagramme, semantische Datenmodellierung

Das **Entity-Relationship-Modell** (kurz **ER-Modell**, [Che 76, BCN 92]) wurde ursprünglich zur Datendefinition im Zusammenhang mit dem Entwurf von Datenbanken und Informationssystemen entwickelt. Seit langem wird es auch zur konzeptionellen Modellierung bei der Spezifikation von Anforderungen an softwaregestützte Systeme verwendet. Die theoretische Grundlage ist durch Mengenlehre und Relationentheorie gegeben, die Darstellung ist wahlweise textuell oder graphisch.

Der ER-Ansatz geht von der Annahme aus, dass sich nahezu jede Situation der realen Welt mit Hilfe von *Entitäten* und *Beziehungen* modellieren lässt. Eine Unterscheidung in Entitäten und Beziehungen ist dabei nicht immer eindeutig. Oft lassen sich Gegebenheiten sowohl als Entitäten wie auch als Beziehungen darstellen, und eine Entscheidung darüber, welche Wahl man trifft, ist gelegentlich willkürlich [Che 76].

Entitäten (*entities*) sind nach [Che 76] wohlunterscheidbare Dinge, Begriffe, etc. Sie können nach bestimmten gemeinsamen Eigenschaften zu Klassen, auch **Entitätenmengen** (*entity sets*) oder **Entitätstypen** genannt, zusammengefasst werden. Für jede Entität kann geprüft werden, ob sie einem bestimmten Entitätstyp angehört oder nicht. Eine Entität kann auch zu mehreren Entitätstypen gehören. Entitätstypen können also nicht-leere Durchschnitte haben oder auch Teilmengen voneinander sein. Mögliche Entitäten und Entitätstypen für das Beispiel der Vertriebsorganisation zeigt Abb. 3.2.22.

Entitäten:

    Kunde A, ..., Kunde Z, Zulieferer 1, ..., Zulieferer n, Vertriebsorganisation, ... ,

    Mahnung, Angebot, Bestellung, Reklamation, Rechnung, Lieferung

Entitätstypen:

    KUNDE (Zusammenfassung von Kunde A, ..., Kunde Z)

    FIRMA (Zusammenfassung von Zulieferer 1, ..., Zulieferer n, Vertriebsorganisation)

    ABTEILUNG (Zusammenfassung von Einkauf, Verkauf, Lagerverwaltung, ...)

    SENDUNG (Zusammenfassung von Mahnung, Angebot, Bestellung, ...)

Abb. 3.2.22. Entitäten und Entitätstypen

Eine **Beziehung** (*relationship*) ist eine Assoziation zwischen Entitäten, dargestellt durch das geordnete Tupel der betreffenden Entitäten. Die Anzahl der Entitäten, die in einer Beziehung assoziiert sind, legt deren **Stelligkeit** fest. Beziehungen gleicher Stelligkeit, die auch in den Typen der Entitäten übereinstimmen, werden zu **Beziehungsmengen** (*relationship sets*), auch **Beziehungstypen** genannt, zusammengefasst. Einige Beziehungstypen und Beziehungen zeigt Abb. 3.2.23.

Theoretisch ist ein Beziehungstyp r aus geordneten n-stelligen Beziehungen zwischen Entitäten der Typen E_i (i = 1,..., n) eine *Relation* im mathematischen Sinn: $r \subseteq E_1 \times ... \times E_n$.

Beziehungstypen:

> hat-Abteilung $\subseteq$ FIRMA $\times$ ABTEILUNG
>
> schickt-an $\subseteq$ FIRMA $\times$ SENDUNG $\times$ FIRMA
>
> bestellt $\subseteq$ KUNDE $\times$ FIRMA

Beziehungen:

> (Vertriebsorganisation, Lagerverwaltung) $\in$ hat-Abteilung
>
> (Vertriebsorganisation, Reklamation, Zulieferer 1) $\in$ schickt-an
>
> (Zulieferer 3, Rechnung, Vertriebsorganisation) $\in$ schickt-an
>
> (Kunde A, Vertriebsorganisation) $\in$ bestellt

Abb. 3.2.23. Beziehungstypen und Beziehungen

Die bisher betrachteten Strukturen (Bäume oder Graphen), bei denen je zwei Komponenten miteinander in Beziehung gesetzt werden konnten, entsprechen dem Spezialfall der *zweistelligen Relationen*. Durch allgemeine Relationen lassen sich dagegen Beziehungen zwischen beliebig vielen Komponenten darstellen (wie etwa bei Graphen mit „Hyperkanten").

Die **Rolle** (*role*) einer Entität in einer Beziehung charakterisiert die Funktion, die die betreffende Entität in der Beziehung spielt. Mathematisch ist sie eine Projektionsfunktion auf dem Beziehungstyp. Durch explizite Angabe der Rollen aller Entitäten können Beziehungen auch durch ungeordnete Tupel dargestellt werden.

Die Rollen für den Beziehungstyp schickt-an (aus Abb. 3.2.23) könnten naheliegenderweise mit SENDER, BOTSCHAFT und EMPFÄNGER bezeichnet werden. Dadurch ließe sich die Beziehung

> (Vertriebsorganisation, Reklamation, Zulieferer 1)

auch darstellen als

> (SENDER/Vertriebsorganisation, BOTSCHAFT/Reklamation,
> EMPFÄNGER/Zulieferer 1)

wobei nun offensichtlich die Reihenfolge der Komponenten unerheblich ist.

Ein **Attribut** gibt eine Eigenschaft einer Entität oder Beziehung an. Es ist eine Funktion (im mathematischen Sinn), die Entitätstypen oder Beziehungstypen auf Wertemengen (wie Zahlen, Wahrheitswerte oder Zeichenreihen) oder kartesische Produkte von Wertemengen abbildet. Attribute werden dargestellt durch Attribut-Wert-Paare und können auch als einstellige Beziehungen aufgefasst werden. Ein *Schlüssel* ist eine Kombination von Attributen, durch die die Entitäten des betreffenden Typs eindeutig identifiziert werden können. Häufig werden Attribute auch unterschieden in *beschreibende* (Eigenschaften) und *identifizierende Attribute* (Bestandteile von Schlüsseln).

Typische Attribute einer Entität des Typs ARTIKEL (vgl. 3.2.4 und 3.2.5) sind POS.-NR., ART.-NR., ART.-BEZ., MENGE, EINZELPREIS oder GESAMTPREIS, denen als Werte Zeichenreihen und Zahlen zugeordnet sind.

Ein typisches Attribut eines Beziehungstyps, das nicht als Attribut der betreffenden Entitätstypen definiert werden kann, ist beispielsweise INHALT, das für die Beziehung

(Zulieferer 2, Mahnung, Vertriebsorganisation) $\in$ schickt-an

den Wert

„Wir dürfen Sie freundlichst darauf hinweisen, dass die Bezahlung unserer Lieferung vom 3.10. noch aussteht.“

haben könnte. Der erweiterte ER-Ansatz (s.u.) sieht für Attribute von Beziehungen eine eigene Notation vor.

Im ER-Modell besteht eine *Systembeschreibung* aus der Gesamtheit aller Entitäten, Attributwerte und Beziehungen des Systems. Spezifische Informationen über ein so beschriebenes System erhält man durch selektive Auswahl von (Teilmengen von) Entitätstypen, Beziehungstypen und Attributwerten. Strukturelle Beziehungen zwischen Entitäten lassen sich durch geeignet festgelegte Beziehungstypen (z.B. hat-Abteilung, vgl. Abb. 3.2.23) darstellen. Dynamische Veränderungen des Systems lassen sich beschreiben mit Hilfe von Operationen für das Hinzufügen, Löschen und Verändern von Entitäten, Attributen und Beziehungen.

Um etwa im Rahmen dynamischer Veränderungen die Integrität (*integrity*) der in einer Beschreibung enthaltenen Information sicherzustellen, gibt es die Möglichkeit, **Beschränkungen** (*constraints*) für Werte anzugeben. Durch solche Beschränkungen können Wertemengen auf *erlaubte Werte* (umfassender Wertemengen) oder *zulässige Werte* (für bestimmte Attribute) eingeschränkt werden.

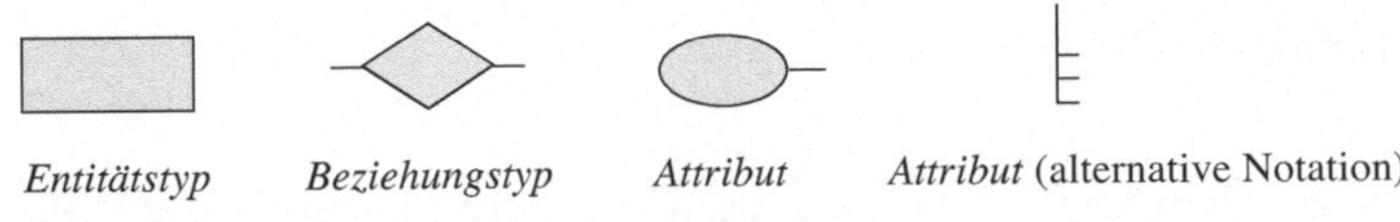

Entitätstyp   *Beziehungstyp*   *Attribut*   *Attribut* (alternative Notation)

Abb. 3.2.24. Grundsymbole in ER-Diagrammen

Neben der oben benutzten textuellen Darstellung gibt es für das ER-Modell auch noch eine graphische Darstellung mittels sogenannter **ER-Diagramme**. Dabei handelt es sich um knoten- und kantenmarkierte, endliche, ungerichtete Graphen. Als Knotentypen hat man Rechtecke (zur Darstellung von Entitätstypen), Rauten (zur Darstellung von Beziehungstypen) und Ellipsen (zur Darstellung von Attributen), die jeweils mit den zugehörigen Bezeichnungen markiert sind.

Die Grundsymbole von ER-Diagrammen zeigt Abb. 3.2.24. Kanten verbinden Entitätstypen mit Beziehungstypen (bzw. Attributen) und können durch Angabe der jeweiligen Rolle der Entitäten und Kardinalitäten (s.u.) des Beziehungstyps markiert werden. Die *Stelligkeit* eines Beziehungstyps wird durch die Anzahl mit ihm verbundener Kanten festgelegt. Dabei kann ein Beziehungstyp zusammen mit den mit ihm verbundenen Kanten auch als Hyperkante (= Kante mit mehr als zwei Enden) aufgefasst werden, die die beteiligten Entitätstypen verbindet. Anstelle von Ellipsen zur Darstellung von Attributen werden in der Literatur auch einfachere Formen (vgl. Abb. 3.2.24) verwendet. Ein einfaches ER-Diagramm mit Rollenangabe gibt Abb. 3.2.25.

Kardinalitäten präzisieren Beziehungstypen, indem sie angeben, wie viele Entitäten (jedes beteiligten Typs) jeweils miteinander in Beziehung stehen. Eine mögliche Notation für Kardinalitäten, die von tatsächlich vorkommenden Notationen (vgl. [ERD 09]) abstrahiert, zeigt Abb. 3.2.26. Durch sie wird ausgedrückt, dass jede Entität des Typs A über r mit mindestens minb und höchstens maxb Entitäten aus B in Beziehung steht und dass jede Entität des Typs B über r mit mindestens mina und höchstens maxa Entitäten aus A in Beziehung steht.

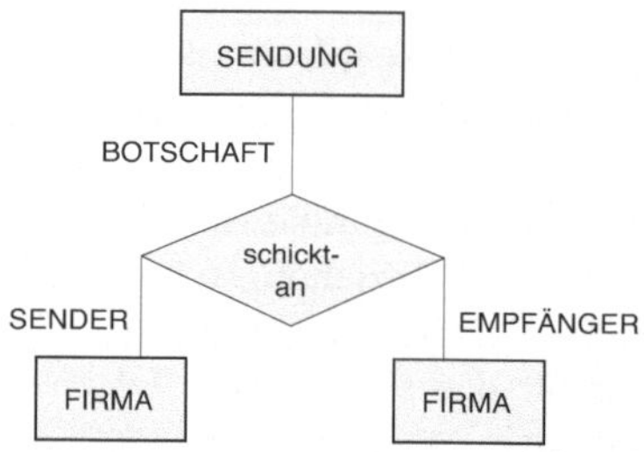

Abb. 3.2.25. ER-Diagramm mit Rollenangabe

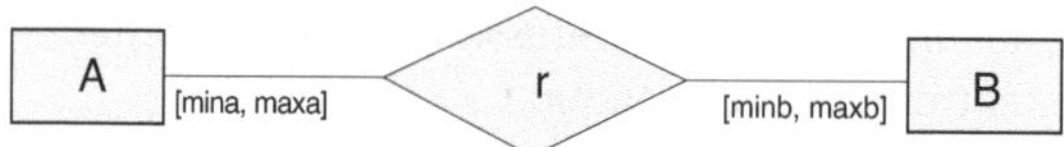

Abb. 3.2.26. Kardinalitäten in ER-Diagrammen

Anstelle der Angabe eines Intervalls [mina, maxa] findet man in der Literatur als Abkürzung auch nur Zahlwerte (für ein einelementiges Intervall) und „*" für „beliebig viele" (einschließlich 0). Ein erstes Beispiel mit einer derart verkürzten Angabe von Kardinalitäten findet sich in Abb. 3.2.27.

Wichtige (weil häufig vorkommende) Spezialfälle von Kardinalitäten sind:

– 1-1-Beziehung: [mina, maxa] = [1, 1], [minb, maxb] = [1, 1]; Kurzform: 1
– 1-n-Beziehung: [mina, maxa] = [1, 1], [minb, maxb] = [1, n]; Kurzform: 1..*.

Von einer *partiellen Beziehung* spricht man, wenn mina oder minb den Wert 0 hat.

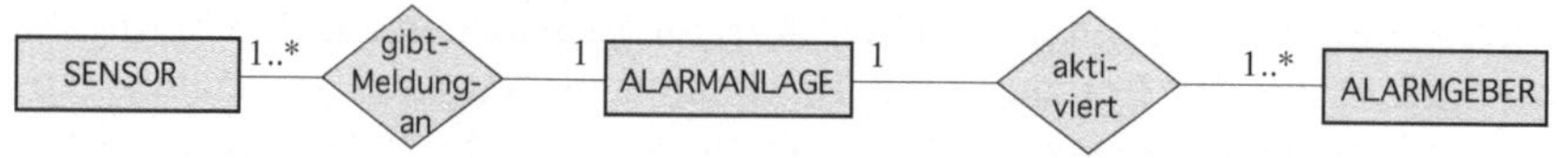

Abb. 3.2.27. ER-Diagramm (Teil der Alarmanlage)

Mit dem Begriff **semantische Datenmodellierung**, auch **EER-Ansatz** oder erweiterter ER-Ansatz (vgl. [HK 87, BCN 92]) genannt, charakterisiert man Erweiterungen des ursprünglichen ER-Ansatzes um zusätzliche Konzepte, deren graphische Repräsentationen in Abb. 3.2.28 zusammengefasst sind. Zwar wird durch diese Zusätze die prinzipielle Ausdrucksmächtigkeit von ER-Modellen nicht vergrößert, aber die adäquate Darstellung gewisser Sachverhalte essentiell vereinfacht. In der Praxis wird deshalb auch oft nicht zwischen ER und EER unterschieden und einfach nur von ER gesprochen.

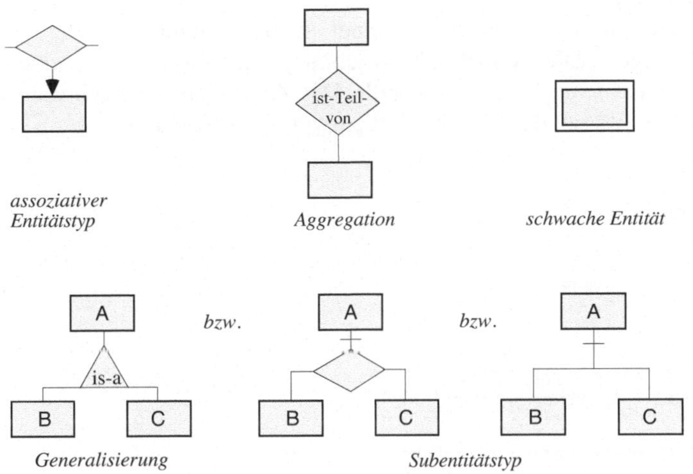

Abb. 3.2.28. Graphische Darstellung der zusätzlichen Konzepte des EER-Ansatzes

Assoziative Entitätstypen erlauben es Beziehungen mit Attributen näher zu charakterisieren. Ein Beispiel gibt Abb. 3.2.29, wo der assoziative Entitätstyp BESTELLUNG (mit seinen Attributen EING.-DATUM, EING.-NR. und LIEFER-DATUM) die Beziehung zwischen Entitäten der Typen KUNDE und ARTIKEL näher charakterisiert.

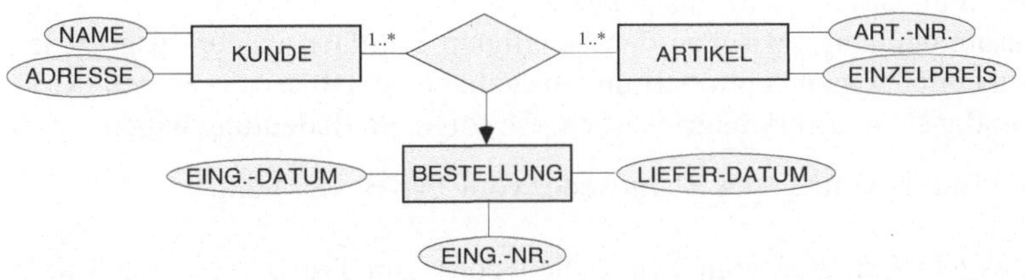

Abb. 3.2.29. Assoziativer Entitätstyp (Beziehung zwischen Kunden und Artikel)

Während durch den Beziehungstyp bestellt (vgl. Abb. 3.2.23) nur eine Bestell-Beziehung (Kunde A, Vertriebsorganisation) zwischen den Entitäten Kunde A und Vertriebsorganisation dargestellt werden kann, lassen sich unter Verwendung des assoziativen Entitätstyps BESTELLUNG mehrere Bestellbeziehungen zwischen Kunde A und Vertriebsorganisation anhand unterschiedlicher Attributwerte von BESTELLUNG differenzieren.

Aggregation ist eine spezielle gerichtete Beziehung, durch die ein „ist-Teil-von"-Zusammenhang dargestellt werden kann. So zeigt etwa Abb. 3.2.30, dass jede LIEFERUNG genau eine RECHNUNG und beliebig viele ARTIKEL als Bestandteile hat. Der Beziehungstyp enthält gibt an, dass die ARTIKEL einer LIEFERUNG auch in der RECHNUNG auftauchen.

Das Symbol für *schwache Entitäten* kennzeichnet solche Entitäten, die von anderen existentiell abhängen. Die Abhängigkeitsrichtung wird dabei durch einen Pfeil anstelle einer ungerichteten Kante dargestellt. Der Zugriff auf eine schwache Entität ist nur über den Schlüssel der Entität möglich, von der sie abhängt.

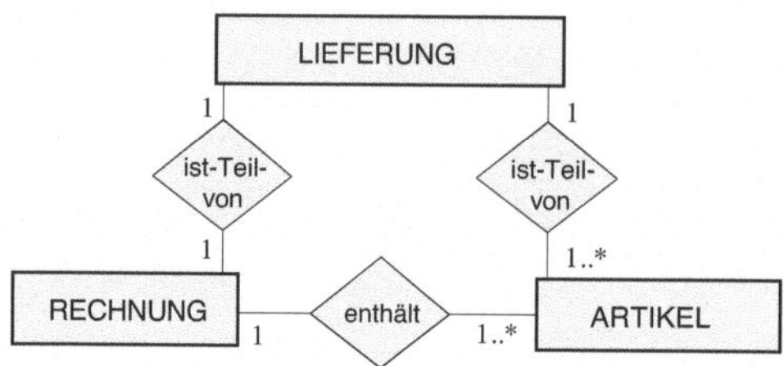

Abb. 3.2.30. Aggregation (Bestandteile einer Lieferung)

Zur Darstellung einer hierarchischen (gerichteten) Spezialisierungs-Beziehung zwischen Entitätstypen, bei der die jeweiligen Attribute vererbt werden, dient die *Generalisierung* (bzw. *Spezialisierung*) durch Verwendung von *Subentitätstypen*.

Der Sachverhalt der Spezialisierung, d.h. dass eine Entität A die Entitäten B und C als Subentitätstypen hat, entspricht der mathematischen Beziehung $A \supseteq B \cup C$. Dabei umfasst das Inklusionssymbol $\supseteq$ die Spezialfälle $\supset$ und $=$. Auch das Vereinigungssymbol $\cup$ umfasst zwei Spezialfälle, nämlich den Fall, dass B und C disjunkt sind und den Fall, dass sie einen nicht-leeren Durchschnitt haben. Diese Differenzierung wird auch im EER-Ansatz ausgenutzt.

Um den Zusammenhang zwischen den beteiligten Entitäten weiter zu präzisieren, können Subentitätstypen (optional) um zusätzliche Angaben von Paaren (x, y) mit $x \in \{t, p\}$ und $y \in \{e, o\}$ erweitert werden, die folgende Bedeutung haben:

- t (*total*): jede Entität vom Typ A ist entweder vom Typ B oder vom Typ C ($A = B \cup C$);
- p (*partial*): es gibt Entitäten vom Typ A, die weder vom Typ B noch vom Typ C sind ($A \supset B \cup C$);
- e (*exclusive*): Typ B und Typ C sind disjunkt ($B \cap C = \varnothing$);
- o (*overlapping*): Typ B und Typ C haben nicht-leeren Durchschnitt ($B \cap C \neq \varnothing$).

Beispiele für Subentitätstypen zeigen Abb. 3.2.31 und Abb. 3.2.32. In Abb. 3.2.31 wird dargestellt, dass eine BOTSCHAFT eine FAX-BOTSCHAFT oder eine ELEKTRONISCHE BOTSCHAFT sein kann, die beide die Attribute von BOTSCHAFT haben, sowie einige weitere. Das Paar (p, e) gibt an, dass es noch andere Spezialisierungen von BOTSCHAFT geben kann und dass FAX-BOTSCHAFT und ELEKTRONISCHE BOTSCHAFT disjunkt sind.

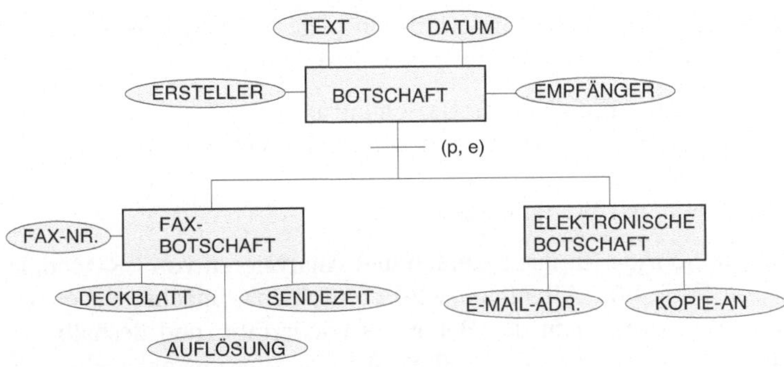

Abb. 3.2.31. Subentitätstyp (Verschiedene Formen von BOTSCHAFT)

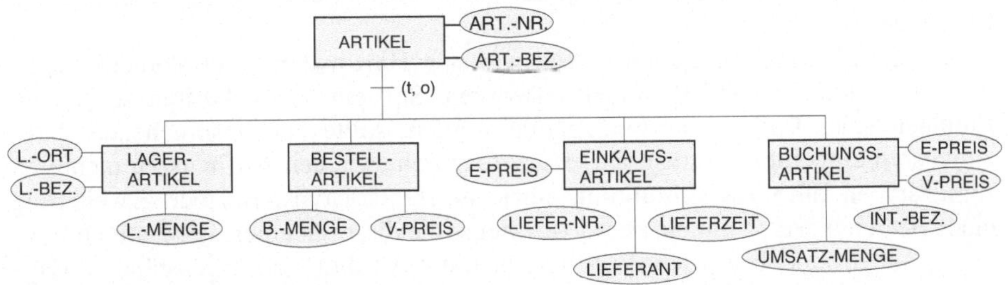

Abb. 3.2.32. Subentitätstyp (Verschiedene Formen von ARTIKEL)

In Abb. 3.2.32 wird der Entitätstyp ARTIKEL spezialisiert in die Typen LAGER-ARTIKEL, BESTELL-ARTIKEL, EINKAUFS-ARTIKEL und BUCHUNGS-ARTIKEL. Hier gibt das Paar (t, o) an, dass es keine weiteren Spezialisierungen gibt und dass die angegebenen Spezialisierungen nicht-leere Durchschnitte haben können.

Ein Subentitätstyp kann selbst wieder Subentitätstypen haben. Allerdings lassen sich so nur baumartige Spezialisierungsstrukturen darstellen. Eine Repräsentation gemeinsamer Spezialisierungen verschiedener Entitätstypen (im Sinn der Mehrfachvererbung, siehe 3.5.1) ist nicht möglich.

Ein vollständiges EER-Modell für die wesentlichen Bestandteile der Alarmanlage findet sich in Abb. 3.2.33.

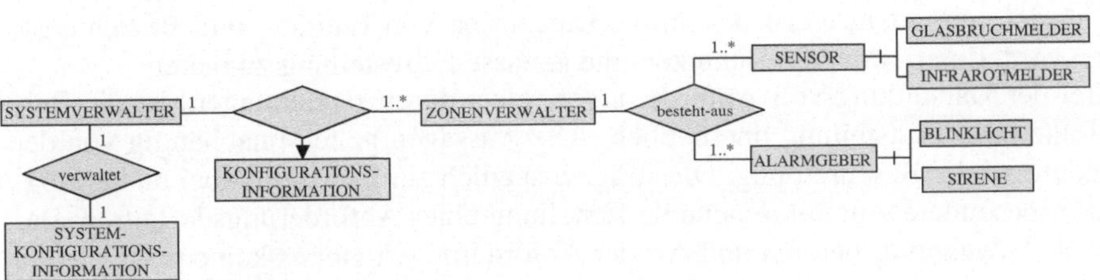

Abb. 3.2.33. EER-Diagramm (Alarmanlage)

Für die Erstellung von ER-Modellen liefern die in [Che 76] gegebenen methodischen Richtlinien für den Datenbankentwurf brauchbare Hinweise:

1. Identifikation der relevanten Entitäts- und Beziehungstypen;
2. Identifikation semantischer Information in den Beziehungstypen (z.B. Stelligkeit);
3. Definition von Attributen und Wertemengen.

Detaillierte methodische Schritte für das Erstellen und Analysieren von ER-Modellen findet man etwa in [Wie 96]. Allgemein wird empfohlen, zunächst ein erstes ER-Modell zu erstellen, das die Sicht des Benutzers wiedergibt (und deshalb die Terminologie der Problemwelt verwenden sollte). Aus diesem entsteht dann – in Zusammenarbeit mit dem Benutzer – durch schrittweise Verfeinerung und Verbesserung, gemäß den Erweiterungsregeln für die Hinzunahme weiterer Attribute und Reduktionsregeln zur Verkleinerung der Anzahl der Entitätstypen, das endgültige ER-Modell.

Die *Erweiterungsregeln* legen fest, wie sich Hinzunahme und Veränderungen von Attributen auf das ER-Modell auswirken: Soll ein neues Attribut zu einigen Entitäten eines Entitätstyps hinzugefügt werden, sollte ein entsprechender Subentitätstyp eingeführt werden. Das Hinzufügen eines neuen Attributs zu mehreren Entitätstypen führt zur Einführung eines Superentitätstyps. Bei der Erweiterung eines Beziehungstyps um ein neues Attribut sollte dieser in einen assoziativen Entitätstyp umgewandelt werden. Will man mehrere Attribute (als eigenständige Entität) gruppieren, so empfiehlt sich die Definition eines neuen Entitätstyps (mit diesen Attributen) zusammen mit einer Beziehung zum alten (geänderten) Entitätstyp.

Die *Reduktionsregeln* geben an, wie man ein ER-Modell „vereinfachen" kann: Hat man einen Entitätstyp ohne Attribute, so sollte man diesen in den teilnehmenden Beziehungen eventuell durch ein Attribut ersetzen. Ein Entitätstyp mit nur einer Entität sollte eventuell gelöscht werden, ebenso wie abgeleitete Entitätstypen, Beziehungen oder Attribute.

Das ER-Modell weist eine Reihe von Aspekten auf, die seine Verwendung im Rahmen des Requirements-Engineering besonders attraktiv machen. Das zugrundeliegende Konzept ist sehr einfach, daher leicht verständlich und erlernbar. Entitäts- und Beziehungstypen lassen sich relativ leicht spezifizieren und sind an unterschiedlichste Umgebungen anpassbar. Es lassen sich alle Systemaspekte, Sichtweisen und Darstellungsformen ausdrücken, wodurch viel Freiheit und Flexibilität gegeben ist. Allerdings steckt in dieser allzu großen Freiheit auch die Gefahr der Orientierungslosigkeit. Daher werden im Rahmen konkreter Ansätze, die auf dem ER-Modell aufbauen, meist bestimmte Kategorien von Entitäts- und Beziehungstypen vordefiniert, um dem Benutzer eine gewisse Hilfestellung zu bieten.

Bei der Darstellung von Anforderungen, etwa durch Beziehungen, ist die Reihenfolge ihrer Feststellung unerheblich. Alle Aussagen gelten unabhängig von der Reihenfolge der Beschreibung. Dies trägt zusätzlich zur Flexibilität bei und ermöglicht insbesondere eine inkrementelle Erstellung einer Anforderungsdefinition. Bezüglich Anwendungsbereich und Art der Anforderungen gibt es keine prinzipiellen Einschränkungen. Insbesondere lassen sich auch nicht-funktionale Anforderungen mit Hilfe des ER-Modells relativ einfach darstellen, insbesondere, wenn man von der Möglichkeit Gebrauch macht, dass ein Attributwert auch Text sein kann.

Das ER-Modell erlaubt eine einfache Rechnerunterstützung mit Hilfe von *Datenbanksystemen*. Die Datenbank dient der Abspeicherung und Verwaltung aller Informationen, die im Rahmen einer Systembeschreibung anfallen. Der Inhalt der Datenbank kann auch auf (syntaktische) Vollständigkeit und Konsistenz überprüft werden. Eine Eindeutigkeitsprüfung oder andere semantische Analysen können nur dann durch Werkzeuge, etwa CASE-Tools, unterstützt werden, wenn allen verwendeten Begriffen eine eindeutige (formale) Semantik zugeordnet ist. Dies ist aber nur dann der Fall, wenn das ER-Modell im Rahmen einer formalen Sprache verwendet wird. Mit Hilfe der Anfragekomponente des Datenbanksystems kann selektiv Teilinformation nach bestimmten Gesichtspunkten zusammengestellt werden, um als Grundlage einer (meist manuellen) Analyse zu dienen.

Das ER-Modell bietet offensichtliche Vorzüge für das Requirements-Engineering. Dies erklärt wohl auch warum es Grundlage vieler konkreter Ansätze ist. Allerdings gibt es auch Nachteile. Insbesondere stört, dass viele Aussagen explizit gemacht werden müssen, die im Rahmen anderer Ansätze kürzer, kompakter und damit auch übersichtlicher dargestellt werden können. Außerdem fehlen geeignete Abstraktionsmechanismen, so dass stets große „flache" Strukturen entstehen (wobei es hier entsprechende Vorschläge für Erweiterungen gibt, z.B. [SBD 04]).

3.2.7 Logische Formalismen

Logische Formalismen erlauben präzise (wohldefinierte) Aussagen über komplexe Sachverhalte. Sie ordnen elementaren Sachverhalten Wahrheitswerte (*wahr* oder *falsch*) zu und regeln, unter welchen Bedingungen man aus der Gültigkeit gewisser Aussagen (*Voraussetzungen*) auf die Gültigkeit anderer Aussagen (*Folgerungen*) schließen kann.

Logische Formalismen gibt es in verschiedenen Ausprägungen, von denen im Folgenden die *Aussagenlogik* und die *Prädikatenlogik* behandelt werden sollen. Eine Spielart der *modalen Logik*, die *temporale Logik*, wird in Abschnitt 3.6.4 behandelt.

Die **Aussagenlogik** beschäftigt sich mit dem Wahrheitswert komplexer Aussagen, die aus elementaren Aussagen zusammengesetzt sind. *Elementare Aussagen* sind gedankliches Abbild eines Sachverhalts; sie sind entweder *wahr* oder *falsch*. Aussagen lassen sich mit Hilfe von *Aussageverknüpfungen* (Konjunktion $\wedge$, Disjunktion $\vee$, Negation $\neg$, Implikation $\Rightarrow$), die über Wahrheitstafeln definiert sind, zu komplexeren Aussagen zusammensetzen. *Aussageformen* (Formeln) sind (aus elementaren Aussagen, Aussagevariablen und Verknüpfungen aufgebaute) Ausdrücke, deren Wahrheitswert nur von den Wahrheitswerten der Bestandteile abhängig ist. Der Übergang von Aussageformen zu Aussagen erfolgt durch *Belegung* der Variablen, d.h. ihrer Zuordnung zu Wahrheitswerten oder elementaren Aussagen.

Ein einfaches Beispiel einer Aussageform ist

$$L \wedge \neg (V \vee B) \Rightarrow \neg E,$$

die mit den Zuordnungen

L $\mapsto$ Bestellung liegt vor,
V $\mapsto$ Artikel sind vorhanden,
B $\mapsto$ Artikel sind beschaffbar und
E $\mapsto$ Bestellung ist erfüllbar

eine logische Formalisierung der folgenden Aussage ist: „Falls eine Bestellung vorliegt und die Artikel weder vorhanden noch beschaffbar sind, dann ist eine Bestellung nicht erfüllbar".

Aussageverknüpfungen erfüllen algebraische Eigenschaften (z.B. a $\vee$ (a $\wedge$ b) = a) und erlauben dadurch die *Modifikation von Aussageformen*: Wahrheitswerte, Aussageverknüpfungen und alle ihre Eigenschaften bilden eine mathematische Struktur, die *Boolesche Algebra*.

Es gibt einige, für das Arbeiten mit Aussageformen wichtige Eigenschaften. Eine Aussageform heißt *erfüllbar*, wenn es eine Belegung gibt, so dass die entstehende Aussage wahr wird. Eine Aussageform, die für alle Belegungen wahr ist (z.B. $\neg\neg$a = a) nennt man eine *Tautologie* („allgemeingültig"), eine die für alle Belegungen falsch ist (z.B. a $\wedge$ $\neg$a) einen *Widerspruch*.

Aus der Gültigkeit gewisser Aussagen lässt sich auf die Gültigkeit anderer Aussagen schließen. Den zugehörigen formalen Apparat liefert der *Aussagenkalkül*. Er umfasst einerseits *Axiome* (per Definition gültige Aussagen oder Tautologien, z.B. a $\vee$ $\neg$a) und andererseits *Ableitungsregeln* (Schlussregeln, z.B. *modus ponens*: Falls A und A $\wedge$ B gelten, so gilt auch B) und erlaubt die „Berechnung" allgemeingültiger Formeln durch *Ableitung* (iterierte Anwendung von Ableitungsregeln).

Die **Prädikatenlogik** ist eine Erweiterung der Aussagenlogik. Prädikatenlogische Formeln sind aufgebaut aus Konstanten, Variablen, Verknüpfungen, Funktionssymbolen, Prädikatsymbolen und Quantoren. Konstanten (elementare Aussagen), Variablen und Verknüpfungen sind die aus der Aussagenlogik übernommenen Bestandteile. *Prädikatsymbole* und *Funktionssymbole* sind Namen für (parametrisierte) Prädikate bzw. Funktionen und werden auch nichtlogische Konstanten genannt. *Quantoren* dienen der Bindung von Variablen („Quantifizierung") an *Individuenbereiche* (oder Wertebereiche). Es gibt den universellen („für alle", $\forall$) und den existentiellen („es gibt", $\exists$) Quantor. Einige Beispiele für prädikatenlogische Formeln und ihre umgangssprachliche Formulierung gibt Abb. 3.2.34.

Unter der *Interpretation* einer prädikatenlogischen Formel versteht man eine Festlegung von Individuenbereichen, eine Belegung der freien Variablen (mit Werten aus ihrem Individuenbereich) und eine Zuordnung der nichtlogischen Konstanten zu Relationen und Funktionen über dem Individuenbereich. Ein *Modell* einer Formelmenge X ist eine Interpretation, für die jede Formel aus X wahr ist.

In den Beispielen aus Abb. 3.2.34 sind enthalten-in, aus-Liefersortiment und aufgeführt-in Prädikatsymbole, während Gesamtpreis, Menge, Einzelpreis und Art.Nr Funktionssymbole sind. Die Zuordnung dieser nichtlogischen Konstanten zu Relationen und Funktionen sollte durch die gewählten Bezeichnungen intuitiv klar sein.

Auch für die Prädikatenlogik gibt es einen Kalkül, den *Prädikatenkalkül*, der in Aufbau und Zweck zum Aussagenkalkül analog ist. Ferner unterscheidet man verschiedene Stufen der Prädikatenlogik, etwa die *Prädikatenlogik erster Stufe*, bei der nur eine Quantifizierung über Individuenvariablen erlaubt ist, oder *Prädikaten-logiken höherer Stufe*, die auch die Quantifizierung über Prädikat- und Funktions-symbole zulassen.

$\forall$ **Bestellung** b: $\forall$ **Artikel** a: ¬enthalten-in(a, b) $\lor$ aus-Liefersortiment(a)
   ("Jede Bestellung darf nur Artikel enthalten, die auch im Liefersortiment sind")

   Abkürzung:
      $\forall$ **Bestellung** b, **Artikel** a: ¬enthalten-in(a, b) $\lor$ aus-Liefersortiment(a)

   Äquivalente Formulierungen:
      $\forall$ **Bestellung** b: ¬$\exists$ **Artikel** a: enthalten-in(a, b) $\land$ ¬aus-Liefersortiment(a)
      $\forall$ **Bestellung** b, **Artikel** a: enthalten-in(a, b) $\Rightarrow$ aus-Liefersortiment(a)

$\forall$ **Rechnung** r, **Artikel** a: aufgeführt-in(a, r) $\land$ Gesamtpreis(a) = Menge(a) $\times$ Einzelpreis(a)
   ("Für jeden Artikel einer Rechnung muss der Gesamtpreis des Artikels gleich dem Produkt
   aus Menge und Einzelpreis sein")

¬$\exists$ **Artikel** a, b: Art.Nr(a) = Art.Nr(b) $\land$ Einzelpreis(a) $\neq$ Einzelpreis(b)
   ("Jeder Artikel hat einen eindeutigen Preis")

Abb. 3.2.34. Einige Beispiele prädikatenlogischer Formeln

Bei der Beschreibung von Komponentenstrukturen und ihren Beziehungen im Rahmen des Requirements-Engineering lässt sich die Prädikatenlogik einerseits zur alternativen Darstellung von Kardinalitäten (von Beziehungen) verwenden und andererseits zur präzisen Beschreibung struktureller Zusammenhänge durch die Formulierung von „globalen" Aussagen und Beschränkungen (*constraints*). Während die erste Möglichkeit nur als notationelle Variante zu sehen ist, stellt die zweite eine echte Erweiterung dar, da derart präzise Aussagen etwa mit relationalen Formalismen nicht getroffen werden können. Entsprechende Beispiele prädikatenlogischer Formeln (mit den jeweiligen umgangssprachlichen Umschreibungen) geben Abb. 3.2.35 - 3.2.37.

$\forall$ **Rechnung** r: $\exists$ **Artikel** a: enthalten-in(a, r)
   ("Jede Rechnung enthält mindestens einen Artikel")

$\forall$ **Seite** s: $\exists$ **Rechnung** r: gehört-zu(s, r)
   ("Es gibt keine Seiten ohne zugehörige Rechnung")

Abb. 3.2.35. Alternative Darstellung von Kardinalitäten

$\forall$ **Artikel** a: Bestellmenge(a) $\leq$ Lagerbestand(a) $\lor$
   ($\exists$ **set of Zulieferer** Z: (Lagerbestand(a) + $\Sigma_{z \in Z}$ Lieferkapazität(z, a)) $\geq$ Bestellmenge(a) $\land$
     $\forall$ **Zulieferer** z: z$\in$Z $\land$ Lieferzeit(z, a) $\leq$ 14)

   ("Alle Artikel sind innerhalb von 14 Tagen lieferbar")

Abb. 3.2.36. Globale Aussage ($\Sigma_{z \in Z}$ Lieferkapazität(z, a) steht für die Summe über alle Lieferkapazitäten der Zulieferer z$\in$Z)

Beschränkungen von Strukturen:

∀ **Rechnung** r: ¬∃ **Seite** s, s': gehört-zu(s, r) ∧ gehört-zu(s', r) ∧ s ≠ s' ∧
Fußzeile(s) = Gesamtsumme ∧ Fußzeile(s') = Gesamtsumme

(„Jede Rechnung enthält die Gesamtsumme maximal einmal")

∀ **Rechnung** r, **Seite** s, s': gehört-zu(s, r) ∧ gehört-zu(s', r) ∧ Seiten-Nr(s) = Seiten-Nr(s') + 1
⇒ Fußzeile(s) = Übertrag(s') + $\Sigma_{a \in s}$ Gesamtpreis(a)

(„Die Fußzeile einer Seite einer Rechnung ist gleich der Summe aus dem Übertrag der
vorigen Seite und der Summe der Preise aller auf der Seite aufgeführten Artikel")

Beschränkungen von Beziehungen:

∀ **Botschaft** b, **Kunde** k, **Zulieferer** z: ¬schickt-an(k, b, z) ∧ ¬schickt-an(z, b, k)

(„Es gibt keine Kommunikation zwischen Kunden und Zulieferer über Botschaften")

Beschränkungen von Attributbelegungen:

∀ **Rechnung** r, ¬∃ **Artikel** a, a': enthalten-in(a, r) ∧ enthalten-in(a', r) ∧
Art.Nr(a) = Art.Nr(a') ∧ Pos.Nr(a) ≠ Pos.Nr(a')

(„Auf jeder Rechnung ist ein Artikel höchstens einmal aufgeführt")

Abb. 3.2.37. Beschränkungen ($\Sigma_{a \in s}$ steht für die Summe über alle Artikel a, die in s enthalten sind)

Logische Formalismen haben eine große Ausdrucksmächtigkeit und erlauben
eine relativ große Anwendungsbreite. Allerdings ist auch der Lernaufwand entsprechend hoch. Entsprechend werden sie in der Praxis auch nur in speziellen Bereichen eingesetzt. Eine direkte Werkzeugunterstützung gibt es nicht, gewisse Unterstützung bieten jedoch Prolog, Theorembeweiser oder der Z-Ansatz (siehe 3.5.3).

3.2.8 Zusammenfassung

In diesem Abschnitt wurden verschiedene Formalismen zur Beschreibung von
Komponenten und ihren Beziehungen betrachtet. Eine zusammenfassende Übersicht über diese Formalismen und ihre Zusammenhänge gibt Abb. 3.2.38. Dicke
gestrichelte Pfeile geben dabei an, welcher Modellierungsaspekt primär dargestellt
werden kann, dünne schwarze, benannte Pfeile charakterisieren jeweils Richtung
und Art des Zusammenhangs.

Eine einfache Möglichkeit zur Beschreibung benannter Komponenten und
baumartiger Beziehungen zwischen ihnen bieten die *Dekompositionsdiagramme*
(in ihren verschiedenen Ausprägungen). Eine kompakte Darstellung von Mengen
baumartiger Strukturen (durch Äquivalenzklassenbildung bezüglich Alternative
und Wiederholung) erlauben *Jackson-Diagramme*. Diese sind äquivalent mit den
regulären Ausdrücken, die eine textuelle Repräsentation anstelle von graphischen
Elementen vorsehen. Reguläre Ausdrücke ihrerseits sind äquivalent mit einer speziellen Art von *Grammatik* (Typ-3-Grammatik). Weitere Möglichkeiten, etwa die
Darstellung von Klammerstrukturen oder Nachbarschaftsbeziehungen, bieten die
allgemeineren Arten von Grammatiken (z.B. Typ-2- oder Typ-1-Grammatiken).

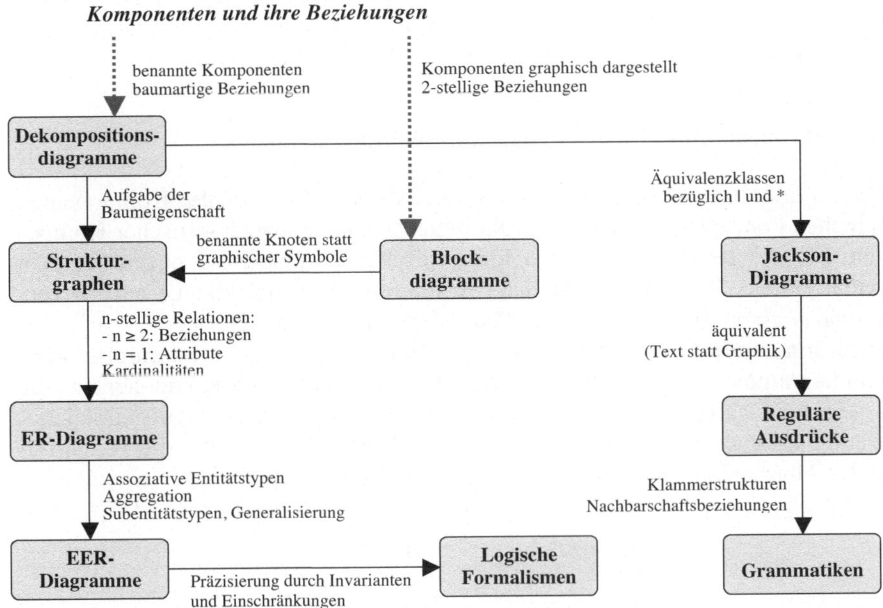

Abb. 3.2.38. Konzepte zur Modellierung statischer Strukturen (Übersicht)

Lässt man statt baumartiger Beziehungen (wie in den Dekompositionsdiagrammen) beliebige (uniforme oder individuell verschiedene) zweistellige Beziehungen zu, so hat man die Möglichkeiten, die *Strukturgraphen* bieten. Diese sind ihrerseits äquivalent mit *Blockdiagrammen*, wenn man statt benannter Knoten spezielle graphische Symbole verwendet. Strukturgraphen (mit ihren zweistelligen Beziehungen) sind ein Spezialfall n-stelliger Relationen. Interpretiert man n-stellige Relationen für n ≥ 2 als Beziehungen und für n = 1 als Attribute, so hat man, bis auf die Angabe von Kardinalitäten, die Möglichkeiten der *ER-Diagramme*. Durch Erweiterung der ER-Diagramme um assoziative Entitätstypen, Aggregation und Subentitätstypen (bzw. Generalisierung) erhält man die *EER-Diagramme*, die sich schließlich mit Hilfe *logischer Formalismen* durch Invarianten und Einschränkungen weiter präzisieren lassen. Selbstverständlich können die logischen Formalismen auch zur Präzisierung anderer Darstellungskonzepte verwendet werden.

3.3 Funktionalität

In diesem Abschnitt geht es um Konzepte und Formalismen zur Modellierung von Abläufen und funktionalem Verhalten. Die dabei relevanten Teilaspekte sind der Aufbau funktionaler Komponenten, Abläufe innerhalb von Komponenten und die Kommunikation zwischen den Komponenten, sowohl über Daten als auch über

Ereignisse und Botschaften. Auch werden wieder die Präzision und Vollständigkeit der Beschreibung berücksichtigt. Formalismen zur Beschreibung von zustandsabhängigen Ablaufaspekten werden im nächsten Abschnitt behandelt.

3.3.1 Funktionsbäume, Jackson-Diagramme, Pfad-Ausdrücke

Gängige Formalismen zur Beschreibung des Aufbaus funktionaler Komponenten entsprechen konzeptuell denen für strukturelle Zusammenhänge statischer Komponenten. Für die Beschreibung strikt hierarchischer Zusammensetzungen hat man *Funktionsbäume*. Will man zusätzliche strukturelle Zusammenhänge ausdrücken, kann man *Jackson-Diagramme* oder *Pfad-Ausdrücke* verwenden.

Funktionsbäume sind reine Dekompositionsdiagramme in Baumform (vgl. "Baumdiagramme", 3.2.2). Ihre Bestandteile sind funktionale Komponenten, die über verschiedenartige Beziehungen (z.B. „besteht-aus" oder „ruft-auf") miteinander verknüpft sind. Ein entsprechendes Beispiel gibt Abb. 3.3.1, das die Teilaktivitäten der Alarmanlage in unterschiedlichem Detaillierungsgrad zeigt.

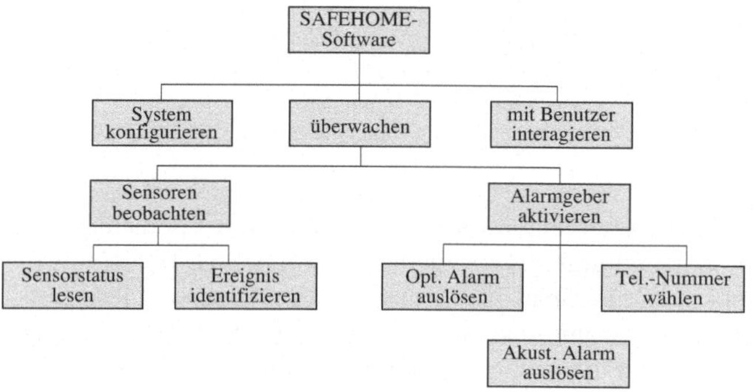

Abb. 3.3.1. Funktionsbaum (Teilaktivitäten der Alarmanlage)

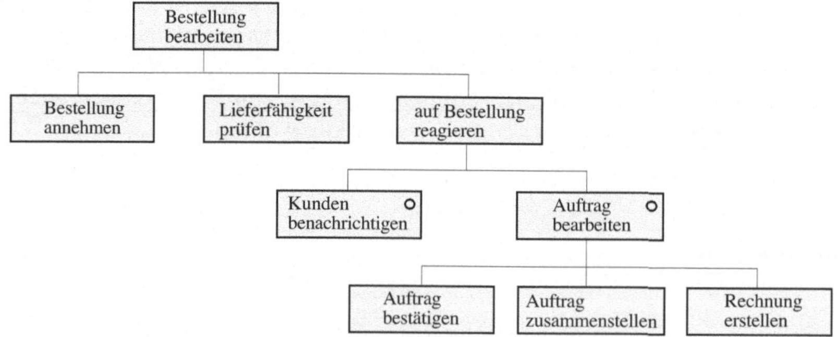

Abb. 3.3.2. Jackson-Diagramm (Bearbeitung einer Kundenbestellung)

Jackson-Diagramme zur Beschreibung des Aufbaus funktionaler Komponenten sind wie in 3.2.4 definiert, allerdings wiederum mit funktionalen (anstatt strukturellen) Komponenten als elementare Bestandteile. Dabei geben nur die Blätter echte Aktivitäten an, während die inneren Knoten nur der Strukturierung dienen. Über die Dekompositionsdiagramme hinaus lassen sich damit nicht nur funktionale Zerlegungen darstellen, sondern auch einfache Ablaufzusammenhänge, nämlich die Nacheinanderausführung von Komponenten (*Sequenz*), die alternative Ausführung (*Auswahl*) und die *Wiederholung*. Ein Beispiel, das die funktionalen Bestandteile der Tätigkeit „Kundenbestellung bearbeiten" und die Reihenfolge ihrer Durchführung beschreibt, gibt Abb. 3.3.2.

(Bestellung annehmen; Lieferfähigkeit prüfen;

   (Kunden benachrichtigen I

   (Auftrag bestätigen II Auftrag zusammenstellen II Rechnung erstellen)))

Abb. 3.3.3. Pfad-Ausdruck (Bearbeitung einer Kundenbestellung)

Pfad-Ausdrücke sind reguläre Ausdrücke (vgl. 3.2.5) über funktionalen Einheiten (als Grundsymbole), die um die Operation II (*parallele Komposition*) erweitert sind. Die Darstellung der Tätigkeit „Kundenbestellung bearbeiten" als Pfad-Ausdruck zeigt Abb. 3.3.3. Die elementaren Bestandteile sind dieselben wie in den Blättern in Abb. 3.3.2, die nicht-elementaren Bestandteile (die in den inneren Knoten in Abb. 3.3.2 dargestellt sind) werden hier jedoch nicht benannt. Zusätzlich wird hier zum Ausdruck gebracht, dass die Teilaktivitäten Auftrag bestätigen, Auftrag zusammenstellen und Rechnung erstellen parallel durchgeführt werden.

3.3.2 Ablaufdiagramme

Wenn man im Rahmen des Requirements-Engineering Beschreibungen von Abläufen verwendet, dann sollte dies nicht als Vorgabe für die Realisierung im Sinne eines „wie" missverstanden werden. Vielmehr geht es dabei darum, eine Funktionalität beispielhaft durch Angabe einer Ablaufmöglichkeit zu beschreiben (vgl. auch „Szenario" in 3.3.5). Gemeint ist dann damit, dass jede Realisierung, die dasselbe funktionale Verhalten zeigt, ebenso gut ist.

Ablaufdiagramme sind gerichtete, knotenmarkierte, azyklische Graphen, deren Knoten als Elemente einer Matrix angeordnet sind. Sie dienen der übersichtlichen Darstellung (rein) sequentieller, von Bedingungen abhängiger Abläufe.

Die Knoten des Graphen repräsentieren (Teil-)Aktivitäten, die Kanten geben mögliche Abfolgen dieser Aktivitäten an. Durch die Spaltenindizierung der Matrix wird die Zuordnung der Aktivitäten zu eventuell verschiedenen Komponenten eines Systems angegeben. Die Zeilen repräsentieren die Reihenfolge (von oben nach unten). Gebräuchliche Erscheinungsformen von Ablaufdiagrammen sind *Arbeitsablaufdiagramme* oder *Rasterdiagramme*, die sich nur in der Form der Knotenmarkierung und der verwendeten Zeilenindizierung unterscheiden.

	Verkauf	Lagerverwaltung	Buchhaltung
Bestellung annehmen	☐		
Lieferfähigkeit prüfen		nein ☐	
Kunden benachrichtigen	☐	ja	
Auftrag bestätigen	☐		
Auftrag zusammenstellen		☐	
Prüfen ob Rechnung erforderlich			nein ☐
Rechnung erstellen			ja ☐
Ware versenden		☐	
Ware mit Rechnung versenden		☐	

Abb. 3.3.4. Arbeitsablaufdiagramm (Bearbeitung einer Kundenbestellung)

	Verkauf	Lagerverwaltung	Buchhaltung
1	Bestellung annehmen		
2	nein	Lieferfähigkeit prüfen	
3	Kunden benachrichtigen	ja	
4	Auftrag bestätigen		
5		Auftrag zusammenstellen	
6		nein	prüfen, ob Rechnung erforderlich
7		Ware versenden	ja
8			Rechnung erstellen
9		Ware mit Rechn. versenden	

Abb. 3.3.5. Rasterdiagramm (Bearbeitung einer Kundenbestellung)

In **Arbeitsablaufdiagrammen** sind die Knoten durch kleine Rechtecke dargestellt und (indirekt) über die Zeilenindizierung der Matrix markiert. Das Arbeitsablaufdiagramm in Abb. 3.3.4 zeigt (von oben nach unten, entlang der angegebenen Pfeile) mögliche Abfolgen derjenigen Teiltätigkeiten, die bei der Bearbeitung
einer Kundenbestellung auftreten können, sowie ihre Zuordnung zu den verschiedenen Komponenten unserer Vertriebsorganisation.

Abb. 3.3.5 zeigt dieselbe Information in Form eines **Rasterdiagramms**. Hierbei
werden die Knoten durch ihre Markierung dargestellt und als Zeilenindizierung
natürliche Zahlen verwendet.

3.3.3 Programmablaufpläne, Struktogramme, EPK

Programmablaufpläne nach DIN 66001 (auch *Flussdiagramme* genannt) sind gerichtete, knotenmarkierte Graphen mit verschiedenen Typen von Knoten, die einen jeweils festen Eingangs- und Ausgangsgrad haben.

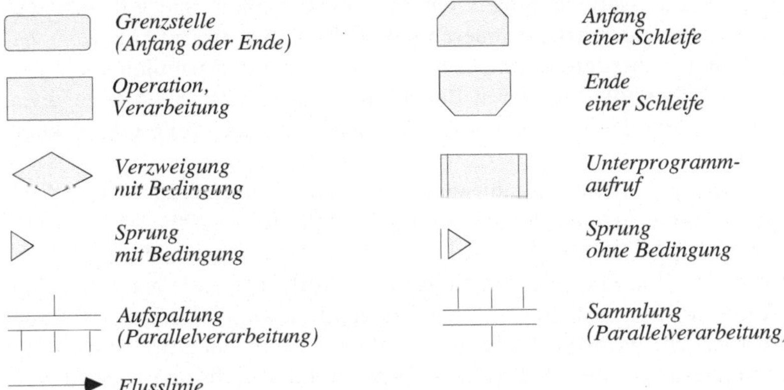

Abb. 3.3.6. Einige Symbole für Programmablaufpläne

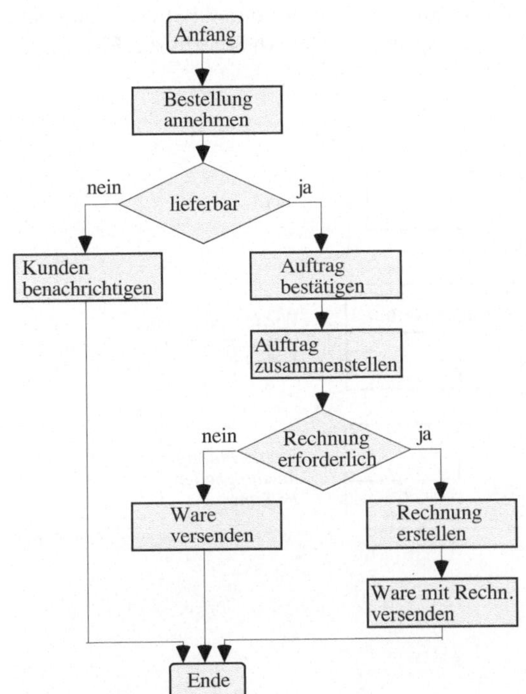

Abb. 3.3.7. Programmablaufplan (Bearbeitung einer Kundenbestellung)

Programmablaufpläne waren ursprünglich für die Programmierung im Kleinen vorgesehen. Sie erlauben, wie Ablaufdiagramme, eine graphische Darstellung kausaler Zusammenhänge zwischen einzelnen Schritten eines Verarbeitungsprozesses.

Die (elementaren) Verarbeitungsschritte oder Operationen werden durch Rechtecke dargestellt, deren Beschriftung die Bedeutung der Operation wiedergibt. Der kausale Zusammenhang zwischen den einzelnen Verarbeitungsschritten wird durch die Pfeile ausgedrückt. Darüber hinaus hat man noch weitere spezielle Knotensymbole zur Darstellung der Ablaufsteuerung, etwa Symbole für Ein-/Ausgabe, bedingte Verzweigung, Schleifen, Sprünge, Unterprogramme und parallele Verarbeitung. Einige dieser Symbole und deren Bedeutung sind in Abb. 3.3.6 angegeben. Hinsichtlich Anordnung der Knotensymbole und Richtung der Pfeile gibt es keine festen Vorgaben.

Für das Beispiel der Vertriebsorganisation können die Verarbeitungsschritte, die beim Bearbeiten einer Kundenbestellung anfallen, durch den in Abb. 3.3.7 gegebenen Programmablaufplan dargestellt werden: Nach der Auftragsannahme wird geprüft, ob die bestellte Ware lieferbar ist. Falls nicht, wird der Kunde benachrichtigt. Falls ja, wird der Auftrag bestätigt und anschließend zusammengestellt. Ist keine Rechnung erforderlich, wird die Lieferung direkt versandt, andernfalls wird erst eine Rechnung erstellt und anschließend zusammen mit der Lieferung versandt.

Struktogramme (auch *Nassi-Shneiderman-Diagramme*) sind eine Variante von Programmablaufplänen, bei denen zur Verbindung einzelner Verarbeitungsschritte ineinandergeschachtelte Strukturblöcke anstelle gerichteter Flusslinien verwendet werden. Dadurch lassen sich nur wohlstrukturierte Abläufe darstellen, insbesondere sind „Spaghetti"-Zusammenhänge durch Sprünge oder rückgeführte Flusslinien nicht mehr möglich.

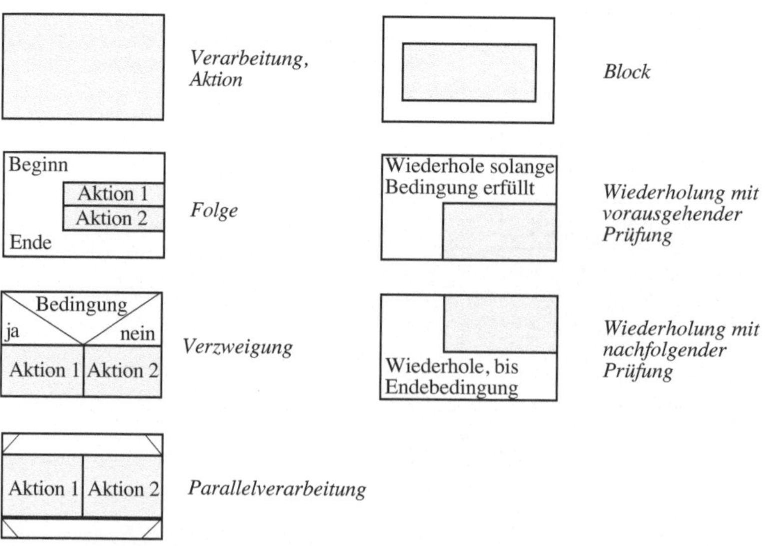

Abb. 3.3.8. Einige Strukturelemente für Struktogramme

Einige Strukturelemente für Struktogramme findet man in Abb. 3.3.8. Die Korrespondenz zu den entsprechenden Symbolen der Programmablaufpläne ist dabei offensichtlich.

Abb. 3.3.9 zeigt den Ablauf der Bearbeitung einer Kundenbestellung als Struktogramm. Die dabei auftretenden Teilaktivitäten sind dieselben wie in Abb. 3.3.7, die dargestellten Abläufe jedoch (geringfügig) verschieden: Während gemäß Abb. 3.3.7 alle Teilaktivitäten sequentiell erfolgen, sieht die Beschreibung in Abb. 3.3.9 die parallele Verarbeitung der Teilaktivitäten „Auftrag bestätigen" und „Auftrag zusammenstellen" vor. Natürlich könnte man dies unter Verwendung der Symbole für Aufspaltung und Sammlung auch im Programmablaufplan darstellen.

Bei Programmablaufplänen und Struktogrammen können Abläufe durch entsprechende Wahl von Beschriftungen in nahezu beliebigem Abstraktionsgrad dargestellt werden. Eine weitere (beschränkte) Möglichkeit der Strukturierung ist auch durch die jeweiligen Symbole für einen Unterprogrammaufruf gegeben.

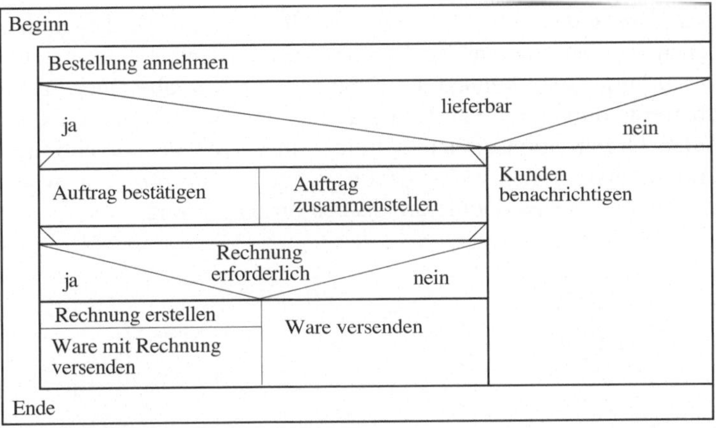

Abb. 3.3.9. Struktogramm (Bearbeitung einer Kundenbestellung)

Ereignisgesteuerte Prozessketten (kurz: EPK) sind eine Variante von Programmablaufplänen zur Darstellung von Geschäftsprozessen einer Organisation.

Die Grundelemente der EPK sind Ereignisse, Funktionen, logische Konnektoren und Flusspfeile. Ein *Ereignis* kann entweder ein Auslöser für eine Funktion sein oder ein Status, der nach Ausführung einer Funktion erreicht wird. Eine EPK beginnt immer mit einem Ereignis. Eine *Funktion* steht für die Durchführung einer Tätigkeit. Ereignisse und Funktionen werden über (gestrichelt dargestellte) *Flusspfeile* verbunden, wobei Ereignisse und Funktionen alternierend auftreten müssen. *Konnektoren* sind die logischen Operatoren ∧ bzw. AND (logisches und) für parallele Ausführung, ∨ bzw. OR (logisches oder) und X bzw. XOR (exklusives oder) für alternative Ausführung. Sie werden für Aufspaltungen oder Zusammenführungen von Verbindungen zwischen Ereignissen und Funktionen, bzw. umgekehrt, benutzt. Konnektoren haben entweder mehrere eingehende Kanten oder mehrere ausgehende Kanten, aber nicht beides. Außerdem müssen auf der Seite mit den mehreren Kanten alle Flusspfeile mit derselben Art von Elementen verbunden sein.

Erweiterte EPKs (kurz: eEPK) lassen weitere Grundelemente zu. Einen Überblick über eine gebräuchliche Notation der eEPKs gibt Abb. 3.3.10.

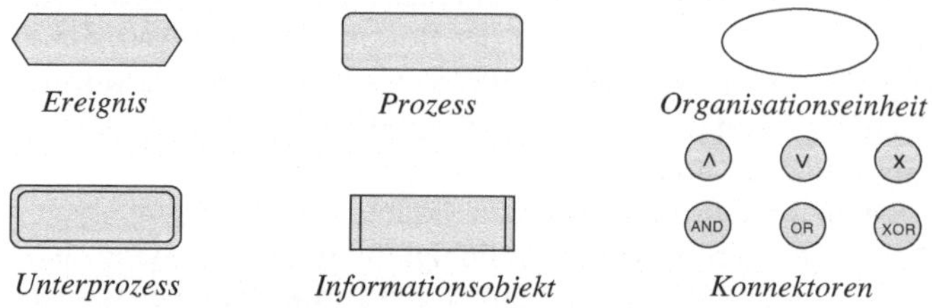

Abb. 3.3.10. Notation von erweiterten EPK

Organisationseinheiten stehen für Personen oder Rollen, die für bestimmte Funktionen (mit denen sie über eine durchgezogene Linie verbunden sind) verantwortlich sind. *Informationsobjekte* können als Eingabe oder Ausgabe einer Funktion (mit der sie über eine durchgezogene Linie verbunden sind) gesehen werden. Üblicherweise werden Organisationseinheiten immer links von der zugehörigen Funktion, Informationsobjekte immer rechts davon platziert. *Unterprozesse* stehen für eigene Prozessketten und dienen der hierarchischen Strukturierung.

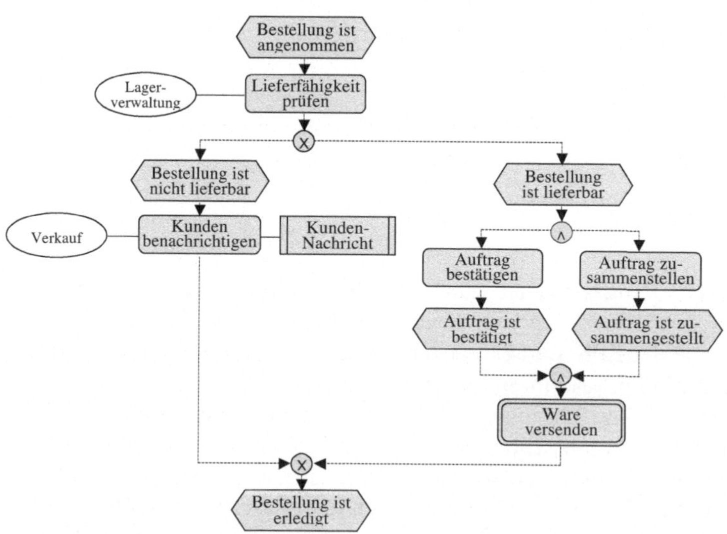

Abb. 3.3.11. Ereignisgesteuerte Prozesskette (Bearbeitung einer Kundenbestellung)

Ein Beispiel für die Verwendung von eEPKs zeigt Abb. 3.3.11, wo die Bearbeitung einer Kundenbestellung modelliert ist. Bis auf den Unterprozess „Ware versenden" (der auch die Prüfung umfasst, ob eine Rechnung erforderlich ist) und die parallele Ausführung von „Auftrag bestätigen" und „Auftrag zusammenstellen" stimmt der hier dargestellte Ablauf mit dem in Abb. 3.3.7 überein.

EPKs und eEPKs können für verschiedene Teilaspekte im Bereich Geschäftsprozessmodellierung eingesetzt werden. Auch gibt es eine ganze Reihe von Unterstützungswerkzeugen (für Hinweise siehe [EPW 09]). Eine ausführliche Literaturliste zu EPKs findet sich unter [EPK 09].

Diskussion. Die Verwendung von Programmablaufplänen wird, selbst im Bereich der Programmierung, weithin als bedenklich eingestuft (vgl. auch [Vei 95]). Außer allgemeinen methodischen Prinzipien, wie etwa dem der schrittweisen Verfeinerung, gibt es nämlich keine speziellen methodischen Hinweise, wie man vorgehen sollte, um einen Programmablaufplan aufzubauen. Insbesondere gibt es keine direkten Hinweise dafür, wie man geeignete Abstraktionsebenen beschreibt und wie man für jede Ebene einen einheitlichen, angemessenen Detaillierungsgrad sicherstellt. Programmablaufpläne bergen daher stets die Gefahr, dass man sich zu früh zu sehr in den Details eines Systems verliert. Hinzu kommt, dass durch die Verwendung von Sprüngen und die unkontrollierte Möglichkeit rückgeführter Flusslinien Ablaufstrukturen entstehen können, die kaum mehr nachvollziehbar sind. Des Weiteren gibt es auch keine methodische Hilfestellung, um Konsistenz und Vollständigkeit einer Systembeschreibung auf verschiedenen Abstraktionsund Detaillierungsebenen zu überprüfen. Alle diese Aspekte tragen dazu bei, dass Beschreibungen größerer Systeme mit Hilfe von Programmablaufplänen meist undurchsichtig und hochgradig mit Fehlern behaftet sind.

Struktogramme folgen konsequent dem Prinzip der schrittweisen Verfeinerung und erlauben deshalb nur die Darstellung wohlstrukturierter Abläufe. Das Problem einer zu frühen Detaillierung ist aber noch stets vorhanden, ebenso wie das Fehlen methodischer Hilfestellung zur Überprüfung auf Konsistenz und Vollständigkeit.

Beide Formalismen, Programmablaufpläne und Struktogramme, lassen sich sehr schnell erlernen. Ihr sinnvoller Gebrauch im Rahmen des Requirements-Engineering ist jedoch meist recht schwierig. Daher sollte man sie, wenn überhaupt, nur für die Beschreibung kleiner (Teil-)Systeme verwenden. Für große, realistische Systeme sind sie weniger geeignet und sollten bestenfalls zusätzlich zu anderen Beschreibungstechniken oder zu deren Illustration eingesetzt werden.

Für eEPKs gelten die Bemerkungen zu Ablaufdiagrammen nur in stark abgeschwächter Form. Obwohl sie in ihrer Darstellungsmächtigkeit äquivalent zu den Programmablaufplänen sind, führen die spezielle Interpretation der Notationselemente sowie die Darstellungskonventionen zu durchaus sinnvollen Abstraktionsebenen und klaren Strukturen.

3.3.4 Datenflusspläne und Datenflussdiagramme

Ein populäres Beschreibungsmittel zur Darstellung des funktionalen Verhaltens durch Angabe des möglichen Informationsflusses sind *Datenflussdiagramme* (siehe Kap. 4). Ihr Grundprinzip ist bereits in den Datenflussplänen enthalten, die in den

60er Jahren eingeführt wurden. Allerdings unterscheiden sich Datenflussdiagramme und Datenflusspläne signifikant in der jeweiligen graphischen Notation.

Datenflusspläne nach DIN 66001 zeigen den potenziellen Datenfluss durch ein informationsverarbeitendes System und den möglichen Informationsaustausch zwischen seinen funktionalen Komponenten (Prozesse) über Daten. Dargestellt wird also eine statische Struktur („Flussbett“), die die potenziellen Flussmöglichkeiten festlegt. Wie Programmablaufpläne sind Datenflusspläne gerichtete, knotenmarkierte Graphen mit verschiedenen Typen von Knoten. Von Strukturgraphen zur Darstellung von Datenübertragungen (vgl. 3.2.3) unterscheiden sie sich dadurch, dass die übertragenen Daten nicht nur benannt, sondern bezüglich ihrer Art unterschieden und entsprechend graphisch repräsentiert werden.

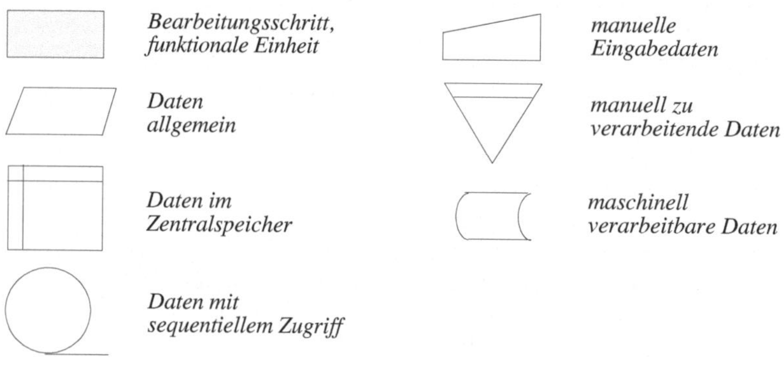

Abb. 3.3.12. Einige Symbole für Datenflusspläne (nach DIN 66001)

Zentraler Bestandteil von Datenflussplänen sind allgemeine *Verarbeitungsprozesse* (oder Verarbeitungsschritte) dargestellt durch beschriftete Rechtecke. Daneben gibt es auch noch Symbole zur Darstellung spezieller Bearbeitungsschritte, wie etwa Eingreifen von Hand, Mischen oder Sortieren. Prozesse sind über *Datenflüsse* miteinander verbunden, die durch Angabe der jeweiligen Daten(-typen) zusammen mit ein- und ausgehenden Pfeilen repräsentiert sind. Die betroffenen Daten(-typen) selbst können durch verschiedene, beschriftete Knotensymbole (bezüglich ihrer möglichen Verarbeitungsaspekte) differenziert werden. Einige der in Datenflussplänen verwendeten Symbole und ihre Bedeutung zeigt Abb. 3.3.12.

Die Verwendung von Datenflussplänen illustriert Abb. 3.3.13. Dort werden die wesentlichen Verarbeitungseinheiten unserer Vertriebsorganisation als Prozesse und die sie verbindenden Datenflüsse gezeigt. Die Verwandtschaft dieses Datenflussplans mit dem Strukturgraphen aus Abb. 3.2.12 ist offensichtlich. Die Verwendung verschiedener Symbole für Daten in dieser Abbildung ist inhaltlich nur schwach motiviert und soll vor allem die Darstellungsmöglichkeiten von Datenflussplänen illustrieren. Aus Gründen der Übersichtlichkeit wurden auch einige Datenflüsse weggelassen und bei den in Datensymbolen eingehenden Flusslinien auf die Pfeilspitzen verzichtet.

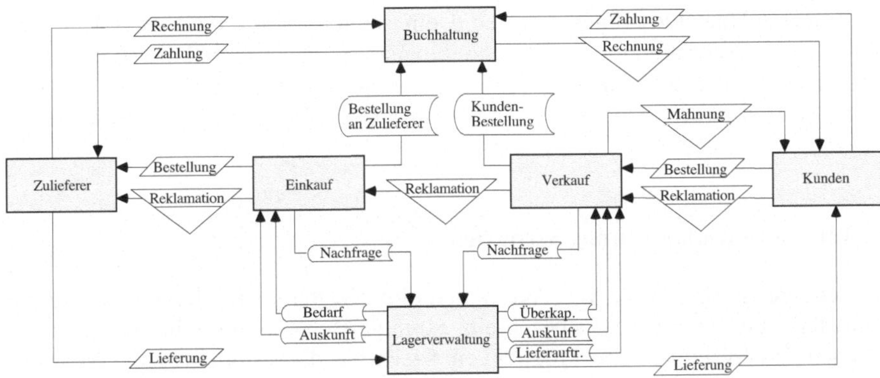

Abb. 3.3.13. Datenfluss in der Vertriebsorganisation

Die in Abb. 3.3.13 verwendete Darstellung, die auf DIN 66001 basiert, ist in der Praxis kaum mehr anzutreffen. Stattdessen verwendet man weniger standardisierte **Datenflussdiagramme**, in denen vor allem die jeweiligen Prozesse und – durch beschriftete Pfeile – der Datenfluss zwischen den Prozessen in einer sehr einfachen Notation dargestellt werden. Ein entsprechendes Beispiel zeigt Abb. 3.3.14, die einen Teil des Datenflusses in der Alarmanlage illustriert. Die Prozesse sind hier durch Kreise dargestellt, die Rechtecke stellen Akteure der Systemumgebung dar. Das vollständige Datenflussdiagramm der Alarmanlage und weitere Beispiele finden sich in Kap. 4.

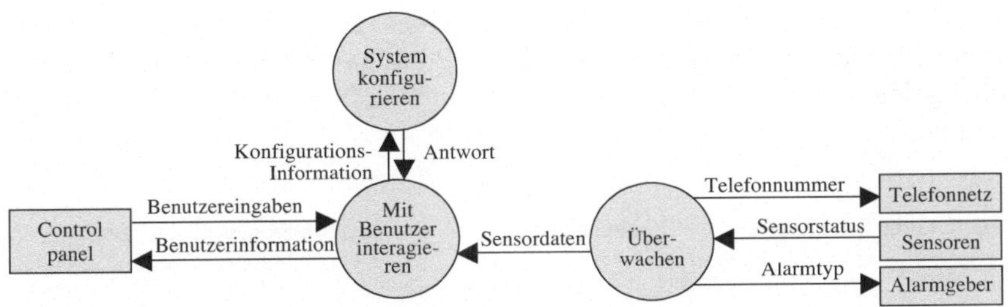

Abb. 3.3.14. Datenflussdiagramm (Alarmanlage, vereinfacht)

Wie Programmablaufpläne können auch Datenflusspläne und -diagramme für nahezu jede Abstraktionsebene gegeben werden. Damit bietet sich, wie bei Programmablaufplänen, die schrittweise Verfeinerung (vgl. 2.3.3) als methodisches Grundprinzip an. Detaillierte methodische Hinweise für das Finden und Analysieren von Datenflussdiagrammen gibt [Wie 96]. Zur Strukturierung und übersichtlichen Gestaltung der Flusspläne gibt es außerdem weitere Sinnbilder, etwa für Übergangsstellen oder Bemerkungen.

Datenflusspläne und -diagramme sind ein schnell zu erlernendes, leicht verständliches und sehr allgemeines Beschreibungsmittel zur Darstellung funktionaler Komponenten eines Systems und des Informationsaustauschs zwischen ihnen auf beliebigen Abstraktionsebenen. Das erklärt ihre große Verbreitung im Bereich des RE (vgl. insbesondere Kap. 4).

3.3.5 Interaktionsdiagramme, Szenarien

Ein **Szenario** ist eine Folge von Aktivitäten eines Systems, die durch eine externe Schnittstelle ausgelöst wird. Es beschreibt exemplarisch ein mögliches funktionales Verhalten des Systems. Eine Möglichkeit Szenarien darzustellen ist die Verwendung von Text (siehe 3.1 und Abb. 3.3.15).

Wenn der Glasbruchsensor einen Glasbruch erkennt, sendet er einen entsprechenden Alarm an den für ihn zuständigen Zonenverwalter. Dieser triggert die zugeordneten Alarmgeber (Blicklicht oder Sirene). Außerdem leitet er den Alarm an den Systemverwalter weiter, der dann dafür sorgt, dass der Alarm im Log protokolliert und der Überwachungsdienst per Telefon informiert wird.

Abb. 3.3.15. Szenario in textueller Form (Alarmanlage)

Für die grafische Darstellung von Szenarien kann man Interaktionsdiagramme verwenden. Einfache **Interaktionsdiagramme** beschreiben Szenarien durch die zeitliche Abfolge des Informationsaustauschs (im Wesentlichen über Botschaften) zwischen je zwei Komponenten. Komponenten sind Objekte (in denen Funktionalität und Daten gekapselt sind, vgl. 3.5.1) und werden durch benannte senkrechte (gestrichelte) Linien dargestellt. Die Darstellung des Informationsaustauschs erfolgt durch benannte durchgezogene waagrechte Pfeile (vom Sender zum Empfänger), wobei gelegentlich Reaktionen oder Antworten durch gestrichelte Pfeile angegeben werden.

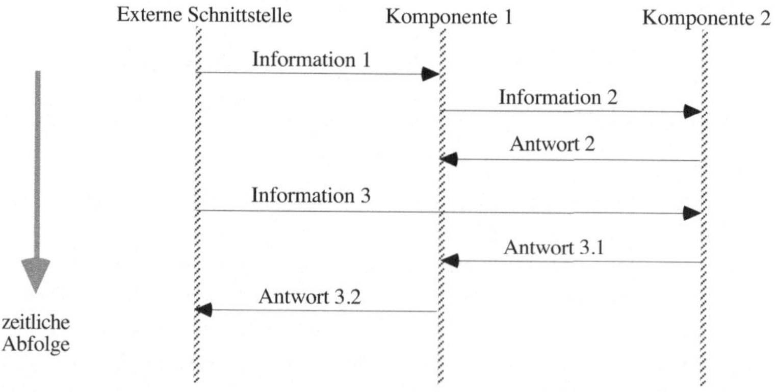

Abb. 3.3.16. Allgemeine Form von Interaktionsdiagrammen

Die allgemeine Form eines einfachen Interaktionsdiagramms zeigt Abb. 3.3.16. Linien, die externe Schnittstellen repräsentieren, sind meist links angeordnet. Die Linien rechts davon stehen für die verschiedenen Systemkomponenten (in beliebiger Reihenfolge). Der Zeitverlauf erfolgt von oben nach unten, wobei keinerlei Quantifizierung der Zeit unterstellt ist, sondern nur eine zeitliche Reihenfolge (und damit ein kausaler Zusammenhang) festgelegt wird.

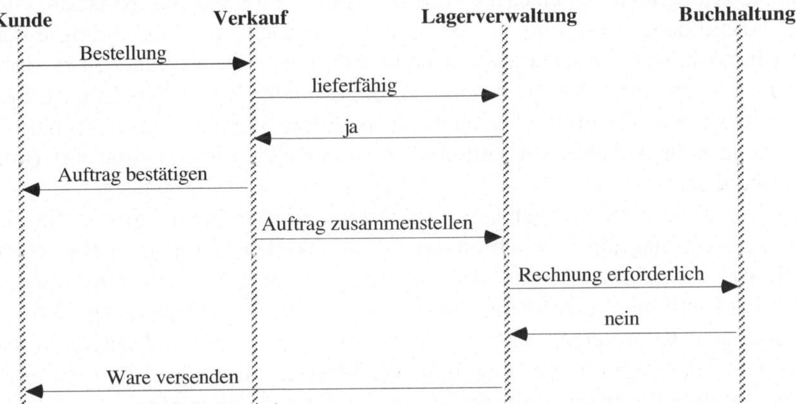

Abb. 3.3.17. Interaktionsdiagramm (mögliche Bearbeitung einer Kundenbestellung)

Die Verwendung eines Interaktionsdiagramms zur Beschreibung *eines* möglichen Ablaufs der Bearbeitung einer Kundenbestellung zeigt Abb. 3.3.17.

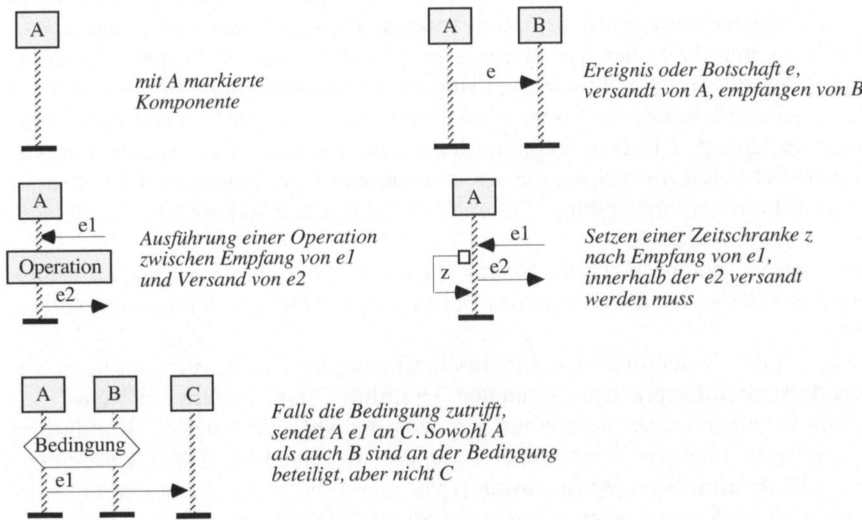

Abb. 3.3.18. Übersicht über die graphische Darstellung (für erweiterte Interaktionsdiagramme)

Mithilfe einfacher Interaktionsdiagramme lassen sich nur Kommunikationsfolgen darstellen, insbesondere gibt es keine Darstellungsmöglichkeit für Aktionen (die zwischen Kommunikationen stattfinden) oder „bedingte Kommunikation". Hängt beispielsweise die darzustellende Kommunikation von Bedingungen ab, so muss im einfachen Interaktionsdiagramm für jeden möglichen Fall ein eigenes Diagramm angegeben werden.

Erweiterte Interaktionsdiagramme (auch: *message sequence charts*) bieten zusätzliche notationelle Möglichkeiten, die in Abb. 3.3.18 (in der Notation von [AKZ 96]) zusammengefasst sind. So ist es etwa möglich, die Ausführung einer Operation (durch eine Komponente) zwischen Empfang und Versand einer Botschaft durch ein benanntes Rechteck auf der betreffenden vertikalen Linie („Lebenslinie") anzugeben. Ebenfalls lässt sich der bedingte Versand von Botschaften darstellen. Auch eine Angabe von Zeitbeschränkungen für die Reaktion auf Botschaften ist möglich.

Über die in Abb. 3.3.18 angegebenen Darstellungsformen hinaus gibt es für erweiterte Interaktionsdiagramme noch andere Möglichkeiten. Zu nennen sind etwa die Darstellung von „Selbstkommunikation" (bei der eine Komponente sowohl Sender als auch Empfänger einer Botschaft ist) oder zeitliche Angaben (vgl. 3.6.2), z.B. wie lange eine Komponente aktiv ist (durch einen entsprechend langen vertikalen Kasten auf der zugehörigen Lebenslinie). Weitere Möglichkeiten bietet die Ausprägung der Interaktionsdiagramme, die in den Sequenzdiagrammen der UML (vgl. Kap. 5) vorliegt.

3.3.6 Funktionale Beschreibung

Bei der **funktionalen Beschreibung** wird jede Informationsverarbeitung aufgefasst als eine *Funktion* (im mathematischen Sinn), die Eingabewerte (eines bestimmten Typs) auf Ausgabewerte (eines eventuell anderen Typs) abbildet – ohne dass dabei Seiteneffekte entstehen oder irgend etwas gespeichert wird. Die Typen der Argumente und Resultate dieser Funktionen sind entweder *elementare Datenstrukturen* (Zahlen, Wahrheitswerte, etc.) oder (durch den Benutzer) im Rahmen einer *Typdefinition* festgelegt. Die Beschreibung der durch eine Funktion festgelegten Abbildung erfolgt durch *Ausdrücke*, die aus elementaren Operationen (auf den Datenstrukturen), Funktionsanwendung, Fallunterscheidung und Rekursion (zur Ablaufsteuerung) aufgebaut sind.

Über diese Grundbestandteile hinaus bieten funktionale Formalismen einige weitere Besonderheiten, die anhand des Beispiels aus Abb. 3.3.19 illustriert werden sollen.

Bezüglich der Typdefinitionen zur Beschreibung von Datenstrukturen ist neben der aus Programmiersprachen bekannten Definition von *Synonymen* (neue Bezeichnung für einen bereits definierten Typ, z.B. **Anzahl = Int**) oder der Einführung von *Tupeltypen* (mehrere Komponenten zu einem benannten Tupel zusammengefasst, z.B. **BestPosten = (ArtNr, Anzahl)**) vor allem die Möglichkeit der Verwendung *induktiv definierter Datenstrukturen* zu nennen. Prominentester (üblicherweise vordefinierter) Vertreter dieser Klasse von Strukturen ist die *Liste*, die entweder leer ist (notiert durch []) oder zusammengesetzt aus einem Element und einer Restliste (notiert durch x:rl, wobei x das Element und rl die Restliste bezeichnet).

Datenstrukturen

```
type    Anzahl = Int
        ArtNr = Int
        BestPosten = (ArtNr, Anzahl)
        Bestellung = [BestPosten]
```

Funktionen

```
komprimiere :: Bestellung → Bestellung
komprimiere [] = []
komprimiere ((nr, anz) : rest) = (nr, summe) : komprimiere rest'
where
    rest' = [(nr', anz') | (nr', anz') ∈ rest, nr' ≠ nr]
    summe = anz + sum [anz' | (nr', anz') ∈ rest, nr' == nr]
```

Abb. 3.3.19. Funktionale Beschreibung: Datenstrukturen und Funktionen

Die induktive Definition von Datenstrukturen erlaubt die Definition von Funktionen über „Muster" (die die möglichen Formen der Parametertypen berücksichtigen). So wird in Abb. 3.3.19 eine Funktion

komprimiere :: **Bestellung** → **Bestellung**

definiert, die (beliebige) Bestellungen so umformt, dass jede Artikelnummer nur noch einmal vorkommt. Entsprechend der Definition einer Bestellung als einer Liste von Bestellposten (**Bestellung** = [**BestPosten**]) wird somit in der Definition von komprimiere angegeben, dass komprimiere angewandt auf eine leere Liste die leere Liste (komprimiere [] = []) ergibt. Angewandt auf eine nicht-leere Liste (dargestellt durch (nr, anz) : rest) ergibt sich eine Liste, die aus dem Paar (nr, summe) und dem Resultat der Anwendung der Funktion komprimiere auf rest' gebildet wird (komprimiere ((nr, anz) : rest) = (nr, summe) : komprimiere rest'), wobei die Hilfsbezeichnungen rest' und summe wie unten angegeben definiert sind.

Anhand dieser Definition ist zu sehen, dass bei der Angabe der verschiedenen Fälle durch die entsprechenden Muster der jeweils speziellere Fall zuerst angegeben werden muss, da bei der Anwendung einer Funktion die einzelnen Fälle entsprechend der Aufschreibungsreihenfolge geprüft werden. Ebenfalls ist zu ersehen, dass die Anwendung einer Funktion auf Argumente (z.B. komprimiere []) ohne Verwendung von Klammern notiert wird, sofern Eindeutigkeit gewährleistet ist.

Bei der Definition der Hilfsbezeichnungen summe und rest' wurde eine weitere Möglichkeit der Beschreibung von Listen verwendet, die sog. *Listenkomprehension*, bei der die Elemente einer Liste durch ein Prädikat charakterisiert sind. So bezeichnet etwa

[(nr', anz') | (nr', anz') ∈ rest, nr' ≠ nr]

die (Teil-)Liste aller Paare (nr', anz') aus der Liste rest (notiert als (nr', anz') $\in$ rest), die die Eigenschaft nr' $\neq$ nr (d.h. nr' und nr sind verschieden) erfüllen. Analog steht

[anz' | (nr', anz') $\in$ rest, nr' == nr]

für die Liste aller Elemente anz', für die es ein Paar (nr', anz') in der Liste rest gibt, für das nr' == nr (d.h. nr' und nr sind gleich) erfüllt ist.

```
sum :: [Int] → Int
sum [] = 0
sum (x:xs) = x + sum xs

fst3 :: (a,b,c) → a
fst3 (x,_,_)   = x

take :: Int → [a] → [a]
take 0 _ = []
take _ [] = []
take (n+1) (x:xs)  = x : take n xs

drop :: Int → [a] → [a]
drop 0 xs  = xs
drop _ [] = []
drop (n+1) (_:xs) = drop n xs

foldl :: (a → b → a) → a → [b] → a
foldl f z []    = z
foldl f z (x:xs)  = foldl f (f z x) xs
```

Abb. 3.3.20. Funktionale Standardfunktionen

Weitere Besonderheiten funktionaler Formalismen sind *Funktionen höherer Ordnung* (d.h. Funktionen, die Funktionen als Argumente und/oder Resultate haben), *Polymorphismus* (Funktionen mit beliebigen Argumenttypen) und *verzögerte Auswertung* (Auswertung von Ausdrücken nur dann, wenn ihr Wert benötigt wird). Beispiele zu diesen Konzepten finden sich in Abb. 3.3.20. Dort sind Definitionen einiger Standardfunktionen angegeben.

Die Funktion sum berechnet die Summe aller Elemente einer Liste von Zahlen. Die Funktion fst3 liefert die erste Komponente eines Tripels.

Die Funktion take ist polymorph definiert. Für eine Zahl n und eine Liste l (mit beliebigem Elementtyp **a**) liefert sie die Liste der ersten n Elemente von l, bzw. l selbst, falls l weniger als n Elemente hat. Das Zeichen „_" in der Definition von take (z.B. take 0 _ = []) gibt an, dass die betreffende Parameterposition irrelevant ist (die ersten 0 Elemente einer beliebigen Liste ergeben immer die leere Liste). Die Funktion drop ist analog zu take definiert und liefert für eine Zahl n und eine Liste l (mit beliebigem Elementtyp **a**) diejenige Liste, die übrigbleibt, wenn man von l die ersten n Elemente entfernt.

Die Funktion foldl ist eine polymorphe Funktion höherer Ordnung. Für eine beliebige Funktion f (vom Typ **a** → **b** → **a**), ein Element z (vom Typ **a**) und eine Liste (mit Elementen vom Typ **b**) liefert sie als Resultat ein Element vom Typ **a**, das sich durch iterierte Anwendung (von links nach rechts) von f auf z und die Elemente der Liste ergibt. Als mögliche (partielle) Instantiierung von foldl erhält man etwa durch foldl + 0 eine Funktion, die die Elemente einer Liste von Zahlen von links nach rechts zusammenaddiert – also eine äquivalente Definition der Funktion sum.

Die Verwendung dieser Standardfunktionen zeigt Abb. 3.3.21, wo die Erstellung einer Rechnung unter den Randbedingungen

– jede Artikelart ist nur einmal aufgeführt
– maximal 20 Artikel pro Rechnungsseite
– laufender Übertrag bzw. Gesamtsumme muss „stimmen"

funktional beschrieben wird.

```
type    ArtBez = String
        Preis = Float
        EPreis = Preis
        GPreis = Preis
        Artikel = (ArtNr, ArtBez, Anzahl, EPreis, GPreis)
        Summe = Float
        SeitenNr = Int
        Seite = ([Artikel], Summe, SeitenNr)
        Rechnung = [Seite]

rechnungErstellen :: Bestellung → Rechnung
rechnungErstellen bl =
    fst3(foldl fuegeSummeUndSeiteHinzu ([], 0.0, 0) (gruppiere 20 as))
    where
        as = [(nr, artBez nr, anz, epreis nr, (epreis nr) * anz) | (nr, anz) ∈ komprimiere bl])

    fuegeSummeUndSeiteHinzu ::
        (Rechnung, Summe, SeitenNr) → [Artikel] → (Rechnung, Summe, SeitenNr)
    fuegeSummeUndSeiteHinzu (teilRechnung,summe, seite) rchgsArtikel =
        let zwischensumme = summe + sum [gpreis | (_, _, _, _, gpreis) ∈ rchgsArtikel]
        in (teilRechnung ++ [(rchgsArtikel, zwischensumme, seite + 1)], zwischensumme, seite +1)

artBez :: ArtNr → ArtBez
epreis :: ArtNr → EPreis

gruppiere:: Int → [a] → [[a]]
gruppiere n [] = []
gruppiere n xs = take n xs : gruppiere n (drop n xs)
```

Abb. 3.3.21. Funktionale Beschreibung (Erstellung einer Rechnung aus einer Bestellung)

Eine Rechnung wird dort (ähnlich wie in 3.2.4 und 3.2.5) definiert als eine Liste von Seiten, wobei eine Seite aus einer Liste von Artikeln (bestehend aus Artikel-Nummer, Artikel-Bezeichnung, Anzahl, Einzelpreis und Gesamtpreis), einer Summe (Übertrag oder Gesamtsumme) und einer Seitennummer besteht.

Die Umsetzung einer Bestellung in eine Rechnung erfolgt durch die Funktion rechnungErstellen wie folgt: Die Bestellung bl wird durch as = [(nr, artBez nr, anz, epreis nr, (epreis nr) * anz) | (nr, anz) $\in$ komprimiere bl]

in eine Liste as von Artikeln umgeformt, wobei komprimiere bl dafür sorgt, dass mehrfach in der Bestellung vorkommende Artikel entsprechend zusammengefasst werden (vgl. Abb. 3.3.19) und die für die Artikel in der Rechnung zusätzliche Information mit Hilfe entsprechender Hilfsfunktionen (artBez, epreis) und Ausdrücke ((epreis nr) * anz) bestimmt wird.

Die Hilfsfunktion gruppiere sorgt dafür, dass die Liste as in eine Liste von Listen mit jeweils (höchstens) 20 Artikeln umgeformt wird.

Die Hilfsfunktion fuegeSummeUndSeiteHinzu fügt zu einer Teilrechnung (mit aktueller Zwischensumme und Seitennummer) eine neue Seite hinzu und bestimmt eine neue aktuelle Zwischensumme und Seitennummer.

Die Funktion foldl wendet fuegeSummeUndSeiteHinzu auf ein Starttripel ([], 0.0, 0) und die durch gruppiere erzeugte Liste von Listen iteriert an und liefert ein Tripel bestehend aus der endgültigen Liste von Seiten, der Endsumme und der letzten Seitennummer. Die Funktion fst3 selektiert dann daraus die erste Komponente, d.h. die Rechnung in gewünschter Form.

Eine spezielle Unterstützung für die Erstellung funktionaler Beschreibungen gibt es nicht. Häufig jedoch lassen sich informelle (Ablauf-)Beschreibungen direkt in den funktionalen Formalismus umsetzen. Ein Übergang zu einer Implementation ist im Prinzip nicht erforderlich, da funktionale Formalismen direkt ausführbar sind. Selbst wenn aus Effizienzgründen eine spätere Umsetzung in eine imperative Sprache anvisiert ist, lässt sich die Ausführbarkeit funktionaler Beschreibungen zumindest im Rahmen des Prototyping vorteilhaft nutzen. Allerdings muss auch die Gefahr einer zu frühen Implementierung (anstelle der Anforderungsmodellierung), die bei allen ausführbaren Formalismen latent vorhanden ist, genannt werden.

Ein wesentlicher Vorteil der funktionalen Formalismen liegt – neben der Ausführbarkeit – in ihrer großen Ausdrucksmächtigkeit, der Abstraktheit und Kompaktheit der Darstellung sowie ihrer relativ großen Anwendungsbreite. Andererseits ziehen diese Vorzüge auch einen erheblichen Lernaufwand nach sich und das Erstellen sowie das Verstehen funktionaler Beschreibungen sind zumindest „gewöhnungsbedürftig".

Funktionale Formalismen haben eine mathematisch fundierte Semantik und erlauben dadurch, nicht nur Sachverhalte präzise auszudrücken, sondern auch Aussagen mathematisch zu beweisen, was etwa im Zusammenhang mit der Überprüfung der Adäquatheit einer Beschreibung wichtig ist.

3.3.7 Logische Beschreibungen

Eine präzise, *deskriptive Beschreibung* einer Operation (d.h. eine Beschreibung ihres Effekts ohne festzulegen „wie" dieser erzielt wird) erhält man durch Angabe von Vor- und Nachbedingungen. Eine *Vorbedingung* ist eine Eigenschaft, die vor Ausführung der Operation gelten muss. Dafür muss der „Verwender" der Operation sorgen. Eine *Nachbedingung* ist eine Eigenschaft, die nach Ausführung der Operation gilt. Dafür ist die Operation verantwortlich. Vor-/Nachbedingungen können wahlweise mit Text oder den Mitteln der Prädikatenlogik formuliert werden.

Da sowohl die Vor- als auch die Nachbedingung Aussagen über die Argumente und/oder Resultate der Operation machen, werden die jeweiligen Bezeichnungen üblicherweise in der Angabe des Funktionstyps (der Operation) mit angegeben.

komprimiere: (**bestellung** b) → (**bestellung** b')

pre   keine
post   – alle in b aufgeführten Artikelnummern sind in b' aufgeführt und umgekehrt
        – die Anzahl zu einer Artikelnummer n in b' ist die Summe aller Anzahlen zu n in b
        – b' enthält keine Paare mit gleichen Artikelnummern

Abb. 3.3.22. Vor-/Nachbedingungen in Textform (Komprimieren einer Bestellung)

komprimiere: (**bestellung** b) → (**bestellung** b')

pre   **true**
post $(b = \varnothing \wedge b' = \varnothing) \vee$
       $(b \neq \varnothing \wedge b' \neq \varnothing \wedge$
           $(\forall\ \textbf{bestPosten}\ x, y: (x.a = y.a) \Rightarrow$
              $(in(x, b) \Leftrightarrow in(y, b')) \wedge (in(y, b') \Rightarrow y.m = \Sigma\ (z.m: in(z, b) \wedge z.a = y.a))) \wedge$
           $(\forall\ \textbf{bestPosten}\ y, y': (in(y, b') \wedge in(y', b') \wedge y.a = y'.a) \Rightarrow y = y'))$

Abb. 3.3.23. Vor-/Nachbedingungen in logischer Form (Komprimieren einer Bestellung)

Ein Beispiel einer solchen Beschreibung durch Vor- und Nachbedingungen für die Operation zum Komprimieren einer Bestellung (vgl. Abb. 3.3.19) gibt Abb. 3.3.22 in textueller und Abb. 2.3.23 in formaler Form mithilfe der Prädikatenlogik.

Eine echte Vorbedingung (gekennzeichnet durch das Schlüsselwort **pre**) gibt es gibt es nicht (ausgedrückt durch „keine" bzw. **true**). Die Nachbedingung (gekennzeichnet durch das Schlüsselwort **post**) fasst die jeweils möglichen Effekte der Operation komprimiere zusammen.

Die Textform in Abb. 3.3.22 sollte selbsterklärend sein. In der prädikatenlogischen Form in Abb. 3.3.23 drückt $(b = \varnothing \wedge b' = \varnothing)$ aus, dass komprimiere für eine leere Bestellung als Eingabe eine leere Bestellung als Resultat liefert. Ist die Eingabe nicht die leere Bestellung, dann ist die Ausgabe ebenfalls nicht leer. Außerdem erfüllt die Ausgabe in diesem Fall zwei weitere Bedingungen:

   $(\forall\ \textbf{bestPosten}\ x, y: x.a = y.a \Rightarrow$
      $(in(x, b) \Leftrightarrow in(y, b')) \wedge in(y, b') \Rightarrow y.m = \Sigma\ (z.m: in(z, b) \wedge z.a = y.a)))$

gibt an, dass in der Eingabe b und der Ausgabe b' dieselben Artikel enthalten sind und dass die zugehörige Mengenangabe in b' die Summe aller Mengenangaben des betreffenden Artikels aus der Eingabe b ist.

   $(\forall\ \textbf{bestPosten}\ y, y': (in(y, b') \wedge in(y', b') \wedge y.a = y'.a) \Rightarrow y = y')$

sagt aus, dass in der Ausgabe b' jeder Bestell-Artikel höchstens einmal aufgeführt ist.

3.3.8 Zusammenfassung

Eine zusammenfassende Übersicht über Grundformalismen zur Darstellung funktionalen Verhaltens und der zugehörigen Teilaspekte gibt Abb. 3.3.24.

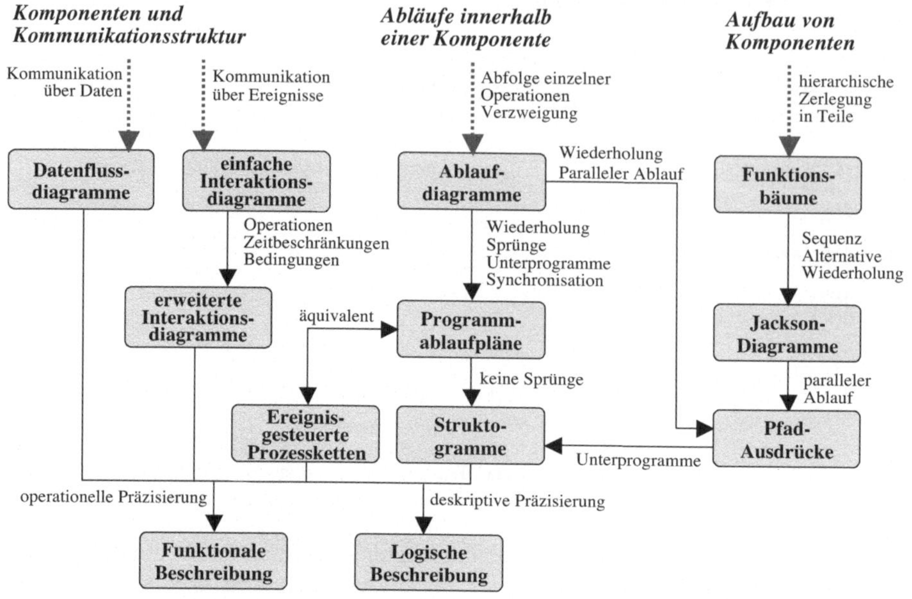

Abb. 3.3.24. Konzepte zur Modellierung von Funktionalität (Übersicht)

Soll bei der Beschreibung des *Aufbaus funktionaler Komponenten* nur deren (hierarchische) Zerlegung in Teile berücksichtigt werden, so bieten sich *Funktionsbäume* (eine Spielart von Dekompositionsdiagrammen für funktionale Komponenten) an. Will man darüber hinaus einfache Ablaufaspekte (sequentielle, bedingte oder wiederholte Ausführung) ebenfalls in Betracht ziehen, sind *Jackson-Diagramme* geeignet. Im Wesentlichen dieselben Möglichkeiten wie Jackson-Diagramme, allerdings in textueller Notation und um die Darstellung paralleler Abläufe erweitert, bieten *Pfad-Ausdrücke*.

Die einfachste Möglichkeit zur Beschreibung von *Abläufen* stellen *Ablaufdiagramme* zur Verfügung, mit deren Hilfe die (bedingte, sequentielle) Abfolge einzelner Verarbeitungsschritte graphisch dargestellt werden kann. Erweitert man Ablaufdiagramme um die Darstellung wiederholter und paralleler Abläufe, so hat man dieselben Möglichkeiten wie mit Pfad-Ausdrücken. Die Erweiterung von Ablaufdiagrammen um Wiederholung, Sprünge, Unterprogramme und synchronisierte Parallelität führt zu *Programmablaufplänen*, die ihrerseits zu den *Ereignisgesteuerten Prozessketten* äquivalent sind. Ohne Sprünge sind die Programmablaufpläne äquivalent zu den *Struktogrammen*.

Bei der Beschreibung von Komponenten und ihrer Kommunikationsstruktur kann man nach der Art der Komponenten und der Form der Kommunikation differenzieren. Für funktionale Komponenten, die über Datenströme kommunizieren, bieten sich *Datenflussdiagramme* an. Für die Darstellung der Kommunikation zwischen Objekten (in denen Funktionalität und Daten gekapselt sind) über Botschaften hat man *einfache Interaktionsdiagramme* (in denen jeweils ein Szenario dargestellt wird, während in Datenflussdiagrammen alle möglichen Szenarien zusammengefasst sind). Will man darüber hinaus Operationen explizit darstellen, bedingte Kommunikation ausdrücken oder Zeitbeschränkungen angeben, so kann man *erweiterte Interaktionsdiagramme* verwenden.

In all diesen Formalismen spielt die Einbeziehung natürlicher Sprache eine wesentliche Rolle, wenn es um die Bedeutung entsprechender Modelle geht. Dies trägt einerseits positiv zur Lesbarkeit und Verständlichkeit dieser Modelle bei, bringt aber andererseits Nachteile bezüglich der Präzision der Darstellung mit sich. Für die operationelle Präzisierung, die angibt, wie etwas abläuft, bietet sich eine *funktionale Beschreibung* an. Sie erlaubt eine präzise Modellierung auf einem sehr hohen Abstraktionsgrad und hat zudem den Vorteil, dass sie (etwa zum Zweck des Prototyping) ausführbar ist. Allerdings bringt dies auch als Nachteil mit sich, zu einem (evtl. zu) frühen Zeitpunkt über operationelle Aspekte nachdenken zu müssen. Eine rein deskriptive Präzisierung (bei der nur der Effekt einer Operation, nicht aber deren Ausführung betrachtet wird) erlaubt eine *logische Beschreibung* durch Angabe von Vor- und Nachbedingungen, in denen die Eigenschaften angegeben werden, die vor und nach Ausführung einer Operation erfüllt sein müssen.

3.4 Dynamisches Verhalten

Dieser Abschnitt beschäftigt sich mit der Beschreibung von Kontrollaspekten und der Steuerung von Systemen. Relevant in dieser Hinsicht sind das Zusammenspiel von Systemzuständen und Aktionen, insbesondere die Fragen, wie sich der gesamte Zustandsraum durch Bedingungen partitionieren lässt und wie Aktionen geeignet an Zustände und/oder Zustandsänderungen gekoppelt werden können. Das Unterscheidungsmerkmal der hier betrachteten Formalismen gegenüber denen des vorigen Abschnitts ist also die Einbeziehung von Zuständen. Wie in den vorangegangenen Abschnitten wird auch wieder auf Vollständigkeit und Präzision der Beschreibung eingegangen.

3.4.1 Entscheidungsbäume

Die einfachste Möglichkeit Steuerungsaspekte zu beschreiben besteht darin, einen Zustand durch Bedingungen zu charakterisieren, die erfüllt sein müssen, damit eine Aktion ausgelöst wird oder durchgeführt werden kann. Eine gebräuchliche Darstellung dieser Art von Steuerung sind **Entscheidungsregeln** der Form

Bedingung → Aktion,

die zu **Regelsystemen** zusammengefasst werden.

Hat man viele verschiedene Aktionen, die durch unterschiedliche Kombinationen von wenigen einfachen Bedingungen ausgelöst werden, wird diese Form der Darstellung sehr schnell unübersichtlich. In diesem Fall ist vielleicht eine Beschreibung durch Entscheidungsbäume besser geeignet.

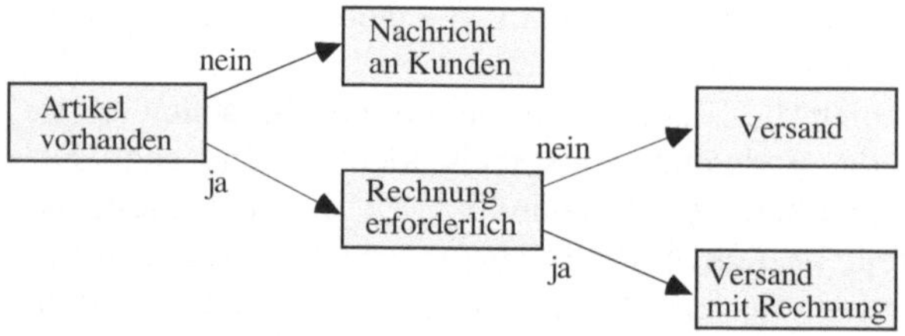

Abb. 3.4.1. Entscheidungsbaum (Reaktionen auf Kundenbestellung)

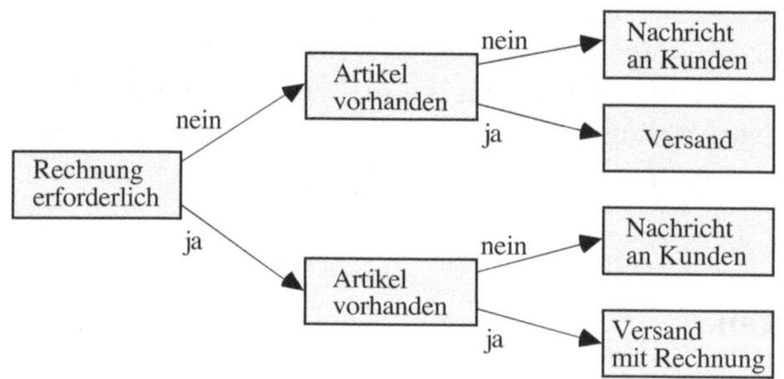

Abb. 3.4.2. Entscheidungsbaum (Reaktionen auf Kundenbestellung, alternative Darstellung)

Unter einem **Entscheidungsbaum** versteht man die baumartige Darstellung von Entscheidungsbedingungen und durch sie ausgelöste Aktionen. Die Wurzel und die inneren Knoten des Baums sind mit Bedingungen markiert, die Blätter mit Aktionen. Die von einem Knoten ausgehenden Kanten sind mit „ja" und „nein" markiert und repräsentieren das Zutreffen bzw. Nicht-Zutreffen der Bedingung mit der der Ausgangsknoten markiert ist. Die Bedingung, die erfüllt sein muss, damit eine Aktion ausgelöst wird, ergibt sich durch die Konjunktion aller (Teil-)Bedingungen auf dem Pfad von der Wurzel zu dem betreffenden Blatt.

Beispiele für Entscheidungsbäume geben die Abb. 3.4.1 - 3.4.3. In Abb. 3.4.1 werden die möglichen Reaktionen auf eine Kundenbestellungen dargestellt, in Abhängigkeit davon, ob der Artikel vorhanden ist und gegebenenfalls eine Rechnung erforderlich ist oder nicht. Abb. 3.4.2 zeigt denselben Sachverhalt, jedoch mit anderer Anordnung der Bedingungen. Abb. 3.4.3 illustriert, unter welchen Bedingungen verschiedene Aktionen im Zusammenhang mit der Abrechnung einer Kundenbestellung erfolgen.

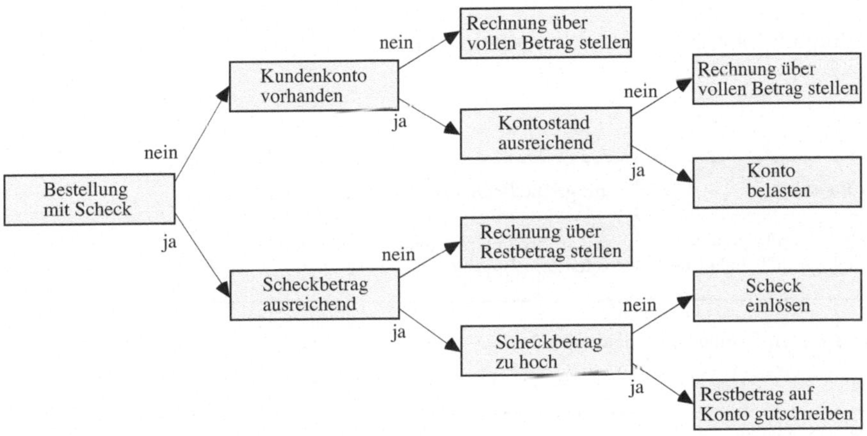

Abb. 3.4.3. Entscheidungsbaum (Abrechnung einer Kundenbestellung)

Neben der oben angegebenen, einfachen Art von (binären) Entscheidungsbäumen gibt es in der Literatur auch noch andere Formen, z.B. solche mit Mehrfach-
verzweigungen oder Angabe von Wahrscheinlichkeiten an den Kanten (anstelle
von Wahrheitswerten). Auch *Und-Oder-Bäume*, die gleichzeitig sowohl Und-Kno-
ten (für eine Aufspaltung in Teilaspekte) als auch Oder-Knoten (für eine Wahl-
möglichkeit) enthalten, gehören im weitesten Sinne zu Entscheidungsbäumen.

3.4.2 Entscheidungs- und Ereignistabellen

Entscheidungstabellen [Poo 74, Str 77, JF 89] und damit verwandte Formalismen,
wie etwa *Ereignistabellen* (*event tables*, [Hen 80]) und (*Zustands-*)*Übergangstabellen*, dienen ebenfalls zur graphischen Darstellung komplexer Bedingungen für
die Steuerung der Ausführung von Aktionen. Im Gegensatz zu Entscheidungsbäumen jedoch wird hier von der Reihenfolge der Teilbedingungen abstrahiert, d.h.
Entscheidungsbäume, die sich nur in der Reihenfolge der Bedingungen unterscheiden (wie etwa die in Abb. 3.4.1 und Abb. 3.4.2), werden in einer Äquivalenzklasse
zusammengefasst.

Eine **Entscheidungstabelle** ist eine Matrix, die in vier Quadranten eingeteilt ist
(vgl. Abb. 3.4.4). Die Zeilen der oberen Hälfte der Matrix geben im linken Quadranten einzelne *Bedingungen* und im rechten Quandranten dafür mögliche *Belegungen* (z.B. J = ja, N = nein, – = beliebig) an. Die Zeilen in der unteren Hälfte
enthalten im linken Quadranten *Aktionen* und deren mögliche Zerlegung in Teil-
aktionen und im rechten Quadranten X (für „führe entsprechende Aktion aus")
oder keinen Eintrag. Die Spalten der rechten Hälfte der Matrix stellen die *Entscheidungsregeln* dar: Innerhalb einer Spalte ergibt sich aus der logischen Konjunktion
aller Bedingungen mit den jeweils angegebenen Belegungen die *Vorbedingung* für
die erlaubte Durchführung einer mit X gekennzeichneten Aktion. Entscheidungstabellen können somit als graphische Darstellung der Relation

Bedingungsbelegung × zu aktivierende Aktion

gesehen werden.

Bedingungen	mögliche *Belegungen* (z.B. J. N. –)
Aktionen und deren mögl. Zerlegung in Teilaktionen	X („führe entsprechende Aktion aus") oder kein Eintrag

Abb. 3.4.4. Aufbau einer Entscheidungstabelle

Artikel vorhanden	N	J	J
Rechnung erforderlich	–	N	J
Nachricht an Kunden	X		
Versand		X	
Versand mit Rechnung			X

Abb. 3.4.5. Entscheidungstabelle (Behandlung einer Kundenbestellung)

Ein einfaches Beispiel einer Entscheidungstabelle gibt Abb. 3.4.5. Die drei Entscheidungsregeln (in der rechten Hälfte der Matrix) entsprechen den drei Pfaden des Entscheidungsbaums aus Abb. 3.4.1. Die erste Entscheidungsregel ist eine Abkürzung für zwei Entscheidungsregeln, die man erhält, wenn man die beiden möglichen Werte für „Rechnung erforderlich" explizit angibt. Verwendet man anstelle der Abkürzung die ausführliche Form, so geben die zugehörigen Entscheidungsregeln auch die Pfade des Entscheidungsbaums aus Abb. 3.4.2 wieder.

Kontostand k	≥ 0	≥ 0	≥ 0	< 0	$= 0$	–
Bestellung liegt vor	J	J	N	N	J	N
Bestellwert	$\leq k$	$> k$	–	–	–	–
Zahlung liegt vor	–	N	J	N	N	J
mit Konto verrechnen	X	X	X		X	X
Rechnung stellen		X			X	
Mahnung schreiben				X		
über Guthaben informieren	X		X			

Abb. 3.4.6. Unvollständige, widersprüchliche und redundante Entscheidungstabelle

Entscheidungstabellen müssen weder vollständig noch eindeutig sein. Eine Entscheidungstabelle heißt *vollständig*, wenn in der Matrix alle semantisch sinnvollen (nicht syntaktisch möglichen!) Kombinationen von Belegungen der Bedingungen durch eine entsprechende Spalte repräsentiert sind. Eine Entscheidungstabelle heißt *eindeutig*, wenn für jede Belegungskombination genau eine Entscheidungsregel angegeben ist, andernfalls ist sie *mehrdeutig*. Mehrdeutige Entscheidungstabellen sind *widersprüchlich*, wenn sie Entscheidungsregeln enthalten, die bei gleicher Belegungskombination unterschiedliche Aktionen auslösen. Ein anderer Spezialfall von Mehrdeutigkeit ist die *Redundanz*. Sie liegt dann vor, wenn eine Entscheidungstabelle zwei Entscheidungsregeln enthält, von denen eine die andere umfasst.

Die Entscheidungstabelle aus Abb. 3.4.5 ist sowohl vollständig, als auch eindeutig. Ein Beispiel einer unvollständigen, widersprüchlichen und redundanten Entscheidungstabelle gibt Abb. 3.4.6. Eine Unvollständigkeit besteht hier z.B. darin, dass für den Fall einer vorliegenden Bestellung bei negativem Kontostand keine Entscheidungsregel vorgesehen ist. Auf die Belegungskombination (≥ 0, N, $-$, J) passen sowohl die dritte als auch die letzte Entscheidungsregel, die unterschiedliche Aktionen auslösen. Hier liegt also z.B. ein Widerspruch vor. Eine Redundanz besteht darin, dass die fünfte Regel (teilweise) in der zweiten enthalten ist.

Ereignistabellen (vgl. [Hen 80]) sind Varianten von Entscheidungstabellen, bei denen Bedingungen der Form „Ereignis ist eingetreten" separat behandelt werden. Hier wird angegeben, welche Aktionen abhängig vom Vorliegen von Bedingungen (Zustand) *und* dem Eintreten von Ereignissen durchgeführt werden sollen. Formal wird hier also eine Relation

Bedingungsbelegung $\times$ Ereignis $\times$ zu aktivierende Aktion

dargestellt.

Abhängig von der Anzahl der Einflussgrößen (Bedingungen, Ereignisse) werden zur Darstellung von Ereignistabellen zwei- oder mehrdimensionale Matrizen verwendet.

Bedingung	Ereignis		
	Bestellung liegt vor	Zahlung liegt vor	periodische Kontenüberprüfung
Kontostand = 0	Rechnung stellen	über Guthaben informieren	–
Kontostand < 0	Rechnung stellen	auf neuen Kontostand reagieren	Mahnung schreiben
Kontostand > 0	auf neuen Kontostand reagieren	über Guthaben informieren	über Guthaben informieren

Abb. 3.4.7. Ereignistabelle (Vertriebsorganisation)

Ein einfaches, selbsterklärendes Beispiel für eine Ereignistabelle im Zusammenhang mit unserer Vertriebsorganisation gibt Abb. 3.4.7. Ein analoges Beispiel für die Alarmanlage findet sich in Abb. 3.4.8.

Bedingung	Ereignis	
	Glasbruch	Bewegungsmeldung
Tageszeit = Tag	Sirene an	Sirene an
Tageszeit = Nacht	Sirene an Blinklicht an	Scheinwerfer an

Abb. 3.4.8. Ereignistabelle (Alarmanlage)

Eine weitere Variante von Entscheidungstabellen sind **Übergangstabellen** (in [HP 88] auch „kombinatorische Zustandsmaschinen" genannt), bei denen die Bedingungen mit Wertebelegungen von Eingangssignalen („Ist-Zustand") assoziiert sind und die Aktionen mit dem Setzen von Ausgangssignalen („Folgezustand"). Übergangstabellen sind somit eine graphische Darstellung endlicher Abbildungen von Werten von Eingangssignalen auf Werte von Ausgangssignalen.

Eingabe		Ausgabe		
Tageszeit	Ereignis	Sirene	Blinklicht	Scheinwerfer
Tag	Glasbruch	an	-	-
Nacht	Glasbruch	an	an	-
Tag	Bewegungsmeldung	an	-	-
Nacht	Bewegungsmeldung	-	-	an

Abb. 3.4.9. Übergangstabelle (Alarmanlage); hier steht „-" für einen irrelevanten Wert

Ein Beispiel gibt Abb. 3.4.9, wo die Funktion der Alarmanlage als (zur Ereignistabelle in Abb. 3.4.8 äquivalente) Übergangstabelle dargestellt ist. Die (ebenfalls äquivalente) Darstellung als Entscheidungstabelle (mit T für „Tag", N für „Nacht", G für „Glasbruch" und B für „Bewegungsmeldung") zeigt Abb. 3.4.10.

Tageszeit =	T	N	T	N
Ereignis =	G	G	B	B
Sirene an	X	X	X	
Blinklicht an		X		
Scheinwerfer an				X

Abb. 3.4.10. Alarmanlage (Entscheidungstabelle)

Entscheidungstabellen (und ihre Varianten) wurden eingeführt als graphische Formalismen zur kompakten, übersichtlichen Darstellung komplexer Bedingungen, die die Ausführung von Aktionen steuern. Die Bedeutung von Bedingungen und Aktionen wird durch die (umgangssprachliche) Bedeutung entsprechend gewählter Bezeichnungen wiedergegeben.

Abstraktion ist durch die Möglichkeit, verschiedene Entscheidungstabellen auf verschiedenen Detaillierungsebenen zu haben, in beschränktem Umfang gegeben, wird aber durch den Formalismus nicht direkt unterstützt. Durch sog. *Verbindungsanweisungen* (Sequenz, Verzweigung, Schleife) können Entscheidungstabellen zu *Entscheidungsnetzen* (An- und Rücksprungbefehle zu weiteren Entscheidungstabellen anstelle von Aktionsaktivierungen) zusammengefügt werden, so dass auch umfangreiche, komplexe Bedingungssituationen dargestellt werden können.

Für ein zweckmäßiges Vorgehen beim systematischen Aufbau einer Entscheidungstabelle gibt es nur allgemeine methodische Hinweise:

– mögliche Aktionen ermitteln und zugehörige (elementare) Bedingungen feststellen;
– sinnvolle Bedingungsbelegungen festlegen;
– entsprechende Aktionsaktivierungen eintragen.

Der Schritt von einer vollständigen und eindeutigen Entscheidungstabelle zu einer Implementation ist relativ einfach. Eine Möglichkeit besteht darin, die Entscheidungsregeln in bedingte Anweisungen zu übersetzen und für diese eine Auswertungsreihenfolge festzulegen. Ein zeilenweises Vorgehen ist eine andere Möglichkeit, die durch Zusammenfassung gleicher Bedingungswerte zu geschachtelten bedingten Anweisungen führt.

Die Technik der Entscheidungstabellen lässt sich leicht erlernen und ist auch ohne große Mühe verständlich. In bescheidenem Rahmen erlauben Entscheidungstabellen auch die Überprüfung der formalen Vollständigkeit, etwa indem man nachprüft, ob für alle möglichen Entscheidungssituationen in der Tabelle entsprechende Einträge enthalten sind. In ähnlicher Weise lässt sich in eingeschränktem Umfang auch die Widerspruchsfreiheit prüfen, indem man nachweist, dass Entscheidungssituationen, die dieselbe Aktion nach sich ziehen, sich nicht gegenseitig ausschließen. Analog lässt sich die Redundanzfreiheit prüfen. Darüber hinaus lassen sich auch Vereinfachungsmöglichkeiten, etwa durch Zusammenlegen mehrerer Spalten, auffinden.

Entscheidungstabellen, wie auch Ereignis- oder Übergangstabellen, sind gut geeignet zur Darstellung kleinerer Probleme, bei denen verschiedene Aktionen von einer Vielzahl zusammenhängender Bedingungen oder Ereignisse abhängen und bei denen Datenstrukturen, hierarchische Beziehungen und Detailfragen des Ablaufs eine untergeordnete Rolle spielen. Dabei ist die Darstellung als Tabelle sicherlich klarer als eine rein textuelle Repräsentation (vgl. auch 3.1). Offensichtliche Vorteile bieten Entscheidungstabellen auch für die Festlegung von Testfällen.

3.4.3 Zustandsautomaten

Ähnlich wie Grammatiken (vgl. 3.2.5) sind Zustandsautomaten ursprünglich im Zusammenhang mit der Beschreibung von Mengen von Zeichenreihen durch akzeptierende Automaten eingeführt worden. Im Requirements-Engineering werden sie dazu verwendet das Verhalten eines Systems durch seine möglichen Zustände und die durch Ereignisse ausgelösten Zustandsänderungen zu charakterisieren.

Dabei versteht man üblicherweise unter dem *Systemzustand* den Status aller systemspezifischen Entitäten zu einem bestimmten Zeitpunkt. Davon wird in der Verhaltensbeschreibung jedoch insofern abstrahiert, als Zustände stets als atomar aufgefasst werden. Ferner wird unterstellt, dass Zustände einen gewissen Zeitraum charakterisieren, während Zustandsübergänge keine Zeit benötigen.

Formal besteht ein **Zustandsautomat** aus einer (endlichen, nicht-leeren) Menge von *Zuständen*, einer (endlichen) Menge von *Ereignissen* und einer Relation

Zustand × Ereignis × Zustand,

die das Übergangsverhalten des Automaten dadurch definiert, dass sie Zustände über Ereignisse mit ihren Folgezuständen in Beziehung setzt. Enthält diese Relation etwa ein Tripel (S, e, T), so bedeutet dies, dass der Automat im Zustand S bei Eintritt des Ereignisses e in den Zustand T übergeht. Dabei ist ferner unterstellt, dass nie zwei Ereignisse zum exakt gleichen Zeitpunkt eintreten können.

Entsprechend dieser Definition legt ein Zustandsautomat bestimmte Folgen aus Zuständen und Ereignissen fest, deren Gesamtheit das mögliche *Verhalten* eines Systems beschreibt.

Ähnlich wie bei Entscheidungstabellen, werden für Zustandsautomaten Vollständigkeit und Eindeutigkeit zwar angestrebt, aber im Allgemeinen nicht gefordert. Bei unvollständigen Zustandsautomaten wird üblicherweise unterstellt, dass nicht angegebene Zustand-Ereignis-Kombinationen inhaltlich ausgeschlossen werden können. Tritt in einem Zustand ein Ereignis auf, für das kein Übergang definiert ist, so wird das Ereignis ignoriert.

Mehrdeutige Zustandsautomaten, auch *nicht-deterministische Zustandsautomaten* genannt, bei denen aus einem Zustand unter demselben Ereignis mehrere Folgezustände erreicht werden können, bieten indirekt eine sehr eingeschränkte (allerdings primär theoretisch interessante) Möglichkeit zur Beschreibung von Nebenläufigkeit. Eine Koordination und Synchronisation nebenläufiger Prozesse kann allerdings ohne echte Erweiterungen (siehe 3.4.4 und 3.4.5) nicht beschrieben werden.

Für Zustandsautomaten gibt es verschiedene Darstellungsformen für die Übergangsrelation (die indirekt auch stets die Information über die Mengen von Zuständen und Ereignissen enthält).

Eine **Zustandsübergangstabelle** ist eine Tabelle, die zeilenweise zu jedem Zustand und zu jedem in diesem Zustand möglichen Ereignis den jeweiligen Folgezustand (bzw. die Folgezustände) angibt.

Zustand	Ereignis	Folgezustand
Soll	Gutschrift	Soll, Haben
	Belastung	Soll
Haben	Gutschrift	Haben
	Belastung	Soll, Haben

Abb. 3.4.11. Zustandsübergangstabelle (Kontoveränderung bei Gutschrift und Belastung)

Für unser laufendes Beispiel könnten die Zustände eines Kontos und ihre Veränderungen in Abhängigkeit von den Ereignissen „Gutschrift" und „Belastung" wie in Abb. 3.4.11 durch eine Zustandsübergangstabelle dargestellt werden. Ist das Konto etwa im Zustand „Soll" und liegt eine Belastung vor, so bleibt das Konto im Zustand „Soll". Tritt dagegen in diesem Zustand das Ereignis „Gutschrift" ein, so kann (nicht-deterministisch) als Folgezustand „Soll" oder „Haben" eingenommen werden. Das Verhalten des Kontos im Zustand „Haben" ist analog.

Zustandsübergangsdiagramme sind eine graphische Darstellungsform für Zustandsübergänge. In einem Zustandsübergangsdiagramm werden Zustände durch die (entsprechend markierten) Knoten eines gerichteten endlichen Graphen und Zustandsübergänge durch (mit Ereignissen markierte) Kanten zwischen den Knoten repräsentiert.

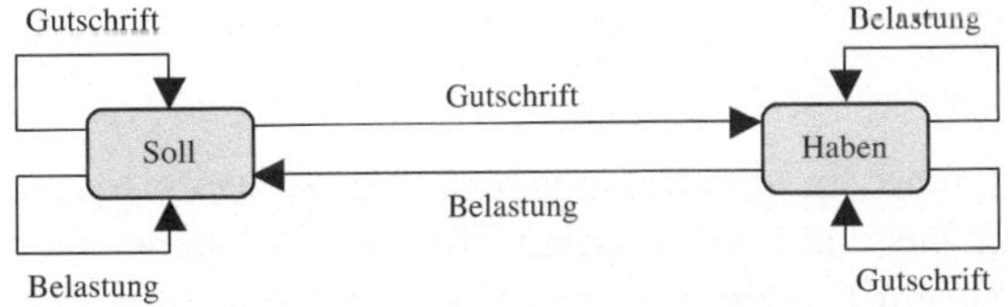

Abb. 3.4.12. Zustandsübergangsdiagramm (Kontoveränderung bei Gutschrift und Belastung)

Das Zustandsübergangsdiagramm, das der in Abb. 3.4.11 gegebenen Zustandsübergangstabelle entspricht, findet sich in Abb. 3.4.12.

Eine **Zustandsübergangsmatrix** ist eine weitere, alternative Darstellung für Zustandsübergangsdiagramme. Die Zeilen dieser Matrix sind mit den möglichen Zuständen indiziert, die Spalten mit den Ereignissen. Die Matrixeinträge geben zu jedem Zustand-Ereignis-Paar die möglichen Folgezustände an. Die Darstellung unseres Konto-Beispiels in dieser Form findet sich in Abb. 3.4.13.

Zustand＼Ereignis	Gutschrift	Belastung
Soll	Soll, Haben	Soll
Haben	Haben	Soll, Haben

Abb. 3.4.13. Zustandsübergangsmatrix (Kontoveränderung bei Gutschrift und Belastung)

Über die Angabe von (benannten) Zuständen und (mit den sie auslösenden Ereignissen markierten) Zustandsübergängen hinaus kann man in Zustandsautomaten auch noch spezielle *Start-* und/oder *Endzustände* auszeichnen. Damit lassen sich dann „Lebensläufe" (beginnend mit dem Startzustand, endend mit einem Endzustand) beschreiben. Ein entsprechendes Beispiel zeigt Abb. 3.4.14, wo der Anfangszustand durch einen speziellen, nicht-markierten Knoten („schwarzer Kreis") und der Endzustand durch einen analogen Knoten mit zusätzlicher Umrandung dargestellt ist. Dabei ist unterstellt, dass eine Kontoeröffnung in den Zustand „Soll" führt (weil damit üblicherweise Gebühren verbunden sind), während die Auflösung eines Kontos nur bei positivem Kontostand vorgesehen ist.

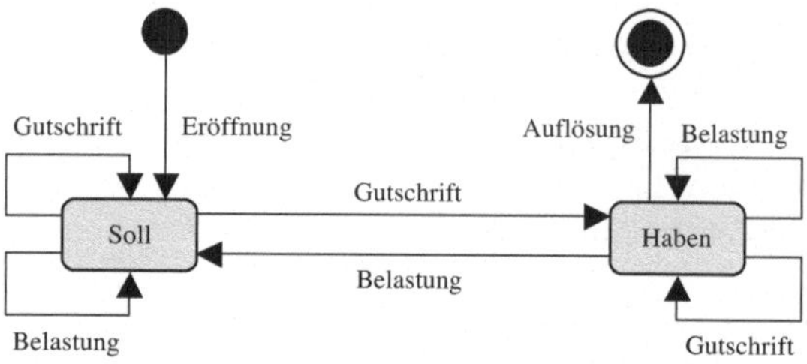

Abb. 3.4.14. Lebenslauf eines Kontos

Wie oben erwähnt, bevorzugt man für die Belange des RE *deterministische Automaten* (bei denen es zu jedem Zustand und zu jedem Ereignis höchstens einen Folgezustand gibt). Dazu muss man im Prinzip die Ereignisse, die in mehrere Folgezustände führen, so verfeinern, dass jedes verfeinerte Ereignis nur noch in höchstens einen Folgezustand führt. Eine bequeme Möglichkeit, dies zu erreichen, ist die Einschränkung von Zustandsübergängen durch die zusätzliche Angabe von *Bedingungen* (eingeschlossen in [...]). Ist die Bedingung erfüllt, wenn das betreffende Ereignis eintritt, dann erfolgt der Zustandsübergang, andernfalls nicht.

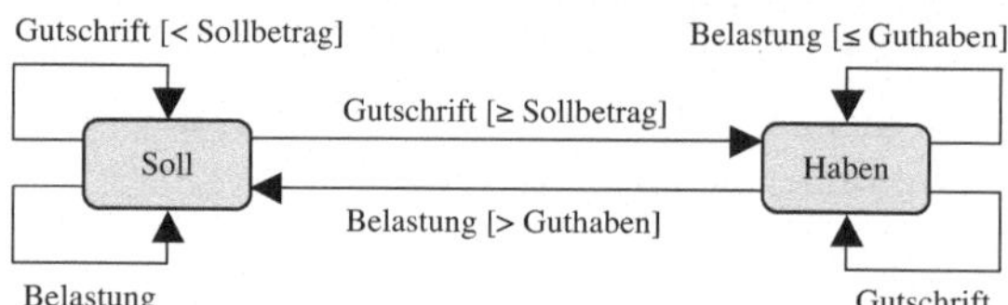

Abb. 3.4.15. Kontoveränderung bei Gutschrift und Belastung mit zusätzlichen Bedingungen

Ein Beispiel für die Verwendung von Bedingungen gibt Abb. 3.4.15. Für das Ereignis „Gutschrift" etwa führen die zusätzlichen Bedingungen „≥ Sollbetrag" und „< Sollbetrag" (die auf den Betrag der Gutschrift bezogen sind) zu eindeutigen Zustandsübergängen aus dem Zustand „Soll". Analoges gilt für die Einschränkung des Ereignisses „Belastung".

Für deterministische Zustandsautomaten (dargestellt durch Zustandsübergangsdiagramme) gibt es auch eine einfache Möglichkeit, die Dynamik des dadurch modellierten Systems zu visualisieren. Man verwendet eine *Marke*, um damit den jeweils aktuellen Zustand anzuzeigen, und bewegt diese Marke bei jeder Zustandsänderung auf den entsprechenden Folgezustand.

Zustandsautomaten können auch zur Darstellung von Steuerungsaspekten verwendet werden durch Kopplung von Zuständen und/oder Zustandsübergängen an auszuführende *Aktionen*. Hinter den beiden prinzipiell möglichen Kopplungen stecken unterschiedliche Auffassungen über Aktionen. Man kann aber von beiden Auffassungen zeigen, dass sie äquivalent sind.

Beim *Mealy-Automaten* werden Aktionen an Zustandsübergänge gekoppelt. Hier wird die Auffassung vertreten, dass der (zeitlose) Zustandsübergang die betreffende Aktion anstößt, die dann unabhängig vom (weiteren) Übergangsverhalten zu Ende geführt wird.

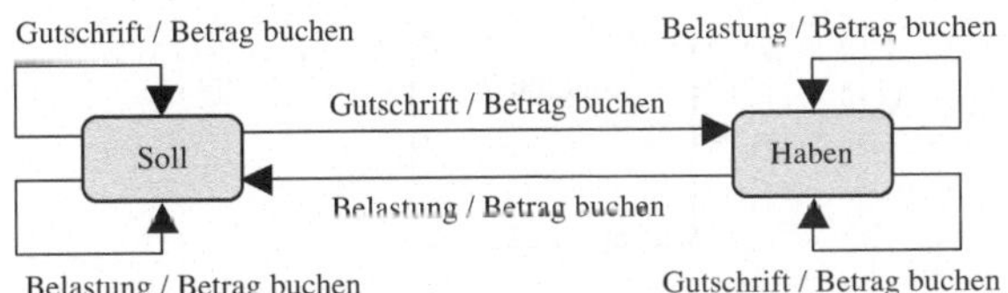

Abb. 3.4.16. Mealy-Automat (Kontoveränderung bei Gutschrift und Belastung)

Beim *Moore-Automaten* werden Aktionen an die Zustände (die ja Zeitintervalle darstellen) gekoppelt. Dadurch soll ausgedrückt werden, dass die Ausführung der Aktion (die bei Eintritt in den Zustand ausgelöst wird) Zeit benötigt.

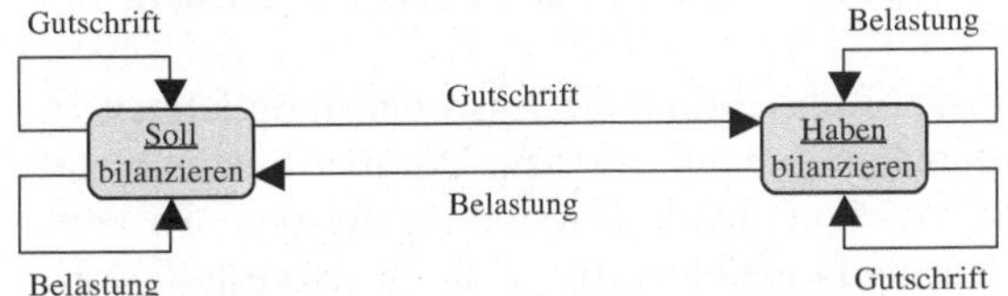

Abb. 3.4.17. Moore-Automat (Kontoveränderung bei Gutschrift und Belastung)

Ein Beispiel für einen Mealy-Automaten zeigt Abb. 3.4.16, wo jedes Ereignis, neben dem jeweiligen Zustandsübergang, auch die Aktion „Betrag buchen" auslöst. Den entsprechenden Moore-Automaten zeigt Abb. 3.4.17, bei dem eine Aktion „bilanzieren" in den Zuständen ausgeführt wird.

Auch die alternativen Darstellungsformen für Zustandsautomaten lassen sich mit Aktionen erweitern. Bei den Übergangstabellen fügt man einfach eine weitere Spalte für die Aktionen hinzu. Bei der Darstellung durch Übergangsmatrizen werden die Matrixeinträge um die jeweiligen Aktionen ergänzt.

Natürlich lassen sich alle bisher vorgestellten Erweiterungen von Zustandsautomaten in einen gemeinsamen Formalismus integrieren. Das Grundelement dieser *kombinierten Erweiterung* illustriert Abb. 3.4.18. Hierbei wird unterschieden zwischen Aktionen und Aktivitäten. Eine *Aktion* wird stets vollständig ausgeführt, eine *Aktivität* dagegen kann abgebrochen werden. Die Markierung eines jeden Zustands kann (optional) um folgende weitere Angaben ergänzt werden:

– do: Aktivität
  Die angegebene Aktivität wird bei Eintritt in den Zustand begonnen und solange
  ausgeführt, bis ein Zustandswechsel (durch ein Ereignis oder das Ende der Aktivität) erfolgt
– entry / Aktion 2
  Bei Eintritt in den Zustand wird Aktion 2 ausgelöst
– exit / Aktion 3
  Bei Verlassen des Zustands wird Aktion 3 ausgelöst.

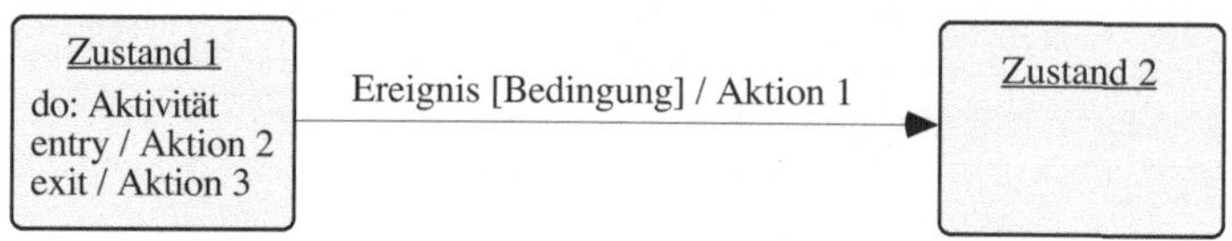

Abb. 3.4.18. Kombinierte Erweiterung bei Zustandsautomaten

Entsprechend kann das einen Zustandsübergang markierende Ereignis um die
Angabe einer (einschränkenden) Bedingung und um die Angabe einer ausgelösten
Aktion erweitert werden. Die Bestandteile einer Pfeilbeschriftung sind dabei optio-
nal. Ein völlig unbeschrifteter Pfeil steht hier für einen „automatischen Übergang",
d.h. der Zustandsübergang erfolgt, wenn die Aktivität des Zustands, an dem der
Pfeil beginnt, beendet ist.

Der erweiterte Formalismus umfasst offensichtlich die Ausdrucksmöglichkeiten,
wie sie von Mealy- und Moore-Automaten geboten werden. Darüber hinaus bietet
er Gestaltungsfreiheit durch alternative, äquivalente Darstellungsformen. So können etwa Eingangsaktionen eines Zustands gleichwertig dadurch dargestellt werden, dass alle eingehenden Kanten in diesen Zustand mit der betreffenden Aktion
annotiert werden. Analoges gilt für Ausgangsaktionen und ausgehende Kanten.

Wie bei den anderen, bereits vorgestellten Formalismen gibt es nur allgemeine
methodische Hinweise, wie man bei der Verwendung von Zustandsautomaten zur
Beschreibung des Systemverhaltens vorgehen sollte:

– Zunächst (mögliche) Zustände, Ereignisse und (ggf.) Aktionen identifizieren
– Dann zu jedem Zustand (beginnend mit Startzustand, bis alle Zustände erfasst):
  – mögliche Ereignisse (und evtl. Aktionen) ermitteln
  – Folgezustand bestimmen
  – Zustandsübergang festhalten
– Schließlich Zustandsautomat auf Vollständigkeit und Konsistenz überprüfen.

Bezüglich letzterem sollte insbesondere geprüft werden, ob

– alle Zustände und Ereignisse berücksichtigt,
– alle Zustände erreichbar,
– bei den Übergängen alle Ereignisse (insbesondere anormale Bedingungen, Feh-
  lersituationen) berücksichtigt sind.

Der Formalismus der Zustandsautomaten ist leicht erlernbar und intuitiv verständlich. Ein weiterer Vorteil wird in der relativ leichten Testbarkeit, etwa durch automatische Erzeugung von Testszenarien und Testbeschränkungen, gesehen.

Für große realistische Systeme allerdings ist oft eine Vielzahl von Zuständen und Ereignissen notwendig, um das Systemverhalten adäquat zu beschreiben, was dann wiederum zu Unübersichtlichkeit, Verständnisschwierigkeiten und Missverständnissen führt.

Typische Werkzeuge für Zustandsautomaten sind Editoren, Codegeneratoren sowie, vor allem, Analysewerkzeuge. Im Zusammenhang mit letzteren spielt neben Theorembeweisern vor allem die Möglichkeit der Analyse und Simulation mithilfe des „model checking" (vgl. [BK 08, CGP 01]) mittlerweile auch in der Praxis (etwa beim Entwurf großer integrierter Schaltungen) eine wichtige Rolle. Bei diesem vollautomatischen Verfahren wird mithilfe eines entsprechenden Werkzeugs („model checker") geprüft, ob eine gegebene (formale) Systembeschreibung (Modell) eine ebenfalls gegebene formale Spezifikation einer Eigenschaft (Formel) erfüllt. Ist dies der Fall, liefert der model checker ein Korrektheitszertifikat als Ausgabe, andernfalls wird ein Gegenbeispiel ausgegeben.

Zustandsautomaten sind auch das zentrale Beschreibungsmittel des Ansatzes *SCR* (Software Cost Reduction, [Hei 07]). SCR beschreibt das Systemverhalten als Zustandsmaschine, die aus den Werten von sog. „monitored variables" (Eingaben der Systemumgebung) zustandsabhängig Werte für sog. „controlled variables" (Ausgaben in die Systemumgebung) bestimmt. Die Beschreibung der Zustandsmaschinen erfolgt über Tabellen („mode transition table" für Zustandsübergänge, „event table" für komplexe Zusammenhänge zwischen charakteristischen Größen, „condition table" für Invarianten). Es gibt eine ganze Reihe eigener SCR-Werkzeuge zur Erstellung (specification editor) und Analyse (dependency graph browser, simulator, consistency checker, model checker) von Anforderungsspezifikationen sowie Anbindungsmöglichkeiten an weitere externe Analyse-Werkzeuge (theorem prover, property checker, invariant generator) und Forschungs-Prototypen (source code generator, test case generator). Eine ausführliche Darstellung von SCR, einschließlich der zugehörigen Werkzeuge anhand einer einfachen Fallstudie (Cruise Control System), findet sich in [HAB 05]. SCR kann erfolgreiche praktische Anwendungen in verschiedenen Bereichen (z.B. Avionik, Reaktorsteuerung, Telefonnetzwerke) vorweisen. Über den erfolgreichen Einsatz von SCR bei drei NASA-Projekten sowie Erkenntnissen, was für die Praxis noch verbessert werden kann, berichtet [HJ 07].

3.4.4 Hierarchische Automaten

Zustandsautomaten sind zwar ein sehr intuitives Beschreibungsmittel, haben aber für die Praxis den entscheidenden Nachteil, dass sie selbst für nicht allzu große Systeme sehr schnell unübersichtlich („Zustandsexplosion") und damit fehleranfällig werden. Darüber hinaus kann man damit nur sequentielle Systeme beschreiben, was ihren Anwendungsbereich weiter einschränkt.

Um dem abzuhelfen, wurden Ende der 80er Jahre **hierarchische Automaten** (*state charts*) zur Beschreibung eingebetteter Systeme vorgeschlagen (vgl. [Har 87, Har 88]), von denen es mittlerweile verschiedene, semantisch geringfügig unterschiedliche Varianten gibt (vgl. [NAD 03, CD 07]. Dabei handelt es sich um eine zusätzliche Erweiterung von (erweiterten) Zustandsautomaten um Konzepte zur *Strukturierung von Zuständen*, zur Beschreibung von *Parallelität* und zur Darstellung von *Synchronisation und Kommunikation*.

Die Strukturierung von Zuständen (auch: *Zustandsgeneralisierung* oder *Entweder-Oder-Komposition*) erlaubt Zusammenfassungen von Zuständen mit gleichen Zustandsübergängen zu einem neuen (Ober-)Zustand. Selbstverständlich können auch schon zusammengefasste Zustände selbst wieder zu weiteren Oberzuständen zusammengefasst werden. Auf diese Weise entstehen verschiedene Abstraktionsebenen, wodurch sich bei größeren Automaten die Anzahl der Zustandsübergänge deutlich reduzieren lässt.

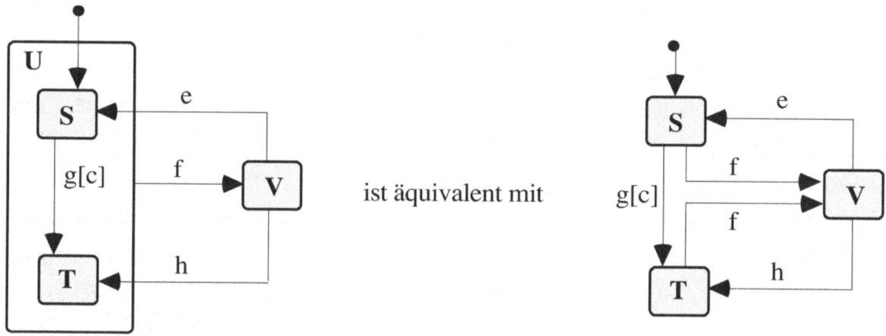

Abb. 3.4.19. Zustandsgeneralisierung

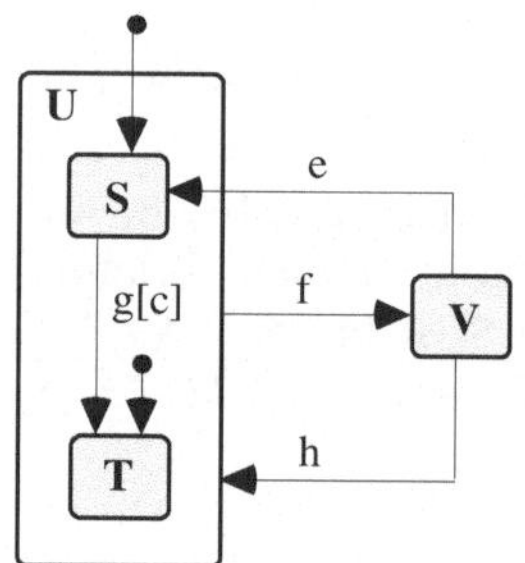

Abb. 3.4.20. Alternative Form der Zustandsgeneralisierung

Die Idee der Zustandsgeneralisierung illustriert Abb. 3.4.19. Im linken Automaten sind die Zustände S und T zu einem neuen Zustand U zusammengefasst. Befindet sich das System im Zustand U, so bedeutet dies, dass es sich *entweder* im Zustand S *oder* im Zustand T befindet. Der Zustandsübergang von U nach V unter Ereignis f ist somit eine Abkürzung dafür, dass es sowohl von S als auch von T einen Übergang nach V unter dem Ereignis f gibt. Damit ist der links angegebene hierarchische Automat äquivalent zu dem rechts angegebenen Zustandsautomaten, in dem Sinn, dass beide dieselbe Menge möglicher Verhalten beschreiben.

Einen zu den Automaten aus Abb. 3.4.19 ebenfalls äquivalenten hierarchischen Automaten gibt Abb. 3.4.20. In diesem Automaten führt der Übergang von Zustand V unter h nicht in T, sondern in U. Deshalb findet man hier auch zwei Startzustände (auf verschiedenen Abstraktionsebenen): Der Startzustand außerhalb von Zustand U ist (wie in Abb. 3.4.19) der Startzustand des Gesamtsystems. Der Startzustand innerhalb von U gibt denjenigen Unterzustand von U an, der eingenommen wird, wenn ein Übergang nach Zustand U erfolgt – etwa von Zustand V unter h.

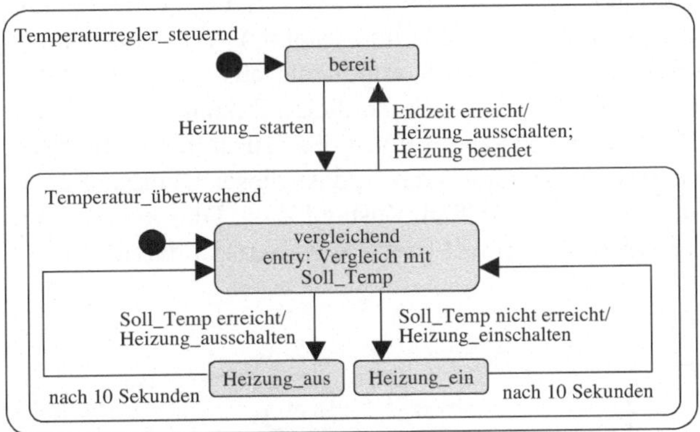

Abb. 3.4.21. Temperatursteuerung (hierarchischer Automat)

Die Verwendung strukturierter Zustände zeigt das Beispiel einer einfachen Temperatursteuerung in Abb. 3.4.21. Nach dem Start befindet sich dieser Automat im Zustand „bereit". Durch das Ereignis „Heizung_starten" erfolgt ein Übergang in den strukturierten Zustand „Temperatur_überwachend". Dort findet die eigentliche Temperaturregelung statt, indem zeitgesteuert (alle 10 Sekunden) immer wieder die aktuelle Temperatur mit der zu erreichenden Solltemperatur verglichen wird und je nach Ergebnis des Vergleichs die Heizung ein- oder ausgeschaltet wird. Sobald das Ereignis „Endzeit_erreicht" eintritt, wird der strukturierte Zustand "Temperatur_überwachend" verlassen, die Heizung ausgeschaltet und eine Meldung „Heizung beendet" erzeugt.

Das Konzept der *Parallelität* (auch: *Und-Komposition*) in hierarchischen Automaten gibt eine elegante Möglichkeit, Nebenläufigkeit (in Teilsystemen) darzustellen. Dabei wird jedes Teilsystem durch einen entsprechenden hierarchischen Zustand dargestellt und die einzelnen Zustände, durch Strichellinien getrennt, zu einem Gesamtzustand zusammengefügt. Befindet sich das System in dem Gesamtzustand, so bedeutet dies, dass es sich gleichzeitig in allen Teilzuständen befindet. Auf diese Weise wird die Anzahl der Zustände eines komplexen Systems erheblich reduziert.

Das Prinzip der Nebenläufigkeit in hierarchischen Automaten illustriert der linke Teil von Abb. 3.4.22. Falls hier das System im Zustand U ist, dann ist es *gleichzeitig* in Zustand S (d.h. V oder X) *und* Zustand T (d.h. W, Y oder Z). S und T können somit als nebenläufige Teilsysteme gesehen werden. Ein Start des Gesamtsystems führt in den (zusammengesetzten) Zustand (V, W). Das Eintreten eines Ereignisses bewirkt (wie bei einfachen Zustandsautomaten) einen Zustandsübergang. Betrifft das Ereignis nur eine Komponente des zusammengesetzten Zustands, bleibt die andere beim Zustandsübergang unverändert – sofern dadurch der Zustand U nicht verlassen wird. Tritt also etwa im Zustand (V, W) das Ereignis k ein, so wird (V, Z) als Folgezustand eingenommen. Betrifft das Ereignis beide Komponenten, so werden auch beide beim Zustandsübergang verändert. So führt also das Ereignis e aus dem Zustand (V, W) in den Zustand (X, Y). Der Übergang aus X unter f[in Y] erfolgt nur, wenn gleichzeitig T im Zustand Y ist; ansonsten erfolgt kein Übergang. Ein Ereignis, das für eine Komponente aus dem Zustand U herausführt, bewirkt insgesamt ein Verlassen dieses parallelen Zustands – wie etwa das Ereignis m im Zustand (V, W). Die spezielle Form des (zusammengeführten) Übergangs unter Ereignis n ist eine Kurznotation dafür, dass dieser Übergang nach Q nur dann erfolgt, wenn S im Zustand X und T im Zustand Z ist. Dies könnte man auch durch Annotation des Ereignisses mit [in Z] bzw. [in X] explizit darstellen.

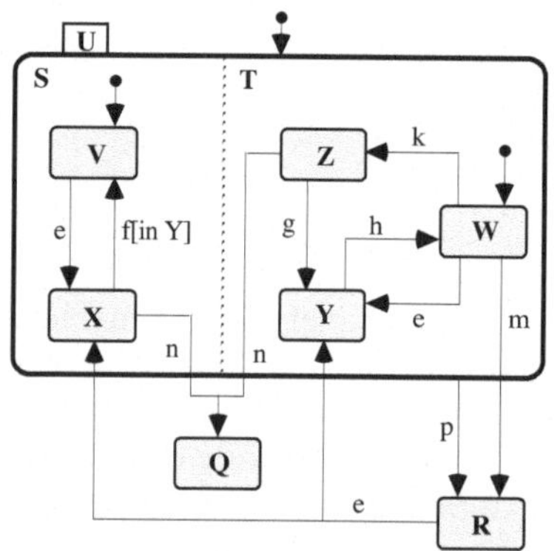 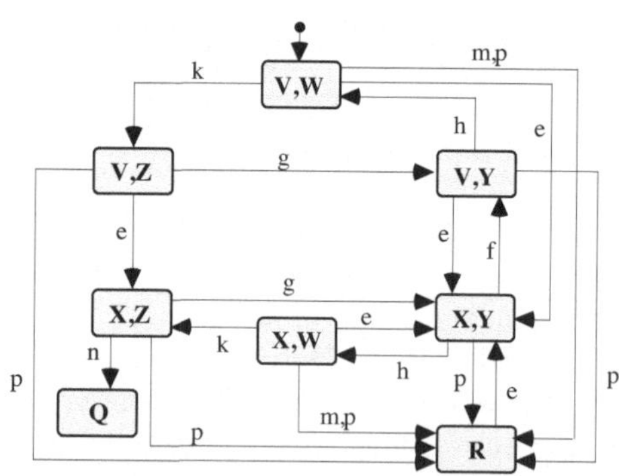

Abb. 3.4.22. Parallelität

Der rechte Teil von Abb. 3.4.22 gibt den zum linken Teil äquivalenten Zustandsautomaten an (und definiert so dessen Semantik). Dabei fällt auf, dass nicht nur die Anzahl der Zustände, sondern auch die Anzahl der Zustandsübergänge größer ist. Die Gesamtzahl der elementaren (d.h. nicht strukturierten) Zustände in der linken Darstellung ergibt sich aus der Summe der elementaren Zustände, in der rechten Darstellung aus dem Produkt. Hat man also zum Beispiel 100 Teilsysteme mit je 2 elementaren Zuständen erhält man in der linken Darstellung insgesamt 200 elementare Zustände, in der rechten 2^{100}.

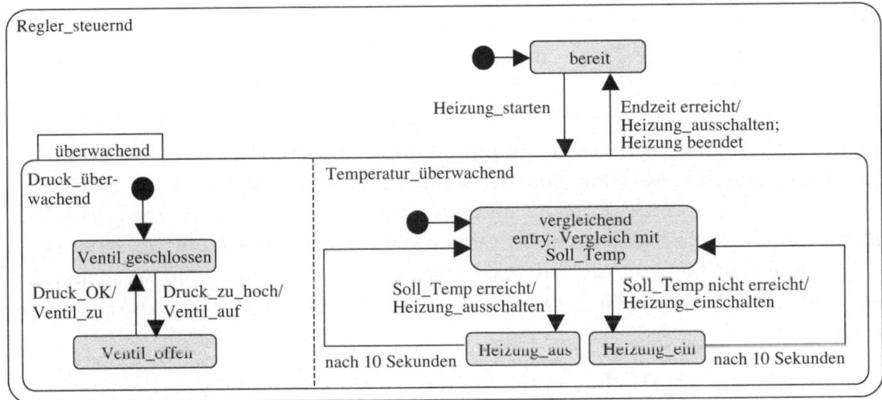

Abb. 3.4.23. Hierarchischer Automat (Temperatur- und Drucksteuerung)

Das Beispiel der Heizungssteuerung aus Abb. 3.4.21, erweitert um eine zur Temperatursteuerung nebenläufige Drucksteuerung, findet sich in Abb. 3.4.23.

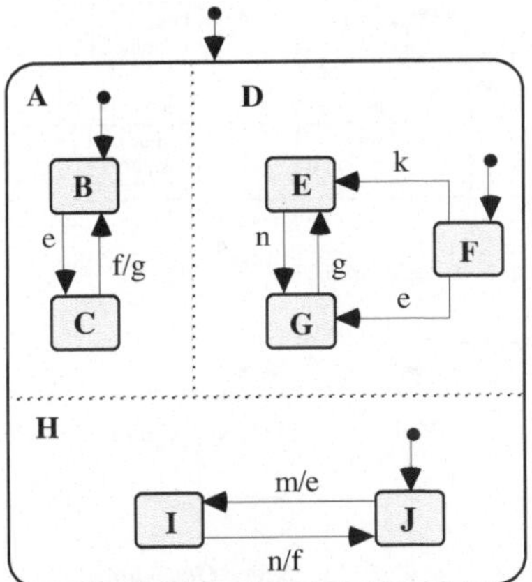

Abb. 3.4.24. Synchronisation

Über die Darstellung von Nebenläufigkeiten hinaus ist es in hierarchischen Automaten auch möglich, Synchronisation und Kommunikation darzustellen.

Kommunikation kann über gemeinsame Variablen (*shared variables*) ausgedrückt werden, die in den Aktionen und Aktivitäten gesetzt und modifiziert sowie in den Bedingungen abgefragt werden können.

Synchronisation paralleler Teilsysteme kann über das Versenden (*broadcast*) eines gemeinsamen Ereignisses erfolgen. Dies soll Abb. 3.4.24 veranschaulichen. Hier löst das Ereignis m im Zustand (B, F, J) einen Zustandsübergang nach (B, F, I) aus. Gleichzeitig wird beim Übergang das Ereignis e ausgelöst, was einen weiteren Übergang nach (C, G, I) nach sich zieht. Insgesamt löst also m eine Kettenreaktion (der Länge 2) aus. Analog löst das Ereignis n in Zustand (C, G, I) eine Kettenreaktion (der Länge 3) aus, die in den Zustand (B, E, J) führt.

Fasst man jedes der parallelen Teilsysteme als ein Objekt auf, so entspricht die Synchronisation dieser Teilsysteme über Ereignisse der Kommunikation von Objekten über Botschaften wie sie in den Interaktionsdiagrammen dargestellt wird.

Ein hierarchischer Automat hat elementare und zusammengesetzte Zustände. Die *elementaren Zustände* sind die atomaren Konturen eines *Hypergraphen*, die *komponierten Zustände* (hierarchisch oder parallel) zusammengefasste Konturen. Alle Zustände sind benannt und um Aktivitäten sowie Eingangs- und Ausgangsaktionen (vgl. erweiterte Zustandsautomaten, 3.4.3) erweiterbar. *Zustandsübergänge* sind mit

Ereignis (Parameter) [Bedingung] / Aktion

markierte Kanten zwischen Konturen. Dabei sind alle Angaben optional. Zustandsübergänge müssen deterministisch sein und erfolgen automatisch (vgl. 3.4.3), wenn die betreffende Kante nicht markiert ist.

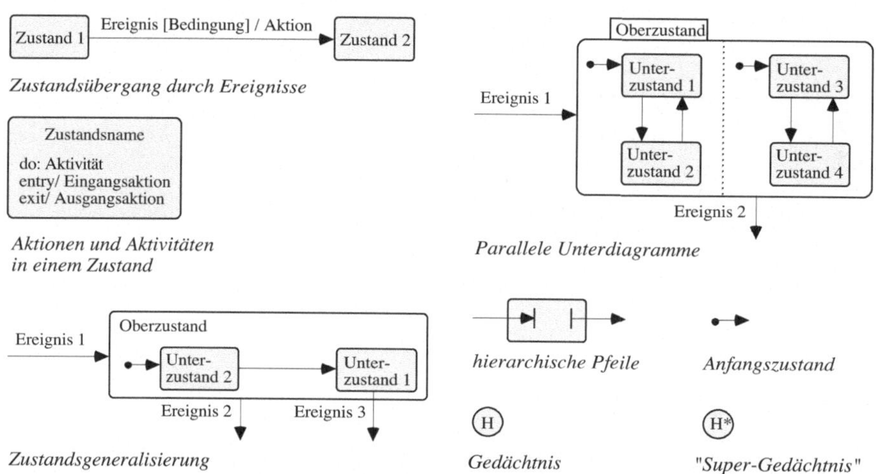

Abb. 3.4.25. Überblick über die graphische Notation für hierarchische Automaten

Über diese Grundbestandteile hinaus bieten hierarchische Automaten weitere Möglichkeiten. Einen Überblick über die wichtigsten dieser Möglichkeiten und die zugehörige graphische Notation gibt Abb. 3.4.25.

Strukturierte Zustände können durch Annotation mit einem „H" (für *history*) in einem Kreis als *Zustände mit „Gedächtnis"* gekennzeichnet werden. Bei Wiedereintritt in einen derart annotierten Zustand wird dann derjenige Unterzustand (auf derselben Abstraktionsebene wie das Gedächtnis) eingenommen, der vor Verlassen des strukturierten Zustands vorlag.

Neben dem (einfachen) Gedächtnis gibt es auch noch ein „Super-Gedächtnis" (*deep history*), das mit „H*" markiert ist. Hier wird bei Wiedereintritt, unabhängig von der Abstraktionsebene, (genau) der Zustand eingenommen, der vor Verlassen des strukturierten Zustands vorlag. Den Unterschied der beiden Gedächtnisformen illustriert Abb. 3.4.26.

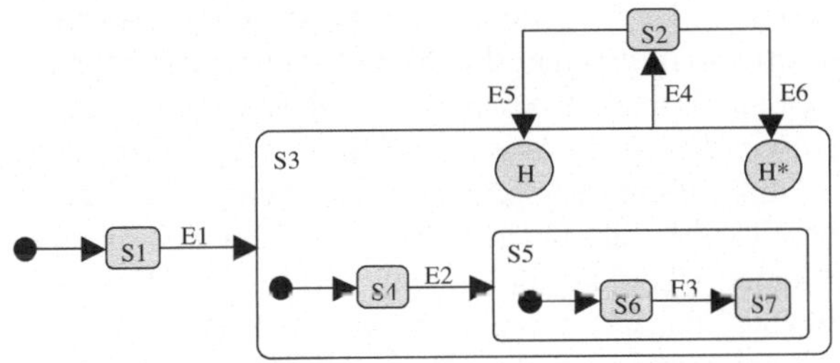

Abb. 3.4.26. Einfaches Gedächtnis und Super-Gedächtnis

Die Möglichkeit verschiedener Abstraktionsebenen durch Strukturierung der Zustände legt ein Top-down-Vorgehen (vgl. 2.3.3) bei der Erstellung hierarchischer Automaten nahe. Um in diesem Zusammenhang ausdrücken zu können, dass ein Übergang aus/in einen (noch später anzugebenden) Unterzustand eines strukturierten Zustands führt, kann man *hierarchische Pfeile* verwenden, bei denen ein kurzer senkrechter Strich an einem Ende deutlich macht, wo im Zuge der weiteren Verfeinerung ein Unterzustand erscheinen muss.

Neben den gemeinsamen Variablen, die der Kommunikation in nebenläufigen Teilsystemen dienen, gibt es auch (getypte, initialisierte) *zustandslokale Variablen*, die von den Aktionen/Aktivitäten innerhalb des betreffenden Zustands benutzt werden können.

Hierarchische Automaten erlauben auch eine *Parametrisierung* der Ereignisse. Auf diese Weise kann innerhalb der Ereignisse auf gemeinsame (globale) Variablen oder auf zustandslokale Variablen Bezug genommen werden.

Schließlich ist auch bei hierarchischen Automaten eine *Visualisierung* des Systemzustands durch *Marken* möglich. Das Grundprinzip ist dabei wie bei einfachen Zustandsautomaten. Bei Eintritt in parallele Unterzustände müssen die Marken entsprechend vervielfältigt werden, so dass jeder Unterzustand seine eigene Marke hat. Analog werden die Marken bei Austritt aus parallelen Unterzuständen entsprechend reduziert.

Die Möglichkeiten der Beschreibung des Kontrollverhaltens durch hierarchische Automaten am Beispiel (eines Ausschnitts aus) unserer Vertriebsorganisation illustriert Abb. 3.4.27. Die Teilsysteme „Verkauf", „Lager" und „Versand" arbeiten hier nebenläufig und werden über gemeinsame Ereignisse synchronisiert. Nach Start des Gesamtsystems sind alle Teilsysteme in ihrem „Ruhezustand" („bereit"). Das Ereignis „Bestelleingang" bewirkt im Teilsystem „Verkauf" einen Zustandsübergang in den Zustand „auf Bestellung reagieren". Der Start dieses Teilsystems führt dann in den Unterzustand „Lieferbed. prüfend" und löst dabei das Ereignis „prüfe Bestand" aus. Dadurch geht das Teilsystem „Lager" in den Zustand „prüfend", in dem die Aktivität „prüfen" durchgeführt wird. Nach Beendigung dieser Aktivität erfolgt ein (automatischer) Übergang in den Zustand „geprüft", bei dem das Ereignis „Rückmeldung" ausgelöst wird. Dadurch erfolgt nun ein Zustands-übergang im Teilsystem „Verkauf", wobei dessen Verhalten entsprechend der Bedingung „Fehlteile/keine Fehlteile" differenziert wird. Falls „keine Fehlteile" zutrifft, erfolgt ein Übergang in „lieferbereit", wodurch das Ereignis „stelle bereit" ausgelöst wird. Dieses bewirkt einen Übergang des Teilsystems „Lager" in den Zustand „versandfertig". Gleichzeitig werden dabei die Aktion „zusammenstellen" und das Ereignis „verpacke" ausgelöst. Letzteres bewirkt im Teilsystem „Versand" einen Übergang in „verpackt" sowie die Auslösung der Aktion „verpacken" und des Ereignisses „bereitgestellt". Durch dieses Ereignis geht das Teilsystem „Ver-kauf" wieder in den Zustand „bereit" über und initiiert dabei das Ereignis „liefere aus". Dieses bewirkt in „Lager" einen Übergang in „bereit" und löst das Ereignis „versende" aus, wodurch in „Versand" der Übergang nach „bereit" und die Aktion „versenden" angestoßen wird. Anschließend sind also alle drei Teilsysteme wieder in ihrem jeweiligen Ruhezustand „bereit".

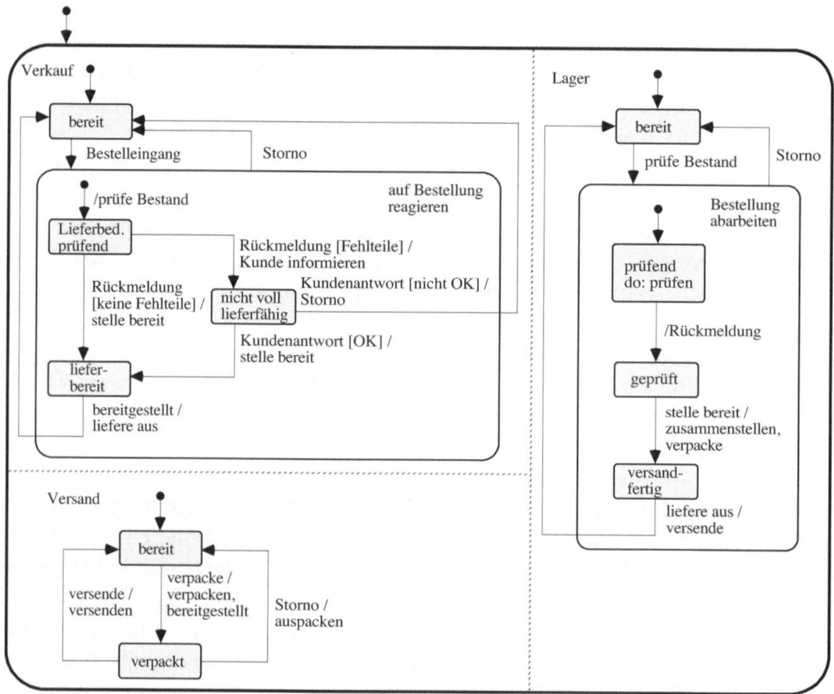

Abb. 3.4.27. Zusammenspiel zwischen Verkauf, Lager und Versand

Das Durchspielen des Verhaltens des hier beschriebenen Systems, für den Fall dass für das Ereignis „Rückmeldung" die Bedingung „Fehlteile" zutrifft, bleibt dem geneigten Leser überlassen.

Der Vorteil der Verwendung strukturierter Zustände wird an diesem Beispiel insbesondere im Zusammenhang mit dem Ereignis „Storno" offensichtlich. Entsprechend der Intuition sollten bei Eintreten dieses Ereignisses während der Bearbeitung einer Kundenbestellung sämtliche Unterzustände verlassen werden. Dies wird dadurch modelliert, dass in allen Teilsystemen die Unterzustände in einem strukturierten Zustand zusammengefasst sind und von diesem ein Übergang unter dem Ereignis „Storno" in den jeweiligen Zustand „bereit" vorgesehen ist.

Bei der Modellierung von Systemen durch hierarchische Automaten kann man für jedes nebenläufige Teilsystem methodisch im Prinzip wie bei einfachen Zustandsautomaten vorgehen, wobei beim schrittweisen Erweitern der Teilautomaten die Synchronisation über Ereignisse entsprechend mitberücksichtigt werden muss. Für die Hierarchisierung empfiehlt sich dann ein Inside-out-Vorgehen (vgl. 2.3.3), bei dem geeignete Zustände zu strukturierten Zuständen zusammengefasst und die Zustandsübergänge entsprechend angepasst werden.

Anstelle dieser eher bottom-up-orientierten Vorgehensweise, kann man auch top-down unter Verwendung hierarchischer Pfeile (s.o.) vorgehen.

Der Formalismus der hierarchischen Automaten ist trotz seiner mächtigen Ausdrucksmöglichkeiten relativ leicht erlernbar und verständlich. Allerdings sind die Synchronisation über das Versenden von Ereignissen und die Kommunikation über gemeinsame Variablen zumindest gewöhnungsbedürftig. Ebenfalls sind die Möglichkeiten zur Modularisierung großer Systeme nur schwach ausgeprägt.

An Werkzeugen sind vor allem *Statemate* (vgl. [HLN 90]) und das UML-Werkzeug *Artisan Studio* zu erwähnen, die neben guter Hilfestellung bei der Erstellung und Dokumentation sowie automatischer Codeerzeugung vor allem die Möglichkeit der Simulation bieten, wodurch nicht nur die Validation erleichtert wird, sondern auch viele Fehler zu einem sehr frühen Zeitpunkt erkannt werden können (vgl. [BEH 96]). Daneben gibt es weitere „Einzelwerkzeuge" (z.B. *BetterState*), die aber keine Simulationsmöglichkeit bieten. Auch in anderen UML-Werkzeugen finden sich Komponenten zur Unterstützung der hierarchischen Automaten.

Zusammenfassend kann man sagen, dass hierarchische Automaten ein gutes Beschreibungsmittel für reaktive und eingebettete Systeme sind, das auch durch recht gute Werkzeuge unterstützt wird. Problematisch sind jedoch der gewöhnungsbedürftige Synchronisationsmechanismus und die (meist fehleranfällige) Kommunikation über gemeinsame Variablen sowie die Synchronisation über Zustände.

3.4.5 Petrinetze

Petrinetze wurden in den 60er Jahren von C.A. Petri [Pet 62] eingeführt, als eine Fortführung der Idee der (endlichen) Zustandsautomaten, mit dem Ziel die Koordination von Nebenläufigkeiten in Systemen beschreiben zu können. Petrinetze wurden zur Modellierung einer Vielzahl von Problemen eingesetzt und sind in der Fachliteratur ausführlich behandelt (siehe z.B. [Rei 90, Bau 96, PW 08, Rei 09], sowohl für grundlegende Einführungen als auch für Verweise auf weiterführende Literatur). Die aktuelle Zahl der Publikationen zu Petrinetzen insgesamt liegt nach [Rei 09] im fünfstelligen Bereich.

Bei einem Zustandsautomaten hat jeder Zustand (dynamisch) höchstens einen Folgezustand. Damit werden durch einen Automaten Zustandsfolgen festgelegt, die das (zulässige) Verhalten sequentieller Systeme beschreiben. In Systemen mit Nebenläufigkeiten kann jeder Zustand (dynamisch) mehr als einen (Teil-)Folgezustand („Aufspaltung") und mehr als einen (Teil-)Vorgängerzustand („Sammlung") haben. Eine naheliegende Erweiterung (von Zustandsautomaten) zur Darstellung der Parallelität wäre es somit, Kanten mit mehr als einem Anfang und Ende („Hyperkanten") zuzulassen. Dies illustriert Abb. 3.4.28a. Verwendet man nun eine alternative Darstellung für die Hyperkanten, so hat man den graphischen Formalismus der Petrinetze, wie in Abb. 3.4.28b angegeben. Die Grundidee ist hier übrigens dieselbe wie bei mehrstelligen Beziehungen in ER-Diagrammen.

Abb. 3.4.28. a) Übergangsgraph mit Hyperkanten b) Alternative Darstellung: Petrinetz

Formal ist ein **Petrinetz** ein bipartiter, gerichteter, endlicher Graph. Die beiden Arten von Knoten, die auch benannt werden können, dienen zur Repräsentation von (passiven) Zustandselementen (*Stellen* (*places*), Bedingungen oder Kanäle, dargestellt durch Kreise) und zur Darstellung von (aktiven) Zustandsübergangselementen (*Transitionen* (*transitions*), Ereignisse oder Instanzen, dargestellt durch Balken oder Rechtecke). Wie in bipartiten Graphen üblich, dürfen Kanten nur von einer Art von Knoten zur jeweils anderen führen.

Noch nicht geklärt ist das Problem des Verhaltens, d.h. die Beantwortung der Fragen „Unter welchen Umständen ist ein Übergang möglich?" und „Was passiert genau bei einem Übergang?". Es fehlt also noch die Festlegung, wie sich ein wie oben (statisch) beschriebenes System dynamisch verhält.

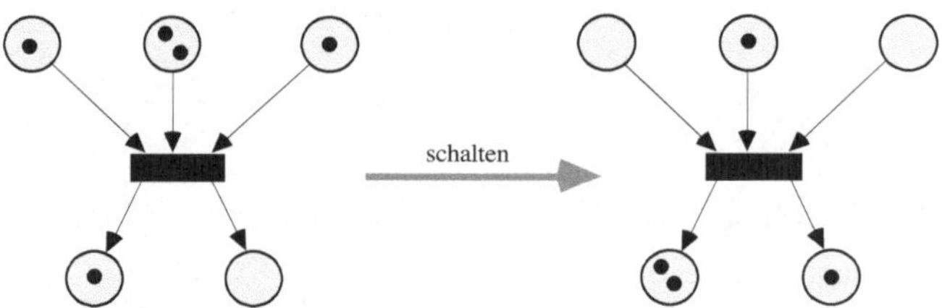

Abb. 3.4.29. Schalten einer Transition

Die Menge aller Stellen, von denen ein Pfeil zu einer bestimmten Transition führt, nennt man *Vorbereich* der Transition. Die Menge aller Stellen, zu denen ein

Pfeil von einer Transition führt, nennt man *Nachbereich* der Transition. Vor- und Nachbereich charakterisieren somit Mengen von (nebenläufigen) (Teil-)Zuständen. Außerdem sieht man vor, Stellen mit *Marken* (*tokens*) zu belegen. Eine Transition heißt *aktiviert* (*enabled*), wenn alle Stellen aus ihrem Vorbereich mit mindestens einer Marke belegt sind. Intuitiv bedeutet dies, dass alle (nebenläufigen) Kontrollflüsse an diesen Stellen des Vorbereichs „angekommen" sind, wobei jede Marke für einen Kontrollfluss steht. Eine aktivierte Transition kann *schalten*. Der Schaltvorgang entspricht einem Zustandsübergang des Gesamtsystems. Wenn eine Transition schaltet, vermindert sich die Anzahl der Marken auf allen Stellen aus ihrem Vorbereich um jeweils eins; gleichzeitig erhöht sich die Anzahl der Marken auf allen Stellen ihres Nachbereichs um jeweils eins. Intuitiv bedeutet dies, dass alle von den Stellen des Nachbereichs ausgehenden (nebenläufigen) Kontrollflüsse „weitergeführt" werden. Dementsprechend ist im linken Petrinetz von Abb. 3.4.29 die Transition aktiviert und ihr Schalten führt zum rechten Petrinetz.

Sind in einem Netz zwei Transitionen gleichzeitig aktiviert und sind alle Stellen aus dem Durchschnitt ihrer Vorbereiche mit mindestens zwei Marken belegt, so können beide willkürlich (auch gleichzeitig bzw. *parallel*) schalten. Dies wird im linken Petrinetz von Abb. 3.4.30 dargestellt.

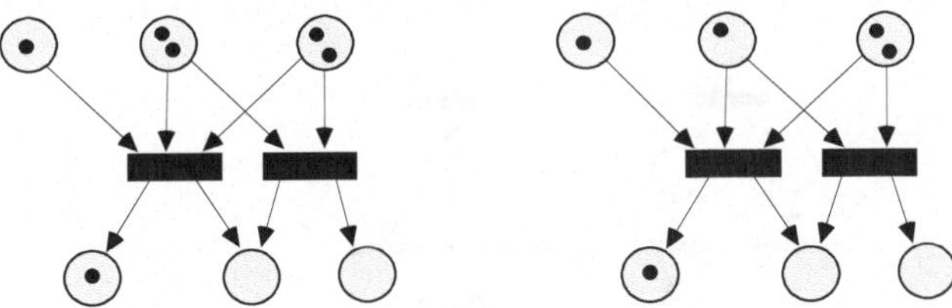

Abb. 3.4.30. Situationen für paralleles und zufälliges Schalten von Transitionen

Sind zwei Transitionen aktiviert, aber in Konkurrenz (d.h. mindestens eine gemeinsame Stelle ihrer Vorbereiche ist nur mit einer Marke belegt), kann willkürlich (*zufällig*) eine von beiden schalten, die jeweils andere ist danach nicht mehr aktiviert. Diese Situation zeigt das rechte Petrinetz von Abb. 3.4.30.

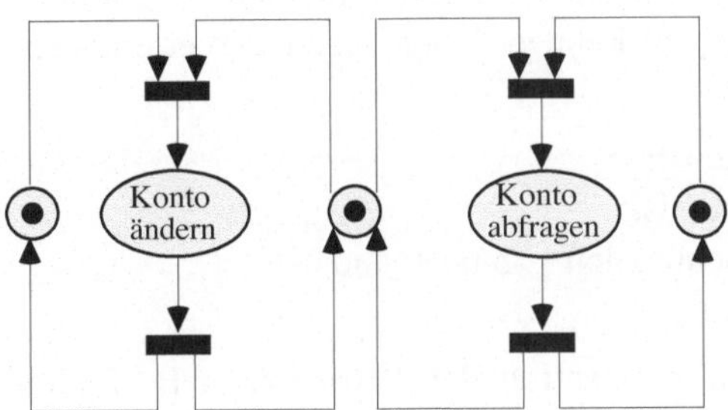

Abb. 3.4.31. Wechselseitiger Ausschluss von Konto-Änderung und Konto-Abfrage

Ein Petrinetz ist vollständig charakterisiert durch den (bipartiten) Graphen (mit teilweise benannten Knoten), eine Anfangsbelegung mit Marken und die speziellen Bedingungen für das Schalten einer Transition.

Ein Beispiel eines Petrinetzes gibt Abb. 3.4.31. Unter den oben angegebenen Schaltbedingungen und mit der angegebenen Anfangsbelegung wird hier der wechselseitige Ausschluss (*mutual exclusion*) der Aktivitäten „Konto ändern" und „Konto abfragen" modelliert. Essentiell ist dabei die Belegung der gemeinsamen Stelle in der Mitte mit nur einer Marke, die sicherstellt, dass die Transitionen vor den beiden Aktivitäten beliebig schalten können (s.o.), aber nie beide gleichzeitig.

Wie bei Zustandsautomaten hat man bei Petrinetzen üblicherweise die Vorstellung, dass Stellen gewisse Zeitintervalle repräsentieren (in denen Aktivitäten ausgeführt werden können), während das Schalten von (aktivierten) Transitionen (die zusätzlich mit Ereignissen oder auszulösenden Aktionen annotiert werden können) ohne Zeitverbrauch erfolgt.

Petrinetze erlauben somit die Beschreibung kausaler Zusammenhänge zwischen (potentiell nebenläufigen, den Transitionen zugeordneten) Aktionen oder Ereignissen, die über Stellen und Marken synchronisiert werden.

Die bisher verwendete graphische Darstellung von Petrinetzen lässt sich stets aus wenigen Grundnetzen zusammensetzen. Eine mögliche Kollektion solcher Grundnetze und das durch sie dargestellte Steuerungskonzept zeigt Abb. 3.4.32.

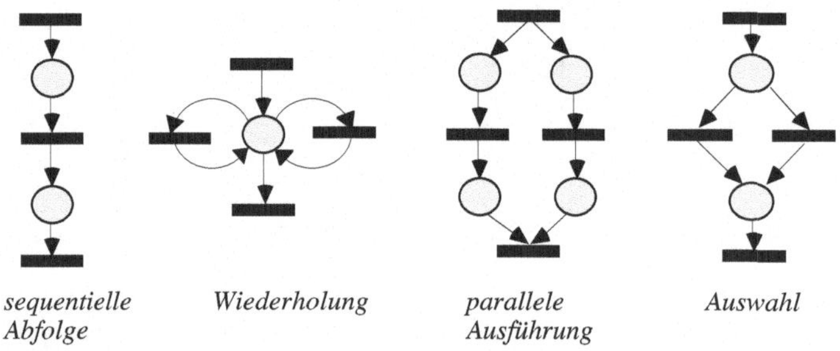

Abb. 3.4.32. Einfache Grundnetze

Alternativ lassen sich Petrinetze auch durch (Inzidenz-)Matrizen darstellen. Dabei indiziert man die Zeilen mit den Stellen s_i und die Spalten mit den Transitionen t_j. Die Matrixeinträge an der Position (s_i, t_j) können dabei folgende Werte annehmen:

- -1, wenn s_i aus dem Vorbereich von t_j ist;
- $+1$, wenn s_i aus dem Nachbereich von t_j ist;
- 0, wenn s_i aus dem Vor- und dem Nachbereich von t_j ist; und
- $-$, sonst.

Es gibt verschiedene Ausprägungen konventioneller Petrinetze, z.B. Bedingungs-Ereignis-Netze, Kanal-Instanz-Netze, Stellen-Transitions-Netze und Prädikat-Transitions-Netze. Diese unterscheiden sich im Wesentlichen durch die Art der zulässigen Marken, zusätzliche Bedingungen an den Stellen und Pfeilen (etwa

Kapazitätsbeschränkungen) sowie Einschränkungen bezüglich des Schaltens einer Transition. Darüber hinaus gibt es vielfältige andere Erweiterungen, etwa beliebige Objekte statt einfacher Marken sowie heiße und kalte Transitionen (vgl. [Rei 09]), Prioritäten und hemmende Kanten, farbige Petrinetze, attributierte Petrinetze, stochastische Petrinetze, "Free-Choice-Netze", Objektorientierte Petrinetze (vgl. [WW 07]) oder Petrinetze mit Zeit (siehe auch 3.6). Entsprechende Literatur sowie weitere Hinweise findet man über das Petrinetz-Portal der GI-Fachgruppe 0.0.1 (siehe [GI 09]).

Die einfachste Art von Petrinetzen sind *Bedingungs-Ereignis-Netze*, durch die die Änderung von Bedingungen durch das Eintreten von Ereignissen dargestellt wird. Hier werden die passiven Elemente als (evtl. markierte) Bedingungen interpretiert und die aktiven Elemente als Ereignisse. Die Marken tragen keine zusätzliche Struktur und dienen der Darstellung von Wahrheitswerten: Ist etwa ein Zustandselement mit einer Marke belegt, bedeutet dies, dass die assoziierte Bedingung erfüllt ist, andernfalls nicht. Meist wird zusätzlich gefordert, dass jedes Zustandselement mit höchstens einer Marke belegt ist. Die Regeln für das Schalten einer Transition sind wie oben angegeben.

Durch *Kanal-Instanz-Netze* kann beschrieben werden, wie Instanzen über Kanäle kommunizieren. Hier werden die aktiven Elemente als Instanzen interpretiert und die passiven als Kanäle. Die Marken signalisieren hier, ob auf einem Kanal eine Kommunikation stattfindet oder nicht. Die übrigen Bemerkungen gelten analog.

In *Stellen-Transitions-Netzen* heißen die passiven Elemente Stellen und die aktiven Transitionen. Hier hat man individuelle Marken, die durch ihre Bezeichnung unterschieden werden können. Die Pfeile sind mit Markenbezeichnungen markiert und geben an, welche Marken auf diesem Weg transportiert werden können. Auch ist es hier zulässig, dass eine Stelle mit mehr als einer Marke belegt ist, wobei die maximal mögliche Anzahl von Marken auf einer Stelle durch eine Kapazitätsangabe für die betreffende Stelle eingeschränkt werden kann. Analog können die Pfeilmarkierungen mit Gewichten (natürliche Zahlen > 1) versehen werden, die angeben, wieviele Marken (bei einem Schaltvorgang) transportiert werden. Die Regeln für das Schalten einer Transition sind im Prinzip wie oben angegeben, wobei hier natürlich die Individualität der Marken, die Kapazitätsbeschränkung der Stellen sowie die Gewichtung der Pfeile mitberücksichtigt werden müssen.

Ein Beispiel für ein Stellen-Transitions-Netz gibt Abb. 3.4.33, wo die Auftragsbearbeitung in unserer Vertriebsorganisation modelliert wird. Jede Marke bx auf der Stelle „von Kunde" führt zum Schalten der Transition „Auftragsannahme", die bx auf die Stellen A und B weiterleitet und so die Nebenläufigkeit der nachfolgenden Aktionen ermöglicht. Auf dem einen der beiden parallelen Zweige kann die Transition „Warenentnahme" schalten, vorausgesetzt die Stelle „Lager" ist mit mindestens einer Marke x belegt. Das Schalten führt dann dazu, dass die Marke bx auf die Stelle „Belege" transportiert wird und die Marke x auf Stelle D. Auf dem anderen Zweig kann entweder die Transition „Rechnungserstellung" schalten oder die links davon stehende (unbenannte) Transition. Beide Möglichkeiten führen dazu, dass anschließend die Stelle C mit einer Marke rx belegt ist. Im ersten Fall wird darüber hinaus eine Marke bx auf die Stelle „Belege" transportiert. Sind die beiden Stellen C und D mit Marken belegt, kann die Transition „Versand" schalten, was dazu führt, dass sowohl eine Marke x als auch eine Marke rx auf die Stelle „an Kunde" transportiert wird.

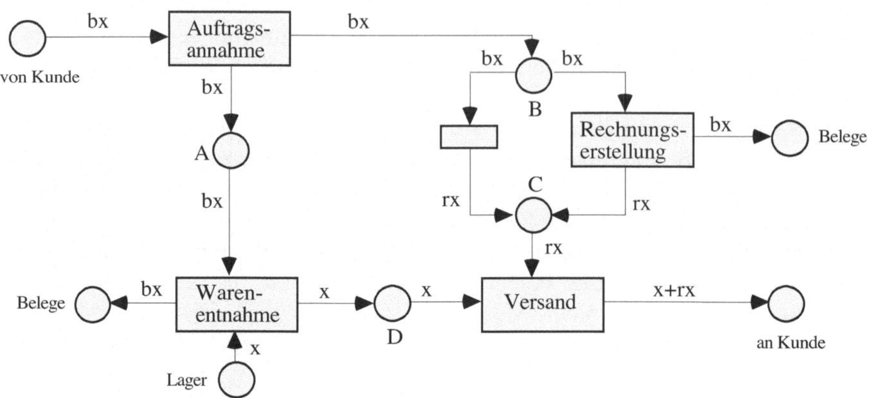

bx: Bestellung für Ware x
rx: Rechnung für Ware x (oder Zahlungsbestätigung)
x: Exemplar der Ware x

Abb. 3.4.33. Stellen-Transitions-Netz (Auftragsbearbeitung)

Hierarchische Petrinetze bieten eine Möglichkeit für die Strukturierung von Netzen. Die Grundidee dabei ist, dass sowohl Stellen als auch Transitionen durch Unternetze detailliert werden können. Die Bedeutung dieser hierarchischen Netze ist durch Einsetzung der jeweiligen Unternetze festgelegt. Dies zieht nach sich, dass verschiedene Konsistenzregeln beachtet werden müssen. Das Prinzip der Verfeinerung einer Stelle illustriert Abb. 3.4.34.

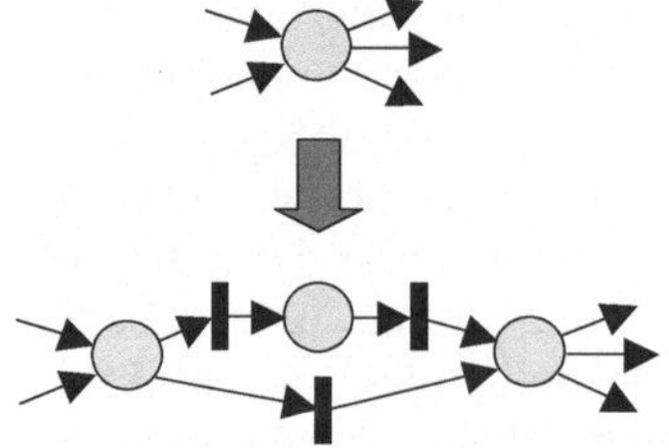

Abb. 3.4.34. Prinzip der Verfeinerung einer Stelle

Bei der Verfeinerung einer Stelle s durch ein Unternetz U sind Pfeile von/zu Stellen in U nur von/zu denjenigen Transitionen des ursprünglichen Netzes erlaubt, die entsprechend mit s verbunden waren. Diese Bedingung ist speziell immer dann erfüllt, wenn U eine (ausgezeichnete) Eingangs- und eine Ausgangsstelle enthält, so dass in s eingehende Pfeile mit der Eingangsstelle und aus s ausgehende Pfeile mit der Ausgangsstelle verbunden sind. Außerdem muss sichergestellt sein, dass die Verfeinerung „markentreu" ist, d.h. durch das Unternetz dürfen keine Marken verschwinden oder hinzukommen. Die Konsistenzregeln für die Verfeinerung einer Transition sind analog definiert.

Hauptnachteile einfacher Petrinetze sind darin zu sehen, dass die Marken keinerlei Struktur tragen. Dadurch ist es nämlich nicht möglich, zusätzliche Information auszudrücken, sei es, um die Objekte, die durch die Marken dargestellt werden, näher zu charakterisieren, oder sei es, um das Schalten von Transitionen durch geeignete Zusatzbedingungen weiter einzuschränken oder zu regeln.

Um den letzteren Nachteil aus der Welt zu schaffen, hat man *Prädikat-Transitions-Netze* eingeführt. Deren Grundidee besteht darin, dass man bei der Beschriftung einer Transition zwei Prädikate (*Eingangsbedingung* und *Ausgangsbedingung*) verwendet. Dabei wird weiter angenommen, dass die Marken Werte für die freien Variablen tragen, die in diesen Prädikaten vorkommen. Außerdem wird festgelegt, dass eine Transition nur dann schalten kann, wenn die Eingangsbedingung für alle Marken aus ihrem Vorbereich gültig ist. Zusätzlich wird unterstellt, dass neue Werte für die Marken aus dem Nachbereich entsprechend der Ausgabebedingung berechnet werden. Für weitere Einzelheiten siehe etwa [Rei 86a].

Um bessere Beschreibungsmöglichkeiten für die Struktur der Marken zu haben, wurden verschiedene Kombinationen von Petrinetzen mit anderen Formalismen untersucht. Beispiele sind Erweiterungen von Prädikat-Transitions-Netzen oder die Kombination von Petrinetzen mit algebraischen Spezifikationen (vgl. 3.5.2).

Als Vorgehensweise bei der Beschreibung großer Systeme durch Petrinetze bieten sich die Techniken der *Komposition* (komplexer Netze aus einfachen Basisnetzen) und der *schrittweisen Verfeinerung* an. Bei Letzterem beginnt man zweckmäßigerweise mit einem Netz, das die Grobstruktur des beabsichtigten Systems wiedergibt. Ausgehend von diesem Netz werden dann schrittweise Stellen und Transitionen in Unternetze verfeinert. Zusätzlich zur schrittweisenVerfeinerung empfiehlt [Rei 86b] das Prinzip der *Einbettung*, d.h. der schrittweisen Hinzunahme weiterer Aspekte und Teile zu einer noch nicht vollständigen Beschreibung.

Methodische Hinweise, wie man ausgehend von einer Systembeschreibung durch Petrinetze eine Implementation findet oder gar konstruiert, sind in der Literatur nur andeutungsweise vorhanden.

Systembeschreibungen mit Petrinetzen, insbesondere mit solchen einfacherer Ausprägung, sind mit vertretbarem Aufwand verständlich. Den Formalismus der Petrinetze jedoch zu erlernen – vor allem für die ausdrucksstärkeren Varianten, wie etwa die Prädikat-Transitions-Netze – erfordert einigen Lernaufwand. Obwohl die Verwendung von Petrinetzen für alle möglichen Anwendungen propagiert wird, sind sie doch am ehesten für die Beschreibung solcher Systeme geeignet, in denen die Synchronisation nebenläufiger Aktionen dominiert und Datenstrukturen und Informationsflüsse eine eher untergeordnete Rolle spielen.

Petrinetze sind ein formaler, mathematisch begründeter Ansatz und als solcher gut geeignet für eine Rechnerunterstützung. Daher sind, zumindest bei der Variante der Prädikat-Transitions-Netze, formale Prüfungen auf Vollständigkeit und Widerspruchsfreiheit in eingeschränktem Umfang möglich. Andere Fragestellungen, die

ebenfalls im Requirements-Engineering relevant sind, wie etwa Verklemmungs-
freiheit (*deadlock-free*) und Lebendigkeit (*liveness*), sind theoretisch ausreichend
erforscht und auch weitgehend gelöst, so dass die vorhandenen Erkenntnisse und
Resultate als solide Grundlage für entsprechende Analysewerkzeuge Verwendung
finden konnten.

Verfügbare Werkzeuge – für eine Übersicht siehe [PNT 09] – konzentrieren sich
auf Editor-Aufgaben (etwa die interaktive Erzeugung und Veränderung von
Netzen) oder verschiedene Analyseaspekte sowie auf die Unterstützung bei der
Simulation des Verhaltens. Dabei hat man insbesondere die Möglichkeit, für interaktiv einzugebende Anfangsbelegungen mit Marken die Wechsel der Belegungs-
situationen, die sich durch Schalten einzelner Transitionen ergeben, zu verfolgen.

Der Hauptvorteil von Petrinetzen ergibt sich durch ihre formale Grundlage und
die sehr gut entwickelte Theorie. Dadurch ist nicht nur eine Prüfung auf verschiedene, wichtige Eigenschaften (s.o.) möglich, sondern auch eine gute Voraussetzung
für weitere wichtige Prüfungen (etwa Adäquatheit durch Simulation) gegeben. Der
Anwendungsbereich von Petrinetzen ist allerdings nach wie vor auf die Modellierung dynamischer Aspekte des Systemverhaltens konzentriert.

3.4.6 Stimulus-Response-Folgen, Stimulus-Response-Netze

Stimulus-Response-Folgen erlauben die Darstellung der möglichen Pfade durch
einen Automaten und entsprechen im Wesentlichen (erweiterten) Zustandsautomaten mit Ausgabe und bedingten Übergängen. Man kann damit die durch Bedingungen gesteuerte zeitliche Abfolge von externen Stimuli (Ereignisse oder Signale),
Aktionen (die der Prozess ausführt) und Responses (Reaktionen des betreffenden
Prozesses als Stimuli für andere Prozesse) zwischen Zuständen sehr feingranular
und detailliert darstellen.

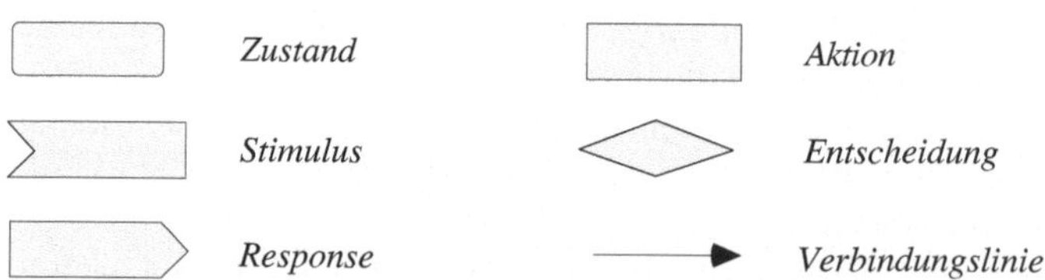

Abb. 3.4.35. Notation für Stimulus-Response-Folgen (SDL)

Stimulus-Response-Folgen werden u.a. im Formalismus SDL (siehe 6.2) verwendet, der primär für Telekommunikationsanwendungen entwickelt wurde. Die
dabei gebräuchlichen graphischen Symbole zeigt Abb. 3.4.35.

Ein Beispiel für die Verwendung von Stimulus-Response-Folgen findet sich in
Abb. 3.4.36, wo das Verhalten des Prozesses „Kontoveränderung" beschrieben
wird. Externe Stimuli sind das Eintreffen von Gutschriften und Belastungen, die
die Aktion „Betrag buchen" auslösen. Response des Prozesses ist die Meldung

„Betrag gebucht". Die Zustände und das Zustandsübergangsverhalten sind identisch mit denen des Zustandsautomaten aus Abb. 3.4.16.

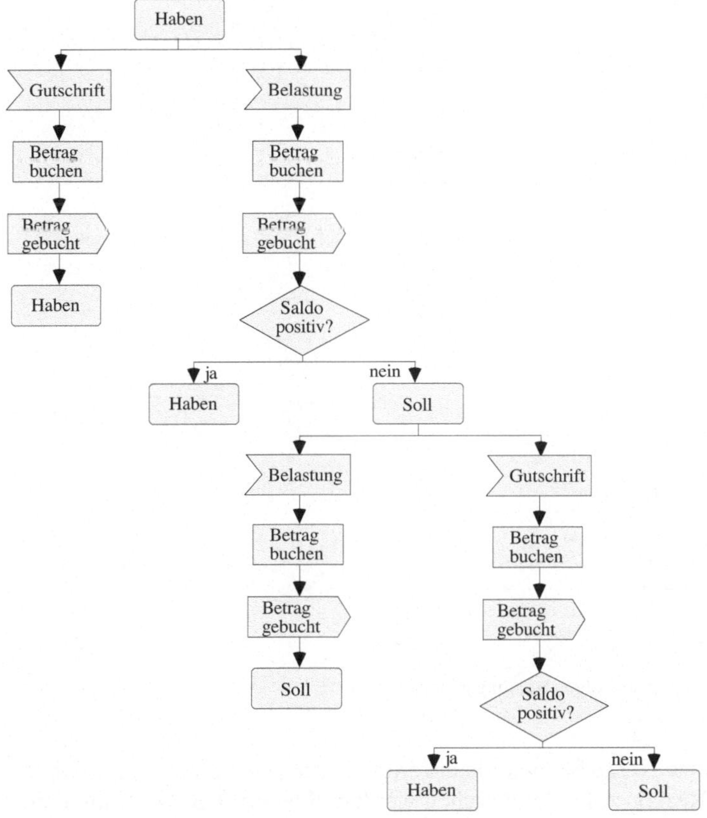

Abb. 3.4.36. Stimulus-Response-Folge (Kontoveränderung bei Gutschrift und Belastung)

Ein anderes Beispiel gibt Abb. 3.4.37, wo das Verhalten einer Heizungssteuerung modelliert ist. Im Hinblick auf eine etwas kompaktere Darstellung wurde hier bei den Verbindungslinien auf die Pfeilspitzen verzichtet. Die Flussrichtung ist von oben nach unten. Die Steuerung startet im Zustand „bereit". Nach Empfang des Stimulus „Heizung-starten" werden die Soll-Temperatur (Soll_temp) und die Endzeit gemäß Einstellung der Heizung gesetzt sowie der Stimulus „Timeout" auf den Wert „now + 10". Ein Vergleich der Ist-Temperatur mit der Soll-Temperatur löst je nach Ergebnis die Responses „Heizung_aus" bzw. „Heizung_ein" aus. Außerdem wird in den Zustand „steuernd" übergegangen. Hier wird dann – gesteuert durch den Stimulus „Timeout" – periodisch Soll- mit Ist-Temperatur verglichen und je nachdem die Responses „Heizung_aus" bzw. „Heizung_ein" ausgelöst und der Stimulus „Timeout" neu gesetzt. Sobald in irgendeinem Zustand (dargestellt durch den Zustand „*") der Stimulus „Endzeit" auftritt, wird der Response „Heizung_beendet" erzeugt und in den Zustand „bereit" übergegangen.

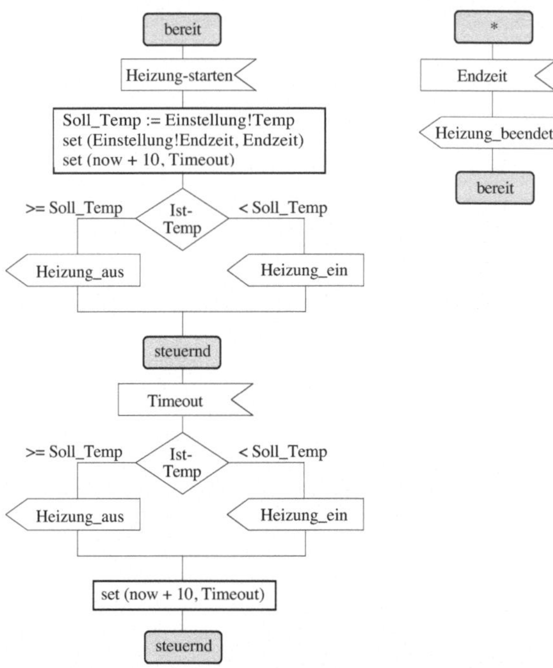

Abb. 3.4.37. Stimulus-Response-Folge (Heizungsteuerung)

Stimulus-Response-Netze können gleichzeitig als Spezialisierung und Erweiterung von Stimulus-Response-Folgen gesehen werden. Sie sind z.B. Bestandteil des Formalismus RSL (siehe 6.2) und werden dort R-Netze genannt. Die zugehörige Notation zeigt Abb. 3.4.38.

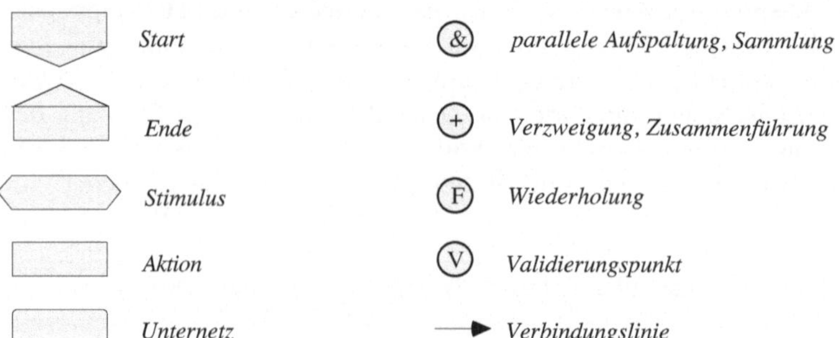

Abb. 3.4.38. Notation für Stimulus-Response-Netze (RSL)

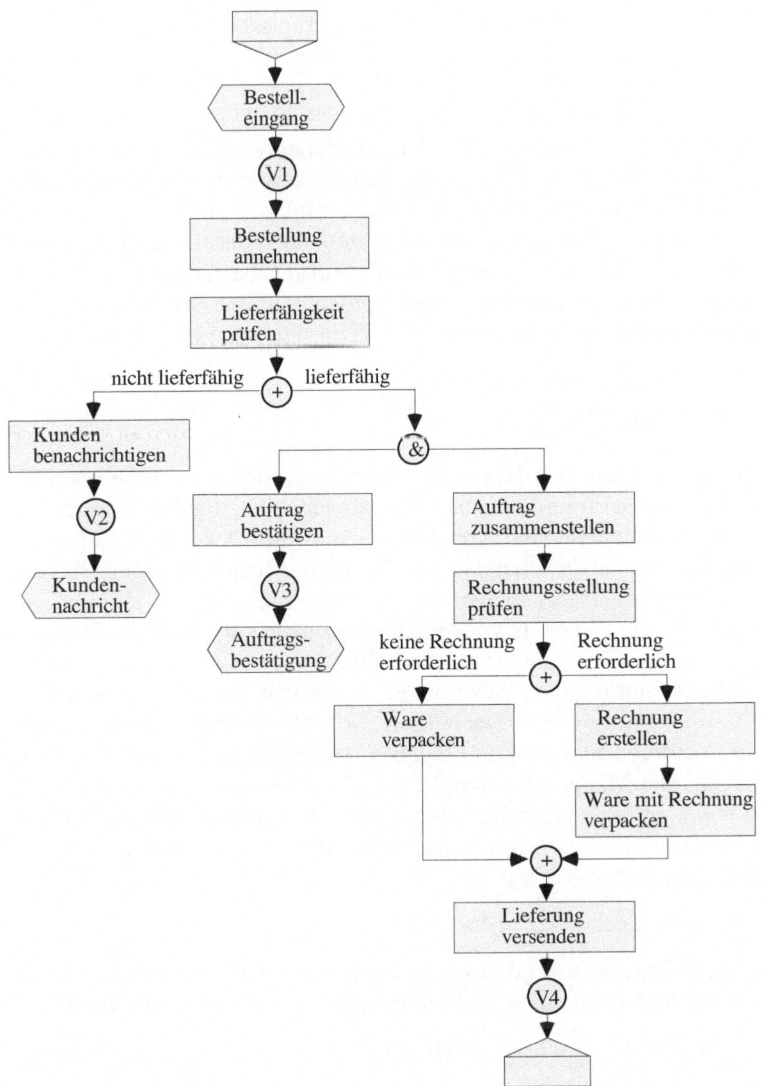

Abb. 3.4.39. Reaktion der Vertriebsorganisation auf den Stimulus „Bestelleingang"

Die Spezialisierung besteht darin, dass in jedem Netz immer nur die Reaktion auf *einen* externen Stimulus (*input interface*) dargestellt wird. Die Erweiterung betrifft die Möglichkeiten, die vorgesehen sind, die Reaktion des Systems zu beschreiben. Sie kann einerseits darin bestehen, dass Stimuli für andere Teilsysteme (*output interface*) erzeugt werden. Andererseits ist es möglich, eine durch den Stimulus ausgelöste interne Verarbeitung detailliert anzugeben, wozu verschiedene weitere Ablaufkonstrukte (z.B. Wiederholung, Unternetze) zur Verfügung stehen. Parallelität kann explizit in einem Netz auftreten. Die *Synchronisation* nebenläufiger Aktivitäten erfolgt dabei durch sogenannte Synchronisationspunkte. Daneben hat man eine implizite Nebenläufigkeit zwischen Netzen über Stimuli, die ausgetauscht werden.

Die Verwendung von R-Netzen illustriert Abb. 3.4.39. Dort wird dargestellt, wie die Vertriebsorganisation auf den Stimulus „Bestelleingang" reagiert. Die dabei möglichen Abläufe und die anfallenden Bearbeitungsschritte sind im Wesentlichen dieselben wie im entsprechenden Programmablaufplan (vgl. Abb. 3.3.7) oder der eEPK (vgl. Abb. 3.3.11). Ein Unterschied besteht jedoch darin, dass im R-Netz auch alle Stimuli (hier „Kundennachricht" und „Auftragsbestätigung"), die für andere Teilsysteme erzeugt werden, angegeben werden. Auf die Bedeutung der im R-Netz enthaltenen Validierungspunkte (V1 bis V4) wird in 3.6.5 eingegangen.

3.4.7 Ereignis-Ausdrücke, CSP

Ereignis-Ausdrücke sind um Parallelität und Synchronisation erweiterte reguläre Ausdrücke (vgl. 3.2.5) über Ereignissen als Grundalphabet. Da reguläre Ausdrücke zu Zustandsautomaten äquivalent sind, können Ereignis-Ausdrücke auch als Erweiterung von Zustandsautomaten gesehen werden. Ereignis-Ausdrücke gibt es in verschiedenen, geringfügig unterschiedlichen Ausprägungen, z.B. *Event-Expressions* oder *Flow-Expressions*, die ihrerseits wieder Erweiterungen sogenannter „Shuffle-Ausdrücke" (*shuffle expressions*) sind (vgl. [Sha 80]).

Shuffle-Ausdrücke sind reguläre Ausdrücke, die um den „Shuffle"-Operator $\odot$ als zusätzliche Grundoperation zur Darstellung von Parallelität erweitert sind. Dadurch wird die Ausdrucksmächtigkeit regulärer Ausdrücke aber nicht erweitert. $x \odot y$ ist definiert als die Menge aller möglichen „Verzahnungen" (*interleavings*) der Bestandteile von x und y unter Beibehaltung ihrer Reihenfolge. Dies entspricht allen möglichen Sequentialisierungen des parallelen Ablaufs von x und y. Entsprechend dieser Festlegung gilt also etwa

$$ab \odot cd = \{abcd, acbd, acdb, cabd, cadb, cdab\},$$

d.h., man erhält alle Folgen bestehend aus a, b, c und d, bei denen a vor b und c vor d steht. Zusätzlich hat man noch einen „Hüllenoperator" $\otimes$, der (rekursiv) durch

$$x^\otimes = \varepsilon \mid (x \odot x^\otimes) \; (= \varepsilon \mid x \mid x \odot x \mid x \odot (x \odot x) \mid \ldots)$$

definiert ist, wobei ε für das leere Wort steht. Dadurch wird die Ausdrucksmächtigkeit regulärer Ausdrücke erhöht. So beschreibt z.B. $([\;])^\otimes$ die Menge aller „korrekten" Klammerfolgen (was bekannterweise über die Ausdrucksmächtigkeit gewöhnlicher regulärer Ausdrücke hinausgeht).

Event-Expressions sind um Synchronisation erweiterte Shuffle-Ausdrücke. Die Idee dabei ist es, die Menge der möglichen Verzahnungen auf eine geeignete Teilmenge einzuschränken, um so Synchronisationsbedingungen auszudrücken.

Die Synchronisation erfolgt dabei über Paare von (evtl. indizierten) Synchronisationssymbolen („Zeitstempel") (@, <u>@</u>), die gemeinsame Zeitpunkte kennzeichnen. Shuffle-Ausdrücke mit solchen Synchronisationssymbolen sind dadurch definiert, dass man in der Menge aller möglichen Verzahnungen korrespondierende, unmittelbar aufeinanderfolgende Paare (@, @) eliminiert und die Menge auf diejenigen Folgen beschränkt, die nach dieser Elimination keine Synchronisationssymbole mehr enthalten. Mit dieser Festlegung gilt also etwa

$$a@b \odot \underline{@}cd = \{abcd, acbd, acdb\},$$

d.h. die Menge aller möglichen Folgen wird auf diejenigen eingeschränkt, bei denen a vor c steht.

Seien
- r: alten Wert lesen („read")
- u: Wert ändern („update")
- w: Wert speichern („write")
- p: Wert ausgeben („print")

Event-Expression

$$(@_1\, r\, @_2\, ((u\, @_1\, w\, @_2)\, |\, p\,))^{\otimes} \odot (\underline{@}_1\underline{@}_2)^{*}$$

bedeutet:
- beliebig viele „ruw" und „rp" können parallel ausgeführt werden ($\otimes$-Operator)
- „r" und „w" schließen sich wechselseitig aus und können auch nicht mit anderen „r" oder „w" überlappen

(entsprechender) *Flow-Expression*

$$([r]\, ((u\, [w])\, |\, p))^{\otimes}$$

Abb. 3.4.40. Wechselseitiger Ausschluss bei „Konto abfragen, Konto ändern"

In **Flow-Expressions** hat man zusätzlich zum *-Operator (durch den Teilausdrücke beliebig, aber immer nur endlich oft, wiederholt werden können) den Operator ∞ (durch den unendlich oft wiederholt werden kann). Außerdem sind zwei verschiedene Synchronisationsmechanismen vorgesehen. So können untrennbare Bestandteile durch Paare von (evtl. indizierten) Sperrsymbolen ([,]) geklammert werden. Außerdem hat man Paare von (evtl. indizierten) Synchronisationssymbolen (σ, ω), die im wesentlichen Semaphoren (siehe etwa [HH 94]) entsprechen (σ_i: sende Signal i; entspricht V-Operation für Semaphore; ω_i: warte auf Signal i; entspricht P-Operation für Semaphore) und die die Menge der möglichen Shuffle-Ausdrücke auf diejenigen einschränken, bei denen jedem ω_i das entsprechende σ_i vorausgeht.

Ein einfaches Beispiel für die Verwendung von Event-Expressions und von Flow-Expressions illustriert Abb. 3.4.40.

In **CSP** (*Communicating Sequential Processes*, vgl. [Hoa 85, HJ 95]) wird ein komplexes System als eine Kollektion sequentieller Prozesse gesehen, die parallel ablaufen und miteinander über gerichtete Kanäle kommunizieren.

Ein *Prozess* beschreibt dabei das „Verhaltensmuster" einer Entität und wird im Wesentlichen durch benannte erweiterte reguläre Ausdrücke über Ereignissen dargestellt. Das Verhalten von Prozessen ist gesteuert durch *Ereignisse*, die unteilbar, zeitlos und jeweils bestimmten Prozessen (die am Ereignis „teilnehmen") zugeordnet sind.

Die *Kommunikation* zwischen Prozessen erfolgt synchron (nach dem *Handshake*-Prinzip): Das Senden einer Botschaft b durch den Prozess P über den Kanal c erfolgt simultan mit dem Empfangen von b durch den Prozess Q.

Das in CSP unterstellte semantische Modell sind Ereignisfolgen. Die wesentlichen Konzepte von CSP und deren Notation sind wie folgt:

- P = A   (*Definition*)
  Definition eines Prozesses P durch den Ausdruck A. P kann dabei wieder in A vorkommen, d.h. rekursive Definitionen sind möglich.
- e → Q   (*einfachster Prozessausdruck*)
  Der Prozess nimmt am Ereignis e teil und verhält sich danach wie in Q definiert. Dabei ist für → Rechtsassoziativität und höchste Priorität unterstellt.
- P; Q   (*sequentielle Komposition*)
  Der Prozess verhält sich erst wie P und dann (falls P terminiert) wie Q.
- P \ A   (*"hiding"*)
  Der Prozess verhält sich wie P, wobei alle Ereignisse in A vor der Umgebung verborgen werden und somit die Kontrolle über diese („internen") Ereignisse ausschließlich bei P liegt.
- P ||| Q   (*nebenläufige Komposition*)
  Der Prozess verhält sich gleichzeitig wie P und Q. Die Ereignisse an denen P und Q teilnehmen sind zeitlich beliebig verzahnt. Eine Synchronisation findet nicht statt.
- P |[A]| Q   (*parallele Komposition*)
  Der Prozess verhält sich gleichzeitig wie P und Q, wobei über die Ereignisse in A synchronisiert wird.
- if B then P else Q   (*bedingte Komposition*)
  Falls die Bedingung B zutrifft, verhält sich der Prozess wie P, ansonsten wie Q. In [Hoa 85] wurde dafür die (symmetrische) Notation P <B> Q benutzt.
- $(e_1 → Q_1 [] e_2 → Q_2)$ (*deterministische Auswahl*)
  Falls das Ereignis e_1 eintritt, verhält sich der Prozess danach wie Q_1, falls e_2 eintritt wie Q_2.
- $(e_1 → P \sqcap e_2 → Q)$ (*nicht-deterministische Auswahl*)
  Der Prozess kann sich beliebig wie e_1 → P oder e_2 → Q verhalten, unabhängig von der Umgebung. Der Prozess kann insbesondere e_1 oder e_2 ignorieren (und nichts tun). Nur wenn die Umgebung gleichzeitig e_1 und e_2 anbietet, muss er kommunizieren. Die Entscheidung aber, ob er sich wie e_1 → P oder e_2 → Q verhält, trifft der Prozess selbst.

Darüber hinaus gibt es noch spezielle Ereignisse, z.B.

- c?x: Empfang der Botschaft x (= getypte Variable) auf Kanal c
- c'!y: Versenden der Botschaft y (= Ausdruck) auf Kanal c'

sowie spezielle Prozesse, z.B.

- STOP: erfolglose Terminierung (durch Abbruch); oder
- SKIP: erfolgreiche Terminierung.

Spezifikation

TRANSMIT = left?x → right!x → TRANSMIT

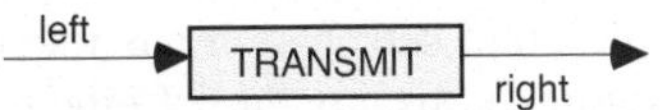

Implementierung (mit Bestätigung)

SEND = left?x → mid!x → acknowledge → SEND
RECEIVE = mid?x → right!x → acknowledge → RECEIVE
TRANSMIT-IMPL = (SEND |[{ acknowledge }]| RECEIVE)

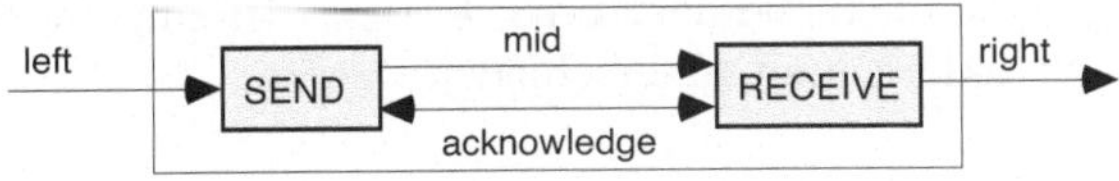

Es gilt

TRANSMIT = TRANSMIT-IMPL \ {mid, acknowledge}

Abb. 3.4.41. Einelementiger Übertragungspuffer zwischen Kunde und Vertriebsorganisation

Ein Beispiel für die Verwendung von CSP gibt Abb. 3.4.41. Spezifiziert wird hier ein einelementiger Übertragungspuffer als ein Prozess TRANSMIT, der beliebig oft auf dem Kanal left eine Botschaft x empfängt und diese dann auf dem Kanal right verschickt. Der Prozess TRANSMIT-IMPL implementiert TRANSMIT durch eine parallele Komposition der Prozesse SEND und RECEIVE (wenn man die internen Kanäle mid und acknowledge „versteckt"). SEND empfängt auf dem Kanal left eine Botschaft x, sendet diese auf dem Kanal mid an RECEIVE und wartet auf eine Bestätigung auf dem Kanal acknowledge. RECEIVE empfängt auf mid die Botschaft x, sendet diese auf Kanal right und bestätigt deren Empfang auf dem Kanal acknowledge.

Die (offensichtliche) Äquivalenz

TRANSMIT = TRANSMIT-IMPL \ {mid, acknowledge},

lässt sich mit Hilfe der für CSP definierten Beweisregeln nachweisen.

Es gibt auch verschiedene Erweiterungen von CSP, z.B. eine, in der auch Zeitaspekte formuliert werden können (*timed CSP*, vgl. [RR 87, DS 92]). An Werkzeugen für CSP sind, neben syntaktischen Werkzeugen, vor allem Werkzeuge für das *model checking* bzw. *refinement checking* zu nennen (z.B. FDR2, vgl. [FDR 97], [FSE 09]). Hinweise auf weitere Werkzeuge finden sich unter [CSW 09], weitere Informationen und Literaturhinweise zu CSP unter [WoT 09].

3.4.8 Zusammenfassung

Einen Vergleich verschiedener Grundformalismen zur Darstellung von Kontroll- und Steuerungsaspekten mit Hilfe von Aktionen, Zuständen und Zustandsübergängen findet man auch schon in [Dav 88]. Eine zusammenfassende Übersicht gibt Abb. 3.4.42.

Im einfachsten Fall hängt die Steuerung von Aktionen nur von Bedingungen ab, die erfüllt sein müssen. Sind diese Bedingungen einfach, so bieten sich zur Beschreibung Regelsysteme an, bei denen zu jeder Aktion die entsprechende Bedingung angegeben wird. Sind die Bedingungen komplex und setzen sich aus mehreren (für mehrere Aktionen gemeinsame) Teilbedingungen zusammen, ist eine entsprechende Darstellung der den Zustand charakterisierenden Bedingungsstruktur anzuraten. Hängen die Teilbedingungen sequentiell voneinander ab („Falls … dann … und dann …"), bietet sich der Formalismus der *Entscheidungsbäume* an. Sind die Teilbedingungen voneinander unabhängig, ist eine Darstellung durch *Entscheidungstabellen* geschickter. *Ereignistabellen* sind eine Variante von Entscheidungstabellen, bei denen die Bedingungen in solche der Form „Ereignis ist eingetreten" und solche, die einen Zustand charakterisieren, unterschieden werden.

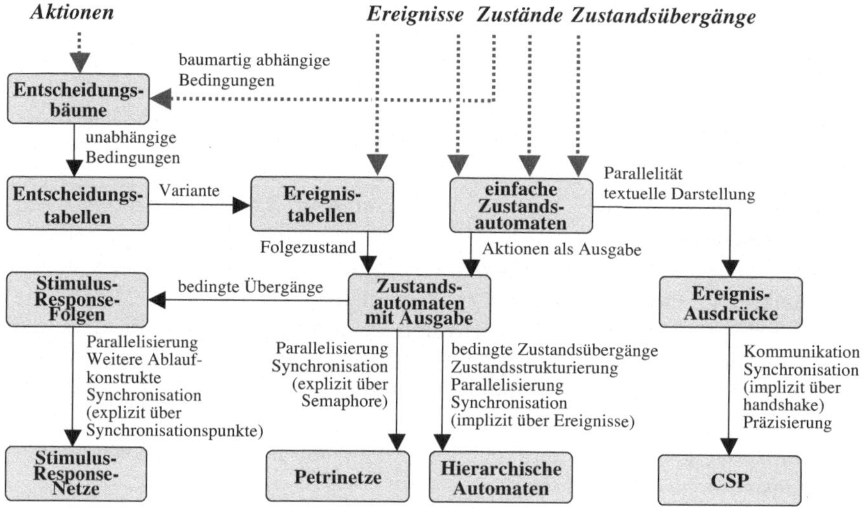

Abb. 3.4.42. Konzepte zur Modellierung von Kontrollaspekten (Übersicht)

Häufig hängen Kontrolle und Steuerung aber von der jeweiligen „Vorgeschichte" ab, die ihrerseits durch Zustände und die durch Ereignisse ausgelösten Übergänge zwischen ihnen charakterisiert wird. Der naheliegende Formalismus zur Darstellung von Zuständen und Zustandsübergängen sind (einfache) *Zustandsautomaten*. Reichert man diese um (ausgelöste) Aktionen als Ausgabe an, hat man *Zustandsautomaten mit Ausgabe*, zu denen man auch kommt, wenn man Ereignistabellen um das Konzept des Folgezustands erweitert.

Stimulus-Response-Folgen sind eine um bedingte Übergänge und Systemreaktionen (Responses) erweiterte Variante der Zustandsautomaten mit Ausgabe. Ein gegenüber diesen gleichzeitig (auf einen externen Stimulus) spezialisierter und um zusätzliche Konzepte zur Ablaufsteuerung (Wiederholung, Nebenläufigkeit, explizite Synchronisation) erweiterter Formalismus sind *Stimulus-Response-Netze*.

Mit Zustandsautomaten lässt sich nur das Verhalten sequentieller Systeme beschreiben. Zur Beschreibung nebenläufiger Systeme braucht man entsprechend erweiterte Formalismen. In *Petrinetzen* ist die Nebenläufigkeit mit einer expliziten Synchronisation über Semaphore (repräsentiert durch Marken) gekoppelt. Bei den *hierarchischen Automaten* erfolgt die Synchronisation implizit über Ereignisse. Zusätzlich hat man dort einen (um Aktionen und Aktivitäten) erweiterten Zustandsbegriff, bedingte Zustandsübergänge und die Möglichkeit Zustände hierarchisch zu strukturieren.

Erweitert man die zu einfachen Zustandsautomaten äquivalenten regulären Ausdrücke um Parallelität und stellt das Ganze textuell dar, so hat man den Formalismus der *Ereignis-Ausdrücke*. Die Grundidee der Ereignis-Ausdrücke, Systemverhalten durch Folgen von Ereignissen zu beschreiben, findet sich auch in der Semantik von *CSP*. Hier kommt, neben der Möglichkeit Kommunikation auszudrücken, die implizit (über *handshake*) synchronisiert wird, vor allem der Aspekt der Präzisierung hinzu, der sich in einer formalen Semantik mit Beweisregeln wiederfindet.

3.5 Integrierte Formalismen

In den bisherigen Abschnitten wurden verschiedene Formalismen vorgestellt, die jeweils einen der relevanten Systemaspekte (vgl. 2.3.3) abdecken. Im Folgenden werden nun Ansätze betrachtet, in denen die Aspekte Komponenten- und Systemstrukturen sowie funktionales Verhalten gemeinsam beschrieben werden. In einigen von ihnen spielen auch Zustände und Zustandsübergänge eine Rolle, ebenso wie Präzision und Vollständigkeit der Beschreibung.

3.5.1 Objektorientierung

Die Grundidee der Objektorientierung im Bereich der Programmierung findet sich bereits in Simula 67 (vgl. [DMN 68]). Der „Durchbruch" gelang Anfang der 80er Jahre mit Smalltalk (vgl. [GR 83, GR 85]) und C++ (vgl. [ES 90, Lip 91]). Seit Anfang der 90er Jahre werden objektorientierte Formalismen und Methoden auch im Requirements-Engineering eingesetzt.

Die Grundidee der objektorientierten Beschreibung besteht darin, dass man als zentrales Konzept die Verkapselung von Daten und Operationen in Objekten und Objektklassen hat. Weitere wichtige Konzepte sind die Kommunikation zwischen Objekten über Botschaften (anstelle von Funktionsaufrufen), Polymorphismus und Vererbung, die alle im Folgenden näher vorgestellt werden.

Ein **Objekt** kann ein Gegenstand, eine Person oder ein Begriff sein. Es hat eine eindeutige, nicht veränderbare Identität und charakteristische *Eigenschaften* (die durch Attributwerte ausgedrückt werden). Auf seine Umgebung reagiert es über *Operationen* (auch: Methoden, Dienste).

Eine wesentliche Charakteristik der Objektorientierung ist die *Verkapselung*, wodurch Attribute (Daten) und Operationen (Verhalten) zu einer Einheit zusammengefügt werden. Insbesondere kann dadurch auf Daten (eines Objekts) nicht direkt zugegriffen werden, sie können nur mittels Operationen gelesen und verändert werden (vgl. Abb. 3.5.1).

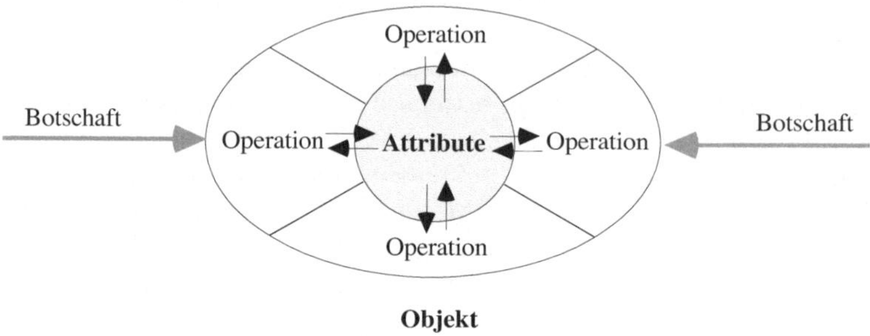

Abb. 3.5.1. Verkapselung

Eine **Klasse** ist eine Kollektionen von Objekten mit gleichen Eigenschaften (Attribute), gemeinsamer Funktionalität (Operationen) sowie gemeinsamen Beziehungen zu anderen Objekten und gemeinsamer Semantik. Sie definiert die Eigenschaften und das Verhalten ihrer Objekte, die auch *Instanzen* der Klasse genannt werden.

Mitarbeiter	Personal-Abt.	Artikel
Name Adresse Personal-Nr.	Telefon-Nr Fax-Nr.	Artikel-Nr. Art.-Bez.
Zeit-abrechnen Gehalt-verdienen	einstellen entlassen	Bez.-ändern

Abb. 3.5.2. Klassen in der Vertriebsorganisation

Beispiele einiger Klassen finden sich in Abb. 3.5.2. Zur Darstellung wurde hier die graphische Notation von UML (siehe 5.2) verwendet. Jede Klasse hat eine (eindeutige) Bezeichnung (z.B. **Mitarbeiter**), sowie Attribute (z.B. „Name" oder „Adresse") und Operationen (etwa „Zeit-abrechnen"). Die Angabe des Namens ist obligatorisch, die Angabe von Attributen und Operationen optional.

Ein Beispiel eines Objekts der Klasse **Mitarbeiter** wird in Abb. 3.5.3 gezeigt. Wie Klassen haben Objekte eindeutige Bezeichnungen (hier: Bürobote: Mitarbeiter), die notationell (durch Unterstreichung) von Klassenbezeichnungen unterschieden werden. Neben der hier gewählten Bezeichnungsform Bürobote: Mitarbeiter (Objekt „Bürobote" der Klasse **Mitarbeiter**) sind auch die Formen : Mitarbeiter (irgendein Objekt der Klasse **Mitarbeiter**) und <u>Bürobote</u> (Objekt „Bürobote", das noch keiner Klasse zugeordnet ist) möglich. Ferner können bei der Objektdarstellung die jeweiligen Werte für die Attribute der zugehörigen Klasse angegeben werden, während die Angabe der Operationen stets unterbleibt.

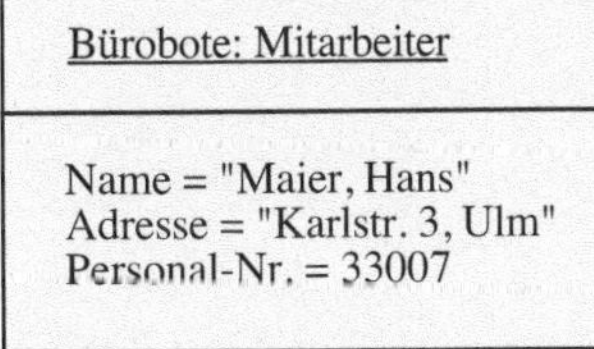

Abb. 3.5.3. Objekt der Klasse **Mitarbeiter**

Ein Beispiel einer Klasse und einer zugehörigen Instanz zeigt Abb. 3.5.4. Die Klasse **Artikel** hat zwei Attribute („Artikel-Nr." und „Artikel-Bez.") und eine Operation („Bez.-ändern"). Das Objekt <u>A1</u> ist eine Instanz dieser Klasse und hat für die beiden Attribute die Werte „3114" und „Diskette". Die Instantiierungsbeziehung wird hier (neben der Klassenangabe in der Bezeichnung des Objekts) zusätzlich durch einen gestrichelten Pfeil ausgedrückt.

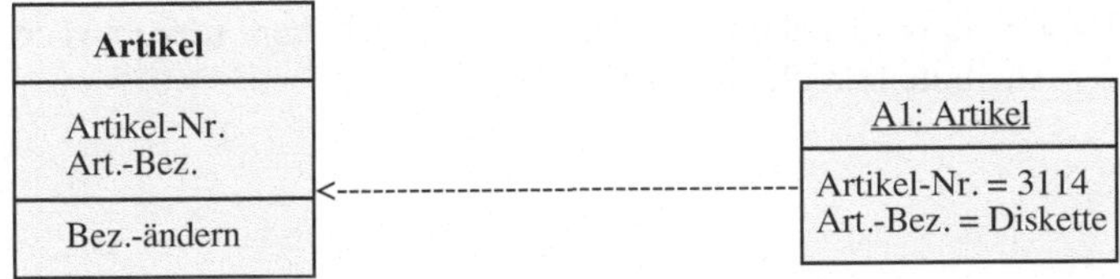

Abb. 3.5.4. Klasse und Instanz

Zusätzlich zu ihrer Funktionalität hat eine Klasse auch Operationen zum Erzeugen und Löschen von Objekten sowie häufig Operationen (get und set) zum Lesen und Schreiben der Attribute. Eine Kennzeichnung der Klassenbestandteile (Attribute und Operationen) bezüglich „Sichtbarkeit" (z.B.: +: öffentlich, für Objekte aller anderen Klassen zugänglich; #: geschützt, für Objekte dieser Klasse und ihrer Spezialisierungen zugänglich; −: privat, nur für Objekte dieser Klasse zugänglich) ist möglich.

Die Beziehung zwischen Objekten und Klassen ist bekannt und eindeutig:

− Jedes Objekt „kennt" seine Klasse
− Jedes Objekt gehört zu genau einer Klasse.

Attribute beschreiben charakteristische Daten bzw. Eigenschaften von Objekten. Sie werden dargestellt durch ihren Namen. Dieser kann evtl. um eine Typangabe sowie einen Wert (bei Objekten) oder einen eventuellen Initialwert (bei

Klassen) ergänzt werden. Ein Beispiel einer Klasse mit einigen für sie typischen Attributen zeigt Abb. 3.5.5.

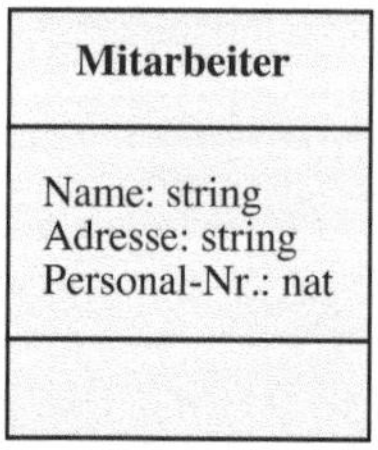

Mitarbeiter
Name: string Adresse: string Personal-Nr.: nat

Abb. 3.5.5. Klasse mit Attributen

Die Attribute sind für alle Objekte einer Klasse gleich, können aber unterschiedliche Werte haben. Lesen und Ändern von Attributen ist typischerweise nur durch Operationen möglich. Die Kombination aller Werte der Attribute eines Objekts beschreibt dessen *Zustand*.

In konkreten objektorientierten Ansätzen gibt es bezüglich Attributen einige Besonderheiten. So kann ein (entsprechend gekennzeichnetes) Attribut *optional* sein, d.h. evtl. keinen Wert haben. Mehrere Attribute können über invariante Beziehungen (*constraints*) miteinander in Beziehung gesetzt werden. Auch gibt es spezielle (entsprechend gekennzeichnete) Attribute, wie etwa *Klassenattribute* (die für alle Objekte der Klasse denselben Wert haben) oder *abgeleitete Attribute* (deren Wert aus den Werten anderer Attribute berechenbar ist).

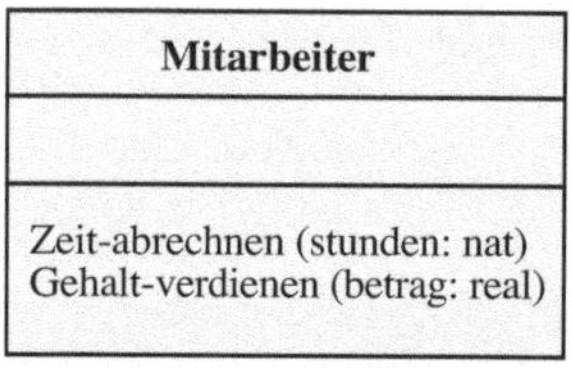

Mitarbeiter
Zeit-abrechnen (stunden: nat) Gehalt-verdienen (betrag: real)

Abb. 3.5.6. Klasse mit Operationen

Operationen beschreiben die „Funktionalitäten" eines Objekts (das selbst als implizites Argument der Operation aufgefasst wird). Sie werden dargestellt durch ihren Namen, ihre *Signatur* (evtl. getypte Ein-/Ausgabeschnittstelle über Parameter) und die Beschreibung ihrer „Leistung". Eine Operation stellt jeweils eine ausführbare Tätigkeit (eine Funktion oder einen Algorithmus) dar, z.B. den Zugriff auf Attribute, die Durchführung von Berechnungen, die Aktivierung anderer Operationen, die Auswahl von Objekten nach gewissen Kriterien oder das Erzeugen und Löschen von Objekten. Die Menge aller Operationen einer Klasse legt deren *Verhalten* fest.

Ein einfaches Beispiel einer Klasse und einige für sie typische Operationen werden in Abb. 3.5.6 dargestellt. Auf die Angabe von Attributen wurde dabei aus Übersichtlichkeitsgründen verzichtet.

Auch bei Operationen gibt es in manchen Ansätzen Besonderheiten. Zu nennen sind hier *Klassenmethoden*, die der jeweiligen Klasse zugeordnet und nicht auf einzelne Objekte anwendbar sind, sowie *implizite Operationen*, die fast jede Klasse benötigt (z.B. Objekterzeugung und -löschung).

Eine **Botschaft** ist eine Aufforderung eines Objekts (*Sender*) an ein anderes Objekt (*Empfänger*) eine Operation auszuführen. Botschaften bestehen aus (Namen von) Operationen des Empfängers zusammen mit den zugehörigen Parametern und sind der „Aufrufmechanismus" bei der Objektorientierung: Der Sender schickt eine Botschaft an den Empfänger. Dieser führt die entsprechende Operation aus und übermittelt das Ergebnis zurück an den Sender. Wenn der Sender auf die Antwort wartet, nennt man die Botschaft *synchron*, ansonsten *asynchron*.

Polymorphismus bezeichnet die Möglichkeit, den gleichen Namen für gleichartige, aber verschiedene Operationen (in unterschiedlichen Klassen) zu verwenden. Dies bedeutet, dass dieselbe Botschaft unterschiedliche Operationen auslösen kann, je nachdem zu welcher Klasse die Objekte gehören, an die sie geschickt wird. Eine Klassifikation verschiedener Spielarten des Polymorphismus gibt [CW 85].

Das neben der Verkapselung wichtigste Konzept der Objektorientierung ist die **Vererbung**. Damit fasst man die Möglichkeiten der *Spezialisierung* einer Klasse in Unterklassen (was den Subentitätstypen in EER entspricht, vgl. 3.2.6) und der *Generalisierung* mehrerer Klassen in eine gemeinsame Oberklasse zusammen. Vererbung erlaubt die Darstellung von Gemeinsamkeiten (evtl. über mehrere Klassen hinweg), denn jede erbende Klasse verfügt über die Eigenschaften und die Operationen der beerbten Klasse. Dadurch lassen sich Mehrfachspezifikationen vermeiden, und die Gefahr von Inkonsistenzen wird geringer.

Vererbung tritt in unterschiedlichen Formen auf. Bei der *Einfachvererbung* kann jede Klasse immer nur eine andere Klasse beerben. Auf diese Weise entstehen baumartige Vererbungsstrukturen. Bei der *Mehrfachvererbung* können mehrere Klassen beerbt werden, und es entstehen gerichtete, azyklische Graphen als Vererbungsstrukturen. Anders als bei objektorientierten Programmiersprachen ist im Rahmen der objektorientierten Analyse die Vererbung auf (reine) Spezialisierung und Generalisierung beschränkt, d.h. ein „Überschreiben" geerbter Operationen ist nicht vorgesehen.

Ein Beispiel einer Vererbungsstruktur zeigt Abb. 3.5.7, wo verschiedene Arten von Artikeln und ihr Zusammenhang dargestellt werden. Die Klassen **Lager-Artikel**, **Verkaufs-Artikel** und **Einkaufs-Artikel** beerben jeweils die Klasse **Artikel**. Dabei übernehmen sie die Attribute „Artikel-Nr." und „Artikel-Bez.", sowie die Operation „Bez.-ändern". In jeder dieser Klassen kommen dann noch eigene Attribute und Operationen hinzu (z.B.: das Attribut „V-Preis" und die Operation „V-Preis-ändern" in **Verkaufs-Artikel**). **Verkaufs-Artikel** und **Einkaufs-Artikel** werden ihrerseits von **Bestell-Artikel**, **Buchungs-Artikel** und **Liefer-Artikel** beerbt. Bei **Buchungs-Artikel** handelt es sich (anders als bei allen anderen Vererbungsbeziehungen) um eine Mehrfachvererbung, da sowohl die Merkmale von **Verkaufs-Artikel** als auch die von **Einkaufs-Artikel** übernommen werden.

Auch bei der Vererbung gibt es Besonderheiten in verschiedenen konkreten Ansätzen. So kann man etwa durch Angabe von *Diskriminatoren* das jeweilige Vererbungskriterium deutlich machen oder bei der Vererbung *disjunkte* („entweder - oder") und *überlappende* („sowohl - als auch") *Unterklassen* notationell unterscheiden (was den zusätzlichen Angaben bei Subentitätstypen in EER entspricht, vgl. 3.2.6). Eine weitere Besonderheit sind *abstrakte Klassen*, die als „formale" Oberklassen bei der Generalisierung entstehen und kein Pendant in der realen Welt sowie keine Objekte haben.

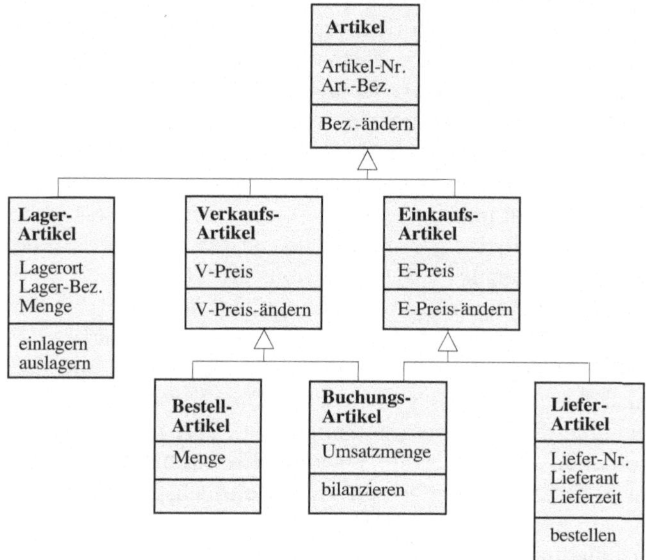

Abb. 3.5.7. Verschiedene Arten von Artikeln und ihre Vererbungsstruktur

Vorgehensweisen zur Erstellung einer Anforderungsdefinition mit objektorientierten (OO-)Formalismen werden detailliert in Kap. 5 behandelt. Der Übergang von den Anforderungen zum Entwurf ist in allen Ansätzen von der Grundidee „OO-Analyse geht nahtlos in OO-Entwurf über" geprägt, aber ganz konsequent nur in wenigen Ansätzen (z.B. Fusion) durch eine echt durchgängige Methodik umgesetzt.

Objektorientierte Formalismen bieten durch das Vererbungskonzept große Flexibilität bzgl. Änderungen und Erweiterungen sowie die Möglichkeit der Wiederverwendung (Klassenbibliotheken). Die Modellbildung ist hier an der realen Welt orientiert, eine Umsetzung der Realität in entsprechende Klassendefinitionen oft intuitiv naheliegend.

Eine (teilweise) weitreichende Unterstützung durch Werkzeuge findet man bei allen konkreten Ansätzen. Details werden in Kap. 5 behandelt.

Die Konzepte der Objektorientierung führen bei richtiger Verwendung meist zu klar strukturierten Modellen. Auch gibt es ausführliche, teilweise durchgängige

Methoden und hinreichende Werkzeugunterstützung. Allerdings bergen objekt-orientierte Ansätze auch die Gefahr eines zu frühen Entwurfs, und eine unreflektierte Verwendung des Vererbungskonzepts kann zu unübersichtlichen Klassenhierarchien führen (in denen vor allem das Prinzip der Lokalität verletzt ist).

3.5.2 Algebraisch-axiomatische Beschreibung

Algebraisch-axiomatische Spezifikationen wurden Mitte der siebziger Jahre zur formalen, implementierungsunabhängigen Spezifikation von Datenstrukturen eingeführt. Inzwischen haben sie in vielen verschiedenen Ausprägungen (vorwiegend notationeller Art) und Erweiterungen eine weite Verbreitung auf viele Teilgebiete der Softwareentwicklung erfahren, insbesondere auch auf Analyse und Entwurf (vgl. z.B. [BM 04a, CoF 04]).

Im Gegensatz zu anderen formalen Ansätzen, die auf konkreten mathematischen Modellen beruhen (und in diesem Sinn implementierungsorientiert sind), ist der algebraisch-axiomatische Ansatz völlig frei von Implementierungsaspekten. Seine Grundidee besteht darin, dass man Objektarten („Sorten") und zugehörige Zugriffsoperationen („Funktionen") gemeinsam betrachtet und in einer repräsentationsunabhängigen Weise beschreibt. Dabei werden Objekte nur durch ihre Konstruktions- und Zugriffsoperationen definiert, ohne irgendwelche Informationen über ihre interne Struktur („black box"-Sicht, vgl. Abb. 3.5.8). Die Bedeutung der Zugriffsoperationen wird nicht operativ festgelegt (d.h. wie etwas gemacht wird), sondern nur durch ihre Eigenschaften (*Axiome*, die die Wechselwirkungen von Operationen festlegen, z.B. Zugriffs- mit entsprechenden Konstruktionsoperationen) erklärt. Zur Darstellung werden dabei Elemente der funktionalen sowie der logischen Beschreibung verwendet.

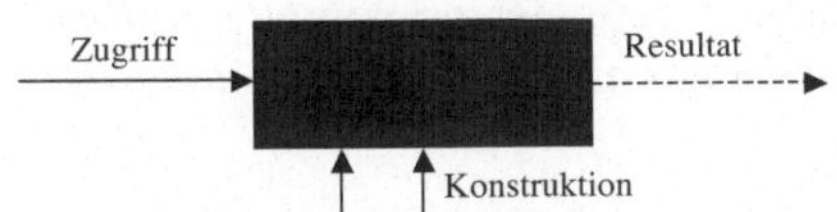

Abb. 3.5.8. Black-Box-Sicht

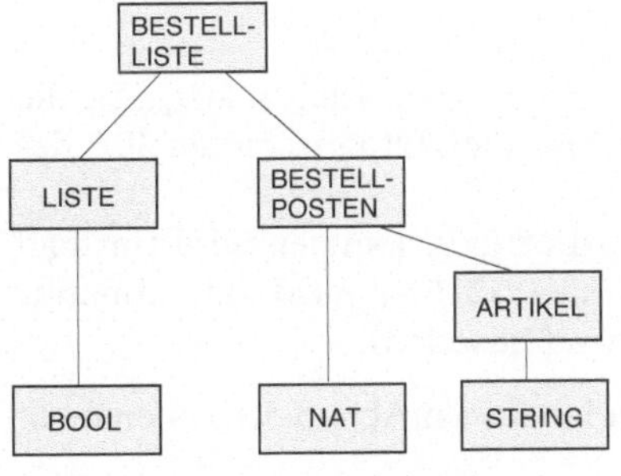

Abb. 3.5.9. Aufbau von Bestell-Listen

System- und Komponentenstrukturen werden im algebraisch-axiomatischen Ansatz durch (algebraische) *Typen* (auch *Spezifikationen*, s.u.) beschrieben, die hierarchisch aufeinander aufgebaut sein können. Dies wird in Abb. 3.5.9 graphisch illustriert. Die Definition von BESTELL-LISTEn stützt sich auf Definitionen von (allgemeinen) LISTEn und BESTELL-POSTEN. Diese wiederum verwenden einerseits Wahrheitswerte (BOOL) und andererseits natürliche Zahlen (NAT) sowie ARTIKEL (was selbst wieder auf Zeichenreihen gestützt ist).

```
abstracttype BESTELL-LISTE =
    exports    best-liste, leere-liste, ist-leer, hinzufügen...
    basedon    LISTE, BESTELL-POSTEN;
        :
endoftype,

abstracttype BESTELL-POSTEN =
    exports    best-post, best-nr, menge, ...
    basedon    ARTIKEL, NAT;
        :
endoftype,

abstracttype ARTIKEL =
    exports    art-nr, art-bez...
    basedon    NAT, STRING;
        :
endoftype,

abstracttype LISTE = ... endoftype,    ...
```

Abb. 3.5.10. Textuelle Darstellung der Typhierarchie für Bestell-Listen

Abbildung 3.5.10 zeigt einen Teil dieser Typhierarchie in textueller Form (in der Notation von [Par 93]). Außerdem wird dabei bereits der prinzipielle Aufbau einer *Typdefinition* deutlich. Diese besteht zunächst aus einer *Kopfzeile* (eingeleitet durch **abstracttype**), in der

— die Bezeichnung des Typs (hier etwa: BESTELL-LISTE) und
— gegebenenfalls Parameter (hier: nicht vorhanden, aber siehe unten)

aufgeführt werden. Im *Rumpf* einer Typdefinition werden (in beliebiger Reihenfolge) angegeben:

— Objektarten (hier: **best-liste**) und Operationen (hier: leere-liste, ist-leer, ...), die von dem Typ zur Verfügung gestellt werden, also die „Exportschnittstelle" des Typs beschreiben
— Typen, auf die in der vorliegenden Definition Bezug genommen wird (im Fall von BESTELL-LISTE also LISTE und BESTELL-POSTEN), also die „Import-Schnittstelle" (eingeleitet durch das Schlüsselwort **basedon**).

Im Rumpf einer Typdefinition werden darüber hinaus (in Abb. 3.5.10 noch nicht berücksichtigt) angegeben:

— die im Typ definierten *Objektarten* (hier: **best-liste**), einschließlich verborgener Sorten (die nur intern verfügbar sind)
— Bezeichnungen und Funktionalitäten der *Operationen*
— *algebraische Gesetze* (*Axiome*), die das Zusammenspiel der Funktionen beschreiben.

Einige Operationen (und deren Intuition) für das Beispiel aus Abb. 3.5.10 gibt Abb. 3.5.11.

Für ARTIKEL

    art-bez: **art-nr** → **string** („Bezeichnung eines Artikels")

Für BESTELL-POSTEN

    posten-erstellen: **art-nr** × **nat** → **best-post**
      („Artikelnummer und Menge zu Bestellposten zusammenfügen")

    best-nr: **best-post** → **art-nr** („Artikelnummer")

    menge: **best-post** → **nat** („Bestellmenge")

Für BESTELL-LISTE

    leere-liste: **best-liste** („leere Bestell-Liste")

    ist-leer: **best-liste** → **bool** („Test auf leer")

    hinzufügen: **best-liste** × **best-post** → **best-liste**
      („Hinzufügen eines Bestell-Postens zu einer Bestell-Liste")

    erster-posten: **best-liste** → **best-post**
      („erster Bestell-Posten einer Bestell-Liste")

Abb. 3.5.11. Typische Operationen

Ein Typ legt *abstrakte Objekte* fest, die im Wesentlichen durch syntaktisch zulässige Funktionsterme, gebildet aus den zur Verfügung stehenden Operationen und freien Variablen, gegeben sind. So steht etwa posten-erstellen(a, m) für denjenigen Bestell-Posten, der sich aus der Bestell-Nummer a und der Menge m zusammensetzt.

best-nr(posten-erstellen(a, m)) = a
menge(posten-erstellen(a, m)) = m

Abb. 3.5.12. Semantische Charakterisierung

Die *Gesetze* geben Zusammenhänge zwischen solchen abstrakten Objekten an und beschreiben dadurch (implizit) die Bedeutung der jeweiligen Operationen. In den meisten Fällen sind diese Gesetze Gleichungen (ähnlich wie in funktionalen Beschreibungen), wobei die darin vorkommenden Variablen als universell quantifiziert unterstellt sind. So wird etwa die Bedeutung der Operation best-nr durch

    best-nr(posten-erstellen(a,m)) = a

so festgelegt, dass man damit die jeweils erste Komponente eines (mit posten-erstellen erzeugten) Objekts der Sorte **best-post** erhält. Analog wird die Operation menge definiert (vgl. Abb. 3.5.12). Über Gleichungen hinausgehend sind auch andere Formen von Gesetzen möglich. So könnte beispielsweise für art-bez festgelegt sein, dass

art-bez(a1) = art-bez(a2) $\Rightarrow$ a1 = a2

gelten soll, d.h. dass die einer Artikelnummer zugeordnete Bezeichnung eindeutig sein muss.

Eine weitere Besonderheit zeigt sich, wenn man

erster-posten(leere-liste)

betrachtet. Offensichtlich enthält die durch leere-liste bezeichnete Bestell-Liste (noch) keine Bestell-Posten, wodurch natürlich auch die Frage nach dem ersten davon hinfällig wird. Dieser Sachverhalt kann dadurch ausgedrückt werden, dass der Argumentbereich von erster-posten entsprechend auf nicht-leere Bestell-Listen *eingeschränkt* wird:

erster-posten: (b: **best-liste** $\parallel$ b $\neq$ leere-liste) $\rightarrow$ **best-post**

```
abstracttype LIST (s) =
    params    s: sort;
    exports   list-of-s, empty, is-empty, add, first, rest;
    basedon   BOOL;
    sorts     list-of-s;
    functs    empty: list-of-s,
              add: list-of-s × s → list-of-s,
              is-empty: list-of-s → bool,
              first: (l: list-of-s ‖ l ≠ empty) → s,
              rest: (l: list-of-s ‖ l ≠ empty) → list-of-s;
    axioms l: list-of-s, x: s ‖
              is-empty(empty) = true,
              is-empty(add(l, x)) = false,
              first(add(l, x)) = x,
              rest(add(l, x)) = l
endoftype
```

Abb. 3.5.13. Algebraisch-axiomatische Definition von Listen

Typen können auch parametrisiert werden. Man erhält dann dadurch ein *Typschema* (auch: *generische Struktur*). Ein entsprechendes Beispiel gibt Abb. 3.5.13. Es handelt sich dabei um die Familie *aller* Listenstrukturen, deren Elemente von einer gewissen (nicht näher festgelegten) Sorte **s** – dem Parameter des Typs – sind. Konkrete Arten von Listen (*instances*) erhält man durch Einsetzen konkreter Strukturen für **s**. So definiert etwa **include** LIST(NAT) eine Liste natürlicher Zahlen.

Der Typ LIST(s) definiert eine Objektsorte **list-of-s** und verschiedene Operationen. Die Operation empty erzeugt eine leere Liste, mit is-empty kann eine (beliebige) Liste daraufhin geprüft werden, ob sie leer ist. Die Operation add fügt zu

einer Liste ein neues Element hinzu, mit den Operationen first und rest (die beide
auf nicht-leere Listen eingeschränkt sind) erhält man das erste Element der Liste
bzw. die Liste ohne das erste Element. In der durch **axioms** eingeleiteten Zeile sind
alle Variablen (und deren Sorten) angegeben, die für die nachfolgend angegebenen
Axiome als universell quantifiziert unterstellt sind.

```
abstracttype BESTELL-LISTE =
    exports    best-liste, leere-liste, ist-leer, hinzufügen, erster-posten, rest;
    basedon    BESTELL-POSTEN;
    include    LIST(BESTELL-POSTEN) as (best-liste, leere-liste, ist-leer, hinzufügen, erster-posten, rest);
endoftype

abstracttype BESTELL-POSTEN =
    exports    best-post, posten-erstellen, best-nr, menge;
    basedon    ARTIKEL, NAT;
    sorts      best-post;
    functs     posten-erstellen: art-nr × nat → best-post
               best-nr: best-post → art-nr
               menge: best-post → nat
    axioms a: art-nr, m: nat ||
               best-nr(posten-erstellen(a, m)) = a
               menge(posten-erstellen(a, m)) = m
endoftype

abstracttype ARTIKEL =
    exports    art-nr, art-bez:
    basedon    NAT, STRING;
    sorts      art-nr;
    functs art-bez: art-nr → string
    axioms a1, a2: art-nr ||
               art-bez(a1) = art-bez(a2) ⇒ a1 = a2

endoftype
```

Abb. 3.5.14. Vollständige algebraisch-axiomatische Definition von Bestell-Listen

Die vollständige algebraisch-axiomatische Beschreibung von Bestell-Listen
durch Instantiierung von Listen findet sich in Abb. 3.5.14. Dabei wurde von der
Möglichkeit der Umbenennung (eingeleitet durch **as**) bei der Instantiierung Gebrauch gemacht, wodurch die in der Export-Schnittstelle von LIST aufgeführten
Sorten und Operationen wie angegeben umbenannt werden.

Es gibt verschiedene Ansätze, die Bedeutung einer algebraischen Spezifikation
festzulegen. Eine Möglichkeit ist die sog. „lose Semantik", d.h. die Bedeutung
einer algebraischen Typdefinition als „die Klasse aller hierarchieerhaltenden, term-
erzeugten Modelle, die die gegebenen Axiome erfüllen" zu definieren (vgl. [BBB
85]). Ein Modell ist dabei eine konkrete Struktur (die durch den mathematischen
Begriff *Algebra* präzisiert wird) mit konkreten Objektmengen und Operationen auf
diesen, die außerdem die vorgegebenen Gesetzmäßigkeiten erfüllen. Mit *termer-
zeugt* soll zum Ausdruck gebracht werden, dass alle (konkreten) Objekte durch
(endlichmalige) Anwendung der vorhandenen Operationen dargestellt werden kön-

nen, und *hierarchieerhaltend* stellt sicher, dass Typdefinitionen, die hierarchisch zusammenhängen, unabhängig voneinander betrachtet werden können.

Implizit enthält diese letzte Definition (wie auch das obige Beispiel) bereits die Besonderheiten des Ansatzes aus [BBB 85], auf den wir uns beziehen:

— Möglichkeit der hierarchischen Strukturierung
— weitreichende Freiheiten bei der Implementation als Folge der speziellen semantischen Definition
— Unterstützung der Spezifikation partiell definierter Operationen
— größtmögliche Freiheit in der Formulierung der definierenden Eigenschaften.

All diese Besonderheiten, sowie einige weitere (z.B. zur Differenzierung bestimmter semantischer Aspekte), finden sich auch in dem Formalismus CASL (*Common Algebraic Specification Language*), vgl. [BM 04a, CoF 04].

Die algebraisch-axiomatische Definition von Bestell-Listen (vgl. Abb. 3.5.14) in der Notation von CASL findet sich in Abb. 3.5.15.

```
spec ARTIKEL =
     NAT
and  STRING
then sort  art-nr
     op    art-bez: art-nr → String
     ∀ a1, a2 : art-nr • art-bez(a1) = art-bez(a2) ⇒ a1 = a2
end

spec BESTELL-POSTEN =
     NAT
and  ARTIKEL
then free type best-post ::= posten-erstellen(best-nr: art-nr, menge: nat)
end

spec LIST [sort s]  =
     free type list-of-s ::= empty | add(s; list-of-s)
     ops  first : list-of-s →? s
          rest : list-of-s →? list-of-s
     ∀ x : s; l : list-of-s
     • ¬ def first(empty)
     • ¬ def rest(empty)
     • first(add(x, l)) = x
     • rest(add(x, l)) = x
end

spec BESTELL-LISTE  =
     LIST [BESTELL-POSTEN] with  sort  list-of-s ↦ best-liste
                                 ops   empty ↦ leere-liste
                                       add   ↦ hinzufügen
                                       first ↦ erster-posten
end
```

Abb. 3.5.15. Algebraisch-axiomatische Definition von Bestell-Listen in der Notation von CASL

Die Spezifikation ARTIKEL erweitert die (hier nicht explizit angegebenen) Spezifikationen von NAT und STRING. Dies entspricht im Prinzip der **basedon**-Beziehung in Abb. 3.5.14. Die „Export-Schnittstelle" in CASL umfasst alle in einer **spec** definierten Objektarten und Operationen, die nicht explizit (gekennzeichnet durch **hide**) „verborgen" werden. Bei der Definition von *best-post* wird von einer Abkürzungsmöglichkeit (**free type**) für Tupelkonstruktoren und Selektionsoperationen Gebrauch gemacht, bei der (implizit) die in Abb. 3.5.14 angegebenen Funktionalitäten und Gesetze gelten. Auf ähnliche Art wird in der Spezifikation von LIST die Objektart *list-of-s* durch die beiden Konstruktoren *empty* und *add* definiert, wobei **free** sicherstellt, dass alle Objekte der Objektart *list-of-s* durch die beiden Konstruktoren erzeugbar und diese außerdem verschieden sind. Dadurch kann man hier auch auf die Operation *is-empty* verzichten. Dass die beiden zusätzlichen Operationen *first* und *rest* partiell sein sollen, drückt die Notation →? aus. Die beiden ersten Axiome von LIST geben zusätzlich an, für welche Argumente *first* und *rest* undefiniert sein sollen. Auch dafür hätte es in CASL wieder eine entsprechende Abkürzung gegeben. Die Notation [**sort** *s*] (hinter LIST) gibt an, dass die Spezifikation von LIST mit der Objektsorte *s* parametrisiert ist. In der Spezifikation von BESTELL-LISTE wird dieser Parameter mit BESTELL-POSTEN instantiiert. Die Umbenennung der durch LIST definierten Objektarten und Operationen wird in CASL explizit (gekennzeichnet durch **with**) wie bei der Spezifikation von BESTELL-LISTE angegeben. Nicht angegebene Bestandteile (wie etwa die Operation *rest*) werden dabei nicht umbenannt.

Für algebraisch-axiomatische Spezifikationen gibt es keine expliziten Kontrollstrukturen. Implizit allerdings lassen sich kausale Zusammenhänge durch entsprechende Schachtelung von Operationen darstellen, die das funktionale Verhalten deutlich machen (vgl. auch 3.3.6).

Bezüglich Datenstrukturen sind folgende Aspekte hervorzuheben:

— *Datenverfeinerung* ist bis zu jedem gewünschten Grad möglich
— *Datenabstraktion* ist Bestandteil der Grundphilosophie
— Durch die strenge *Typisierung* ist die Grundlage für syntaktische und (rechnergestützte) semantische Konsistenzprüfungen geschaffen.

Der algebraische Ansatz (wie oben dargestellt) erlaubt drei prinzipielle Strukturierungsmöglichkeiten: *Standard-Typschemata* (und deren *Instantiierung*) sind Mechanismen zur Abkürzung und dienen somit der kompakten und übersichtlichen Darstellung. *Hierarchische Unterordnung* (gekennzeichnet durch **basedon**) drückt eine Enthaltensein-Relation aus, durch die sich die Hierarchiestruktur eines azyklischen, gerichteten, endlichen Graphen ergibt. Die Möglichkeit der *Parametrisierung* dient ebenfalls einer ökonomischen, kompakten und übersichtlichen Darstellung. Insbesondere lassen sich dadurch Ähnlichkeiten und Verwandtschaften von Typen gut erfassen und man kann so das Wesentliche einer Struktur darstellen. In CASL sind zudem weitere Möglichkeiten zur Strukturierung komplexer Spezifikationen zu finden.

Eine detaillierte Methodik zur Erstellung einer algebraisch-axiomatischen Spezifikation gibt es nicht. Eine brauchbare grobe Vorgehensweise ist die folgende:

1. Objektarten und Operationen in den informellen Anforderungen identifizieren

2. Objektarten und Operationen (einschließlich Funktionalitäten) einzelnen Typen zuordnen und deren Zusammenhänge festlegen
3. Durch einfache syntaktische Analyse der Typdefinition weitere Objektarten und Operationen ermitteln
4. Alle Operationen semantisch charakterisieren
5. Auf semantische Eigenschaften (wie Konsistenz oder hinreichende Vollständigkeit) und auf Adäquatheit prüfen.

Hinsichtlich des Übergangs zu Entwurf und Implementation gibt es mehrere Möglichkeiten (die alle innerhalb desselben methodischen Rahmens bleiben):

— Direkte (formale) Umformung in eine (algebraische) Entwurfsdefinition
— (Formale) Verifikation neuer (algebraischer) Entwurfsdefinitionen
— Verwendung formaler Entwicklungsmethoden, z.B. Programmtransformationen oder (schrittweise) Umformung durch Verfeinerung (*refinement*).

Was die Flexibilität der Ausdrucksmöglichkeiten betrifft, so ist klar, dass jeder streng formale Ansatz gegenüber natürlicher Sprache eingeschränkt ist. Dies ist im Prinzip auch bei der algebraisch-axiomatischen Spezifikation so. Zum großen Teil wird dies aber dadurch kompensiert, dass zur Formulierung der charakteristischen Eigenschaften beliebige prädikatenlogische Formeln (einschließlich Existenzquantoren) zugelassen sind, man also die volle Ausdrucksmächtigkeit der Prädikatenlogik (vgl. 3.2.7) zur Verfügung hat.

Die algebraisch-axiomatische Beschreibung eines Systems ist sicherlich schwieriger zu erlernen als weniger formale Formalismen. Der Lernaufwand ist aber vermutlich geringer als für jedes neue Programmierparadigma. Trotz Formalisierung lassen sich algebraische Anforderungsdefinitionen auch relativ leicht verstehen, insbesondere wenn man die Möglichkeit der Übersetzung in verschiedene „Externformen" (Umgangssprache, Tabellen, graphische Darstellungen) ausnutzt.

Die praktischen Erfahrungen mit dem algebraisch-axiomatischen Ansatz sind noch nicht sehr groß, aber stetig zunehmend. Einige frühe Beispiele unterschiedlicher Größenordnungen sind ein zeilenorientierter Editor in [Par 90], der Kern eines Transformationssystems in [BEH 87], ein bildschirmorientierter Editor [Fei 90], der Macintosh Toolbox Event Manager in [BCG 89] sowie substantielle Teile von MS Word in [Wij 92]. Die weitestgehend vollständige Spezifikation des Kontrollsystems einer Dampfturbine (*steam boiler*) sowie Hinweise auf weitere Beispiele finden sich in [BM 04a].

Der algebraisch-axiomatische Ansatz ist ein vollständig formaler Ansatz und erfüllt somit die Grundvoraussetzung für jegliche Art von Rechnerunterstützung. Integrierte, praktisch einsetzbare Werkzeuge, die die Fülle der Möglichkeiten umfassend ausschöpfen, gibt es jedoch noch nicht, allerdings seit längerem schon eine Reihe experimenteller Systeme, die zumindest Teilaspekte einer möglichen Werkzeugunterstützung einigermaßen abdecken.

Der Hauptvorteil der algebraisch-axiomatischen Methode ist ihr hoher Grad an Abstraktheit und formal fassbarer Präzision, wodurch insbesondere auch semantische Überprüfungen ermöglicht werden. Ebenfalls positiv zu erwähnen sind der durchgängige methodische Rahmen und die Möglichkeit der Adäquatheitsprüfung durch formale Ableitung redundanter Information. Es gibt aber auch Nachteile: Neben dem schon erwähnten Fehlen einer umfassenden Werkzeugunterstützung ist etwa die Formulierung nicht-funktionaler Anforderungen nicht möglich, und die endgültige breite Bewährung des Ansatzes in der Praxis steht immer noch aus.

3.5.3 Modellbasierte Beschreibung

Ähnlich wie die algebraisch-axiomatische Beschreibungsmethode wurde die Technik der modellbasierten Beschreibung Mitte der 70er Jahre zur formalen implementierungsunabhängigen Spezifikation von Datenstrukturen und sicherheitskritischen Anwendungen eingeführt. Derzeit populäre Vertreter dieser Richtung sind (nach wie vor) VDM (vgl. [Jon 90, Daw 91]) und Z (vgl. [Spi 92]). Für beide gibt es mittlerweile auch Erweiterungen um hierarchische (meist objektorientierte) Strukturierung oder Einbeziehung von Zeitaspekten.

Die Grundidee der modellbasierten Beschreibung besteht in einer expliziten Modellierung von *Daten* und *Systemzuständen* durch mathematische Konstruktionen und einer deklarativen Beschreibung von *Operationen* durch ihre Wirkung auf den modellierten Systemzustand. Dies wird im Folgenden anhand von Z erläutert.

Die in Z verwendeten Grundformalismen sind einerseits *konstruktive Mengenlehre* (zur Beschreibung von Daten und Systemzuständen) und andererseits *Prädikatenlogik* (zur Darstellung der Beziehungen zwischen Ein- und Ausgabedatenmengen von Operationen). Die Notation von Z basiert auf mathematischen Standardnotationen wie sie etwa in der axiomatischen Mengenlehre, dem Lambda-Kalkül oder der Prädikatenlogik erster Stufe verwendet werden.

Ein Z-Dokument besteht aus einem erklärenden, informellen Prosatext, in den formale Z-Texte eingebettet sind. Ein solcher *Z-Text* besteht zum einen aus *Definitionen*, die Bezeichnern eine Bedeutung zuordnen, und *Einschränkungen* (Prädikate), die Beziehungen herstellen.

Definitionen gibt es in verschiedenen Formen: Grundmengendefinitionen, freie Typdefinitionen, Abkürzungsdefinitionen, axiomatische Definitionen sowie Schemadefinitionen.

Grundmengendefinitionen legen die Basismengen fest. Sie umfassen vordefinierte Mengen, z.B.

$\mathbb{N}$: Menge der natürlichen Zahlen,
$\mathbb{Z}$: Menge der ganzen Zahlen,
$\mathbb{B}$: Menge der Wahrheitswerte

sowie die Definition weiterer (primitiver, nicht explizit definierter) Basismengen, wie etwa

   [*NAME, DATUM, MITARBEITER, STRING, ARTID, PREIS*].

Freie Typdefinitionen erlauben die Einführung neuer Typen durch Aufzählungen oder rekursive Definitionen. Beispiele dafür finden sich in Abb. 3.5.16. Hier wird etwa festgelegt, dass die (als primitiv anzusehenden) Objekte *direktor, buchhalter, abteilungsleiter, angestellter* und *lagerarbeiter* zu einem Typ *ROLLE* zusammengefasst werden. Und ein binärer Baum wird (rekursiv) definiert als entweder leer (*leererBaum*) oder bestehend aus einem Tripel (*neuerBaum* 《$\mathbb{N} \times$ *BAUM* $\times$ *BAUM*》) mit einer natürlichen Zahl (als Wurzelmarkierung) und zwei Binärbäumen als Komponenten.

Aufzählung

> *ROLLE* ::= *direktor* | *buchhalter* | *abteilungsleiter* | *angestellter* | *lagerarbeiter*
> *BERICHT* ::= *ok* | *bereitsVorhanden* | *nichtVorhanden*

rekursive Definition

> *BAUM* ::= *leererBaum* | *neuerBaum* 《$\mathbb{N} \times$ *BAUM* $\times$ *BAUM*》

Abb. 3.5.16. Freie Typdefinitionen

Mit *Abkürzungsdefinitionen* können Synonyme für Konstanten oder Typen festgelegt werden. In Abb. 3.5.17 wird so für die Konstante 0.19 die Bezeichnung *mwstSatz* eingeführt sowie für Paare des Typs ($\mathbb{N}$, *STRING*) die (Typ-)Bezeichnung *ARTIKEL*.

> *mwstSatz* == 0.19
> *ARTIKEL* == ($\mathbb{N}$, *STRING*)

Abb. 3.5.17. Abkürzungsdefinitionen

Globale Konstanten

> *heute* : *DATUM*
> *diff* : *DATUM* $\times$ *DATUM* $\to$ $\mathbb{N}$
> *alter* : *MITARBEITER* $\to$ $\mathbb{N}$
> *tätigkeit* : *MITARBEITER* $\to$ *ROLLE*
> *hans* : *MITARBEITER*

Globale Konstanten mit Einschränkungen

> *nmax* : $\mathbb{Z}$
> ———
> *nmax* $\le$ 9999

Abb. 3.5.18. Axiomatische Definitionen: Globale Konstanten

Axiomatische Definitionen erlauben die Einführung globaler Konstanten (mit und ohne Einschränkung) und globaler Funktionen (mit expliziter oder impliziter Definition). Globale Konstanten bestehen aus einer Bezeichnung mit Typangabe. Beispiele dafür finden sich in Abb. 3.5.18, wo etwa *heute* als eine Konstante vom Typ *DATUM* definiert wird oder *diff* als eine Funktion mit dem Abbildungstyp *DATUM* $\times$ *DATUM* $\to$ $\mathbb{N}$. Bei globalen Konstanten mit Einschränkungen kommt ein Prädikat hinzu, das die erlaubten Werte einschränkt. In diesem Sinn werden in

Abb. 3.5.18 die Werte von *nmax* auf diejenigen ganzen Zahlen beschränkt, die höchstens vierstellig sind.

Globale Funktionen (mit expliziter Definition)

> *gesamtPreis* : *PREIS* $\longrightarrow$ *PREIS*
>
> ---
>
> $\forall$ *p* : *PREIS* $\bullet$ *gesamtPreis*(*p*) = *p* + *p* * *mwstSatz*

Globale Funktionen (mit impliziter Definition)

> *encode* : *DATUM* $\rightarrowtail$ $\mathbb{N}$
> *decode* : $\mathbb{N}$ $\twoheadrightarrow$ *DATUM*
>
> ---
>
> *encode* = *decode*~

Abb. 3.5.19. Axiomatische Definitionen: Globale Funktionen

Die Funktion *gesamtPreis* wird in Abb. 3.5.19 dadurch *explizit* definiert, dass angegeben wird, wie ihr Wert für ein beliebiges Argument *p* zu bestimmen ist. Die Funktionen *encode* und *decode* dagegen werden *implizit* dadurch charakterisiert, dass *encode* als Inverse zu *decode* definiert wird, wofür das Zeichen ~ steht. Die in der Typangabe verwendeten Pfeile $\rightarrowtail$ und $\twoheadrightarrow$ geben an, dass die betreffenden Funktionen injektiv bzw. partiell und surjektiv sind.

Schemadefinitionen dienen der Beschreibung von *Zustandsmengen* (als jeweils die Menge aller Objekte, die zur betreffenden Beschreibung passen) und *Operationen* (auf den Zustandsmengen). Ihr allgemeiner Aufbau findet sich in Abb. 3.5.20.

> ___ *S* _________
> | *D*
> |___________
> | *P*
> |___________

wobei

- *S*: Bezeichnung des Schemas
- *D*: Definitionen
- *P*: Prädikate (Einschränkungen)

Abb. 3.5.20. Aufbau von Schemata

Anstelle der in Abb. 3.5.20 angegebenen graphischen Form ist alternativ auch die textuelle Form $S \cong [D \mid P]$ möglich.

Zur Schreibabkürzung gelten für Bezeichner *x* in Schemata die folgenden Konventionen:

x Zustand vorher

x' Zustand nachher

$x?$ Eingabe

$x!$ Ausgabe.

Beispiele, wie Schemata zur Definition von Zustandsmengen verwendet werden können, finden sich in Abb. 3.5.21. Das Schema *Person* definiert die drei Konstanten *persNr* (vom Typ $\mathbb{N}$), *name* (vom Typ *STRING*) und *eintrittsDatum* (vom Typ *DATUM*), von denen *persNr* durch $1000 < persNr \le nmax$ auf vierstellige positive Werte eingeschränkt wird. Das Schema *Lager* definiert eine Konstante *vorhanden* (vom Typ $\mathbb{P}$*ARTID*, d.h. eine Menge von *ARTID*) und eine partielle Funktion (ausgedrückt durch $\rightarrowtail$) *bestand*, die Artikelbezeichner (vom Typ *ARTID*) mit Artikeln (vom Typ *ARTIKEL*) assoziiert. Die Einschränkung *vorhanden* = dom *bestand* legt fest, dass der Wert von *vorhanden* mit dem Definitionsbereich von *bestand* übereinstimmt.

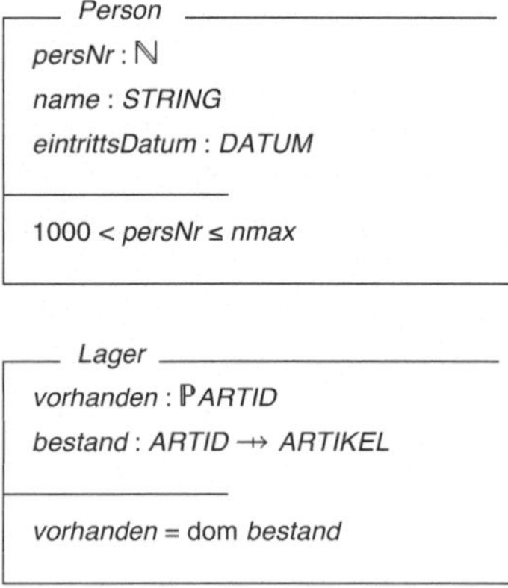

Abb. 3.5.21. Schemata für Zustandsmengen

Der Mechanismus der *Schemainklusion* erlaubt es, Schemata inkrementell aufzubauen und ist durch Einsetzung definiert. Eine im Definitionsteil eines Schemas S vorkommende Schemabezeichnung T ist eine Abkürzung dafür, dass an dieser Stelle die Definitionen von T einzufügen sind und die Einschränkungen von S konjunktiv mit denen von T zu erweitern sind. Ein entsprechendes Beispiel gibt Abb. 3.5.22, wobei für *Person* die Definition aus Abb. 3.5.21 unterstellt ist.

Schemainklusion ist auch eine der Möglichkeiten zur Beschreibung von Operationen durch einzelne Schemata. Weitere Möglichkeiten sind Schemaerweiterung mit und ohne Zustandsänderung.

Ein Beispiel der Beschreibung einer Operation durch Schemainklusion gibt Abb. 3.5.23, wo durch Hinzufügen der Einschränkung *vorhanden* = $\varnothing$ die Menge *vorhanden* des Schemas *Lager* mit der leeren Menge initialisiert wird (und indirekt, über die Einschränkung von *Lager*, *bestand* mit der leeren Abbildung).

```
┌─ Personal ─────────────────────────────────
│ Person
│ tätigkeit : ROLLE
│ prokura : 𝔹
├────────────────────────────────────────────
│ prokura = tätigkeit ∈ { direktor, buchhalter, abteilungsleiter }
└────────────────────────────────────────────
```

als Abkürzung für

```
┌─ Personal ─────────────────────────────────
│ persNr : ℕ
│ name : STRING
│ eintrittsDatum : DATUM
│ tätigkeit : ROLLE
│ prokura : 𝔹
├────────────────────────────────────────────
│ 1000 < persNr ≤ nmax ∧ prokura = tätigkeit ∈ { direktor, buchhalter, abteilungsleiter }
└────────────────────────────────────────────
```

Abb. 3.5.22. Schemainklusion

```
┌─ InitLager ────────────────
│ Lager
├────────────────────────────
│ vorhanden = ∅
└────────────────────────────
```

ist dasselbe wie

```
┌─ InitLager ────────────────
│ vorhanden : ℙ ARTID
│ bestand : ARTID ↠ ARTIKEL
├────────────────────────────
│ vorhanden = ∅  ∧  vorhanden = dom bestand
└────────────────────────────
```

Abb. 3.5.23. Beschreibung von Operationen durch Schemainklusion

Schemaerweiterung mit Zustandsänderung wird in Abb. 3.5.24 illustriert. Das Schema *FügeArtikelHinzu* hat zwei Eingabegrößen, nämlich *id?* (vom Typ *ARTID*) und *artikel?* (vom Typ *ARTIKEL*), und verändert den Zustand des Schemas *Lager* (gekennzeichnet durch Δ). Die Einschränkung *id?* ∉ *vorhanden* beschränkt die Eingaben von *FügeArtikelHinzu* auf solche Werte von *id*, die noch nicht in *vorhanden* enthalten sind. Die Einschränkung *bestand'* = *bestand* ∪ {*id?* ↦ *artikel?*} gibt an, dass sich der neue Wert von *bestand* dadurch ergibt, dass zu *bestand* die Zuordnung *id?* ↦ *artikel?* hinzugenommen wird. Wie Schemainklusion ist Schemaerweiterung durch Einsetzung definiert. Dabei erscheint, wie in Abb. 3.5.24 angegeben, jede

Variable in der Definition zweimal (für den Zustand vorher und den Zustand nachher) und die Einschränkung des erweiterten Schemas beschreibt nun den Zustand nachher.

```
┌── FügeArtikelHinzu ──────────────────
│ ΔLager
│ id? : ARTID
│ artikel? : ARTIKEL
├──────────────
│ id? ∉ vorhanden
│ bestand' = bestand ∪ {id? ↦ artikel?}
└──────────────────────────────────────
```

ist dasselbe wie

```
┌── FügeArtikelHinzu ──────────────────
│ vorhanden, vorhanden' : ℙ ARTID
│ bestand, bestand' : ARTID ⇸ ARTIKEL
│ id? : ARTID
│ artikel? : ARTIKEL
├──────────────
│ vorhanden' = dom bestand'
│ id? ∉ vorhanden
│ bestand' = bestand ∪ {id? ↦ artikel?}
└──────────────────────────────────────
```

Abb. 3.5.24. Schemaerweiterung mit Zustandsänderung

Das Prinzip der *Schemaerweiterung ohne Zustandsänderung* wird illustriert in Abb. 3.5.25. Das Schema *FindeArtikel* hat die Eingabegröße *id?* (vom Typ *ARTID*) und die Ausgabegröße *artikel!* (vom Typ *ARTIKEL*). Dabei wird der Zustand von Lager nicht verändert, was durch Ξ gekennzeichnet wird. Die Einschränkung *artikel!* = *bestand(id?)* gibt an, wie die Ausgabegröße *artikel!* definiert ist. Auch Schemaerweiterung ohne Zustandsänderung ist durch Einsetzung definiert. Dabei erscheint wieder jede Variable in der Definition zweimal, die Einschränkung des erweiterten Schemas beschreibt den Zustand nachher. Die Tatsache, dass keine Zustandsänderung erfolgt, wird durch entsprechende Einschränkungen ausgedrückt.

Die zentralen Konzepte in Z sind *Mengen* und *Prädikate*. Für die Definition von Ausdrücken und Prädikaten ist eine sehr reichhaltige Sprache vorgesehen. Zur Bildung von Ausdrücken hat man neben bekannten arithmetischen Operatoren (wie etwa +, -, *, div, mod) und Mengenoperatoren (wie etwa ∪, ∩, ×, ◁, ⊕, #) auch Operatoren zur Konstruktion verschiedener Abbildungstypen (z.B. →, ⇸, ↣, ⤚, ↦, ⤖). Um Prädikate zu bilden hat man Vergleichsoperatoren (etwa <, ≤, >, ≥, =, ≠), Mengenoperatoren (z.B. ⊂, ⊆, ⊃, ⊇, ∈, ∉), sowie die bekannten logischen Operatoren (∧, ∨, ¬, ⇒, ⇔⇔, etc.). Für Details siehe [Spi 92].

```
┌─ FindeArtikel ─────────────────────
│ Ξ Lager
│ id? : ARTID
│ artikel! : ARTIKEL
├────────────────────────────────────
│ artikel! = bestand(id?)
└────────────────────────────────────
```

ist dasselbe wie

```
┌─ FindeArtikel ─────────────────────
│ vorhanden, vorhanden' : ℙ ARTID
│ bestand, bestand' : ARTID ↣ ARTIKEL
│ id? : ARTID
│ artikel! : ARTIKEL
├────────────────────────────────────
│ vorhanden = vorhanden'
│ bestand = bestand'
│ vorhanden' = dom bestand'
│ artikel! = bestand(id?)
└────────────────────────────────────
```

Abb. 3.5.25. Schemaerweiterung ohne Zustandsänderung

Mengen dienen in Z einerseits zur konstruktiven Bildung neuer Mengen ausgehend von Grundtypen und freien Typen (wobei die Einführung einer neuen Bezeichnung durch Abkürzung möglich ist). An Möglichkeiten zur Mengenbildung hat man

– (geordnete und ungeordnete) kartesische Produkte (mit Standardselektoren);
– (endliche oder potentiell unendliche) Potenzmengen (gekennzeichnet durch $\mathbb{F}$ bzw. $\mathbb{P}$), z.B. $\mathbb{P}$*MITARBEITER* oder $\mathbb{F}$*DATUM*; sowie
– Einschränkungen durch Prädikate, z.B.
$\{\, x : MITARBEITER \mid alter(x) \geq 18 \,\}$ („Menge aller volljährigen Mitarbeiter") oder
$\{\, x, y : MITARBEITER \mid x\ istVorgesetzterVon\ y \,\}$.

Andererseits lassen sich andere Konzepte von Z auf Mengen zurückführen, etwa

– Relationen $R : X \leftrightarrow Y$ (als Mengen von Paaren)
$R \subseteq \mathbb{P}(X \times Y)$
– (partielle) Funktionen $f : X \twoheadrightarrow Y$ (als spezielle Relationen)
$f : X \leftrightarrow Y \mid \forall\, x : X;\, y_1, y_2 : Y \bullet (x \mapsto y_1) \in f \wedge (x \mapsto y_2) \in f \Rightarrow y_1 = y_2$
– Listen $l : \mathrm{seq}\, X$ (als partielle Funktionen)
$l : \mathbb{N} \twoheadrightarrow X \mid \mathrm{dom}\, l = 1\, ..\#l$.

Die Erstellung einer Anforderungsdefinition in Z besteht im Aufbau komplexer Schemata durch *Schemakomposition* (Prädikatenlogik über Schemata). Eine andere Möglichkeit sind Z-ADT (Z *Abstract Data Types*, vgl. [DB 01]). Für den Übergang zu Entwurf und Implementierung ist eine spezielle *refinement*-Relation vorgese-

hen, die eine logische Beziehung zwischen „Spezifikations"- und „Implementie-
rungs"-Schemata herstellt.

```
┌─── Ok ──────────────────────────────────
│ resultat! : BERICHT
│ ────────────────
│ resultat! = ok
└──────────────────────────────────────────
```

```
┌─── BereitsVorhanden ─────────────────────
│ ΞLager
│ id? : ARTID
│ resultat! : BERICHT
│ ──────────────
│ id? ∈ vorhanden
│ resultat! = bereitsVorhanden
└──────────────────────────────────────────
```

```
┌─── NichtVorhanden ───────────────────────
│ ΞLager
│ id? : ARTID
│ resultat! : BERICHT
│ ──────────────
│ id? ∉ vorhanden
│ resultat! = NichtVorhanden
└──────────────────────────────────────────
```

Abb. 3.5.26. Schemata zur Fehlerbehandlung

Ein einfaches Beispiel zur Illustration des Prinzips der Schemakomposition ist
die Erweiterung der Operation *FügeArtikelHinzu* um eine „Fehlerbehandlung", die
über eine Ausgabegröße *resultat!* über Erfolg oder Misserfolg des Hinzufügens informiert. Zu diesem Zweck definiert man wie in Abb. 3.5.26 drei neue Schemata,
von denen das eine (*Ok*) den (primitiven) Wert *ok* liefert und die beiden anderen die
(primitiven) Werte *bereitsVorhanden* bzw. *nichtVorhanden*. Mit Hilfe dieser drei
Schemata lässt sich dann die gewünschte Erweiterung von *FügeArtikelHinzu* durch

$$RFügeArtikelHinzu \,\widehat{=}\, (FügeArtikelHinzu \wedge Ok) \vee BereitsVorhanden.$$

spezifizieren. Analog könnte *FindeArtikel* durch

$$RFindeArtikel \,\widehat{=}\, (FindeArtikel \wedge Ok) \vee NichtVorhanden$$

ebenfalls um eine derartige Fehlerbehandlung erweitert werden.

Z kann sehr flexibel verwendet werden, da das Abstraktionsniveau nicht festgelegt ist, sondern (durch geeignete Wahl von Primitiven) vom Benutzer bestimmt
wird. Beschreibungen in Z sind auch mit vertretbarem Aufwand verständlich. Dazu
trägt vor allem die Mischung aus formalem und informellem Text und die Verwendung der definierten Bezeichnungen im erklärenden Text bei. Der Lernaufwand ist
im Prinzip relativ gering, da nur grundlegende Kenntnisse aus der Mathematik

erforderlich sind (vgl. aber [Fin 96b]). Hinzu kommt, dass in allen Z-Konstrukten Deklarationen und einschränkende Prädikate in einer einheitlichen Form verwendet werden (vgl. Abb. 3.5.27).

Schemata

$$S \; \widehat{=}\; [x:\mathbb{Z} \mid x>0]$$

bzw. $S \; \widehat{=}\; [x:\mathbb{Z} \mid x>0]$

axiomatische Definitionen

bzw. $x:\mathbb{Z} \mid x>0$

Prädikate

$$\forall x:\mathbb{Z} \mid x>0 \bullet f(x)<7$$

Mengenkonstruktionen

$$\{\, x:\mathbb{Z} \mid x>0 \bullet x*x \,\}$$

Funktionsausdrücke

$$\lambda x:\mathbb{Z} \mid x>0 \bullet x*x$$

Elementausdrücke

$$\mu x:\mathbb{Z} \mid x*x = 49 \bullet 2*x$$

Abb. 3.5.27. Einheitliche Verwendung von Deklarationen und einschränkenden Prädikaten

An Werkzeugen, die den Z-Ansatz unterstützen, gibt es zum einen erweiterte Texteditoren, die vor allem die Mischung von formalem und informellem Text unterstützen, zum anderen spezielle Werkzeuge für die Syntax- und Typprüfung (z.B. CADiZ, [YSE 93]). Außerdem gibt es Beweiser (z.B. Z/EVES, vgl. [MS 96, Saa 97], PPZed [Pro 09]) und ein Werkzeug zur Animation (PIZA, vgl. [HOS 97]). Eine Übersicht über Z-Werkzeuge gibt [CZT 09].

Z ist klein, einfach, verständlich und durch seinen Schemakalkül modular. Es hat ein einfaches, prüfbares Typkonzept und akzeptable Werkzeuge. Z ist standardisiert (vgl. [ISO 02]) und es gibt eine Fülle von Literatur über Z (vgl. [ZB 98] oder einschlägige neuere Tagungsbände, z.B. die der ABZ-Konferenzserie [ABZ 09]). Z wurde auch bereits erfolgreich in der Praxis eingesetzt (z.B. CICS Application Programming Interface, IBM, vgl. [CNS 89], sowie danach in zahlreichen Soft- oder Hardwareprojekten in ganz unterschiedlichen Anwendungsbereichen, etwa Finanzen oder sicherheitskritische Systeme). Über seine Verwendung in Anforderungsdefinitionen hinaus ist es vielseitig einsetzbar, z.B. für wissenschaftliche Texte, zur Beschreibung von Integritätsbedingungen oder für die formale Programmentwicklung.

Als eine Weiterentwicklung von Z kann der Formalismus B (vgl. [Lan 96, Wor 96] gesehen werden. Verglichen mit Z ist B etwas mehr auf die Umsetzung in Code (anstatt primär auf formale Spezifikation) ausgerichtet. Für B gibt es vielfältige (auch kommerzielle) Werkzeuge (vgl. [BW 09]), z.B. für Spezifikation, Beweisen und Codeerzeugung. Wie Z wurde auch B erfolgreich in der Praxis eingesetzt, vor allem für sicherheitskritische Anwendungen. Als Weiterentwicklung von B gibt es inzwischen Event-B (vgl. [Rod 09]).

VDM (mit seiner Spezifikationssprache VDM-SL) basiert im Wesentlichen auf den gleichen Konzepten wie Z (vgl. [HJN 94]), verwendet jedoch Bereichstheorie statt Mengenlehre. Operationen werden in VDM durch Vor- und Nachbedingungen (und nicht implizit wie in Z) spezifiziert. Anders als Z unterstützt VDM keinen Schemakalkül, hat aber ebenfalls Regeln zur Verfeinerung von Daten und Operationen. Dadurch können die Verbindungen zwischen abstrakten Anforderungsdefinitionen, und detaillierten Entwurfsspezifikationen bis hin zu Code hergestellt werden. Auch werden Spezifikationen nur formal angegeben (und nicht in einen Prosatext integriert). Wie Z ist auch VDM gleichermaßen werkzeugunterstützt (vgl. [VDM 09a]), ebenfalls standardisiert (vgl. [ISO 96]) und auch bereits erfolgreich in der Praxis (in verschiedenen Bereichen) eingesetzt.

3.5.4 Abstract State Machines

Abstract State Machines (kurz: ASMs) gehen auf die Arbeiten von Yuri Gurevich zu „evolving algebras" (vgl. [Gur 91, Gur 93]) zurück. Sie lassen sich plakativ durch „ASM = Abstract State + Abstract Machine" (vgl. [Bör 99]) charakterisieren. ASMs sind Zustandsübergangssysteme, die auf „abstrakten Zuständen" arbeiten und durch endliche Mengen von Transitionsregeln („Abstract Machine") definiert sind. Nach [SSB 01] könnte man sie auch vereinfacht als „Pseudocode über abstrakten Daten" sehen. Eine gute Einführung und detaillierte Behandlung von ASMs finden sich in [BS 03].

Ein (abstrakter) Zustand einer ASM ist kein Zustand im üblichen Sinn. Es ist insbesondere nicht das Vorliegen von Bedingungen (wie bei Ereignistabellen, vgl. 3.4.2), keine atomare Einheit (wie etwa bei Zustandsautomaten, vgl. 3.4.3), keine Kollektion von Werten (wie bei Objekten, vgl. 3.5.1) und auch keine Funktion (die Variablen ihre Werte zu einem bestimmten Zeitpunkt zuordnet). Ein abstrakter *Zustand* ist vielmehr eine Σ-Algebra, d.h. eine mathematische Struktur (siehe auch 3.5.2). Diese Struktur besteht aus einer Menge (*Universum*) getypter Objekte (*Konstanten*), Grundoperationen (partielle Funktionen) auf diesen Objekten sowie Prädikaten (bzw. Attributen oder Relationen, dargestellt durch Boole'sche Funktionen), die alle zu einer vorgegebenen Signatur Σ „passen".

Die *Signatur* Σ, die einem Zustand zugrunde liegt, ist eine endliche Menge von Funktionsnamen, denen eine nichtnegative ganze Zahl als Stelligkeit zugeordnet ist. Die Stelligkeit legt die Anzahl der Argumente der betreffenden Funktion fest. Hat die Stelligkeit den Wert 0, handelt es sich bei der zugehörigen Funktion um eine Konstante. Funktionsnamen können statisch oder dynamisch sein (s.u.). Dynamische 0-stellige Funktionsnamen entsprechen dann den Variablen in Programmiersprachen.

Das „Transitionssystem" einer ASM ist eine (endliche) Menge von *Übergangsregeln* der Form

if Condition **then** Updates.

Dabei ist (der „guard") Condition eine variablenfreie prädikatenlogische Formel erster Ordnung (die zu wahr oder falsch ausgewertet werden kann) und Updates umfasst (endliche viele) Funktionsabänderungen der Form

$f(t_1, ..., t_n) := t,$

wobei f eine n-stellige (dynamische, s.u.) Funktion und t, t_i $(1 \leq i \leq n)$ variablenfreie Terme sind.

Die Semantik einer Übergangsregel ist wie folgt festgelegt: Wenn im aktuellen Zustand Condition zutrifft, erfolgt die Funktionsabänderung für f und führt in einen neuen Zustand. Wenn die Funktion f bereits definiert ist, wird dabei ihr Wert für die Argumente t_1, ..., t_n zu t abgeändert, andernfalls wird f für dieses Argumenttupel entsprechend definiert. Andere Argumenttupel und andere Funktionen bleiben unverändert. Partielle Funktionen f werden für nicht definiertes f(x) durch f(x) = undef totalisiert, wobei undef ein fester spezieller Wert ist. Wenn f eine 0-stellige Funktion ist, hat Updates die (vereinfachte) Form

$f := t.$

In jedem Zustand und *Ausführungsschritt* werden alle anwendbaren Regeln *gleichzeitig* angewandt und führen so in einen neuen Zustand. Dadurch wird von irrelevanten Reihenfolgen von Funktionsabänderungen abstrahiert. Jeder Ausführungsschritt einer ASM ist atomar und hat keine Seiteneffekte. Die Durchführung des Schritts setzt voraus, dass die Updates *konsistent* sind, d.h. es dürfen keine *Konflikte* vorliegen, bei denen verschiedene Funktionsabänderungen dieselben Terme betreffen. Falls gewünscht oder sinnvoll können in einer ASM auch deklarative Aspekte berücksichtigt werden, z.B. Integritätsbedingungen oder zusätzliche Annahmen über den Zustand, die Umgebung und die Anwendbarkeit von Regeln.

choose x **with** φ **do** R	(führe R aus für ein beliebiges x, das φ erfüllt)
forall x **with** φ **do** R	(führe R aus für alle x die φ erfüllen)
R **par** S	(R und S werden parallel ausgeführt)
R **seq** S	(erst wird R ausgeführt, danach S)
let x = t **in** R	(weise x t zu und führe dann R aus)
R **where** x = t	(führe R aus mit t für x)
if φ **then** R **else** S	(falls φ wahr ist, wird R ausgeführt, ansonsten S)
$r(x_1, ..., x_n) = R$	(Regeldefinition: bei Aufruf $r(t_1, ..., t_n)$ der mit r benannten Regel werden im Rumpf R alle x_i durch t_n ersetzt und dann R ausgeführt)

Abb. 3.5.28. Zusätzliche Notation für die Definition von ASMs

Über die einfachen Übergangsregeln hinaus gibt es für ASM-Beschreibungen zusätzliche Notation (vgl. [SSB 01, BS 03]), die aber keinen Einfluss auf die Ausdrucksmächtigkeit hat. Einen Überblick über diese Notation gibt Abb. 3.5.28. Ein einfaches Beispiel einer ASM, das die erweiterte Notation verwendet, findet sich in Abb. 3.5.29. Dabei bedeutet Channel(self, dst) $\approx$ {msg}, dass die Botschaft msg dem Kanal von self nach dst hinzugefügt wird.

Informeller Text
> *„Wenn der Druck im Kessel den Grenzwert überschreitet, soll das System den Kessel-Druckalarm auf „TRUE" setzen, eine Warnung an die aktuelle Überwachungsstation absetzen und in den Notfall-Zustand übergehen"*

ASM-Modellierung

```
if überschreitet(Druck(Kessel), Grenzwert) then
    Druckalarm(Kessel) := TRUE
    SEND(Warnmeldung, Überwachungsstation(aktuell))
    State(self) := Notfall
where
    SEND(msg, dst) = Channel(self, dst) := Channel(self, dst) ≈ {msg}
```

Abb. 3.5.29. Beispiel: Drucküberwachung (ASM)

Die einfachste Ausprägung von ASMs sind sog. *sequentielle ASMs*. In dieser ursprünglichen Form führt ein einzelner *Agent* ein ASM-Programm in einer Folge von Berechnungsschritten aus, wobei er ggf. mit seiner Umgebung interagiert. Dadurch wird das Verhalten eines sequentiellen Systems beschrieben.

Daneben gibt es auch *verteilte ASMs* (oder auch: *Multi-Agenten-ASMs*), bei denen mehrere Agenten ihre Programme konkurrierend ausführen. Verteilte ASMs sind so definiert, dass sie eine brauchbare theoretische Grundlage für eine kohärente globale Systemsicht für konkurrierende sequentielle Berechnungen mehrerer Agenten bieten. Dabei führt jeder Agent seine eigene sequentielle ASM aus, jeweils in seinem individuellen Tempo mit atomaren Aktionen auf seinem individuellen lokalen Zustand, einschließlich Eingabe aus der Umgebung in der Form überwachter Funktionen (s.u.). Die zugrunde liegende formale Definition der Semantik stellt dabei sicher, dass für jeden endlichen initialen Abschnitt eines verteilten Ablaufs, jede lineare Reihenfolge („Interleaving") der einzelnen Aktionen dieselbe globale Sicht auf den Ergebniszustand des betrachteten Abschnitts ergibt. Das bedeutet insbesondere, dass Schritte verschiedener Agenten unabhängig voneinander sind und deshalb in beliebiger Weise relativ zueinander zeitlich angeordnet („scheduled") werden können, ohne dass dadurch der Ergebniszustand des verteilten Ablaufs beeinflusst wird.

In einer ASM kann man die Funktionen auch verschiedenen Kategorien zuordnen. *Statische Funktionen* sind solche, die nie verändert werden. *Dynamische Funktionen* ändern ihre Werte durch Updates, die durch die ASM oder ihre Umgebung (üblicherweise aufgefasst als entsprechender Agent) verursacht werden. Dynamische Funktionen werden zusätzlich weiter differenziert: *Kontrollierte Funktionen* („controlled") werden in anderen Funktionen verwendet, aber nur durch

Regeln einer ASM verändert; *Überwachte Funktionen* („monitored") werden ausschließlich durch die Umgebung verändert; *Interaktionsfunktionen* („interaction", auch: „shared") können sowohl durch die ASM als auch die Umgebung gelesen und verändert werden. Diese verschiedenen Formen von Funktionen stellen die sog. Grundfunktionen („basic") dar. Daneben gibt es auch noch *abgeleitete Funktionen* („derived"), die weder durch die ASM noch die Umgebung verändert werden, aber mithilfe statischer und dynamischer Funktionen definiert sind. Durch diese expliziten Unterscheidungen von Funktionen werden gängige Prinzipien wie Trennung von Belangen („separation of concerns"), Geheimnisprinzip („information hiding") oder Modularisierung unterstützt. Überwachte und Interaktionsfunktionen erlauben zudem in einer Spezifikation zwischen Berechnung und Kommunikation zu unterscheiden.

Es gibt eine Fülle von Literatur über ASMs (für entsprechende Referenzen siehe [ASM 09, BS 03]). Ebenso zahlreich sind die praktischen Anwendungen. Sie umfassen zum einen den Entwurf und die Analyse realer Spezifikations- und Programmiersprachen (z.B. SDL, UML, VHDL, BPMN, Java, C, C++, Cobol, ML, Oberon, Occam, Prolog, Smalltalk) sowie zugeordneten abstrakten Maschinen und Compilern (Java/JVM, Prolog/WAM, Java/Bytecode-Verifikation, Occam). Ebenfalls behandelt wurden Soft- und Hardwarearchitekturen sowie deren Komponenten (z.B. COM, .NET, PVM, APE, Risc-Prozessoren, ASIC-Komponenten) oder Protokolle (z.B. Kermit, Kerberos). Und schließlich wurden ASMs bei diversen Benchmark-Problemen für formale Methoden (z.B. „Material Flow System", „Light Control", „Steam Boiler", „Production Cell Control", „Railroad Crossing", vgl. [ASM 09]) sowie für reale Anwendungen in der Industrie eingesetzt.

Die Analyse durch ASMs umfasst sowohl Verifikation als auch Validation. Dabei kommt sowohl mathematische Nachweisführung (durch theorem-proving oder model checking) und auch experimentelle Simulation (durch ausführbare Modelle) zum Einsatz. ASMs bieten eine mathematisch basierte Modellierungs- und Analysemethode, die sowohl im Zusammenhang mit Anforderungen (Erhebung, Spezifikation, Prüfung) als auch im Rahmen der Entwicklung durch Modellverfeinerungen eingesetzt werden kann.

An Werkzeugen für ASMs gibt es neben dem AsmL-Compiler [Asm 09a] vor allem Interpreter zur Ausführung von "ASM-Dialekten" (die in ihrer Ausdrucksmächtigkeit teilweise eingeschränkt sind). Dazu gehören CoreASM [Cor 09], XASM [XAS 09] sowie der Michigan Interpeter [Mic 09]. Darüber hinausgehende Werkzeuge bieten TASM [TAS 09] und Asmeta [Asm 09b] (einen Compiler, der ASM-Spezifikation in der Sprache AsmetaL in XMI übersetzt, einen Simulator für ASM-Spezifikationen und einen Test-Generator).

ASMs erlauben es in sehr flexibler Weise zustandsbasiertes Verhalten auf jeder beliebigen Abstraktionsebene zu formulieren. ASM-Spezifikationen bestehen häufig aus einer ganzen Reihe von ASM-Modellen, die meist mit einem sog. abstrakten *ground model* beginnen, und dann durch sukzessive Verfeinerungen weiter detailliert werden. Spezielle methodische Ansätze zur Erstellung einer ASM-Spezifikation gibt es aber nicht.

Eine klare Aussage zur (uneingeschränkten) Ausdrucksmächtigkeit von ASMs macht die „ASM-These", die Gurevich Mitte der 80er Jahre formuliert hat: „Jeder

Algorithmus kann schrittweise durch eine geeignete ASM emuliert werden". Im Jahr 2000 hat er dann die sequentiellen ASMs axiomatisiert und damit seine ASM-These bewiesen ([Gur 00]). Inzwischen wurde die Axiomatisierung und Charakterisierung sequentieller Algorithmen auf parallele und interaktive Algorithmen erweitert.

ASMs sind besonders geeignet für Zwecke des RE (vor allem für die Anforderungsermittlung und -analyse) sowie als formales Rahmenwerk für die Analyse verschiedenster Eigenschaften. Ihre Hauptvorteile sind ihr breiter Anwendungsbereich (in der Form der „verteilten ASMs" auch für größere, nebenläufige Systeme geeignet), die Ausführbarkeit von ASM-Spezifikationen (die eine frühzeitige Validation ermöglichen) sowie die Möglichkeit einer „transparenten" Implementation durch schrittweise Verfeinerung. Allerdings sind das zugrunde liegende Modellierungsprinzip und die Notation – wie bei fast allen formalen Ansätzen – gewöhnungsbedürftig und erfordern einen gewissen Lernaufwand.

3.5.5 Zusammenfassung

Bei den integrierten Formalismen werden jeweils einige der bisher separat betrachteten Aspekte (Komponentenstrukturen, Systemstrukturen, Operationen und Zustandsbegriff) in einer Darstellungstechnik integriert und meist um zusätzliche Konzepte erweitert. Eine Übersicht der Zusammenhänge findet sich in Abb. 3.5.30.

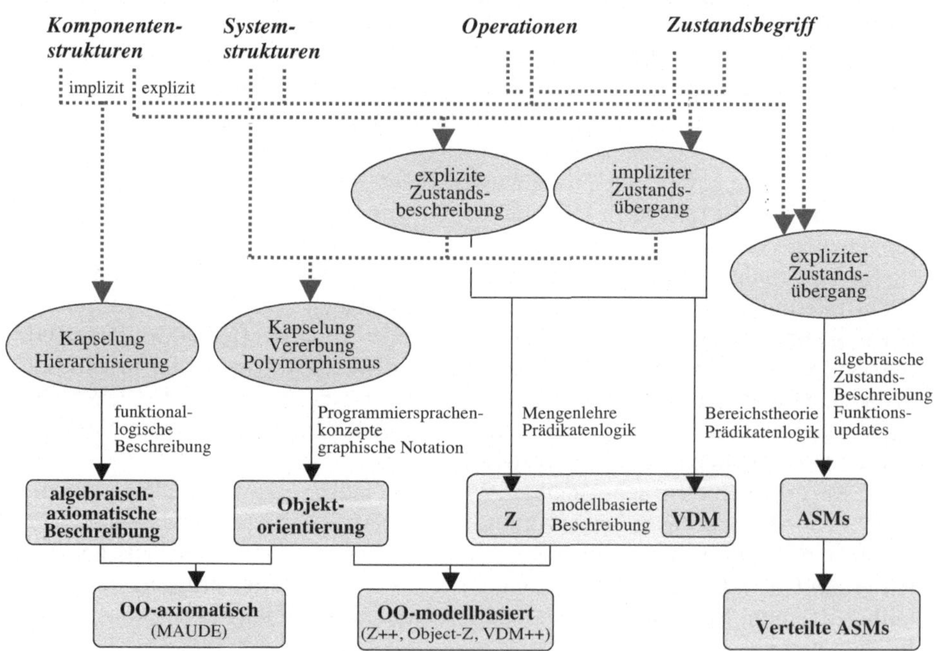

Abb. 3.5.30. Konzepte zur Modellierung kombinierter Aspekte (Übersicht)

Bei der *algebraisch-axiomatischen Beschreibung* werden eine implizite Darstellung von Komponentenstrukturen und (explizite) Darstellungen von Systemstrukturen und Operationen in algebraischen Typen gekapselt, die hierarchisch aufeinander aufgebaut sein können. Zur Darstellung der Typen verwendet man funktional-logische Beschreibungstechniken (vgl. 3.3.6 und 3.3.7).

In den anderen Formalismen (mit Ausnahme der ASMs) hat man eine explizite Zustandsbeschreibung, die aus einer expliziten Darstellung der Komponentenstrukturen und dem unterstellten Zustandsbegriff resultiert. Des Weiteren legen Operationen in Kombination mit dem Zustandsbegriff implizite Zustandsübergänge fest.

Bei der *Objektorientierung* werden diese explizite Zustandsbeschreibung und der implizite Zustandsübergang zusammen mit der Beschreibung von Systemstrukturen im Objekt- und Klassenbegriff gekapselt. Hinzu kommen die Konzepte Vererbung und Polymorphismus. Zur Darstellung finden graphische Notationen und aus Programmiersprachen bekannte Konzepte Verwendung.

Auch bei der *modellbasierten Beschreibung* werden explizite Zustandsbeschreibung und impliziter Zustandsübergang miteinander kombiniert. Allerdings ist eine Beschreibung von Systemstrukturen nicht vorgesehen. Zur Darstellung verwendet man in Z die Konzepte der Mengenlehre (für die Zustandsbeschreibung) und der Prädikatenlogik (für die Zustandsübergänge), in VDM Bereichstheorie und Prädikatenlogik.

Bei den (*sequentiellen*) *ASMs* hat man eine implizite Zustandsbeschreibung (durch Algebren) und einen expliziten Zustandsübergang durch die Funktionsupdates. Zur Darstellung verwendet man eine Notation die an gängige Programmiersprachen angelehnt ist. Bei *verteilten ASMs* führen mehrere Agenten jeweils ihre eigene ASM aus. Die Semantik ist so definiert, dass Schritte verschiedener Agenten unabhängig voneinander sind und beliebiges Scheduling möglich ist.

In anderen Ansätzen werden weitere Kombinationen untersucht. Die Kopplung der algebraisch-axiomatischen Beschreibung mit der Idee der Objektorientierung findet sich etwa in MAUDE (vgl. [Mau 09]). Ansätze, in denen die modellbasierte Beschreibung mit der Objektorientierung kombiniert wird, sind Z++ [Lan 91], Object-Z [DKR 91, DB 01] und VDM++ [Dür 92, VDM 09]. In [DB 01] wird auch eine Kombination von Object-Z mit CSP (vgl. 3.4.7) vorgestellt. Fast alle der im aktuellen Abschnitt 3.5 vorgestellten Formalismen – sowie einige weitere – werden auch in [BH 08] behandelt.

3.6 Zeitaspekte

Zeitaspekte können nicht isoliert von anderen Aspekten betrachtet werden. Sie betreffen Daten, Operationen oder das dynamische Verhalten eines Systems. Deshalb wird ihre Beschreibung auch stets mit denen der betroffenen Aspekte verknüpft. Ihre Berücksichtigung im Rahmen der Anforderungsdefinition ist fast immer dann erforderlich, wenn es um technische Systeme geht. Es handelt sich dabei um Zeitanforderungen, die einzelne Daten oder Operationen betreffen, aber auch um zeitliche Abhängigkeiten zwischen mehreren Signal- oder Datenwerten bzw.

Operationen. Zur Beschreibung von Zeitanforderungen an Antworten oder Reaktionen des Systems in Abhängigkeit von externen Ereignissen und aktuellem Systemzustand ist es erforderlich, zeitliche Abhängigkeiten zwischen *Stimuli* und *Responses* zu analysieren und geeignet darzustellen. Außerdem stellt sich, wie in den bisherigen Abschnitten auch, die Frage nach Präzision und Vollständigkeit der Beschreibung von Zeitaspekten.

3.6.1 Zeitaspekte von Daten, Signalen und Ereignissen

Zeitanforderungen an einzelne Daten sind nur bei solchen Daten oder Signalen relevant, die die Kommunikation eines Systems mit seiner Umgebung betreffen („externe Zeitbedingungen"). Interne Zeitbedingungen, die sich dann daraus für die Verarbeitung innerhalb eines Systems ableiten, sind erst beim Systementwurf zu berücksichtigen.

Im Rahmen der Anforderungsdefinition wichtige *zeitliche Aspekte einzelner Daten* (die jeweils textuell oder als Attribut des betreffenden Datums zu definieren sind) sind etwa Wiederholungs- oder Neuberechnungsraten von Daten sowie Verzögerungszeiten im Zusammenhang mit Signalen oder Periodizität von Ereignissen.

Einfache *zeitliche Abhängigkeiten* zwischen Daten, Signalen und Ereignissen (z.B. Antwortzeitverhalten) lassen sich gut in Tabellenform darstellen. Für komplexe Zeitabhängigkeiten in Verbindung mit Nebenläufigkeit bietet sich eine Beschreibung durch Zeitverlaufsdiagramme an.

Eine tabellarische Darstellung des *Antwortzeitverhaltens* gibt den Zusammenhang zwischen Ein- und Ausgaben und die dabei einzuhaltenden Zeitbedingungen an. Die Struktur einer solchen Tabelle (mit einem möglichen Eintrag für die Alarmanlage) findet sich in Abb. 3.6.1. In ihr werden für alle möglichen Kombinationen von externen Eingabe- und Ausgabesignalen und die damit verbundenen Ereignisse (die durch mehrere Signale definiert sein können) maximale Antwortzeiten spezifiziert, innerhalb welcher eine Reaktion des Systems erfolgen soll.

Externe(s) Eingabe- signal(e)	Ereignis	Externe(s) Ausgabe- signal(e)	Ereignis	Antwortzeit
Glasbruch Infrarot	Einbruch	Blinklicht Sirene	Alarm	max 2 Sek.

Abb. 3.6.1. Tabellarische Darstellung des Antwortzeitverhaltens (Alarmanlage)

Zeitverlaufsdiagramme sind eine spezielle Art von Zeitdiagrammen, die den Werteverlauf diskreter Signale über die Zeit wiedergeben. Zusätzlich können dadurch Zusammenhänge zwischen den Werten verschiedener Signale dargestellt werden. In analoger Form sind sie auch für die Beschreibung zeitlicher Zusammenhänge zwischen Zuständen, Ereignissen und Zustandswechsel verwendbar.

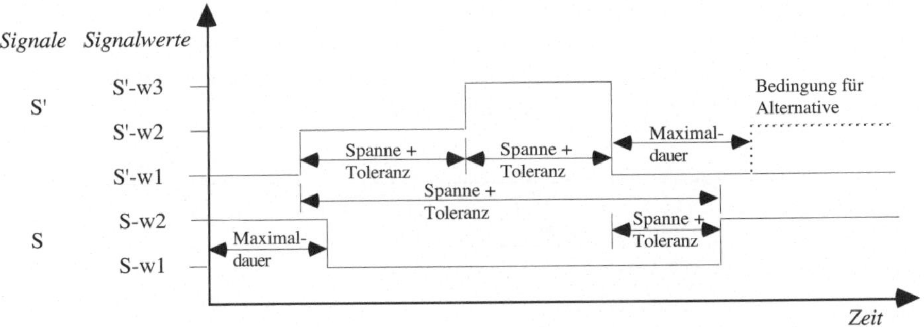

Abb. 3.6.2. Zeitverlaufsdiagramm

Das Prinzip der Darstellung von Zeitaspekten durch Zeitverlaufsdiagramme illustriert Abb. 3.6.2. Die horizontale Achse ist die Zeitachse. Auf der vertikalen Achse werden für alle betrachteten Signale (hier S und S') ihre Werte angetragen (z.B. S-w1 und S-w2 für Signal S). Für jedes Signal gibt die zugehörige Wertverlaufskurve („Treppenfunktion") an, wie lange ein bestimmter Wert vorliegt und zu welchen Zeitpunkten Wechsel auf andere Werte erfolgen. Dabei können auch Alternativen im Wertverlauf durch eine gepunktete Linie (annotiert mit der Bedingung für die Alternative) dargestellt werden. Durch zusätzliche Kommentare kann dabei noch ausgedrückt werden, ob gewisse Zeitintervalle als Maximaldauern oder Zeitspannen (inklusive Toleranzzeiten) zu verstehen sind. Dadurch dass der zeitliche Wertverlauf mehrerer Signale gleichzeitig dargestellt wird, lassen sich auch (zeitliche) Zusammenhänge oder Abhängigkeiten zwischen den Wertverläufen verschiedener Signale beschreiben. So gibt etwa Abb. 3.6.2 an, dass der Wechsel von S-w1 auf S-w2 einerseits in einem zeitlichen Zusammenhang mit dem Wechsel von S'-w1 auf S'-w2 steht, und andererseits mit dem Wechsel von S'-w3 auf S'-w1 (die ihrerseits über entsprechende Zeitintervalle zusammenhängen).

3.6.2 Zeitaspekte von Operationen und Prozessen

Zeitanforderungen an einzelne Operationen oder Prozesse werden, analog zu einzelnen Daten oder Signalen, jeweils über Text, Attribute oder Tabellen definiert. Dabei relevante Informationen betreffen etwa die Dauer („Laufzeit") der Operation, ihre exakte und/oder relative Beginn- oder Endzeit, die frühest mögliche Beginnzeit oder die späteste Endzeit oder auch die „Reaktionszeit", d.h. die Zeitspanne zwischen Aktivierung und Beginn der Ausführung.

Zur Beschreibung des Zeitverlaufs von Operationen oder Prozessen und zeitlichen Abhängigkeiten zwischen ihnen verwendet man *Ablaufdiagramme mit Zeitangaben*, durch die kausale und zeitliche Abhängigkeiten sowie Nebenläufigkeit darstellbar sind, aber keine bedingten Abläufe. Bekannte Beispiele solcher Diagramme sind Balkendiagramme (auch „Gantt-Diagramme") und Netzpläne.

Balkendiagramme sind das Analogon zu Zeitverlaufsdiagrammen (mit Prozessen anstelle von Signalwerten). Sie stellen den Zeitbedarf einzelner Prozesse (als

„Balken" entlang der Zeitachse) sowie das zeitliche Zusammenspiel mehrerer Prozesse dar. Nebenläufigkeit wird dabei durch parallele bzw. überlappende Balken repräsentiert. Kausale Abhängigkeiten werden durch die relative Lage der einzelnen Balken zueinander bzw. bezüglich der Zeitachse angegeben.

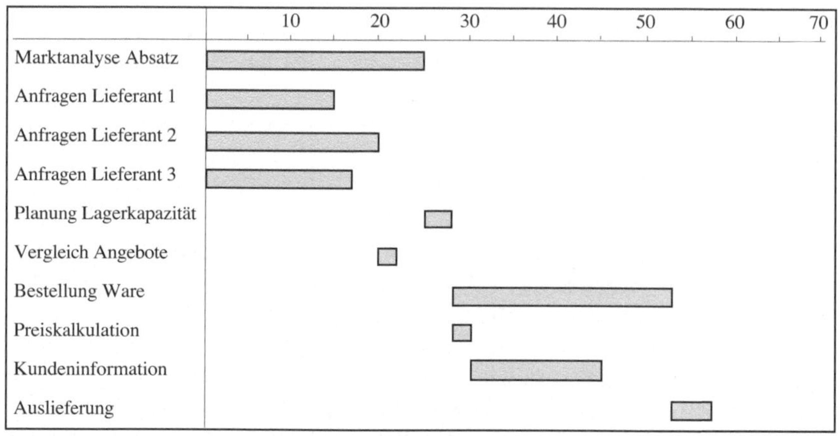

Abb. 3.6.3. Balkendiagramm (Zeitplanung für die Einführung eines neuen Produkts)

Ein Beispiel eines Balkendiagramms findet sich in Abb. 3.6.3, wo die Zeitplanung für die Einführung eines neuen Produkts dargestellt wird. Die ersten (nebenläufig stattfindenden) Aktivitäten sind eine Marktanalyse und (unterschiedlich lang dauernde) Anfragen bei verschiedenen Lieferanten. Erst wenn alle Anfragen beendet sind, können die Angebote miteinander verglichen werden. Entsprechend setzt die Planung der Lagerkapazität voraus, dass sowohl Marktanalyse als auch Anfragen abgeschlossen sind. In analoger Weise sind die jeweilige Dauer und die Abhängigkeiten zwischen den verbleibenden Aktivitäten zu verstehen.

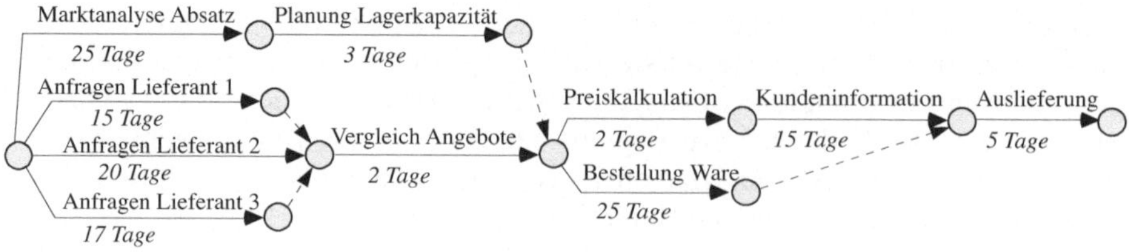

Abb. 3.6.4. Netzplan (Einführung eines neuen Produkts)

Ein *Netzplan* ist ein gerichteter, knoten- und kantenmarkierter Graph mit zwei Typen von Kanten. Die (eventuell markierten) Knoten repräsentieren Termine. Durchgezogene Kanten stellen die Abhängigkeiten zwischen den Terminen dar und sind mit Arbeitsvorgängen annotiert sowie (eventuell) zusätzlich mit Kapazitätsanforderungen oder der Dauer des Vorgangs. Durch gestrichelte Kanten werden Nebenbedingungen, wie etwa die Verbindung paralleler Aktivitäten (zur Synchronisation) oder die Einbeziehung von Verzögerungen, dargestellt. Ein Netzplan, der dem Balkendiagramm aus Abb. 3.6.3 entspricht, findet sich in Abb. 3.6.4.

Über den reinen Darstellungsaspekt hinaus sind Netzpläne dadurch interessant, dass es eine Reihe von Standardalgorithmen für verschiedene Berechnungen gibt (vgl. z.B. [AMO 93]). Bekannte Beispiele solcher Berechnungen sind die Bestimmung der minimalen (maximalen) Zeit zwischen Anfangs- und Endpunkt oder die Ermittlung „kritischer Pfade", die als Grundlage zur Optimierung des Zeitbedarfs dienen.

Zur Beschreibung von Zeitbedingungen für das Zusammenspiel einzelner Operationen kann man auch *Interaktionsdiagramme mit Zeitangaben* verwenden.

In ihrer einfachen Form unterscheiden sich diese von den Interaktionsdiagrammen aus 3.3.5 vor allem dadurch, dass „zeitlose" und „zeitbehaftete" Botschaften unterschieden werden können, je nachdem, ob der zugehörige Botschaftspfeil waagrecht (zeitlos) oder schräg nach unten (zeitbehaftet) verläuft. Außerdem kann die Zeitachse mit Namen für Zeitpunkte markiert werden, die zur Formulierung zeitlicher Einschränkungen verwendet werden können.

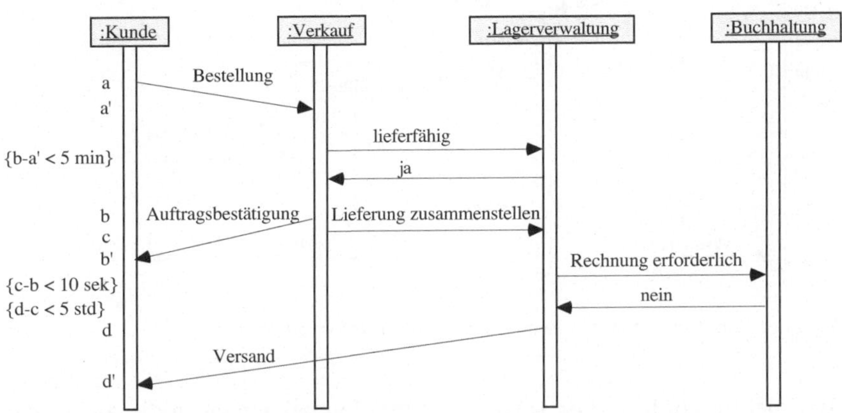

Abb. 3.6.5. Einfaches Interaktionsdiagramm mit Zeit

Die Möglichkeiten von einfachen Interaktionsdiagrammen mit Zeit illustriert Abb. 3.6.5. Gegenüber Abb. 3.3.17 wird hier zusätzlich deutlich gemacht, dass die Botschaften „Bestellung", „Auftragsbestätigung" und „Versand" jeweils Zeit benötigen, während alle anderen Botschaften als zeitlos angesehen werden. Die Namen „a" und „a'" kennzeichnen Anfangs- und Endzeitpunkt der Botschaft „Bestellung". Analog dazu werden „b" und „b'" bzw. „d" und „d'" für „Auftragsbestätigung" bzw. „Versand" verwendet. Der Name „c" markiert den Zeitpunkt der (zeitlosen) Botschaft „Lieferung zusammenstellen". Mit Hilfe dieser (symbolischen) Zeitpunkte lassen sich nun zeitliche Einschränkungen angeben. {b–a' < 5 min} drückt aus, dass zwischen Eingang einer Bestellung im Verkauf und Versand der Auftragsbestätigung an den Kunden maximal 5 Minuten vergehen dürfen. Analog drückt {c–b < 10 sek} aus, dass höchstens 10 Sekunden nach Versand der Auftragsbestätigung die Lagerverwaltung mit der Zusammenstellung der Lieferung beauftragt wird.

Ein weiterer Zeitaspekt ist die *Aktivitätsdauer* eines Kommunikationspartners, die durch ein (entsprechend positioniertes) Rechteck auf seiner „Lebenslinie" angegeben werden kann. Wie bei Balkendiagrammen können damit Nebenläufigkeiten durch Parallelität bzw. Überlappung der Aktivitätsdauer mehrerer Partner dargestellt und kausale Abhängigkeiten durch die relative Lage der jeweiligen Aktivitätsdauern der betroffenen Partner bezüglich der Zeitachse angegeben werden. In Abb. 3.6.5 wurde in dieser Hinsicht unterstellt, dass alle Kommunikationspartner permanent aktiv sind, da ihre Aktivitätsdauern ihre jeweiligen Lebenslinien vollständig überdecken.

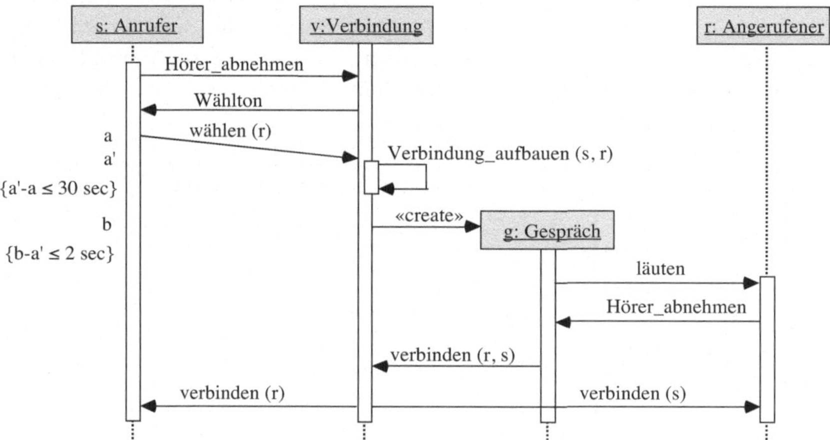

Abb. 3.6.6. Interaktionsdiagramm mit Zeit (Aufbau einer Telefonverbindung)

Ein Beispiel für ein Interaktionsdiagramm mit Zeit bei dem auch die Aktivitätsdauern relevant sind, findet sich in Abb. 3.6.6, wo der Aufbau einer Telefonverbindung dargestellt wird. Hier existieren zu Beginn zunächst nur die Kommunikationspartner „s: Anrufer", „v: Verbindung" und „r: Angerufener". Der Partner v ist permanent aktiv, die beiden anderen sind zunächst inaktiv. Der Anrufer s beginnt seine Aktivität, indem er v die Botschaft „Hörer_abnehmen" schickt, die dieser mit der Botschaft „Wählton" beantwortet. Im Anschluss sendet s die zeitbehaftete Botschaft „wählen (r)", die – entsprechend der angegebenen Zeitdauerbedingung – innerhalb von 30 Sekunden erfolgen muss. Danach sorgt v dafür, dass (im Rahmen einer Selbstaktivierung) eine Verbindung aufgebaut und der vierte Kommunikationspartner „g: Gespräch" erzeugt wird. Dafür stehen gemäß der weiteren Zeitbedingung höchsten 2 Sekunden zur Verfügung. g schickt dann an r die Botschaft „läuten", wodurch dieser aktiv wird und mit „Hörer_abnehmen" antwortet. Das

Gespräch g schickt schließlich die Botschaft „verbinden (s, r)" an v und dieser stellt dann durch entsprechende Botschaften die Verbindung zwischen s und r her.

3.6.3 Automaten mit Zeitangaben

Zur Beschreibung der Interaktion zwischen einem System und seiner Umgebung unter Einbeziehung von Zeitaspekten kann man als Grundlage Folgen bestehend aus Stimuli und Responses (vgl. auch 3.4.6) verwenden. Ein *Stimulus* ist dabei ein Ereignis oder eine Aktion der Umgebung, auf die das System reagieren muss. Unter *Response* versteht man eine Aktion des Systems, die von der Umgebung wahrgenommen wird. Diese Situation illustriert Abb. 3.6.7.

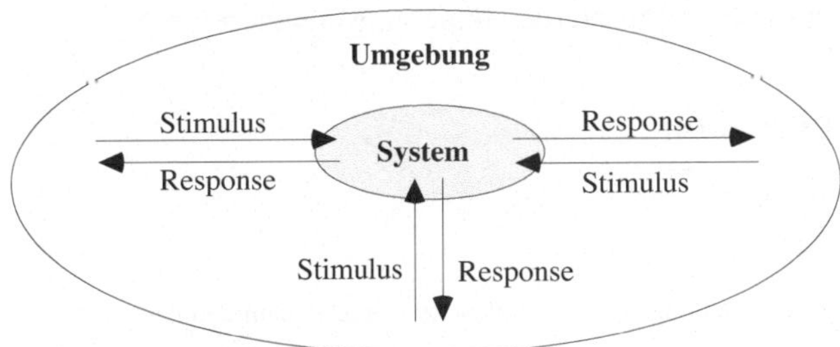

Abb. 3.6.7. Stimulus-Response-Verhalten

Wie schon weiter oben erwähnt, werden dabei bezüglich der Zeitanforderungen nur externe Ereignisse modelliert, während die Modellierung interner Ereignisse, z.B. die Reaktion bei Nichteinhalten vorgegebener Zeitbedingungen, Aufgabe des Entwurfs ist.

Für die Betrachtung von (komplexen) Zeitaspekten ist es nicht erforderlich, alle möglichen Kombinationen von Stimuli und Responses zu betrachten. Ausreichend ist eine Behandlung der elementaren Zusammenhänge der folgenden Typen (vgl. [Das 85]):

– S-R (Stimulus-Response; System reagiert auf Stimulus),
– R-R (Response-Response; aufeinanderfolgende Systemreaktionen),
– S-S (Stimulus-Stimulus; aufeinanderfolgende Stimuli), sowie
– R-S (Response-Stimulus; Stimulus, abhängig von Systemreaktion).

Zeitbedingungen und -beschränkungen lassen sich nun dadurch in die Beschreibung einbeziehen, dass man jeweils „zusammengehörige Paare" von Ereignissen (Stimuli oder Responses) betrachtet. Dabei ist unterstellt, dass bei einem Zusammenhang vom Typ A-B („erst A, dann B") das Ereignis B in einem genau spezifizierten zeitlichen Zusammenhang zu A steht. Mögliche Zeitangaben sind dabei

– die Maximalzeit *max* (B muss innerhalb von *max* Zeiteinheiten auf A folgen),
– die Minimalzeit *min* (B darf frühestens nach *min* Zeiteinheiten auf A folgen),

oder

– eine Intervallangabe *min - max* (B folgt frühestens nach *min*, aber innerhalb von *max* Zeiteinheiten auf A).

Des Weiteren ist (im Hinblick auf eine adäquate Beschreibung) eine Unterscheidung in „benachbarte" Zusammenhänge (A und B folgen direkt aufeinander) und „entfernte" Zusammenhänge (zwischen A und B finden weitere Ereignisse oder Aktionen statt) zweckmäßig.

Für die verschiedenen Typen von Zusammenhängen gibt es unterschiedliche Verantwortlichkeiten, die im Überblick in Abb. 3.6.8 zusammengefasst sind. Zusammenhänge der Typen S-R und R-R stellen direkte Zeitanforderungen an das System dar, solche der Typen R-S und S-S Zeitanforderungen an die Umgebung. Letztere sind indirekte Anforderungen an das System, wenn das System bei Nichteinhaltung der Zeitbeschränkung (durch die Umgebung) reagieren muss.

erst ＼ dann	Stimulus (S)	Response (R)
Stimulus (S)	Umgebung	System
Response (R)	Umgebung	System

Abb. 3.6.8. Unterschiedliche Verantwortlichkeiten bei Stimulus-Response-Zusammenhängen

Zustandsautomaten mit Zeitangaben. Im Zusammenhang mit Zustandsautomaten wurden die Zustandsübergänge als zeitlos aufgefasst, während Zustände stets mit Zeit behaftet sind (das System befindet sich über einen gewissen Zeitraum in einem Zustand). Für die Zuordnung von Stimuli und Responses (zu Zuständen und Zustandsübergängen) bietet sich daher die Moore-Auffassung von Zustandsautomaten an. Dabei werden die Stimuli mit Zustandsübergängen assoziiert (Ereignisse von außen bewirken einen Zustandsübergang) und die Responses mit Zuständen (das System reagiert auf ein Ereignis im Folgezustand, d.h. die zugehörigen Aktionen sind an Zustände gekoppelt).

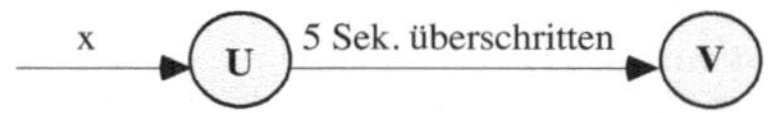

Abb. 3.6.9. „Zeitbedingter Zustandsübergang"

Zu klären sind noch die Festlegung geeigneter „Bezugspunkte" zur Definition zeitlicher Abhängigkeiten sowie die Darstellung der Zeitbedingung selbst.

Der einfachste Fall ist der eines „zeitbedingten Zustandsübergangs" von Zustand U in Zustand V, der in Abb. 3.6.9 dargestellt ist. Die Zeitbedingung wird hierbei als Ereignis (hier „5 Sek. überschritten") dargestellt, der zugehörige zeitliche Bezugspunkt ist der Eintritt in den Zustand U, der (gemäß obiger Auffassung) mit dem Eintrittszeitpunkt des Ereignisses x übereinstimmt.

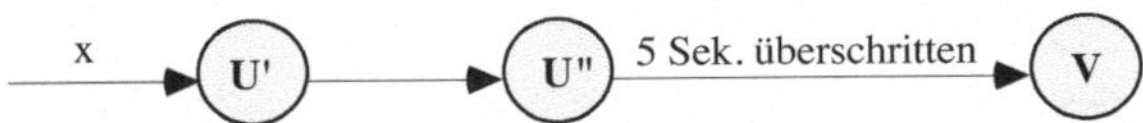

Abb. 3.6.10. Verwendung automatischer Zustandsübergänge

In ähnlicher Weise lässt sich auch ein zeitbedingter Übergang in einen Zustand V darstellen, der sich auf die Beendigung einer Aktivität in einem Zustand U bezieht. Hierbei muss man zunächst sicherstellen, dass die in U stattfindende Aktivität beendet ist, bevor durch Eintritt des zeitbedingten Ereignisses der Zustandsübergang nach V stattfindet. Eine Lösung, die in Abb. 3.6.10 illustriert ist, besteht in der Aufspaltung des Zustands U in zwei Zustände U' und U" (U' $\hat{=}$ Aktivität durchführend; U" $\hat{=}$ Aktivität beendet), die über einen automatischen Zustandsübergang miteinander verbunden werden. Die Beendigung der Aktivität in U stimmt nun überein mit dem Eintritt in U", auf den sich der zeitbedingte Übergang nach V bezieht.

Die Zeitspanne zwischen Eintritt in und Austritt aus einem Zustand ist jedoch nicht direkt modellierbar (auch nicht mit automatischen Zustandsübergängen).

Als Konsequenz dieser Überlegungen ergibt sich, dass Zeitanforderungen der Typen R-S und S-S direkt (über zeitbedingte Übergänge) modellierbar sind, während für Zeitanforderungen der Typen S-R und R-R (Zeit, die in einem Zustand verstreicht) zusätzliche Notation erforderlich ist.

Im Folgenden werden nun die einzelnen Typen von Zeitanforderungen (und ihre Darstellung durch entsprechende Automatenfragmente) individuell betrachtet. Dabei unterstellen wir jeweils Maximalzeitabhängigkeiten. Minimalzeitabhängigkeiten und Zeitintervalle sind analog zu behandeln. Außerdem wird zwischen „benachbarten" und „entfernten" Zusammenhängen unterschieden.

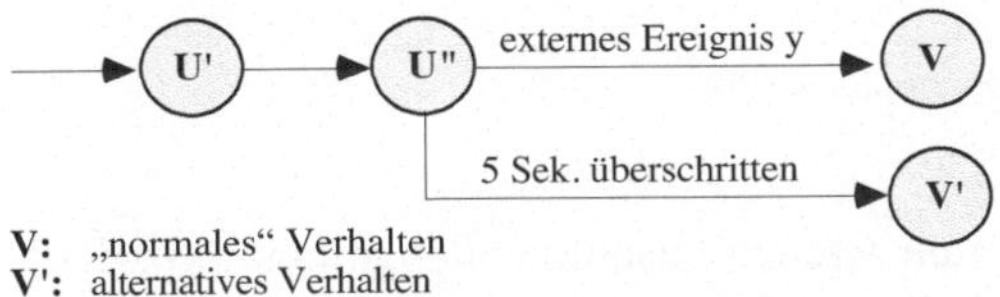

V: „normales" Verhalten
V': alternatives Verhalten

Abb. 3.6.11. R-S: Zeitbeschränkung an Zustandsübergang

Ein benachbarter Zusammenhang vom Typ R-S (ein Stimulus muss innerhalb einer vorgegebenen Maximalzeit auf einen Response folgen) lässt sich, wie in Abb. 3.6.11 dargestellt, durch einen zusätzlichen Zustandsübergang darstellen, der mit einer Zeitbeschränkung annotiert ist. Bei Eintritt in den Zustand U" hat das System reagiert (s.o.). Tritt das Ereignis y vor dem Ereignis „5 Sek. überschritten" ein, wird V als („normaler") Folgezustand eingenommen, andernfalls der Zustand V' (der das Verhalten des Systems bei Überschreitung der Zeitschranke charakterisiert).

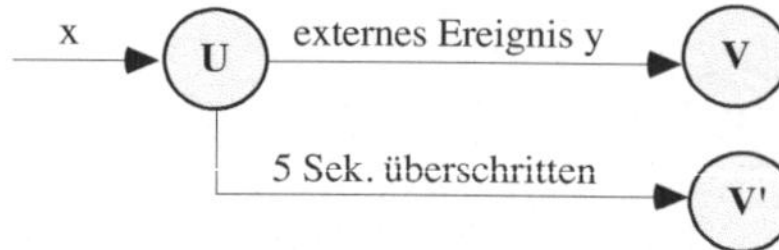

Abb. 3.6.12. S-S: Zeitbeschränkung an Zustandsübergang

In analoger Weise (vgl. Abb. 3.6.12) lässt sich ein benachbarter Zusammenhang vom Typ S-S (z.B. Stimulus y muss innerhalb von 5 Sek. auf Stimulus x folgen) darstellen. Das Eintreten des Ereignisses x entspricht dem Eintritt in den Zustand U. Das Verhalten in U ist dann wie (in U") oben.

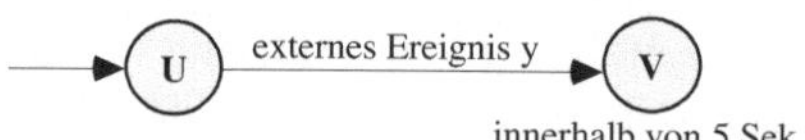

Abb. 3.6.13. S-R: Zeitbeschränkung an Folgezustand (als zusätzliches Konzept)

Für die Beschreibung eines benachbarten Zusammenhangs vom Typ S-R (z.B. Systemreaktion in Zustand V muss innerhalb von 5 Sek. auf Stimulus y folgen) benötigt man (als zusätzliches Konzept) die Möglichkeit der Angabe einer Zeitbeschränkung an einen (Folge-)Zustand. Dies illustriert Abb. 3.6.13: Nach Eintritt des Ereignisses y (= Eintritt in Zustand V) muss die (an V gekoppelte) Systemreaktion innerhalb von 5 Sekunden erfolgen.

Abb. 3.6.14. R-R: Zeitbeschränkung an Folgezustand

Ähnlich (vgl. Abb. 3.6.14) können nun wieder Zusammenhänge des Typs R-R (z. B. Systemreaktion in V muss innerhalb von 5 Sek. nach Beendigung der Aktivität in U erfolgen) dargestellt werden. Der automatische Übergang von U nach V erfolgt, wenn die an U gekoppelte Aktivität beendet ist. Nach Eintritt in V muss das System innerhalb von 5 Sekunden die an V gekoppelte Aktivität ausführen.

Bei der Beschreibung „entfernter" Zusammenhänge, bei denen man sich auf einen früheren Stimulus/Response bezieht, geht man im Prinzip ähnlich vor wie bei benachbarten Zusammenhängen. Der wesentliche Unterschied besteht lediglich darin, dass man sich bei den Zeitangaben nicht auf den jeweils vorhergehenden Zustand bezieht, sondern auf einen früher gesetzten (evtl. benannten) „Timer". Um einen Timer zu setzen, fügt man in den Zustandsautomaten an der betreffenden Stelle einen zusätzlichen Zustand mit einem ausgehenden automatischen Übergang ein.

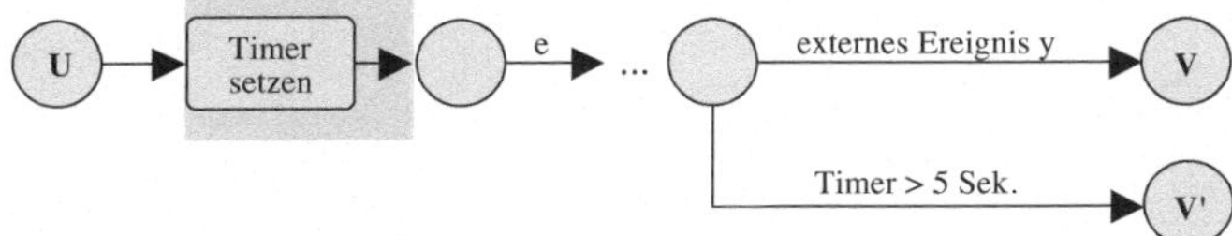

Abb. 3.6.15. R-S: Verwendung eines Timers

Einen entfernten Zusammenhang vom Typ R-S (z.B. System hat in U reagiert, Stimulus y muss innerhalb von 5 Sek. erfolgen) beschreibt man wie in Abb. 3.6.15 angegeben. Der Zustand U wird hier über einen automatischen Übergang verlassen. Dadurch ist sichergestellt, dass die Systemreaktion in U zu Ende geführt ist. Der Zustand „Timer setzen", zusammen mit einem weiteren automatischen Übergang, wird nun zwischen U und seinem alten Folgezustand eingefügt (grau hinterlegt). Der alte Folgezustand von U wird (wie vorher) durch ein beliebiges Ereignis e verlassen. Als Alternative zum Übergang unter y fügt man (wie bei benachbarten Zusammenhängen) einen Übergang unter dem Ereignis „Timer > 5 Sek." hinzu, dessen Folgezustand V' wieder das alternative Systemverhalten charakterisiert.

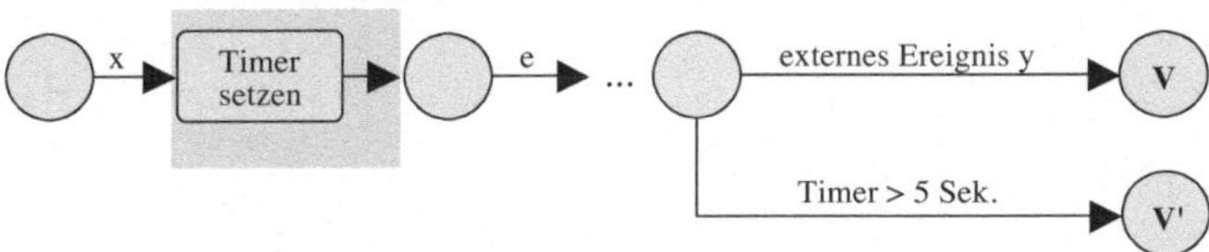

Abb. 3.6.16. S-S: Verwendung eines Timers

Analog behandelt man einen Zusammenhang vom Typ S-S (z.B. Stimulus y muss innerhalb von 5 Sek. auf Stimulus x folgen) wie in Abb. 3.6.16 angegeben. Der Unterschied zu oben besteht hier lediglich darin, dass das Setzen des Timers durch das Ereignis x ausgelöst wird.

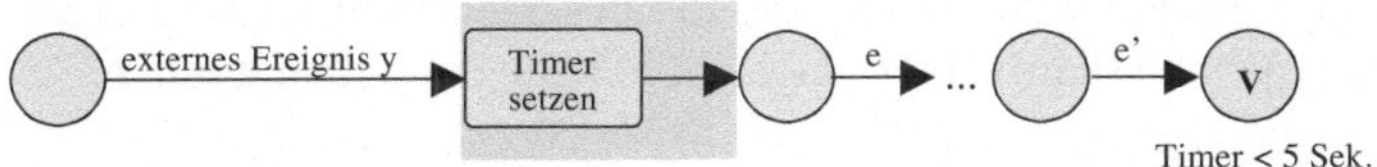

Abb. 3.6.17. S-R: Verwendung eines Timers

Für entfernte Zusammenhänge der Typen S-R (z.B. Systemreaktion in V muss innerhalb von 5 Sek. auf Stimulus y erfolgen) und R-R (z.B. Systemreaktion in V muss innerhalb von 5 Sek. nach Beendigung der Aktivität in U erfolgen) braucht man wieder die notationelle Erweiterung zur Annotation von Zuständen mit Zeitbeschränkungen. Die entsprechenden Darstellungen finden sich in Abb. 3.6.17 und 3.6.18 (wobei e und e' beliebige externe Ereignisse bezeichnen).

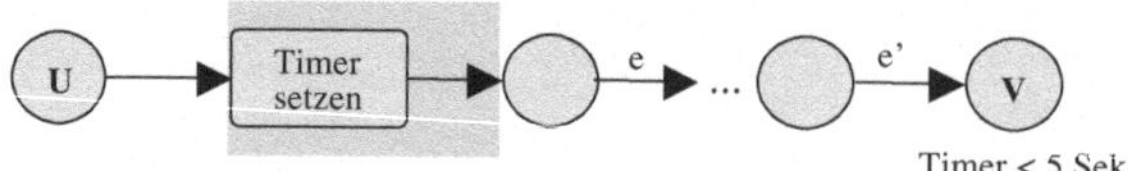

Abb. 3.6.18. R-R: Verwendung eines Timers

Hierarchische Zustandsautomaten. Die Assoziation von Zeit mit Zuständen und Zustandsübergängen ist bei den hierarchischen Automaten im Prinzip wie bei (einfachen) Zustandsautomaten.

Die Modellierung von zeitlichen Zusammenhängen erfolgt hier über ein spezielles Ereignis „timeout", das (mit Bezugsereignis, Anzahl von Zeiteinheiten) parametrisiert ist. Eine Angabe von timeout(e, n) bedeutet, dass das Ereignis timeout eintritt, falls n Zeiteinheiten seit dem Eintritt des Ereignisses e verstrichen sind. Dabei sind auch Eintritt in und Austritt aus einem Zustand zulässige Ereignisse.

Da über den Ereignisparameter von timeout das Ereignis, auf das man sich bei der Angabe von Zeitbeschränkungen bezieht, immer explizit angegeben ist, ist eine Unterscheidung von benachbarten und entfernten Zusammenhängen hier nicht erforderlich.

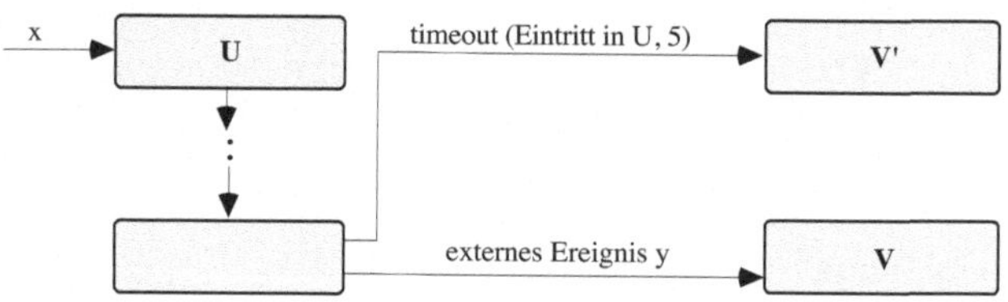

Abb. 3.6.19. S-S (benachbart oder entfernt)

Die Darstellung eines Zusammenhangs vom Typ S-S erfolgt wie in Abb. 3.6.19 angegeben. Wie bei einfachen Zustandsautomaten gibt man als Alternative zum Übergang unter dem Ereignis y einen Übergang unter timeout in einen Zustand V' an, der das alternative Systemverhalten beschreibt. Parametrisiert wird timeout hier mit (Eintritt in U, 5), wofür man (äquivalent) auch (x, 5) hätte schreiben können.

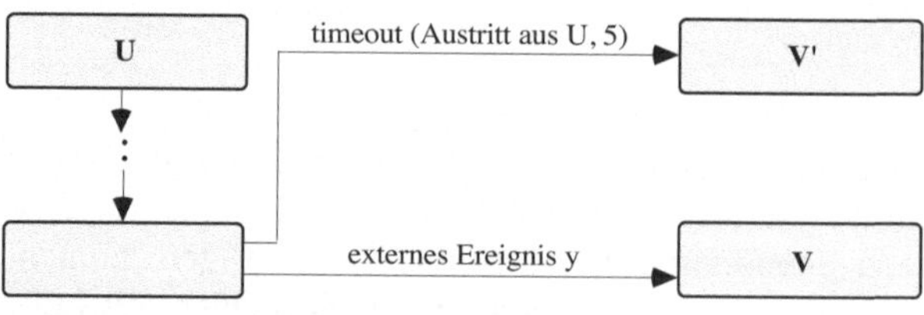

Abb. 3.6.20. R-S (benachbart oder entfernt)

Analog beschreibt man wieder einen Zusammenhang vom Typ R-S (vgl. Abb. 3.6.20), der sich nur dadurch unterscheidet, dass man nun „Austritt aus U" als Bezugsereignis verwendet.

Zusammenhänge der Typen S-R und R-R lassen sich in hierarchischen Automaten ohne entsprechende Erweiterung (wie bei Zustandsautomaten) nicht darstellen. Eine Erweiterung und Präzisierung von hierarchischen Automaten im Hinblick auf Zeitaspekte bietet der Ansatz der „Modecharts" (vgl. [JM 94, MSJ 96]).

Petrinetze. Bei der Zuordnung von Zeitaspekten zu den Bestandteilen von Petrinetzen gibt es zwei mögliche Auffassungen. Die eine entspricht der bei (einfachen) Zustandsautomaten (d.h. Transitionen sind zeitlos). In der anderen Auffassung können auch Transitionen eine Zeitdauer haben.

Bei der Auffassung, daß Transitionen zeitlos sind, verwendet man Marken als Timer und stellt das Überschreiten von Zeitbeschränkungen als Transitionen dar, die mit entsprechenden Ereignissen markiert sind.

Für die Darstellung von R-S- und S-S-Zeitabhängigkeiten gibt es Standardteilnetze. Um S-R- und R-R-Zeitabhängigkeiten darstellen zu können, ist (wie bei einfachen Zustandsautomaten) eine Erweiterung des Formalismus durch Zeitangaben für Stellen erforderlich.

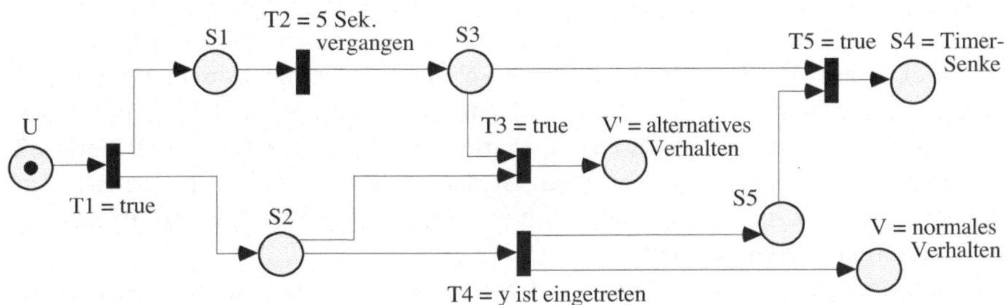

Abb. 3.6.21. Petrinetz mit benachbarter R-S-Zeitbeschränkung

Das Standardnetz zur Darstellung eines benachbarten R-S-Zusammenhangs (System hat in U reagiert, Stimulus y muss innerhalb von 5 Sekunden erfolgen) findet sich in Abb. 3.6.21. Das Vorliegen einer Marke auf Stelle U stellt die abgeschlossene Systemreaktion dar. Transition T1 kann nun schalten, wodurch die Stellen S1 und S2 mit je einer Marke besetzt werden. Die Stelle S2 kann über zwei konkurrierende Transitionen (T3 und T4) verlassen werden, von denen diejenige schaltet, deren Ereignis zuerst eintritt. Tritt das Ereignis „5 Sek. vergangen" vor dem Ereignis „ y ist eingetreten" ein, schaltet zunächst T2 und unmittelbar anschließend T3. Dadurch wird die Transition T4 deaktiviert und die (einzige) Marke wandert auf die Stelle V' (an die ein entsprechendes Teilnetz, das das alternative Systemverhalten beschreibt, anzuschließen ist). Tritt dagegen zuerst das Ereignis „y ist eingetreten" ein, schaltet Transition T4 und transportiert je eine Marke auf S5 und V (den Anfang des Teilnetzes, das das „normale" Systemverhalten beschreibt).

Transition T5 kann schließlich dann schalten, wenn auch das Ereignis „5 Sek. vergangen" eingetreten ist, und sorgt dafür, dass die „überflüssigen" Marken auf der Stelle S4 „entsorgt" werden. Letzteres ist notwendig, um ein Fehlverhalten bei nochmaligem Schalten von T1 (was möglich ist, sobald T4 geschaltet hat) zu verhindern. Dabei muss zusätzlich sichergestellt sein, dass nach Schalten von T1 frühestens nach 5 Sekunden wieder eine Marke in U vorliegt.

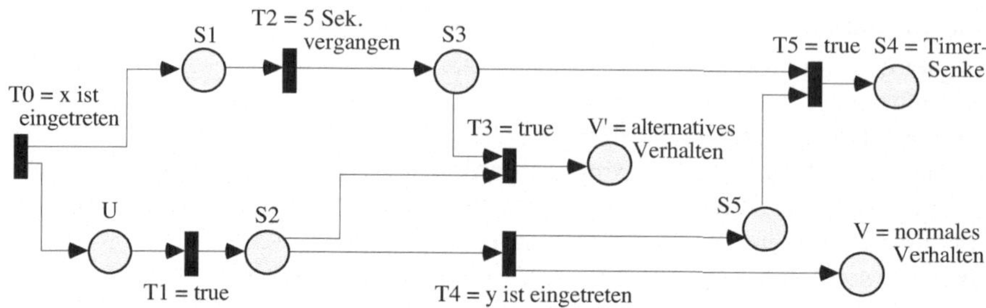

Abb. 3.6.22. Petrinetz mit benachbarter S-S-Zeitbeschränkung

Das Standardnetz zur Beschreibung eines benachbarten S-S-Zusammenhangs (Stimulus y muss innerhalb von 5 Sekunden auf Stimulus x folgen) ist ziemlich ähnlich und findet sich in Abb. 3.6.22. Das Schalten der Transition T0 (Ereignis x ist eingetreten) transportiert je eine Marke auf die Stellen S1 und U. Damit kann die Transition T1 schalten, wodurch die Marke von der Stelle U auf die Stelle S2 transportiert wird. Das weitere Verhalten ist dann wie beim Netz für den R-S-Zusammenhang. Auch hier muss zusätzlich sichergestellt sein, dass T0 frühestens nach 5 Sekunden wieder schaltet.

Die Beschreibung entfernter R-S- und S-S-Zusammenhänge kann (wie bei Zustandsautomaten) durch (entsprechend zu setzende) Timer und ihre Abfrage in Transitionen erfolgen.

Wie oben erwähnt, kann man bei Petrinetzen auch die Auffassung vertreten, dass Transitionen eine Zeitdauer haben. Damit kann man dann sowohl Stellen als auch Transitionen mit maximalen Ausführungszeiten (oder „Verzögerungszeiten") annotieren. Die Interpretation dieser Annotationen ist wie folgt: Eine Zeitangabe Z an einer Transition T bedeutet, dass eine Marke erst Z Zeiteinheiten nach Schalten von T auf den Stellen des Nachbereichs von T zur Verfügung steht. Eine Zeitangabe Z an einer Stelle S bedeutet, dass alle Transitionen, zu deren Vorbereich S gehört, frühestens nach Z Zeiteinheiten schalten können.

Mit dieser Erweiterung lässt sich in einfacher Weise z.B. eine Systemuhr modellieren. Eine Möglichkeit unter Verwendung von Zeitangaben an Stellen zeigt Abb. 3.6.23. Entsprechend obiger Interpretation schaltet T pro Zeiteinheit einmal (durch Rückkopplung mit Stelle S0) und gibt dabei jeweils eine Marke an die Anfangsstellen S1, ..., Sn der eigentlichen Systemprozesse ab. Analog könnte man dasselbe Verhalten natürlich auch durch eine Zeitangabe an T modellieren.

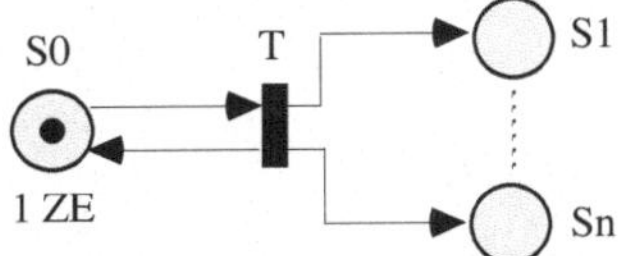

Abb. 3.6.23. Modellierung einer Systemuhr

Für eingeschränkte Klassen von Petrinetzen lassen sich durch Zeitangaben an Stellen und Transitionen (oder auch an Pfeilen, vgl. [Han 93]) bestimmte globale Zeitaspekte berechnen. Hierunter fallen *früheste Anfangszeiten* (durch Zeitangaben an Stellen oder Transitionen) sowie *minimale* (oder *maximale*) *Zykluszeiten* (durch Zeitangaben an Stellen, Transitionen oder Pfeilen von Stellen nach Transitionen). Auch ist es möglich zeitbezogene Aussagen zu beweisen (siehe z.B. [PP 06]).

Stimulus-Response-Folgen und Stimulus-Response-Netze. In Stimulus-Response-Folgen lassen sich Zeitbeschränkungen analog zu (einfachen) Zustandsautomaten mit Zeit integrieren. Dabei sind präzisere Zeitangaben möglich, da Ereignisse (Stimuli und Responses), Zustände und Aktionen entkoppelt sind und so detailliertere zeitliche Zusammenhänge angegeben werden können.

In Stimulus-Response-Netzen hat man die Möglichkeit, *Validierungspunkte* ins Netz einzufügen, die mit Zeitbeschränkungen für das Passieren des Punkts bei Netzdurchlauf annotiert werden können. Dabei können absolute Zeitintervalle oder auch datenabhängige Zeitbedingungen (über eine entsprechende Relation an der der betreffende Validierungspunkt beteiligt ist) ausgedrückt werden. Für die Beschreibung komplexer Zeitabhängigkeiten und deren Überprüfung kann man dann *Validierungspfade* (als Folgen von Validierungspunkten) festlegen (für Einzelheiten siehe [Dye 77]).

Das Grundprinzip dieser Beschreibungsweise lässt sich anhand von Abb. 3.4.39 erläutern. Ein möglicher Validierungspfad ist dort V1-V4, andere Validierungspfade sind V1-V2 und V1-V3. Für jeden dieser Pfade kann man nun Zeitbeschränkungen angeben, etwa die maximal zulässige Gesamtdauer aller Teilaktivitäten, die zwischen Anfangs- und Endpunkt des Pfades liegen.

3.6.4 Temporal-logische Beschreibung, Realtime-Logik

Modale Logiken sind Erweiterungen der Prädikatenlogik um modale Operatoren (z.B. immer, möglich, notwendig), mit denen Aussagen und Prädikate verknüpft werden können. Ein Spezialfall modaler Logiken ist die *temporale Logik*, die zeitbezogene Aussagen und Prädikate erlaubt (siehe, z.B. [Das 05]). Eine andere (nicht-modale) Erweiterung der Prädikatenlogik zur Beschreibung von Zeitaspekten ist die „Realtime-Logik" RTL.

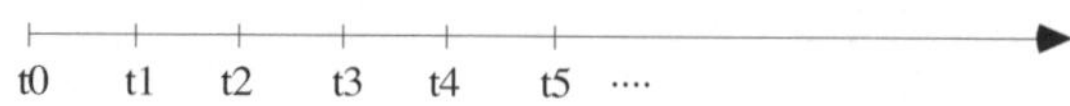

Abb. 3.6.24. „Zeitstrahl"

Temporale Logik. Die Grundidee der temporalen Logik besteht darin, dass man zur Modellierung des Zeitbegriffs einen (unendlich langen) „Zeitstrahl" (vgl. Abb. 3.6.24) unterstellt, auf dem diskrete Zeitpunkte, beginnend mit einem kleinsten Element, linear angeordnet sind. Auf diese Zeitpunkte (die man auch als Zustände interpretieren könnte) beziehen sich dann die jeweiligen Aussagen.

always A:	A gilt zu allen Zeitpunkten nach Referenzpunkt.
nexttime A:	A gilt zum Zeitpunkt unmittelbar nach Referenzpunkt.
sometimes A:	es gibt einen Zeitpunkt nach Referenzpunkt, zu dem A gilt.
A **atnext** B:	A wird gelten zum nächsten Zeitpunkt, an dem B gilt.
A **until** B:	A gilt zu allen Zeitpunkten, die auf den Referenzpunkt folgen, bis zu einem (existierenden) Zeitpunkt, an dem B gilt.

Abb. 3.6.25. Temporaloperatoren

Aussagen der temporalen Logik beziehen sich immer auf (irgend) einen bestimmten Zeitpunkt t_i („Referenzpunkt"). Dabei kann man keine Aussagen bezüglich fester Referenzpunkte (z.B. „A gilt für t_3") machen, sondern nur „relative" Aussagen (über Zeitpunkte vor oder nach dem betreffenden Referenzpunkt). Zur Formulierung solcher zeitbezogener Aussagen sind eine Reihe von *Temporaloperatoren* vorgesehen, von denen die gebräuchlichsten (zusammen mit ihrer informellen Definition) in Abb. 3.6.25 zusammengefasst sind. Anstelle der hier verwendeten Namen für die Temporaloperatoren findet man in der einschlägigen Literatur auch entsprechende Symbole.

$\forall$ **artikel** a: in-lager(a) $\Rightarrow$ **sometimes** (anz(a) < min $\vee$ anz(a) > max)
  („Die gelagerte Artikelanzahl kann manchmal die untere/obere Kapazitätsgrenze
  unter-/überschreiten")

ist äquivalent mit

$\forall$ **artikel** a: in-lager(a) $\Rightarrow$ ¬ **always** (anz(a) $\geq$ min $\wedge$ anz(a) $\leq$ max)

always ($\forall$ **artikel** a, **nat** n: anz(a) = n $\Rightarrow$ (anz(a) = n **until** (verkauft(a) $\vee$ eingelagert(a))))
  („Der Lagerbestand ändert sich erst, wenn verkauft oder eingelagert wird")

$\forall$ **artikel** a: ¬ vorrätig(a) $\Rightarrow$ (lieferbar(a) **atnext** wird-geliefert(a))
  („Ein nicht vorrätiger Artikel wird bei der nächsten Lieferung lieferbar")

Abb. 3.6.26. Verwendung von Temporaloperatoren

Einige Beispiele, die die Verwendung temporaler Aussagen im Zusammenhang mit unserer Vertriebsorganisation illustrieren, finden sich (zusammen mit den jeweiligen informellen Interpretationen) in Abb. 3.6.26. Dort wird auch bereits deutlich, dass der in Abb. 3.6.25 gegebene Satz von Temporaloperatoren nicht minimal ist, da sich **sometimes** offensichtlich durch **always** und Negation ausdrücken lässt.

Einige weitere Temporaloperatoren und ihre informelle Definition finden sich in Abb. 3.6.27. Auch diese Operatoren lassen sich äquivalent durch andere Temporaloperatoren und logische Verknüpfungen ausdrücken. Die Verwendung dieser weiteren Operatoren illustriert Abb. 3.2.28.

A **unless** B: Falls es einen zukünftigen Zeitpunkt gibt, an dem B gilt, dann gilt A bis dahin, ansonsten immer („weak until").

A **while** B: A gilt, solange B gilt.

A **before** B: Falls B irgendwann in der Zukunft gilt, dann gilt A zu einem Zeitpunkt vorher.

Abb. 3.6.27. Weitere Temporaloperatoren

$\forall$ **kunde** k: hat-schulden(k) $\Rightarrow$ (wird-gemahnt(k) $\wedge$ $\neg$ beliefert(k)) **unless** zahlung-erfolgt(k)
   („Ein Kunde mit Schulden wird solange gemahnt und nicht beliefert, bis er eine Zahlung leistet")

$\forall$ **kunde** k, **artikel** a: **always** $\neg$(erhält-rechnung(k, a) **before** geliefert-an(a, k))
   („Ein Kunde erhält eine Rechnung für einen Artikel nie vor dessen Lieferung")

$\forall$ **artikel** a: wird-geliefert(a) **while** vorrätig(a)
   („Solange ein Artikel vorrätig ist, wird er auch geliefert")

Abb. 3.6.28. Verwendung der weiteren Temporaloperatoren

Die Bedeutung temporallogischer Formeln wird durch eine *Bewertungsfunktion* festgelegt, die einer Formel für jeden Zeitpunkt einen Wahrheitswert zuordnet. So ist etwa **sometimes** A zum Zeitpunkt t_i genau dann wahr, wenn es $j > i$ gibt, so dass A zum Zeitpunkt t_j wahr ist. Entsprechend ist A **until** B zum Zeitpunkt t_i genau dann wahr, wenn es $j > i$ gibt, so dass B zum Zeitpunkt t_j wahr ist und A zu allen Zeitpunkten t_k mit $i \leq k \leq j$ wahr ist.

always A = $\neg$ **sometimes** $\neg$ A
always A = A $\wedge$ **nexttime always** A
A **atnext** B = **nexttime** (B $\Rightarrow$ A) $\wedge$ **nexttime** ($\neg$B $\Rightarrow$ A **atnext** B)

Abb. 3.6.29. Schlussregeln und Äquivalenzen

Wie für die klassische Aussagen- und Prädikatenlogik gibt es auch für die Temporallogik Schlussregeln und Äquivalenzen. Einige Beispiele dafür finden sich in Abb. 3.6.29. Für eine ausführliche Behandlung sei auf die einschlägige Literatur (z.B. [Krö 87, GHR 94, MP 92, MP 95, PP 06]) verwiesen. Bekannte Varianten der temporalen Logik sind CTL (Computation Tree Logic), LTL (Linear Temporal Logic) oder TLA (Temporal Logic of Actions).

Realtime-Logik. Wie bereits erwähnt, lassen sich mit temporaler Logik nur relative Zeitaussagen formalisieren. Für Zeitanforderungen in Echtzeitsystemen muss man sich jedoch auch auf absolute Zeitpunkte beziehen können. Diese Möglichkeit bietet die „Realtime-Logik" RTL (vgl. [JM 86]), eine (nicht-modale) Erweiterung der Prädikatenlogik erster Stufe.

In RTL kann man verschiedenen Ereignissen (z.B. externes Ereignis, Zustandsübergang, Beginn/Ende einer Aktion) und Zuständen Zeitpunkte zuordnen und diese über prädikatenlogische Formeln miteinander in Beziehung setzen. Damit lassen sich dann alle Arten zeitbezogener Aussagen im Zusammenhang mit Automaten formalisieren.

Ereignisse

ΩE	externes Ereignis E
$\uparrow A$	Beginn der Aktivität A
$\downarrow A$	Ende der Aktivität A
$U := T$	Eintritt in Zustand U
$U := F$	Austritt aus Zustand U
$(U - V)$	Übergang von Zustand U in Zustand V

Zeitpunkte

$@(E, i)$	Zeitpunkt des i-ten Vorkommens von Ereignis E

Prädikate

$U[x, y]$ Der Zustand U wird zum Zeitpunkt x betreten und zum Zeitpunkt y verlassen. Anstelle von „[x" sind auch „(x" (zum Zeitpunkt x oder vorher), bzw. „<x" (vor dem Zeitpunkt x) möglich, sowie analog „y)" bzw. „y>" anstelle von „y]"

Abb. 3.6.30. Notation von RTL

Einen Ausschnitt der Notation von RTL zeigt Abb. 3.6.30. Beispiele von Formeln in RTL und ihre informellen Interpretationen finden sich in Abb. 3.6.31.

$\forall t \, \forall i \;\; @(\Omega x, i) = t \wedge U[t, t) \Rightarrow \exists j \; @((U - V), j) = t+5$
    („Falls das externe Ereignis x eintritt und zum Übergang in den Zustand U führt, erfolgt nach 5 Zeiteinheiten ein Übergang in den Zustand V", vgl. Abb. 3.6.9)

$\forall i \;\; @(\downarrow A, i) \leq @(\uparrow A, i) + 5$
    („Die Aktivität A wird in höchstens 5 Zeiteinheiten ausgeführt")

$\forall t \, \forall i \;\; @(\Omega x, i) = t \;\Rightarrow$
    $\exists t', t'' \; (\exists j \; @(\Omega y, j) = t' \wedge V[t', t') \wedge t' \leq t+5) \vee (\neg \exists j \; t \leq @(\Omega y, j) \leq t+5 \wedge V'[t'', t'') \wedge t'' > t+5)$
    („Falls nach Eintritt des externen Ereignisses x innerhalb von 5 Zeiteinheiten das externe Ereignis y eintritt, erfolgt ein Übergang in den Zustand V, andernfalls ein Übergang in den Zustand V'", vgl. Abb. 3.6.16)

Abb. 3.6.31. Beschreibung von Zeitaspekten in RTL

3.6.5 Zusammenfassung

Zeitliche Anforderungen können an alle bisher betrachteten Darstellungsaspekte gekoppelt sein. Einen Überblick über die verschiedenen einschlägigen Formalismen und ihre Zusammenhänge gibt Abb. 3.6.32.

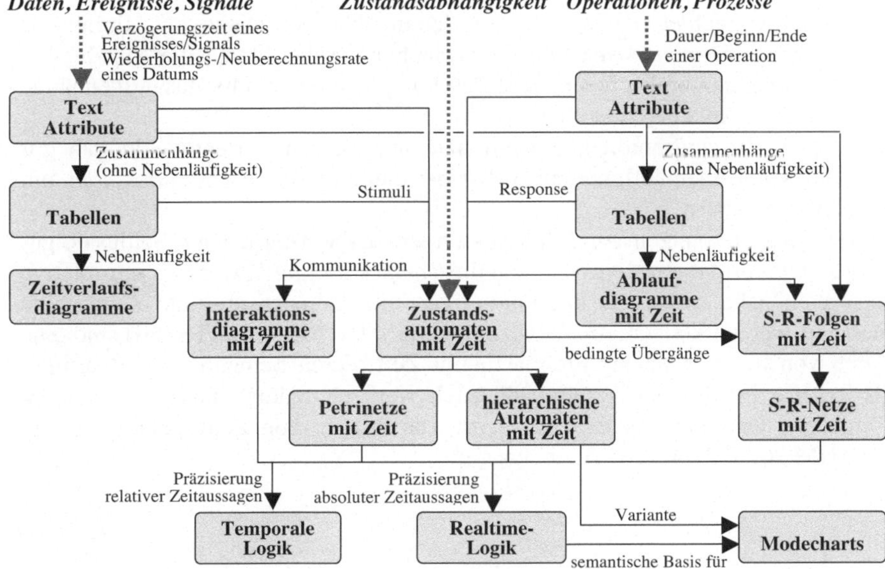

Abb. 3.6.32. Konzepte zur Modellierung von Zeitaspekten (Übersicht)

Zeitaspekte können einzelne Daten, Signale oder Ereignisse wie auch ihre Zusammenhänge betreffen. Häufig auftretende zeitbehaftete Eigenschaften in diesem Kontext sind etwa die Verzögerungszeit eines Signals oder die Wiederholungs- und Neuberechnungsrate eines Datums. Geht es dabei um die Beschreibung individueller Eigenschaften ist eine Darstellung durch *Text* oder *Attribute* gebräuchlich. Werden Zusammenhänge mehrerer Daten oder Signale gemeinsam betrachtet, kann man entsprechende *Tabellen* verwenden. Soll darüber hinaus noch Nebenläufigkeit zum Ausdruck gebracht werden, empfehlen sich *Zeitverlaufsdiagramme*.

Analog zu Daten verwendet man *Text* oder *Attribute*, wenn es darum geht, Zeitaspekte einer einzelnen Operation oder eines Prozesses, wie etwa Dauer oder Beginn/Ende, zu beschreiben. Für die Darstellung zeitlicher Zusammenhänge zwischen mehreren Prozessen sind entsprechende *Tabellen* eine Möglichkeit, bzw. *Ablaufdiagramme mit Zeit*, falls Nebenläufigkeit eine Rolle spielt.

Interaktionsdiagramme mit Zeit geben einerseits die jeweilige Dauer und die Zusammenhänge von (nebenläufigen) Operationen wieder, andererseits zeitliche Zusammenhänge von Ereignissen und ausgetauschten Botschaften.

Stimuli sind einzelne oder mehrere miteinander zusammenhängende Ereignisse oder Daten. Analog können Responses als einzelne oder zusammenhängende Aktionen aufgefasst werden. Für die Beschreibung zulässiger Stimulus-Response-Folgen (in Abhängigkeit von Systemzuständen) und deren zeitliche Zusammenhänge sind *Zustandsautomaten mit Zeit* ein geeigneter Formalismus, sofern Nebenläufigkeit keine Rolle spielt.

Erweitert man Zustandsautomaten mit Zeit um bedingte Übergänge, so hat man die Möglichkeiten die *Stimulus-Response-Folgen mit Zeit* anbieten. Zu diesen kommt man auch, wenn man in Ablaufdiagrammen auf die Darstellung von Nebenläufigkeit verzichtet und stattdessen Zeitangaben für Daten und Ereignisse zulässt. *Stimulus-Response-Netze mit Zeit* erlauben darüber hinaus die Angabe von Validierungspunkten und -pfaden, wodurch komplexere zeitliche Zusammenhänge für verschiedene Abläufe darstellbar sind.

Analog zu Zustandsautomaten kann man auch deren Fortentwicklungen zur Darstellung von Nebenläufigkeit, also *Petrinetze* und *hierarchische Automaten*, um Zeitangaben erweitern.

Präzise Beschreibungen von Zeitaspekten sowie die Möglichkeit, Schlussfolgerungen daraus formal abzuleiten, bieten die *Temporale Logik*, wenn es um relative Zeitaussagen geht, sowie die *Realtime-Logik*, mit der auch absolute Zeitaspekte formalisiert werden können. *Modecharts* (vgl. [JM 94, MSJ 96, RTS 09]) sind eine Variante von hierarchischen Automaten mit Zeit, deren Semantik mit Realtime-Logik präzise beschrieben ist und die auch werkzeugmäßig unterstützt werden. Verschiedene andere formale Ansätze zur Darstellung von Zeitaspekten werden z.B. in [HM 96, BC 04, JLW 07] behandelt.

4 Strukturierte Methoden

Bei den Strukturierten Methoden des Requirements-Engineering steht die Modellierung der Kommunikation von Prozessen über Daten mit Hilfe von Datenflussdiagrammen im Vordergrund. Methodisches Grundprinzip ist eine Top-down-Vorgehensweise mit schrittweiser Verfeinerung (vgl. 2.3.3), bei der Prozesse sukzessive durch Datenflussdiagramme verfeinert werden.

Obwohl sie in etablierten Lehrbüchern (vgl. z.B. [Pre 05, Som 07, WB 05, Gra 06]) nach wie vor behandelt werden, sind die strukturierten Ansätze in der Praxis gegenüber den objektorientierten Ansätzen (vgl. Kap. 5) deutlich in den Hintergrund getreten. Dennoch gibt es gute Gründe auch in dem vorliegenden Buch, das sich primär einen umfassenden Überblick über Modellierungskonzepte im Rahmen des RE zum Ziel gesetzt hat, auf diese Ansätze einzugehen: In der Praxis wurde hinsichtlich strukturierter Methoden viel in Knowhow und Werkzeuge investiert und es gibt dadurch noch sehr viele „Altlasten", die weiter gepflegt und gewartet werden müssen. In vielen Bereichen, vor allem bei technischen Systemen, sind berechtigterweise strukturierte Methoden (vor allem SA/RT und andere „SA-Derivate" wie etwa SSADM) erfolgreich im praktischen Einsatz. Und schließlich ist die funktionale Sichtweise, die den strukturierten Ansätzen zugrunde liegt, nach wie vor relevant und findet sich dementsprechend als wichtiges Konzept in vielen derzeit aktuellen Ansätzen (z.B. UML und UML-Weiterentwicklungen wie etwa SysML oder MechUML, vgl. [GH 06]).

Frühester Vertreter der Klasse strukturierter Ansätze ist SADT, von dem alle anderen Ausprägungen beeinflusst wurden (vgl. [DeM 97]). Dies ist auch der Grund, warum im Folgenden kurz auf SADT eingegangen wird, auch wenn es heute in der Praxis keine Rolle mehr spielt.

SA geht bereits einen Schritt weiter als SADT (das im Wesentlichen nur Datenflussdiagramme und schrittweise Verfeinerung beinhaltet) und sieht auch eine präzise Modellierung der elementaren Bestandteile einer Datenflussbeschreibung (elementare Prozesse durch Prozessspezifikationen, Daten im Datenlexikon) vor.

In MSA und SA/RT, den wichtigsten Weiterentwicklungen von SA, kommen Konzepte zur Modellierung weiterer Systemaspekte hinzu, nämlich (erweiterte) ER-Diagramme zur Beschreibung von System- und Komponentenstrukturen sowie Zustandsautomaten zur Darstellung von Kontroll- und Steuerungsaspekten. In allen strukturierten Ansätzen werden im Wesentlichen nur funktionale Anforderungen berücksichtigt, nicht-funktionale Anforderungen lassen sich nur textuell oder durch individuelle Erweiterungen erfassen.

H. Partsch, *Requirements-Engineering systematisch*, eXamen.press, 2nd ed.,
DOI 10.1007/978-3-642-05358-0_4, © Springer-Verlag Berlin Heidelberg 2010

4.1 SADT

SADT (*S*tructured *A*nalysis and *D*esign *T*echnique) wurde Mitte der 70er Jahre von der Firma SofTech entwickelt (vgl. [Ros 77, RS 77, Ros 85]) und umfasst eine *graphische Sprache* für das Zusammensetzen, Strukturieren und Kommunizieren von gedanklichen Einheiten sowie eine *Methodik*, die eine Anleitung zum sinnvollen Gebrauch dieser Sprache sein soll. Der Aspekt der Werkzeugunterstützung bleibt in SADT bewusst offen.

Einer Beschreibung in SADT liegt die (intuitiv leicht nachvollziehbare) Auffassung zugrunde, dass ein System im wesentlichen durch *Dinge* und *Geschehen* („things and happenings") charakterisiert ist, die miteinander in Wechselbeziehung stehen. „Dinge" ist dabei als Sammelbegriff für passive Elemente wie Objekte, Daten oder Informationen aufzufassen, „Geschehen" fasst aktive Elemente wie Operationen, Aktivitäten und Prozesse, die miteinander kommunizieren, zusammen.

SADT unterstützt zwei Sichtweisen bei der Beschreibung von Systemen. Bei der *Aktivitätensichtweise* stehen die Aktivitäten, die durch Menschen, Maschinen, Institutionen, Rechner oder Algorithmen wahrgenommen werden, im Vordergrund. Die *Datensichtweise* sieht die verwendeten Daten, Objekte oder Gegenstände als zentralen Aspekt. In beiden Fällen besteht die Beschreibung aus mehreren entsprechenden Diagrammen.

Jedes **SADT-Diagramm** ist ein endlicher, gerichteter, knoten- und kantenmarkierter Graph. Die Knoten werden durch Rechtecke dargestellt, die Kanten, wie üblich, durch Pfeile. Die Markierung erfolgt durch Beschriftung mit (umgangssprachlichen) Bezeichnungen.

Üblicherweise werden mit den Rechtecken eines SADT-Diagramms *Aktivitäten* und mit den Pfeilen *Daten* assoziiert und das entsprechende Diagramm heißt **Aktivitätsdiagramm**. Ein einzelnes Rechteck, als Baustein eines Aktivitätsdiagramms, mit den zugehörigen ein- und ausgehenden Pfeilen ist wie in Abb. 4.1.1 aufgebaut. Dabei steht jeder Pfeil stellvertretend für eine beliebige Anzahl von Pfeilen (jeweils mit der angegebenen Richtung und Bedeutung).

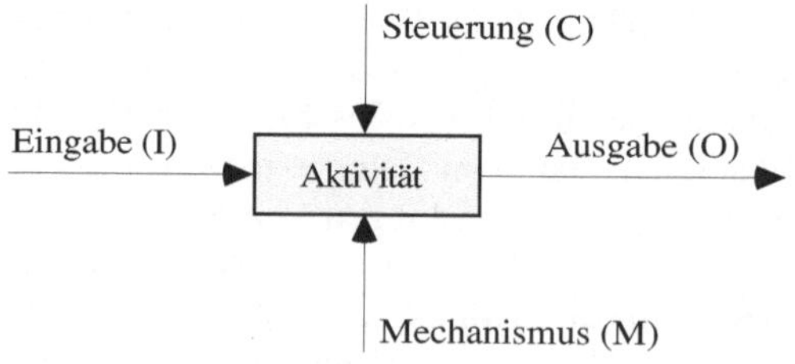

Abb. 4.1.1. Allgemeine Form der Bausteine eines Aktivitätsdiagramms

Die Richtungen der zu einem Aktivitätsrechteck gehörenden Pfeile und ihre prinzipiellen Bedeutungen sind standardmäßig (wie in Abb. 4.1.1 angegeben) festgelegt (*ICOM-Schema*). Die Pfeile beschreiben im Wesentlichen die *Schnittstellen* der Aktivität zu ihrer Umgebung: Pfeile der Kategorie Eingabe (*I*, Input) werden für Daten verwendet, die von der betreffenden Aktivität verarbeitet werden. Daten, die durch die Verarbeitung entstehen, werden durch Pfeile der Art Ausgabe (*O*, Output) dargestellt. Die Steuerungspfeile (*C*, Control) verwendet man zur Beschreibung von Daten, die die Verarbeitung regeln oder anstoßen. Die Mechanismuspfeile (*M*, Mechanism) stellen keine Schnittstelle dar, sondern erlauben Angaben zur Realisierung der beschriebenen Aktivität (wie, womit, durch wen). Ein einfaches, selbsterklärendes Beispiel eines Aktivitätsdiagramms gibt Abb. 4.1.2.

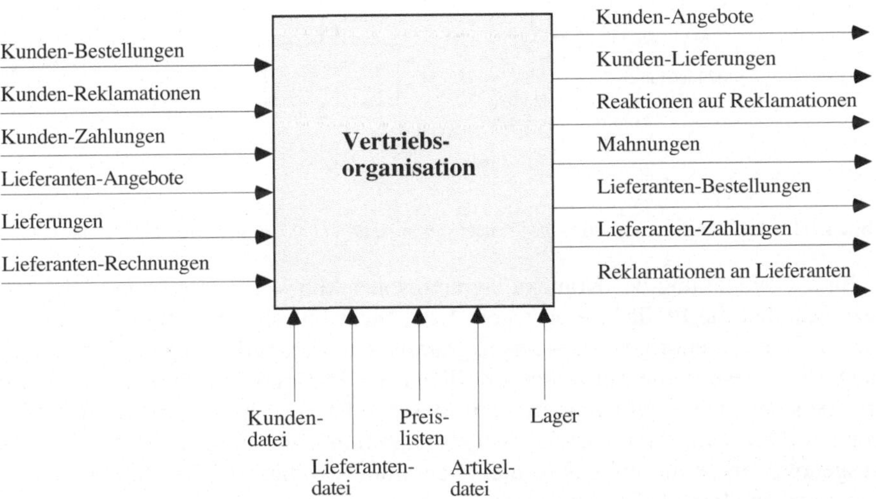

Abb. 4.1.2. Aktivitätsdiagramm für die Vertriebsorganisation (Kontextdiagramm)

Methodisch sieht SADT vor, dass zunächst das Gesamtsystem durch *ein* Rechteck mit entsprechenden Pfeilen (*Kontextdiagramm*, entspricht dem System mit seiner Umgebung) dargestellt wird. Dabei werden Akteure oder Aktivitäten der Systemumgebung nicht modelliert, sondern nur die Schnittstellen mit dem System (über ein- und ausgehende Pfeile). Eine solche erste, stark vergröberte Systembeschreibung wird dann weiter verfeinert. Die *Verfeinerung* geschieht durch wiederholte Aufspaltung einzelner Rechtecke eines Diagramms (*Übersichtsdiagramm*) in sogenannte *Detaildiagramme* bis der gewünschte Detaillierungsgrad erreicht ist.

Die in einem Diagramm enthaltene Information sollte möglichst überschaubar und intellektuell beherrschbar bleiben. Konkret wird empfohlen, pro Diagramm nicht mehr als 4-6 Rechtecke zu haben („everything worth saying about anything worth saying something about must be expressed in six or fewer pieces", [Ros 77]), die zusätzlich von links oben nach rechts unten angeordnet sein sollten.

Durch die verschiedenen Verfeinerungsschritte entsteht eine Hierarchie von *Verfeinerungsebenen*, die das System in unterschiedlichem Detaillierungsgrad beschreiben.

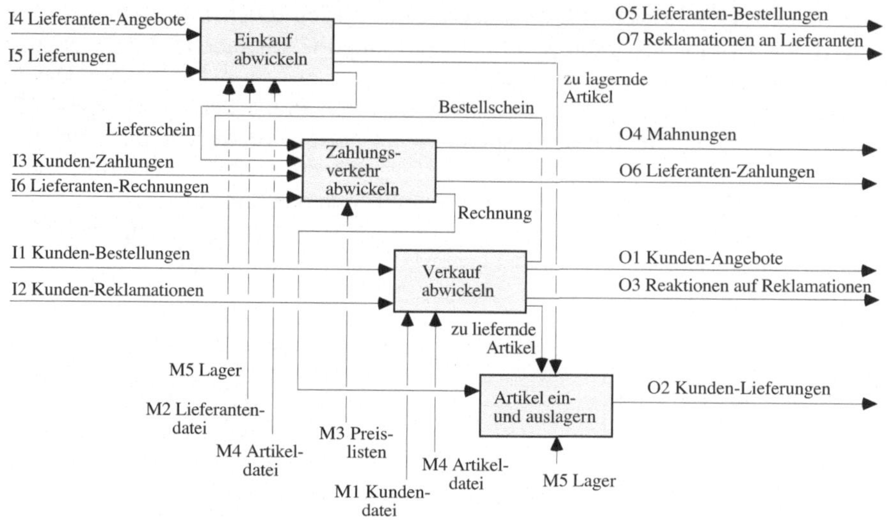

Abb. 4.1.3. Aktivitätsdiagramm für die Vertriebsorganisation (1. Verfeinerung)

Eine Verfeinerung des Kontextdiagramms aus Abb. 4.1.2 zeigt Abb. 4.1.3. Hier beziehen sich die Pfeile, die an einem Ende nicht mit einem Rechteck verbunden sind, auf das zugehörige Übersichtsdiagramm. Zur Verdeutlichung des Zusammenhangs sind diese Pfeile mit ihrem jeweiligen ICOM-Code und ihrer relativen Lage im Übersichtsdiagramm annotiert. Dort müssen alle diese nicht verbundenen Pfeile weitergeführt sein, damit das Übersichtsdiagramm vollständig und konsistent ist. Ausgenommen ist hierbei das Kontextdiagramm, wo diese Pfeile mit den System-schnittstellen übereinstimmen müssen.

Zur Darstellung der Datensichtweise eines Systems werden **Datendiagramme** verwendet. Auch für sie ist eine schrittweise Verfeinerung analog zu der von Aktivitätsdiagrammen vorgesehen.

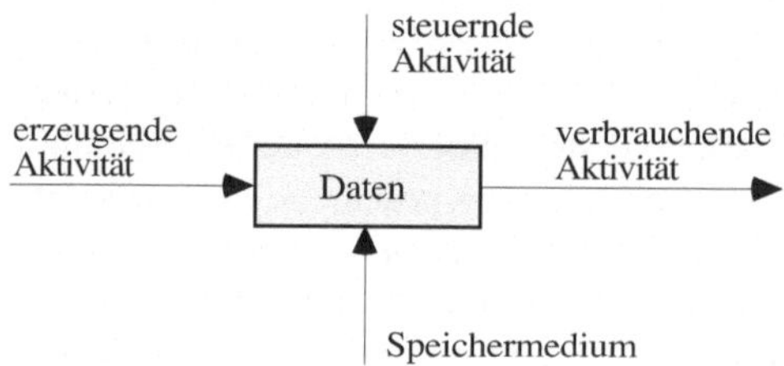

Abb. 4.1.4. Allgemeine Form der Bausteine eines Datendiagramms

In einem Datendiagramm werden funktional zusammengehörige Daten durch ein Rechteck dargestellt (siehe Abb. 4.1.4). Die Pfeile charakterisieren Aktivitäten, die auf die betreffenden Daten entsprechend der angegebenen Charakterisierung Bezug nehmen.

Aktivitäten- und Datensichtweise sind *komplementär* und *ergänzend*. Sie zeigen verschiedene Detailinformationen, wodurch das System insgesamt genauer und vollständiger beschrieben wird. Außerdem können entsprechende Tätigkeiten und Daten wechselseitig überprüft werden, um Vollständigkeit und Konsistenz sicherzustellen.

Neben den bisher vorgestellten Konzepten gibt es in SADT noch weitere. *Aktivierungsfolgen* beschreiben Pfade in einem Diagramm, die die Abfolge von Daten und Aktivitäten für bestimmte Situationen (analog zu Szenarien, vgl. 3.3.5) wiedergeben. Sie dienen vor allem der Validation und der Überprüfung auf Konsistenz und Vollständigkeit. Die Diagramme einer SADT-Beschreibung werden in *spezielle Formulare* eingetragen, die auch noch organisatorische und projektbezogene Angaben enthalten. Spezielle Bezeichnungskonventionen dienen vor allem der übersichtlichen Organisation der Formulare.

Zur *Erstellung einer Anforderungsdefinition* in SADT wird vorgeschlagen, zuerst eine Aktivitätensichtweise entsprechend der Top-down-Vorgehensweise zu entwickeln und diese einem Review-Prozess zu unterziehen. Zeitlich dazu etwas verzögert soll dann eine Datensichtweise des Systems in analoger Weise erstellt werden. Anschließend werden Aktivitäten- und Datensichtweise miteinander verglichen und, falls erforderlich, Korrekturen und Modifikationen durchgeführt. Gegebenenfalls können auch noch Aktivierungsfolgen zum Zweck der Analyse aufgestellt werden. Alle Diagramme werden schließlich auf Standard-SADT-Formulare gezeichnet, und entsprechend ihrer hierarchischen Struktur abgelegt.

Für den Anschluss an spätere Entwicklungsphasen wird vorgeschlagen, die Diagramme aus der Anforderungsphase zu einer Systemspezifikation um die dafür relevanten Informationen zu erweitern.

SADT hat zweifellos gewisse *Stärken*. Es unterstützt ganz deutlich ein konsequentes Top-down-Vorgehen (vgl. 2.3.3) bei der Erstellung der Anforderungsdefinition, wodurch operationelle Vorgriffe auf eine Implementierung deutlich erschwert werden. Es enthält einige methodische Elemente, insbesondere für das Projektmanagement und die Erstellung von Anforderungsdefinitionen. Eine teamorientierte Arbeitsweise wird explizit unterstützt. SADT ist relativ leicht erlernbar und verständlich, sofort und universell einsetzbar und daher ein brauchbares (wenn auch nicht immer sehr präzises) Kommunikationsmittel.

Allerdings gibt es auch deutliche *Schwächen*. Insbesondere können – u.a. durch das Fehlen eines expliziten Kontexts – wichtige semantische Aspekte einer Systembeschreibung wie Schnittstellen, Konsistenz und Vollständigkeit nicht formal überprüft werden. Eine brauchbare methodische Anbindung an spätere Entwicklungsphasen gibt es auch nicht. Die Erstellung von SADT-Diagrammen ist ohne Rechnerunterstützung offensichtlich sehr aufwändig, da selbst kleinere Diagramme durch ungeschicktes Zeichnen unleserlich werden und Änderungen meist dazu führen, dass Diagramme ganz neu gezeichnet werden müssen.

4.2 SA

SA (*Structured Analysis*, [DeM 79]), bzw. **SASS** (*Structured Analysis and System Specification*) ist eine Datenfluss-orientierte Methode, die von Tom DeMarco Ende der 70er Jahre speziell für das Requirements-Engineering entwickelt wurde. Die Methode **SSA** (*Structured System Analysis*, [GS 79]) ist im Wesentlichen identisch, verwendet lediglich andere graphische Symbole.

4.2.1 Grundkonzeption

Wie bei SADT, bilden auch in SA Datenflussdiagramme (vgl. 3.3.4) die Grundlage der Beschreibung der statischen Kommunikationsstruktur. Der wesentliche Unterschied zu SADT besteht darin, dass SA eine weniger schwerfällige Notation verwendet und mit dem Datenlexikon und den Transformationsbeschreibungen (s.u.) Möglichkeiten bietet, die graphische Darstellung zu ergänzen und zu präzisieren. Wie SADT beruht auch SA methodisch auf dem Prinzip der *schrittweisen Verfeinerung* (vgl. 2.3.3).

SA unterstellt eine Systemsichtweise, bei der die Kommunikation zwischen aktiven Komponenten („Prozessen") über Datenflüsse und die durch sie implizit festgelegten Schnittstellen zwischen den einzelnen Systemkomponenten im Vordergrund stehen. Dabei werden üblicherweise unter Datenflüssen alle die Kommunikationskanäle verstanden, über die Informationen zwischen den einzelnen Systemkomponenten oder zwischen Systemkomponenten und der Systemumgebung ausgetauscht werden können.

Der Vorteil der Datenfluss-orientierten Sichtweise besteht vor allem darin, dass sie ein einfaches Kriterium zur (funktionalen) Zerlegung eines Systems in kleinere Teile bietet, was dann zu einer relativ natürlichen Gliederung des Systems in einzelne Funktionen führt.

Eine Systembeschreibung in SA besteht aus einer Menge von *Datenflussdiagrammen*, dem *Datenlexikon* und einer Menge von *Prozessspezifikationen*.

Datenflussdiagramme. Ein *Datenflussdiagramm* (*data flow diagram*, kurz: DFD, Synonyme: *Bubble Chart*, *Prozessmodell*, *Funktionsmodell*) ist ein endlicher, knoten- und kantenmarkierter Graph (vgl. 3.3.4). Er dient der Darstellung von Prozessen, Funktionen oder Aktionen (durch Knoten) und der Kommunikation zwischen Prozessen über Datenflüsse (durch Kanten). Es gibt drei verschiedene Arten von Knoten, die jeweils mit Namen markiert sind und für die auch jeweils verschiedene Symbole vorgesehen sind (vgl. Abb. 4.2.1):

— *Prozessknoten* (*node*, auch: Prozess), durch Kreise dargestellt, repräsentieren (komplexe) Aktionen oder Prozesse, die einen oder mehrere Eingangsdatenflüsse in einen oder mehrere Ausgangsdatenflüsse transformieren.
— *Datenspeicher* (*store*, auch: Lager), durch parallele Balken dargestellt, dienen der Repräsentation von Vorrichtungen zur (zeitlich begrenzten) Ablage von Informationen. Man kann sich darunter manuelle oder automatisierte Dateien

vorstellen, aber auch Datenbanken oder jede andere Art von Informationssammlungen.

— *Endknoten* (*terminator*, auch: Begrenzer) werden durch Rechtecke dargestellt. Sie beschreiben Bestandteile der Systemumgebung, die über Datenflüsse mit dem eigentlichen System verbunden sind. Mit ihrer Hilfe werden die Schnittstellen des Systemmodells zu seiner Umgebung dargestellt. Solche Schnittstellen können zu Personen, Organisationen, technischen Prozessen oder anderen Systemen außerhalb des betrachteten Kontexts bestehen.

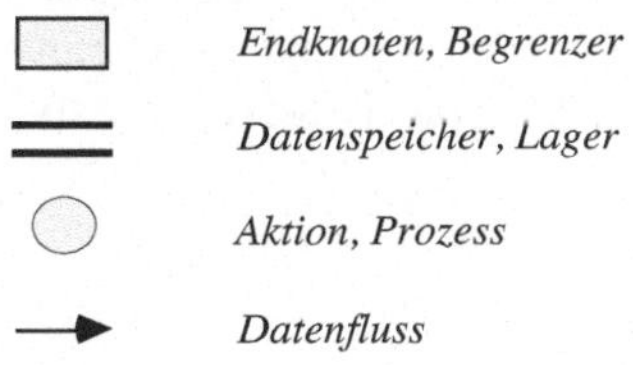

Endknoten, Begrenzer

Datenspeicher, Lager

Aktion, Prozess

Datenfluss

Abb. 4.2.1. Symbole in Datenflussdiagrammen (bei DeMarco)

Die Kanten im Graphen dienen der Darstellung des Datenflusses. Sie können aufgefasst werden als Kommunikationskanäle, durch die von ihrem Aufbau her bekannte Informationen fließen. Ob, wann und in welcher Reihenfolge tatsächlich Informationen fließen bleibt dabei völlig offen.

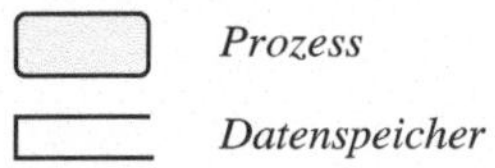

Prozess

Datenspeicher

Abb. 4.2.2. Andere Darstellungen (bei Gane/Sarson)

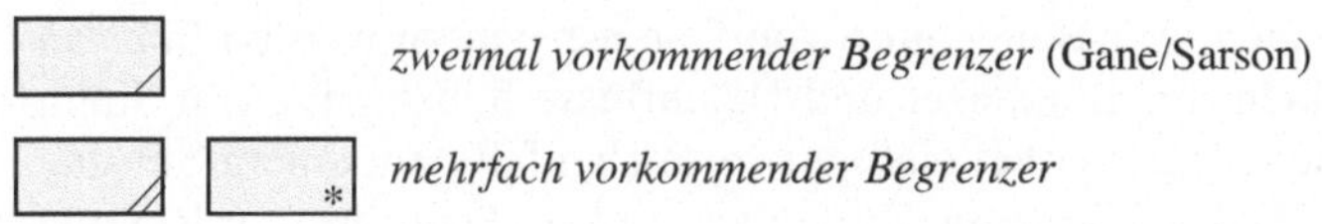

zweimal vorkommender Begrenzer (Gane/Sarson)

mehrfach vorkommender Begrenzer

Abb. 4.2.3. Zusätzliche Symbole (bei Gane/Sarson bzw. Yourdan)

Neben den in Abb. 4.2.1 angegebenen Symbolen findet man in der Literatur auch andere Darstellungen (Abb. 4.2.2) sowie weitere Symbole (Abb. 4.2.3).

Für die Darstellung von Datenflüssen gibt es auch einige gebräuchliche Konventionen und Abkürzungen, die in Abb. 4.2.4 zusammengestellt sind.

Den Bestandteilen der Datenflussdiagramme sind *semantisch feste Rollen* zugeordnet. *Prozesse* transformieren Eingangsdaten in Ausgangsdaten. Sie beschreiben die Funktionalität eines Systems. *Endknoten* modellieren Bestandteile der Systemumgebung, die mit dem System kommunizieren. Sie werden als „black boxes" gesehen, da sie nicht durch das System kontrolliert werden und somit nur indirekt Gegenstand der Anforderungsermittlung (vgl. 2.2.1) sind. *Datenspeicher* dienen der Repräsentation statischer oder abgelegter Daten (eines bestimmten Typs). Sie modellieren die Datenhaltung im System und sind über Datenflüsse mit Prozessen verbunden. Dabei steht ein Fluss *in* einen Datenspeicher für eine Veränderung des Datenspeichers, während ein Fluss *aus* einem Datenspeicher einen lesenden Zugriff darstellt. *Datenflüsse* verbinden Begrenzer, Datenspeicher und Prozesse miteinander, wobei stets ein „Ende" des Datenflusses ein Prozess sein muss. Datenflüsse beschreiben Transportwege von Daten (eines bestimmten Typs) und haben immer eine Quelle und ein Ziel. Sie sind stets mit der Bezeichnung des Typs der transportierten Daten benannt. Ausgenommen sind dabei Datenflüsse von und zu Datenspeichern, bei denen sich die Bezeichnung des Typs der transportierten Daten aus der des Datenspeichers ableitet.

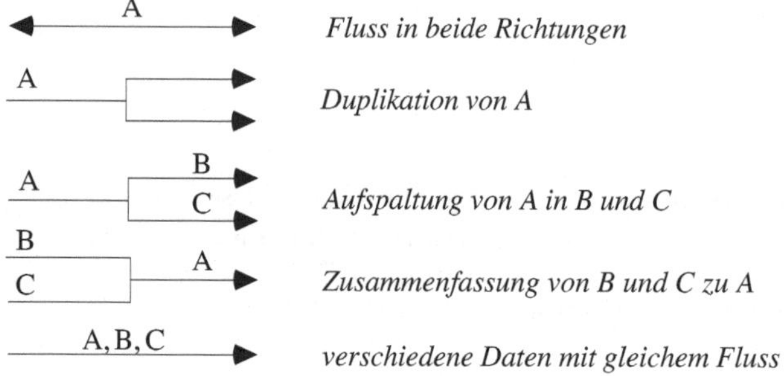

Abb. 4.2.4. Konventionen und Abkürzungen für Datenflüsse

Für die Namensgebung in Datenflussdiagrammen gibt es Empfehlungen, die sich in der Praxis bewährt haben. Generell sollte jedes Diagramm (und jeder Bestandteil eines Diagramms) eine aus der Problemwelt abgeleitete, suggestive, eindeutige Bezeichnung haben. Zur Benennung von Datenspeichern werden Substantive (im Plural) empfohlen, für Begrenzer und Datenflüsse Substantive (im Singular). Einen Prozess benennt man zweckmäßigerweise ebenfalls mit einem Substantiv oder einer Verb-Objekt-Kombination. Zusätzlich werden Prozesse (zur Referenzierung) nummeriert.

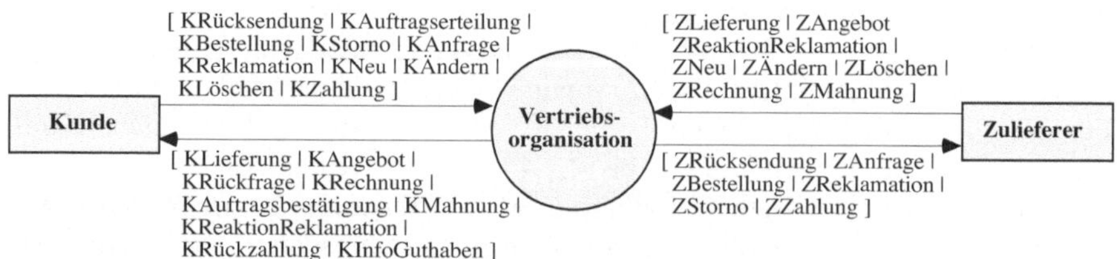

Abb. 4.2.5. Datenflussdiagramm für die Vertriebsorganisation (Kontextdiagramm)

Ein einfaches Beispiel eines Datenflussdiagramms in der Notation von SA findet sich in Abb. 4.2.5. Die hier angegebenen Datenflüsse ergeben sich mehr oder weniger direkt aus den informellen Anforderungen (vgl. 1.5.1). Zu ihrer Darstellung wurde die für das *Datenlexikon* (s. u.) vorgesehene Notation verwendet.

Schrittweise Verfeinerung. Wie SADT sieht SA als methodisches Grundprinzip eine *schrittweise Verfeinerung* von Prozessen in neue Datenflussdiagramme (mit möglicherweise neuen internen Datenflüssen) und damit eine hierarchische Zerlegung einer Systembeschreibung vor. Das „oberste" Diagramm nennt man *Kontextdiagramm*, ein nicht weiter verfeinerter Prozess heißt *elementarer Prozess*. Der Zusammenhang zwischen Datenflussdiagrammen auf verschiedenen Verfeinerungsebenen wird durch ein einfaches Nummerierungsschema (Dezimalklassifikation) ausgedrückt. Die Konsistenz der Verfeinerungsebenen ist durch entsprechende Regeln sichergestellt.

Die *Regeln für das Kontextdiagramm* besagen, dass es nur einen Prozess (nämlich den, der das Gesamtsystem repräsentiert, vgl. Abb. 4.2.5) enthalten darf und mindestens einen Begrenzer enthalten muss. Bei vielen externen Begrenzern und Flüssen sind auch „partielle Kontextdiagramme" möglich, die jeweils wesentliche Teilsysteme zeigen. Viele gleichartige Instanzen von Begrenzern werden nur durch *einen* Begrenzer (der ihren „Typ" charakterisiert) dargestellt. Im Prinzip sollte jeder (Typ von) Begrenzer nur einmal angegeben werden, worauf jedoch aus Übersichtlichkeitsgründen verzichtet werden kann. Ebenso sollte pro Flussrichtung nur ein Informationskanal (mit evtl. verschiedenen Daten) dargestellt werden (was wieder aus Übersichtlichkeitsgründen aufgegeben werden kann).

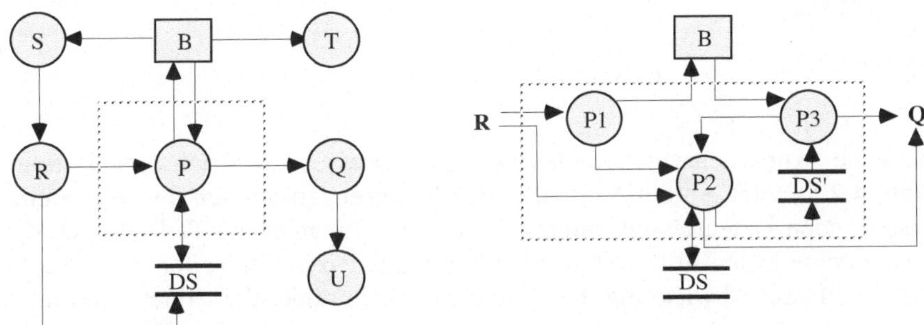

Ausschnitt aus Diagramm D
Diagramm D': Verfeinerung von Prozess P

Abb. 4.2.6. Konsistente Verfeinerung (eines Prozesses P aus Diagramm D in Diagramm D')

Die *Konsistenzregeln für die Verfeinerung* eines Prozesses P (aus einem Diagramm D) in ein Diagramm D' illustriert Abb. 4.2.6. Die gepunktete Linie markiert im linken Bild den Prozess P, im rechten seine Verfeinerung. Bei der Verfeinerung wird die Bezeichnung von P der Name von D', die P zugeordnete Nummer wird Präfix aller Prozessnummern in D'. Mit P kommunizierende Datenspeicher, Begrenzer und Prozesse werden in D' übernommen, aber nicht verfeinert. Dabei werden Prozesse nur durch ihre Bezeichnung angegeben. Mit P nicht zusammenhängende Datenspeicher, Begrenzer und Prozesse entfallen in der Verfeinerung ebenso wie alle nicht mit P verbundenen Datenflüsse. Alle ein- und ausgehenden Flüsse von P müssen in D' wieder enthalten sein, können aber gegebenenfalls „zerlegt" sein. Ein „interner" Datenfluss (von und zu P) in D kann in mehrere Datenflüsse in D' zerfallen. Ist ein solcher Datenfluss eine Verbindung mit einem Datenspeicher, so erfolgt eine entsprechende Aufspaltung des Datenspeichers. Wird ein Datenfluss in mehrere Untertypen zerlegt, so werden die entstandenen Flüsse entsprechend annotiert. Ein Datenfluss zwischen P und einer externen Quelle in D darf nur dann aufgespaltet werden, wenn die Aufspaltung „vollständig" ist. Ferner wird gefordert, dass die Prozesse und Datenflüsse in D' auf demselben „Abstraktionsniveau" sein sollen.

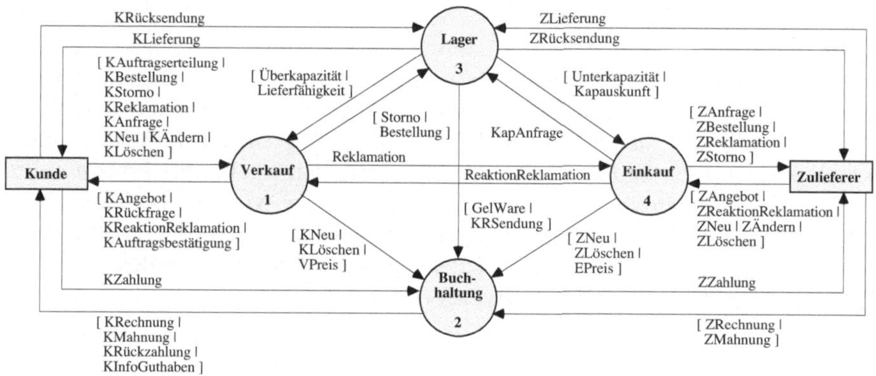

Abb. 4.2.7. Verfeinerung des Prozesses „Vertriebsorganisation"

Eine erste (konsistente) Verfeinerung des Prozesses „Vertriebsorganisation" (aus Abb. 4.2.5) zeigt Abb. 4.2.7. Dabei wurde dieser (zusammen mit seinen ein- und ausgehenden Datenflüssen) aufgeteilt auf vier verschiedene Teilprozesse, die über neue interne Datenflüsse miteinander kommunizieren. Der Teilprozess „Buchhaltung" ist für die Abwicklung des Zahlungsverkehrs und aller (direkt und indirekt) damit zusammenhängenden Aktivitäten verantwortlich. Der Warenverkehr wird vom Prozess „Lager" abgewickelt. Die verbleibende Kommunikation mit den Kunden bzw. Zulieferern übernehmen die Prozesse „Verkauf" bzw. „Einkauf".

Eine ebenfalls konsistente Verfeinerung des Prozesses „Buchhaltung" (aus Abb. 4.2.7) zeigt Abb. 4.2.8. Neben einer weiteren Aufspaltung der ein- und ausgehenden Datenflüsse und ihrer Behandlung durch entsprechende Teilprozesse findet man auch neue Prozesse (z.B. „Bilanzen erstellen" oder „Preise ändern"), interne Datenflüsse und Datenspeicher. Letztere dienen einerseits der Speicherung und Bereitstellung permanenter Information (z.B. „Kunden" oder „Zulieferer"), aber auch der „Pufferung" von Daten zur asynchronen Verarbeitung (wie etwa „Lieferaufträge" oder „KRechnungen").

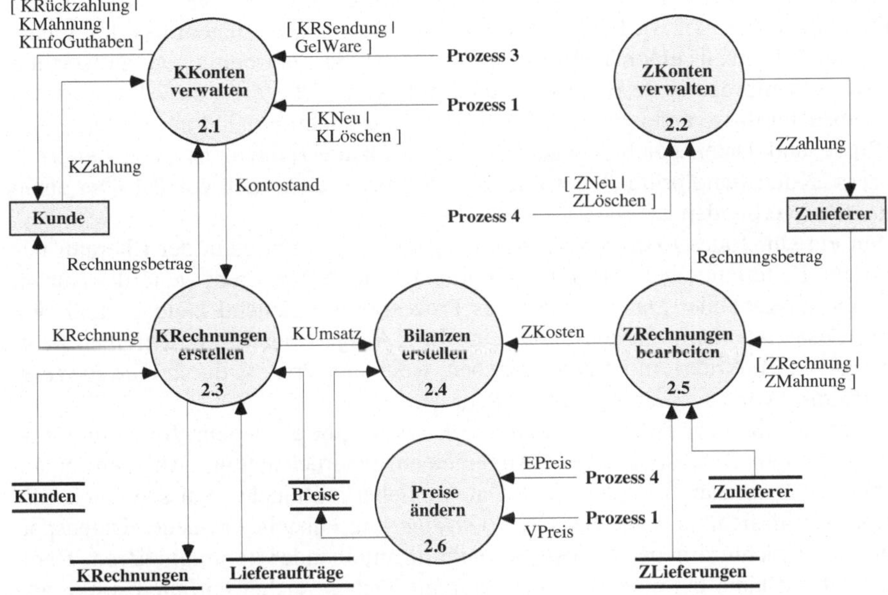

Abb. 4.2.8. Verfeinerung des Prozesses „Buchhaltung"

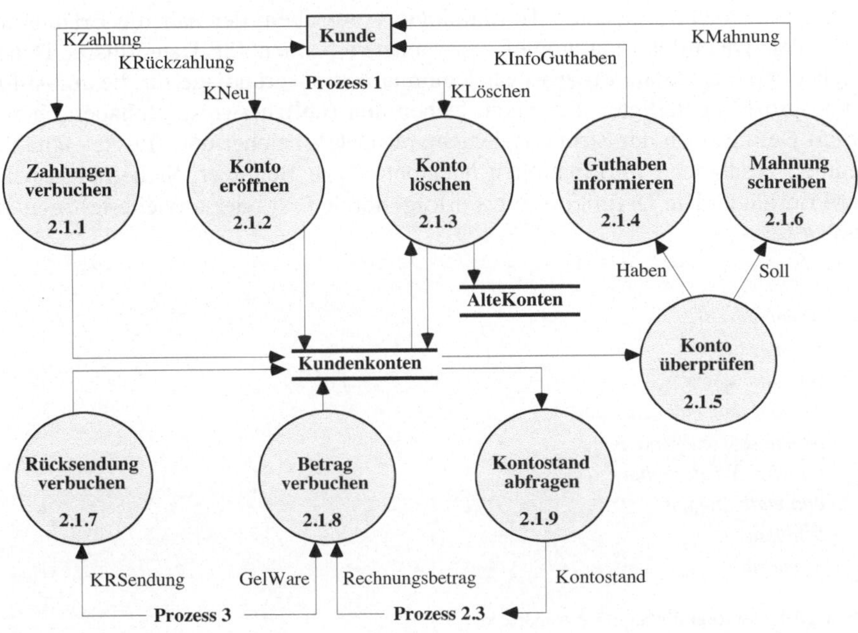

Abb. 4.2.9. Verfeinerung des Prozesses „KKonten verwalten"

Abb. 4.2.9 illustriert eine weitere Verfeinerung des Prozesses „KKonten verwalten" (aus Abb. 4.2.8). Hier findet man zu jedem Eingabedatenfluss des Vaterprozesses 2.1 jeweils einen Teilprozess, der für dessen Verarbeitung verantwortlich ist, sowie Teilprozesse (z.B. „Kontostand abfragen"), die die von 2.1 erwarteten Ausgabedatenflüsse erzeugen. Auch bei dieser Verfeinerung sind neue interne Datenflüsse und Datenspeicher entstanden. Neu dazugekommen ist auch der Teilprozess „Kontostand prüfen", der mit keinem Prozess außerhalb von 2.1 über einen Datenfluss verbunden ist.

Für ein sinnvolles *Ende des Verfeinerungsprozesses* gibt es in der Literatur nur „weiche" Kriterien: Eine Faustregel empfiehlt, dann aufzuhören, wenn die Anzahl ein- und ausgehender Datenflüsse eines Prozesses hinreichend klein ist und sich deren Zusammenhang einfach durch eine Ein-/Ausgaberelation beschreiben lässt. Ein anderes Endkriterium ist dann gegeben, wenn ein Prozess durch eine *Prozessspezifikation* von ca. einer Seite darstellbar ist.

Auch für die Verwendung von *Datenspeichern* gibt es Regeln. Im *Kontextdiagramm* bleiben Datenspeicher im Allgemeinen unberücksichtigt. Auf dem ersten Verfeinerungsniveau, auf dem ein Datenspeicher auftaucht, müssen auch alle Flüsse darauf sichtbar sein. Bei einer *Verfeinerung* entsteht ein neuer Datenspeicher, wenn mehrere neue Prozesse asynchron miteinander kommunizieren. Dementsprechend kann bei einer *Vergröberung* ein Datenspeicher entfallen, wenn alle mit ihm kommunizierenden Prozesse zusammengefasst werden.

Datenlexikon. Das *Datenlexikon* (*data dictionary*) dient – neben der Beschreibung der für das Projekt relevanten Terminologie – vor allem der näheren Erläuterung der in den Datenflussdiagrammen verwendeten Namen für Datenflüsse, Datenspeicher und elementare Prozesse als Kommunikationsgrundlage für die am Anforderungsprozess beteiligten Personen. Neben den (üblicherweise alphabetisch sortierten) Definitionen der Struktur elementarer Datenspeicher und -flüsse enthält es eventuell zusätzliche Informationen über betroffene Benutzer, Sicherheitsaspekte oder Prioritäten. Die Definition selbst erfolgt durch Text oder (erweiterte) *reguläre Ausdrücke*.

=	*ist definiert als*
+	*Sequenz („und")*
|	*Auswahl („oder")*
[]	*Klammerung einer Auswahl*
{ }	*beliebige Wiederholung*
{ }^{n}	*n-malige Wiederholung*
( )	*optionale Angabe*
@	*Schlüssel*
**	*Kommentar*

Abb. 4.2.10. Notation für reguläre Ausdrücke

Die für reguläre Ausdrücke verwendete Notation ist in Abb. 4.2.10 zusammen-gefasst. Neben einer Differenzierung verschiedener Wiederholungsmöglichkeiten kommen hier zu den aus 3.2.5 bekannten Symbolen „Schlüssel" und „Kommen-tare" hinzu. Ein *Schlüssel* kennzeichnet die Bestandteile eines Datums, die zur Unterscheidung seiner Exemplare verwendet werden. Ein *Kommentar* erlaubt das Hinzufügen umgangssprachlicher Beschreibungen (zur Erklärung, Einschränkung, Maßangabe, etc.).

Adresse =	Straße + Hausnummer + (Länderkennung + -) + PLZ + Ort + (Land)
Anmerkungen =	$\{[\text{Buchstabe} \mid - \mid ' ']\}^{100}$ ** Textfelder der Länge 100; ' ' symbolisiert das Leerzeichen ** Bemerkungen zum Zahlungsverhalten, Beschwerden u.ä.
Datum =	Tag + Monat + Jahr
Firma =	@Firmenname + Adresse
Firmenname =	Buchstabe + $\{[\text{Buchstabe} \mid - \mid . \mid \& \mid ' ']\}^{29}$
Geburtsdatum =	Datum
Hausnummer =	[1 | 2 | ... | 999]
Jahr =	[1950 | 1951 | ... | 2009]
Kontostand =	$[S \mid H] + \{\text{Ziffer}\}^{7} + . + \text{Ziffer} + \text{Ziffer}$ ** Soll oder Haben
Kunde =	[Person | Firma] + @Kundennummer + letzte Bestellung + Anmerkungen
Kundenkonto =	@Kundennummer + Kontostand
Kundennummer =	$[1 \mid 2 \mid 3 \mid 4 \mid 5 \mid 6 \mid 7 \mid 8 \mid 9]^{8}$
Länderkennung =	[D | F | NL | GB | AU | CH | | ...]
Land =	Name
letzte Bestellung =	Datum
Monat =	[Januar | Februar | ... | Dezember]
Nachname =	Name
Name =	Buchstabe + $\{[\text{Buchstabe} \mid - \mid ' ']\}^{19}$
Ort =	Name
Person =	@Nachname + @Vorname + Adresse + @Geburtsdatum
PLZ =	$\{\text{Ziffer}\}^{5}$
Straße =	Name
Tag =	[1 | 2 | ... | 31]
Vorname =	Name
:	

Abb. 4.2.11. Auszug aus dem Datenlexikon für die Vertriebsorganisation

Für das Datenlexikon gibt es wieder einige *Empfehlungen*: Der Zugriff auf Da-ten und ihre Bestandteile sollte immer über *eindeutige Namen* erfolgen. Die Be-schreibung sollte leicht verständlich und einfach änderbar („Lokalitätsprinzip") sein. Insbesondere sollte das Datenlexikon *keine Redundanzen* enthalten, also keine Informationen, die schon anderweitig vorhanden sind, z.B. im Datenflussdia-gramm.

Die *Konsistenz* zwischen Datenlexikon und Datenflussdiagramm erfordert, dass im Datenlexikon je ein Eintrag für jeden Datenfluss und jeden Datenspeicher enthalten ist.

Einen Auszug aus dem Datenlexikon für unsere Vertriebsorganisation gibt Abb. 4.2.11. Definiert werden hier **Kunde** und **Kundenkonto**, wobei die dazu erforderlichen (Hilfs-)Definitionen alphabetisch geordnet sind. Ein **Kunde** ist eine **Person** oder eine **Firma**, zusammen mit einer **Kundennummer** (die eindeutig ist und der Unterscheidung der einzelnen Kunden dient), der Information über die **letzte Bestellung** und **Anmerkungen**. Eine **Kundennummer** ist eine 8-stellige Zahl usw.

Prozessspezifikationen. *Prozessspezifikationen (transformation descriptions*, auch Transformationsbeschreibungen, Kurzinfos, Minispecs) beschreiben, wie ein elementarer Prozess eingehende Datenflüsse in Ausgaben transformiert. Diese Beschreibungen sollten präzise und überprüfbar sein und vor allem Realisierungsentscheidungen nicht vorwegnehmen.

```
PROCESS Bestand-prüfen
INPUT KBestellung
OUTPUT (Fehlteile?, Fehlliste)
BEGIN
    lege leere Fehlliste an;
    FOR alle Artikel A aus KBestellung DO
        IF Bestellanzahl(A) > Lageranzahl(A)
            THEN füge (A, Bestellanzahl(A) – Lageranzahl(A)) zu Fehlliste hinzu
        END-IF
    END-FOR;
    RETURN (Fehlliste ≠ [], Fehlliste)
END

PROCESS Bestellung-bearbeiten
INPUT KBestellung
BEGIN
    setze (vorhanden, Fehlliste) zu Bestand-prüfen(KBestellung);
    IF vorhanden
        THEN  veranlasse Zusammenstellung der Sendung (KBestellung);
              veranlasse Rechnungsstellung (KBestellung)
        ELSE  ermittle Kundenwunsch (Fehlliste);
              CASE Kundenwunsch OF
                  Teillieferung:  bestimme Teilbestellung (KBestellung, Fehlliste);
                                  veranlasse Zusammenstellung (Teilbestellung);
                                  veranlasse Rechnungsstellung (Teilbestellung);
                                  veranlasse Nachbestellung (Fehlliste)
                  Warten:         warten, bis Bestellung vollständig erfüllbar
                  Storno:         tue nichts
              END-CASE
    END-IF
END
```

Abb. 4.2.12. Prozessspezifikation in Pseudocode

An prinzipiell möglichen Beschreibungsformen sind Umgangssprache, Pseudocode, Graphen und Tabellen, Programmablaufpläne oder Struktogramme, Beschreibungen über Vor- und Nachbedingungen, axiomatische Beschreibungen oder Entscheidungstabellen vorgesehen. In der Praxis werden davon vor allem Pseudocode (vgl. 3.1), Beschreibungen über Vor- und Nachbedingungen (vgl. 3.3.7) sowie Entscheidungstabellen (vgl. 3.4.1) bevorzugt. Anstelle der Prädikatenlogik zur Beschreibung von Vor- und Nachbedingungen wird in der Praxis auch umgangssprachlicher Text verwendet.

Abbildung 4.2.12 illustriert in selbsterklärender Weise die Verwendung von Pseudocode zur Darstellung von Prozessspezifikationen.

```
PROCESS Bestand-prüfen
INPUT KBestellung
OUTPUT (Fehlteile?, Fehlliste)
PRECONDITION
    keine
POSTCONDITION
    (Fehlteile? = FALSE ∧ ∀ Artikel A: A ∈ KBestellung ⇒ Bestellanzahl(A) ≤ Lageranzahl(A)) ∨
    (Fehlteile? = TRUE ∧
        ∀ Artikel A: (A ∈ KBestellung ∧ Bestellanzahl(A) > Lageranzahl(A)) ⇒
                    (A, Bestellanzahl(A) − Lageranzahl(A)) ∈ Fehlliste)
```

Abb. 4.2.13. Prozessspezifikation mit Vor- und Nachbedingungen

Ein Beispiel für eine Prozessspezifikation mit Vor- und Nachbedingungen gibt Abb. 4.2.13. Der Prozess Bestand-prüfen erhält als Eingabe eine Bestellung und liefert als Ausgabe einen Wahrheitswert (Fehlteile?) sowie, gegebenenfalls, eine Fehlliste. Vorbedingungen für diesen Prozess gibt es keine. Die Nachbedingung charakterisiert zwei mögliche Resultate des Prozesses: Fehlteile? hat den Wert FALSE, genau dann, wenn alle Artikel aus der Bestellung in genügender Anzahl im Lager vorhanden sind. Andernfalls hat Fehlteile? den Wert TRUE und Fehlliste enthält alle fehlenden Artikel sowie deren Anzahl.

4.2.2 Methodik

Eine kurzgefasste, praktikable *Vorgehensweise für die Erstellung* eines SA-Modells wird etwa in [Hru 91] vorgeschlagen, sehr detailliert wird das Thema in [Wie 96] behandelt. Anders als bei der „reinen Lehre" werden hier zuerst die Systemschnittstellen (Eingaben und Ausgaben/Reaktionen des Systems) in Zusammenarbeit zwischen Systemanalytiker und Kunde bestimmt, dann erfolgt eine Verbindung der so gefundenen Datenflüsse über Prozesse („event partitioning"). Dadurch ergibt sich eine erste grobe Vorstellung über die zentralen Funktionen des Systems. Anschließend werden Datenflüsse und Datenspeicher im Datenlexikon definiert und elementare Prozesse durch Prozessspezifikationen beschrieben.

Dieses erste, konsistente Systemmodell bietet dann die Grundlage für weitere sachliche Erhebungen, Korrekturen, Klarstellungen und Erweiterungen. Sind diese abgeschlossen, erfolgt der iterierte Verfeinerungsprozess. Die Vorgehensweise ist dabei wie für die oberste Ebene, d.h. man erstellt erst neue Datenflussdiagramme zur detaillierten Beschreibung einzelner Prozesse und vervollständigt sie dann durch entsprechende Daten- und Prozessbeschreibungen.

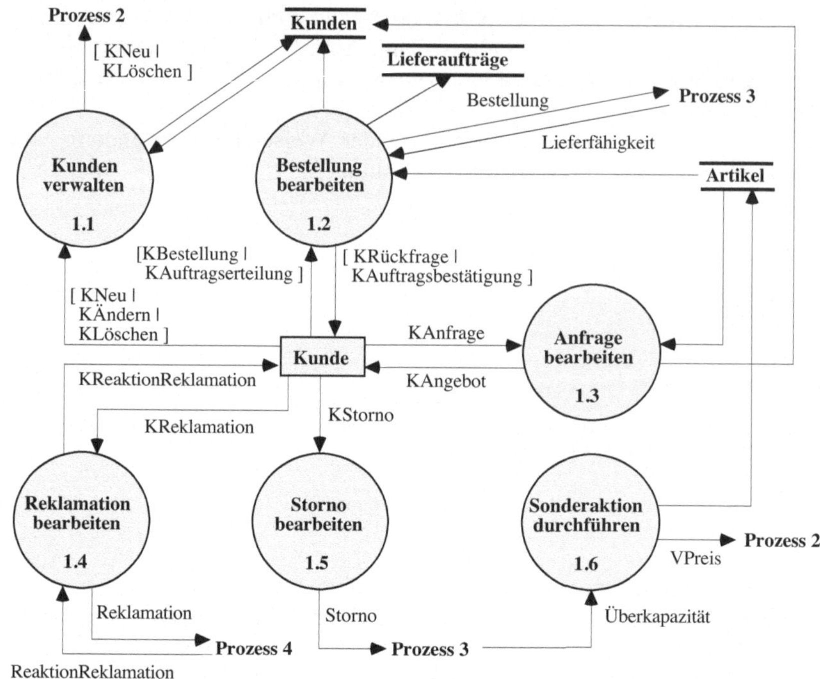

Abb. 4.2.14. Verfeinerung des Prozesses „Verkauf"

Bei der Verfeinerung eines Prozesses geht man zweckmäßigerweise analog vor, d.h. man verbindet zunächst die Datenflüsse der Prozessschnittstelle durch geeignete Prozesse und Datenspeicher, überarbeitet anschließend das so erhaltene Datenflussdiagramm und ergänzt Daten- und Prozessbeschreibungen. Deutlich wird diese Vorgehensweise in der Verfeinerung des Prozesses „Buchhaltung" in Abb. 4.2.8 oder in der Verfeinerung des Prozesses „Verkauf" (aus Abb. 4.2.7) in Abb. 4.2.14. Insbesondere dort sieht man noch deutlich, wie den verschiedenen Eingabe-Datenflüssen (z.B. „KBestellung", „KAnfrage", „KReklamation" oder „KStorno") in der Verfeinerung entsprechende Prozesse (z.B. „Bestellung bearbeiten" oder „Anfrage bearbeiten") zur Verarbeitung zugeordnet sind.

Bei der Modellierung gilt es, einige allgemeine *Empfehlungen* zu beachten. Auf eine Wahl sinnvoller, der Problemwelt angemessener Namen und deren Konventionen wurde bereits oben hingewiesen. Bei der Verfeinerung von Prozessen sollte nach dem Prinzip der funktionalen Zerlegung (vgl. 3.3.1) vorgegangen werden, wobei Daten und Beziehungen zwischen Daten weitestgehend unterrepräsentiert bleiben. Datenflussdiagramme sollten zwecks Übersichtlichkeit und Ästhetik mehrmals gezeichnet werden. Dabei sollte auf ihre Überschaubarkeit (7 ± 2 Prozesse pro Diagramm) besonderer Wert gelegt werden. Die Zahl der Verfeinerungsebenen ist problemabhängig und kann für einzelne Prozesse sehr unterschiedlich sein. Insgesamt sollten es aber nie mehr als 8 sein (vgl. [PS 94]), was stets durch evtl. umfangreichere Prozessspezifikationen erreicht werden kann.

Überprüfung der Beschreibung. Wichtig ist es auch, die einzelnen Diagramme und ihre Zusammenhänge auf Vollständigkeit, Konsistenz und Adäquatheit zu überprüfen. Dabei gilt es insbesondere, die folgenden *Erfahrungsregeln* zu beachten: Prozesse ohne Eingaben („Quellen") oder Ausgaben („Senken") deuten meist auf fehlerhafte Modellierung hin. Unbeschriftete Komponenten oder Schwierigkeiten bei der Namensfindung für Komponenten sind meist ein Indiz dafür, dass vermutlich das Problem noch nicht richtig verstanden ist und weiterer Analysebedarf besteht.

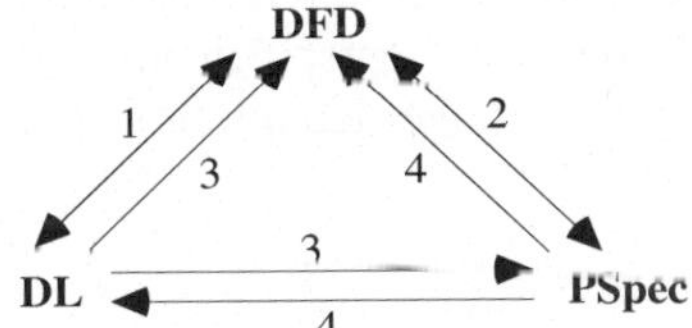

Abb. 4.2.15. Balancierung (**DFD**: Datenflussdiagramm; **DL** Datenlexikon; **PSpec**: Prozessspezifikation)

Hinsichtlich Konsistenz wird gefordert, dass die Bestandteile von SA miteinander verträglich sind (*Balancierung*). Dazu müssen die in Abb. 4.2.15 angegebenen Zusammenhänge zwischen den Bestandteilen die folgenden Forderungen erfüllen:

1. Jeder Datenfluss und Datenspeicher, der in einem Diagramm vorkommt, muss im Datenlexikon definiert sein (und umgekehrt).
2. Jeder Prozess im Datenflussdiagramm hat ein Verfeinerungsdiagramm oder eine Prozessspezifikation (aber nicht beides). Jeder Prozessspezifikation entspricht ein nicht weiter verfeinerter Prozess in einem Datenflussdiagramm. Ein- und Ausgabeflüsse (in Datenflussdiagramm und Prozessspezifikation) müssen konsistent sein.
3. Jeder Eintrag im Datenlexikon muss referenziert sein (durch eine Prozessspezifikation, ein Datenflussdiagramm oder einen Eintrag im Datenlexikon).
4. Für jeden Datenbezug in einer Prozessspezifikation muss eine der folgenden Bedingungen erfüllt sein:
   - Er passt zu einem Datenfluss, der mit demjenigen Prozess verbunden ist, mit dem die Prozessspezifikation assoziiert ist.
   - Er ist eine Komponente eines verbundenen Datenflusses.
   - Er ist lokaler Term der Prozessspezifikation.

Übergang zum Entwurf. SA erlaubt einen mehr oder weniger direkten Übergang in einen *Funktions-orientierten Entwurf*, bei dem funktionale Einheiten (die den Prozessen der Datenflussdiagramme entsprechen) zu Modulen zusammengefasst werden. Ein Übergang zu einem Datenstruktur-orientierten Entwurf, bei dem Daten und zugehörige Zugriffsoperationen in Modulen gekapselt werden, zieht allerdings substantielle strukturelle Änderungen nach sich.

Zur Erstellung eines Funktions-orientierten Entwurfs aus einem SA-Modell bietet sich die Entwurfsmethodik *Structured Design* (vgl. [YC 79]) an, ein Top-down-Vorgehen mit schrittweiser Verfeinerung. Zur Darstellung des Entwurfs werden sogenannte *Structure charts* verwendet. Dies sind baumartige Modulstrukturen, die neben den jeweiligen Modulen (als Knoten) und ihrer Verbindungsstruktur auch die Datenelemente angeben, die zwischen Modulen ausgetauscht werden.

Zur Umsetzung eines SA-Analysemodells in einen strukturierten Entwurf wird empfohlen das Datenflussdiagramm der obersten Ebene (*top level diagram*) mit den Techniken *Transformations- und Transaktionsanalyse* (vgl. [Pre 05]) schrittweise nach gewissen Regeln in einen (durch Structure charts dargestellten) Entwurf umzusetzen. Anschließend wird der so erhaltene Rohentwurf entsprechend den üblichen Qualitätskriterien für einen guten Entwurf („geringe Kopplung" und „starke Kohäsion", vgl. [PS 94]) modifiziert.

4.2.3 Abschließende Bemerkungen

Bezüglich der Handhabung hat SA recht gute Eigenschaften. Es ist wie SADT nicht von vornherein auf eine Rechnerunterstützung ausgerichtet und somit relativ flexibel und universell anwendbar. Allerdings haben auch hier Erfahrungen gezeigt, dass die Verwendung von SA für größere Systeme ohne entsprechende Werkzeugunterstützung nicht praktikabel ist. Zur Flexibilität und Mächtigkeit der Ausdrucksweise trägt auch bei diesem Ansatz die Verwendung natürlicher Sprache bei, was andererseits dazu führt, dass Adäquatheit, Konsistenz und Vollständigkeit nicht oder nur manuell überprüfbar sind. Als Nachteil bezüglich der Ausdrucksmöglichkeiten wird empfunden, dass *gewünschte* Nebenläufigkeiten (etwa zwischen Ein- und Ausgabe-Datenflüssen) in den Diagrammen weder darstell- noch erkennbar sind.

SA ist eine einfach handhabbare Methode, die auch von Nicht-Spezialisten benutzbar und somit gut für die Kommunikation mit dem Kunden geeignet ist. SA ist leicht erlernbar und unterstützt ein systematisches Arbeiten. SA-Beschreibungen führen zu relativ leicht verständlichen Modellen, die eine (manuelle) Adäquatheitsprüfung zu einem frühen Zeitpunkt erlauben und zu einer allgemein verständlichen, aber doch umfassenden Dokumentation führen. Weitgehend ausgearbeitete Fallstudien in SA findet man in der Literatur: Eine Buchhandlung in [GS 79], ein Informationssystem für Pferderennen in [DeM 79], einen Buchklub in [War 84].

In seiner ursprünglichen Form ist SA vor allem auf die Beschreibung der Anforderungen an organisatorische Systeme ausgerichtet. Daher sind dort Beschreibungsmittel für Aussagen über den Steuerfluss (etwa in Realzeitsystemen) nicht vorgesehen. Sie finden sich aber in den Erweiterungen MSA und SA/RT (siehe 4.3 und 4.4).

Bei SA handelt es sich wie bei SADT ursprünglich um eine manuelle Methode. Im Lauf der Zeit war SA Bestandteil vieler *CASE-Werkzeuge* (z.B. Anatool, Team-*work*, ProMod, Structured Architect, MacBubbles, SiSy, CIP-Tool) auf allen möglichen Plattformen. Derzeit verfügbar sind noch die Werkzeuge StP/SE, case/4/0 und Innovator/Function.

Die Fähigkeiten dieser Werkzeuge sind weitgehend ähnlich. Zur Erstellung von Datenflussdiagrammen, Datenlexikon und Prozessspezifikationen gibt es eine interaktive graphische Benutzerschnittstelle. Diese dient der Erfassung und syntaktischen Prüfung der einzelnen Objekte, ihrer Bearbeitung und Analyse sowie ihrer optischen Gestaltung und Aufbereitung für Bildschirm und Drucker. Für Eintragungen in das Datenlexikon oder die Eingabe von Prozessspezifikationen stehen zudem syntaxgesteuerte Texteditoren zur Verfügung. Auch diese führen lokale Prüfungen beim Erfassen durch und speichern die jeweilige Information in der zentralen Datenbank. Zusätzlich gibt es noch eine Analysekomponente, mit deren Hilfe globale Prüfungen aller in einem Modell gesammelten Daten (oder ausgewählter Teile davon) vorgenommen werden können, etwa die Konsistenz der Verfeinerungshierarchie oder die Balancierung von Datenflussdiagrammen, Datenlexikon und Prozessbeschreibungen. Mit Hilfe der Analysekomponente lassen sich auch verschiedene Arten von Dokumenten (etwa Querverweislisten oder Analyseberichte) komfortabel erzeugen, deren Form und Umfang frei wählbar sind.

Zusammenfassend kann man sagen, dass SA zwar deutliche *Vorteile* gegenüber SADT aufweist, aber viele der Kriterien aus 2.3 nicht oder nur ungenügend erfüllt. Auch SA unterstützt klar ein Top-down-Vorgehen bei der Erstellung der Anforderungsdefinition mit verschiedenen Abstraktionsebenen in unterschiedlicher Detaillierung. Die Erstellung der Datenflussdiagramme in SA ist (offensichtlich) deutlich weniger aufwändig als das Zeichnen von SADT-Diagrammen. Dadurch sind die entstehenden Modelle auch wesentlich leichter änderbar. Die Kontrolle der konsistenten Durchführung von Änderungen wird zum Teil von den verfügbaren Werkzeugen unterstützt.

Allerdings hat SA auch *negative Seiten*. Möglichkeiten zur Datenabstraktion sind durch die beschränkten Formulierungsmöglichkeiten für das Datenlexikon nur bedingt vorhanden. Auch ist für die Beschreibung von Datenflüssen keine schrittweise Verfeinerung vorgesehen. Zwar lassen sich mit Hilfe des Datenlexikons und der Prozessspezifikationen präzisere Aussagen als in SADT machen, insgesamt aber ist auch SA wenig formal, so dass Korrektheit, Konsistenz und Vollständigkeit auch hier nicht oder nur manuell überprüfbar sind. Eine formale Ableitung weiterer Informationen zur Vergrößerung der Redundanz ist nicht möglich, ebenso wenig wie automatische Simulationen.

4.3 MSA

MSA (*Modern Structured Analysis*, [You 89]) ist eine Weiterentwicklung von SA um Kontroll- und Datenaspekte und erlaubt die Analyse und Definition eines Problems unter unterschiedlichen Blickwinkeln (vgl. Abb. 4.3.1). Es umfasst Datenflussdiagramme (DFD) mit Datenlexikon und Prozessspezifikationen zur Beschreibung der Prozesse und ihrer funktionalen Zerlegung, (erweiterete) ER-Diagramme (ERD) zur Modellierung der Informationsstrukturen, insbesondere der Beziehungen zwischen Entitäten und Datenspeichern, sowie Zustandsübergangsdiagramme (ZÜD) zur Darstellung der Systemdynamik.

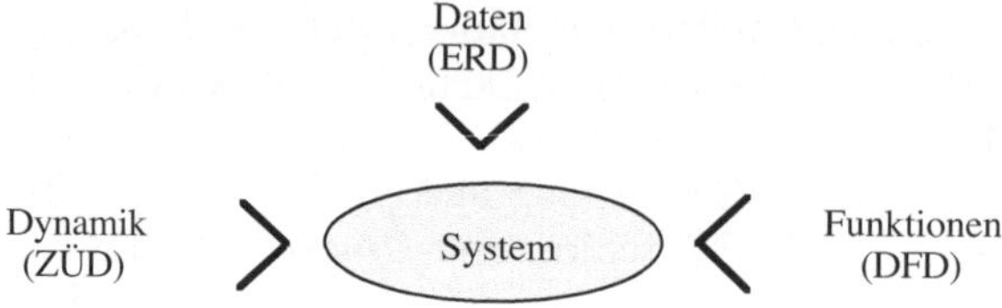

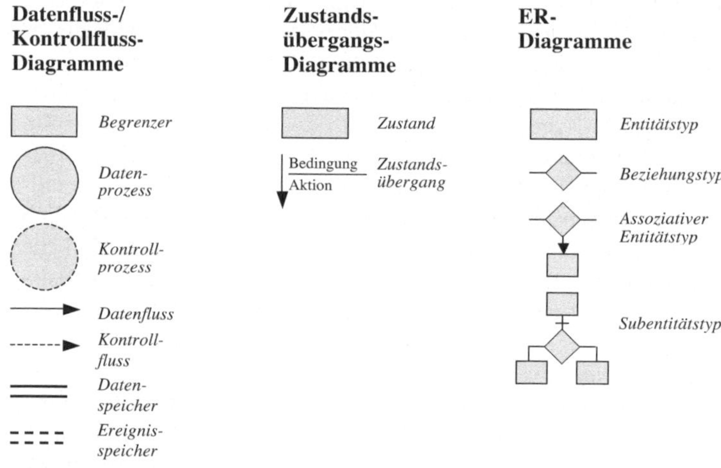

Abb. 4.3.1. Systemanalyse in MSA unter verschiedenen Blickwinkeln

Die in MSA verwendete Notation ist im Wesentlichen die, die in Kap. 3 für ihre Bestandteile eingeführt wurde. Eine Übersicht findet sich in Abb. 4.3.2.

Abb. 4.3.2. Notation von MSA

4.3.1 Grundkonzeption

Datenflussdiagramme. Die funktionale Modellierung durch Datenflussdiagramme ist im Wesentlichen wie bei SA, jedoch mit einer leicht modifizierten Vorgehensweise (vgl. 4.3.2). Außerdem werden hier Prozesse in Datenprozesse und Kontrollprozesse unterteilt und ihre Schnittstellen entsprechend durch Daten- oder Kontrollflüsse beschrieben. Die *Datenprozesse* sind (wie in SA) diejenigen Prozesse, die Eingangs- in Ausgangsdaten transformieren. Die *Kontrollprozesse* regeln die Steuerung des Systems und werden über Zustandsübergangsdiagramme (s.u.) definiert. Ein *Datenfluss* beschreibt (wie in SA) die Kanäle für den Informationsaustausch über Daten (mit beliebig vielen Werten) oder diskrete Signale, die in einem Datenprozess transformiert werden. Ein *Kontrollfluss* dagegen modelliert die Kommunikation über diskrete Signale (mit wenigen Werten), die der Steuerung von Prozessen dienen. Wie Datenflüsse werden auch Kontrollflüsse im *Datenlexi-*

kon definiert. Zur asynchronen Kommunikation von Signalen und Ereignissen sind, analog zu den Datenspeichern, *Ereignisspeicher* vorgesehen.

ER-Diagramme. Die *Informationsmodellierung* durch (erweiterte) ER-Diagramme zielt auf die exakte Beschreibung von Daten und ihren Zusammenhängen ab. Dabei geht man zweckmäßigerweise so vor, dass man (durch Interview etc.) ein erstes ER-Modell erstellt, indem man zunächst Daten eines „Typs" zu *Entitätstypen* zusammenfasst, dann *Attribute* festlegt, diese den Entitätstypen zuordnet und schließlich *Beziehungen* zwischen den Entitätstypen definiert. Detaillierte Hinweise zur Vorgehensweise gibt [Wie 96].

Dabei sind einige allgemeine Aspekte zu beachten: Jede Entität muss ein Pendant in der Problemwelt haben und alle verwendeten Bezeichnungen sollten grundsätzlich aus der Problemwelt gewählt werden. In Beziehungstypen sollten ausschließlich „Primär-Informationen" (und keine abgeleiteten) angeben sein.

Dieses erste ER-Modell wird dann in (üblicherweise) mehreren Iterationen gemäß den *Erweiterungs-* und *Reduktionsregeln* (vgl. 3.2.6) schrittweise verfeinert und verbessert sowie auf verschiedene Aspekte hin überprüft (vgl. [Wie 96]).

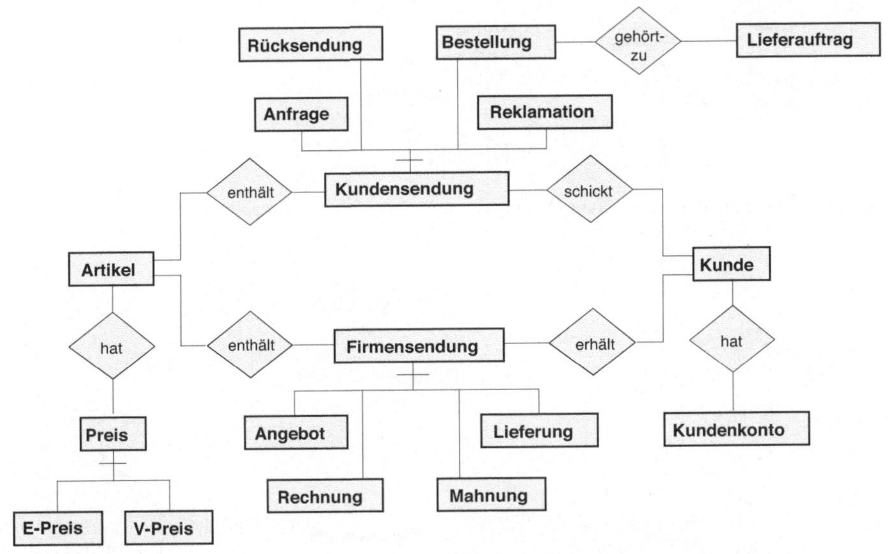

Abb. 4.3.3. Ausschnitt aus dem ER-Diagramm für die Vertriebsorganisation

Einen Ausschnitt aus dem ER-Diagramm für die Vertriebsorganisation, das die Beziehungen zur „Kundenseite" aufzeigt, zeigt Abb. 4.3.3. Auf die Angabe von Attributen, Rollen und Kardinalitäten wurde dabei aus Übersichtlichkeitsgründen verzichtet.

Zustandsübergangsdiagramme. Bei der *Verhaltensmodellierung* von Kontrollprozessen durch *Zustandsübergangsdiagramme* geht man im Wesentlichen wie bei

Zustandsautomaten vor. Dabei werden zunächst die externen Ereignisse als Auslöser für Zustandsübergänge bestimmt. Dann legt man einen geeigneten Zustand als Startzustand fest (wofür die graphische Notation – anders als bei Zustandsautomaten – jedoch keine explizite Darstellung vorsieht). Anschließend baut man den Automaten, vom Startzustand ausgehend, sukzessive auf, indem man für jeden Zustand die möglichen Ereignisse, die dabei auszuführenden Aktionen und den jeweiligen Folgezustand bestimmt. Der so konstruierte Automat wird dann einer Konsistenzprüfung (entsprechend den in 3.4.3 angegebenen Kriterien) unterzogen.

Ein Zustandsübergangsdiagramm beschreibt das Verhalten eines Kontrollprozesses, der die Aktivierung von Datenprozessen in Abhängigkeit vom Systemzustand steuert. Ein (in den Kontrollprozess) eingehender Kontrollfluss (im Datenflussdiagramm) entspricht dabei einem Ereignis im Zustandsübergangsdiagramm, ein ausgehender Kontrollfluss einer Aktion im Zustandsübergangsdiagramm.

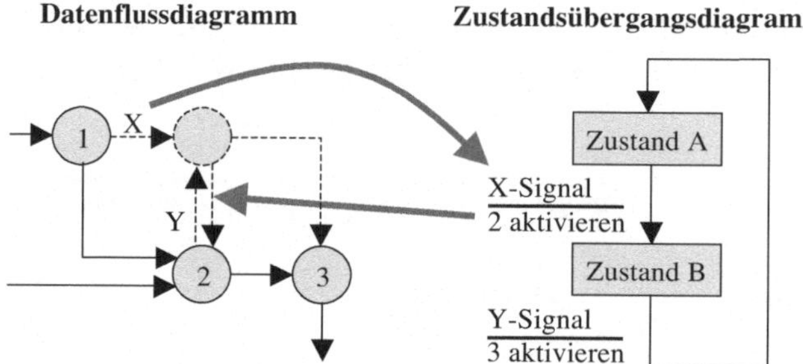

Abb. 4.3.4. Zusammenhang zwischen Datenfluss- und Zustandsübergangsdiagramm

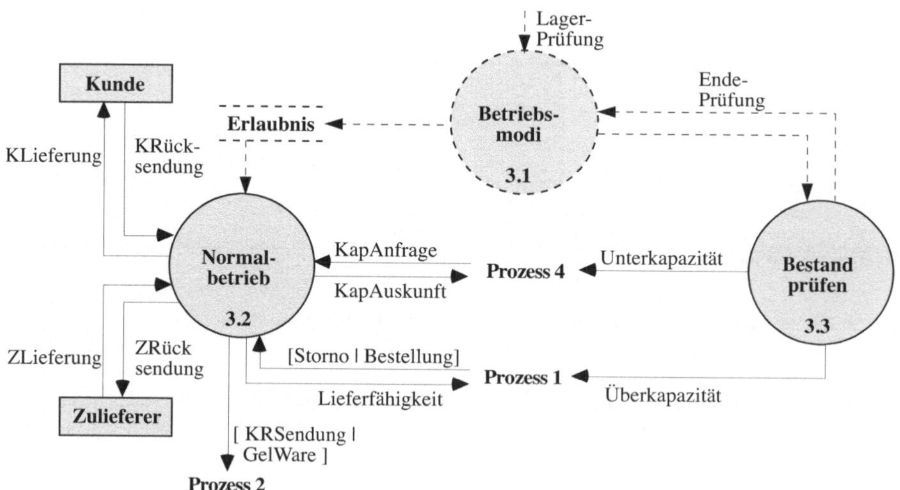

Abb. 4.3.5. Verfeinerung des Prozesses „Lager"

Den Zusammenhang zwischen Datenfluss- und Zustandsübergangsdiagramm illustriert Abb. 4.3.4. Der Kontrollprozess im Datenflussdiagramm befindet sich zunächst in Zustand A (der als Startzustand festgelegt wurde). Sendet der Datenprozess 1 das Kontrollsignal X, so geht der Kontrollprozess in den Zustand B über und aktiviert den Datenprozess 2. Wenn dieser das Kontrollsignal Y sendet, erfolgt ein Übergang zurück in den Zustand A, wobei der Datenprozess 3 aktiviert wird.

Ein Beispiel, das die Verwendung von Kontrollprozessen illustriert, ergibt sich bei der Verfeinerung des Prozesses „Lager" (aus Abb. 4.2.7). Entsprechend den informellen Anforderungen (vgl. 1.5.1) soll durch die Lagerhaltung periodisch eine Bestandsprüfung durchgeführt werden, um dann geeignet auf Über- bzw. Unterkapazitäten zu reagieren. Diese Bestandsprüfung macht offensichtlich nur dann Sinn, wenn nicht gleichzeitig Waren ein- oder ausgelagert werden. Ein solcher wechselseitiger Ausschluss lässt sich, wie in Abb. 4.3.5 angegeben, durch den Kontrollprozess „Betriebsmodi" modellieren, der die beiden anderen Teilprozesse („Normalbetrieb" und „Bestand prüfen") steuert.

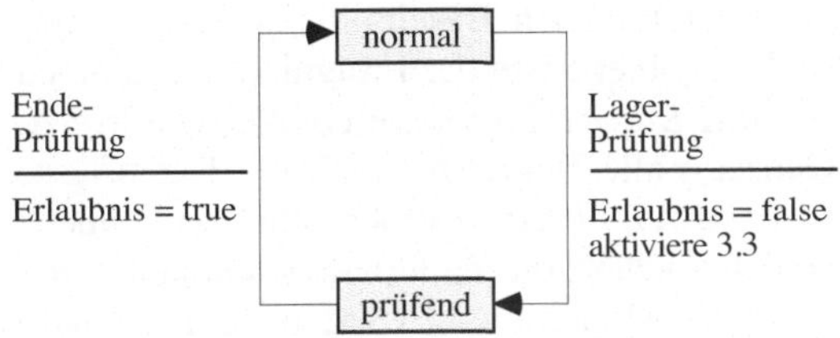

Abb. 4.3.6. Zustandsübergangsdiagramm für den Kontrollprozess „Betriebsmodi"

Das Verhalten des Kontrollprozesses „Betriebsmodi" wird durch das Zustandsübergangsdiagramm aus Abb. 4.3.6 beschrieben.

Insgesamt wird durch das Datenflussdiagramm aus Abb. 4.3.5 und das Zustandsübergangsdiagramm aus Abb. 4.3.6 das folgende Verhalten des Prozesses „Lager" beschrieben: Die Prozesse zur Ein- und Auslagerung von Waren sind Teilprozesse des Prozesses „Normalbetrieb". Dieser (und damit seine Teilprozesse) sowie der Prozess „Bestand prüfen" werden vom Kontrollprozess „Betriebsmodi" gesteuert. „Betriebsmodi" kommuniziert mit „Normalbetrieb" über den Ereignisspeicher „Erlaubnis", der als „Statusvariable" dient, die von den Teilprozessen von „Normalbetrieb" abgefragt wird. Empfängt „Betriebsmodi" im (Start-)Zustand „normal" von einem globalen Uhr-Prozess (s.u.) das Signal „LagerPrüfung" geht „Betriebsmodi" in den Zustand „prüfend" über. Dabei wird „Erlaubnis" auf „false" gesetzt (und damit alle Teilprozesse von „Normalbetrieb" blockiert) und der Prozess „Bestand prüfen" aktiviert. Dieser erzeugt gegebenenfalls die Datenflüsse „Unterkapazität" bzw. „Überkapazität" zu den Prozessen „Einkauf" bzw. „Verkauf". Nach Beendigung der Prüfung sendet „Bestand prüfen" das Signal „EndePrüfung" an den Kontrollprozess „Betriebsmodi". Dies bewirkt einen Zustandsübergang in den Zustand „normal", wobei „Erlaubnis" auf „true" gesetzt wird (und damit alle Teilprozesse von „Normalbetrieb" nicht länger blockiert sind).

Natürlich müssen nun auch die bisher betrachteten Datenflussdiagramme entsprechend um Kontrollprozesse und -flüsse ergänzt werden. Der bereits oben erwähnte Uhr-Prozess ist ein Kontrollprozess für die erste Verfeinerung des Prozesses „Vertriebsorganisation" (vgl. Abb. 4.2.7) und müsste dort (zusammen mit seinen Kontrollflüssen) entsprechend ergänzt werden. Er erzeugt periodisch die Kontrollsignale „LagerPrüfung" bzw. „KontenPrüfung", die an die Prozesse „Lager" bzw. „Buchhaltung" gesendet werden. Entsprechend müsste auch in Abb. 4.2.8 und 4.2.9 jeweils „KontenPrüfung" als eingehender Kontrollfluss in die Prozesse 2.1 bzw. 2.1.5 hinzugefügt werden.

4.3.2 Methodik

Eine *Systembeschreibung in MSA*, das sog. *essential model* (vgl. [You 89]), besteht aus dem Umgebungsmodell (*environmental model*), das die Schnittstellen des Systems mit seiner Umgebung beschreibt, sowie dem Verhaltensmodell (*behavioral model*), das das eigentliche System modelliert.

Das *Umgebungsmodell* besteht aus einer knappen Beschreibung des Systemzwecks, aus dem Kontextdiagramm und aus einer Liste der Ereignisse (zusammen mit den erwarteten Systemreaktionen). Das *Kontextdiagramm* enthält, wie in SA, einen Prozess (für das System als Ganzes), alle Begrenzer und alle Datenflüsse zwischen System und Begrenzern. In der *Ereignisliste* werden alle von „außen" kommenden Stimuli erfasst, einschließlich solcher, die fehlerhaftes Verhalten von Begrenzern charakterisieren. Für die weitere Modellierung werden die Ereignisse außerdem mit F (*flow-oriented*, kontinuierlicher Datenfluss), T (*temporal*, diskreter Datenfluss) oder C (*control*, Kontrollfluss) markiert. Des Weiteren gehören zum Umgebungsmodell ein initiales Datenlexikon, in dem alle externen Flüsse und Datenspeicher definiert sind, sowie ein ER-Modell der Datenspeicher.

Das *Verhaltensmodell* besteht aus der Hierarchie von Datenflussdiagrammen, dem vollständigen ER-Diagramm, den Zustandsübergangsdiagrammen für die Kontrollprozesse, dem Datenlexikon und den Prozessspezifikationen.

Erstellung einer Anforderungsbeschreibung. Üblicherweise beginnt man in MSA mit dem Umgebungsmodell. Die Reihenfolge, in der seine Bestandteile beschrieben werden, ist im Allgemeinen beliebig. In jedem Fall sollte aber die Konsistenz zwischen Kontextdiagramm und Ereignisliste geprüft werden.

Für die Erstellung des Verhaltensmodells wird eine „middle-out"-Strategie vorgeschlagen, bei der man zunächst ein vorläufiges Verhaltensmodell entwickelt, das anschließend durch Vergröberung (*upward-levelling*) und Verfeinerung (*downward-levelling*) „poliert" wird.

Beim *vorläufigen Verhaltensmodell* konzentriert man sich auf das „Datenflussdiagramm der wesentlichen Prozesse" und geht dabei nach der Idee des „event partitioning" (vgl. [Wie 96]) vor: Zunächst definiert man für jedes Ereignis (aus der Ereignisliste) einen Prozess, der nach der erwarteten Reaktion (auf das Ereignis) benannt wird und dafür zuständig ist, die erwartete Antwort des Systems zu erarbeiten. Handelt es sich dabei um ein Ereignis, das mit F oder T markiert ist, so wird der zugehörige Prozess ein Datentransformationsprozess, andernfalls (wenn das Ereignis mit C markiert ist) ein Kontrollprozess. Bei einem Ereignis, das mehrere Reaktionen auslöst, empfiehlt sich jeweils ein Prozess für jede Reaktion. Bewirken mehrere Ereignisse eine gemeinsame Reaktion, ist ein einziger (gemeinsamer) Prozess sinnvoll. Zu den so identifizierten Prozessen werden dann (passend zu den Ereignissen) geeignete Datenflüsse hinzugefügt, so dass die Prozesse wie erwartet reagieren können, sowie gegebenenfalls Datenspeicher für die (asynchrone) Kommunikation zwischen den Prozessen. Ein anschließender Vergleich des entstandenen Datenflussdiagramms mit der Ereignisliste (aus dem Umgebungsmodell) dient der Prüfung auf Vollständigkeit und Konsistenz.

Das so erstellte Datenflussdiagramm wird dann „poliert". In einem (oder mehreren) Vergröberungsschritt(en) werden zunächst zusammengehörige Prozesse zusammengefasst. Ziel dieser Aktivität ist es, die *wesentlichen Prozesse* des Systems zu identifizieren und ihre Anzahl auf ein überschaubares Maß zu reduzieren. Die anschließenden Verfeinerungsschritte dienen, wie in SA, der problemabhängigen Zerlegung komplexer Prozesse in Teilprozesse und der individuellen Behandlung ein- und ausgehender Datenflüsse.

Das Datenlexikon wird parallel zum Datenflussdiagramm entwickelt und auf interne Konsistenz und Einhaltung der Balancierungsbedingungen überprüft. Mit der Beschreibung der Prozessspezifikationen beginnt man, wenn die Hierarchie der Datenflussdiagramme halbwegs stabil ist. Auch hierbei muss die Balancierung überprüft werden. Das ER-Diagramm entwickelt man im Wesentlichen parallel zu den Datenflussdiagrammen durch wechselseitige Verfeinerung und anschließende Konsistenzprüfung. Auch die Zustandsübergangsdiagramme werden parallel zu den Datenflussdiagrammen entwickelt und geprüft.

Überprüfung der Beschreibung. Wie schon in SA wird auch in MSA die Balancierung, d.h. die Verträglichkeit von Datenflussdiagrammen, Datenlexikon und Prozessbeschreibungen gefordert, wobei die Bedingungen über Datenflüsse sinngemäß auch für Kontrollflüsse erfüllt sein müssen. In MSA kommt hinzu, dass auch die drei Teilmodelle miteinander verträglich sein müssen. Zu diesem Zweck müssen bezüglich der in Abb. 4.3.7 dargestellten Zusammenhänge die folgenden (weiteren) Forderungen erfüllt sein:

1.-4. (vgl. Forderungen zur Balancierung der Bestandteile von SA in 4.2.2)
5. Jeder Datenspeicher im Datenflussdiagramm korrespondiert entweder mit einem Entitätstyp, einem Beziehungstyp oder einem assoziativen Entitätstyp im ER-Diagramm. Außerdem müssen die Namen der korrespondierenden Entitätstypen und Datenspeicher konsistent sein (ERD: Singular; DFD: Plural).
6. Jeder Eintrag im Datenlexikon muss sowohl für das ER-Diagramm wie für das Datenflussdiagramm passen.
7. Zu jedem Datenspeicher gibt es Prozessspezifikationen für das Erzeugen, Löschen, Lesen und Schreiben der korrespondierenden Entität.
8. Zu jedem Kontrollprozess gibt es ein Zustandsübergangsdiagramm (und umgekehrt). Jede Bedingung im Zustandsübergangsdiagramm ist assoziiert mit einem eingehenden Kontrollfluss des Kontrollprozesses (und umgekehrt), und jede Aktion im Zustandsübergangsdiagramm ist assoziiert mit einem ausgehenden Kontrollfluss des Kontrollprozesses (und umgekehrt).

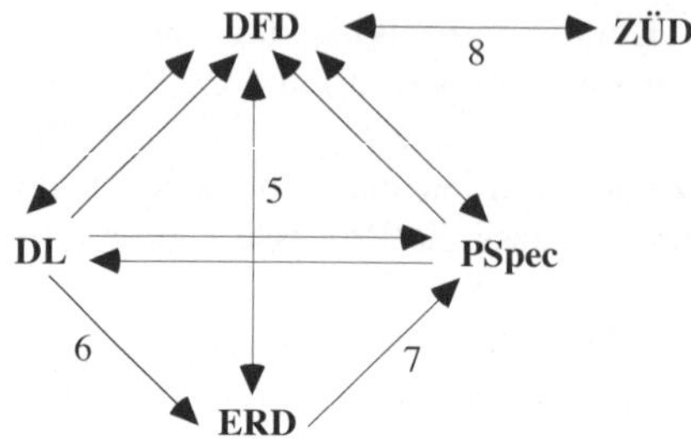

Abb. 4.3.7. Balancierung in MSA (**ZÜD**: Zustandsübergangsdiagramm; **ERD**: ER-Diagramm)

Übergang zum Entwurf. Beim Übergang zum Entwurf wird zunächst das *essential model* auf die beabsichtigte Prozessorkonfiguration abgebildet, d.h. Prozesse und Datenspeicher werden den verfügbaren Prozessoren zugeordnet und, im Fall von Mehrprozessorsystemen, Datenflüsse mit vorhandenen Kommunikationsverbindungen assoziiert. Für jeden Prozessor werden dann die ihm zugeordneten Prozesse und Daten auf die verschiedenen Aufgaben (*tasks*) des Prozessors aufgeteilt. Im letzten Schritt werden schließlich die individuellen Aufgaben, analog zur Vorgehensweise in SA, in eine Modulstruktur umgesetzt, wobei zusätzliche Prozesse (z.B. zur Fehlerbehandlung) und Datenspeicher entstehen können.

4.3.3 Abschließende Bemerkungen

Die bezüglich der Modellierung durch Datenflussdiagramme gemachten Bemerkungen zur Handhabbarkeit von SA (vgl. 4.2.3) gelten sinngemäß auch für MSA. Die darüber hinaus verfügbaren Modellierungskonzepte, d.h. ER-Diagramme und Zustandsübergangsdiagramme, erfordern natürlich zusätzlichen Lernaufwand, der vor allem dadurch entsteht, das Zusammenspiel der drei Beschreibungsmechanismen zu begreifen. Entsprechend dem höheren Lernaufwand steigen auch die Anforderungen, um MSA-Modelle zu verstehen. Insbesondere ihr Zusammenwirken zu durchschauen, erfordert einige Übung und Erfahrung.

Die Erweiterungen in MSA zur Darstellung statischer Strukturen und zur Beschreibung des dynamischen Verhaltens sind (gegenüber SA) ein deutlicher Gewinn insofern, als Systeme unter verschiedenen Gesichtspunkten und damit vollständiger modelliert werden können. Allerdings ergibt sich dadurch das Problem der Konsistenz der Modelle, das durch die erweiterten Balancierungsregeln zwar entschärft, aber nicht vollständig gelöst wird.

Obwohl für beliebige Systeme intendiert, empfiehlt sich die Verwendung von MSA vor allem für organisatorische Systeme, da die Beschreibung von Steuerungsaspekten allein durch Zustandsübergangsdiagramme insbesondere bei eingebetteten oder Echtzeitsystemen nicht den nötigen Grad an Präzision bietet. Insbesondere können Prozesse zwar aktiviert werden, aber es fehlen explizite Möglichkeiten Prozesse auch zu beenden.

Beispiele umfangreicher, weitgehend ausgearbeiteter Fallstudien in MSA bietet die reichhaltige Literatur. So findet man etwa ein Bankfilialen-Informationssystem in [PS 94], einen Buchverleih in [KPS 97], ein Bibliothekssystem in [Wie 96], eine Aufzugssteuerung und einen Verlag in [You 89], eine Auftragsbearbeitung, eine Autowerkstatt und eine Anschriftenverwaltung in [Raa 93] sowie ein typisches ERP-System, ein Restaurantmanagement oder einen Medien-Verleih in [HGV 02].

Auch Werkzeugunterstützung gibt es für MSA in ausreichendem Maß. Die meisten der in 4.2.3 genannten Werkzeuge unterstützen auch die Erstellung der ER- und Zustandsübergangsdiagramme und erlauben einfache Konsistenzprüfungen.

MSA ist ein integrierter Ansatz, der eine weitgehend vollständige und hinreichend präzise Modellierung der funktionalen Anforderungen erlaubt. Dazu trägt auch die Aufteilung der Gesamtproblematik auf verschiedene Systemsichten bei, die zudem die Beherrschung der Komplexität unterstützt.

Allerdings gelingt eine echte Integration der Teilmodelle nur selten. Die Gründe dafür sind vor allem in der konzeptuellen Inhomogenität der Modelle und in den „losen" Konsistenzregeln zu suchen. Nachteilig ist auch, dass Funktionalität und zugehörige Daten nicht als konzeptuelle Einheit aufgefasst werden. In den MSA-Modellen dominieren meistens die Datenflussdiagramme, wodurch sich weitere Nachteile ergeben. Sehr oft ist nämlich eine funktionale Zerlegung nicht sehr natürlich, globale Zusammenhänge werden nicht erkannt und eine geeignete Granularität ist schwierig zu bestimmen. Hinzu kommt, dass Anforderungen an das funktionale Verhalten häufig geändert werden, was dann (teilweise aufwändige) Änderungen in allen Teilmodellen nach sich zieht. Ferner besteht bei einer Funktions-orientierten Modellierung immer die Gefahr, dass Implementierungsentscheidungen vorweggenommen werden, und ein Datenstruktur-orientierter, modularer Entwurf ist meist recht schwierig.

Trotzdem kann man ohne Einschränkung sagen, dass MSA die erste Methode war, die sich in der Praxis bewährt hat.

4.4 SA/RT

Unter der gemeinsamen Abkürzung **SA/RT** (*Structured Analysis / Real-Time*) fasst man verschiedene Erweiterungen von SA zusammen, die speziell die Modellierung von eingebetteten oder Echtzeitsystemen zum Ziel haben. Konkrete Ausprägungen sind ECSAM [LK 04], SA/RT nach Ward und Mellor [WM 85], nach Harel [Har 87] sowie nach Hatley und Pirbhai [HP 88]. Der letzte Ansatz wird im Folgenden (ab 4.4.1) noch im Detail behandelt.

In diesen Erweiterungen sind, neben Datenflussdiagrammen zur Modellierung des funktionalen Verhaltens, Kontrollflüsse und Kontrollprozesse (zur Modellierung ereignisgesteuerter Verarbeitung) sowie die Einbeziehung von Zeitaspekten vorgesehen. Auch die Möglichkeit einer relationalen Beschreibung für Datenflüsse und Datenspeicher gibt es [SK 92], allerdings nicht in der Ausprägung nach Harel.

SA/RT nach Ward und Mellor stimmt konzeptuell im Wesentlichen mit MSA (vgl. 4.3) überein. Allerdings spielen dabei die (erweiterten) ER-Diagramme eine untergeordnete Rolle. Außerdem gibt es zusätzliche graphische Notationen, die in Abb. 4.4.1 zusammengefasst sind.

Eine weitere Besonderheit ist die Möglichkeit der „Ausführung" von Modellen mit Marken (im Wesentlichen wie in Petrinetzen). Auch ist vorgesehen, Zusammenhänge zwischen Modellteilen in Tabellen durch Einträge der Form

(Elementtyp, Name, Quellen im RE-Dokument, Kommentare)

zur Unterstützung der Zurückführbarkeit (*traceability*) explizit festzuhalten.

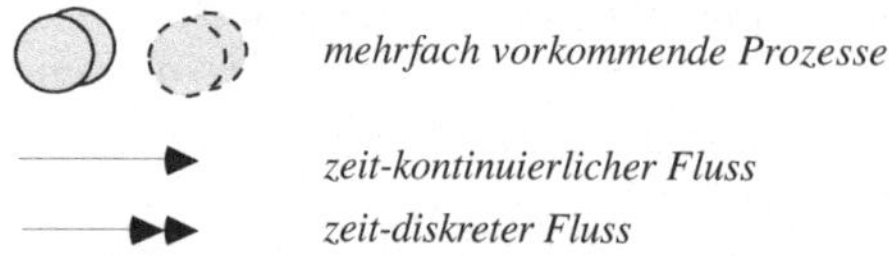

Abb. 4.4.1. Zusätzliche Notation (bei Ward/Mellor)

Im Ansatz *SA/RT nach Harel* hat man zur Prozessmodellierung sogenannte *activity charts*, eine notationelle Variante von Datenflussdiagrammen. Das zustandsabhängige Verhalten wird durch hierarchische Automaten (vgl. 3.4.4, hier *state charts* genannt) modelliert, deren Aktionen imperativ spezifiziert werden. Ferner stehen zur Entwurfsbeschreibung *module charts* zur Verfügung. Der Ansatz hat eine formal definierte Ausführungssemantik und wird werkzeugmäßig von Statemate unterstützt.

4.4.1 Grundkonzeption

Der Ansatz *SA/RT nach Hatley/Pirbhai* umfasst Datenflussdiagramme und Prozessspezifikationen, Kontrollflussdiagramme und Kontrollspezifikationen, das Anforderungslexikon (*requirements dictionary*) sowie Zeitspezifikationen. Den Zusammenhang zwischen den einzelnen Bestandteilen illustriert Abb. 4.4.2.

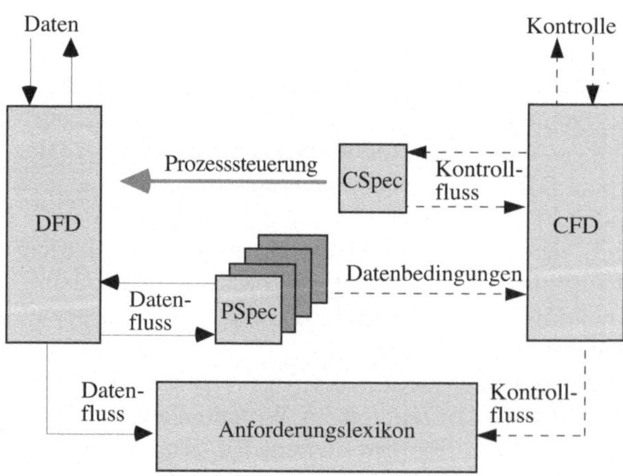

Abb. 4.4.2. Zusammenhang der Modellteile in SA/RT nach Hatley/Pirbhai (vgl. [HP 88])

Die (hierarchischen) *Datenflussdiagramme* (DFD) dienen, wie in SA und MSA, zur (funktionalen) Zerlegung des Systems in Prozesse, die über Datenflüsse miteinander verbunden sind. Allerdings werden in Verfeinerungen in SA/RT meist nur die betroffenen Datenflüsse vom Vaterprozess übernommen und damit verbundene (nicht verfeinerte) Prozesse weggelassen. Das funktionale Verhalten elementarer Prozesse wird wieder durch *Prozessspezifikationen* (PSpec) beschrieben. Zusätzlich zu den Möglichkeiten in MSA ist hierbei die Erzeugung von *Datenbedingungen* vorgesehen. Dabei handelt es sich um Kontrollflüsse, die sich aus Daten ableiten und als Kontrollflüsse in die Kontrollflussdiagramme (CFD) eingehen.

Kontrollflussdiagramme sind wie Datenflussdiagramme hierarchisch aufgebaut. Zu jedem Datenflussdiagramm gibt es genau ein Kontrollflussdiagramm, das dieselben Prozesse und Datenspeicher enthält, jedoch (gestrichelt dargestellte) Kontrollflüsse anstatt Datenflüsse sowie eventuell Kontrollspeicher, die hier entweder gestrichelt (wie in MSA) oder aber genauso wie Datenspeicher dargestellt werden. Ein schematisches Beispiel eines Datenflussdiagramms (DFD) und des zugehörigen Kontrollflussdiagramms (CFD) gibt Abb. 4.4.3.

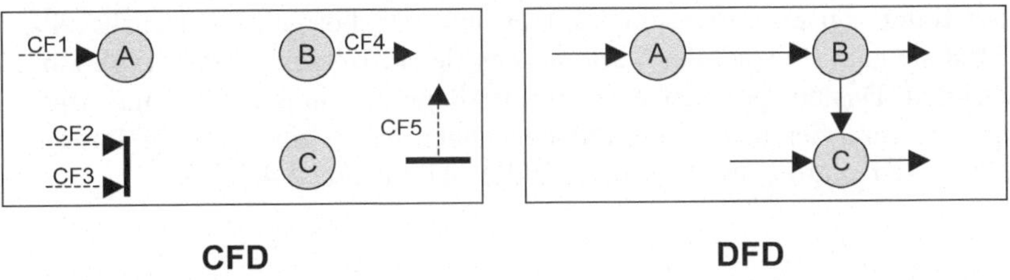

Abb. 4.4.3. Kontroll- und Datenflussdiagramm in SA/RT

Kontrollflussdiagramme geben nur den Fluss der Kontrollinformation an. Ein Kontrollfluss, der in einen Prozess eingeht, wird erst in einer (direkten oder indirekten) Verfeinerung dieses Prozesses verarbeitet. Analog wird ein Kontrollfluss, der einen Prozess verlässt, in einer Verfeinerung dieses Prozesses erzeugt. Dementsprechend wird in Abb. 4.4.3 der Kontrollfluss CF1 in einer Verfeinerung des Prozesses A verarbeitet und der Kontrollfluss CF4 in einer Verfeinerung des Prozesses B erzeugt.

Kontrollflüsse (wie etwa CF2, CF3 oder CF5 in Abb. 4.4.3), die mit einem „Balken" verbunden sind, sind für Steuerungsaspekte im betrachteten Diagramm relevant. Pro Kontrollflussdiagramm gibt es konzeptuell höchstens einen Balken. Sind (wie in Abb. 4.4.3) aus Darstellungsgründen mehrere Balken angegeben, so sind diese konzeptuell wie ein einziger Balken zu verstehen, wobei die Gesamtheit der ein- und ausgehenden Kontrollflüsse sich aus der „Summe" der Flüsse über alle Balken ergibt. Abb. 4.4.3 könnte man also äquivalent so darstellen, dass man nur einen Balken angibt, in den CF2 und CF3 eingehen sowie CF5 ausgeht.

Der Balken (zusammen mit seinen ein- und ausgehenden Kontrollflüssen) repräsentiert die Ein-/Ausgabe-Schnittstelle zu den *Kontrollspezifikationen* (CSpec), die den Zusammenhang zwischen ein- und ausgehenden Kontrollflüssen sowie deren Auswirkung auf die Steuerung von Prozessen definieren (vgl. 4.4.2). Er entspricht im Wesentlichen der Darstellung eines Kontrollprozesses in MSA (vgl. 4.3.1).

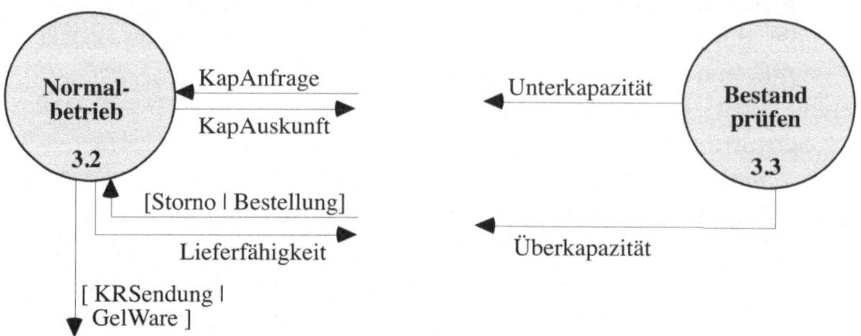

Abb. 4.4.4. Datenflussdiagramm für den Prozess „Lager"

Die Darstellung von Datenflussdiagrammen und zugehörigen Kontrollflussdiagrammen lässt sich am Beispiel der Verfeinerung des Prozesses „Lager" (vgl. Abb. 4.3.5) illustrieren. Das entsprechende Datenflussdiagramm in SA/RT (ohne Angabe der Begrenzer und der damit verbundenen Datenflüsse) zeigt Abb. 4.4.4. Das korrespondierende Kontrollflussdiagramm findet sich in Abb. 4.4.5.

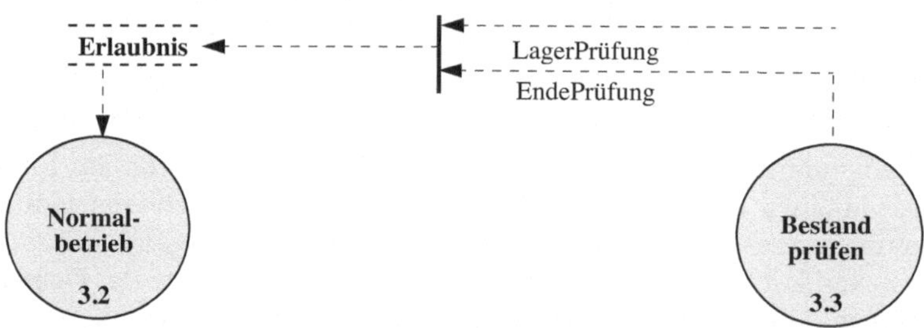

Abb. 4.4.5. Kontrollflussdiagramm für den Prozess „Lager"

Den Zusammenhang zwischen Prozess- und Kontrollmodell in SA/RT illustriert Abb. 4.4.6. Das *Prozessmodell* besteht aus den Datenflussdiagrammen sowie den Prozessspezifikationen und modelliert die Verarbeitung von Daten. Analog dazu besteht das *Kontrollmodell* aus den Kontrollflussdiagrammen und den Kontrollspezifikationen, die die Verarbeitung von Steuerinformationen beschreiben. Kontrollspezifikationen können als Ausgabe sog. *Prozessaktivatoren* liefern, d.h. Signale, die die Verarbeitung von Datenprozessen anstoßen. Umgekehrt können Prozessspezifikationen *Datenbedingungen* als Ausgabe haben, die als Kontrollflüsse in die Kontrollflussdiagramme eingehen.

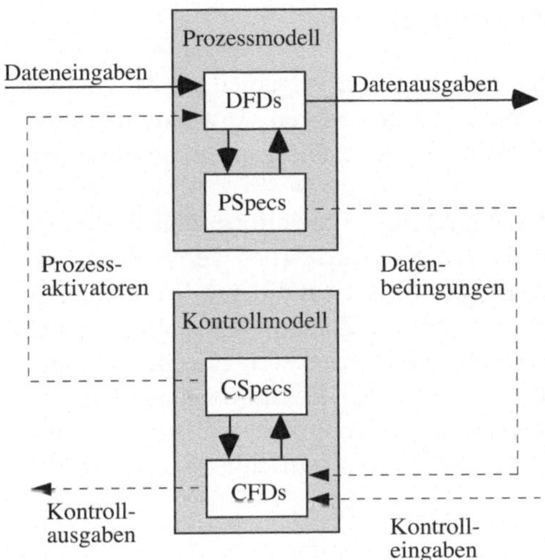

Abb. 4.4.6. Zusammenhang zwischen Prozess- und Kontrollmodell (aus [HP 88])

Wenn die Übersichtlichkeit nicht darunter leidet, können Daten- und Kontroll-flussdiagramme auch in einem Diagramm zusammengefasst sein. Ein Beispiel dafür findet sich in Abb. 4.4.7, wobei auf die Benennung der Datenflüsse verzichtet wurde, da diese bei der weiteren Betrachtung dieses Beispiels irrelevant sind.

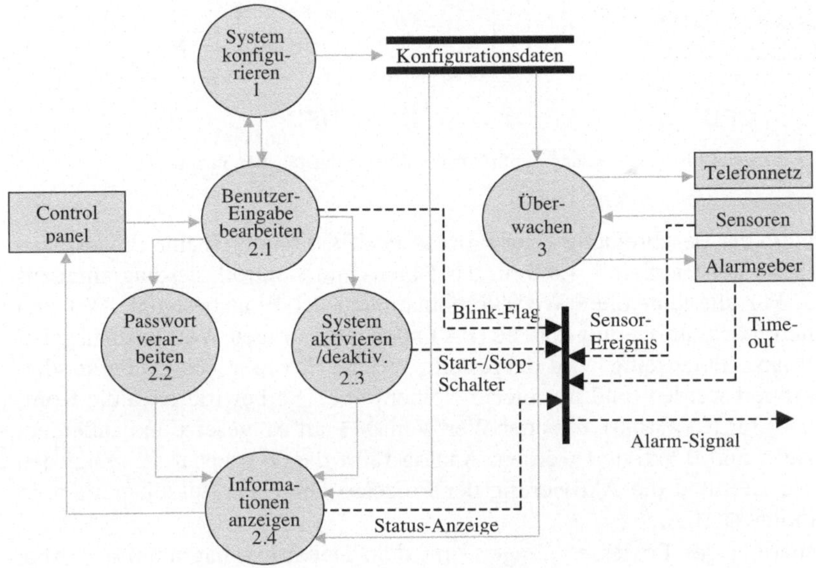

Abb. 4.4.7. Kontroll- und Datenflussdiagramm (Alarmanlage)

4.4.2 Prozesssteuerung durch Kontrollspezifikationen

Für die Darstellung von Kontrollspezifikationen stehen verschiedene Möglichkeiten zur Verfügung, deren Einsatz sich nach der jeweiligen Anwendung richtet. Vorgesehen sind Prozessaktivierungstabellen, Zustandsübergangsdiagramme und (komplexe) Aktionslogik (vgl. [HP 88]).

Prozessaktivierungstabellen (kurz: PAT) sind eine Spezialform von Ereignistabellen (vgl. 3.4.2) mit drei Teilen: Eingabe-Kontrollflüsse (und deren Wertebelegungen, bzw. „-" für beliebig), Ausgabe-Kontrollflüsse (und deren Wertebelegungen) sowie Prozessaktivierungen belegt mit ganzen Zahlen (wobei 0 für „nicht aktiviert" steht und alle Zahlen größer 0 die Aktivierungsreihenfolge der zugeordneten Prozesse angeben). Diese Tabellen legen den Zusammenhang zwischen (Kombinationen von) Ein- und Ausgabewerten im Kontrollflussdiagramm sowie die Aktivierung von Prozessen im Datenflussdiagramm (einschließlich deren Reihenfolge) fest.

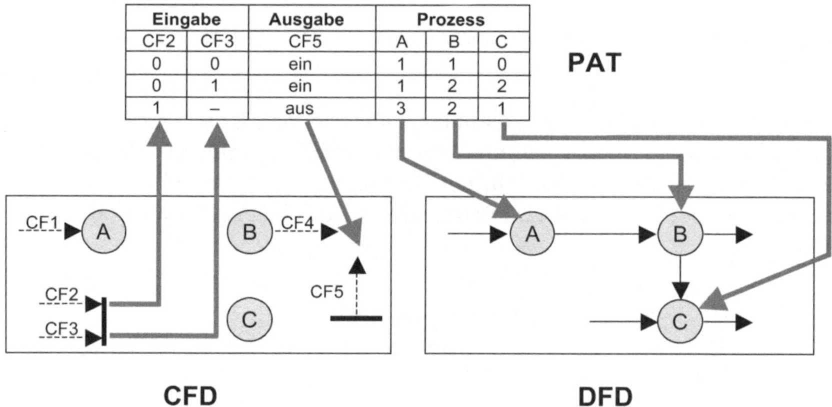

Abb. 4.4.8. Prinzip der Prozesssteuerung durch Prozessaktivierungstabellen in SA/RT

Das Prinzip der Beschreibung einer Prozessspezifikation durch eine Prozessaktivierungstabelle illustriert Abb. 4.4.8 für das Daten- und Kontrollflussdiagramm aus Abb. 4.4.3. Für alle sinnvollen Wertekombinationen der Eingabesignale CF1 und CF2 gibt die Prozessaktivierungstabelle (PAT) den zugehörigen Wert des Ausgabesignals CF5 an. Gleichzeitig wird dargestellt, welche Prozesse des Datenflussdiagramms aktiviert werden (und in welcher Reihenfolge). So bewirkt etwa die Kombination (0, 0) für (CF2, CF3), dass der Wert von CF5 auf ein gesetzt und außerdem die Prozesse A und B aktiviert werden. Analog führt das Wertepaar (1, -) auf den Wert aus für CF5 und die Aktivierung der Prozesse des Datenflussdiagramms in der Reihenfolge C, B, A.

Die Steuerung des Prozesses „Lager" mit dem Datenflussdiagramm aus Abb. 4.4.4 und dem Kontrollflussdiagramm aus Abb. 4.4.5 über eine Prozessaktivierungstabelle zeigt Abb. 4.4.9. Dabei wurden nur die von der Steuerung jeweils direkt betroffenen Prozesse angegeben.

Eingabe		Ausgabe	Prozess	
LagerPrüfung	EndePrüfung	Erlaubnis	3.2	3.3
ein	–	false	0	1
–	ein	true	1	0

Abb. 4.4.9. Prozessaktivierungstabelle für den Prozess „Lager"

Die Steuerung der Alarmanlage durch eine Prozessaktivierungstabelle illustriert Abb. 4.4.10, in der aus Darstellungsgründen die PAT vertikal (anstatt wie üblich horizontal) angegeben wird. Hier bewirkt die (hellgrau hinterlegte) Beispielbelegung (0, 1, 0, 1, 0, 0) der Eingabesignale, dass das Ausgabesignal „Alarm-Signal" auf 0 gesetzt und die Prozesse „Informationen anzeigen" und „Benutzer-Eingabe bearbeiten" aktiviert werden.

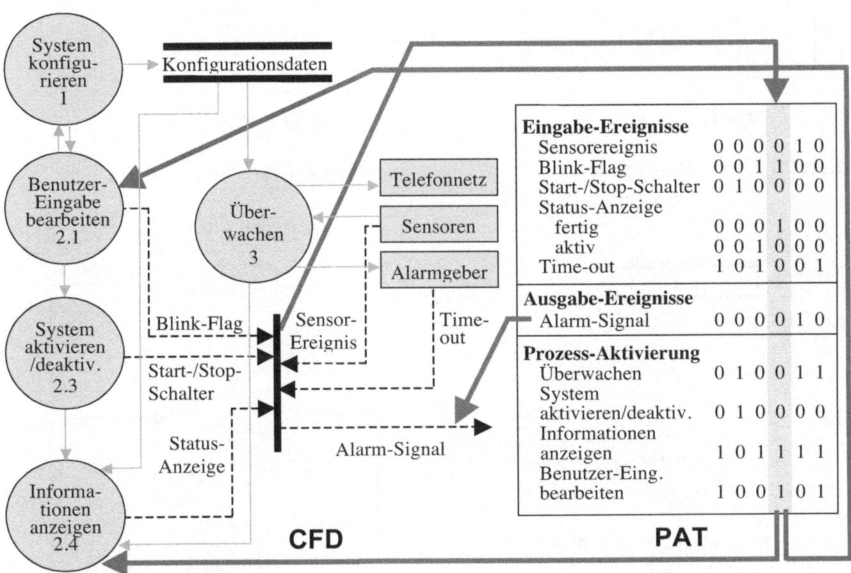

Abb. 4.4.10. Prozesssteuerung durch Prozessaktivierungstabellen (Alarmanlage)

Die Beschreibung einer Prozessspezifikation durch *Zustandsübergangsdiagramme* (kurz: ZÜD) erfolgt (wie in MSA) durch Übergänge mit Ereignissen und Aktionen. Auch hier wird auf eine explizite Kennzeichnung des Startzustands verzichtet. Die Werte der Eingangssignale im Kontrollflussdiagramm entsprechen den Ereignissen im Zustandsübergangsdiagramm. Aktionen im Zustandsübergangsdiagramm bewirken die Aktivierung von Prozessen im Datenflussdiagramm oder die Belegung von Ausgabesignalen im Kontrollflussdiagramm.

Das Prinzip des Zusammenspiels zwischen Kontrollflussdiagramm (CFD), Datenflussdiagramm (DFD) und Zustandsübergangsdiagramm (ZÜD) illustriert Abb. 4.4.11. Das Vorliegen des Eingabewerts 0 für CF3 etwa bewirkt einen Zustandsübergang von Zustand 3 auf Zustand 1. Dabei wird das Ausgabesignal CF5 auf den Wert ein gesetzt. Entsprechend löst z.B. der Wert 1 für CF3 einen Übergang von Zustand 2 nach Zustand 3 aus und aktiviert Prozess B im Datenflussdiagramm.

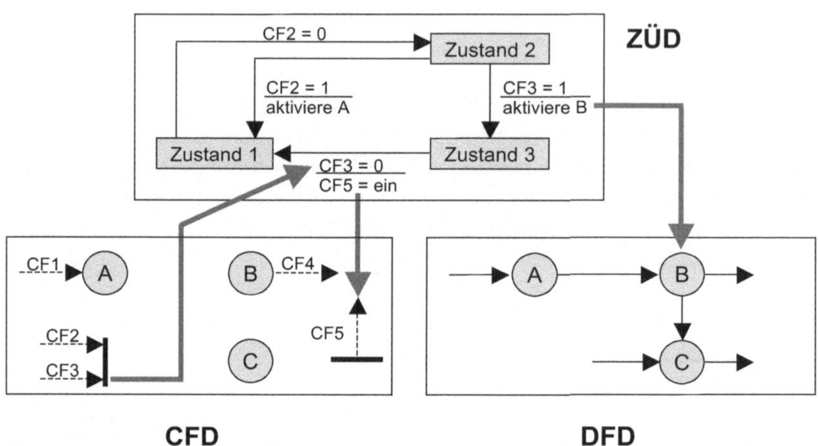

Abb. 4.4.11. Prinzip der Prozesssteuerung durch Zustandsübergangsdiagramme in SA/RT

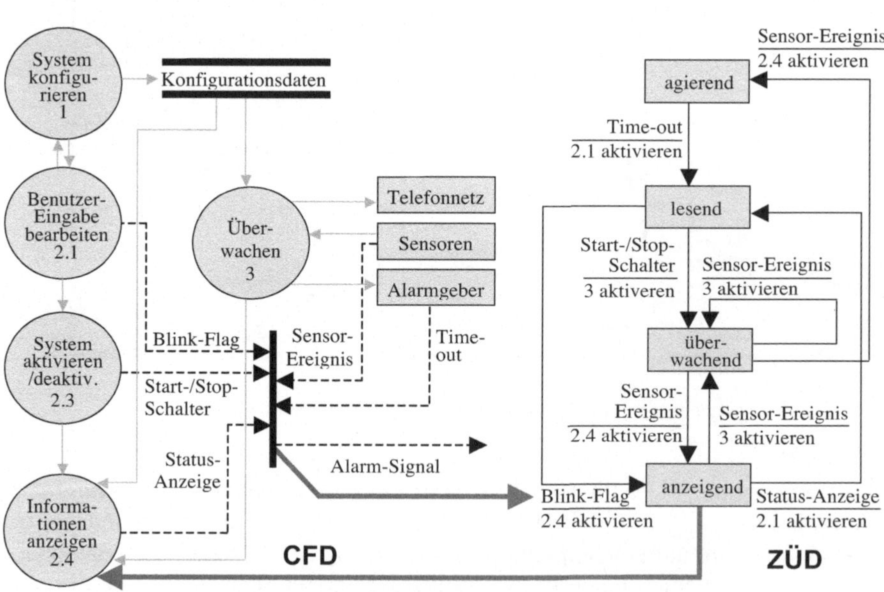

Abb. 4.4.12. Prozesssteuerung mit Zustandsübergangsdiagramm (Alarmanlage)

Ein konkretes Beispiel für diese Darstellung von Prozessspezifikationen anhand des Prozesses „Lager" erhält man aus dem Datenflussdiagramm aus Abb. 4.4.4, dem Kontrollflussdiagramm aus Abb. 4.4.5 und dem Zustandsübergangsdiagramm aus Abb. 4.3.6.

Die Steuerung der Alarmanlage über ein (aus Darstellungsgründen unvollständig angegebenes) Zustandsübergangsdiagramm illustriert Abb. 4.4.12. Ist das Zustandsübergangsdiagramm beispielsweise im Zustand lesend und wird das Signal Blink-Flag auf 1 gesetzt, so erfolgt ein Zustandsübergang in den Zustand anzeigend und gleichzeitig wird der Prozess 2.4 aktiviert.

Für die Darstellung komplexer Steuerungsaspekte ist eine „Aktionslogik", bestehend aus einer Ereignistabelle, einem Zustandsübergangsdiagramm sowie einer Aktions- oder Ereignistabelle vorgesehen. Sie entspricht einem Zustandsübergangsdiagramm mit vor- und nachgeschalteter Ereignis-/Aktionstabelle. Zweck dieser zusätzlichen Tabellen ist es, die Beschreibung des Zustandsübergangsdiagramms zu vereinfachen.

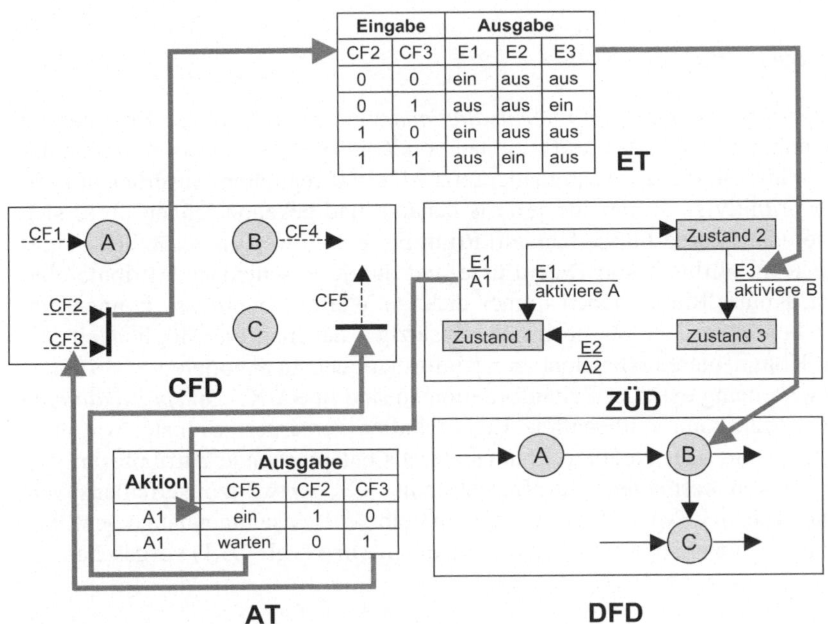

Abb. 4.4.13. Prinzip der kombinierten Prozesssteuerung in SA/RT

Das Prinzip für eine Beschreibung durch Aktionslogik illustriert Abb. 4.4.13. Die möglichen Kombinationen der Eingabesignale CF2 und CF3 im Kontrollflussdiagramm (CFD) legen fest, welche der Ereignisse E1 bis E3 vorliegen. Dies wird in der Ereignistabelle (ET) definiert. Diese Ereignisse steuern das Zustandsübergangsdiagramm (ZÜD). Dabei werden Aktionen ausgelöst. Liegt etwa das Ereignis E3 vor, erfolgt ein Zustandsübergang von Zustand 2 nach Zustand 3 und der Prozess

B des Datenflussdiagramms (DFD) wird aktiviert. Bei Vorliegen des Ereignisses E1 in Zustand 1 dagegen wird die „komplexe Aktion" A1 ausgelöst. Dabei wird in der Aktionstabelle (AT) definiert, dass A1 darin besteht, dass die Eingabesignale CF2 und CF3 des Kontrollflussdiagramms auf 1 bzw. 0 und das Ausgabesignal CF5 auf ein gesetzt werden.

Bezüglich der *Laufzeit von Prozessen* gibt es Unterschiede. Es gibt Prozesse, die keiner Kontrolle unterliegen („permanente Prozesse") und während der gesamten Systemlaufzeit aktiv sind. Sie sind dadurch (indirekt) gekennzeichnet, dass sie in keiner Kontrollspezifikation vorkommen. Prozesse, die in einer Kontrollspezifikation aktiviert werden, können entweder automatisch beim nächsten Zustandsübergang deaktiviert werden oder sich selbst beenden (was durch das Schlüsselwort *issue* in der zugehörigen Prozessspezifikation angegeben wird). Dies entspricht den „Aktivitäten" bzw. „Aktionen" in 3.4.3. Wird ein Prozess deaktiviert, dann auch alle seine „Abkömmlinge" (Prozesse, die bei der Verfeinerung entstehen), auch solche ohne eigene Prozesssteuerung. Entsprechend kann ein Prozess nur dann aktiv sein, wenn auch alle seine „Vorfahren" aktiv sind.

4.4.3 Weitere Konzepte

Das *Anforderungslexikon* (*requirements dictionary*) in SA/RT ist eine Erweiterung des Datenlexikons aus SA um Definitionen von Kontrollflüssen. Flüsse werden danach unterschieden, ob sie zusammengesetzt (d.h. mit regulären Ausdrücken definiert) oder primitiv sind. Sie sind jeweils benannt und gekennzeichnet, ob es sich um externe oder interne Flüsse handelt. Primitive Flüsse werden zusätzlich aufgegliedert in Kontrollflüsse und Datenflüsse und durch verschiedene Attribute charakterisiert. Kontrollflüsse haben immer diskrete Werte. Datenflüsse können diskrete oder kontinuierliche Werte haben. Zusätzlich hat man die Möglichkeit alle Flüsse mit Kommentaren oder Benutzungsinformationen zu annotieren.

Zur Beschreibung externer Zeitanforderungen sind in SA/RT *Zeitspezifikationen* vorgesehen. Man kann zeitbehaftete Eigenschaften „externer" Signale, wie etwa Wiederholungsrate oder Neuberechnungsrate, als entsprechende Attribute im Anforderungslexikon definieren. Zur Beschreibung des Antwortzeitverhaltens verwendet man Tabellen (vgl. 3.6.1), wenn es um einfache Zusammenhänge geht. Für komplexe Zusammenhänge sind Zeitverlaufsdiagramme (vgl. 3.6.1) vorgesehen.

4.4.4 Methodik

Erstellung einer Anforderungsdefinition. Als methodische Vorgehensweise bei der Modellerstellung wird in [HP 88] vorgeschlagen, zunächst die Benutzeranforderungen zu analysieren, sie in wesentliche funktionale Gruppen zu strukturieren sowie externe Elemente und den relevanten Informationsaustausch zu identifizieren. Anhand dieser Analyse wird dann das Diagramm der obersten Ebene (*top level diagram*) konstruiert. Dabei werden aus den funktionalen Gruppen Prozesse und aus den externen Elementen Begrenzer. Der Informationsaustausch führt zu Datenflüssen. Das so erhaltene Diagramm wird dann auf Adäquatheit und übersichtliche

Darstellung geprüft und gegebenenfalls geändert. Danach wird daraus das Kontextdiagramm erstellt.

Anschließend wird die Daten- und Kontrollflussdekomposition durchgeführt.
Dabei empfiehlt es sich, Datenflussdiagramme und Kontrollflussdiagramme neben-
einander zu entwickeln und bei Bedarf Kontrollspezifikationen zu definieren.

Parallel zu den Verfeinerungsschritten wird das Anforderungslexikon um Definitionen für jeden neuen Daten- und Kontrollfluss erweitert. Wenn keine weiteren
Verfeinerungen nötig sind, können die Prozessspezifikationen erstellt werden.

Für die *Trennung von Daten- und Kontrollaspekten* bei Signalen und Prozessen
gibt es keine festen Regeln. Ein Signal mit kontinuierlichen Werten ist immer als
Datenfluss aufzufassen. Bei einem Signal mit diskreten Werten hängt die Zuordnung von der jeweiligen Verwendung ab. Wird es zur Steuerung verwendet, so
handelt es sich um einen Kontrollfluss. Dient es stattdessen zur algorithmischen
Verarbeitung, liegt ein Datenfluss vor. Ein binäres Signal ist fast immer ein Steuer-
signal.

Ähnliche Kriterien verwendet man zur Zuordnung von Prozessen. Prozesse mit
nicht ausschließlich diskreten Ein- und Ausgaben sind immer Datenprozesse (da
ein Kontrollprozess kontinuierliche Signale nicht verarbeiten kann). Dagegen sind
Prozesse mit ausschließlich diskreten Ein- und Ausgaben fast immer Kontrollprozesse und solche mit sequentiellen Zuständen stets Kontrollprozesse.

Überprüfung der Beschreibung. In [HP 88] sind für SA/RT ER-Diagramme zur
Beschreibung von Datenspeichern nicht vorgesehen, lassen sich aber leicht, wie in
verschiedenen Werkzeugen realisiert, hinzufügen. Insofern gelten für die Bestandteile von SA/RT die Balancierungsregeln 1.-4. aus SA (vgl. 4.2.2) sowie 5.-7. aus
MSA (vgl. 4.3.2). Zusätzlich kommen noch folgende Regeln hinzu:

8. Zu dem Balken in einem Kontrollflussdiagramm gibt es eine Kontrollspezifi-
    kation und umgekehrt. Dabei müssen die Ein-/Ausgaben am Balken als Ein-
    /Ausgaben der Kontrollspezifikation erscheinen (und umgekehrt).
9. Jeder Kontrollspezifikation ist genau ein Datenflussdiagramm zugeordnet und
    nur deren Prozesse werden von der Kontrollspezifikation gesteuert.
10. Jedes externe Signal ist mindestens einmal in einer Zeitspezifikation enthalten.
    Umgekehrt kommen in einer Zeitspezifikation keine anderen Signale vor.

Übergang zum Entwurf. Für den Übergang zum Entwurf schlägt SA/RT zunächst
die Entwicklung eines (hierarchisch aufgebauten) *Architekturmodells* vor, das die
physikalischen Gegebenheiten eines Systems modelliert. Es erweitert das Anforderungsmodell insbesondere um eine Benutzerschnittstellenverarbeitung, Ein-/Aus-
gabeverarbeitung sowie um Wartungs-, Selbsttest- und Redundanzverwaltung.

Das Architekturmodell besteht aus dem *Architekturkontextdiagramm*, das einen
Überblick darüber liefert, wie sich ein System physikalisch in seine Umgebung
eingliedert, *Architekturflussdiagrammen*, die die physikalische Systemkonfigura-
tion aus Architekturmodulen und allen Informationsflüssen darstellen sowie *Archi-
tekturverbindungsdiagrammen*, in denen die physikalischen Verbindungen (Kanäle) der einzelnen Systemkomponenten dargestellt sind. Es umfasst außerdem *Archi-
tekturmodulspezifikationen*, in denen die Flüsse und Prozesse des Anforderungs-

modells spezifischen Architekturmodulen zugeordnet sind, *Architekturverbindungsspezifikationen*, die die Charakteristika der Kanäle definieren, sowie das *Architekturlexikon*, das die Zuordnung aller Daten- und Kontrollflüsse an Architekturmodulen und Kanäle enthält und um implementierungsspezifische Informationen ergänzt. Die eigentliche Software- und Hardware-Spezifikation wird dann aus Anforderungs- und Architekturmodell entwickelt.

4.4.5 Abschließende Bemerkungen

Die Bemerkungen zur Handhabbarkeit von MSA (vgl. 4.3.3) gelten sinngemäß auch für SA/RT, wobei ein etwas höherer Lern- und Verständnisaufwand bezüglich der Beschreibung von Kontrollspezifikationen zu erwarten ist.

Anders als MSA zielt SA/RT primär auf die Modellierung von eingebetteten oder Echtzeitsystemen. Bei diesen Systemen stehen Kontrollaspekte im Vordergrund, während Aspekte der Datenmodellierung typischerweise zweitrangig sind.

Auch für SA/RT sind viele ausführliche Fallstudien publiziert. So findet man etwa einen Tempomat in [HP 88], [WM 85] und [Gom 93], ein Heizungssystem und einen Verkaufsautomaten in [HP 88], ein Flaschenabfüllsystem, einen einfachen Logik-Analysator und ein einfaches Produktionssystem mit Qualitätskontrolle in [WM 85], eine Arztpraxis und eine Kamerasteuerung in [Raa 93], eine Liftsteuerung und eine Robotersteuerung in [Gom 93] sowie eine einfache Alarmanlage in [Bal 96].

Auch bezüglich Werkzeugunterstützung sind SA/RT (nach Hatley/Pirbhai) und MSA sehr ähnlich. Essentielle Unterschiede zeigen sich allerdings bei den Werkzeugen für die verschiedenen Varianten von SA/RT, vor allem hinsichtlich Adäquatheitsprüfung, Präzision der Beschreibung und Umfang der Modelle. Während Statemate, das SA/RT nach Harel unterstützt, eine vollständig maschinelle Simulation des beschriebenen Verhaltens ermöglicht, erzeugt etwa Team*work* (zur Unterstützung von SA/RT nach Hatley/Pirbhai) nur Prozessaktivierungslisten, die dann manuell analysiert werden müssen. Eine Studie (vgl. [BEH 96]) zeigte deutlich, dass mit Hilfe der Simulation Fehler gefunden werden können, die bei einer manuellen Analyse nicht erkannt werden.

SA/RT nach Hatley/Pirbhai ist ein integrierter Ansatz, der sich vor allem zur Modellierung (auch komplexer) ereignisgesteuerter Systeme sehr gut eignet. Für ihn gelten die positiven Eigenschaften von MSA sinngemäß. Insbesondere ist auch eine adäquate Werkzeugunterstützung verfügbar.

Allerdings ist der Lern- und Verständnisaufwand höher als bei MSA, insbesondere durch die gewöhnungsbedürftige Beschreibung der Prozessdynamik. Wie bei MSA gibt es auch bei SA/RT Schwierigkeiten beim Übergang zu einem Datenstruktur-orientierten Entwurf. Trotzdem hat sich auch SA/RT als Methode zur Modellierung reaktiver Systeme in der Praxis bewährt.

Diese Bemerkungen gelten sinngemäß auch für SA/RT nach Harel. Hier kommen noch als besondere Vorteile die Möglichkeit der (automatischen) Simulation der hierarchischen Automaten sowie die (automatische) Codeerzeugung hinzu.

4.5 Zusammenfassung

Unter dem Schlagwort „Strukturierte Methoden" wird eine Klasse von Ansätzen zusammengefasst, deren methodisches Grundprinzip die schrittweise Verfeinerung (vgl. 2.3.3) ist. Einen Überblick über verschiedene strukturierte Methoden und ihre Zusammenhänge gibt Abb. 4.5.1.

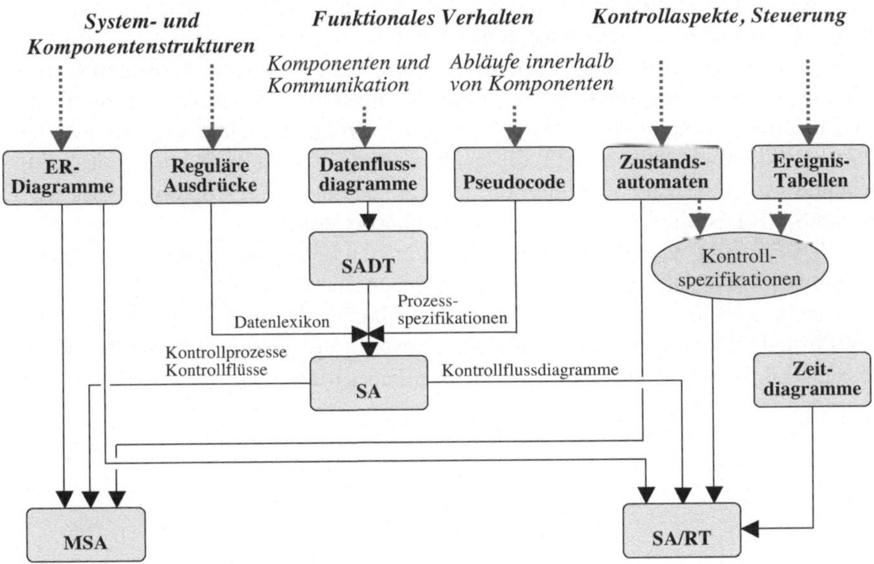

Abb. 4.5.1. Strukturierte Formalismen (Übersicht)

Zentral bei den strukturierten Methoden steht die Modellierung des funktionalen Verhaltens durch Prozesse als funktionale Komponenten, die über Datenflüsse miteinander kommunizieren. Als Beschreibungsmittel werden dazu Datenflussdiagramme (vgl. 3.3.4) mit jeweils spezifischen graphischen Symbolen und umgangssprachlichen Annotationen verwendet. Dies sind auch schon alle Beschreibungsmittel, die *SADT* zur Verfügung stellt, angereichert um methodische Hinweise zur Erstellung einer Anforderungsdefinition.

SA erlaubt zusätzlich in den Prozessspezifikationen die Beschreibung von Abläufen (durch Pseudocode oder Angabe von Vor-/Nachbedingungen, vgl. 3.3.7) innerhalb funktionaler Komponenten sowie die Definition von Datenstrukturen durch reguläre Ausdrücke (vgl. 3.2.5) im Datenlexikon.

MSA zielt primär auf die Modellierung organisatorischer Systeme. Es erweitert die Möglichkeiten von SA einerseits um die Beschreibung von System- und Komponentenstrukturen durch (erweiterte) ER-Diagramme (vgl. 3.2.6) und andererseits um Kontrollflüsse und -prozesse, deren Steuerungsverhalten mit Hilfe von Zustandsautomaten (vgl. 3.4.3) beschrieben wird.

SSADM (Structured Systems Analysis and Design Method, vgl. [AG 90]) ist ein britischer Regierungsstandard für die Analyse und den Entwurf von informationstechnischen Entwicklungsprojekten. Wie in MSA werden in SSADM (erweiterte) ER-Modelle (dort „Logical Data Modeling" genannt) und Datenflussdiagramme als Beschreibungsmittel verwendet. Zustandsautomaten sind nicht vorgesehen, zur Modellierung des dynamischen Verhaltens und detaillierter Abläufe hat man stattdessen das *Entity-Event Modeling*, das eine gewisse Ähnlichkeit mit JSD (vgl. 3.2.4) aufweist. Gegenüber MSA ist SSADM an vielen Stellen deutlich präziser.

In *SA/RT* kommen zu den Möglichkeiten von SA noch (erweiterte) ER-Diagramme und Kontrollflussdiagramme hinzu. Das Zusammenspiel zwischen Daten- und Kontrollflussdiagrammen wird durch Kontrollspezifikationen geregelt, die durch Zustandsautomaten (vgl. 4.4.3) und/oder Ereignistabellen (vgl. 3.4.2) beschrieben sind. Auch sieht SA/RT die Einbeziehung von Zeitaspekten (durch entsprechende Attribute und Zeitdiagramme, vgl. 3.6.1) vor. Hauptanwendungsbereich von SA/RT ist die Modellierung technischer Systeme.

Von SA/RT gibt es verschiedene Varianten. Neben dem behandelten Ansatz nach Hatley/Pirbhai ist vor allem der Ansatz nach Harel zu nennen. Als eine weitere Variante wird in [FS 91] SA/PN vorgeschlagen, das sich von SA/RT (nach Hatley/Pirbhai) dadurch unterscheidet, dass anstelle der Zustandsautomaten Petrinetze (vgl. 3.4.5) zur Beschreibung von Kontrollspezifikationen verwendet werden.

5 Objektorientierte Methoden

Objektorientierte Methoden des Requirements-Engineering erweitern die Konzepte
der Objektorientierung (vgl. 3.5.1), stellen dafür graphische Notationen zur Verfügung und betten die Konzepte in einen methodischen Rahmen ein. Sie kombinieren
dabei Ideen aus der objektorientierten Programmierung (Objekt, Klasse, Attribut,
Operation, Vererbung, Kommunikation über Botschaften), den abstrakten Datentypen (modularer Aufbau), dem (erweiterten) ER-Ansatz (Beziehungen zwischen
Objekten mit Kardinalitäten, Ist-Teil-von-, Subtyp- und Supertyp-Beziehungen) sowie den Zustandsübergangsdiagrammen (Lebensläufe der Objekte). Sie führen zu
einem integrierten Modell der funktionalen Anforderungen, in dem alle relevanten
Systemaspekte (vgl. 2.3.3) berücksichtigt sind. Nicht-funktionale Anforderungen
können allerdings (wie schon bei den strukturierten Methoden) nur textuell oder
durch individuelle Erweiterungen erfasst werden.

Frühe Vertreter dieser Klasse von Ansätzen waren OOA, OMT und die Booch-
Methode. Sie unterscheiden sich einerseits in der Notation und andererseits in der
Reichhaltigkeit der Darstellungsmöglichkeiten. Nachfolgende Ansätze, wie Fusion
oder OOSE, konzentrierten sich vor allem auf methodische Aspekte.

Mitte der 90er Jahre gab es ca. 50 objektorientierte Ansätze, die auch alle die
Frage der Anforderungsanalyse behandelten. Übersichten und Vergleiche von vielen dieser Ansätze finden sich etwa in [Ste 94], [Fow 96] oder [Wie 98].

Den derzeitigen Entwicklungsstand im Bereich objektorientierter Ansätze repräsentieren UML, das die meisten der früheren Ansätze konzeptionell und in einer
einheitlichen Notation vereinigt, sowie SysML, ein UML-„Dialekt" speziell für die
Zwecke des Systems-Engineering.

5.1 Frühere OO-Ansätze

Im Folgenden werden einige frühere Ansätze, die nachweisbar starken Einfluss auf
UML (vgl. 5.2) hatten, kurz vorgestellt. Damit soll hauptsächlich die Entwicklung
hin zu UML aufgezeigt werden, insbesondere auch welche der damals vorhandenen Konzepte, Notationen und methodischen Ideen sich letztlich (nicht) durchsetzen konnten. An den ersten Ansätzen (vor allem OOA und OMT) sieht man übrigens auch, dass sich die objektorientierten Ansätze kontinuierlich aus den strukturierten Ansätzen heraus entwickelt haben.

H. Partsch, *Requirements-Engineering systematisch*, eXamen.press, 2nd ed.,
DOI 10.1007/978-3-642-05358-0_5, © Springer-Verlag Berlin Heidelberg 2010

5.1.1 OOA

OOA (*Object Oriented Analysis*, [CY 91a]) war einer der ersten objektorientierten Ansätze zur Modellierung der funktionalen Anforderungen an Systeme. **OOD** (*Object Oriented Design*, [CY 91b]) knüpft direkt daran an und behandelt den Übergang zum Entwurf.

Grundkonzeption. In OOA hat man *Klassen- und Objektdiagramme* als zentrales Modell zur Beschreibung struktureller und funktionaler Beziehungen sowie *Objektlebensläufe* zur Darstellung dynamischer Aspekte.

Insgesamt besteht eine OOA-Spezifikation aus dem (vollständigen) graphischen OOA-Modell, den (textuellen) Klassenspezifikationen, einer Liste „kritischer Ausführungspfade", der Angabe zusätzlicher Systembeschränkungen sowie den Objektlebensläufen und den Operationsspezifikationen (durch sog. *Service Charts*).

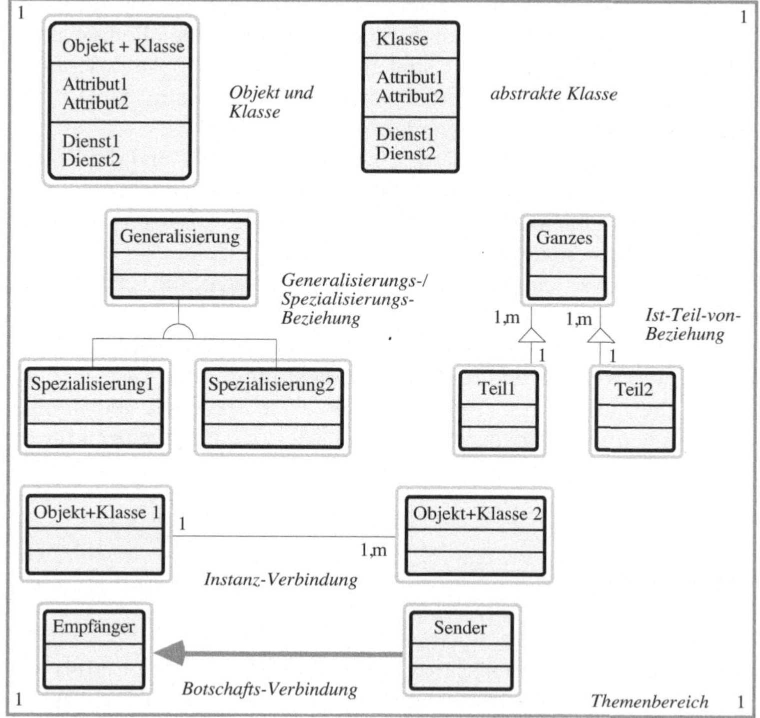

Abb. 5.1.1. Notation von OOA (Klassen- und Objektdiagramme)

Klassendiagramme. Die wesentlichen Konzepte des Klassendiagramms sind primär die der Objektorientierung (vgl. 3.5.1), nämlich (Analyse-)Objekte und Objektklassen sowie Beziehungen zwischen Klassen (*Generalisierung* und *Spezia-*

lisierung). Hinzu kommen *Instanz-Verbindungen* und *Ist-Teil-von-Beziehungen* als ungerichtete und gerichtete Beziehungen zwischen Objekten sowie Botschaften, Botschaftenkanäle (*Botschafts-Verbindungen*) und Subsysteme (*Themenbereiche*). Ein Überblick über die zugehörige graphische Notation findet sich in Abb. 5.1.1.

Eine *Analyseklasse* ist eine Menge anonymer Objekte (mit identischen Eigenschaften und Operationen, die in OOA „Dienste" genannt werden). Objekte sind *Instanzen* ihrer Klassen. *Anonyme Objekte* sind durch ihre Klasse repräsentiert. Sie werden daher auch gemeinsam dargestellt, wie in Abb. 5.1.1 zu sehen ist. Dabei repräsentiert der innere (durchgezogene) Rahmen die Klasse und der äußere (gerasterte) das Objekt.

Beziehungen zwischen Klassen durch Einfach- oder Mehrfach-Vererbung werden durch die *Generalisierungs-/Spezialisierungs-Beziehung* beschrieben. Dass es sich dabei um eine Klassenbeziehung handelt, wird graphisch dadurch ausgedrückt, dass die Verbindungslinien bis zu den jeweiligen Klassensymbolen geführt sind.

Beziehungen zwischen Objekten können ungerichtet (*Instanz-Verbindung*) oder gerichtet (*Ist-Teil-von-Beziehung*) sein. In der graphischen Darstellung werden die Verbindungslinien hierbei nur bis zu den Objektsymbolen geführt.

Ungerichtete Beziehungen zwischen Objekten entsprechen den (binären) Beziehungen des ER-Ansatzes. Wie dort können sie durch Angabe von *Kardinalitäten* präzisiert werden. Allerdings ist die „Leserichtung" für Kardinalitäten gegenüber dem ER-Modell (vgl. 3.2.6) umgedreht (was häufig zu Verwirrung führte).

Gerichtete Beziehungen zwischen Objekten (*Ist-Teil-von-Beziehung*) können in verschiedenen Ausprägungen auftreten: als Konstruktionsbeziehung („besteht-aus"), als Behälterbeziehung („enthält") oder als logische Beziehung („gehört-zu"). Sie sind immer transitiv und asymmetrisch. Zudem ist unterstellt, dass die Existenz des „abhängigen" Objekts an die des „unabhängigen" gekoppelt ist.

Ein *Botschaftenkanal* (*Botschafts-Verbindung*) ist eine spezielle, gerichtete Beziehung zwischen Objekten (vom Sender zum Empfänger). Botschaftenkanäle geben an, welche Objekte miteinander kommunizieren, und stellen somit die „Aufrufbeziehungen" zwischen Objekten/Klassen dar. Auf ihre Angabe kann verzichtet werden, wenn bereits anderweitig eine Beziehung zwischen den Objekten besteht.

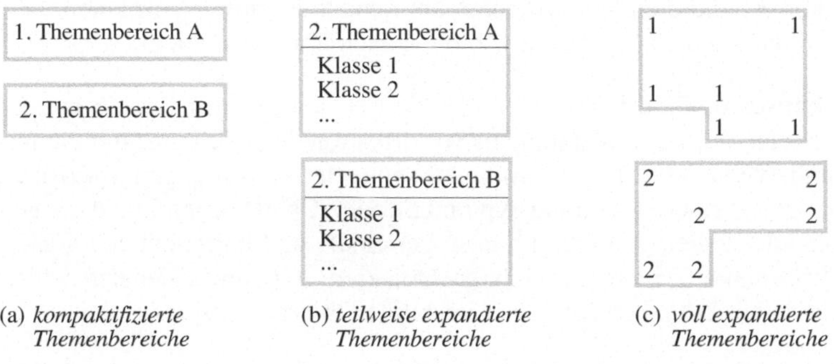

(a) *kompaktifizierte Themenbereiche*   (b) *teilweise expandierte Themenbereiche*   (c) *voll expandierte Themenbereiche*

Abb. 5.1.2. Darstellung von Themenbereichen

Themenbereiche sind eventuell überlappende, durch eine gerasterte Linie dargestellte (hierarchische) Zusammenfassungen von Klassen (oder Subsystemen), die eine übersichtliche Darstellung als Orientierungshilfe für den Leser erlauben.

Zur Darstellung von Themenbereichen gibt es verschiedene Möglichkeiten (vgl. Abb. 5.1.2) unterschiedlicher Granularität. Diese reichen von der reinen Nennung des betreffenden Themenbereichs (durch Nummer und Bezeichnung) über Nennung und Namen der enthaltenen Klassen, bis hin zu vollständigen Klassendiagrammen (wobei dann alle Eckpunkte des den Themenbereich festlegenden Kantenzugs mit der jeweiligen Nummer des Themenbereichs versehen werden).

Objektlebensläufe. Zur Modellierung zustandsabhängiger Dienste ist es zunächst erforderlich, die Objektzustände zu bestimmen und die Objektlebensläufe (anhand von Zustandsübergängen) festzulegen. Ein *Objektzustand* ist bestimmt durch eine Menge ausgewählter Attributwerte, die für das Objektverhalten charakteristisch sind. Ein *Objektlebenslauf* wird durch einen einfachen Mealy-Automaten (vgl. 3.4.3) beschrieben. Die Zustände des Automaten entsprechen den Objektzuständen, die Zustandsübergänge werden durch diejenigen Operationen bewirkt, die den Zustand der charakterisierenden Attribute verändern.

Abb. 5.1.3. Notation der Service Charts

Spezifikation von Operationen. Die Beschreibung von Operationen kann entweder textuell erfolgen oder mit Hilfe sogenannter *Service Charts*, einer (eingeschränkten) Variante von Programmablaufplänen (vgl. 3.3.3). Die dafür vorgesehenen graphischen Symbole sind in Abb. 5.1.3 zusammengestellt. Ihre Bedeutung entspricht den korrespondierenden Symbolen bei den Programmablaufplänen. Die Reihenfolge wird durch eine Anordnung von oben nach unten festgelegt.

Klassenspezifikationen. Eine Klassenspezifikation besteht, sofern für die betreffende Klasse relevant, aus der vollständigen Spezifikation der Attribute (mit Name, Beschreibung und eventuellen Beschränkungen) sowie der vollständigen Spezifikation der Dienste (mit Name, Abbildungstyp und Service Chart). Ebenfalls dazu gehören die Angabe der jeweiligen Oberklassen, gerichtete und ungerichtete Objektbeziehungen, Nachrichtenkanäle (zu anderen Objekten, evtl. mit Diensten annotiert), externe Ein- und Ausgaben sowie der jeweilige Objektlebenslauf.

Methodik. In [CY 91a] werden die folgenden Schritte zur *Erstellung einer Anforderungsdefinition* vorgeschlagen:

- Objekte und Klassen finden (Attribute identifizieren, Dienste suchen)
- Klassen durch Vererbungsbeziehungen verfeinern
- Objektbeziehungen identifizieren
- Attribute und Dienste komplettieren
- Botschaftenkanäle modellieren
- Klassenspezifikation erstellen (als Präzisierung der graphischen Darstellung)
- Themenbereiche bilden.

Der Übergang zu einem *objektorientierten Entwurf* ergibt sich nach Auffassung der Schöpfer von OOA relativ natürlich durch *Verbesserung* und *Anpassung* des Analyse-Modells (im Wesentlichen hinsichtlich Kohäsion und Kopplung sowie durch die Einbeziehung vorhandener Entwurfskomponenten) und der *Erweiterung* des Modells um Realisierungsaspekte oder -beschränkungen (z.B. Ersetzung von Mehrfachvererbung durch Einfachvererbung). Hinzu kommen der Entwurf der Benutzerschnittstelle, der Datenverwaltungskomponente sowie einer Prozessverwaltungskomponente (wenn parallele oder verteilte Verarbeitung erforderlich ist).

Abschließende Bemerkungen. OOA hat, über die Grundkonzepte der Objektorientierung (vgl. 3.5.1) hinaus, nur wenige weitere Konzepte, die vor allem aus dem EER-Ansatz (vgl. 3.2.6) übernommen wurden. Zur Beschreibung struktureller Aspekte gibt es zusätzlich nur Aggregationen und binäre Beziehungen. Beide können mit Kardinalitäten annotiert werden, allerdings mit wenig Differenzierungsmöglichkeiten und einer höchst gewöhnungsbedürftigen Notation. Rollenangaben sind nicht vorgesehen. Ebenfalls in ihrer Ausdrucksmächtigkeit beschränkt sind die Möglichkeiten zur Beschreibung funktionaler und dynamischer Aspekte.

Obwohl für beliebige Systeme intendiert, eignet sich OOA in erster Linie für organisatorische Systeme. Für die Modellierung von eingebetteten Systemen oder Echtzeitsystemen ist es wenig geeignet.

Ausführlich ausgearbeitete Fallbeispiele, die die Verwendung von OOA illustrieren, findet man in ausreichendem Maß in der Literatur. Beispiele sind eine Artikelverwaltung und die Verwaltung eines Friseursalons in [Bal 95], ein Bankfilialen-Informationssystem in [PS 94], ein Buchverleih in [KPS 97], eine Fahrzeugverwaltung und ein Flugplanungssystem in [CY 91a] sowie eine einfache Verkaufsorganisation, eine Lagerverwaltung, eine Verteilstation und ein Autopilot in [CNM 95].

5.1.2 OMT

OMT (*Object Modeling Technique*, [RBP 91]) wurde erstmals etwa zur gleichen Zeit wie OOA vorgestellt, danach aber mehrfach überarbeitet (vgl. z.B. [Rum 95a, 95b, 95c]). Es unterscheidet sich von OOA, neben einer anderen graphischen Darstellung, vor allem durch seine reichhaltigeren Ausdrucksmöglichkeiten, wodurch es sich unter anderem auch für die Modellierung technischer Systeme eignet.

Grundkonzeption. In OMT wird ein System – wie in MSA oder SA/RT (vgl. 4.3 und 4.4) mit Hilfe von drei Modellen beschrieben: Das *Objektmodell* beschreibt die statische Systemstruktur mit Objekten, Klassen und Beziehungen. Die Darstellung der Kontrollstruktur und der Interaktion zwischen Objekten erfolgt im *dynamischen Modell*. Im *funktionalen Modell* wird die Berechnungsstruktur mit Werten und Funktionen angegeben.

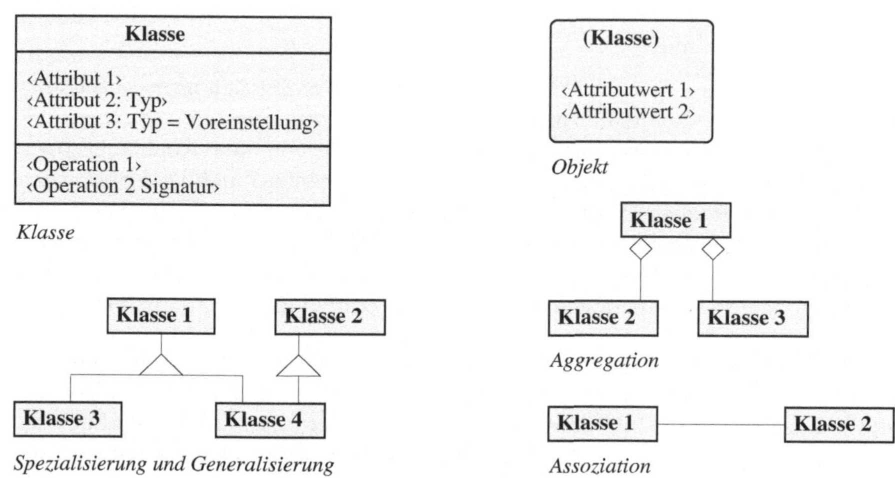

Abb. 5.1.4. Überblick über die graphische Grundnotation von OMT im Objektmodell

Objektmodell. Die statische Systemstruktur wird im Objektmodell durch *Objektdiagramme*, Graphen mit Objektklassen als Knoten und Beziehungen als Kanten, dargestellt. Es gibt Objekte und Objektklassen, Attribute und Operationen, ungerichtete und gerichtete Beziehungen zwischen Objekten (*Assoziation* und *Aggregation*) sowie Generalisierung und Spezialisierung (durch Vererbung).

Einen Überblick über die in OMT verwendete graphische Notation für das Objektmodell gibt Abb. 5.1.4. Dabei bedeutet ‹...› optional und „Signatur" steht für (Parameter 1: Typ 1, ..., Parameter n: Typ n): Ergebnistyp.

Darüber hinaus bietet OMT *zusätzliche Möglichkeiten* (bezüglich Objekten und Klassen, Assoziationen, Aggregation sowie Generalisierung und Spezialisierung), die fast alle von UML (siehe 5.2) übernommen wurden.

Zusätzliche Möglichkeiten bezüglich *Objekten* und *Klassen* umfassen eine explizite Notation für die *Instanzbeziehung*, *Klassenattribute* und *Klassenoperationen* (vgl. 3.5.1), *Einschränkungen von Attributen* durch die Angabe von Prädikaten sowie die Kennzeichnung *abgeleiteter Attribute* (d.h. solcher, deren Werte aus denen anderer Attribute berechnet werden können).

Bezüglich *Assoziationen* gibt es eine ganze Reihe *zusätzlicher Möglichkeiten*. Diese umfassen die Darstellung *ternärer und höherwertiger Assoziationen* (durch das Rautensymbol aus dem ER-Ansatz), die Angabe von *Kardinalitäten* (mit einer „Leserichtung wie im ER-Modell, aber mit gewöhnungsbedürftiger Notation, vgl. Abb. 5.1.5), *Rollenangaben*, sowie die Angabe von *Ordnungen* (für die in Beziehung stehenden Objekte) und *Einschränkungen* (von einzelnen oder mehreren Beziehungen) durch Prädikate. Darüber hinaus gibt es noch *Verknüpfungsattribute* (die den assoziativen Entitätstypen im (erweiterten) ER-Modell, vgl. 3.2.6, entsprechen) bzw. *Assoziationen als Klasse* (wenn Beziehungen außer durch Attribute auch noch durch Operationen charakterisiert werden sollen) sowie die Kennzeichnung *abgeleiteter Assoziationen* (d.h. Beziehungen, die sich aufgrund anderer Beziehungen ergeben und insofern nicht unabhängig bestehen können).

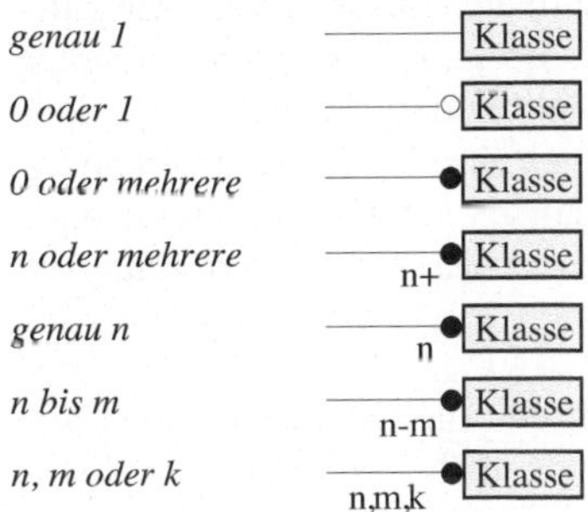

Abb. 5.1.5. Notation für Kardinalitäten in OMT

Zusätzliche Möglichkeiten bezüglich *Aggregation* umfassen *Ordnungen und Einschränkungen* (wie bei Assoziationen) und *rekursive Aggregation*. Ein entsprechendes Beispiel einer solchen rekursiven Aggregation findet sich in Abb. 5.1.6: Ein Bestellartikel ist entweder ein Einzelartikel oder ein Artikelsortiment, das seinerseits aus beliebig vielen Bestellartikeln besteht.

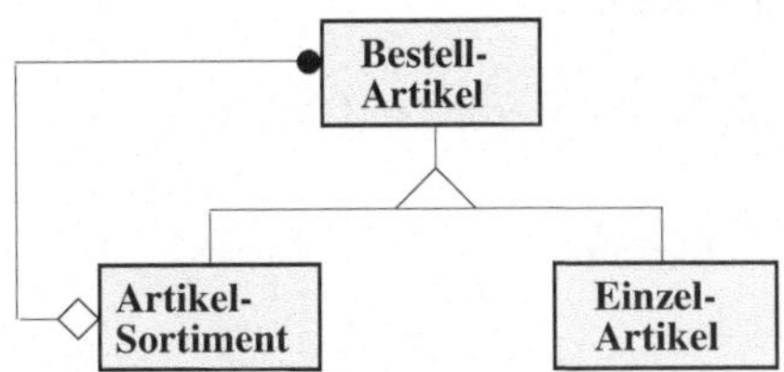

Abb. 5.1.6. Rekursive Aggregation in OMT

Bezüglich *Vererbung* bietet OMT alle prinzipiellen Möglichkeiten, die schon bei der Objektorientierung (vgl. 3.5.1) vorgestellt wurden. Dazu gehören *Diskriminatoren* (zur Angabe des Spezialisierungskriteriums) sowie die Möglichkeit, zwischen *disjunkten und überlappenden Unterklassen* unterscheiden zu können.

Dynamisches Modell. Das dynamische Modell (synonym: Verhaltensmodell) beschreibt den Kontrollfluss, die Interaktion und die Ausführungsreihenfolge von Operationen parallel zueinander aktiver Objekte im System. Zur Beschreibung von Ereignissen und ihren Attributen verwendet man *Ereignisklassen*, die wie Objektklassen hierarchisch aufgebaut sein können. Die Interaktion zwischen Objekten wird durch Szenarien (*scenario tables*) und Ereignispfaddiagramme (*event trace diagrams*, entsprechen den einfachen Interaktionsdiagrammen, vgl. 3.3.5) ausgedrückt. Ereignisflussdiagramme (*event flow diagrams*) sind Zusammenfassungen von Ereignispfaden und stellen, analog zum Datenfluss in Datenflussdiagrammen, die Kommunikation zwischen Objekten über Ereignisse dar.

Das dynamische Verhalten der einzelnen Objekte wird mit Hilfe hierarchischer Automaten dargestellt. Die Zustände sind dabei Äquivalenzklassen von Attribut- und Assoziationswerten für das betreffende Objekt. Ereignisse können entweder von außen kommen oder durch Operationen des Objektmodells ausgelöst werden. Alle Zustandsautomaten sind parallel aktiv und können ihre Zustände unabhängig voneinander ändern. Durch den Austausch gemeinsam genutzter Ereignisse oder das Abfragen von Zustandsinformation anderer Objekte werden die individuellen Automaten miteinander kombiniert.

Funktionales Modell. Das funktionale Modell beschreibt die Operationen des Systems, sowohl in ihrer Wirkung auf andere Objekte als auch ihre interne Realisierung. Dazu waren ursprünglich (vgl. [RBP 91]) Datenflussdiagramme (vgl. 3.3.4) mit Objekten (*Handlungsobjekte*) als Begrenzer vorgeschlagen. Später (vgl. [Rum 95b, 95c]) wurden diese durch Objektinteraktionsdiagramme (vgl. 3.3.5) und Operationsbeschreibungen mit Vor- und Nachbedingungen (vgl. 3.3.7) ersetzt.

Anforderungsbeschreibung. Die Gesamtdokumentation einer Anforderungsbeschreibung in OMT besteht aus der (verbalen) Problembeschreibung sowie den drei Modellen, d.h. dem Objektmodell, dem dynamischen Modell mit den hierarchischen Automaten und dem globalen Ereignisflussdiagramm sowie dem funktionalen Modell mit den Datenflussdiagrammen und Einschränkungen (bzw. Objektinteraktionsdiagrammen und Operationsspezifikationen).

Methodik. Zur *Erstellung einer Anforderungsdefinition* werden in OMT die folgenden Schritte vorgeschlagen:

- erste Problembeschreibung erstellen oder beschaffen
- Objektmodell entwickeln
- dynamisches Modell entwickeln
- funktionales Modell erstellen
- (noch nicht erfasste) Operationen aus (dem dynamischen und funktionalen Modell) hinzufügen
- alle Modelle analysieren.

Im letzten Schritt der Erstellung werden alle Modelle analysiert und überarbeitet. Dazu werden Klassen, Assoziationen, Attribute und Operationen auf Konsistenz und Vollständigkeit geprüft und mit der Problembeschreibung verglichen. Ebenfalls dazu gehört eine Validation der Modelle mit Hilfe von (eventuell weiter detaillierten) Szenarien. Bei Bedarf werden schließlich die obigen Schritte iteriert und so die Analyse vervollständigt.

Beim *Übergang zum Entwurf* wird zunächst im Rahmen des *Systementwurfs* die Gesamtarchitektur des Systems festgelegt. Dazu wird, ausgehend vom Objektmodell, das System (schichtweise oder als Partitionen) in Teilsysteme unterteilt. Danach gilt es, die innere Parallelität des Problems zu identifizieren, d.h. Abhängigkeiten zwischen Objekten zu ermitteln, parallel aktive Objekte zu finden und diese auf Prozessoren und Tasks zu verteilen.

An den Systementwurf schließt sich der *Objektentwurf* an. Dabei werden die Analysemodelle erweitert, verfeinert und optimiert. Dies geschieht jeweils im Hinblick auf praktische Realisierbarkeit, ohne jedoch auf Einzelheiten konkreter Implementierungssprachen oder Datenbanksysteme einzugehen.

Abschließende Bemerkungen. OMT hat deutlich mehr Konzepte als OOA, und zwar für alle Aspekte einer Systembeschreibung. Dadurch erlaubt es detailliertere Beschreibungen als OOA. Vor allem durch die Integration der hierarchischen Automaten ist OMT auch zur Modellierung eingebetteter Systeme geeignet. Für Echtzeitsysteme allerdings braucht man einige Erweiterungen, wie sie z.B. von OCTOPUS (vgl. [AKZ 96]) angeboten werden.

Ausführliche Fallstudien mit OMT findet man in der Literatur, z.B. eine Computeranimation, ein CAD-System zur elektrischen Stromverteilung oder einen Objektdiagramm-Compiler in [RBP 91] sowie einen Tempomat in [AKZ 96].

5.1.3 Fusion

Fusion (vgl. [CAB 93]) ist eine detaillierte, objektorientierte Methode, die deutlich durch andere Ansätze beeinflusst ist: Das Klassenmodell und der Analyseprozess sind durch OMT geprägt, die Verwendung von Vor- und Nachbedingungen stammt aus dem Bereich der formalen Methoden, das Sichtbarkeitskonzept im Entwurf wurde im Wesentlichen von [Boo 91] übernommen, und die Idee der Objektinteraktion stammt aus CRC (*Class Responsibility Collaborator*, vgl. [BC 89]). In Erweiterungen von Fusion (vgl. [MLC 96]) gehen mit den Anwendungsfalldiagrammen auch noch Ideen aus OOSE (siehe 5.1.4) ein.

Grundkonzeption. Die *Analysemodelle* in Fusion definieren Klassen von Objekten, Beziehungen zwischen Objekten und Klassen, Operationen des Systems sowie die Reihenfolge der Ausführung der Operationen. Dabei wird insbesondere auch die Definition des Außenverhaltens eines Systems mit einbezogen. Bemerkenswert dabei ist zudem, dass es in der Analyse (noch) keine Zuordnung von Operationen zu bestimmten Klassen gibt.

Die Analysemodelle in Fusion bestehen aus dem *Objektmodell* und dem *Systemschnittstellenmodell*. Das Objektmodell beschreibt die statische Struktur des Systems, das Systemschnittstellenmodell die Systemdynamik, d.h. das funktionale und reaktive Verhalten des Systems.

Objektmodell. Die Konzepte des Objektmodells sind im Wesentlichen dieselben wie in OMT. Die in Fusion dafür verwendete Notation findet sich in Abb. 5.1.7.

Zur Darstellung von *Beziehungen* (beliebiger Stelligkeit) wird stets das Rauten-symbol aus dem ER-Ansatz verwendet. *Aggregationen* werden durch entsprechend geschachtelte Klassensymbole dargestellt. Die zugehörigen Kardinalitäten (C) schreibt man jeweils links neben die betreffenden aggregierten Klassen.

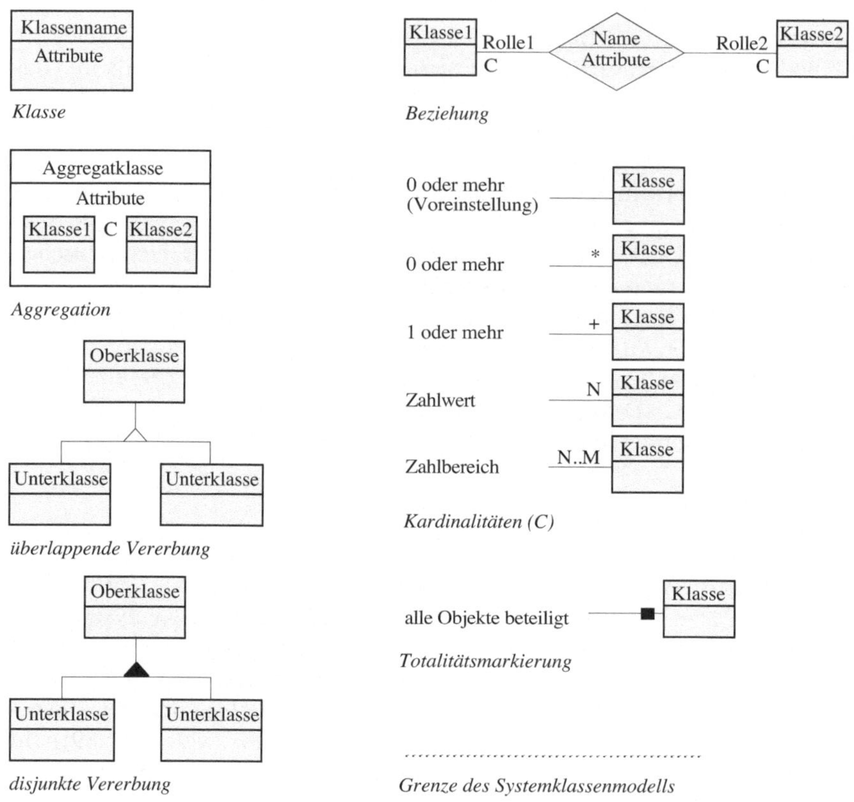

Abb. 5.1.7. Notation für das Objektmodell von Fusion

Das Objektmodell besteht aus dem Problemklassenmodell und dem Systemklas-senmodell. Das *Problemklassenmodell* ist ein Modell des Problembereichs, d.h. System und Systemumgebung werden gemeinsam beschrieben. Das *Systemklas-senmodell* ist derjenige Teil des Problemklassenmodells, der das eigentliche Sys-tem beschreibt. Man erhält es, indem man aus dem Problemklassenmodell alle die-jenigen Klassen und Beziehungen ausschließt, die ausschließlich zur Systemum-gebung gehören.

Schnittstellenmodell. Das Schnittstellenmodell beschreibt das dynamische Verhal-ten eines Systems über Ereignisse und Zustandsänderungen. Das System selbst wird dabei als aktive Einheit aufgefasst, die mit anderen aktiven Einheiten (der Systemumgebung) über Ein- und Ausgabeereignisse asynchron kommuniziert.

Ein Eingabeereignis kann eine Zustandsänderung bewirken und/oder ein Ausgabeereignis auslösen, abhängig vom aktuellen Systemzustand und den durch das Ereignis gelieferten Daten. Ein Eingabeereignis und seine Wirkung wird *Systemoperation* genannt. Typische Systemoperationen sind etwa das Erzeugen einer neuen Instanz einer Klasse oder das Ändern eines Attributwerts eines bestehenden Objekts.

Die *Schnittstellen* eines Systems werden durch die Systemoperationen und die dadurch ausgelösten Ausgabeereignisse festgelegt.

Das *Schnittstellenmodell* besteht aus zwei Modellen, die verschiedene Verhaltensaspekte modellieren, nämlich dem Systemoperationenmodell und dem Lebenslaufmodell.

Das *Systemoperationenmodell* beschreibt Systemoperationen deklarativ mit Hilfe von Vor- und Nachbedingungen (vgl. 3.3.7).

Das *Lebenslaufmodell* definiert die zulässigen Interaktionsfolgen zwischen System und Umgebung. Zur Darstellung verwendet man (erweiterte) reguläre Ausdrücke über der Menge von Ein- und Ausgabeereignissen. In den Erweiterungen von Fusion (vgl. [MLC 96]) werden zur Beschreibung der Kommunikation Interaktionsdiagramme und Zusammenarbeitsdiagramme (eine frühere Form der Kommunikationsdiagramme, siehe 5.2.7) anstelle der Ereignisfolgen vorgeschlagen.

Methodik. Einen Überblick über die Fusion-Methodik, insbesondere die in den einzelnen Entwicklungsphasen verwendeten Modelle und ihre Zusammenhänge gibt Abb. 5.1.8. Hier sind insbesondere auch für den Entwurf spezielle Modelle vorgesehen, die untereinander und mit den Analysemodellen explizit in Beziehung gesetzt sind.

Bei der *Erstellung der Analysemodelle* wird zuerst das Objektmodell, dann das Schnittstellenmodell entwickelt. Anschließend werden beide Modelle auf Konsistenz und Vollständigkeit überprüft.

Im Rahmen des Objektmodells wird zunächst die statische Struktur erfasst, die dem System zugrunde liegt, und das *Problemklassenmodell* erstellt. Das *Systemklassenmodell* entsteht dann durch Einschränkung des Problemklassenmodells auf diejenigen Klassen und Beziehungen, die direkt zum Systemzustand beitragen.

Für das *Schnittstellenmodell* wird zuerst das Lebenslaufmodell und anschließend das Systemoperationenmodell erstellt. Für das *Lebenslaufmodell* müssen die möglichen Reihenfolgen der Systemoperationen und der Ausgabeereignisse bestimmt werden. Dazu werden Szenarien zu regulären Ausdrücken (*Lebensläufe*) verallgemeinert und die Lebensläufe zu einem Lebenslaufmodell kombiniert. Das *Systemoperationenmodell* dient der Spezifikation der Systemoperationen in Form von Zustandsänderungen und Ausgabeereignissen. Die dazu vorgeschlagene Vorgehensweise orientiert sich an einer zur Beschreibung der Systemoperationen verwendeten Schablone.

Die Erstellung der Analysemodelle wird dadurch abgeschlossen, dass sie auf Vollständigkeit und Konsistenz geprüft werden.

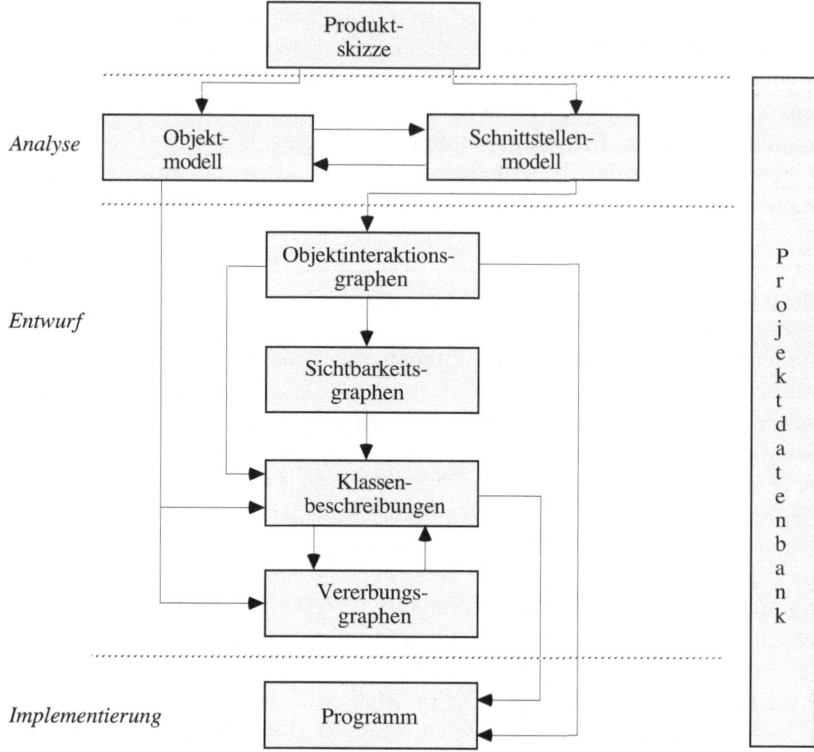

Abb. 5.1.8. Gesamtmethodik von Fusion

Bei der *Vollständigkeitsprüfung* geht es vor allem darum herauszufinden, ob alle relevanten Informationen aus der Problembeschreibung durch die Modelle erfasst sind.

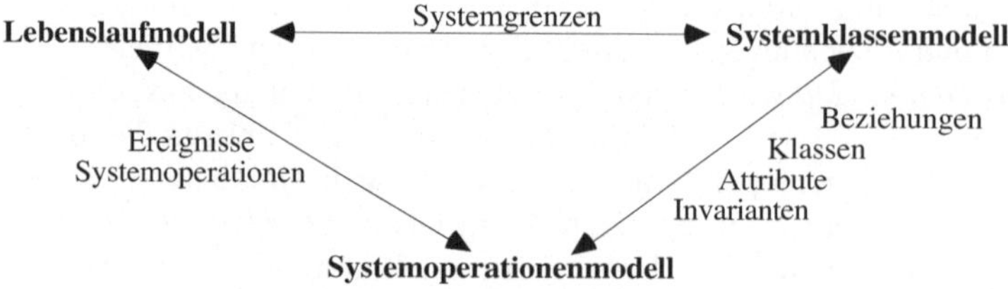

Abb. 5.1.9. Zusammenhänge für die Konsistenzprüfung in Fusion

Die *Konsistenzprüfung* beschäftigt sich vor allem mit den Überlappungen der verschiedenen Modelle (vgl. Abb. 5.1.9), um Widersprüche bezüglich modellübergreifend vorkommender Bestandteile auszuschließen. Außerdem muss auch nachgeprüft werden, ob die (impliziten) Folgerungen aus den einzelnen Modellen konsistent sind. So muss etwa sichergestellt sein, dass das Schema einer Systemoperation genau diejenigen Ausgabeereignisse erzeugt, die das Lebenslaufmodell erwartet.

Die wesentliche Aufgabe beim *Übergang zum Entwurf* ist die Aufteilung der Systemfunktionalität auf die miteinander kommunizierenden Objekte des Systems. Dabei sind verschiedene Entwurfsmodelle zu erstellen (vgl. Abb. 5.1.8). Für jede Systemoperation wird ein *Objektinteraktionsgraph* aufgestellt, der alle Objekte enthält, die in die betreffende Berechnung involviert sind, und aufzeigt, wie diese Objekte miteinander kommunizieren, um die geforderte Funktionalität zu erbringen. Um die dabei ermittelten Botschaftenwege vom Sender zum Empfänger realisieren zu können, ist es erforderlich, dass der Empfänger für den Sender „sichtbar" ist. Für jede Objektklasse wird deshalb durch einen *Sichtbarkeitsgraphen* dargestellt, auf welche anderen Objekte zugegriffen wird, welche weiteren Eigenschaften diese Zugriffe haben und wie die Lebensdauern der Objekte geregelt sind. Die *Klassenbeschreibungen* sind Zusammenfassungen der Informationen aus dem Systemklassenmodell, den Objektinteraktionsdiagrammen und den Sichtbarkeitsgraphen. Auf der Grundlage des Systemklassenmodells und der bereits erstellten Entwurfsmodelle werden in den *Vererbungsgraphen* weitere Gemeinsamkeiten und Abstraktionen bei Klassen identifiziert und dargestellt. Im letzten Entwurfsschritt werden dann die Klassenbeschreibungen gegebenenfalls entsprechend modifiziert.

Abschließende Bemerkungen. Fusion bietet in erster Linie eine strenge, durchgängige Methodik, die auch gut auf andere Formalismen übertragbar ist. Alle Entscheidungen, die bei der Entwicklung der Modelle getroffen werden, lassen sich explizit in den Modellen festhalten. Insbesondere bietet Fusion gute Möglichkeiten zum Anschluss formaler Methoden, was für die Entwicklung sicherheitskritischer Systeme von besonderer Bedeutung ist.

Die Eignung von Fusion ist im Wesentlichen auf die Modellierung organisatorischer Systeme eingeschränkt. Es gibt aber auch Erweiterungen, die zur Modellierung technischer Systeme geeignet sind, z.B. OCTOPUS (vgl. [AKZ 96]).

Ausgearbeitete Fallbeispiele, die den Fusion-Ansatz illustrieren, sind ein Sondermüll-Zwischenlager und eine Tankstelle in [CAB 93].

Die besonderen Stärken von Fusion bestehen einerseits in der expliziten Einbeziehung der Systemumgebung in die Analyse sowie andererseits in der klaren Trennung zwischen Analyse und Entwurf.

5.1.4 OOSE

OOSE (*Object-Oriented Software Engineering*, vgl. [JCJ 92]) ist ein Ansatz, der mit seiner zentralen Idee der Orientierung an Anwendungsfällen auch UML (siehe 5.2) sehr stark beeinflusst hat. Ein *Anwendungsfall* (*use case*) ist dabei eine Beschreibung einer typischen Benutzung des Systems. Er wird verwendet, um das Verhalten des Gesamtsystems (oder essentieller Teile davon) zu modellieren. Ein *Szenario* (vgl. 3.3.5) ist eine Instanz eines Anwendungsfalls.

Grundkonzeption. Zur Modellierung der Anforderungen hat man in OOSE das *Anforderungsmodell*, das die funktionalen Anforderungen aus Benutzersicht erfasst, sowie das *Analysemodell*, das das System durch Objektstrukturen modelliert. Einen Überblick über die in OOSE verwendete Notation gibt Abb. 5.1.10.

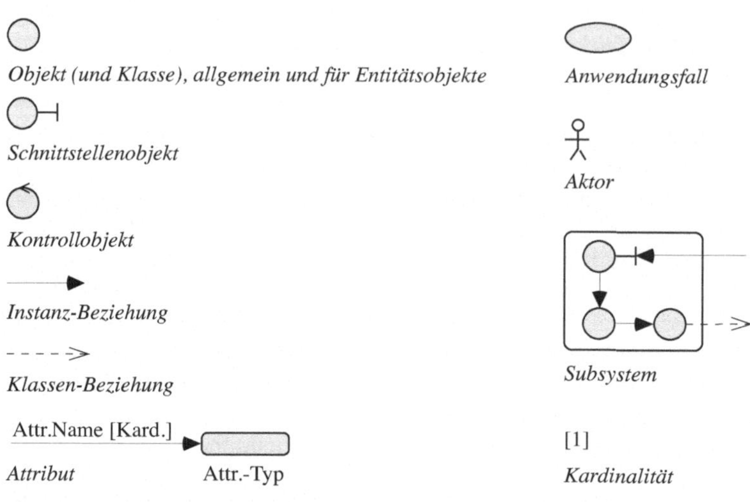

Abb. **5.1.10.** Überblick über die Notation in OOSE

Anforderungsmodell. Zentral im Anforderungsmodell ist das *Anwendungsfallmodell* (*use case model*) zur Modellierung der Systemfunktionalität aus der Sicht des Benutzers. Es besteht aus *Aktoren* (externe Agenten, die die Systemumgebung repräsentieren) und Anwendungsfällen.

Ein *Anwendungsfall* besteht aus einer vollständigen Folge von Ereignissen, die von einem Aktor initiiert wird, und beschreibt die Interaktion, die zwischen dem Aktor und dem System stattfindet. Er wird durch den Stimulus eines Aktors ausgelöst. Seine Ausführung besteht aus einer *Transaktion*, die in der Regel mehrere Aktionen umfasst.

Anwendungsfälle werden durch Klassen definiert, die die zugehörige Transaktion spezifizieren. Im Zusammenhang mit dem Anwendungsfalldiagramm hat man für die Anwendungsfälle jedoch zunächst eine textuelle Beschreibung, die die Ereignisfolge zeigt und erklärt, wie die Objekte im Objektmodell partizipieren.

Zum Anforderungsmodell gehört auch das *Objektmodell* (*domain object model*), das die Konzepte des Anwendungsbereichs eines Systems definiert. Es zeigt Objektinstanzen und Klassen, deren Kommunikation sowie Assoziationen.

Der dritte Bestandteil des Anforderungsmodells ist eine *Beschreibung der Systemschnittstellen*. Sie gibt eine prototypische Darstellung, wie der zukünftige Benutzer das System am Bildschirm sieht, oder beschreibt andere Schnittstellen durch entsprechende Protokolle.

Analysemodell. Das Analysemodell ist wieder ein Objektmodell (*analysis object model*), das das Anforderungsmodell zu einer „idealen" Systembeschreibung (in der von Zeit- und Speicherbeschränkungen abstrahiert wird) verfeinert.

Im Analysemodell wird die Systemfunktionalität auf verschiedene Objekttypen „verteilt". *Schnittstellenobjekte* sind für alle Arten von Kommunikation mit den Aktoren zuständig. Zur Repräsentation von Funktionalität (Information und Verhalten), die über die Ausführung von Anwendungsfällen hinaus besteht, hat man *Entitätenobjekte*. Die verbleibende Funktionalität beschreibt man mit *Kontrollobjekten*. Sie modellieren eine Art „Übertragungsverhalten" und verbinden die Objekte der anderen Typen, indem sie deren Kommunikation unterstützen.

Die Analyseobjekte werden durch verschiedene Relationen miteinander in Beziehung gesetzt. Zur Erfüllung ihrer Aufgaben ist es beispielsweise nötig, dass Objekte andere Objekte „kennen". Dies wird durch eine (gerichtete) Bekanntschaftsbeziehung (*acquaintance association*) dargestellt. Ein Spezialfall der Bekanntschaftsbeziehung ist die Relation „consists-of", durch die *Aggregationen* modelliert werden. Eine Kommunikationsbeziehung (*communication association*) gibt eine Verbindung zwischen Objekten an, über die Stimuli versandt und empfangen werden.

Im Analysemodell können Gruppen von Analyseobjekten, die „ähnliches" Verhalten aufweisen, für Strukturierungszwecke zu *Subsystemen* zusammengefasst werden. Auch Subsysteme können wieder miteinander in Beziehung stehen.

Methodik. Anders als bei anderen Ansätzen werden in OOSE Anforderungen und Analyse separat behandelt, und der Entwurf wird Konstruktion genannt.

Bei der *Erstellung des Anforderungsmodells* werden zuerst die Anwendungsfälle behandelt. Dazu betrachtet man die einzelnen Aktoren und findet heraus, was diese mit dem System tun wollen. Die so gefundenen Anwendungsfälle werden dann textuell beschrieben und anschließend schrittweise verfeinert und detailliert.

Für die *Erstellung des Analysemodells* werden die Anwendungsfälle jeweils einzeln betrachtet. Dazu identifiziert man entsprechende Schnittstellenobjekte, Entitätenobjekte und Kontrollobjekte und deren Beziehungen, die die erforderliche Funktionalität zur Behandlung des Anwendungsfalls zur Verfügung stellen. Da dieselben Objekte in der Regel an verschiedenen Anwendungsfällen beteiligt sind, ist dies ein iterativer Prozess, der mit der anschließenden Gruppierung von Objekten in Subsystemen endet.

Für den *Übergang zum Entwurf* werden die Analysemodelle weiter verfeinert. Dabei werden die Objektkommunikation präziser definiert und Charakteristika der Implementierungsumgebung in die Betrachtung mit einbezogen. Es werden vier weitere Modelle erstellt. Das *Blockmodell* zeigt die Modulstruktur des Systems, wobei jedes Modul aus einem oder mehreren Analyseobjekten gebildet wird. *Interaktionsdiagramme* für die verschiedenen Anwendungsfälle zeigen, wie die Module über Botschaften miteinander interagieren. Mit Hilfe von *Blockschnittstellen* werden die funktionalen Schnittstellen der Module dargestellt. Man erhält sie, indem man aus allen Interaktionsdiagrammen alle Operationen eines Moduls extrahiert. *Blockspezifikationen* sind weitere (optionale) Modelle, die das interne

Verhalten von Modulen durch Stimulus-Response-Folgen (vgl. 3.4.6) in der Notation von SDL (siehe 6.2) beschreiben.

Abschließende Bemerkungen. Der wesentliche Beitrag von OOSE besteht im Konzept der Anwendungsfälle, einem einfachen und intuitiven Konzept, das einerseits die Zurückführbarkeit (*traceability*) der Modellierung auf die ursprünglichen Anforderungen unterstützt und andererseits bei der Entwicklung der verschiedenen Modelle hilft.

OOSE ist prinzipiell für die Entwicklung aller Arten von Systemen, auch für Echtzeitsysteme, geeignet. An ausgearbeiteten Fallbeispielen findet man in der Literatur eine dezentrale Lagerhaltung und ein Telekommunikations-Vermittlungssystem in [JCJ 92].

5.2 UML

UML (*Unified Modeling Language*, [OMG 09a, OMG 09b, Oes 06, RQZ 07, Kec 09]) versteht sich selbst als ein Formalismus zur Spezifikation, Visualisierung und Dokumentation von Artefakten bei der Erstellung objektorientierter Systeme. Es ist ursprünglich entstanden als eine Vereinigung der Konzepte aus den Ansätzen von Booch (vgl. [Boo 91]), OMT (vgl. 5.1.2) und OOSE (vgl. 5.1.4). Zusätzlich wurde UML über die OMG (*Object Management Group*) durch fast alle anderen OO-Ansätze beeinflusst, insbesondere auch durch Universitäten und andere Forschungseinrichtungen sowie die meisten Hersteller von Modellierungswerkzeugen und andere große Firmen im primären und sekundären IT-Bereich.

UML stellt vor allem eine einheitliche Notation für Modellierungskonzepte zur Verfügung. Es ist als prozessunabhängiger Formalismus konzipiert und als objektorientierte „Universalsprache" („language of blueprints for software") für die Analyse und den Entwurf von Systemen intendiert. Inzwischen ist die UML-Notation auch der De-facto-Standard für die objektorientierte Modellierung von Systemen. Trotzdem gibt es bereits diverse „Derivate" (vgl. [GH 06] und 5.3).

Bezüglich eines Vorgehensmodells geht UML nur von sehr allgemeinen, kaum einschränkenden Grundannahmen aus: Es soll, wie in OOSE, Anwendungsfall-getrieben (*use case driven*), architekturzentriert, iterativ und inkrementell sein. Darüber hinaus soll der Prozess anpassbar sein an verschiedene Anwendungsbereiche und unterschiedliche „Entwicklungskulturen". Dementsprechend kommt UML heute in ganz unterschiedlichen Vorgehensweisen zum Einsatz – vom klassischen phasenorientierten Vorgehensmodell (vgl. 1.1) oder Weiterentwicklungen (wie z.B. dem Unified Process, vgl. z.B. [AN 05]) über agile Methoden (siehe etwa [HR 02]) bis hin zur modellbasierten System- und Softwareentwicklung oder der Kopplung mit formalen Methoden (z.B. [LCA 04]).

Allgemein lässt sich zur Notation von UML sagen, dass sie sehr viele notationelle Freiheiten bietet. Ein und derselbe Sachverhalt lässt sich in verschiedenen Varianten darstellen, und bei der Beschreibung hat man eine große Anzahl von Optionen. Ferner ist es möglich, dasselbe Modellelement in mehreren Diagrammarten („Modell-übergreifend") zu verwenden sowie auf verschiedenen Abstraktionsstufen darzustellen, was zweifellos dem Verständnis dient und der Übersichtlichkeit der Beschreibungen zugute kommt. Schließlich wird für viele Arten textueller Annotationen eine jeweilige Syntax angeboten, die einerseits den Benutzer bei der Wahl geeigneter Bezeichnungen unterstützt und andererseits die Einheitlichkeit von UML-Beschreibungen fördert.

Der Übergang von den UML-Versionen 1.x auf die Versionen 2.x hat in dieser Hinsicht kaum etwas geändert. Einige Notationsmittel wurden durch erweiterte Nutzung der OCL (*Object Constraint Language*, vgl. [OCL 09]) eindeutiger und präziser definiert. Zudem hat man sich bemüht, durch Entfernung widersprüchlicher Notationen oder Präzisierung von Elementen mit unklarer Semantik, eine höhere Verständlichkeit der Modelle zu erzielen. Trotzdem gibt es aber noch immer semantische Unklarheiten und Probleme. Vor allem hat man aber UML substanziell erweitert. So hat man zusätzliche Notationen für früher nicht unterstützte Anwendungsgebiete (z.B. zeitkritische Systeme oder Geschäftsprozessmodellierung) aufgenommen und am „Markt" bewährte Techniken (z.B. Komponentenkonzepte) oder Formalismen (z.B. *Message Sequence Charts* oder Petrinetze) integriert. Im Folgenden wird UML in der aktuellen Version 2.2 behandelt.

Das zentrale Darstellungsmittel in UML sind *Diagramme*, die als Projektionen auf die verschiedenen Aspekte einer Systemmodellierung aufgefasst werden können. Geeignet bei der Beschreibung von Anforderungen sind *Klassen-*, *Objekt-*, und *Paketdiagramme* (für die Beschreibung der statischen Struktur) sowie *Anwendungsfall-*, *Sequenz-*, *Kommunikations-*, *Zustands-*, *Aktivitäts-*, *Zeit-* und *Interaktionsübersichtsdiagramme* (zur Modellierung funktionaler und dynamischer Aspekte). Hinzu kommen, für Entwurf und Implementierung, *Kompositionsstrukturdiagramme* (die die interne Zusammensetzung und Schnittstellengruppierung von Komponenten oder Klassen zeigen), *Komponentendiagramme* (zur Repräsentation fachlicher Komponenten und ihrer Verbindungen) sowie *Verteilungsdiagramme* (*deployment diagrams*, die die physikalische Konfiguration und die Zuordnung von Objekten zu Komponenten darstellen). Neben den verschiedenen Diagrammen sind auch *Text* (informell, in teilweise strukturierter Umgangssprache oder auch formal in Form von OCL-Ausdrücken) sowie *Tabellen* (etwa zur Spezifikation von Operationen) zulässig, auch wenn diese Möglichkeiten in UML nicht integriert sind und auch nicht direkt unterstützt werden.

5.2.1 Modellübergreifende Konzepte

UML bietet eine Reihe nützlicher Konzepte, die in (fast) allen Diagrammarten vorkommen können, eventuell in notationellen Varianten. Dazu gehören Notizen, einheitliche Diagrammrahmen, Abhängigkeiten, Einschränkungen, Pakete und Stereotypen.

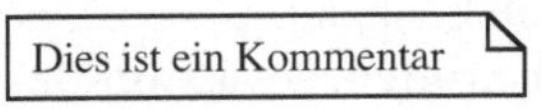

Dies ist ein Kommentar

Abb. 5.2.1. Notiz

Eine *Notiz* (*note*) ist ein Kommentar, der an Bestandteile eines Diagramms angefügt werden kann. Zur Darstellung verwendet man ein Rechteck mit einem „Eselsohr" (vgl. Abb. 5.2.1), das über jeweils eine Strichellinie mit den betreffenden Modellelementen verbunden ist. Kommentare, die ein ganzes Diagramm betreffen, werden auf dieselbe Weise dargestellt, wobei allerdings auf die Strichellinie verzichtet wird.

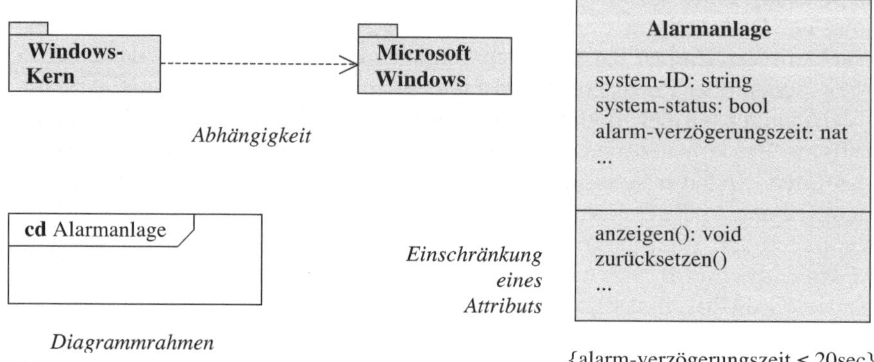

Abb. 5.2.2 Modellübergreifende Konzepte (Abhängigkeit, Diagrammrahmen, Einschränkung)

Ebenfalls modell-übergreifend ist die Verwendung eines einheitlichen *Diagrammrahmens* (vgl. Abb. 5.2.2), der jeweils durch eine vordefinierte Kennung (z.B. **cd** für *class diagramm*) des Diagrammtyps und die Angabe eines individuellen Namens die eindeutige Referenzierung von Diagrammen ermöglicht.

Eine *Einschränkung* (*constraint*) ist eine semantische Beziehung zwischen Modellelementen (z.B. Klassen oder Beziehungen), die Bedingungen angibt oder Aussagen macht, die stets erfüllt sein müssen („Invarianten"). Einschränkungen können vordefiniert sein (z.B. *abstract*, s.u.) oder vom Benutzer angegeben werden. Einen Vorschlag für eine Syntax für Einschränkungen findet man in [OCL 09]. Zur Kennzeichnung und Unterscheidung von anderen Annotationen werden Einschränkungen in {...} eingeschlossen.

Abhängig von der Art und Zahl der in einer Einschränkung betroffenen Modellelemente gibt es verschiedene Darstellungen. Sind textuelle Elemente von der Einschränkung betroffen, wird diese an die jeweiligen Elemente angefügt (bei einem Element dahinter, bei mehreren davor). Ist nur ein graphisches Element von der Einschränkung betroffen, wie etwa eine Klasse oder eine Beziehung, wird die Einschränkung einfach an die Darstellung des Elements angefügt. Ein entsprechendes Beispiel (für die Einschränkung eines Attributs) findet sich in Abb. 5.2.2. Da hier genau genommen nicht die ganze Klasse **Alarmanlage** von der Einschränkung betroffen ist, hätte man alternativ auch die einschränkende Bedingung direkt hinter die Angabe des Attributs „alarm-verzögerungszeit" schreiben können.

Sind zwei graphische Elemente von der Einschränkung betroffen, etwa zwei Beziehungen, werden die betroffenen Elemente mit einer gestrichelten Linie verbunden und diese mit der Einschränkung annotiert. Ein Beispiel dafür gibt Abb. 5.2.21. Betrifft eine Einschränkung mehrere graphische Elemente, kann man eine Notiz verwenden, die die Einschränkung enthält und durch Strichellinien mit den betroffenen Elementen verbunden ist. Ein Beispiel hierzu findet man in Abb. 5.2.19.

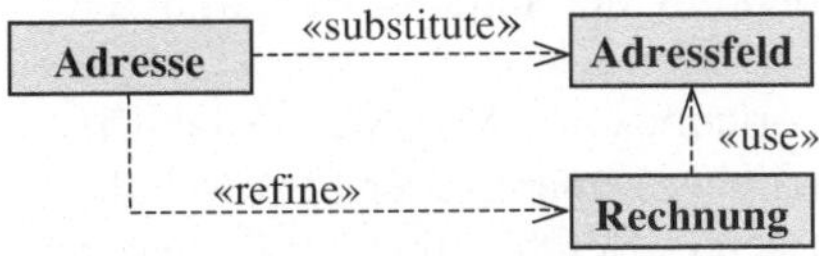

Abb. 5.2.3. Abhängigkeiten

Eine *Abhängigkeit* (*dependency*) ist ein gerichteter Sichtbarkeits-Zusammenhang zwischen Modellelementen. Sie wird durch einen gestrichelten Pfeil vom abhängigen Element (*client*) zum unabhängigen Element (*server*) dargestellt. Damit kann man zum Ausdruck bringen, dass die Definition des abhängigen Elements die des unabhängigen benötigt und dass eine Änderung des Zielelements eine Änderung des Quellelements nach sich ziehen kann. Der Abhängigkeitspfeil kann (optional) mit einer Stereotypangabe (s.u.) annotiert sein. Die betreffende Abhängigkeitsbeziehung hat dann eine spezifische, vordefinierte Bedeutung. Beispiele typischer Abhängigkeiten zwischen Klassen zeigt Abb. 5.2.3: **Rechnung** verwendet **Adressfeld**, **Adresse** kann **Adressfeld** ersetzen und ist eine Verfeinerung (eines Teils) von **Rechnung**.

Pakete (*packages*) sind ein als Organisationshilfe gedachter Gruppierungsmechanismus (vor allem für Klassen und Pakete) zur Darstellung von größeren Einheiten, z.B. Subsystemen. Zu ihrer Darstellung wird das bekannte „Ordner"-Symbol verwendet. Pakete legen jeweils eigene Sichtbarkeitsbereiche für die Namen ihrer Elemente fest und „besitzen" ihre jeweiligen Inhalte. Auch können sie zu anderen Paketen oder Klassen anderer Pakete in einer Abhängigkeitsbeziehung stehen. Ein einfaches Beispiel (mit der Abhängigkeit des Pakets **Windows-Kern** vom Paket **Microsoft Windows**) findet sich in Abb. 5.2.2.

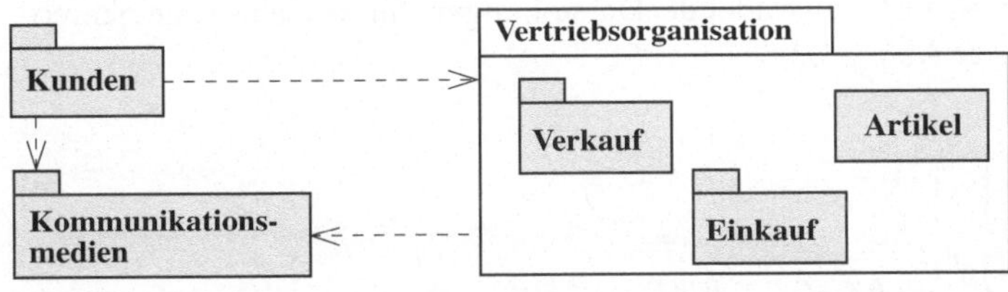

Abb. 5.2.4. Pakete

Neben der einfachen Darstellung für Pakete wie in Abb. 5.2.2, gibt es auch noch die Möglichkeit den „Inhalt" eines Pakets zu zeigen. In Abb. 5.2.4 sind mit **Kunden**, **Kommunikationsmedien** und **Vertriebsorganisation** drei Pakete dargestellt. Der Inhalt des letzteren besteht aus zwei Paketen, **Einkauf** und **Verkauf**, sowie einer Klasse, nämlich **Artikel**. Auf eine Darstellung der Inhalte der Pakete **Kunden** und **Kommunikationsmedien** wurde verzichtet. Der Abhängigkeitspfeil zwischen diesen beiden Paketen bedeutet, dass mindestens ein Bestandteil des Pakets **Kunden** mit mindestens einem Bestandteil des Pakets **Vertriebsorganisation** in einer Abhängigkeitsbeziehung steht. Die Bedeutung der anderen Abhängigkeitspfeile ist analog zu verstehen.

Das Konzept der *Stereotypen* (*stereotypes*) erlaubt eine Art „Meta-Klassifikation" von Modellelementen entsprechend zusätzlicher semantischer Eigenschaften. Man kann damit verschiedene „Arten" von Klassen (z.B. Objektklasse, Beziehung, Anwendungsfall) unterscheiden, zwischen Abhängigkeiten differenzieren (vgl. Abb. 5.2.3) sowie Operationen nach ihrer jeweiligen „Aufgabe" (z.B. «Zugriff», «Hilfsfunktion») innerhalb von Klassen gruppieren. Zusätzlich sind Stereotypen auch ein Mechanismus zur (notationellen) Erweiterung des UML-Formalismus.

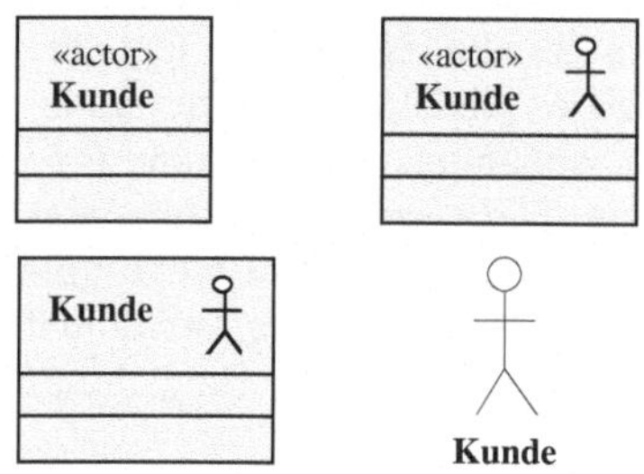

Abb. 5.2.5. Verschiedene Darstellungen des Stereotyps «actor»

Alle standardmäßig vorgesehenen UML-Konstrukte haben vordefinierte Stereotypen. Benutzer-definierte Stereotypen können als „Erweiterungen" (dargestellt durch eine spezielle extension-Beziehung) von bestehenden Metaklassen (z.B. Class) definiert werden. Dargestellt werden Stereotypen durch die «...»-Notation (wie etwa in Abb. 5.2.3) und/oder spezielle Symbole (*icons*). Die verschiedenen Darstellungsmöglichkeiten des Stereotyps «actor» illustriert Abb. 5.2.5. Einige in der Literatur (z.B. [Oes 06]) zu findende Darstellungen für verschiedene Stereotypen von Klassen zeigt Abb. 5.2.6.

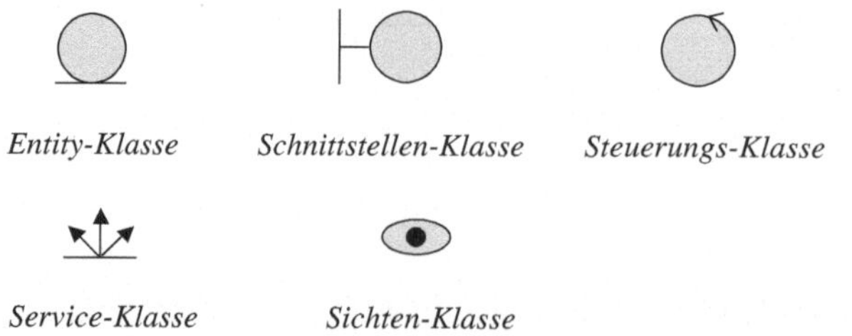

Abb. 5.2.6. Gebräuchliche Darstellungen für verschiedene Stereotypen von Klassen

5.2.2 Klassendiagramme

Wie in allen objektorientierten Ansätzen stellen auch in UML Klassendiagramme die statische Struktur eines Systems (d.h. die Klassen und ihre Beziehungen) dar und enthalten alle relevanten Strukturzusammenhänge und Datentypen. Die Bestandteile eines Klassendiagramms in UML sind Klassen, Assoziationen und Generalisierungsbeziehungen. Diese Bestandteile sind im Wesentlichen dieselben wie in OMT (vgl. 5.1.2), weitestgehend wurde auch deren Notation unverändert übernommen. Zusätzliche Konzepte für das Klassendiagramm stammen vor allem aus dem Ansatz von Booch (vgl. [Boo 91]) oder von anderen Mitgliedern der OMG.

Klassen. Neben der aus OMT übernommenen Darstellung von Klassen mit Klassenname sowie (optionalen) Abschnitten (*compartments*) für Attribute und Operationen toleriert UML auch weitere Abschnitte für zusätzliche Informationen (z.B. Geschäftsregeln, Verantwortlichkeiten, Variationen), allerdings ohne dies konzeptuell festzuschreiben. Die einzelnen Abschnitte einer Klasse können auch benannt werden. Die Abschnittsbezeichnungen **attributes** und **operations** sind vordefiniert und können weggelassen werden, wenn keine Benutzer-definierten Bezeichnungen (wie etwa **requirements**, **exceptions**, etc.) verwendet werden.

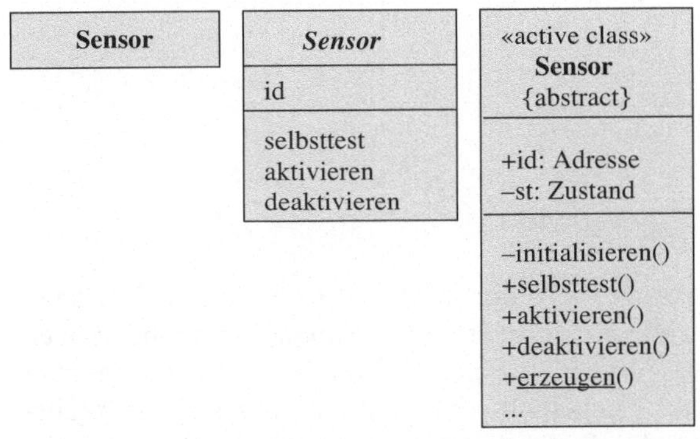

Abb. 5.2.7. Die Klasse **Sensor** in unterschiedlichem Detaillierungsgrad

Klassen müssen immer einen Namen haben. Die einfachste Darstellungsform einer Klasse ist deshalb ein benanntes Rechteck. Konform mit der Regelung für Pakete (vgl. 5.2.1) wird gefordert, dass ein Klassenname innerhalb eines Pakets eindeutig sein muss. Für die graphische Darstellung von Klassen sind verschiedene Abstraktionsebenen vorgesehen, die eine Klasse in unterschiedlichem Detaillierungsgrad zeigen. Abb. 5.2.7 illustriert dies für die Klasse **Sensor**.

Die sehr detaillierte Form ganz rechts in Abb. 5.2.7 wird dabei vermutlich im Rahmen von Anforderungen kaum eine Rolle spielen. Zusammen mit den beiden anderen Formen macht sie aber deutlich, dass es einen kontinuierlichen Übergang (bis hin zu einer Implementierung) zwischen den verschiedenen Detaillierungsebenen einer Klassendarstellung gibt.

Zusätzliche Möglichkeiten bezüglich Klassen. Klassennamen können in UML dadurch differenzierter angegeben werden, dass, neben dem eigentlichen Namen, (optional) zusätzliche Angaben erlaubt sind. So ist es möglich, für eine (global) eindeutige Benennung einem Klassennamen den umfassenden Paketnamen voranzustellen (Notation: Paket::Klasse). Auf diese Weise lässt sich etwa die Klasse **Artikel** aus Abb. 5.2.4 eindeutig durch **Vertriebsorganisation::Artikel** benennen.

Zur Kennzeichnung abstrakter Klassen kann man den Klassennamen kursiv schreiben oder die Eigenschaft {*abstract*} hinzufügen. Außerdem kann man auch noch den „Stereotyp" einer Klasse angeben, wofür verschiedene Darstellungsmöglichkeiten vorgesehen sind (vgl. Abb. 5.2.5). Der (Benutzer-definierte) Stereotyp «active class» in Abb. 5.2.7 gibt an, dass Sensor eine „aktive Klasse" ist, d.h. eine, die einen eigenständigen Kontrollfluss hat. Alternativ kann man dies auch durch ein Rechteck mit doppelten senkrechten Seitenlinien darstellen (vgl. Abb. 5.2.26).

<table>
<tr><td align="center">Mitarbeiter</td></tr>
<tr><td>+name: string [2..6]
+adresse: string
#personal-nr: nat { ≥ 10000}
<u>#max-pers-nr: nat = 99999</u></td></tr>
<tr><td>#zeit-abrechnen(in stunden: nat)
#gehalt-verdienen (): real
+<u>erzeugen</u>()
...</td></tr>
</table>

Abb. 5.2.8. Die Klasse **Mitarbeiter**

Durch verschiedene Präfixe vor den jeweiligen Namen (vgl. Abb. 5.2.7) kann man differenzierte Angaben über die *Sichtbarkeit* von Attributen und Operationen einer Klasse nach außen machen. Vorgesehen sind: +: öffentlich; #: geschützt (nur in Unterklassen); −: privat; sowie ~: innerhalb eines Pakets. Keine Sichtbarkeitsangabe bedeutet, dass bezüglich der Sichtbarkeit keine Angabe gemacht wird. Klassenattribute und -operationen werden durch Unterstreichung gekennzeichnet. Will man explizit darauf hinweisen, dass neben den aufgeführten Attributen und Operationen noch weitere existieren, so kann man die Notation „..." verwenden.

Diese Möglichkeiten werden auch in Abb. 5.2.8 verwendet: Zum Beispiel ist „name" dort als öffentliches Attribut gekennzeichnet, während „personal-nr" geschützt sein soll und „max-pers-nr" ein Klassenattribut ist. Die Angabe von „..." im Abschnitt für Operationen weist darauf hin, dass es neben den angegebenen Operationen für die Klasse **Mitarbeiter** noch weitere gibt. Darüber hinaus zeigt dieses Beispiel einige weitere notationelle Möglichkeiten. Die Angabe [2..6] ist eine Kardinalitätsangabe (s.u.). Sie gibt an, dass dieses Attribut gleichzeitig mindestens 2, aber höchstens 6 Werte hat. Das Fehlen einer Kardinalitätsangabe – wie in der nächsten Zeile – bedeutet (als Default) immer genau ein Wert. In der Zeile darauf ist {≥10000} eine Einschränkung, die zusichert, dass die betroffenen Werte mindestens 5-stellig sein müssen. Das Klassenattribut in der letzten Zeile des Abschnitts für Attribute wird hier mit einem Wert initialisiert. Der Abschnitt für die Operationen zeigt – über die Angabe der jeweiligen Operationsnamen hinaus – die Angabe von Parameter- und Ergebnistypen bei der Spezifikation der Operationen.

Auf die Möglichkeit, bei der Darstellung einer Klasse allgemeinere Beschränkungen für Attribute oder Operationen angeben zu können, wurde in 5.2.1 bereits ebenso hingewiesen wie auf die Möglichkeit, Gruppen von Operationen durch Angabe entsprechender Stereotypen zu kennzeichnen.

Weitere Konzepte im Zusammenhang mit Klassen. UML bietet für das Klassendiagramm noch weitere Konzepte. Dazu gehören parametrisierte Klassen, Hilfsklassen und Schnittstellen.

Eine *parametrisierte Klasse* (*template*) ist eine Klassenbeschreibung mit formalen Parametern. Diese wird in UML graphisch dadurch dargestellt, dass das zugehörige Klassensymbol an der rechten oberen Ecke durch ein gestricheltes Rechteck (siehe Abb. 5.2.9) überlagert wird, in dem die Parameter (ggf. mit Typangabe und durch Komma getrennt) angegeben werden. Als Parameter vorgesehen sind Attributtypen, Grundtypen oder Operationen, die jeweils zur Definition von Attributen und Operationen (der parametrisierten Klasse) verwendet werden können.

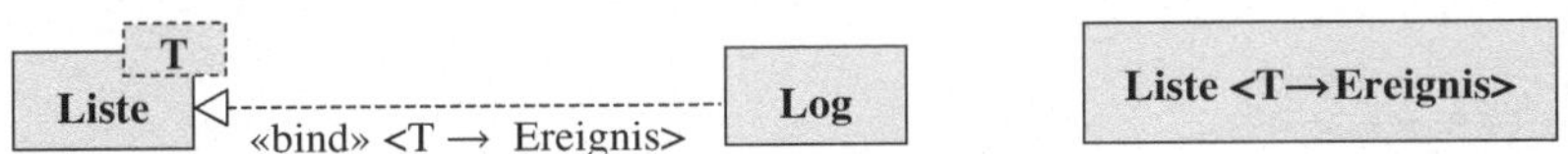

Abb. 5.2.9. Instantiierung einer parametrisierten Klasse (mit und ohne Umbenennung)

Eine parametrisierte Klasse ist selbst keine Klasse. Aus diesem Grund darf sie nicht an Beziehungen teilnehmen und kann auch nicht spezialisiert werden. Allerdings ist es möglich, dass sie selbst Unterklasse einer anderen Klasse ist. Eine Klasse entsteht aus einer parametrisierten Klasse durch „Instantiierung", d.h. durch konsistente Substitution der formalen Parameter durch aktuelle. Die Instantiierung wird entweder dadurch dargestellt, dass die Zuordnung der formalen an die aktuellen Parameter (in <...> eingeschlossen) an die Bezeichnung der Klasse angefügt wird oder dadurch, dass die instantiierte Klasse durch eine spezielle Realisierungsbeziehung (mit dem Stereotyp «bind» und der Angabe der Zuordnung der aktuellen Parameter) der parametrisierten Klasse zugeordnet wird.

Ein Beispiel für eine parametrisierte Klasse und die Möglichkeiten ihrer Instantiierung findet sich in Abb. 5.2.9. Die Klasse **Liste** hat einen formalen Parameter **T** (der die Art der Listenelemente repräsentiert). Die Klasse **Liste <T→Ereignis>** illustriert eine mögliche Form der Instantiierung von **Liste**. Die andere Möglichkeit der Instantiierung wird durch die Klasse **Log** zusammen mit der angegebenen Realisierungsbeziehung, die dem formalen Parameter von **Liste** den aktuellen Parameter **Ereignis** zuordnet, dargestellt.

In einer *Hilfsklasse* (*utility*) können globale Variablen und Operationen zu einer (speziellen) Klasse (ohne Instanzen) zusammengefasst werden. Diese wird durch das Klassensymbol mit der Stereotypangabe «utility» dargestellt. Ein Beispiel einer Hilfsklasse mit einer Notiz gibt Abb. 5.2.10. Hier gibt die Notiz an, wie die Operation „MwStAnteil" mit Hilfe des Attributs „MwSt" den Mehrwertsteueranteil ihres Parameters bestimmt.

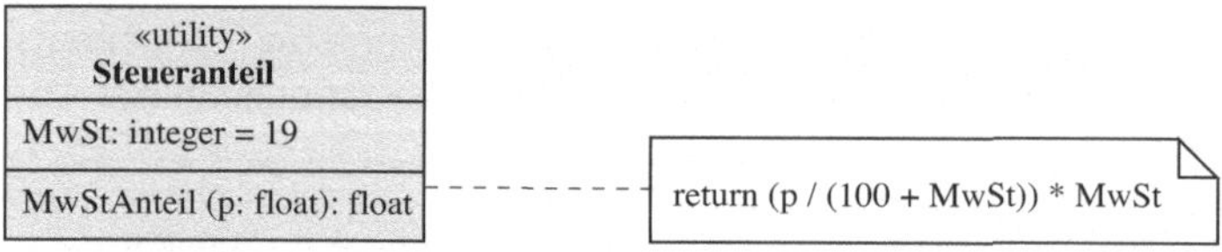

Abb. 5.2.10. Hilfsklasse mit Notiz

Eine *Schnittstelle* (*interface*) ist eine spezielle Klasse, die zulässige Interaktionsmuster zwischen Objekten beschreibt. Sie hat in der Regel keine Attribute, ist mit dem Stereotyp «interface» gekennzeichnet und besteht im einfachsten Fall aus einer Menge von Funktionsspezifikationen. Komplizierte Schnittstellen können auch noch Aufrufordnungen für die Funktionen festlegen. Als Beispiel zeigt Abb. 5.2.11 die Schnittstelle **Sortierbar**, die die Vergleichsoperationen isequal und isgreater definiert.

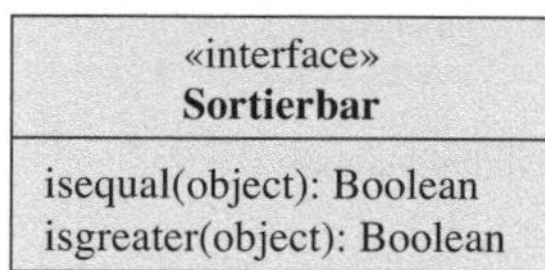

Abb. 5.2.11. Definition einer Schnittstelle

Eine Klasse kann die durch eine Schnittstelle spezifizierte Funktionalität anbieten oder benötigen. Den ersten Fall zeigt Abb. 5.2.12. Hier bietet **SortierteListe** die Schnittstelle **Sortierbar** an, d.h. **SortierteListe** bietet (u.a.) Realisierungen der beiden Operationen von **Sortierbar** an. Dafür gibt es die in Abb. 5.2.12 gezeigten Darstellungsmöglichkeiten (wobei die linke Form die gebräuchlichere ist). Die Darstellungsmöglichkeiten für den Fall, dass eine Klasse (hier: **Telefonbuch**) eine Schnittstelle benötigt, zeigt Abb. 5.2.13. Auch hier ist die linke Form die häufiger verwendete. Die „Kopplung" der beiden Klassen **SortierteListe** und **Telefonbuch** über die Schnittstelle **Sortierbar** zeigt Abb. 5.2.14.

Abb. 5.2.12. Darstellungsmöglichkeiten für eine angebotene Schnittstelle

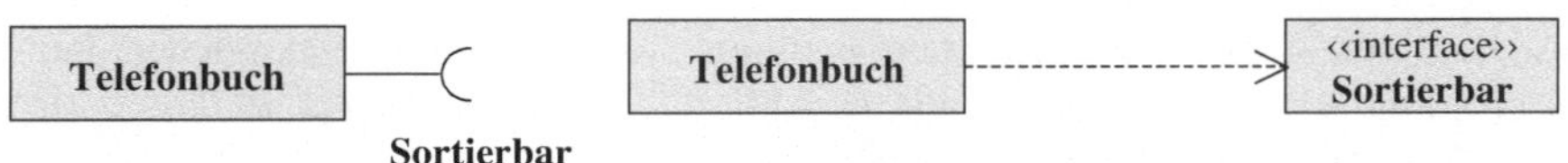

Abb. 5.2.13. Darstellungsmöglichkeiten für eine benötigte Schnittstelle

Abb. 5.2.14. Kopplung von angebotener und benötigter Schnittstelle

Assoziationen. Eine Assoziation (*association*) ist eine Menge von Beziehungen zwischen Objekten, die als Zusammenhang zwischen den zugehörigen Klassen angegeben wird. Eine Assoziation entspricht also konzeptuell einem Beziehungstyp im ER-Ansatz (vgl. 3.2.6). Wie in OMT (vgl. 5.1.2) werden in UML binäre und höherwertige Assoziationen unterschieden.

Eine *binäre Assoziation* wird durch eine Linie zwischen den beteiligten Klassen dargestellt, die im einfachsten Fall mit einer Bezeichnung (für die Assoziation) annotiert sein kann. Darüber hinaus ist die Angabe „zusätzlicher Informationen" (s.u.) möglich.

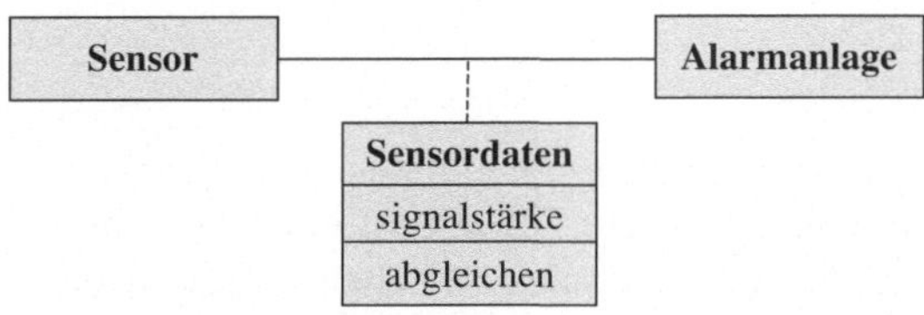

Abb. 5.2.15. Assoziationsklasse

Eine Assoziation kann in UML auch Attribute und/oder Operationen haben. Dargestellt wird eine solche *Assoziationsklasse*, die sowohl als Assoziation wie als Klasse aufzufassen ist, durch das Klassensymbol, das mit einer Strichellinie mit der Beziehungslinie verbunden wird. Ein entsprechendes Beispiel findet sich in Abb. 5.2.15. Dort hat die Assoziation zwischen **Sensor** und **Alarmanlage** das Attribut „signalstärke" und die Operation „abgleichen" (der angegebenen Assoziationsklasse **Sensordaten**). **Sensordaten** ist auch die Bezeichnung dieser Assoziation, die auch zusätzlich an der Assoziationslinie stehen könnte oder nur dort.

Zusätzliche Informationen bei binären Assoziationen. Binäre Assoziationen können durch Angabe weiterer Informationen präzisiert werden. Vorgesehen sind Angaben zur „Leserichtung" oder zur „Navigationsrichtung", Rollenangaben, Kardinalitäten, Ordnungen und Einschränkungen sowie Qualifikationsangaben.

Assoziationen können je nach „Leserichtung" verschieden bezeichnet werden. Dabei gibt eine kleine Pfeilspitze, wie in Abb. 5.2.16, die jeweilige *Richtung* an. Semantisch ist diese Angabe bedeutungslos.

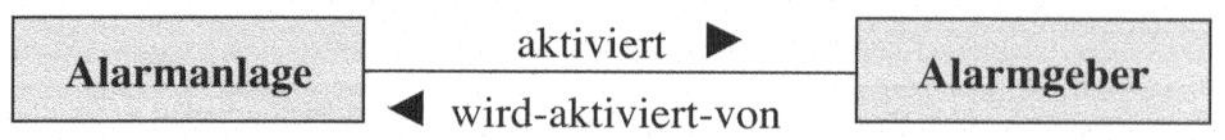

Abb. 5.2.16. Assoziation mit „Leserichtung"

Eine Pfeilspitze an einem Ende der Assoziationslinie gibt die „Navigationsrichtung" an. Durch sie wird z.B. in Abb. 5.2.17 ausgedrückt, dass die Instanzen von **Preisliste** die Instanzen von **Artikel** „kennen". Umgekehrt ist hier die „Navigierbarkeit" von **Artikel** nach **Preisliste** durch das Kreuz am entsprechenden Ende der Assoziationslinie explizit ausgeschlossen. Navigierbarkeit nach beiden Seiten einer Assoziation ist möglich. Das Fehlen einer Angabe zur Assoziationsrichtung bedeutet „unspezifiziert". Die Angabe einer Navigationsrichtung entgegen einer ebenfalls angegebenen „Leserichtung" deutet auf einen Modellierungsfehler hin.

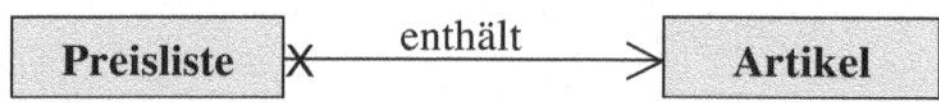

Abb. 5.2.17. Gerichtete Assoziation

Wie im ER-Ansatz können Assoziationen durch *Rollenangaben* präzisiert werden, die Aufschluss über die Art der Beteiligung der Objekte in einer Beziehung geben. Sie sind insbesondere wichtig für Assoziationen zwischen Objekten derselben Klasse und zur Bildung von „Navigationsausdrücken" (s.u.).

genau 1	1 — Klasse
0 oder 1	$0..1$ — Klasse
0 oder mehrere	$*$ — Klasse
n oder mehrere	$n..*$ — Klasse
genau n	n — Klasse
n bis m	$n..m$ — Klasse

Abb. 5.2.18. Notation für Kardinalitäten

Durch die Angabe von Kardinalitäten (*multiplicities*) kann auch in UML spezifiziert werden, wie viele Instanzen einer Klasse mit jeder der Instanzen einer anderen Klasse in Beziehung stehen. Die „Leserichtung" ist wie im ER-Ansatz. Zur Darstellung wird eine Notation verwendet, die in Abb. 5.2.18 zusammengefasst ist.

Ein Beispiel, das gleichzeitig die Verwendung von Rollenangaben und Kardinalitäten illustriert, findet sich in Abb. 5.2.19. Hier wird ausgedrückt, dass mindestens eine Firma als Arbeitgeber beliebig viele Mitarbeiter als Arbeitnehmer beschäftigt und dass höchstens ein Mitarbeiter als Chef beliebig viele Mitarbeiter, die Angestellten, managt.

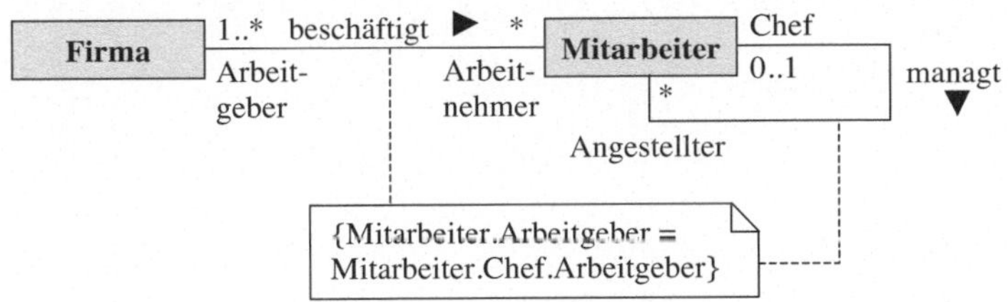

Abb. 5.2.19. Assoziationen mit Rollenangaben, Kardinalitäten und Einschränkungen

Für die präzise Darstellung mancher Sachverhalte ist es wichtig anzugeben, dass für Beziehungen eine *Ordnung* besteht oder welche Ordnung unterstellt ist. UML bietet beide Möglichkeiten. In Abb. 5.2.20 wird beispielsweise nur ausgedrückt, dass eine Ordnung in der Beziehung „enthält" zwischen Preislisten und Artikeln besteht. Stattdessen hätte man auch das betreffende Ordnungskriterium (z.B. „nach Artikelnummern aufsteigend geordnet") explizit angeben können.

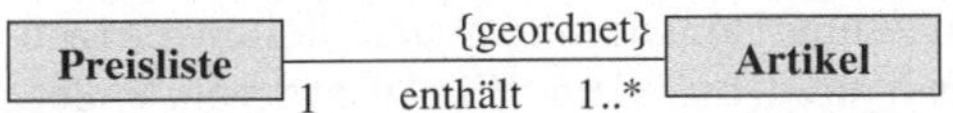

Abb. 5.2.20. Geordnete Assoziation

Auch Beziehungen können durch zusätzliche *Einschränkungen* präzisiert werden. Ist dabei nur eine Beziehung betroffen, wird der zugehörige logische Ausdruck direkt an die Assoziationslinie geschrieben. Eine Einschränkung, die mehrere Assoziationen betrifft, kann auch mit Hilfe des Notizsymbols dargestellt werden. Ein Beispiel dafür findet sich in Abb. 5.2.19. Hier werden die Assoziationen „beschäftigt" und „managt" auf diejenigen Beziehungen beschränkt, bei denen ein Mitarbeiter und sein Chef denselben Arbeitgeber haben. Zur Darstellung der Einschränkung wurde dabei die Notation der *Navigationsausdrücke* (s.u.) benutzt.

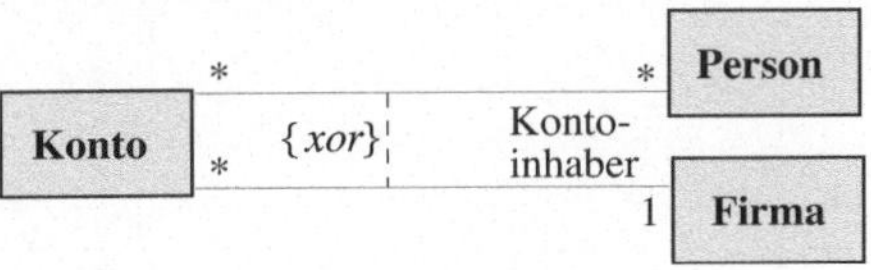

Abb. 5.2.21. „Oder-Assoziation"

Eine spezielle *Einschränkung* ist eine „Oder-Assoziation", durch die ausgedrückt werden kann, dass von zwei möglichen Beziehungen immer nur eine bestehen kann („wechselseitiger Ausschluss"). Ein Beispiel dafür gibt Abb. 5.2.21: Ein Konto kann als Kontoinhaber entweder mehrere Personen oder genau eine Firma haben.

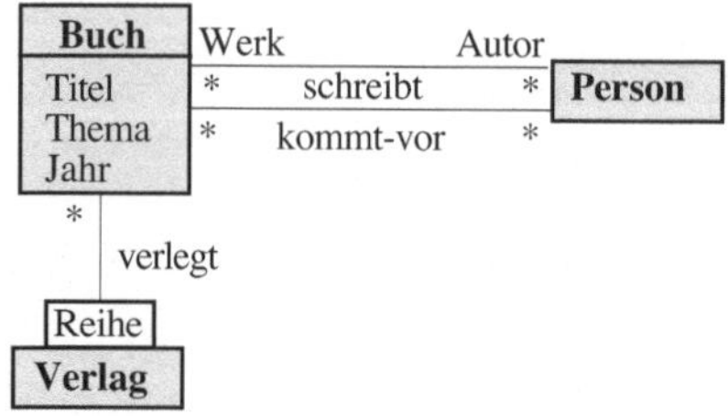

Abb. 5.2.22. Qualifikationsangabe

Eine *Qualifikationsangabe* (*qualifier*) ist ein geeignetes Attribut (oder eine Menge von Attributen, optional mit Typangaben), das eine Menge von Beziehungen partitioniert (d.h. in disjunkte Teilmengen zerlegt). In Abb. 5.2.22 drückt die Qualifikationsangabe „Reihe" aus, dass die durch die Assoziation „verlegt" erfassten Beziehungen zwischen Objekten der Klassen **Buch** und **Verlag** jeweils genau einer Buchreihe zugeordnet sind.

Höherwertige Assoziationen. Zur Darstellung von ternären und höherwertigen Beziehungen wird in UML das Rautensymbol aus dem ER-Ansatz verwendet, allerdings ohne Benennung der Beziehung. Eine Angabe von Rollen und Kardinalitäten ist möglich, Qualifikation und Aggregationsindikatoren (s.u.) sind dagegen nicht erlaubt (und auch nicht sinnvoll). Die Darstellung von Assoziationsklassen erfolgt bei höherwertigen Assoziationen wie im binären Fall (durch Anfügen des betreffenden Klassensymbols an die Assoziation mit Hilfe einer Strichellinie).

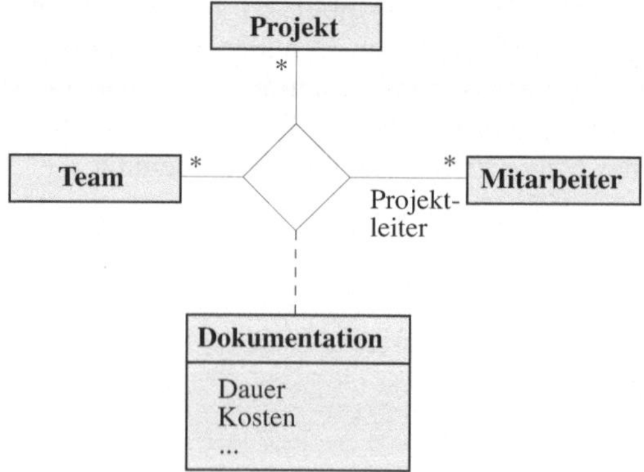

Abb. 5.2.23. Ternäre Assoziationsklasse

Ein Beispiel einer ternären Assoziationsklasse gibt Abb. 5.2.23. Es zeigt die Dokumentation eines Teams zu jedem Projekt mit einem Mitarbeiter als Projektleiter, wobei unterstellt ist, dass es gleichzeitig mehrere Projektleiter geben oder der Projektleiter eines Projekts wechseln kann (und somit etwa nicht einfach durch ein Attribut der Klasse **Projekt** dargestellt werden kann).

Aggregation und Komposition. Um eine Assoziation als Aggregation („besteht-aus"-Beziehung) zu kennzeichnen, wird in UML der *Aggregationsindikator*, eine kleine Raute auf der Seite der Aggregationsklasse, verwendet. Diese Raute kann „hohl" oder schwarz gefüllt sein. Die „hohle" Raute ist der Normalfall, die gefüllte Raute zeigt eine „starke" Form der Aggregation an, die „Komposition" (s.u.) genannt wird.

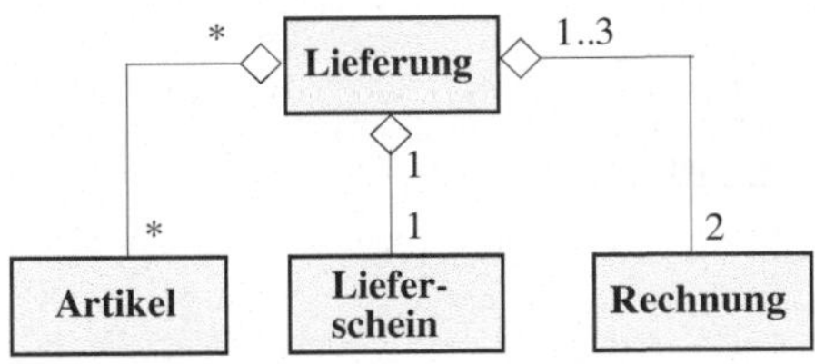

Abb. 5.2.24. Aggregation

Ein Beispiel zur Illustration des Aggregationsindikators gibt Abb. 5.2.24: Eine Lieferung besteht aus beliebig vielen Artikeln, genau einem Lieferschein und zwei Rechnungen (Original und Duplikat). Umgekehrt kann jeder Artikel in mehreren Lieferungen enthalten sein und eine Rechnung bis zu drei Lieferungen umfassen.

Eine *Komposition (composition)* ist eine starke Form der Aggregation, bei der das Aggregatobjekt seine Bestandteile „besitzt" und bei der die Lebensdauer der Bestandteile an die des Aggregatobjekts gekoppelt ist. Zur Darstellung wird das gefüllte Aggregationssymbol verwendet. Dabei darf die Kardinalität am „Aggregationsende" der Beziehung höchstens 1 sein (und deshalb weggelassen werden). Ein (selbsterklärendes) Beispiel einer Komposition findet sich in Abb. 5.2.25.

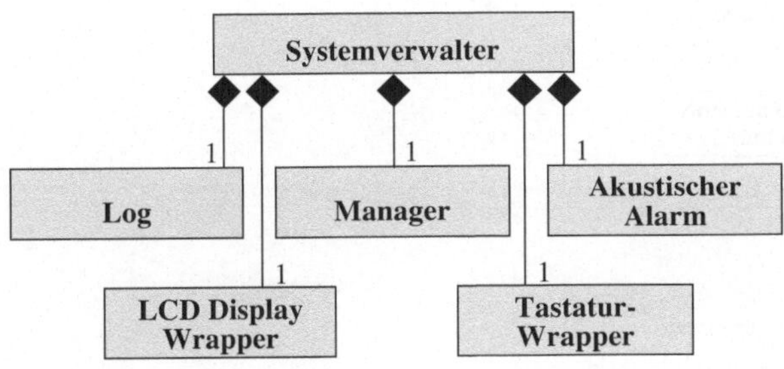

Abb. 5.2.25. Komposition

Die kombinierte Verwendung von Aggregation und Komposition zeigt Abb. 5.2.26 am Beispiel der Alarmanlage. Die dort grau unterlegten Klassen sind gleichzeitig aktive Klassen (s.o.), von den „passiven" Klassen sind zwei durch entsprechende Stereotypen als „persistent" gekennzeichnet. Die angegebenen Kardinalitäten entsprechen der ursprünglichen textuellen Beschreibung (vgl. 1.5.2).

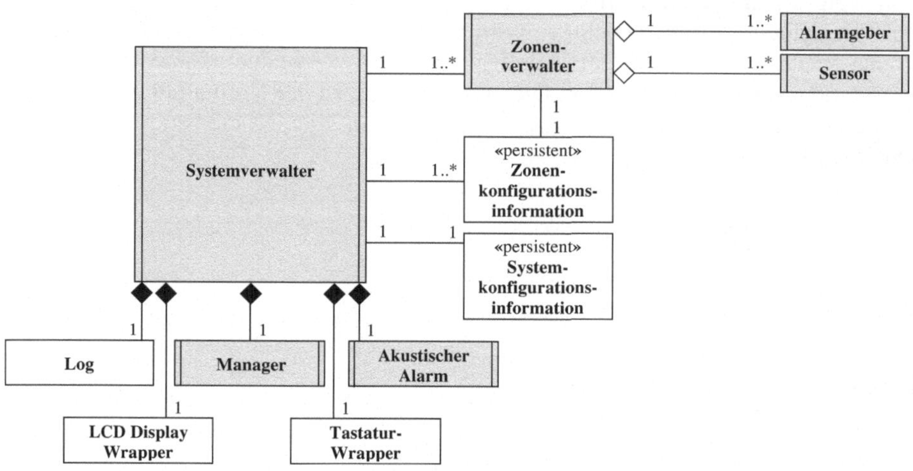

Abb. 5.2.26. Klassendiagramm (Alarmanlage)

Generalisierung. Generalisierung ist eine Beziehung zwischen Klassen. Zu ihrer Darstellung wird in UML ein Pfeil mit einer „hohlen" Spitze verwendet (vgl. auch 3.5.1). Mehrere Generalisierungsbeziehungen können entweder durch Einzelpfeile oder „zusammengefasste" Pfeile dargestellt werden. Beide können (optional) zusätzlich annotiert werden, und zwar mit *Generalisierungsmengen* (zur Angabe des Verfeinerungskriteriums) oder durch *Einschränkungen*, die (analog zu Subentitätstypen des EER-Ansatzes) die Generalisierungsbeziehung näher charakterisieren.

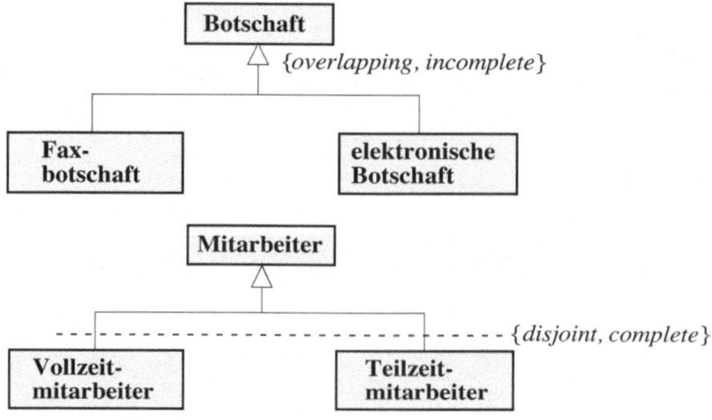

Abb. 5.2.27. Einschränkungen von Generalisierungen

Abb. 5.2.27 illustriert die Verwendung von Einschränkungen im Zusammenhang mit Generalisierungen. Zur Darstellung werden dabei jeweils „zusammengefasste" Pfeile verwendet. Die Angaben „*overlapping*" bzw. „*disjoint*" entsprechen den jeweiligen Charakterisierungen „o" bzw. „e" im EER-Ansatz. Die Angabe „*incomplete*" gibt an, dass es neben den gezeigten Spezialisierungen noch weitere geben kann, „*complete*" bedeutet, dass alle möglichen Spezialisierungen angegeben sind. Beide korrespondieren mit den Charakterisierungen „p" bzw. „t" des EER-Ansatzes. Die unterschiedlichen Darstellungen der Einschränkungen sind gleichwertig und sollen nur die beiden prinzipiellen Möglichkeiten illustrieren.

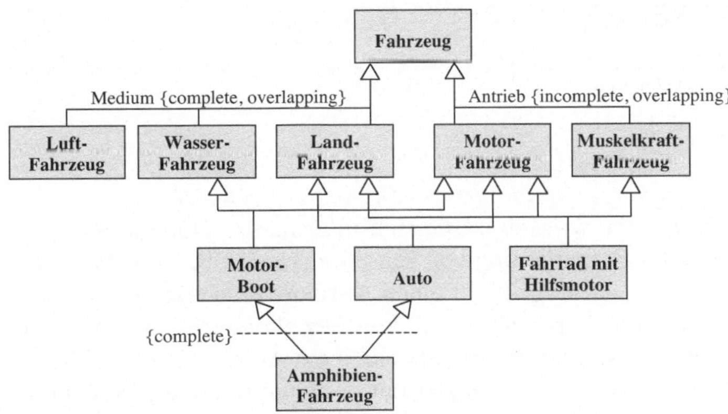

Abb. 5.2.28. Spezialisierung und Generalisierung

Die Verwendung von Generalisierungsmengen zusammen mit Darstellungsoptionen für Generalisierungspfeile und Einschränkungen zeigt Abb. 5.2.28. Fahrzeuge werden hier zum einen danach spezialisiert, in welchem Medium sie sich bewegen, zum andere nach der Art ihres Antriebs. In beiden Fällen sind die Spezialisierungen nicht disjunkt. Beim Medium ist hier unterstellt, dass es keine weiteren Spezialisierungen gibt, beim Antrieb könnte dies hingegen der Fall sein (z.B. durch Wind). **Motorboot**, **Auto** und **Fahrrad mit Hilfsmotor** erben hier jeweils von mehreren Oberklassen. Dasselbe gilt für **Amphibienfahrzeug**, das zudem die einzige (gemeinsame) Spezialisierung von **Motorboot** und **Auto** ist.

Weitere Konzepte für Klassendiagramme. Über die bisherigen Konzepte hinaus sieht UML weitere Konzepte für Klassendiagramme vor. Dies sind insbesondere abgeleitete Elemente und Navigationsausdrücke.

Ein *abgeleitetes Element* (*derived element*) ist ein Element, das aus anderen Elementen berechnet werden kann. Es vermittelt redundante Information, die zur Erläuterung oder für Entwurfszwecke dienen kann. Abgeleitete Elemente werden in UML durch das Präfix „/" vor dem Namen des Elements dargestellt. In Abb. 5.2.29 findet man ein Beispiel für ein abgeleitetes Attribut. Ein Beispiel einer abgeleiteten Assoziation gibt Abb. 5.2.30.

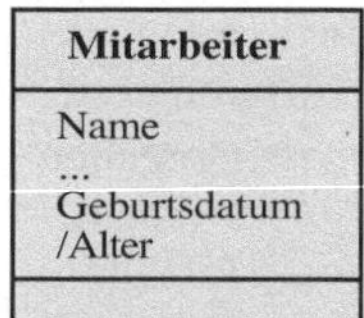

{Alter = Tagesdatum − Geburtsdatum}

Abb. 5.2.29. Abgeleitetes Attribut

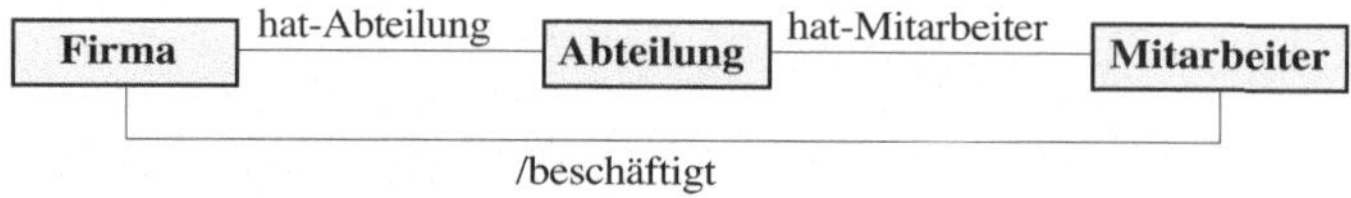

Abb. 5.2.30. Abgeleitete Assoziation

Mit Hilfe von *Navigationsausdrücken* lassen sich Informationspfade in Klassen beschreiben, die etwa bei der Formulierung von Einschränkungen benötigt werden. Für eine Klasse k wird mit k.a ein Zugriff auf einen Attributwert a oder ein Objekt, das über eine Assoziation mit Rollenangabe a mit k in Beziehung steht, notiert. Mit k[a] bezeichnet man eine Auswahl von Werten (wenn a ein Ausdruck ist, der einen Wert bestimmt) oder den Zugriff auf ein Objekt mit der Qualifikation a. Auch ein „inverser Zugriff" über eine Rolle a in einer Assoziation ist möglich und wird mit k.~a notiert. Diese zur Bildung von Navigationsausdrücken vorgesehenen Operatoren können auch iteriert auftreten und liefern abhängig von den involvierten Kardinalitäten einzelne Werte oder Mengen von Werten. So bestimmt etwa der Navigationsausdruck (bezogen auf Abb. 5.2.19)

Firma.~Arbeitgeber.Chef [Titel = „Manager"]

die Menge aller Chefs einer bestimmten Firma, die den Titel „Manager" tragen.

5.2.3 Objektdiagramme

Ein *Objektdiagramm* (manchmal synonym: Instanzendiagramm) ermöglicht es Instanzen von statischen Strukturen und deren Bestandteilen (insbesondere Klassen, Assoziationen und Attribute) zu modellieren. Dadurch ist es möglich – zur Veranschaulichung oder zum Zweck der Validierung durch Beispiele – „Schnappschüsse" der statischen Struktur zu spezifischen Zeitpunkten anzugeben.

Die wesentlichen Bestandteile von Objektdiagrammen sind Objekte (als Instanzen von Klassen), Verbindungen (engl.: „links"; als Instanzen von Assoziationen) und Werte von Attributen oder elementaren Objekten (die nur einen Wert haben können).

Für Objekte gibt es, wie für Klassen, verschiedene Formen und Darstellungen auf unterschiedlichen Abstraktionsebenen, die in Abb. 5.2.31 zusammengefasst sind. Darüber hinaus gibt es auch noch zusammengesetzte Objekte (als Instanzen von Kompositionen).

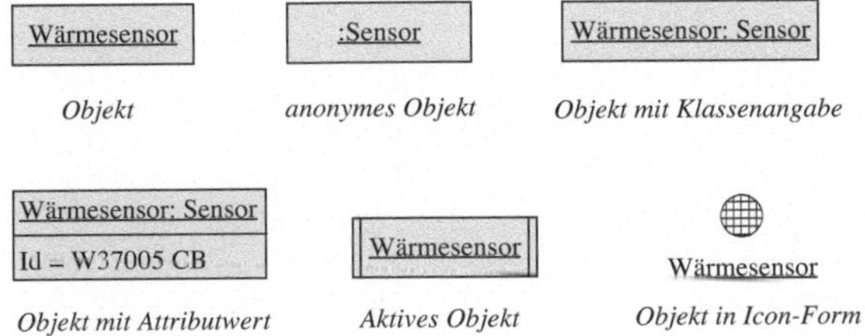

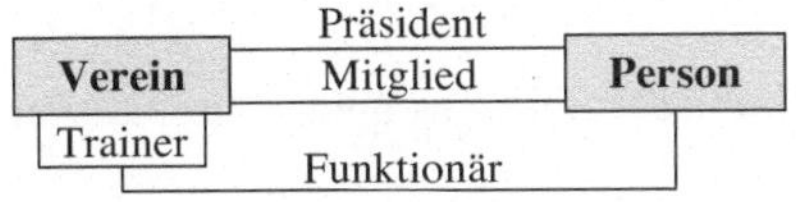

Abb. 5.2.31. Verschiedene Darstellungsformen für Objekte

Den Zusammenhang zwischen einem Objektdiagramm und einem (Ausschnitt eines) zugehörigen Klassendiagramm illustrieren Abb. 5.2.32 und 5.2.33.

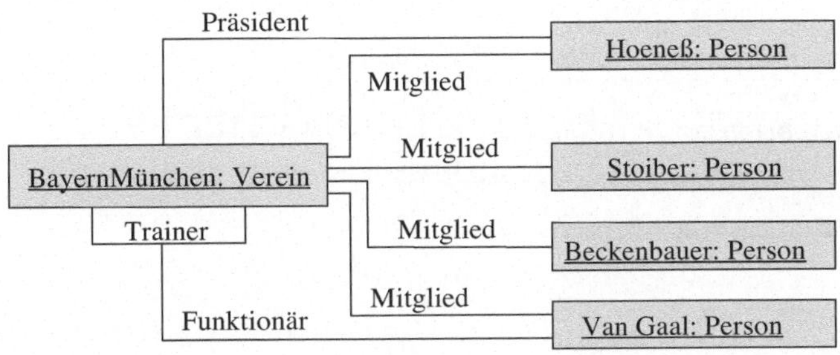

Abb. 5.2.32. Klassendiagramm (Ausschnitt)

Abb. 5.2.33. Objektdiagramm zum Klassendiagramm aus Abb. 5.2.32 (Ausschnitt)

5.2.4 Paketdiagramme

Ein Paketdiagramm zeigt Pakete (evtl. in unterschiedlichem Detaillierungsgrad, vgl. 5.2.1) und deren Beziehungen. Dabei können neben Abhängigkeiten (vgl. auch Abb. 5.2.2 und Abb. 5.2.4) auch Spezialisierungsbeziehungen dargestellt werden.

Ein etwas größeres Paketdiagramm findet sich in Abb. 5.2.34. Dort werden neben Paketen in unterschiedlichem Detaillierungsgrad auch verschiedene (selbsterklärende) Beziehungen gezeigt. Die Stereotypangabe «subsystem» kennzeichnet das Paket **Editor** als Paket mit zusätzlichen Eigenschaften.

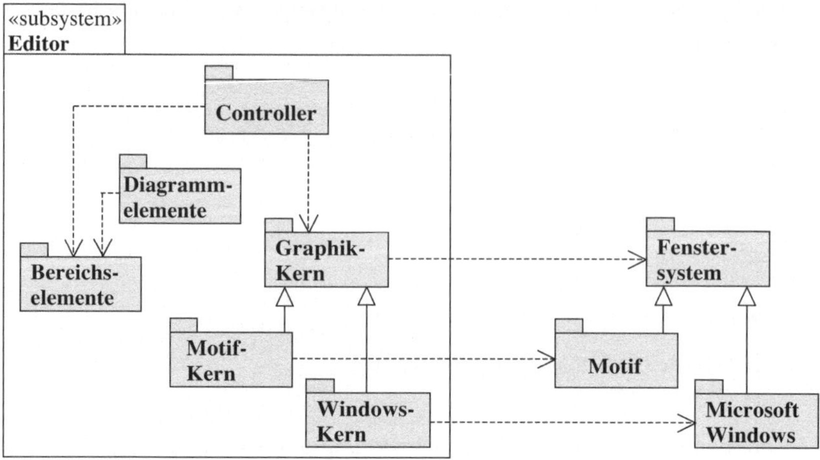

Abb. 5.2.34. Paketdiagramm

Neben der in Abb. 5.2.34 gewählten Darstellungsform gibt es auch Alternativen, die in den Abb. 5.2.35 und 5.2.36 zu finden sind.

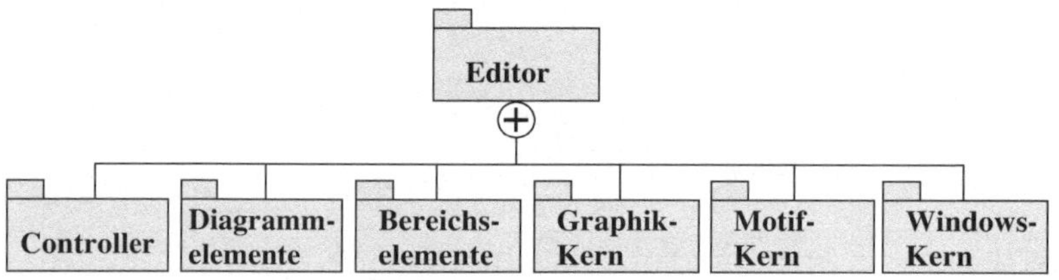

Abb. 5.2.35. Paket und seine Bestandteile (alternative Darstellung)

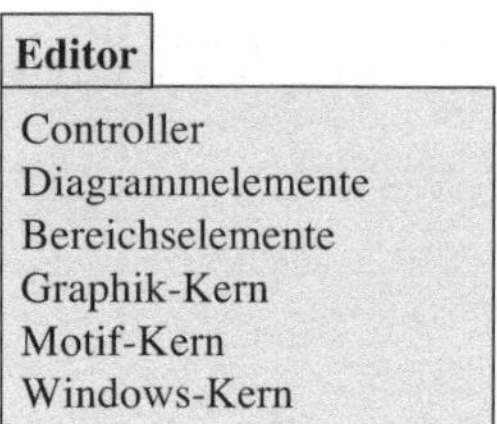

Abb. 5.2.36. Paket und seine Bestandteile (alternative Darstellung)

Neben allgemeinen Abhängigkeitsbeziehungen zwischen Paketen gibt es auch spezielle (durch entsprechende Stereotypangaben gekennzeichnete) Arten von Abhängigkeitsbeziehungen. Zwei davon zeigt Abb. 5.2.37. Durch die «import»- Beziehung zwischen den Paketen **B** und **C** werden die Elemente von **C** (öffentlich) sichtbar. Durch die «access»- Beziehung zwischen **B** und **D** werden die Elemente von **D** (privat) sichtbar. In beiden Fällen kann **B** auf die jeweiligen Elemente zugreifen. Der Unterschied zwischen beiden Beziehungen wird anhand der «import»-Beziehung zwischen **A** und **B** deutlich: Neben den Elementen von **B** kann **A** auch auf diejenigen von **C** zugreifen, aber nicht auf die von **D**.

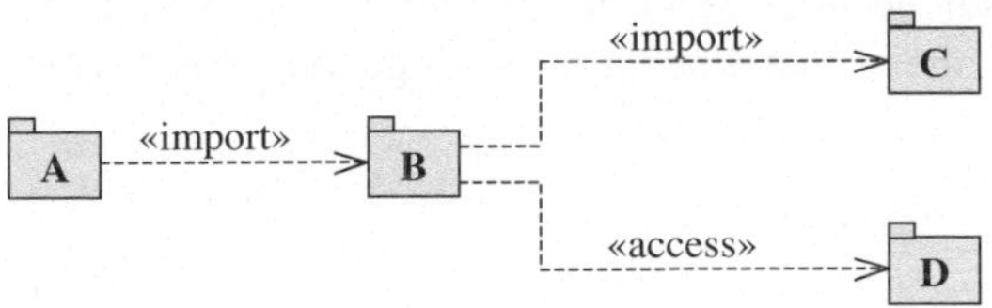

Abb. 5.2.37. «import»- und «access»-Beziehungen zwischen Paketen

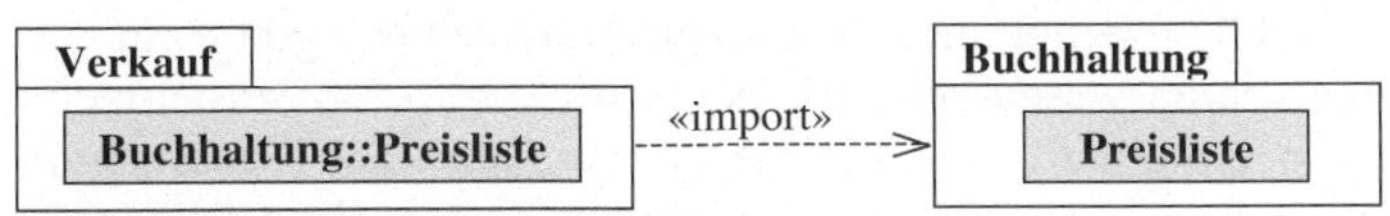

Abb. 5.2.38. Bezug auf eine Klasse aus einem anderen Paket

Ein Paket kann auch einzelne Klassen aus anderen Paketen „importieren“. Die betreffenden Klassen werden dabei durch Angabe aller umgebenden Pakete (getrennt durch „::“) eindeutig charakterisiert. Ein Beispiel für diesen Spezialfall der Importbeziehung gibt Abb. 5.2.38 (vgl. [OMG 09b]) .

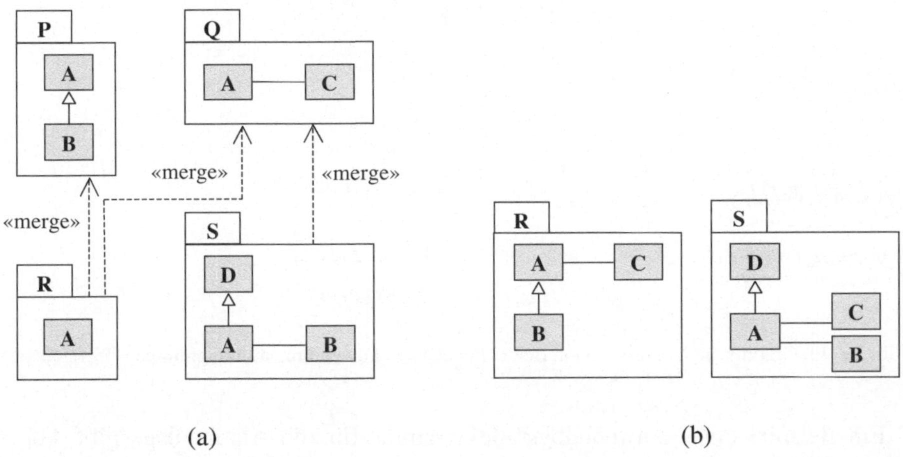

Abb. 5.2.39. Prinzip und Bedeutung der Bedeutung der «merge»-Beziehung

Zur Beschreibung des strukturellen Aufbaus von Paketen aus kleineren Einheiten hat man eine weitere Abhängigkeitsbeziehung, die mit dem Stereotyp «merge» annotiert wird. Das Prinzip der «merge»-Beziehung illustriert Abb. 5.2.39. Die Bedeutung der «merge»-Beziehungen im Teil (a) dieser Abbildung zeigt Teil (b). Wie man hierbei sieht, werden identische Bestandteile der in einer «merge»-Beziehung stehenden Pakete identifiziert und eventuelle Assoziationen und Spezialisierungsbeziehungen übernommen. Damit solche «merge»-Beziehungen semantisch überhaupt sinnvoll sind, müssen einige (meist naheliegende) Bedingungen erfüllt sein (vgl. [OMG 09b]).

5.2.5 Anwendungsfalldiagramme

Die Idee der Anwendungsfälle (*use cases*) und ihre Darstellung durch Anwendungsfalldiagramme (*use case diagrams*) wurde in UML im Wesentlichen unverändert von OOSE (vgl. 5.1.4) übernommen. Marginale Unterschiede gibt es in der graphischen Darstellung (deren wesentliche Elemente in Abb. 5.2.40 zusammengefasst sind). In UML kann alternativ zum Aktoren-Symbol auch das Klassensymbol mit dem Stereotyp «actor» verwendet werden. Zudem fordert die UML, dass Aktoren stets benannt sein müssen. Auch sind eine Spezialisierung von Aktoren und Anwendungsfällen (über entsprechende Spezialisierungsbeziehungen) sowie eine Strukturierung mit Hilfe von Paketen möglich. Dabei dürfen Beziehungen zwischen Anwendungsfällen auch über Paketgrenzen hinausgehen. Für die Darstellung der verschiedenen Arten von Beziehungen (d.h. Assoziationen, Abhängigkeiten und Spezialisierung) wird die in anderen UML-Dokumenten (z.B. Klassendiagramm) übliche Form verwendet. Insbesondere können Assoziationen auch mit Kardinalitäten versehen werden.

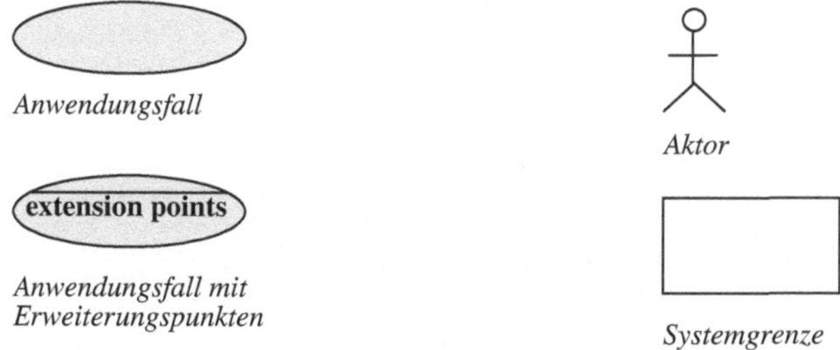

Abb. 5.2.40. Graphische Notation (ohne Beziehungen) für Anwendungsfalldiagramme (Übersicht)

Ein Beispiel eines Anwendungsfalldiagramms für die Alarmanlage gibt Abb. 5.2.41. Die einzelnen Anwendungsfälle stehen jeweils mit verschiedenen Aktoren in ("Kommunikations"-)Beziehung. Für die Darstellung der Aktoren wurde von den o.g. Darstellungsoptionen Gebrauch gemacht. Die Strukturierung von Anwendungsfällen mithilfe von Paketen illustriert Abb. 5.2.42.

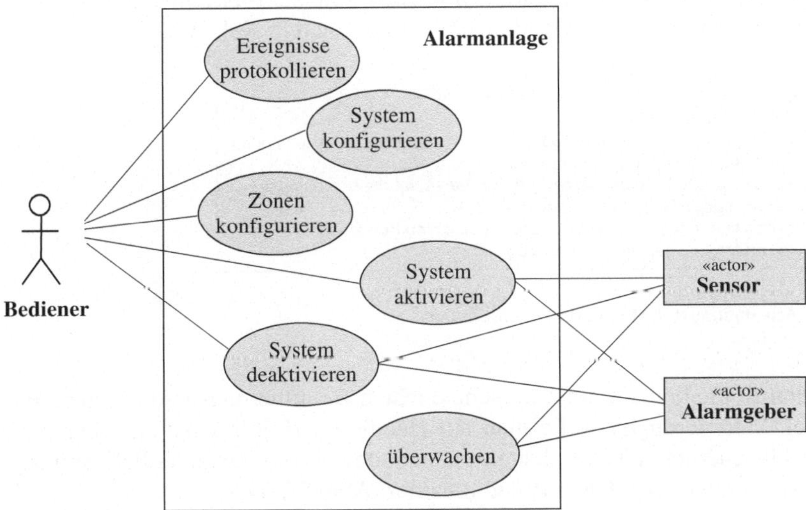

Abb. 5.2.41. Anwendungsfalldiagramm (Alarmanlage)

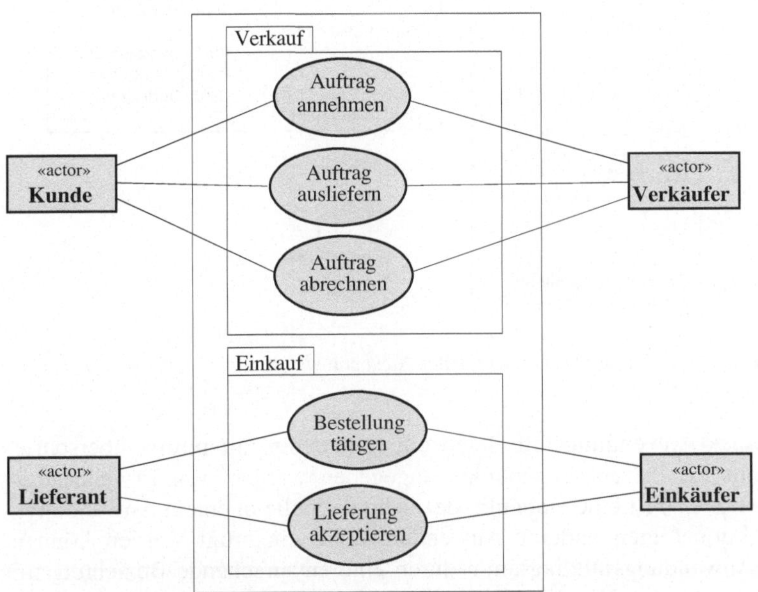

Abb. 5.2.42. Anwendungsfalldiagramm (Teile der Vertriebsorganisation)

Anwendungsfalldiagramme geben einen Überblick über die verschiedenen Anwendungsfälle und die Aktoren mit denen sie in Beziehung stehen. Die *Anwendungsfälle* selbst können durch Text oder geeignete UML-Diagramme (z.B. Sequenzdiagramme, siehe 5.2.6) beschrieben werden. Ein (selbsterklärendes) Beispiel eines textuell beschriebenen Anwendungsfalls findet sich in Abb. 5.2.43.

Anwendungsfall „Auftrag annehmen"
1. Ein eingehender Auftrag wird daraufhin geprüft, ob es sich dabei um einen neuen oder einen bereits bekannten Kunden handelt.
2. Bei einem neuen Kunden lässt der verantwortliche Verkäufer die Bonität prüfen.
3. Bei negativer Bonitätsprüfung lehnt er den Auftrag ab.
4. Bei positiver Bonitätsprüfung oder einem bereits bekannten Kunden lässt er die Lieferfähigkeit prüfen und bestätigt den Auftrag.

Abb. 5.2.43. Anwendungsfall (textuelle Beschreibung)

Anwendungsfälle können mit unterschiedlichem Detaillierungsgrad beschrieben werden. Bei Anforderungen sollte man auf Details im Hinblick auf die Realisierung eines Anwendungsfalls verzichten und stattdessen sog. „essentielle" Anwendungsfälle verwenden. Den Unterschied illustriert Abb. 5.2.44.

Benutzer	System
Magnetkarte einführen	
	Magnetkarte lesen
	PIN nachfragen
PIN eingeben	
	PIN prüfen
	Betragsmenü anzeigen
Betrag auswählen	
	Verfügbarkeit prüfen
	Betrag verbuchen
	Geld abzählen
	Karte auswerfen
Karte entnehmen	
	Geld auswerfen
Geld entnehmen	
	Geldauswurf schließen
	Begrüßung anzeigen

Benutzer	System
Identität angeben	
	Identität prüfen
Betrag bestimmen	
	Verfügbarkeit prüfen
	Betrag verbuchen
	Geld übertragen
Geld mitnehmen	

Abb. 5.2.44. Realisierungsorientierter und essentieller Anwendungsfall

Innerhalb eines Anwendungsfalls kann ein (mit **extension points** überschriebener) Abschnitt für Erweiterungspunkte angegeben werden. Ein Erweiterungspunkt (*extension point*) ist eine eindeutig bezeichnete Stelle in einem Anwendungsfall, an der Aktionsfolgen anderer Anwendungsfälle eingefügt werden können. Dies wird im Anwendungsfalldiagramm durch eine entsprechende Beziehung mit dem Stereotyp «extend» ausgedrückt. Daneben gibt es noch «include», durch die eine Benutzt-Beziehung zwischen Anwendungsfällen dargestellt wird.

Die Verwendung dieser speziellen Abhängigkeitsbeziehungen illustriert Abb. 5.2.45. Der Anwendungsfall „akustischen Alarm aktivieren" erweitert die Funktionalität von „überwachen" im Fall einer Störung (die dann vorliegt, wenn kein Herzschlagsignal empfangen wird). Der Anwendungsfall „überwachen" verwendet die Anwendungsfälle „Alarm verarbeiten", „Funktionsfähigkeit überwachen" und „Selbsttest aktivieren" als Teilfunktionalitäten.

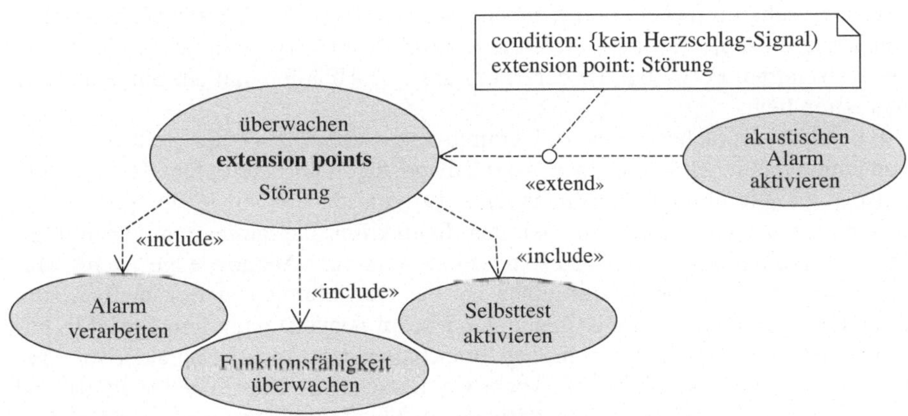

Abb. 5.2.45. «extend»- und «include»-Beziehungen bei Anwendungsfällen

Für Anwendungsfälle mit Erweiterungspunkten gibt es auch alternative Darstellungsformen, die (für das Beispiel aus Abb. 5.2.45) in Abb. 5.2.46 angegeben sind.

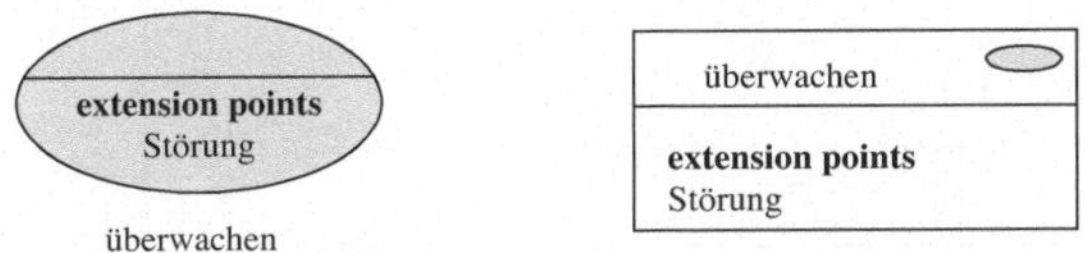

Abb. 5.2.46. Alternative Darstellungen von Anwendungsfällen mit **extension points**

5.2.6 Sequenzdiagramme

Sequenzdiagramme (*sequence diagrams*) dienen vor allem der Präzisierung von Szenarien. Sie beschreiben die Interaktion zwischen „Kommunikationspartnern" in ihrer zeitlichen Abfolge, sind also im Prinzip Interaktionsdiagramme (vgl. 3.3.5) bzw. Interaktionsdiagramme mit Zeit (vgl. 3.6.2).

Allerdings gibt es einen Unterschied bezüglich der Zeitachse. Während Interaktionsdiagramme (in Kap. 3) eine globale, für alle Kommunikationspartner gleiche Zeitachse haben, hat im Sequenzdiagramm jeder Kommunikationspartner seine eigene Zeitachse. Ein zeitlicher Zusammenhang zwischen verschiedenen Kommunikationspartnern entsteht jedoch implizit dadurch, dass der Empfang einer Botschaft immer erst nach dem Senden erfolgen kann. Insgesamt werden dadurch in *einem* Sequenzdiagramm im Allgemeinen *mehrere* (verschiedene) zeitliche Abfolgen der dargestellten Botschaften zusammengefasst. Soll eine Interaktion nur einige oder genau eine Abfolge zulassen, muss dies mit Hilfe einer Ordnungsangabe (z.B. **strict**, s.u.) gekennzeichnet werden.

Die Möglichkeiten, die die UML bei den Sequenzdiagrammen bietet, reichen von einer sehr einfachen Form, in der nur der Botschaftenaustausch zwischen nebenläufigen Objekten (mit eigenem Kontrollfluss) dargestellt wird, bis hin zu einer erweiterten Form, bei der der Fokus auf den Abläufen und der Steuerung der Interaktion liegt.

Ein relativ einfaches Sequenzdiagramm zeigt Abb. 5.2.47. Es stellt die Kommunikation beim Aktivieren der Alarmanlage dar. Die beteiligten Kommunikationspartner mit ihren Lebenslinien und Aktivitätsdauern sowie der prinzipielle Botschaftenaustausch sind wie bei den Interaktionsdiagrammen mit Zeit (vgl. 3.6.2) und sollten selbsterklärend sein (wobei ACK für „Acknowledge" steht). Unterschiede zu 3.6.2 gibt es zum einen bei der Darstellung von Botschaften, zum anderen bei der Angabe von Zeitbedingungen. Im Sequenzdiagramm der UML unterscheidet man zwischen synchronen Botschaften mit Aufruf-Charakteristik (gefüllte Pfeilspitze), Antwort auf synchrone Botschaften (gestrichelter Pfeil) und asynchronen Botschaften (offene Pfeilspitze). Für Zeitbedingungen markiert man Referenzzeitpunkte („t = **now**"), auf die man sich dann bezieht („t ..t+5"), und gibt die zugehörige Zeiteinheit in einer Notiz an. Für das Beispiel in Abb. 5.2.47 wird so festgelegt, dass die für die vollständige Aktivierung der Alarmanlage erforderliche Kommunikation innerhalb von 5 Millisekunden erfolgen muss.

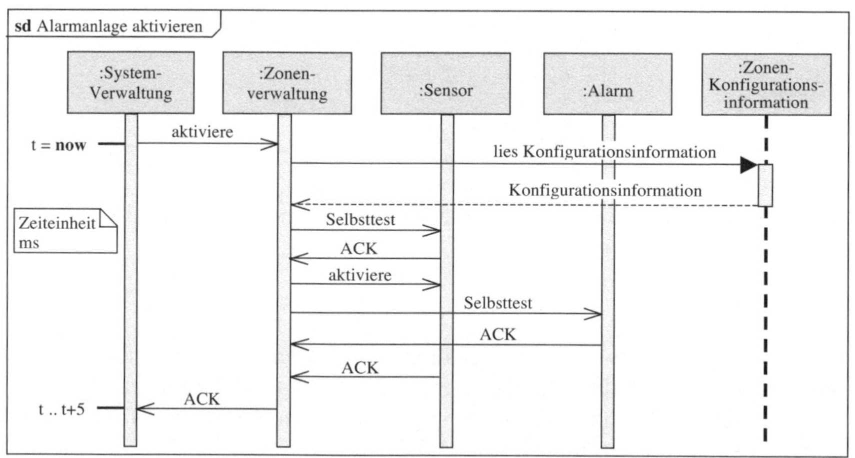

Abb. 5.2.47. Sequenzdiagramm (Alarmanlage aktivieren)

Ein Sequenzdiagramm, bei dem die Interaktion mit einer Ablaufsteuerung kombiniert ist, zeigt Abb. 5.2.48 am Beispiel einer Kundenbestellung. Dabei werden die ablaufsteuernden Elemente („interaction fragments") jeweils durch entsprechend markierte, ggf. mit Strichellinien unterteilte Rechtecke gekennzeichnet.

Das in Abb. 5.2.48 dargestellte Szenario ist wie folgt. Zunächst schickt der Kunde eine Bestellung an den Verkauf. Dieser lässt von der Lagerverwaltung die Lieferfähigkeit prüfen. Dabei wird der Referenzzeitpunkt t gesetzt. In Abhängigkeit vom Ergebnis der Prüfung gibt es zwei Möglichkeiten, die im (mit **alt**) markierten Rechteck, durch eine Strichellinie getrennt, aufgeführt sind. Falls das Ergebnis „nicht lieferfähig" ist, erfolgt vom Verkauf eine Mitteilung an den Kunden. Dies sollte, entsprechend der angegebenen Zeitbedingung innerhalb von 5 Stunden erfolgen. Ist das Ergebnis „lieferfähig", erfolgt die Reaktion in mehreren Schritten. Zunächst werden „gleichzeitig" (dargestellt durch das mit **par** markierte Rechteck und dem Strichelstrich als Trennlinie) eine Auftragsbestätigung vom Verkauf an den Kunden geschickt und die Zusammenstellung der Lieferung durchgeführt. Für Letzteres wird zuerst die Lagerverwaltung informiert, die Lieferung zu erstellen. Diese sorgt dann (in einer mit **loop** (1,*) markierten Schleife) dafür, dass alle Artikel der Bestellung bereitgestellt werden. Danach werden zwischen Lagerverwaltung und Buchhaltung die Zahlungsmodalitäten geklärt, wofür es eine eigene Interaktion gibt, auf die hier nur verwiesen wird (Rechteck, markiert durch **ref**). Im letzten Schritt erfolgt innerhalb von 24 Stunden (festgelegt mithilfe der Zeitdauerbedingung {1..24}) durch die Lagerverwaltung der Versand an den Kunden.

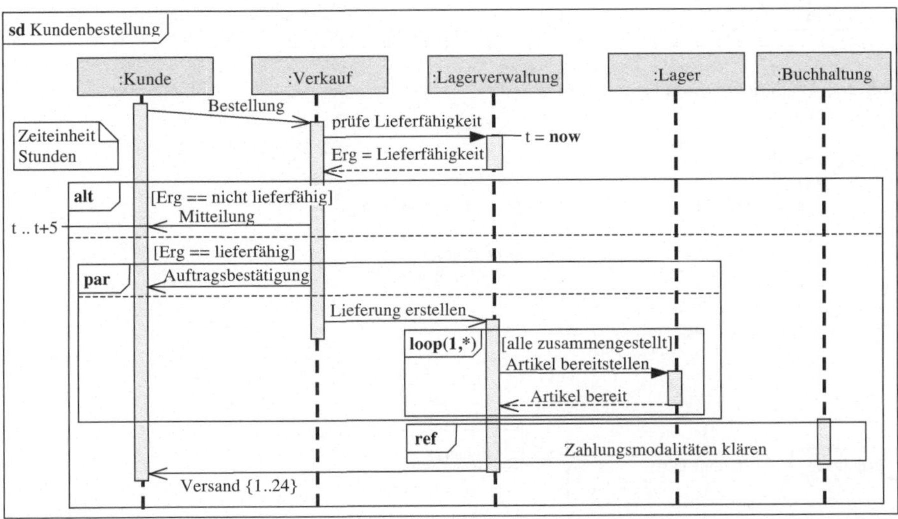

Abb. 5.2.48. Sequenzdiagramm (Kundenbestellung)

Das Sequenzdiagramm in Abb. 5.2.49 stellt dar, wie ein Auftrag von einem neuen Kunden in der Vertriebsorganisation abgewickelt wird. Auf die jeweiligen Aktivitätsdauern wurde dabei aus Gründen der Übersichtlichkeit verzichtet. Auch hier sind ablaufsteuernde Elemente (Alternative und Parallelverarbeitung) enthalten. Als neue Darstellungsmöglichkeiten kommen hier die Erzeugung eines Objekts (dargestellt durch einen gestrichelten Pfeil auf den betroffenen Kommunikationspartner „Auftrag") und dessen Zerstörung (dargestellt durch ein Kreuz auf der Lebenslinie) hinzu. Das in dieser Abbildung dargestellte Szenario wird später wieder aufgegriffen und – zu Vergleichszwecken – auch durch ein Kommunikationsdiagramm sowie ein Zustandsdiagramm dargestellt.

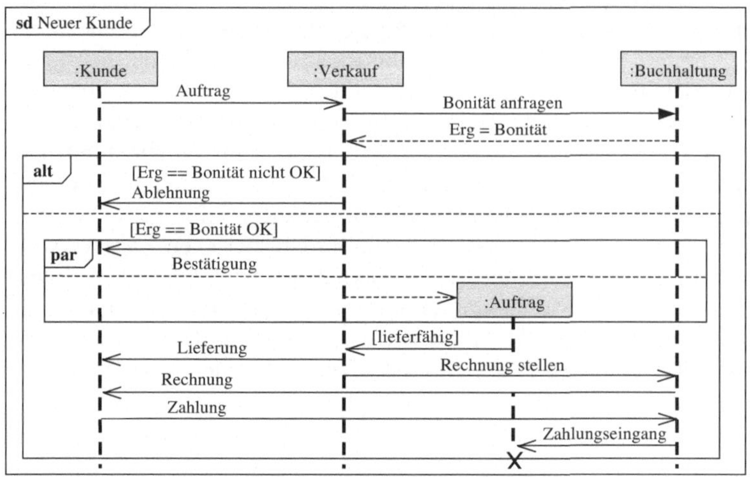

Abb. 5.2.49. Sequenzdiagramm (neuer Kunde)

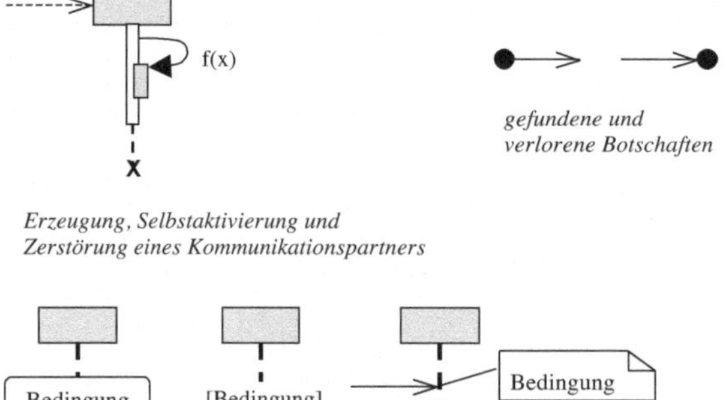

*Erzeugung, Selbstaktivierung und
Zerstörung eines Kommunikationspartners*

*gefundene und
verlorene Botschaften*

Zustandsinvarianten (verschiedene Darstellungsformen)

Abb. 5.2.50. Weitere Möglichkeiten des Sequenzdiagramms

Über die bereits in den Beispielen verwendeten Möglichkeiten des Sequenzdiagramms hinaus gibt es noch weitere. Einige davon zeigt Abb. 5.2.50. Die *Selbstaktivierung* wird durch eine Botschaft an sich selbst und ein kleines Rechteck auf der Aktivitätsdauer dargestellt. *Gefundene* bzw. *verlorene Botschaften* sind solche, bei denen Sender bzw. Empfänger (noch) nicht bekannt sind. Neben den hier verwendeten Pfeilen für asynchrone Kommunikation können auch die anderen Pfeiltypen verwendet werden. *Zustandsinvarianten* sind Bedingungen die immer gelten müssen.

Zudem gibt es Darstellungsmöglichkeiten für *Fortsetzungsstellen* (zur Verbindung verteilt dargestellter Bestandteile innerhalb eines Diagramms), *Verknüpfungspunkte* („gates") für Verbindungen über Diagrammrahmen oder ablaufsteuernde Elemente hinaus, *Koregionen* (für kollaterale Verarbeitung), *generische Botschaften* (mit „*" markiert, für noch nicht bekannte Botschaften) und *Ordnungsbeziehungen* zwischen Botschaften.

Außerdem gibt es noch *weitere ablaufsteuernde Elemente* („Interaktionsoperatoren") die alle durch ein Rechteck und eine abkürzende Bezeichnung dargestellt werden. Über die schon verwendeten Beispiele hinaus gibt es noch optionale Interaktionen (**opt**), ungültige Interaktionen (**neg**), kritische Bereiche (**critical**) für atomare Interaktionen, Abbruch in Ausnahmefällen (**break**), Filter für relevante (**consider**) oder irrelevante (**ignore**) Botschaften, Zusicherungen (**assert**) sowie lose (**seq**) und strenge (**strict**) Sequenzialisierung der zeitlichen Abfolge von Botschaften (für Details, siehe etwa [OMG 09] oder [RQZ 07]).

5.2.7 Kommunikationsdiagramme

Kommunikationsdiagramme (*communication diagrams*) zeigen, wie schon die Sequenzdiagramme, Kommunikationspartner und ihre Interaktion zur Erzielung bestimmter Funktionalitäten, allerdings aus einer anderen Perspektive und in viel weniger detaillierter Form. Im Vordergrund steht hier nicht die zeitliche Abfolge einzelner Botschaften, sondern das Zusammenwirken der Kommunikationspartner und die damit verbundenen Zusammenhänge zwischen ihnen.

Damit zwei Kommunikationspartner miteinander kommunizieren können, muss eine Verbindung (dargestellt durch eine Linie) zwischen ihnen existieren. Im allgemeinen Fall ist dies eine Verbindung zur Übertragung einer Botschaft. Es könnte aber auch eine Instanz einer Assoziation zwischen den zugehörigen Klassen sein, über die dann die Kommunikation erfolgt.

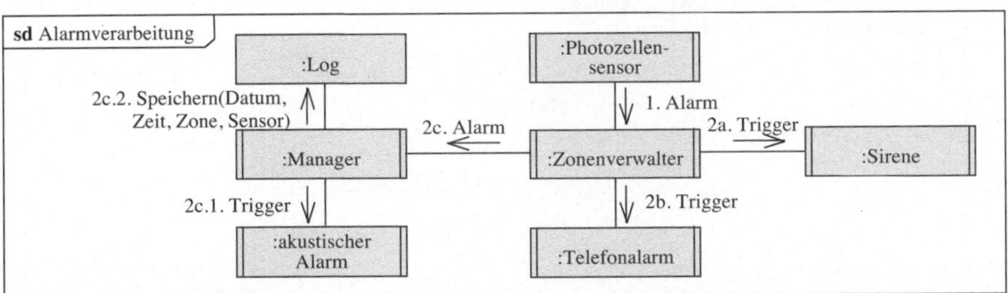

Abb. 5.2.51. Kommunikationsdiagramm (Alarmverarbeitung)

Ein Beispiel eines Kommunikationsdiagramms, das ein mögliches Szenario bei der Verarbeitung eines Alarms in der Alarmanlage modelliert, findet sich in Abb. 5.2.51. Zunächst wird der vom Photozellensensor erkannte Alarm an den Zonenverwalter geschickt, der anschließend gleichzeitig Trigger an die Sirene und den

Telefonalarm schickt. Ebenfalls gleichzeitig wird der Alarm an den Manager weitergeleitet, der dafür sorgt, dass der akustische Alarm getriggert und dann die relevante Alarminformation im Log gespeichert wird. Wie man an diesem Beispiel auch sieht, wird (aus nicht nachvollziehbaren Gründen) das Kürzel „**sd**" (wie beim Sequenzdiagramm) zur Kennung eines Kommunikationsdiagramms benutzt.

2: zeige(x, y)	Einfache Botschaft
1.3.1: p:=finde(z)	Geschachtelter Aufruf mit Ergebnis
3a: berechne()	nebenläufige Botschaft
[x<0] 4: tausche(x, y)	Bedingte Botschaft
1*: update()	Iteration (sequentiell)
5*//[a≠0]: update()	Broadcast mit Bedingung (d.h. nebenläufige Iteration)

Abb. 5.2.52. Verschiedene Botschaften im Kommunikationsdiagramm

Wie man schon in Abb. 5.2.51 sehen konnte, wird der Botschaftenfluss zur Darstellung der Interaktion in einem Kommunikationsdiagramm durch einen benannten Pfeil neben der Verbindungslinie zwischen den Kommunikationspartnern repräsentiert. Die Benennung eines Pfeils gibt den Namen der Botschaft (sowie ggf. ihre Argumente und Resultate) an. Der Botschaft vorangestellt wird eine *Sequenznummer* in der Notation der Dezimalklassifikation (die Aufschluss über die Reihenfolge der einzelnen Botschaften gibt) sowie weitere Kontrollinformation (Iteration, Verzweigung, etc.) für die Botschaften. Einige Beispiele für Benennungen und ihre Bedeutung gibt Abb. 5.2.52.

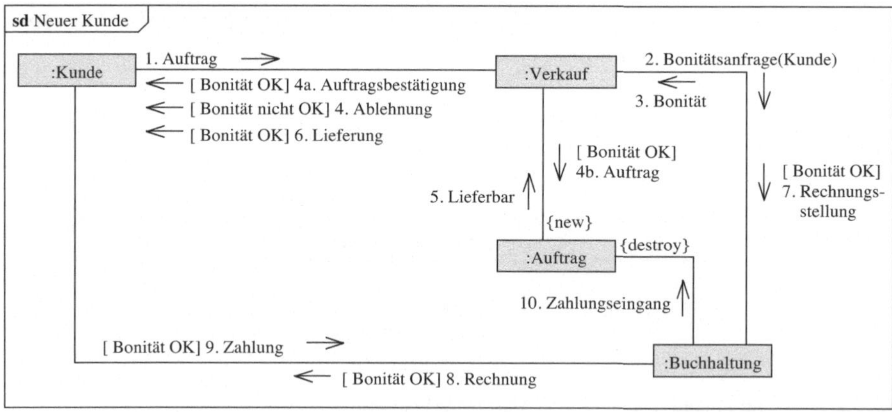

Abb. 5.2.53. Kommunikationsdiagramm (neuer Kunde)

Ein weiteres Beispiel eines Kommunikationsdiagramms zeigt Abb. 5.2.53. Hier wird dasselbe Szenario (Bestellung eines neuen Kunden) als Kommunikationsdiagramm dargestellt, das bereits in Abb. 5.2.49 als Sequenzdiagramm modelliert ist.

Man sieht hier insbesondere, dass im Kommunikationsdiagramm nur eine Verbindung zwischen den Kommunikationspartnern angegeben wird, über die dann mehrere Botschaften geschickt werden können.

5.2.8 Zustandsdiagramme

Zustandsdiagramme sind Darstellungen von Zustandsautomaten (*state machines*). Sie werden einzelnen Anwendungsfällen, Operationen oder Klassen zugeordnet und zeigen das dynamische Verhalten der jeweiligen Instanzen. Die dafür vorgesehenen Konzepte und deren Darstellung sind im Wesentlichen (siehe aber auch [CD 07, TA 06]) die der hierarchischen Automaten (vgl. 3.4.4).

Geringfügig anders ist die Benennung von *Transitionen*, die in UML die Form

Ereignis (Argumente) [Bedingung] / Aktion (Argumente)

hat, wobei auch mehrere Ereignisse (ohne Argumente) angegeben werden können (aber nur eine Bedingung und eine Aktion). Ereignisse umfassen den Empfang von Signalen, den Aufruf von Operationen, Zeit-Trigger, sowie eine Wertänderung von Variablen, die in den Bedingungen vorkommen. Die Bedingung kann auch eine (relative oder absolute) Zeitbedingung sein, wofür spezielle Prädikate (z.B. **after**()) vorgesehen sind. Außerdem sind alle Bestandteile optional. Wenn kein Bestandteil angegeben ist, wird der Übergang durch das Beenden einer inneren (do/-) Aktivität im zugehörigen Ausgangszustands ausgelöst („completion transition"). Dies entspricht den „automatischen Übergängen" in 3.4.3.

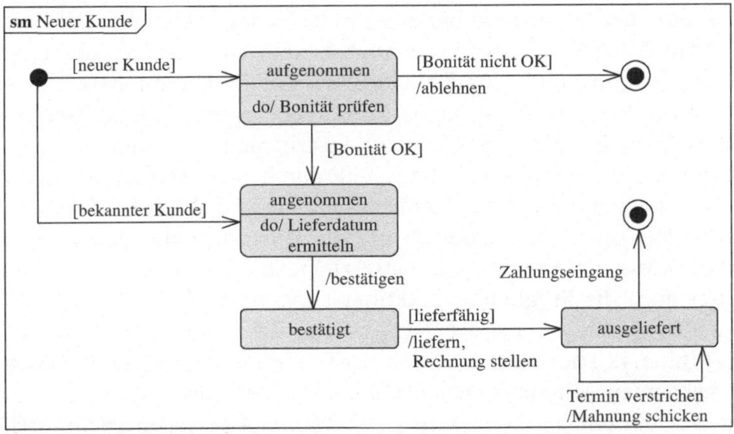

Abb. 5.2.54. Zustandsdiagramm (neuer Kunde)

Ein (einfaches) Beispiel, das (bis auf die Verwendung des Endknotens, der wie in 3.4.3 dargestellt wird) nur aus den hierarchischen Automaten (vgl. 3.4.4) bekannte Elemente enthält, zeigt Abb. 5.2.54. Modelliert wird hier der Bestellvorgang durch einen neuen Kunden, der bereits mit einem Sequenzdiagramm (vgl.

Abb. 5.2.49) und einem Kommunikationsdiagramm (vgl. Abb. 5.2.53) dargestellt wurde. Der einzig wesentliche inhaltliche Unterschied zu den früheren Modellen besteht darin, dass das Zustandsdiagramm in Abb. 5.2.54 auch den Bestellvorgang durch einen bekannten Kunden subsumiert.

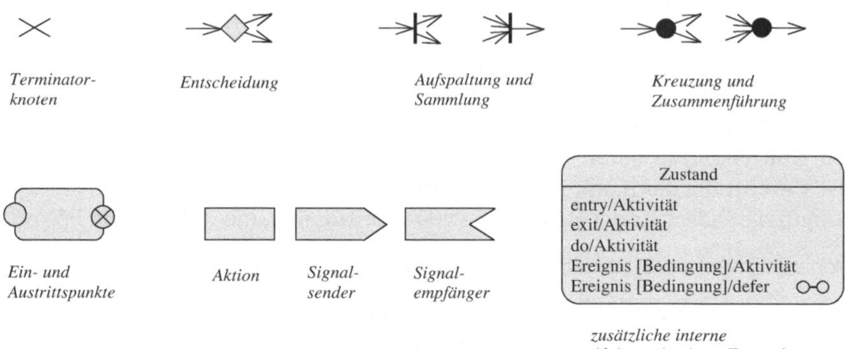

Abb. 5.2.55. Weitere Darstellungsmöglichkeiten des Zustandsdiagramms

Abb. 5.2.55 zeigt einige weitere notationelle Möglichkeiten für Zustandsdiagramme der UML. Der *Terminatorknoten* steht für einen Abbruch (und entspricht dem Zerstören eines Objekts). Eine *Aufspaltung* bewirkt eine parallele Fortsetzung über alle angegeben Ausgangskanten, bei einer *Entscheidung* oder *Kreuzung* wird eine der ausgehenden Kanten ausgewählt. An den ausgehenden Kanten können dort auch Bedingungen angegeben werden, die festlegen, welcher der Übergänge gewählt wird. Bei der Auswahl werden bei einer Entscheidung Aktionen auf dem Weg vom Zustand zur Entscheidung berücksichtigt, bei einer Kreuzung nicht. Gibt es bei einer Entscheidung mehrere Möglichkeiten, wird nicht-deterministisch ausgewählt. Wenn bei einer Entscheidung keine der angegebenen Bedingungen zutrifft, liegt ein Modellierungsfehler vor. Ein- und Austrittspunkte dienen der übersichtlicheren Darstellung. *Eintrittspunkte* (dargestellt durch einen kleinen Kreis auf der Zustandskontur) erlauben es mehrere Transitionen, die von außen in einen Zustand führen, zusammenzufassen. Analoges gilt für Austrittspunkte (dargestellt durch einen kleinen Kreis mit Kreuz). Alternativ zur textuellen Beschriftung von Transitionen gibt es auch die Möglichkeit, Aktionen sowie den Empfang und das Senden von Signalen graphisch darzustellen, wobei die durch die Stimulus-Response-Folgen (vgl. 3.4.6) bekannte Notation verwendet wird. Zusätzlich zu den schon aus 3.4.3 bekannten Möglichkeiten (Schlüsselwörter: entry, exit, do) von inneren Aktivitäten in Zuständen, können in UML innere Aktivitäten auch durch Ereignisse und/oder Bedingungen ausgelöst werden. Außerdem können Ereignisse und Bedingungen zurückgestellt (Schlüsselwort: defer) werden, um so erhalten zu bleiben und als Auslöser für einen „späteren" Übergang (aus einem Nachfolgerzustand) weiterhin zur Verfügung zu stehen. Das (an eine Brille erinnernde) kleine Symbol in der rechten unteren Ecke des Zustands in Abb. 5.2.55 ist wieder optional. Es gibt an, dass der so markierte Zustand ein hierarchischer Zustand ist, dessen „Innenleben" hier nicht gezeigt wird.

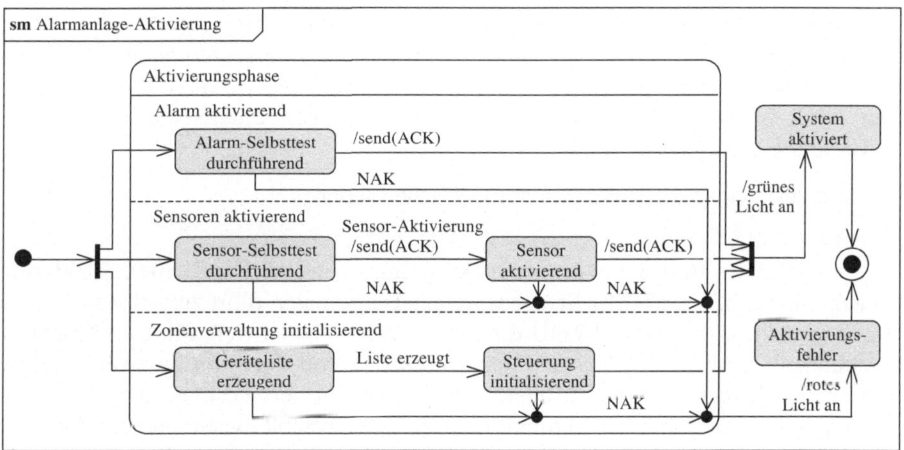

Abb. 5.2.56. Zustandsdiagramm (Aktivierung der Alarmanlage)

Im Beispiel der Aktivierung der Alarmanlage, das in Abb. 5.2.56 gezeigt wird,
kommen einige der weiteren Notationselemente aus Abb. 5.2.55 vor. Nach dem
Start des Zustandsautomaten wird die Verarbeitung in die parallelen Teilzustände
(„Alarm aktivierend", „Sensoren aktivierend" und „Zonenverwaltung initialisie-
rend") des Zustands „Aktivierungsphase" aufgespaltet. Nach Durchlaufen der parallelen Teilzustände wird die Verarbeitung dann wieder an der Sammlung synchronisiert, sofern keiner der (Unterzustände der) parallelen Teilzustände durch das
Ereignis „NAK" (= *not acknowledged*) verlassen wird. Nach der Synchronisation
wird die Aktion „grünes Licht an" ausgelöst und in den Zustand „System aktiviert"
übergegangen, der schließlich in den Endzustand führt. Wird dagegen (mindestens)
einer der parallelen Teilzustände durch das Ereignis „NAK" verlassen, wird auch
der Zustand „Aktivierungsphase" verlassen, die Aktion „rotes Licht an" ausgelöst
und in den Zustand „Aktivierungsfehler" übergegangen, der seinerseits in den Endzustand führt.

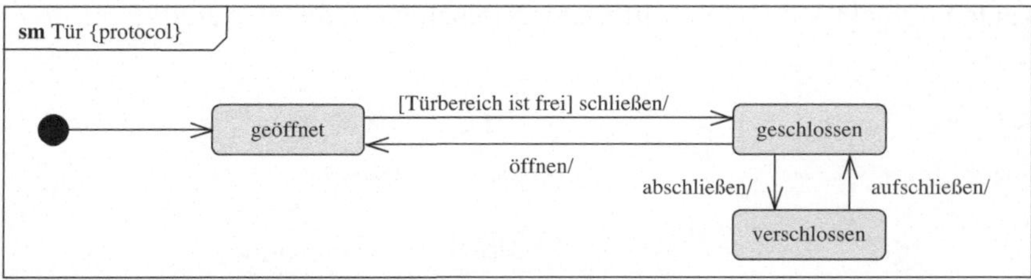

Abb. 5.2.57. Protokoll-Zustandsautomat

Neben der reinen Verhaltensbeschreibung können Zustandsautomaten auch zur
Beschreibung der von einer Klasse realisierten „Protokolle " eingesetzt werden, die

ihrerseits die erlaubten Aufruffolgen von Operationen der betreffenden Klasse charakterisieren. Bei dieser speziellen Form eines Zustandsautomaten, die *Protokoll-Zustandsautomat* genannt und mit der Einschränkung {protocol} gekennzeichnet wird, hat man Zustände (ohne interne Aktionen und Sendeaktionen) mit Invarianten sowie Transitionen, die mit

[Vorbedingung] auslösende Operation / [Nachbedingung]

annotiert sind.

Ein einfaches Beispiel (Tür mit Schloss) eines solchen Protokoll-Zustandsautomaten gibt Abb. 5.2.57. Der Start des Zustandsautomaten führt zunächst in den Zustand „geöffnet". Unter der Vorbedingung „Türbereich ist frei" führt die Operation „schließen" dann in den Zustand „geschlossen". Von dort gibt es zwei mögliche Übergänge. Die Operation „öffnen" führt zurück in den Zustand „geöffnet". Mit der Operation „abschließen" kommt man in den Zustand „verschlossen" (und von dort wieder zurück mit „aufschließen"). Damit sind alle erlaubten Reihenfolgen der angegebenen Operationen erfasst und nicht erlaubte (z.B. öffnen – abschließen) ausgeschlossen.

Die *Erzeugung* eines Objekts wird in UML als spezielles Ereignis aufgefasst, das in seinen Anfangszustand führt, wobei die Argumente des Ereignisses benutzt werden, um das Objekt zu instantiieren. Die *Zerstörung* eines Objekts erfolgt automatisch bei Übergang in einen übergeordneten Endzustand. Dabei kann auch noch ein Ereignis an ein anderes Objekt gesendet werden.

Eine spezielle Art von Ereignissen, die Übergänge auslösen können, sind *Signale*, die durch Klassen mit dem Stereotyp «signal» dargestellt werden. Dadurch sind Generalisierung und Spezialisierung möglich, wobei die Semantik so festgelegt ist, dass ein spezialisiertes Signal auch alle Übergänge aller seiner Generalisierungen auslöst.

5.2.9 Aktivitätsdiagramme

Eine *Aktivität* (*activity*) beschreibt einen Ablauf von Aktionen, der durch ein *Aktivitätsdiagramm* (*activity diagram*) dargestellt wird. Dieses ist ein gerichteter Graph mit verschiedenen Arten von Knoten (Aktions-, Objekt- und Kontrollknoten), die über Kanten (Objekt- oder Kontrollflüsse) miteinander verbunden sind.

Abb. 5.2.58. Grundelemente des Aktivitätsdiagramms

Die Grundelemente des Aktivitätsdiagramms zeigt Abb. 5.2.58. Die Bedeutung von Verzweigung und Zusammenführung, von Aufspaltung und Sammlung, Start- sowie Endknoten ist dieselbe wie im Zustandsdiagramm. Ein Abbruchknoten („flow final") schließt einen einzelnen Fluss ab. Der Endknoten („activity final") schließt die gesamte Aktivität ab.

Eine Aktion (*action*) ist ein elementarer Verarbeitungsschritt, der durch einen Aktionsknoten dargestellt und in der Regel durch einen Namen charakterisiert wird, aber auch beliebigen Text (bzw. auch Pseudocode oder OCL-Ausdrücke) enthalten kann. Eine Aktion kann insbesondere der Aufruf einer Aktivität sein (s.u.), d.h. hierarchische Schachtelung ist möglich. Einzelne Aktionen können auch durch „lokale Vor- und Nachbedingungen" (dargestellt durch entsprechende Notizen) annotiert werden. Seit der Version 2.0 unterscheidet UML begrifflich nicht mehr zwischen synchronem (früher: „Aktion") und asynchronem Aufruf (früher: „Aktivität"), vgl. auch 3.4.3.

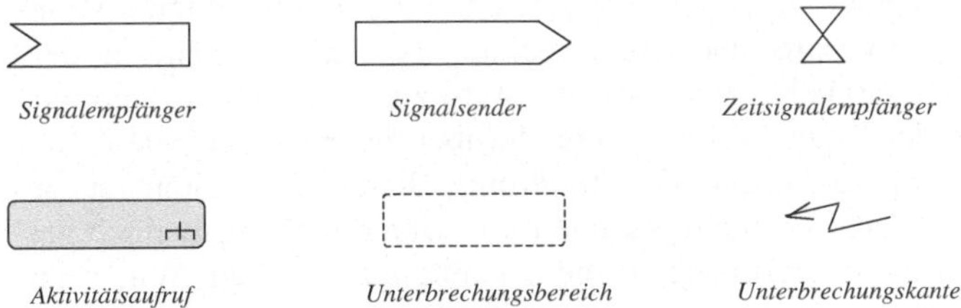

Abb. 5.2.59. Weitere Elemente des Aktivitätsdiagramms

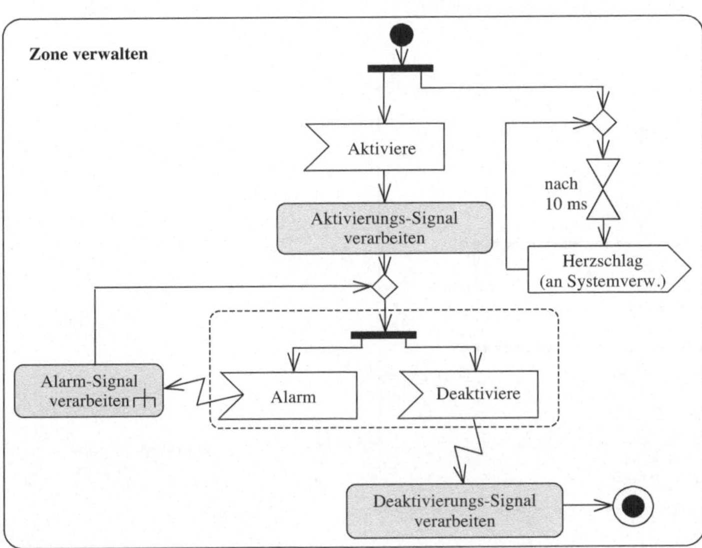

Abb. 5.2.60. Aktivitätsdiagramm (Zone verwalten)

Einige weitere Elemente des Aktivitätsdiagramms und ihre jeweilige Darstellung zeigt Abb. 5.2.59. *Signalempfänger*, *Signalsender* und *Zeitsignalempfänger* sind spezielle elementare Aktionen (die jeweils auch noch benannt werden können). Der Empfang eines Signals entspricht dabei dem Eintreten eines Ereignisses, das Senden eines Signals korrespondiert mit dem Auslösen eines Ereignisses. Auch ein *Aktivitätsaufruf* ist eine elementare Aktion, die mit der aufzurufenden Aktivität benannt wird. Ein *Unterbrechungsbereich* markiert eine Region in einem Aktivitätsdiagramm, die über eine *Unterbrechungskante* verlassen werden kann. Dabei wird – wie schon der Name suggeriert – die durch die Region begrenzte Teilaktivität abgebrochen.

Ein Beispiel eines Aktivitätsdiagramms (für das Verwalten einer Zone der Alarmanlage) zeigt Abb. 5.2.60. Nach dem Start wird in zwei parallele Verarbeitungsstränge aufgespaltet. Im rechten Strang wird periodisch – gesteuert durch den Zeitsignalempfänger – alle 10 ms ein Herzschlagsignal an den Systemverwalter gesendet. Der linke Strang wartet zunächst auf den Empfang des Aktivierungs-Signals. Sobald dieses empfangen wird, wird die Aktion „Aktivierungs-Signal verarbeiten" ausgeführt. Danach wird der Unterbrechungsbereich betreten, in dem parallel auf zwei mögliche Signale gewartet wird. Wird zuerst das Deaktivierungs-Signal empfangen, wird der Unterbrechungsbereich (über die entsprechende Unterbrechungskante) verlassen, die Aktion „Deaktivierungs-Signal verarbeiten" ausgeführt und die gesamte Aktivität beendet. Nachdem der Unterbrechungsbereich verlassen wurde, kann auch kein Alarm-Signal mehr empfangen werden. Wird stattdessen das Alarm-Signal empfangen, wird der Unterbrechungsbereich ebenfalls verlassen und die Aktivität „Alarm-Signal verarbeiten" aufgerufen. Ist diese abgearbeitet, wird der Unterbrechungsbereich erneut betreten. Dadurch können dann auch wieder beide Signale empfangen werden.

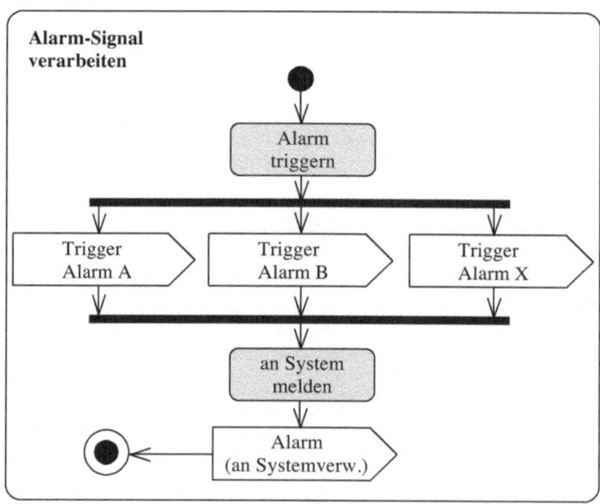

Abb. 5.2.61. Aktivitätsdiagramm (Alarm-Signal verarbeiten)

Die Aktivität „Alarm-Signal verarbeiten" wird in Abb. 5.2.61 dargestellt und sollte selbsterklärend sein. Auch hier wird – wie in Abb. 5.2.60 – nur der Kontrollfluss dargestellt.

Über die bisher behandelten Möglichkeiten hinaus können mit Aktivitätsdiagrammen noch weitere Aspekte dargestellt werden. Durch „Zuständigkeitsbereiche" (*activity partition*) kann die Verarbeitung in einem Aktivitätsdiagramm auf verschiedene benannte Bereiche aufgeteilt werden. Bei eindimensionaler Aufteilung entspricht die graphische Darstellung der bei den Ablaufdiagrammen (vgl. 3.3.2). Für mehrdimensionale gibt es mehrere graphische Möglichkeiten. Auch eine Alternativnotation, bei der die Zuständigkeit an den Aktionen angegeben wird, ist vorgesehen. Ebenfalls möglich ist die Angabe des *Objektflusses* zwischen Aktionen. Dieser wird durch einen *Objektknoten* (s.u.) dargestellt und mit den zugehörigen Aktionen verbunden. Abb. 5.2.62 illustriert diese Möglichkeiten für Aktivitätsdiagramme anhand der Bearbeitung einer Kundenbestellung (vgl. auch Abb. 3.3.4, 3.3.5, 3.3.7, 3.3.9, 3.3.10 und 3.3.11).

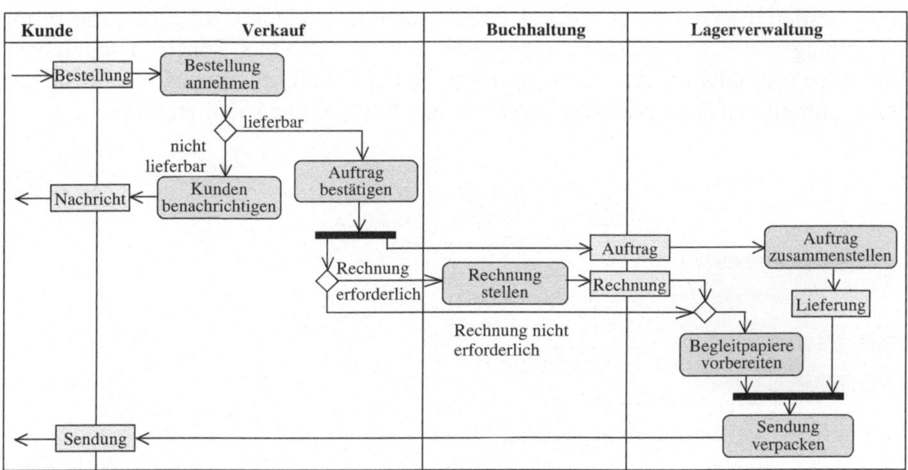

Abb. 5.2.62. Aktivitätsdiagramm (Abwicklung einer Kundenbestellung)

Die Semantik einer in einem Aktivitätsdiagramm beschriebenen Aktivität wird, ähnlich wie bei Petrinetzen (vgl. 3.4.5), über den Fluss von Marken („Token") definiert. Entsprechend den beiden Flussmöglichkeiten in einer Aktivität gibt es Kontroll- und Daten-Token. Kontroll-Token steuern den Ablauf, Daten-Token dienen dem „Transport" von Datenwerten (über Kanten an denen mindestens ein Objektknoten beteiligt ist). Der Fluss von Token über Kanten und Kontrollknoten (mit Ausnahme des Sammlungsknotens) ist zeitlos. In Aktions- oder Objektknoten können sie verweilen, bis sie vom danach folgenden Aktions- oder Objektknoten aufgenommen werden können.

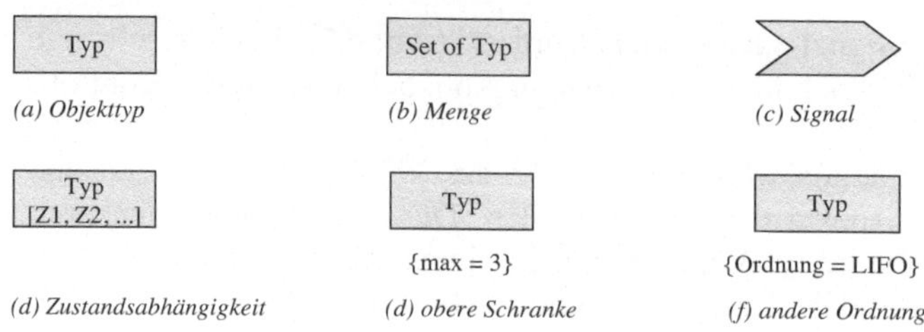

Abb. 5.2.63. Verschiedene Arten von Objektknoten

Ein Objektknoten kann in unterschiedlichen Formen (vgl. Abb. 5.2.63) auftreten. In seiner einfachsten Form steht er für den Typ der Token die über die Verbindungskanten fließen können. Wenn über die eingehende Kante eines Objektknotens mehr Token ankommen, als über die ausgehende abfließen, werden diese im Objektknoten, gemäß der Reihenfolge in der sie ankommen (FIFO), gespeichert. Insofern sind Objektknoten semantisch vergleichbar mit Datenflüssen in Datenflussdiagrammen. Objektknoten, deren Token Mengen enthalten oder deren Token Signale sind, werden besonders gekennzeichnet. Außerdem können verschiedene Einschränkungen des Tokenflusses angegeben werden, z.B. dass Token in speziellen Zuständen sein müssen, dass der Objektknoten nur eine bestimmte Maximalzahl an Token aufnehmen kann oder dass die Standard-Reihenfolge geändert wird.

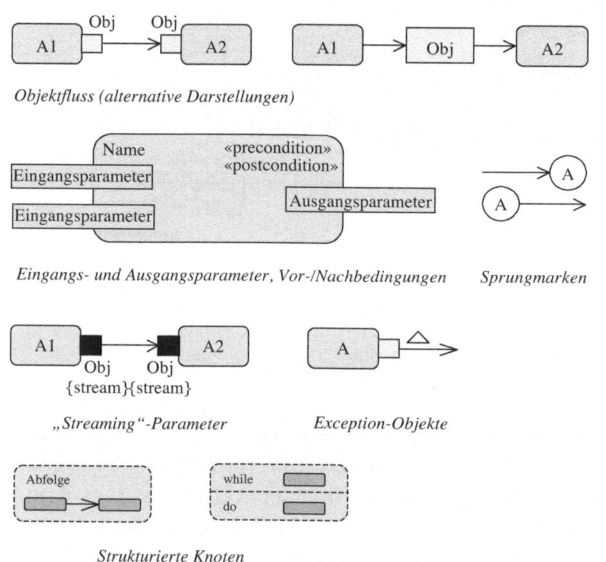

Abb. 5.2.64. Weitere Darstellungsmöglichkeiten im Aktivitätsdiagramm

Abb. 5.2.64 zeigt weitere Darstellungsmöglichkeiten im Aktivitätsdiagramm. Anstelle der in Abb. 5.2.62 verwendeten Darstellung gibt es auch eine alternative

Darstellung, bei der die Objekte als entsprechend benannte, kleine Rechtecke („*Pins*") an die durch den Objektfluss verbundenen Aktionen angefügt wird. Durch entsprechende Stereotypen können Objektknoten auch als *Puffer* oder *Datenspeicher* gekennzeichnet werden. *Ein-* und *Ausgabeparameter* einer Aktion können durch Objektsymbole auf der Randlinie eines Aktionssymbols dargestellt werden. Innerhalb des Aktionssymbols können auch Vor- und Nachbedingungen angegeben werden. Durch die Angabe von *Sprungmarken* ist es möglich, einen Fluss an einer Stelle zu beenden und einer beliebigen anderen Stelle fortzusetzen. In der Pin-Darstellung (s.o.) können Objekte auch noch graphisch differenziert werden, z.B. als „Streaming-Parameter" (bei dem auch Daten-Token ein- und ausfließen können, wenn die betreffende Aktion gerade aktiv ist), „Exception-Objekte" (bei denen die nachfolgende Aktion nur ausgeführt wird, wenn die entsprechende Ausnahme ausgelöst wurde) oder „Parametersätze" (zur Kennzeichnung von Gruppen von Parametern). Und schließlich gibt es noch „strukturierte Knoten", in denen Teilaktivitäten zusammengefasst und benannt werden können.

Aktivitätsdiagramme kombinieren verschiedene Grundkonzepte. Auf den Zusammenhang mit Datenflussdiagrammen (vgl. 3.3.4) und Petrinetzen (3.4.5) wurde oben bereits hingewiesen. Der Zusammenhang mit Programmablaufplänen (vgl. 3.3.3) ist offensichtlich. In ihrer einfachsten Form können Aktivitätsdiagramme auch als Spezialfall von hierarchischen Automaten (vgl. 3.4.4) aufgefasst werden, die nur „Aktivitätszustände" (d.h. Zustände mit internen do-Aktivitäten) und unmarkierte Transitionen haben, bei denen also alle Zustandsübergänge durch Beendigung der Aktivität eines Zustands ausgelöst werden.

5.2.10 Zeitdiagramme

Zeitdiagramme (*timing diagrams*) sind im Wesentlichen Zeitverlaufsdiagramme (vgl. 3.6.1). Sie zeigen zeitliche Beschränkungen und Zeitzusammenhänge zwischen Zuständen von Kommunikationspartnern und (synchronem oder asynchronem) Botschaftenaustausch.

Die prinzipiellen Modellierungskonzepte in Zeitdiagrammen und ihre Verwendung zeigt Abb. 5.2.65 an einem Beispiel. Dargestellt wird ein Fußgängerüberweg über eine Fahrstraße, der mit einer bedarfsgesteuerten Ampel („Drück-Ampel") gesichert ist. In der Vertikalen sind die Kommunikationspartner (hier Fahrzeug-Ampel, Fußgänger-Ampel und Fußgänger) und ihre relevanten Zustände angegeben. In der Horizontalen hat man die mit einer Zeitskala versehene Zeitachse. Jeder Kommunikationspartner hat eine von links nach rechts verlaufende „Zustandslinie", die zeigt, wann und wie lange ein Zustand eingenommen wird. Zustandswechsel erfolgen eigenständig, durch Botschaften von anderen Kommunikationspartnern ausgelöst oder durch Zeitbedingungen getriggert. Der zeitliche Zusammenhang zwischen den Verhalten der verschiedenen Kommunikationspartner ergibt sich aus der relativen Lage der jeweiligen Zustandslinien.

Das Verhalten der in Abb. 5.2.65 dargestellten Ampelanlage ist wie folgt: Zu Beginn ist der Fußgänger im Zustand „aktiv" (er bewegt sich auf die Ampel zu), die Fußgänger-Ampel im Zustand „rot" und die Fahrzeug-Ampel im Zustand

„aus". Zum Zeitpunkt 0, der als Bezugszeitpunkt „t" gekennzeichnet ist, wechselt der Fußgänger in den Zustand „wartend" und schickt (z.B. durch Drücken eines Knopfes) die Botschaft „umschalten". Diese bewirkt bei der Fahrzeug-Ampel einen Wechsel nach „gelb". 20 Sekunden danach, d.h. 20 Sekunden nach dem Bezugszeitpunkt „t", wechselt die Fahrzeug-Ampel auf „rot". Nach insgesamt 40 Sekunden ab dem Bezugszeitpunkt „t" wechselt die Fußgänger-Ampel auf „grün" und schickt dem Fußgänger die Botschaft „gehen" (z.B. durch das bekannte „grüne Ampelmännchen" und ein akustisches Signal), worauf dieser seinerseits vom Zustand „wartend" in den Zustand „aktiv" wechselt (d.h. die Straße überquert). Die Grünphase der Fußgänger-Ampel dauert genau 60 Sekunden. Dann erfolgt ein Wechsel in „rot" und der Versand der Botschaft „nicht gehen" an den Fußgänger. 20 Sekunden später wechselt die Fahrzeug-Ampel in den Zustand „aus".

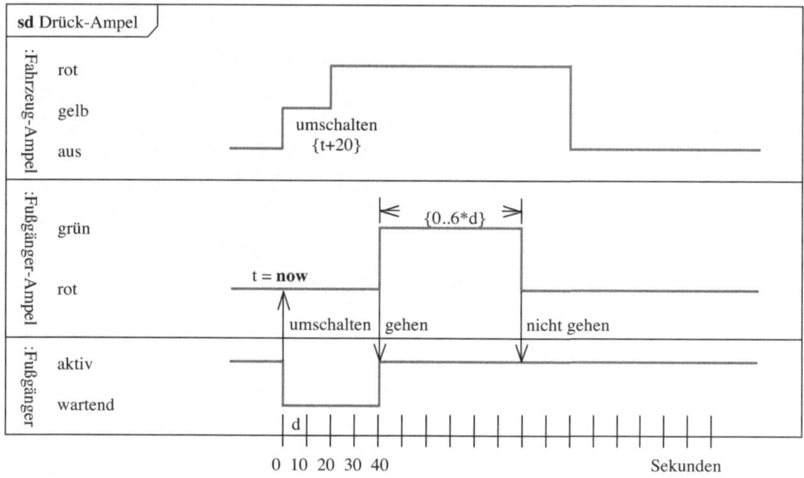

Abb. 5.2.65. Zeitdiagramm

Neben den in Abb. 5.2.65 verwendeten Notationselementen gibt es noch einige weitere, die zum Teil auch im Sequenzdiagramm (vgl. 5.2.6) verwendet werden können. Dazu gehören die explizite Beendigung der Zustandslinie (mit „X"), andere Formen von Botschaften (synchrone Botschaft und Antwortbotschaft), Sprungmarken, kontinuierliche Zustandswechsel oder sog. „Wertverlaufslinien" (als alternative Darstellung der Zustandslinien).

5.2.11 Interaktionsübersichtsdiagramme

Interaktionsübersichtsdiagramme (*interaction overview diagrams*) sind stark vereinfachte Aktivitätsdiagramme, die die Abfolge und das Zusammenspiel verschiedener Interaktionen im Überblick zeigen. Es gibt keinen Objektfluss, dargestellt wird also nur der Kontrollfluss. Dabei ist die Bedeutung der Kontrollknoten dieselbe wie im Aktivitätsdiagramm. Anstelle von Aktionen und Aktivitätsaufrufen hat man explizite Interaktionen (dargestellt durch Sequenz-, Kommunikations-, Zeit- oder Interaktionsübersichtsdiagramme) sowie Interaktionsreferenzen.

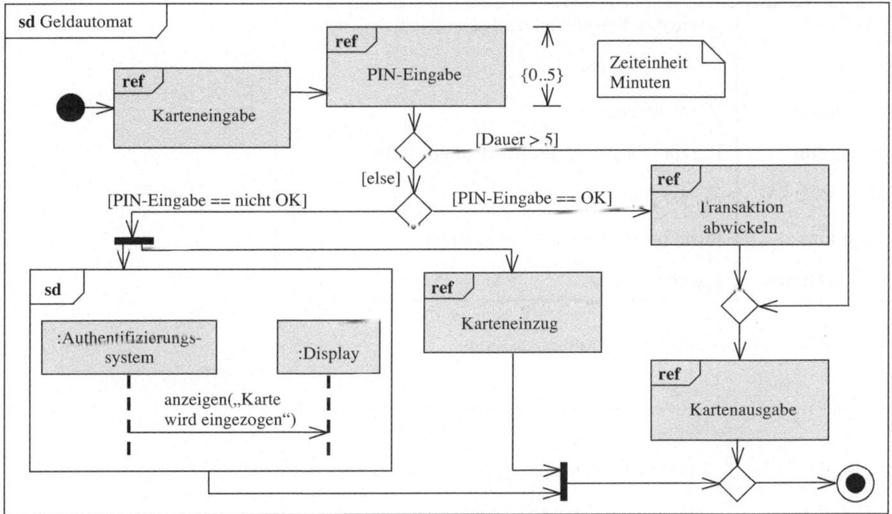

Abb. 5.2.66. Interaktionsübersichtsdiagramm (nach [RQZ 07])

Ein selbsterklärendes Beispiel eines Interaktionsübersichtsdiagramms findet sich in Abb. 5.2.66. Bereits hier sieht man, dass die Verwendung expliziter Interaktionen (wie das Sequenzdiagramm im Beispiel) höchstens dann sinnvoll ist, wenn die zugehörigen Diagramme hinreichend klein sind.

5.2.12 Tabellarische Darstellungen

Über die graphischen Darstellungsformen hinaus lässt UML auch ergänzend Text und Tabellen zu, auch wenn diese nicht Bestandteile des Standards sind. Zur Präzisierung der wichtigen Begriffe empfiehlt sich auch die Verwendung eines Glossars. Konkrete Angaben zu Darstellung, Umfang und Inhalt gibt es dazu nicht. Daher bietet es sich an, sich an anderen Ansätzen zu orientieren.

Hinsichtlich Text empfiehlt es sich, zunächst Konventionen für einheitliche Namensgebungen im Kontext der Diagramme festzulegen, sofern nicht bereits UML selbst entsprechende Vorgaben macht. Zur Formulierung von Einschränkungen oder Vor-/Nachbedingungen ist OCL oder eine andere geeignete formale Sprache (mit präziser Semantik) empfehlenswert.

Einige Beispiele von Tabellen, wie sie etwa in OCTOPUS (vgl. [AKZ 96]) verwendet werden, findet man in Abb. 5.2.67 bis Abb. 5.2.69. In allen Fällen hat man bestimmte Schlüsselwörter, die die relevanten Aspekte kennzeichnen, zu denen jeweils (in informellem Text) Angaben gemacht werden. Dabei können im konkreten Fall nicht zutreffende Aspekte (und die zugehörigen Schlüsselwörter) auch weggelassen werden. Natürlich sind ähnliche Tabellen auch für andere Aspekte (z.B. für informelle Klassenbeschreibungen) denkbar.

Use Case	Name des Anwendungsfalls und Kurzbezeichnung
Actors	Liste der Aktoren
Preconditions	Vorbedingungen
Description	Kurzbeschreibung des Anwendungsfalls
Sub Use Cases	Verweis auf Unterfälle
Exceptions	Reaktion auf Ausnahmesituationen
Postconditions	Nachbedingungen

Abb. 5.2.67. Beschreibung von Anwendungsfällen

Event	Name
Response	Kurzbeschreibung der Reaktion auf das Ereignis
Associations	zugeordnete Klasse(n), Objekte, Operationen
Source	Auslöser des Ereignisses
Contents	Datenattribute des Ereignisses
Response Time	maximale und minimale Reaktionszeit
Rate	Angaben über Eintrittshäufigkeit

Abb. 5.2.68. Beschreibung von Ereignissen

Operation	Name
Description	kurze verbale Beschreibung
Associations	zugeordnete Klasse(n), Objekte
Preconditions	Vorbedingungen
Inputs	Liste aller Daten und Objekte, auf die zugegriffen wird, die aber nicht verändert werden
Modifies	Liste aller Daten und Objekte, die die Operation verändert
Outputs	detaillierte Beschreibung, wie die Ausgabe bestimmt wird
Postconditions	Nachbedingungen

Abb. 5.2.69. Beschreibung von Operationen

5.2.13 Zusammenhänge zwischen den Beschreibungsmöglichkeiten

UML bietet eine Fülle von Beschreibungsmöglichkeiten, mit denen jeweils verschiedene Aspekte eines Modells dargestellt werden können. Allerdings werden diese in der Praxis nur zum Teil genutzt (vgl. [DP 06]).

Anwendungsfalldiagramme zeigen die externen Schnittstellen eines Systems (als Teil der „externen Kommunikation") und seine Hauptaufgaben („externe Funktionen") sowie gegebenenfalls deren Zusammenhänge. Sie dienen auch zur Überprüfung der Modelle, indem sie die Grundlage für funktionale Tests liefern. *Anwendungsfallbeschreibungen* präzisieren Anwendungsfälle in textueller oder tabellarischer Form. Üblicherweise werden sie durch ein Glossar (zur Festlegung der Terminologie) ergänzt.

Sequenzdiagramme präzisieren Szenarien. Auch sie zeigen das (externe) Verhalten (Interaktion) des Systems, allerdings nur für das jeweils dargestellte Szenario. Vor allem aber beschreiben sie den Austausch von Botschaften zwischen Kommunikationspartnern in zeitlicher Abfolge. Sequenzdiagramme sind darüber hinaus zur schrittweisen Herleitung von Zustandsdiagrammen geeignet, etwa indem man das Verhalten eines einzelnen Kommunikationspartners aus mehreren Sequenzdiagrammen geeignet zusammenfasst.

Klassendiagramme zeigen die statische Struktur („konzeptuelle Zerlegung") eines Systems und seiner Umgebung, d.h. die Klassen und ihre verschiedenartigen Beziehungen. Aktoren (aus dem Anwendungsfalldiagramm) treten als Klassen im Klassendiagramm dann auf, wenn ihr „Zustand" oder andere relevante Information gespeichert werden müssen. *Klassenbeschreibungen* geben detaillierte (meist informelle) Beschreibungen der einzelnen Klassen in Form von Text oder Tabellen.

Zustandsdiagramme beschreiben das dynamische Verhalten von Systembestandteilen (Objekte oder Operationen). Sie erfassen die Interaktion zwischen System und Umgebung, die erforderlich ist um Operationen auszuführen, und berücksichtigen dabei die Zustandsabhängigkeit von Operationen und ihre Wechselwirkungen. *Ereignisbeschreibungen* detaillieren Ereignisse, *Aktionsbeschreibungen* präzisieren Aktionen. In beiden Fällen bieten sich dafür Text oder Tabellen an.

Aktivitätsdiagramme beschreiben detailliert Objektoperationen oder Anwendungsfälle, indem sie den Kontroll- und/oder Datenfluss zwischen einzelnen Aktionen darstellen.

In *Operationsbeschreibungen* werden Anwendungsfälle, Operationen aus dem Zustandsdiagramm oder Aktionen des Aktivitätsdiagramms durch Texte oder Tabellen präzisiert. Auch sie werden durch das Glossar ergänzt.

Kommunikationsdiagramme präzisieren das Zusammenwirken von Gruppen von Objekten bei der Ausführung von Operationen oder bei der Realisierung eines Anwendungsfalls, häufig unter Ausnutzung der (statischen) Objektbeziehungen. Wie Sequenzdiagramme, allerdings mit anderer Schwerpunktsetzung, zeigen auch sie Teile des externen Verhaltens und der Interaktion zwischen Komponenten.

Zeitdiagramme beschreiben die zustandsabhängige Interaktion von Kommunikationspartnern unter Berücksichtigung von Zeitaspekten.

Interaktionsübersichtsdiagramme geben einen Überblick über mögliche Abfolgen verschiedener Interaktionen zwischen Kommunikationspartnern.

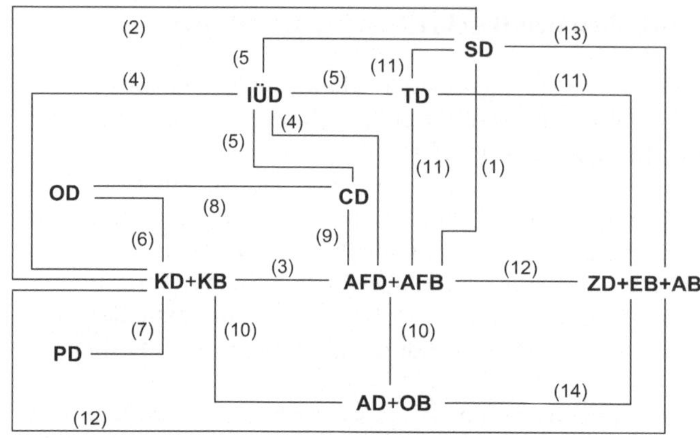

AB: Aktionsbeschreibung
AFB: Anwendungsfallbeschreibung
AFD: Anwendungsfalldiagramm
AD: Aktivitätsdiagramm
CD: Kommunikationsdiagramm
EB: Ereignisbeschreibung
IÜD: Interaktionsübersichtsdiagramm
KD: Klassendiagramm

KB: Klassenbeschreibung
OB: Operationsbeschreibung
OD: Objektdiagramm
PD: Paketdiagramm
SD: Sequenzdiagramm
TD: Zeitdiagramm
ZD: Zustandsdiagramm

Abb. 5.2.70. Zusammenhänge der verschiedenen UML-Formalismen

Mit den oben genannten Beschreibungsmöglichkeiten werden nur jeweils verschiedene Aspekte desselben Sachverhalts dargestellt. Deshalb gibt es natürlich Zusammenhänge (in Abb. 5.2.70 mit (1)-(14) gekennzeichnet), die hinsichtlich Konsistenz berücksichtigt werden müssen und die wie folgt charakterisiert werden können:

(1)   Sequenzdiagramme (SD) illustrieren Szenarien (die Instanzen von Anwendungsfällen sind) oder spezifizieren Anwendungsfälle im Detail. Anwendungsfalldiagramme (AFD) und -beschreibungen (AFB) liefern die Grundlage für Sequenzdiagramme.

(2)   Sequenzdiagramme (SD) für Szenarien liefern Informationen über Klassen, Beziehungen und Operationen in Klassendiagrammen (KD) und Klassenbeschreibungen (KB). Dabei werden häufig Botschaften im Sequenzdiagramm zu Operationen im Klassendiagramm. Das Klassendiagramm enthält die Kommunikationspartner des Sequenzdiagramms. Operationen können durch Sequenzdiagramme spezifiziert werden.

(3)   Anwendungsfalldiagramme (AFD) und -beschreibungen (AFB) liefern Informationen über Klassen, Beziehungen und Operationen in Klassendiagrammen (KD) und -beschreibungen (KB).

(4)   Interaktionsübersichtsdiagramme (IÜD) beschreiben das Verhalten von Klassen im Klassendiagramm (KD) sowie von Anwendungsfällen im Anwendungsfalldiagramm (AFD) und anderen „Klassenartigen" (*classifier*) in kompakter Weise.

(5)   Interaktionsübersichtsdiagramme (IÜD) benutzen Sequenzdiagramme (SD), Kommunikationsdiagramme (CD) sowie Zeitdiagramme (TD) und stellen deren Zusammenspiel aus abstrakter Sicht dar.

(6)   Objektdiagramme (OD) zeigen Instanzen von Klassen und Assoziationen eines Klassendiagramms (KD) zu einem bestimmten Zeitpunkt.

(7)   Paketdiagramme (PD) zeigen die statische Systemstruktur (d.h. Klassen und deren Zusammenhänge) in kompakter, übersichtlicher Form.

(8)   Kommunikationsdiagramme (CD) zeigen die Interaktion von Objekten aus einem Objektdiagramm (OD).

(9)   Kommunikationsdiagramme (CD) zeigen die Realisierung von Anwendungsfällen aus Anwendungsfalldiagrammen (AFD) oder -beschreibungen (AFB) unter Berücksichtigung der Objektstruktur und der Interaktion von Objekten.

(10) Aktivitätsdiagramme (AD) und Operationsbeschreibungen (OB) präzisieren Anwendungsfälle aus Anwendungsfalldiagrammen (AFD) oder -beschreibungen (AFB). Operationsbeschreibungen (OB) bauen auf (Klassen und Beziehungen aus) den Klassendiagrammen (KD) und -beschreibungen (KB) auf.

(11) Zeitdiagramme (TD) präzisieren das Zeitverhalten von Anwendungsfällen aus Anwendungsfalldiagrammen (AFD) oder -beschreibungen (AFB), der Interaktion von Kommunikationspartnern eines Sequenzdiagramms (SD) oder das in einem Zustandsdiagramm (ZD) beschriebene zustandsabhängige Verhalten.

(12) Zustandsdiagramme (ZD) präzisieren und detaillieren zustandsabhängige Anwendungsfälle aus Anwendungsfalldiagrammen (AFD) oder -beschreibungen (AFB). Zustandsdiagramme beschreiben auch das zustandsabhängige Verhalten von Objekten und Operationen aus Klassendiagrammen (KD) und -beschreibungen (KB).

(13) Sequenzdiagramme (SD) liefern die Grundlage für Zustandsdiagramme (ZD). Diese fassen das (in den Sequenzdiagrammen erfasste) Verhalten einzelner Objekte zusammen, wobei die Botschaften im Sequenzdiagramm als Ereignisse (oder Aktionen) im Zustandsdiagramm erscheinen.

(14) Aktivitätsdiagramme (AD) und Operationsbeschreibungen (OB) präzisieren die Aktionen in Zustandsdiagrammen (ZD).

5.2.14 Eine mögliche Vorgehensweise

Eine UML-spezifische Methodik gibt es nicht. Eine mögliche Vorgehensweise zur Erstellung einer UML-Modellierung, die sich an den Zusammenhängen der Beschreibungsmittel von UML orientiert und üblicherweise mehrere Iterationen erfordert, wird im Folgenden kurz skizziert. Die Struktur dieser Vorgehensweise illustriert Abb. 5.2.71. Diese Darstellung sowie deren unten stehende Erläuterung sind insofern idealisiert, als aus Gründen der Übersichtlichkeit auf Rückkopplungen und Konsistenzprüfungen zwischen den einzelnen Diagrammen verzichtet wurde. Detailliertere methodische Hinweise zur Erstellung der einzelnen Modelle finden sich in den vorangegangenen Abschnitten.

Ausgehend von den informellen Anforderungen werden zunächst Anwendungsfälle identifiziert und durch Anwendungsfalldiagramme und -beschreibungen dargestellt. Daraus (und aus den informellen Anforderungen) werden dann typische Szenarien entwickelt und mit Hilfe von Sequenzdiagrammen beschrieben, wobei üblicherweise Rückkopplungseffekte bezüglich der Anwendungsfälle entstehen.

Aus den informellen Anforderungen und den Anwendungsfällen können dann Klassen und Attribute abgeleitet und durch Klassendiagramme beschrieben werden. Die beiden letzten Schritte können auch in umgekehrter Reihenfolge oder „verzahnt" durchgeführt werden. Die Klassendiagramme können dann anhand von Objektdiagrammen validiert und verbessert werden. Geeignete Klassen des Klassendiagramms lassen sich zudem in Paketdiagrammen zusammenfassen.

Auf der Grundlage der Klassendiagramme entwickelt man dann unter Berücksichtigung der Anwendungsfälle und der Sequenzdiagramme die Zustandsdiagramme und die zugehörigen Ereignis- und Aktionsbeschreibungen. Anschließend werden die darin vorkommenden Operationen sowie die, die in den Anwendungsfällen und den Sequenzdiagrammen enthalten sind, durch Operationsbeschreibungen und/oder Aktivitätsdiagramme beschrieben.

Alternativ können aus den Klassendiagrammen, einfachen Sequenzdiagrammen, sowie Anwendungsfalldiagrammen und -beschreibungen zunächst auch Interaktionsübersichtsdiagramme, Zeitdiagramme, Kommunikationsdiagramme und detaillierte Sequenzdiagramme entwickelt werden. Bei beiden Vorgehensweisen ergeben sich meist weitere Anhaltspunkte, die zur Vervollständigung der Klassendiagramme und -beschreibungen führen.

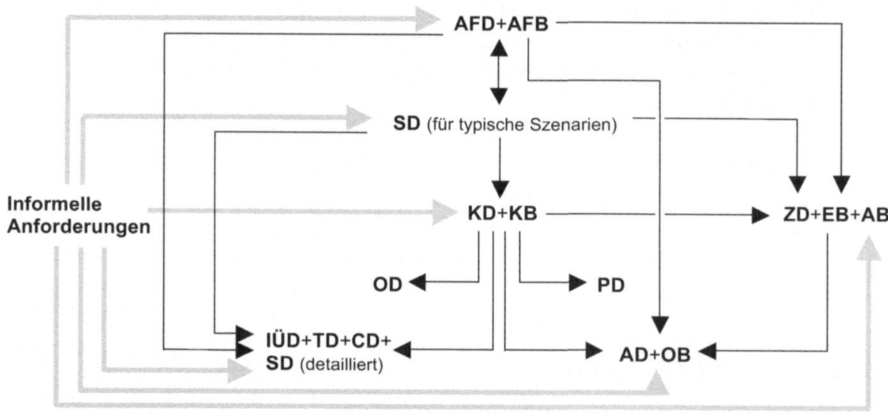

AB: Aktionsbeschreibung
AFB: Anwendungsfallbeschreibung
AFD: Anwendungsfalldiagramm
AD: Aktivitätsdiagramm
CD: Kommunikationsdiagramm
EB: Ereignisbeschreibung
IÜD: Interaktionsübersichtsdiagramm
KD: Klassendiagramm

KB: Klassenbeschreibung
OB: Operationsbeschreibung
OD: Objektdiagramm
PD: Paketdiagramm
SD: Sequenzdiagramm
TD: Zeitdiagramm
ZD: Zustandsdiagramm

Abb. 5.2.71. Mögliche Vorgehensweise

Literaturhinweise. In der Literatur findet man verschiedenartige Ansätze um UML-Modelle direkt aus natürlichsprachlichen Anforderungen abzuleiten oder gar zu erzeugen. Unterschiede bestehen vor allem darin, inwieweit die Ausgangssprache eingeschränkt wird, mit welchen Mitteln die Umsetzung erfolgt und welche UML-Modelle entstehen. Die Umsetzung unbeschränkter natürlicher Sprache unter Verwendung eines „Zwischenformats" (aus Tabellen und semantischen Netzen) wird in [IO 06] vorgeschlagen. Dort findet man auch viele Verweise auf andere Ansätze zur Umsetzung von Text in Modelle. Eine modifizierte Vorgehensweise, bei der natürliche Sprache (NL) und die darin enthaltene Information zuerst in eine graphische Form (Graphical NL) und dann diese in die endgültige graphische Form (UML) übersetzt wird, schlägt [IB 08] vor. Eine Umsetzung von natürlicher Sprache in UML-Modelle mithilfe von Transformationen findet man in [AG 06]. Die Ableitung von UML-Klassendiagrammen aus eingeschränkten natürlichsprachlichen Anforderungen (auf der Grundlage einer Begriffssammlung sowie Definitionen und Szenarien in vorgefertigter Form) schlägt [DLM 08] vor. In [LSE 04] werden eine Vorgehensweise und ein Werkzeug vorgestellt, wie man aus natürlichsprachlichen Anforderungen, die mithilfe sogenannter Use Case Schemata dargestellt sind, anhand von Regeln automatisch Klassenmodelle erzeugen kann. Eine Umsetzung natürlichsprachlicher funktionaler Anforderungen in Sequenzdiagramme zum Zwecke der Visualisierung behandelt [KGL 06]. Einen Vorschlag zur systematischen Umsetzung von „Problem-Frame"-Beschreibungen in Komponenten- und Klassendiagramme findet man in [LD 06]. Die Erzeugung von Zustandsdiagrammen aus speziellen Sequenzdiagrammen („life sequence charts") behandelt [HKP 05].

5.2.15 Abschließende Bemerkungen

UML ist ein extrem reichhaltiger Formalismus, der viele der in Kap. 3 vorgestellten Grundformalismen umfasst, viele davon sogar weitgehend in ihrer ursprünglichen Notation. Einen Überblick über die verschiedenen Diagrammtypen und die darin (konzeptionell) enthaltenen Grundkonzepte gibt Abb. 5.2.72. Details zu diesen Zusammenhängen wurden bereits bei der Vorstellung der einzelnen Diagrammarten behandelt.

Positiv an UML ist in erster Linie das Bemühen, die bestehende Vielfalt an Konzepten und Notationen im Bereich der objektorientierten Systementwicklung zu vereinheitlichen und zu standardisieren. Das derzeitige Ergebnis dieser Anstrengungen ist ein reichhaltiges Repertoire an Modellierungselementen, deren Verwendung bereits von vielen Werkzeugen (vgl. z.B. [UTJ 09, UTO 09, UW 09a, UW 09b] unterstützt wird – wenngleich von keinem in vollem Umfang (vgl. [EES 09]). Ob man allerdings mit dieser Reichhaltigkeit nicht den künftigen Benutzer von UML überfordert, muss die Anwendung in der Praxis zeigen.

In der mittlerweile vielfältigen Literatur zu UML findet man auch viele weitestgehend ausgearbeitete, größere Beispiele: Bibliothekssystem in [Kah 98, EP 98], Autovermietung in [Oes 06], Kalendarium in [HK 03], Alarmanlage in [EP 98], Aufzugsteuerung in [Dou 98], Verkaufsorganisation in [Lar 02], Tempomat in [HR 02], Komplexes Spiele- und Turnierverwaltungssystem in [BD 04], Zugtürsystem in [RQZ 07], Flughafenorganisation in [Stö 05], Verwaltung von Diplomarbeiten und Diplomanden in [Bal 05], Passagierabfertigung an einem Flughafen in [GBB 07].

Die Schöpfer von UML haben sich insbesondere bemüht, für gleichartige Konzepte dieselben graphischen Symbole zu verwenden sowie verwandte Konzepte durch ähnliche Notation (z.B. gleiches Symbol, aber gestrichelt) auszudrücken. Interessant an UML ist auch die Idee der Stereotypen als Grundlage Benutzerdefinierter Erweiterungen.

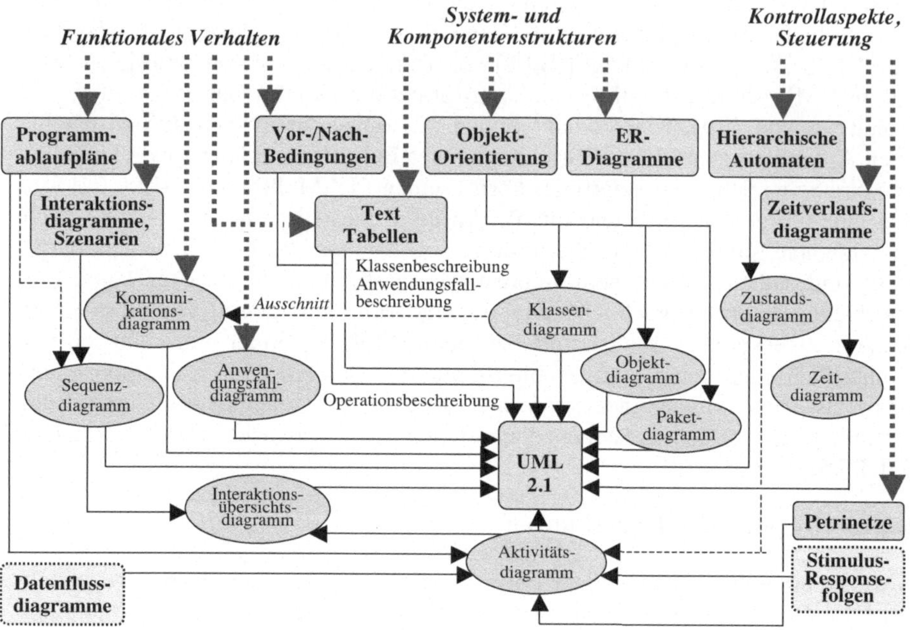

Abb. 5.2.72. Bestandteile der UML (Überblick)

Die Bedeutung der einzelnen Konzepte von UML sind zwar umgangssprachlich definiert (vgl. [OMG 09a, OMG 09b]), eine vollständige formale semantische Fundierung steht allerdings noch aus und ist derzeit noch immer Gegenstand von Forschungsaktivitäten auf der ganzen Welt (siehe z.B. [BCD 07, BCG 08, CKT 08, Koh 09], auch für weitere Referenzen). Dies liegt zum Teil daran, dass für einige Sprachkonstrukte die Definition einer konsistenten, präzisen (formalen) Semantik wesentlich schwieriger ist, als man aufgrund der (intuitiven) graphischen Darstellungen (und ihren natürlichsprachlichen Erläuterungen) vermuten würde. Ebenfalls nachteilig ist das Fehlen einer einheitlichen UML-spezifischen Methodik. Allerdings gibt es verschiedene Vorschläge zur Vorgehensweise (z.B. [Ach 98, BD 04, CLS 06, HR 02, Kah 98, Lar 02, Oes 06] sowie Ansätze zur Prüfung von UML-Modellen, z.B. [BBj 05, BS 08, SH 08, Ras 09, Ber 04].

Mittlerweile gibt es auch einige Vorschläge wie man nicht-funktionale Anforderungen in UML-Modelle integrieren kann. Eine Anbindung von Qualitätsaspekten (im Allgemeinen) an UML über stereotypisierte Klassen mit zusätzlichen Abschnitten für entsprechende OCL-Ausdrücke schlägt [BBF 02] vor. Mit der Einbeziehung von Sicherheitsaspekten in UML-Diagramme (speziell Sequenz- und Klassendiagramme) beschäftigen sich [AAK 04, Jür 04, OP 06]. Eine Erweiterung der UML zur Einbindung (weicher) Echtzeitanforderungen in Sequenzdiagramme wird in [RHS 06] vorgeschlagen. In [CL 04] wird gezeigt, wie man Qualitätsaspekte (in der Form von NFRs (*non-functional requirements*), vgl. [CNY 00]) in Klassen-, Sequenz- und Kommunikationsdiagramme integrieren kann und wie man Anwendungsfälle und Szenarien anpassen kann, um NFRs behandeln zu können. Ein Framework zur Integration von NFRs in UML-Modelle findet sich in [TT 05].

5.3 SysML

SysML (*Systems Modeling Language*) ist eine (ebenfalls von der OMG standardisierte) Weiterentwicklung (*profile*) der UML für die Zwecke des Systems-Engineering. SysML versteht sich selbst als eine Methodik- und Werkzeug-unabhängige (graphische) Modellierungssprache für Spezifikation, Analyse, Entwurf, Verifikation und Validierung von Systemen (mit Hardware, Software, Personal, Verfahren und Anlagen), die im Zusammenhang mit verschiedenen Entwicklungsmethoden (einschließlich strukturierter und objektorientierter Methoden) eingesetzt werden kann. SysML wurde von INCOSE (*International Council on Systems Engineering*) initiiert und liegt aktuell in der Version 1.1 (vgl. [Sys 08]) vor.

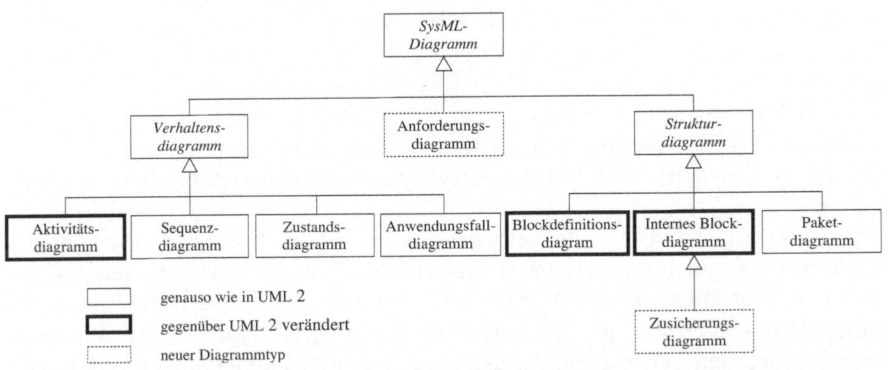

Abb. 5.3.1. Diagrammarten der SysML (nach [Sys 08])

SysML ruht auf den vier „Pfeilern" Systemanforderungen, Systemstruktur, Systemverhalten, parametrische Beziehungen (*parametric relationships*) und bietet entsprechende Diagrammarten für diese vier Aspekte an. Die Diagrammarten der SysML und ihre Zuordnung zu obigen Aspekten zeigt Abb. 5.3.1 im Überblick.

Unverändert aus der UML2 übernommen wurden Sequenz-, Zustands-, Anwendungsfall- und Paketdiagramm. Das Aktivitätsdiagramm wurde um systemrelevante Aspekte erweitert. Das Blockdefinitionsdiagramm (*Block Definition Diagram*) entspricht einem Klassendiagramm und zeigt die statische Systemstruktur. Das Interne Blockdiagramm (*Internal Block Diagram*) ist ein erweitertes Kompositionsstrukturdiagramm und beschreibt die interne (statische) Struktur eines Systems durch Angabe von Teilen (*parts*), Verbindungspunkten (*ports*) und Verbindungslinien. Neu in SysML hinzugekommen ist das Zusicherungsdiagramm (*Parametric Diagram*) zur Darstellung von Zusammenhängen zwischen Eigenschaften unterschiedlicher Systembausteine. Neu ist auch das Anforderungsdiagramm (*Requirements Diagram*) zur Darstellung von Anforderungen und ihren Zusammenhängen.

SysML bietet auch eine Zuteilungsbeziehung (*allocation relation*) an, mit der verschiedene Arten von Zuordnungen (logische zu physikalischen Komponenten, Software zu Hardware, Funktionen zu Komponenten) sowohl graphisch als auch tabellarisch dargestellt werden können. Die für SysML festgelegte Menge an Diagrammen ist nicht exklusiv, bei Bedarf können auch die nicht enthaltenen Diagramme der UML (z.B. Zeitdiagramme) verwendet werden.

Jedes SysML-Diagramm hat einen (rechteckigen) Rahmen, der hier obligatorisch (und nicht wie in UML optional) ist. Dieser Rahmen enthält eine eindeutige Diagrammtypkennung (z.B. bdd, ibd, act), Typ und Name des dargestellten Modellelements und (eventuell) weitere Angaben zum Diagramm. Mit einem separaten „Diagrammbeschreibungsblock" (in Form einer Notiz) kann angegeben werden, ob das Diagramm vollständig ist.

Blockdefinitionsdiagramm. Ein *Blockdefinitionsdiagramm* besteht aus Blöcken (als elementaren Bausteinen) und Beziehungen.

Blöcke sind spezielle Klassen (gekennzeichnet durch den Stereotyp «block») mit ausschließlich öffentlichen Merkmalen. Wie schon bei Klassen gibt es eine einfache Form (die nur den Namen enthält) und eine detaillierte Form mit (mehreren) Abschnitten für verschiedene Eigenschaften (*properties*) – z.B. Werte (*values*), Teile (*parts*), Referenzen (*references*) oder Verbindungspunkte (*ports*) –, Operationen (*operations*), Zusicherungen (*constraints*) oder Zuteilungen (*allocations*). Die vorhandenen Abschnitte sind mit den jeweiligen Schlüsselwörtern überschrieben, ihre Reihenfolge ist beliebig.

Die Beziehungen zwischen den Blöcken sind bevorzugt Kompositionsbeziehungen, können aber auch (navigierbare) Assoziationen, Aggregationen, Generalisierungen oder Abhängigkeitsbeziehungen sein. Anstelle der gefüllten Raute (für die Komposition) kann auch die „Enthaltensein-Beziehung" (*containment relation*), dargestellt durch ein „+" in einem Kreis (wie z.B. bei Paketdiagrammen, vgl. 5.2.4) verwendet werden. Liegen nur Kompositionsbeziehungen vor, so können diese wahlweise als Diagramm oder im „parts"-Abschnitt des übergeordneten Blocks angegeben werden.

Ein Beispiel für ein Blockdefinitionsdiagramm findet man in Abb. 5.3.2. Dargestellt wird dort der Aufbau der Solarstation (einer Solarheizungsanlage) als Komposition mehrerer Blöcke, die zum Teil auch noch über (gerichtete) Assoziationen verbunden sind.

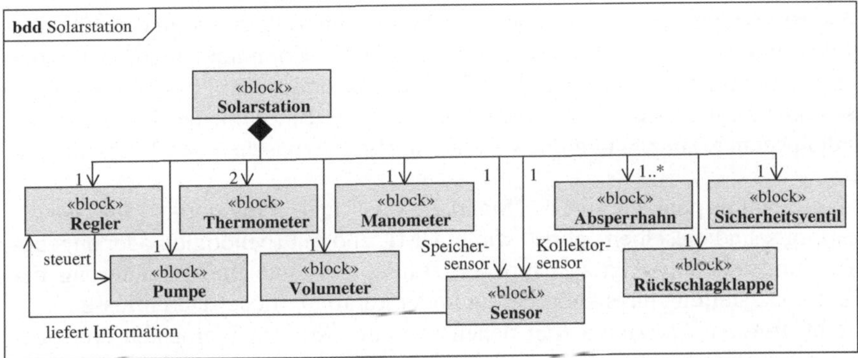

Abb. 5.3.2. Blockdefinitionsdiagramm (Solarstation)

Neben der Solarstation (mit einer Pumpe, die über einen Regler gesteuert wird) besteht eine Solarheizungsanlage im Wesentlichen aus einem Kollektorfeld und einem Solarspeicher, die über einen geschlossenen Kreislauf (für Solarflüssigkeit) miteinander verbunden sind. Wenn der Speicher noch nicht seine Maximaltemperatur erreicht hat und die voreingestellte Temperaturdifferenz zwischen Kollektorfeld und Solarspeicher überschritten wird, wird Solarflüssigkeit durch das Kollektorfeld gepumpt, erwärmt und zum Solarspeicher weitergeleitet. Über einen Wärmetauscher im Speicher wird Wärme an das dort gespeicherte Trinkwasser abgegeben und die abgekühlte Solarflüssigkeit erneut durch das Kollektorfeld gepumpt.

Als Beispiel eines Blocks zeigt Abb. 5.3.3. den Regler der Solarstation mit (einigen ausgewählten) Eigenschaften, typischen Operationen, der Einschränkung der maximalen Speichertemperatur sowie der Angabe seiner Bestandteile.

«block»
Regler
values
Pumpenstatus: Boolean Schwellwert: Celsius Speichermaxtemp: Celsius Akkumulierte Wärmemenge: kWh
operations
Speichermaxtemp_einstellen(t: Celsius) Pumpenstatus_anzeigen() Störung_anzeigen (Meldung: string) Wärmemenge_anzeigen(v, r: Celsius, vs: l/s, zeit: s)
constraints
{Speichermaxtemp ≤ 90°}
parts
d: Display dk: Drehknopf zurück: Taste OK: Taste u. Uhr sc: Speicherchip

Abb. 5.3.3. Block (Regler der Solarstation, vereinfacht)

Internes Blockdiagramm. Ein Block beschreibt ein System als eine Kollektion von Teilen und Verbindungen zwischen ihnen, die der Kommunikation oder anderen Formen der Interaktion dienen. Das *Interne Blockdiagramm*, das dem Kompositionsstrukturdiagramm der UML entspricht, zeigt die Bausteine des Blocks, deren Verbindungspunkte (*ports*) und die Verbindungslinien zwischen den Verbindungspunkten.

An Verbindungspunkten gibt es „Standardports" und „Flussports" (*flow ports*). Standardports sind dieselben „ports" wie in UML und mit (benötigten oder angebotenen) Schnittstellen (vgl. 5.2.2) typisiert. Flussports sind eine Erweiterung der SysML zur Darstellung physikalischer und/oder kontinuierlicher Durchflüsse.

Es gibt *atomare Flussports* (bei denen nur eine Art von Elementen ein- oder ausfließen kann) und *nicht-atomare Flussports* (bei denen mehrere Arten von Elementen zusammengefasst sind, die ein- oder ausfließen können). Letztere kann man sich auch als zusammengefasste atomare Flussports vorstellen.

Atomare Flussports werden durch ein kleines Quadrat mit einem Pfeil gekennzeichnet, der die Flussrichtung angibt. Nicht-atomare Flussports werden durch ein kleines weißes Quadrat mit schwarzem „◇" markiert. Das Gegenstück (am anderen Ende der Verbindungslinie) zu einem nicht-atomaren Flussport wird durch ein kleines schwarzes Quadrat mit weißem „◇" markiert und heißt „konjugierter Flussport". Durch die invertierte Darstellungsform soll deutlich gemacht werden, dass die Flussrichtungen der zusammengefassten, einzelnen Elemente jeweils umgekehrt sind (d.h. Ein- und Ausgänge vertauscht).

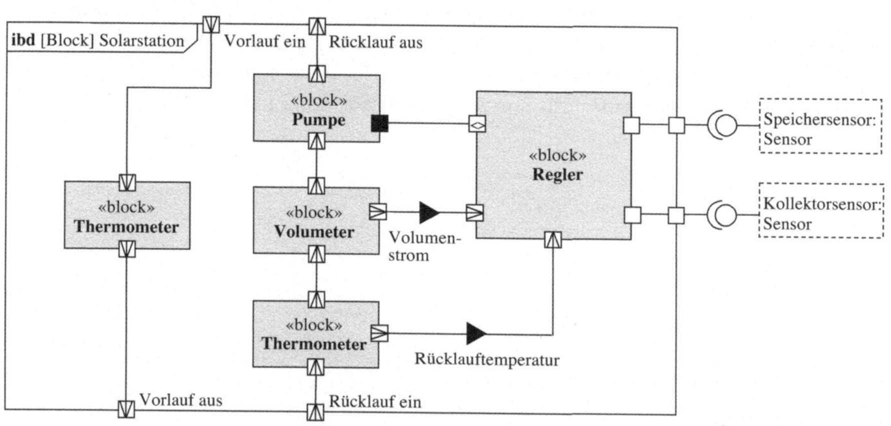

Abb. 5.3.4. Internes Blockdiagramm (Solarstation, vereinfacht)

Abb. 5.3.4. gibt ein Beispiel für ein Internes Blockdiagramm. Es zeigt die Verbindungen einiger Komponenten der Solarstation und die verschiedenen Arten von Verbindungspunkten. Ein schwarzes Dreieck auf einer Verbindungslinie kennzeichnet einen Informationsobjektfluss. Ein gestricheltes Rechteck steht für eine Referenz.

Zusicherungsdiagramm. Eine *Zusicherung* ist eine Eigenschaft, die immer erfüllt sein muss, z.B. ein physikalisches Gesetz. Zusicherungen haben dieselbe Semantik wie in UML, werden aber als eigenständige Bausteine (in einem Blockdiagramm) modelliert. Ein *Zusicherungsblock* definiert Parameter und Zusicherungen auf diesen Parametern. Zusicherungsblöcke für physikalische Grundgrößen und davon abgeleitete Einheiten sind in einer Modellbibliothek vordefiniert.

Ein Beispiel für einen Zusicherungsblock findet man in Abb. 5.3.5. Dort wird (im Abschnitt *constraints*) definiert wie sich der Wert des Pumpenstatus „ps" aus den anderen Parametern ergibt: entsprechend der obigen Beschreibung der Funktionsweise einer Solarheizung hat „ps" den Wert „true" (oder „an"), wenn die Speichertemperatur „st" kleiner oder gleich der maximalen Speichertemperatur „smt" ist und wenn die Differenz zwischen Kollektortemperatur „tk" und Speichertemperatur „ts" größer oder gleich dem Schwellwert „sw" ist.

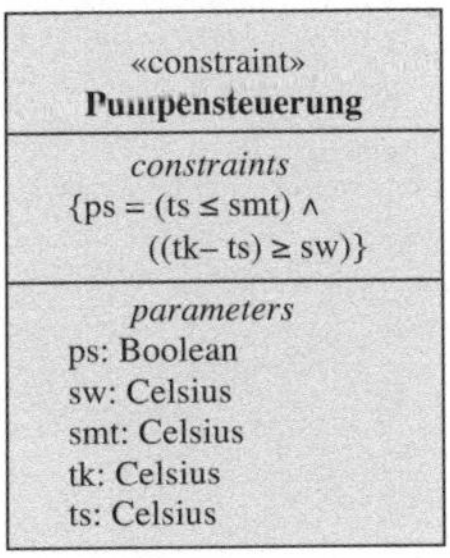

Abb. 5.3.5. Zusicherungsblock

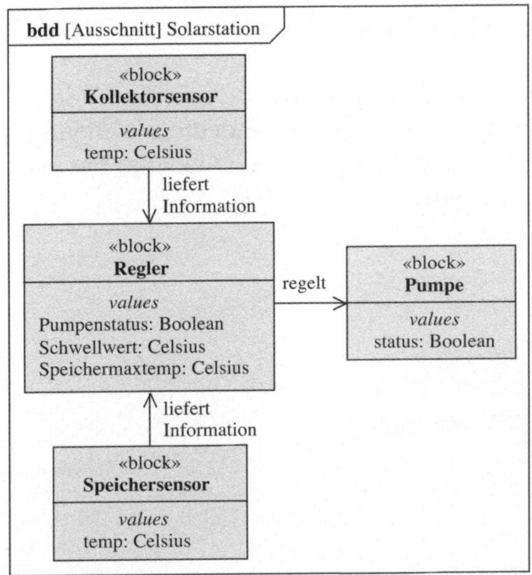

Abb. 5.3.6. Solarstation: Zusammenhang zwischen Regler, Sensoren und Pumpe

Das *Zusicherungsdiagramm* ist aus „Zusicherungsbausteinen" („Instanzen" von Zusicherungsblöcken) aufgebaut und zeigt Zusammenhänge zwischen Eigenschaften unterschiedlicher Systembestandteile eines Blockdefinitionsdiagramms.

Abb. 5.3.6. zeigt einige Blöcke der Solarstation, ihre Zusammenhänge sowie einige Werte dieser Blöcke. In Abb. 5.3.7 findet man dann das zugehörige Zusicherungsdiagramm mit der Anwendung des Zusicherungsblocks **Pumpensteuerung**. Bei der Zuordnung der Eigenschaften der betroffenen Blöcke an die Parameter des Zusicherungsblocks wird dabei die vereinfachte Darstellung („Punktnotation") des Zugriffs auf Werte verwendet.

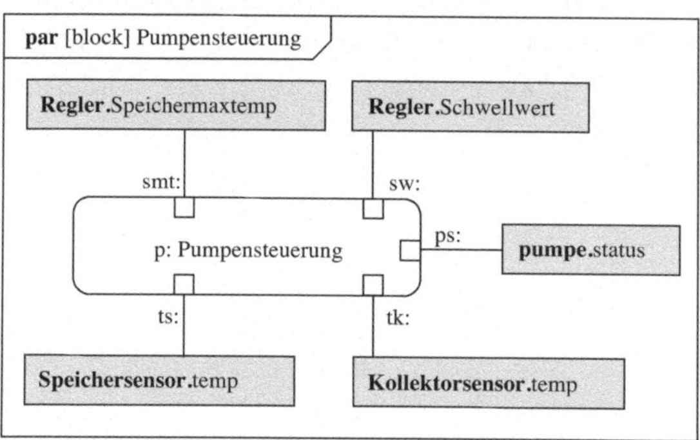

Abb. 5.3.7. Zusicherungsdiagramm (Pumpensteuerung)

Anforderungsdiagramm. Eine *Anforderung* ist in SysML ein Element, das Eigenschaften oder Verhaltensweisen eines Systems beschreibt. Für die Darstellung von Anforderungen ist wahlweise eine graphische oder tabellarische Notation vorgesehen.

In der graphischen Notation wird eine Anforderung als Klasse mit dem Stereotyp «requirement» dargestellt, die genau zwei Attribute *id* (eindeutige Kennung) und *text* (Beschreibung der Anforderung oder Verweis auf externe Quelle) hat und keine Operationen. Ein Beispiel zeigt Abb. 5.3.8.

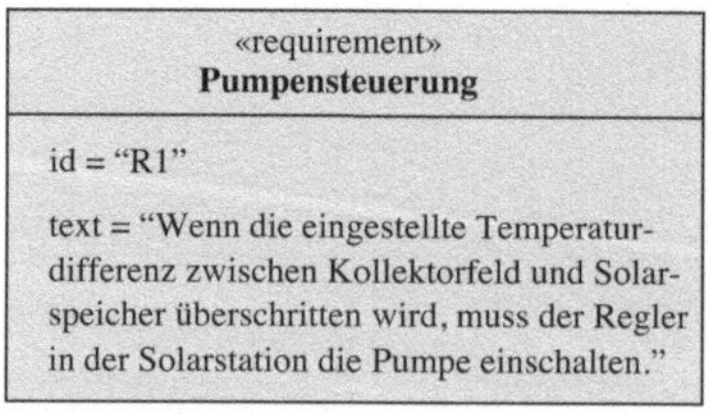

Abb. 5.3.8. Anforderung (graphische Form)

Die tabellarische Darstellung enthält ebenfalls diese beiden Attribute, fasst aber mehrere Anforderungen zusammen. Ein entsprechendes Beispiel findet man in

Abb. 5.3.9. Neben der dort gezeigten Tabellenform sind auch weitere Spalten möglich, etwa um Zusammenhänge zwischen (verschiedenen) Anforderungen festzuhalten.

ID	Name	Text
R1	Pumpen-steuerung	Wenn die eingestellte Temperaturdifferenz zwischen Kollektorfeld und Solarspeicher überschritten wird, muss der Regler in der Solarstation die Pumpe einschalten
R2.1	Display-Beleuchtung	Das Display des Reglers soll im Normalfall bis 5 Minuten nach der letzen Tasten-betätigung gelb hinterleuchtet sein
R2.2	Display-Anzeigen	Das Display soll den Pumpenstatus, Anlagen-werte und Störungsmeldungen anzeigen

Abb. 5.3.9. Anforderungen (Tabellenform)

Der Beschreibungsteil einer Anforderung darf auch ein Verweis auf eine externe Quelle sein. Dadurch kann eine Anforderung quasi als „Anker" (im Modell) für extern beschriebene Anforderungen dienen und bietet so eine Möglichkeit eine Verbindung zwischen einem SysML-Modell und einem externen Modellierungswerkzeug (z.B. DOORS) herzustellen.

SysML lässt zu, dass unterschiedliche Typen von Anforderungen durch entsprechende Stereotypangaben unterschieden werden können, z.B. funktionale Anforderungen («functionalRequirement»), Leistungs-Anforderungen («performanceRequirement») oder Schnittstellen-Anforderungen («interfaceRequirement»), die jeweils als Stereotyp-Spezialisierung (von «requirement») definiert werden können.

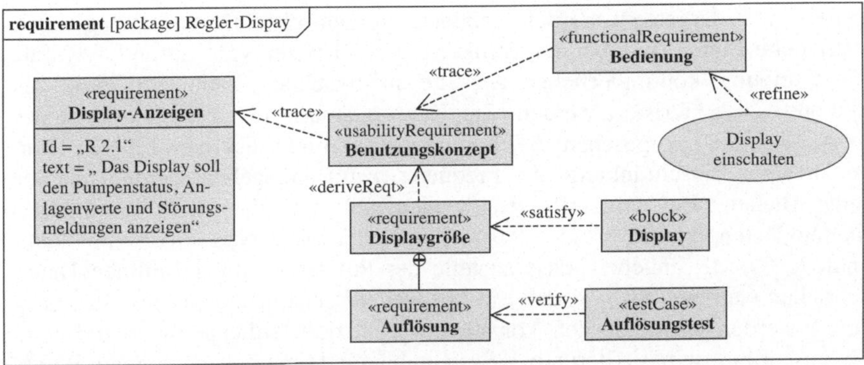

Abb. 5.3.10. Anforderungsdiagramm (Regler-Display, Ausschnitt)

Ein *Anforderungsdiagramm* zeigt Zusammenhänge zwischen Anforderungen, Blöcken, Anwendungsfällen oder Testfällen (Stereotyp «testCase»). Der hierarchische Aufbau von Anforderungen wird als Komposition oder mithilfe der „Enthaltensein-Beziehung" (s.o.) dargestellt. Zur Darstellung der anderen Zusammenhänge dienen Abhängigkeitspfeile (vgl. 5.2.1), die durch Stereotypangaben weiter detailliert werden. So charakterisiert etwa «deriveReqt» eine Beziehung, die entsteht, wenn eine Anforderung aus einer anderen hergeleitet ist. Mit «trace» wird eine Beziehung zwischen zwei Anforderungen annotiert, die einen inhaltlichen Zusammenhang haben. Ein Anwendungsfall, der eine Anforderung verfeinert, ist mit dieser über eine «refine»-Abhängigkeit verbunden. Wird dieselbe Anforderung in zwei verschiedenen Verfeinerungshierarchien verwendet, so wird dies durch eine «copy»-Abhängigkeit repräsentiert. Wenn ein Block eine Anforderung erfüllt, kann dieses durch eine «satisfy»-Abhängigkeit dargestellt werden. Eine «verify»-Abhängigkeit verwendet man für den Zusammenhang zwischen Anforderungen und Testfällen. Ein selbsterklärendes Beispiel eines Anforderungsdiagramms mit verschiedenen Beziehungen findet man in Abb. 5.3.10.

Für alle Abhängigkeitsbeziehungen gibt es auch eine Alternativ-Notation, bei der die Beziehung und der Beziehungspartner mithilfe von (entsprechend stereotypisierten) Notizen (vgl. 5.2.1) dargestellt wird. Diese Notation wird auch verwendet, wenn Anforderungen in anderen Diagrammen (z.B. einem Aktivitätsdiagramm, bei dem eine Aktion eine bestimmte Anforderung erfüllt) aufgeführt werden. Mithilfe von Notizen können auch Begründungen (Stereotyp «rational») an Anforderungen angefügt werden.

Offensichtlich kann ein Anforderungsdiagramm für realistische Systeme sehr groß werden. Daher eignet es sich auch eher für kleine Systeme oder Teilsysteme. Außerdem soll das Anforderungsmodell auch nicht externe Requirements-Management-Werkzeuge ersetzen, sondern soll, mit diesen zusammen, die Traceability innerhalb der UML- bzw. SysML-Modelle erhöhen.

Aktivitätsdiagramm. Das *Aktivitätsdiagramm* der UML 2 ist in SysML um zusätzliche Konzepte erweitert worden. Kontrollflüsse können nicht nur als durchgezogene Linien dargestellt werden, sondern (zur optischen Hervorhebung) auch als gestrichelte Linien (wie bei den Strukturierten Ansätzen vgl. 4.3 und 4.4). Für die Beschreibung kontinuierlicher Aspekte in Systemen kann ein Fluss als «continuous» charakterisiert werden. Zur Kennzeichnung diskreter Flüsse ist der Stereotyp «discrete» vorgesehen. Bei kontinuierlichen und diskreten Flüssen kann zudem, in einer Einschränkung, die Frequenz (*rate*) angegeben werden mit der Elemente fließen. Bei Objektflüssen werden üblicherweise nicht unmittelbar verarbeitete Daten gepuffert (vgl. 5.2.9). Mithilfe des Stereotyps «overwrite» kann man nun in SysML angeben, dass anstelle der Pufferung, die jeweiligen Daten überschrieben werden. „Strömende" Ein-/Ausgaben (gekennzeichnet mit Stereotyp «stream») werden kontinuierlich konsumiert/produziert, solange die betreffende Aktion ausgeführt wird. Alternative Systemabläufe können – analog zu Wahrheitswerten – mit Wahrscheinlichkeitsangaben annotiert werden. Außerdem gibt es – insbesondere zur Steuerung von Regelkreisen – sogenannte „Kontrolloperatoren", die, gesteuert durch Eingabeparameter oder getriggert durch Signalempfänger, eine nachfolgende Aktion aus- und wieder einschalten können. Ein Beispiel eines Aktivitätsdiagramms, dass einige dieser weiteren Möglichkeiten aufzeigt, gibt Abb. 5.3.11.

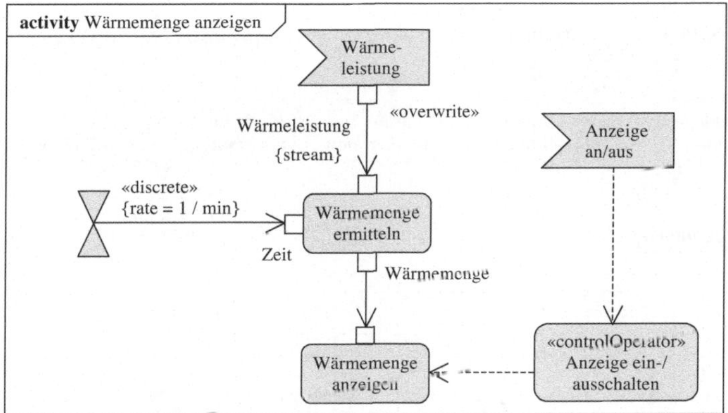

Abb. 5.3.11. Zusätzliche Konzepte für Aktivitätsdiagramme

In SysML gibt es auch ein Blockdefinitionsdiagramm mit Aktivitäten (Stereotyp «activity») als Blöcken. Damit können Funktionsbäume (vgl. 3.3.1) zur Strukturierung des (funktionalen) Verhaltens modeliert werden.

Literaturhinweise. Eine gut verständliche Einführung in SysML gibt [Wei 06]. An etwas größeren Beispielen zur Verwendung von SysML finden sich ein Destillationsapparat in [FMS 08], ein sensorgesteuerter Scheibenwischer in [Bal 06], ein MP3-Player („FLASHman") in [Kor 08] sowie Teile eines Hybrid-Geländewagens in [Sys 08]. Die Verknüpfung von SysML- mit Modelica-Modellen betrachtet [JPB 08].

5.4 Zusammenfassung

Einen Überblick über verschiedene OO-Methoden, ihre Bestandteile sowie ihre Zusammenhänge gibt Abb. 5.4.1.

In allen OO-Methoden sind Beschreibungsmittel für die wesentlichen Systemaspekte (statische Struktur, Funktionalität, dynamisches Verhalten) vorgesehen. In einigen Ansätzen ist in mehr oder weniger eingeschränkter Weise auch die Darstellung von Zeitaspekten möglich. Ebenfalls gemeinsam ist ihnen die Beschreibung von System- und Komponentenstrukturen mit Hilfe objektorientierter Konzepte (vgl. 3.5.1), die um Konzepte des (erweiterten) ER-Ansatzes angereichert sind. Funktionales und dynamisches Verhalten sind jeweils den einzelnen Objekten bzw. ihren Klassen zugeordnet. Auch bezüglich des zugrunde liegenden Vorgehensmodells gibt es keine prinzipiellen Unterschiede: In allen wesentlichen Entwicklungsphasen sind OO-Konzepte unterstellt und die Phasenübergänge, insbesondere der von Analyse zu Entwurf, sind meist gleitend.

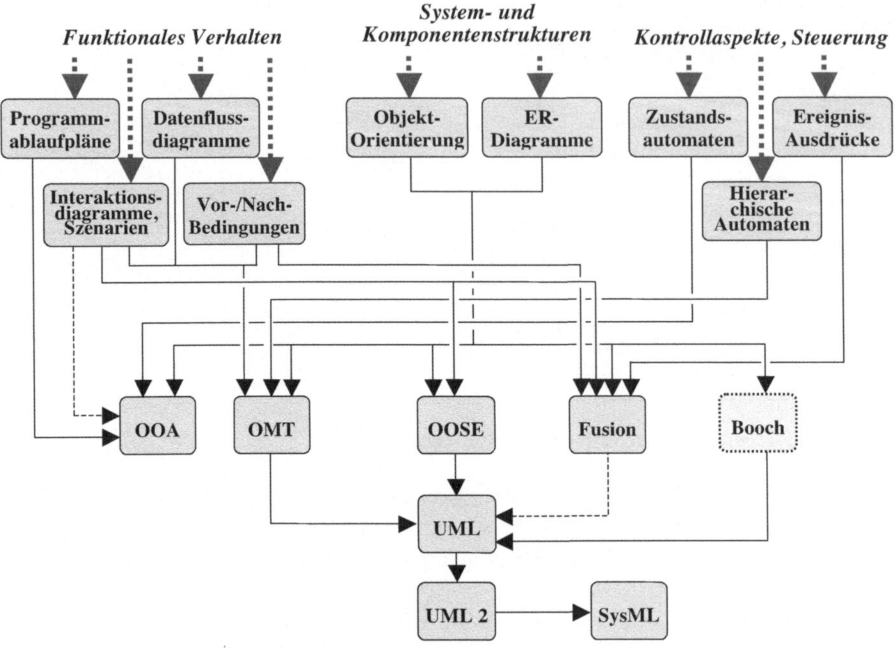

Abb. 5.4.1. Objektorientierte Ansätze (Überblick)

Zur Darstellung der Funktionalität einzelner Objekte sind in *OOA* „Service Charts" vorgesehen, eine Variante von Programmablaufplänen. Die Interaktion zwischen Objekten wird mit Botschaftsbeziehungen beschrieben, die aus einfachen Szenarien abgeleitet werden. Kontrollaspekte werden durch Objektzustände und Zustandsübergänge ausgedrückt und mit Zustandsautomaten beschrieben.

In *OMT* wird die Objektinteraktion mit Interaktionsdiagrammen dargestellt, für die Beschreibung der Funktionalität waren zunächst Datenflussdiagramme vorgesehen, später dann Vor- und Nachbedingungen (vgl. 3.3.7) und Objektinteraktionsdiagramme. Kontrollaspekte werden hier mit hierarchischen Automaten beschrieben.

Eine detaillierte Beschreibung von Funktionalität und Kontrollverhalten findet in *OOSE* erst im Rahmen des Entwurfs statt. Verwendet werden dabei Interaktionsdiagramme sowie Stimulus-Response-Folgen.

Das Kontrollverhalten wird in *Fusion* durch Ereignis-Ausdrücke dargestellt. Die Beschreibung der Objektinteraktion erfolgt mit Interaktionsdiagrammen, die der Funktionalität mit Vor- und Nachbedingungen.

Die meisten der in *UML* vorgesehenen Konzepte stammen ursprünglich aus OMT und dem Booch-Ansatz. Dies sind Klassendiagramme (mit reichhaltigen

Ausdrucksmöglichkeiten) sowie Objekt- und Paketdiagramme zur Darstellung der statischen Struktur, Interaktionsdiagramme (in der Form der Sequenz- und Kommunikationsdiagramme) zur Darstellung der Objektinteraktion, sowie Vor- und Nachbedingungen zur Beschreibung der Funktionalität und hierarchische Automaten zur Modellierung des dynamischen Verhaltens. Hinzu kommen Aktivitätsdiagramme zur Darstellung von Abläufen sowie das Konzept der Anwendungsfälle aus OOSE zur Modellierung der externen Kommunikation. Auch Ideen aus Fusion und vielen anderen objektorientierten Ansätzen sind in die Versionen 1.x der UML eingegangen. Beim Übergang auf die Versionen 2.x wurde UML substanziell um zusätzliche Notationen für vorher nicht unterstützte Anwendungsgebiete (z.B. zeitkritische Systeme oder Geschäftsprozessmodellierung), bewährte Konzepte des Software-Engineering (z.B. Komponenten) oder verbreitete Formalismen (wie etwa Message Sequence Charts oder Petrinetze) erweitert. Neben einer Änderung oder Erweiterung bestehender Diagramme führte dies insbesondere auch zu neuen Diagrammtypen (Zeit- und Interaktionsübersichtsdiagramme). Über die Versionen 3.x wird derzeit in der OMG nachgedacht.

SysML ist ein „Dialekt" der UML 2, bei dem einige Konzepte weggelassen wurden, andere leicht modifiziert oder erweitert und schließlich auch einige neue Diagrammarten hinzugenommen wurden.

6 Zusammenfassung und Ausblick

In diesem abschließenden Kapitel wird einerseits ein kurzer Abriss der Entwicklung des Gebiets Requirements-Engineering gegeben. Dazu gehört auch eine kurze Charakterisierung und Einordnung anderer, in diesem Buch nicht behandelter Ansätze, soweit sie für die Entwicklung des Fachgebiets relevant waren. Andererseits wird im Sinn einer Zusammenfassung ein komprimierter Quervergleich der praxisrelevanten Ansätze zur Modellierung funktionaler Anforderungen, nämlich strukturierter und objektorientierter Methoden, gegeben. Ein Überblick über den „Stand der Kunst" sowie ein Ausblick, der aktuelle und künftige Forschungsthemen sowie gegenwärtige Trends aufzeigt, runden die Betrachtung der Thematik ab.

6.1 „Geschichte" des RE

Die ersten vom amerikanischen Verteidigungsministerium geförderten Projekte zum Thema Requirements-Engineering gab es am Beginn der 70-er Jahre des letzten Jahrhunderts. In dieser Zeit entstanden auch die ersten, einschlägigen Publikationen (z.B. [Roc 70, Hud 71, Tei 72, Bec 72]).

Breitere Beachtung fand das Thema Requirements-Engineering zum ersten Mal im Jahr 1977, als dazu ein Sonderheft der Zeitschrift IEEE Transactions on Software-Engineering (vgl. [IEE 77]) erschien. Unter anderem findet man dort die ersten Publikationen über SADT (vgl. 4.1), PSL oder RSL (vgl. 6.2).

In den darauf folgenden Jahren, bis 1987 etwa, löste diese „Initialzündung" weltweit diverse Aktivitäten aus. Es gab relativ viele Zeitschriftenartikel zu verschiedenen Einzelthemen des RE oder diverse Bücher über spezielle Ansätze. Ebenfalls in diese Zeitspanne fallen die erste deutsche RE-Tagung (Friedrichshafen 1983, vgl. [HK 83]) sowie die Gründung eines Fachausschusses (FA 4.3) und einer Fachgruppe (FG 4.3.2, jetzt FG 2.6.1) innerhalb der Gesellschaft für Informatik. Es folgten weitere deutsche RE-Tagungen in den Jahren 1985 und 1987. Auch ein zweites Sonderheft der IEEE zum Thema RE erschien im Jahr 1985 (vgl. [IEE 85]).

In den Jahren 1987 bis 1991 herrschte eine Art „Flaute". Das Thema RE war in dieser Zeit in den einschlägigen Zeitschriften kaum mehr vertreten und die geplante deutsche RE-Tagung 1989 musste mangels Beiträgen ausfallen. Anstelle eines

H. Partsch, *Requirements-Engineering systematisch*, eXamen.press, 2nd ed.,
DOI 10.1007/978-3-642-05358-0_6, © Springer-Verlag Berlin Heidelberg 2010

weiteren geplanten Sonderhefts musste sich die IEEE 1991 mit einer „Special Section" begnügen, die nur drei Artikel umfasste (vgl. [IEE 91]).

In den 90er Jahren, vermutlich angestoßen durch die ersten Bücher über objektorientierte Analyse, fand dann so etwas wie eine „Renaissance" statt und brachte ein stetig steigendes Interesse an der Thematik des RE mit sich – ein Trend, der bis heute anhält. Es gab wieder Artikel zu Themen des RE in den einschlägigen Zeitschriften und einzelne Bücher nahmen sich der Thematik an. Seit 1993 finden regelmäßig große internationale IEEE-RE-Tagungen statt sowie – etwas zeitversetzt – zusätzlich internationale Workshops. Sonderhefte zum Thema RE gab es 1994 (vgl. [IEE 94]) und 1996 (vgl. [SEJ 96, IEE 96]). 1995 wurde innerhalb der IFIP (*I*nternational *F*ederation on *I*nformation *P*rocessing, dem internationalen Dachverband aller nationalen Informatik-Verbände) eine (internationale) Arbeitsgruppe (WG 2.9 „RE") ins Leben gerufen, und seit 1996 gibt es eine eigene Zeitschrift „Requirements Engineering".

Seit der Jahrtausendwende kann man von einem regelrechten „Boom" sprechen, der sich in rasant steigenden Publikationszahlen, neuen Büchern zum Thema sowie einer Vielfalt an nationalen oder internationalen Tagungen – inzwischen auch zu einzelnen Aspekten des RE (vgl. 6.4) – manifestiert. Auch scheint man sich weitestgehend über die wesentlichen Inhalte und darauf aufbauende Curricula (vgl. [SWE 04, PR 09]) einig zu sein.

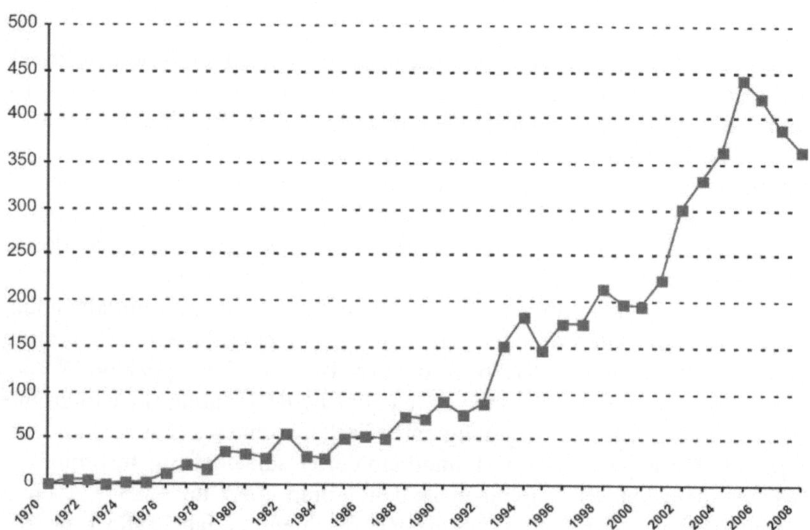

Abb. 6.1.1. RE-Publikationen pro Jahr (in [Dav 09])

Die „Geschichte des RE" spiegelt sich auch sehr schön in der Zahl der Publikationen in den jeweiligen Perioden (vgl. Abb. 6.1.1). Zugrunde gelegt ist hier die sehr umfangreiche RE-Bibliographie in [Dav 09]. Diese Bibliographie enthält über 5000 Einträge. Davon stammen mehr als 3000 aus den letzten 10 Jahren. Die erfassten Publikationen wurden ausschließlich auf Grund bestimmter Stichwörter im Titel aufgenommen, der wirkliche Inhalt wurde nicht geprüft. Zudem sind fast ausschließlich Englisch-sprachige Publikationen erfasst, von denen 60% aus Nordamerika und 30% aus Europa stammen (vgl. [ADD 05]). Schätzungsweise gibt es bis dato insgesamt wahrscheinlich mehr als 10000 einschlägige Publikationen.

Ebenfalls deutlich wird in Abb. 6.1.1 das insgesamt exponentielle Wachstum der Zahl der RE-relevanten Publikationen. Für den leichten Rückgang in den letzten Jahren kann es dabei verschiedene Erklärungen geben. Zum einen ist eine exakte Zuordnung einer Publikation zu einem Kalenderjahr nicht immer eindeutig. Zum anderen sind vermutlich verstärkt in den letzten Jahren solche Publikationen nicht erfasst, die zwar einschlägig wären, aber aufgrund der immer stärkeren Diversifikation möglicherweise nicht die zur Erfassung verwendeten Stichwörter im Titel haben.

6.2 Andere Ansätze

Im Laufe seiner Geschichte gab es im Bereich des Requirements-Engineering viele Ansätze, die zu ihrer Zeit zweifellos Beachtung erlangten und auch in unterschiedlichem Ausmaß den heutigen Stand des Gebiets beeinflussten. Dabei gab es insbesondere viele gute Ideen, die zum Teil über die Jahre leider wieder in Vergessenheit geraten sind. Im Folgenden werden einige dieser Ansätze kurz charakterisiert und bezüglich ihrer Grundkonzepte eingeordnet. Ausführlichere Behandlungen finden sich in der zu jedem Ansatz individuell angegebenen Literatur sowie, zusammengefasst, etwa in [Dav 93] oder [Par 91]. Einen Überblick über diese Ansätze, ihre wesentlichen Beschreibungskonzepte und ihre Zusammenhänge gibt Abb. 6.2.1.

PSL/PSA (vgl. [TH 77, Say 90]) besteht aus der Sprache PSL (*Problem Statement Language*) und dem Werkzeug PSA (*Problem Statement Analyzer*) und wurde primär für organisatorische Systeme entwickelt.

PSL ist ein einfacher relationaler Formalismus, der in textueller Form dargestellt wird und vordefinierte Entitäts- und Beziehungstypen für verschiedene Systemsichtweisen (statische Systemstrukturen, Datenstrukturen, Funktionalität bezüglich Datenmanipulation, Ereignisse und Systemdynamik, Projektmanagement) zur Verfügung stellt. Andere Aspekte des einfachen ER-Ansatzes (vgl. 3.2.6) wie etwa Attribute, Rollen oder Kardinalitäten sind nicht vorgesehen.

Eine Beschreibung von Anforderungen in PSL unterstellt eine Bottom-up-Vorgehensweise (vgl. 2.3.3) als methodisches Grundprinzip und besteht darin, dass alle für ein System relevanten Beziehungen explizit angegeben werden. Unterstützt wird diese Vorgehensweise durch das Werkzeug PSA, das als erweitertes Datenbanksystem gesehen werden kann. PSA prüft und verwaltet die vom Benutzer eingegebene Information, unterstützt die inkrementelle Erstellung von Beschreibungen durch dynamische Konsistenzprüfung und erlaubt die Erzeugung von (verschiedenen Arten von) Berichten zur Dokumentation und als Grundlage manueller Analyse.

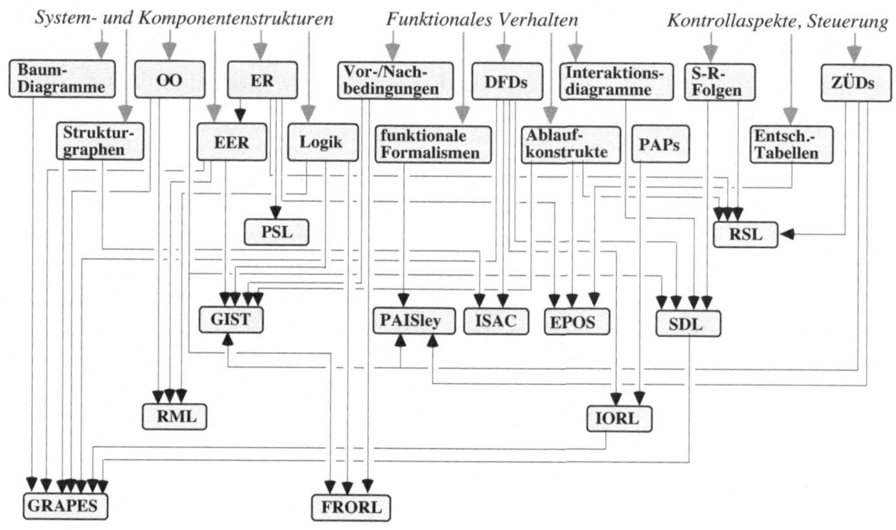

Abb. 6.2.1. Verschiedene RE-Ansätze und ihre Zusammenhänge

RSL/SREM/REVS (vgl. [Alf 77, 85]) umfasst die Sprache RSL (*Requirements Statement Language*), die Methode SREM (*Software Requirements Engineering Methodology*) sowie das Werkzeug REVS (*Requirements Engineering and Validation System*) und wurde speziell zur Modellierung von eingebetteten Systemen (vor allem im Luft- und Raumfahrtbereich) entwickelt.

Das Grundkonzept einer Beschreibung in RSL ist eine strukturierte endliche Zustandsmaschine. RSL erlaubt die graphische oder textuelle Darstellung des dynamischen Verhaltens von Prozesskontrollsystemen (einschließlich zugehöriger Zeitaspekte) durch Stimulus-Response-Netze („R-Netze", vgl. 3.4.6). Es stellt Sprachelemente zur Ablaufsteuerung (Sequenz, Auswahl, Wiederholung, Nebenläufigkeit, Unternetze) sowie zur Beschreibung allgemeiner Daten und spezieller Datentypen (z.B. Ereignisse, Schnittstellen, Botschaften) zur Verfügung. Die Beschreibung statischer Systemkomponenten erfolgt relational (vgl. 3.2.6) durch vordefinierte Typen für Objekte, Beziehungen, Attribute und Strukturen. Eine Erweiterung um benutzerdefinierte Typen ist möglich. Integriert in RSL ist auch die Beschreibung nicht-funktionaler Anforderungen (z.B. Leistungsaspekte, Testvorschriften, Zurückführbarkeit) über entsprechende Relationen.

SREM bietet eine sehr detaillierte Methodik mit präzise definierten Vorgehensschritten und jeweils zugeordneten Prüfaspekten. REVS ist ein integriertes Werkzeug, das über die Fähigkeiten von PSA hinaus auch verschiedene Möglichkeiten der Simulation („funktionale Simulation" zur Überprüfung der „Machbarkeit" und „analytische Simulation" zur Validierung der Leistungsanforderungen) bietet.

EPOS (*E*ntwicklungs- und *P*rojektmanagement-*O*rientiertes *S*pezifikationssystem [LL 85], früher *E*ntwurfsunterstützendes *P*rozess-*O*rientiertes *S*pezifikationssystem [IRP 80] bzw. *E*ntwurfsunterstützendes *PEARL*-*O*rientiertes *S*pezifikationssystem [BGL 79]) umfasst die Sprachen EPOS-R, EPOS-S und EPOS-P sowie die Werkzeuge EPOS-D, EPOS-A und EPOS-M. Unterstellt ist auch eine durchgängige Methodik mit teilweise „automatischer" Codeerzeugung. EPOS war zu einem relativ frühen Zeitpunkt auf PCs verfügbar und vor allem im deutschsprachigen Raum weit verbreitet.

Der Formalismus EPOS-R ist für die Beschreibung von Anforderungen vorgesehen. Er bietet im Wesentlichen Hilfsmittel zur strukturierten Darstellung textueller Anforderungsbeschreibungen (Gliederungsschemata, identifizierbare Aufgabenkomponenten, Entscheidungstabellen, Begriffslexikon). EPOS-S ist ein relationaler Ansatz mit (wahlweise) graphischer oder textueller Repräsentation zur detaillierten Modellierung verschiedener Systemaspekte. Es gibt, wie bei RSL, vordefinierte Typen von Objekten, die durch ebenfalls vordefinierte Relationen miteinander in Beziehung gesetzt werden können. Zur Beschreibung von Ablauf- und Kontrollaspekten sind ähnliche Konstrukte wie in RSL vorgesehen. Der Formalismus EPOS-P dient der relationalen Beschreibung von Aspekten des Projektmanagements und der Versionsverwaltung. Auch dafür gibt es entsprechend vordefinierte Typen für Objekte und Beziehungen. Alle drei Formalismen sind miteinander kompatibel und die jeweiligen Beschreibungen können zusätzlich zueinander in Beziehung gesetzt werden.

Das Werkzeug EPOS-D unterstützt die Erstellung der Dokumentation für verschiedene Zielgruppen. Es bietet viele verschiedene Darstellungsformen (Text, Listen, Tabellen, Matrizen, Graphik) und kann Berichte für verschiedenartigste Aspekte erzeugen. EPOS-A dient der Analyse (nach verschiedenen syntaktischen oder Konsistenz-Kriterien) und überprüft Zusammenhänge zwischen den verschiedenen Beschreibungen. Unterstützung bei der Planung, Verfolgung und Fortschrittskontrolle bietet EPOS-M.

Eine Systembeschreibung in **Gist** („gist": das Wesentliche, des Pudels Kern; vgl. [Bal 81, LL 82]) ist eine zustandsorientierte, formale Spezifikation des Systemverhaltens. Sie besteht aus Spezifikationen von Objekttypen und Relationen zwischen diesen Typen (wodurch implizit eine Menge möglicher Zustände festgelegt wird), Spezifikationen von Aktionen und „Dämonen" (die die Übergänge zwischen den möglichen Zuständen definieren) sowie Einschränkungen für Zustände und Zustandsübergänge. Das zulässige Verhalten eines Systems ist festgelegt als die Menge aller wohl-definierten Folgen von Zustandsübergängen, die keine der spezifizierten Einschränkungen verletzen.

Gist ist ein sehr umfangreicher und ausdrucksstarker Formalismus, der teilweise auch ausführbar ist. Die relationale Darstellung von Objekten und Beziehungen in Gist umfasst alle Möglichkeiten des EER-Ansatzes (vgl. 3.2.6). Zur Beschreibung von Zustandsänderungen durch Aktionen und Dämonen gibt es ebenfalls ein reichhaltiges Repertoire an Ablaufkonstrukten. Außerdem können Aktionen auch mit Vor- und Nachbedingungen beschrieben werden. Reichhaltig sind auch die Konstrukte zur Darstellung von Einschränkungen, wofür neben den Möglichkeiten der Prädikatenlogik auch eine sehr ausgefeilte Teilsprache für Objektausdrücke (vgl. Navigationsausdrücke in UML, 5.2.2) zur Verfügung steht.

Gist unterstellt ein Vorgehensmodell, bei dem zunächst eine formale Systembeschreibung erstellt wird. Dafür gibt es eine detaillierte Vorgehensweise. Diese Systembeschreibung wird dann schrittweise durch Anwendung semantiktreuer Transformationen in eine Implementierung umgesetzt.

Gist wird von einem integrierten Werkzeug unterstützt, das neben den üblichen Fähigkeiten zum Editieren und zur Datenhaltung zwei interessante Besonderheiten aufweist. Es gibt einen „English-Translator" (vgl. [Swa 82]), mit dessen Hilfe die formale Systembeschreibung in informellen Text umgesetzt werden kann. Außerdem gibt es den „Behavior-Explainer" (vgl. [Swa 83]), der für einzugebende Testfolgen von Aktionen die jeweiligen Zustandsänderungen symbolisch ausführt und die entstehenden Zustandscharakterisierungen (mit Hilfe des „English-Translator") in Umgangssprache „erläutert".

PAISLey (*P*rocess-oriented, *A*pplicative, *I*nterpretable *S*pecification *L*anguage, vgl. [Zav 82, 91]) ist eine ausführbare Sprache, die speziell zur Modellierung eingebetteter und verteilter Systeme entwickelt wurde und den Kontrollfluss in einem System als zentralen Aspekt sieht. PAISLey ist ein um Kommunikation und Synchronisation erweiterter funktionaler Formalismus, mit dem ein verteiltes System durch parallel ablaufende Zustandsautomaten beschrieben wird. An besonderen Merkmalen bietet PAISLey die Darstellung synchroner und asynchroner Nebenläufigkeit, die Kapselung von Berechnungen in Funktionen sowie die Möglichkeit, auch unvollständige Spezifikationen ausführen zu können.

Die für PAISLey verfügbaren Werkzeuge umfassen einen Interpreter und ein Analysepaket (für Kontextbedingungen und einfache Konsistenzprüfungen). Aufgrund der Ausführbarkeit der PAISLey-Spezifikationen dient der Interpreter auch als Simulationswerkzeug.

IORL/TAGS (vgl. [SM 85]) besteht aus der Sprache IORL (*I*nput/*O*utput *Re*quirements *L*anguage) sowie einer zugehörigen Methodik und entsprechenden Werkzeugen, die in TAGS (*T*echnology for the *A*utomated *G*eneration of *S*ystems) zusammengefaßt sind.

IORL erlaubt eine daten- und kontrollflussorientierte Darstellung von Prozessen durch Diagramme und Tabellen auf verschiedenen Verfeinerungsstufen und ist konzeptuell mit den strukturierten Ansätzen vergleichbar. TAGS basiert auf der Idee des Prototyping mit integrierter Qualitätssicherung als Vorgehensmodell und zielt ab auf die Entwicklung beliebiger Systeme. Die in TAGS integrierten Werkzeuge bieten eine Datenbank, syntaktische Analyse, die Möglichkeit der Systemsimulation und Unterstützung des Konfigurationsmanagements.

RML (*R*equirements *M*odeling *L*anguage, vgl. [GMB 82, GBM 86]) war der erste objektorientierte Ansatz und primär auf die Modellierung von Informationssystemen ausgerichtet. RML bietet Konzepte (Entitäten, Aktivitäten, Zusicherungen) zur Darstellung verschiedener Systemsichtweisen. All diese Konzepte werden jeweils durch Klassen (mit vordefinierten Eigenschaftskategorien) dargestellt, die durch Verallgemeinerung/Spezialisierung, Assoziation und Aggregation miteinander in Beziehung gesetzt werden können. Für die Beschreibung der Eigenschaften von Zusicherungen sind logische Formalismen integriert. Auch eine Beschreibung von Zeitaspekten ist möglich. Eingegangen in die Konzeption von RML sind Ideen aus dem ER-Ansatz (Klassen und deren Beziehungen), aus dem allgemeinen Software-Engineering (Abstraktion), aus der objektorientierten Programmierung sowie aus der künstlichen Intelligenz (Wissensrepräsentation, semantische Netze). RML hat eine weitestgehend formalisierte Semantik, wodurch Simulation und formale Ableitung redundanter Information möglich ist.

ISAC (*Information Systems Work and Analysis of Change*, vgl. [Lun 82, WSG 86]) ist eine Analyse- und Beschreibungsmethode, die ursprünglich speziell auf die Entwicklung von Informationssystemen ausgerichtet war, aber auch bei anderen Systemen verwendet wurde. ISAC ist vor allem auf die Ermittlung der Anforderungen ausgerichtet und bietet eine sehr detaillierte Methodik, die die konzeptionellen Ebenen *Änderungsanalyse* (Identifikation und Analyse von Ist-Zustand und gewünschten Änderungen), *Aktivitätsstudien* (Abgrenzung des zu erstellenden Systems von anderen organisatorischen Einheiten) und *Informationsanalyse* (Beschreibung der Anforderungen an das eigentliche Informationssystem) umfasst. Für jede dieser Ebenen sind detaillierte methodische Schritte vorgesehen, und entsprechende textuelle und graphische Beschreibungsmittel stehen zur Verfügung. Für die Änderungsanalyse und die Aktivitätsstudien hat man A-Graphen (spezielle Datenflussdiagramme, mit vordefinierten Datensymbolen und einer Unterscheidung von Daten- und Kontrollfluss) auf verschiedenen Verfeinerungsstufen sowie „Textblätter" und Tabellen zur näheren Erläuterung der Bestandteile der A-Graphen. Für die Informationsanalyse sind spezielle Strukturgraphen, I-Graphen (zur Darstellung verarbeitungsbedingter Zusammenhänge) und C-Graphen (zur Beschreibung des Inhalts und der Struktur von Informationsmengen), vorgesehen.

SDL (*Specification and Description Language*, vgl. [Hog 89, ITU 92]) ist eine standardisierte Sprache, die in den siebziger Jahren speziell für Telekommunikationsanwendungen entwickelt und in der Zwischenzeit mehrfach überarbeitet und (z.B. um objektorientierte Konzepte) erweitert wurde. SDL ist vollständig formalisiert und bietet sowohl eine graphische als auch eine textuelle Notation, deren Semantik über einer virtuellen Maschine definiert ist, auf der die SDL-Modelle ausführbar sind. Auch automatische Codeerzeugung aus SDL-Modellen ist möglich.

SDL erlaubt die Beschreibung von externem Verhalten und externer Kommunikation durch spezielle Interaktionsdiagramme (*Message Sequence Charts*, kurz: MSC).

Die konzeptuelle Zerlegung eines Systems wird in SDL durch eine Hierarchie von „Blockdiagrammen" (einer Variante von Datenflussdiagrammen) dargestellt. Ein Blockdiagramm ist ein Graph, dessen Knoten Blöcke und dessen (ungerichtete) Kanten Kommunikationskanäle zwischen den Blöcken darstellen, über die in beide Richtungen Signale verschickt werden können. Analog zu Prozessen in Datenflussdiagrammen können Blöcke durch Blockdiagramme verfeinert werden. Jeder nicht verfeinerte Block enthält einen oder mehrere Prozesse, die untereinander über gemeinsam benutzte Variablen oder Signalverbindungen kommunizieren können. Jeder Prozess besitzt eine (unbeschränkte) Eingabeschlange für Signale, die auf ihre Verarbeitung warten. Blockdiagramme unterscheiden sich von Daten- und Kontrollflussdiagrammen dadurch, dass Kontrollaspekte nur auf der untersten Ebene der Verfeinerungshierarchie spezifiziert werden, dass keine Unterscheidung in Daten- und Kontrollprozesse sowie Datenspeicher vorgenommen wird und dass bezüglich der Kommunikationsverbindungen nicht zwischen Daten und Ereignissen unterschieden wird.

Datenstrukturen werden in SDL algebraisch-axiomatisch (vgl. 3.5.2) beschrieben. Das dynamische Verhalten eines Prozesses wird durch SDL-Zustandsdiagramme dargestellt, einer Erweiterung von Stimulus-Response-Folgen (vgl. 3.4.6) um lokale Variablen und Timer sowie der Möglichkeit, Übergänge aus beliebigen Zuständen (etwa hinsichtlich Ausnahmebehandlung) zwecks Übersichtlichkeit separat darzustellen.

GRAPES (*Grap*hische *E*ngineering-*S*prache, vgl. [GRA 90]) ist eine graphische Sprache zur Modellierung informationsverarbeitender Systeme als Systeme kommunizierender Objekte. GRAPES umfasst Konzepte für alle Aspekte der Systemmodellierung und enthält Elemente, die aus IORL, SA, SADT und SDL übernommen wurden. Modelle werden in GRAPES durch verschiedene Diagrammarten und Tabellen dargestellt. Für die Struktur- und Kommunikationsmodellierung hat man Kommunikationsdiagramme (die in der Form von Datenflussdiagrammen Objekte, Datenspeicher und ihre Kommunikationsverbindungen darstellen) sowie Interface-Tabellen (zur Beschreibung der Struktur von Kommunikationswegen durch Kanäle und Datentypen). Zur Verhaltens- und Prozessmodellierung hat man Prozessdiagramme (zur Beschreibung des Verhaltens von Prozessen, Prozeduren und Funktionen in einer um zusätzliche Ablaufkonstrukte angereicherten, SDL-ähnlichen Notation), Datentabellen (zur Deklaration von Konstanten und Variablen auf denen Verarbeitungseinheiten arbeiten) und Spezifikationsdiagramme (spezielle Strukturgraphen, zur Beschreibung von Schnittstellen). Die Struktur von Daten wird durch Datenstrukturdiagramme (einer Mischung aus ER-Diagrammen und Baumdiagrammen) dargestellt. Den Zusammenhang zwischen den einzelnen Modelldokumenten beschreibt man durch Hierarchiediagramme (Baumdiagramme mit verschiedenen Knotentypen). Außerdem lassen sich auch noch Zeitaspekte mit Hilfe von Timern in einer SDL-artigen Notation ausdrücken.

FRORL (*F*rame-and-*R*ule *O*riented *R*equirement Specification *L*anguage, vgl. [TWY 92]) ist ein hybrider formaler Ansatz (mit Elementen aus der Objektorientierung und aus Prolog), bei dem Prototyping mit anschließender transformationeller Implementierung als Vorgehensweise unterstellt ist. Die wesentlichen Konzepte in FRORL sind Rahmen für Objekte (bestehend aus Attributen und Eigenschaften), Rahmen für Aktivitäten (bestehend aus Teilebeziehungen, Vorbedingungen, Aktionen sowie alternativen Aktionen), Regeln für Aktionen und Einschränkungen (die analog zu Prolog-Prädikaten formuliert sind) sowie Abstraktionsrelationen (Instantiierung, Generalisierung und Aggregation) für Rahmen. Die gemeinsame semantische Grundlage ist eine nichtmonotone Horn-Klausel-Logik.

6.3 Gegenüberstellung strukturierter und objektorientierter Ansätze

Strukturierte und objektorientierte Modellierungsansätze haben eine ganze Reihe von Gemeinsamkeiten, aber auch Unterschiede. Auf beides wird im Folgenden kurz eingegangen.

6.3.1 Gemeinsamkeiten

Bei beiden Ansätzen werden detaillierte Vorgehensweisen zur Erstellung der Analysemodelle und für den Übergang zu Entwurf und Implementierung angegeben. Ebenfalls gemeinsam ist die Betrachtung verschiedener Gesichtspunkte bei der Modellierung eines Systems. Dafür werden jeweils Konzepte zur Verfügung gestellt, mit denen alle relevanten Aspekte in angemessenem Detaillierungsgrad darstellbar sind. Die jeweiligen Darstellungsmittel sind vor allem vordefinierte, teilweise umfangreiche graphische Formalismen, die durch Text oder tabellenartige Beschreibungen ergänzt werden. Eine weitere Gemeinsamkeit besteht darin, dass bis dato alle Ansätze im Wesentlichen nur die funktionalen Anforderungen (vgl. 2.1.2) berücksichtigen und (außer zusätzlichem Text) keine Darstellungsmittel für nicht-funktionale Anforderungen zur Verfügung stellen. Allerdings gibt es erste Ansätze UML-Modelle mit Ziel-orientierten Beschreibungsmodellen zu koppeln (vgl. [IIF 04, TT 05]).

6.3.2 Unterschiede

Es gibt auch Unterschiede (siehe auch [FK 92]), auf die im Folgenden – exemplarisch für SA/RT und UML – nochmals kurz eingegangen wird.

	Strukturiert (SA/RT)	**Objektorientiert (UML)**
Datenstrukturen	*Datenlexikon* reguläre Ausdrücke	*Objekt-/Klassendiagramm* OO-Ansatz
Beziehungen zwischen Strukturen	EER-Ansatz	Klassen- und Objektbeziehung
Parametrisierung	–	*Parametrisierte Klassen*
Datenabstraktion	–	inhärenter Bestandteil von OO
Abstraktionsmechanismus zur Zusammenfassung	–	*Pakete*
Präzision	–	*Einschränkungen und Eigenschaften*, OCL

Abb. 6.3.1. Beschreibung von statischen Strukturen

Statische Strukturen. Datentypen und -strukturen werden in den strukturierten Ansätzen durch reguläre Ausdrücke im Datenlexikon beschrieben. Bei den objektorientierten Ansätzen sind dafür Objekt- und Klassendiagramme (vgl. 3.5.1) vorgesehen. In UML gibt es darüber hinaus vordefinierte primitive Typen (Wahrheitswerte, Zeichenreihen, ganze und natürliche Zahlen) sowie Aufzählungstypen.

Zur Beschreibung von Beziehungen zwischen Strukturen verwenden die strukturierten Methoden die Möglichkeiten des EER-Ansatzes, die objektorientierten

Methoden spezielle Klassen- und Objektbeziehungen, die aber im Wesentlichen aus dem (erweiterten) ER-Ansatz übernommen wurden.

Parametrisierung von Strukturen, Datenabstraktion sowie Mechanismen zur Zusammenfassung sind bei den strukturierten Methoden nicht vorgesehen. Bei den objektorientierten Methoden findet man Parametrisierung nur in UML, während Datenabstraktion, als inhärentes Konzept der Objektorientierung, in allen Ansätzen vorhanden ist. Möglichkeiten zur Bildung größerer struktureller Einheiten sind mit den Paketen von UML gegeben. Eine Zusammenfassung dieser Gegenüberstellung findet sich in Abb. 6.3.1 (wobei ansatzspezifische Begriffe durch Kursivschrift hervorgehoben sind).

Funktionalität. Zur Beschreibung der Kommunikation des Systems mit seiner Umgebung hat man bei den strukturierten Methoden das Kontextdiagramm. Dem entspricht bei den objektorientierten Methoden das Anwendungsfalldiagramm.

Funktionale Komponenten werden in den strukturierten Methoden durch Datenprozesse repräsentiert und ihre Kommunikationsstruktur durch die Hierarchie der Datenflussdiagramme dargestellt. In UML gibt es für die Darstellung der Kommunikationsstruktur primär die Sequenz- und Kommunikationsdiagramme, wobei die Kommunikationspartner die jeweiligen Komponenten darstellen. Darüber hinaus findet man Kommunikationsaspekte im weiteren Sinne in den Aktivitätsdiagrammen (in Aktivitäten, den Zuständigkeitsbereichen sowie den Objektflüssen).

	Strukturiert (SA/RT)	**Objektorientiert (UML)**
Kommunikation mit Umgebung	*Kontextdiagramm*	*Anwendungsfalldiagramm*
Komponenten- und Kommunikations- struktur	*Datenprozesse* DFDs	Kommunikationspartner *Sequenz- u. Kommunikationsdiagramm* *Aktivitätsdiagramm* (Aktivitäten, Zuständigkeitsbereiche, Objektflüsse)
Abläufe innerhalb von Komponenten	*Prozessspezifikation* Pseudocode Vor-/Nachbedingungen	*Aktivitäts-* und *Interaktions- übersichtsdiagramm* Vor-/Nachbedingungen
Parameter	implizit in DFDs explizit in Prozess- spezifikationen	explizit bei Vor-/Nachbedingungen sowie *Kommunikations-* und *Aktivitätsdiagrammm*

Abb. 6.3.2. Beschreibung der Funktionalität

Die Beschreibung von Abläufen innerhalb von Komponenten ist bei den strukturierten Methoden nur für elementare Prozesse im Rahmen der Prozessspezifikationen möglich. Vorgesehen dafür sind Pseudocode und Spezifikationen über Vor- und Nachbedingungen. Letzteres findet man auch bei den objektorientierten Methoden, allerdings nicht beschränkt auf elementare Prozesse. Das primäre Darstellungsmittel für Abläufe sind in UML die Aktivitätsdiagramme sowie die Interaktionsübersichtsdiagramme.

Analog zu Abläufen findet man in den strukturierten Methoden Parameterangaben zu funktionalen Einheiten explizit nur in den Prozessspezifikationen, während sie in den Datenflussdiagrammen nur implizit aufscheinen. In UML hat man Parameter in der üblichen Form bei den Spezifikationen durch Vor- und Nachbedingungen sowie den Aktivitätsdiagrammen. In verkappter Form gibt es sie auch in den Kommunikationsdiagrammen. Die Zusammenfassung dieser Gegenüberstellung hinsichtlich funktionaler Aspekte zeigt Abb. 6.3.2.

Dynamisches Verhalten. Kommunikationsstrukturen werden in den strukturierten Methoden durch Kontrollprozesse und Kontrollflussdiagramme beschrieben. In UML sind dafür Sequenzdiagramme vorgesehen. Zusätzlich gibt es Kommunikationssdiagramme zur detaillierten operativen Beschreibung der Kommunikation.

Sowohl strukturierte als auch objektorientierte Methoden sehen Automaten mit Ausgabe zur Beschreibung des dynamischen Verhaltens vor. In SA/RT (nach Hatley und Pirbhay) hat man nur einfache Zustandsautomaten und zusätzlich Ereignis- und Aktionstabellen. SA/RT (nach Harel) und UML bieten stattdessen hierarchische Automaten.

	Strukturiert (SA/RT)	**Objektorientiert (UML)**
Kommunikationsstruktur	*Kontrollprozesse* CFDs	*Sequenzdiagramm* *Kommunikationsdiagramm*
Zustände und ZustandsÜbergänge	ZÜDs + ETs	Hierarchische Automaten *Zustandsdiagramm*
Ereignisse	*Kontrollsignale*, im Anforderungslexikon definiert	*Ereignisklassen*
(zustandsabhängige) Aktionen	Aktivierung / Deaktivierung von Prozessen; Setzen von Kontrollflüssen	Veränderung von Objektzuständen

Abb. 6.3.3. Beschreibung von dynamischem Verhalten

Ereignisse werden bei den strukturierten Methoden als Kontrollsignale aufgefasst und – wie Daten – im Anforderungslexikon definiert. Analog werden bei den objektorientierten Methoden Ereignisse durch Klassen beschrieben, wobei auch Generalisierungs- und Spezialisierungsbeziehungen berücksichtigt werden können.

Durch Zustandsübergänge ausgelöste Aktionen bewirken bei den objektorientierten Methoden eine Veränderung von Objektzuständen. Bei den strukturierten Methoden sorgen diese Aktionen für die Aktivierung/Deaktivierung von (Daten-) Prozessen bzw. das Setzen von Kontrollflüssen. Abb. 6.3.3 fasst diese Gegenüberstellung zusammen.

Methodik. In Abb. 6.3.4 findet man eine Zusammenfassung des Vergleichs hinsichtlich verschiedener methodischer Aspekte. Eine Schwachstelle der strukturierten Methoden bei der Erstellung eines Anforderungsmodells ist die meist schwierige Integration der Teilmodelle. Bei den objektorientierten Methoden hat man stattdessen die Schwierigkeit, dass die integrierte Sichtweise eine zu frühe Festlegung und Zuordnung von Operationen zu Klassen erfordert.

	Strukturiert (SA/RT)	**Objektorientiert (UML)**
Erstellung der Anforderungsdefinition	Schwachstelle: Integration der Teilmodelle	Schwachstelle: integrierte Sichtweise
Übergang zum Entwurf	Strukturierter Entwurf	Objektorientierter Entwurf
integrierte Vorgehensweise	nur bei Funktions-orientiertem Entwurf; "Methodenbruch" bei Datenstruktur-orientiertem Entwurf	durchgängig objektorientiert; präzise Trennung zwischen Analyse und Entwurf schwierig (Ausnahme: Fusion)

Abb. 6.3.4. Methodik

Der Übergang von der Analyse zum Entwurf wird sowohl von den strukturierten wie von den objektorientierten Methoden unterstützt. Eine integrierte Vorgehensweise hat man bei den strukturierten Methoden aber nur für einen Funktions-orientierten Entwurf. Zielt man stattdessen auf einen Datenstruktur-orientierten Entwurf, entsteht ein „Methodenbruch". Dieser wird bei den objektorientierten Methoden dadurch vermieden, dass eine durchgängig objektorientierte Methodik zur Verfügung steht. Allerdings wird dadurch eine präzise Trennung zwischen Analyse und Entwurf schwierig.

Handhabbarkeit. Aufgrund der geringeren Anzahl und Komplexität der zur Verfügung gestellten Modellierungskonzepte schneiden die strukturierten Methoden bezüglich der Erlernbarkeit und Verständlichkeit besser ab als UML. Umgekehrt erlaubt UML präzisere und detailliertere Aussagen bei allen Modellierungsaspekten. Wichtig für die Handhabbarkeit ist auch die Flexibilität eines Ansatzes, da für konkrete Anwendungen meist projektspezifische Anpassungen nötig sind. Auch hier liegt UML (insbesondere durch das Konzept der Stereotypen und die Möglichkeit zur Bildung von „Profilen") klar vor den strukturierten Methoden.

Anwendungsbereich. Alle strukturierten und objektorientierten Methoden eignen sich prinzipiell zur Modellierung von Informationssystemen und anderen kommerziellen Systemen. SA/RT und UML sind auch für die Modellierung von reaktiven Systemen und Echtzeitsystemen geeignet.

Detailliertere und präzisere Aussagen (z.B. über die Größe der Modellierungen, Erstellungsaufwände, Skalierbarkeit, Einfluss auf den gesamten Entwicklungsprozess) sind möglich, erfordern aber eine weitere Differenzierung der Anwendungsbereiche und entsprechende vergleichende Untersuchungen (vgl. [EHS 98a, b]).

Werkzeugunterstützung. Sowohl für strukturierte wie für objektorientierte Methoden gibt es viele Werkzeuge mit individuell verschiedenen Stärken und Schwächen. Von allen Werkzeugen werden die Erstellung der Modelle, die konsistente

Datenhaltung in einer Datenbank und verschiedenste Aspekte der Dokumentation unterstützt. Ebenfalls in allen Werkzeugen beschränken sich die Analysemöglichkeiten im Wesentlichen auf syntaktische Eigenschaften sowie einfache Konsistenzprüfungen. Eine Adäquatheitsprüfung ist nur manuell (über selektive Information aus der zugrundeliegenden Datenbank) möglich. Rechnergestützte Simulation der Modelle bieten nur die Werkzeuge, die die Möglichkeiten der hierarchischen Automaten (vgl. 3.4.4) in vollem Umfang ausnutzen.

6.4 Stand der Kunst

Im folgenden Resümee zum Stand der Kunst im RE wird zunächst auf diejenigen Aspekte eingegangen, für die sich im Lauf der Entwicklung des Fachgebiets ein weitestgehender Konsens herauskristallisiert hat. Anschließend werden die wichtigsten Fortschritte in der Forschung zusammengefasst und das aktuelle Forschungsgebiet und seine Themen vorgestellt. Eine kurze Zusammenstellung wichtiger, noch stets ungelöster Probleme beschließt den Abschnitt.

6.4.1 Konsens

Es gibt eine ganze Reihe von Aspekten des RE, die zwar früher zum Teil sehr kontrovers diskutiert wurden, aber mittlerweile weitestgehend allgemein akzeptiert sind.

In der Mehrzahl aller Publikationen zum Thema RE wird dessen Einfluss auf den Projektverlauf im Rahmen der Motivation genannt. Insofern scheint die prinzipielle Bedeutung des RE für den Erfolg eines Projekts unbestritten – auch wenn es dafür keine echten Nachweise und sogar Argumente für das Gegenteil gibt (vgl. [DZ 06, SR 05]). Zumindest muss der Zusammenhang zwischen Anforderungsqualität und Projekterfolg deutlich differenzierter betrachtet werden (vgl. [KT 07]). Auch kann man immer noch sehr oft feststellen, dass das RE in der Praxis vernachlässigt oder nicht in dem Maße berücksichtigt wird, wie es seiner Bedeutung innerhalb des Systementwicklungsprozesses angemessen wäre. Dabei wird auch noch immer allzu häufig übersehen, dass sich die Investition in ein umfassendes RE im Rahmen eines Entwicklungsprojekts oder eine umfassende Schulung und Ausbildung der Mitarbeiter auf diesem Gebiet in jedem Fall langfristig auszahlen.

Anders als etwa bei Programmiersprachen hat sich für die Beschreibung von Anforderungen noch kein hinreichend großer Kern allgemein akzeptierter Konzepte herauskristallisiert – auch wenn eine gewisse Konvergenz der verschiedenen Ansätze beobachtbar ist. Die Unterteilung in funktionale und nicht-funktionale Anforderungen sowie die Idee der Projektion auf die drei wesentlichen Systemsichten (statische Struktur, Funktionalität und dynamisches Verhalten) werden mittlerweile ebenso wenig in Frage gestellt wie die prinzipiellen Vorteile der Verwendung von Modellen im RE und die verstärkte Verwendung formal fundierter graphischer Notation.

Einig ist man sich mittlerweile auch über die verstärkte Berücksichtigung der Bedürfnisse aller Stakeholder – zumindest in gewissen Anwendungsbereichen und für bestimmte Problemstellungen. Ähnliches gilt hinsichtlich Nutzen und Notwendigkeit von Werkzeugen – allein schon aufgrund der Größe von Anforderungsspezifikationen. Einen teilweisen Konsens gibt es darüber, dass die wesentlichen Themen des RE den (groben) Bereichen Formalismen, Methoden und Werkzeuge zugeordnet werden können – auch wenn diese Zuordnung nicht immer explizit genannt wird oder andere Begriffe oder eine feinere Aufteilung (z.B. notations; methodologies, strategies, advice; techniques, analyses, tools in [CA 07]) bevorzugt werden.

Unstrittig sind auch die wesentlichen Tätigkeiten Ermittlung, Beschreibung, Analyse und Management – auch wenn dafür zum Teil andere Begriffe verwendet oder einzelne Tätigkeiten feiner aufgespaltet werden. Eine sehr detaillierte Aufteilung in einzelne Teilschritte, die aber jeweils den o.g. genannten Begriffen zugeordnet werden können, findet man z.B. in [RR 06].

Den Begriff *Ermittlung* findet man in [RS 07, Ebe 05, PR 09], den in seiner Bedeutung ähnlichen englischen Begriff *elicitation* in [CA 07, PA 06, Som 04, Pre 05, KYY 08, HWF 08]. [Poh 07] nennt diese Tätigkeit *Gewinnung und Übereinstimmung*, [So 04] *elicitation and analysis*. Bei [Pre 05] ist die Tätigkeit aufgespaltet in die Teilaktivitäten *inception*, *elicitation*, *elaboration* und *negotiation*.

Anstelle von *Beschreibung* findet man in [CA 07, PA 06] *modeling*, in [Poh 07, PR 09] *Dokumentation*, in [RS 07] *Formulierung*, in [Ebe 05] *Spezifikation* und in [Som 04, Pre 05, KYY 08, HWF 08] *specification*.

Analyse (bzw. *analysis*) wird auch in [CA 07, PA 06, Ebe 05, HWF 08] verwendet. [Poh 07, RS 07, Som 04, Pre 05] verwenden dafür *Validierung* (bzw. *validation*). Bei [CA 07, PA 06] umfasst die Analyse auch noch *verification and validation*, bei [HWF 08] kommt *review* hinzu und [KYY 08] nennt die Tätigkeit *evaluation and validation*.

Der Begriff *Management* wird auch in [Poh 07, Pre 05, HWF 08] verwendet. In [RS 07, PR 09] heißt die Tätigkeit *verwalten*, in [Ebe 05] *kontrollieren und verfolgen*.

6.4.2 Fortschritte in der Forschung

Die Forschung im Bereich RE hat im Laufe seiner Geschichte zweifelsohne Fortschritte gemacht. [Mai 05] nennt, neben dem Einsatz von Szenarien, Ziel-orientiertes RE (repräsentiert in den Ansätzen KAOS und i*) sowie Agenten-orientiertes RE (vertreten durch Tropos) als die wesentlichen Ergebnisse der letzten Jahre. Obwohl es etwa zu KAOS und die zugehörigen Werkzeuge bereits auch positive Industrie- und Projekterfahrung gibt (vgl. [Lam 04]), kommen jedoch andere Untersuchungen (zu deren Effektivität, vgl. [AM 06]) zu dem Fazit, dass es noch viel Raum für Verbesserung gibt.

Die erzielten Fortschritte im RE gibt es sowohl in der Lösungs-orientierten als auch der Evaluations-basierten Forschung. Hinsichtlich der Lösungs-orientierten Forschung lassen sich die erzielten Ergebnisse einerseits den einzelnen Tätigkeiten des RE (vgl. 2.2) als auch, andererseits, den relevanten Themen (vgl. 2.3) zuordnen. Eine sehr schöne Übersicht, die diese beiden Kriterien als die Dimensionen einer Matrix zum Stand der Forschung verwendet, in die dann relevante Teilaspekte und zugehörige Publikationen eingeordnet werden, gibt [CA 07].

Bei der Ermittlung (*elicitation*) der Anforderungen (vgl. 2.2.1) sind primär Techniken zur Identifikation der Stakeholder sowie unterschiedliche Vorgehensweisen zu Erhebung und Verhandlung (*negotiation*) zu nennen. Dabei können (vor allem intuitiv leicht zugängliche und halbformale) Modelle (wie etwa Anwendungsfälle, Szenarien oder Zielmodelle) insbesondere zur Erforschung der Bedürfnisse der Stakeholder sowie zur Fokussierung der Diskussion vorteilhaft eingesetzt werden.

Für die Beschreibung (*documentation*) der Anforderungen (vgl. 2.2.2) bieten sich solche Modelle an, die deutlich mehr Präzision, Vollständigkeit und Eindeutigkeit erlauben. Der Vorteil präziserer Modelle liegt vor allem darin, dass einerseits Versäumnisse bei der Ermittlung aufgedeckt werden und andererseits eine bessere Ausgangsbasis für eine anschließende Systementwicklung geschaffen wird. Als Ergebnisse zu nennen sind hier einerseits konkrete Formalismen (z.B. UML) und deren Semantik sowie andererseits viele Ideen zur systematischen Erstellung von Modellen und deren Unterstützung durch geeignete Werkzeuge.

Hinsichtlich der Prüfung (*analysis, validation and verification*) der Anforderungen (vgl. 2.2.3) geht es einerseits um allgemeine Aspekte der Qualität (z.B. Eindeutigkeit, Konsistenz, Vollständigkeit), andererseits aber auch vor allem um inhaltliche Aspekte (wie etwa Adäquatheit, Risiken, Einflüsse auf den Projekterfolg). Auch hier bieten geeignete Modelle (gegenüber reinem Text) das größere Potenzial, das von traditionellen Reviews bis hin zu Model Checking reicht.

Das Requirements-Management umfasst alle Aspekte der Verwaltung von Anforderungen, einschließlich ihrer Evolution über die Zeit und Produktfamilien hinweg. Neben entsprechender methodischer und werkzeugmäßiger Unterstützung dieser Kernaktivitäten hat sich die Forschung in diesem Themenbereich vor allem mit den Themen Reife und Stabilität von Anforderungen, Größe und globale Verteilung von Anforderungsdokumenten, sowie Traceability (insbesondere der automatischen Erkennung und Dokumentation von Traceability-Verweisen) beschäftigt.

Über die genannten Resultate hinaus gibt es auch interessante Ergebnisse in der evaluations-basierten Forschung (die nach [CA 07] einen Anteil von ca. 10 - 15 % an der gesamten RE-Forschung hat). Diese Ergebnisse umfassen vor allem Berichte über den Stand der Forschung und deren praktischer Umsetzung, sowie über Fallstudien und Feldversuche (auch im industriellen Umfeld). Darüber hinaus wurde untersucht, ob und wie spezielle RE-Techniken auf domänen-spezifische Fragestellungen angepasst werden können. Und schließlich gibt es einige wenige vergleichende Studien (vor allem über Erhebungstechniken, Spezifikationsformalismen und Prüfmethoden).

Eine dieser Studien (vgl. [NL 03]) hat im Rahmen einer schriftlichen Befragung von knapp 2000 Personen (mit unterschiedlichem Hintergrund) aus unterschiedlichen, einschlägigen Firmen und Branchen verschiedene Aspekte des RE untersucht. Ein Aspekt waren die in der Praxis eingesetzten Techniken für Anforderungsermittlung und -modellierung, dessen zusammengefasstes Ergebnis in Abb. 6.4.1 zu finden ist. Den im Rahmen der Studie ebenfalls ermittelten Überblick über in der Praxis eingesetzte Methoden fasst Abb. 6.4.2 zusammen.

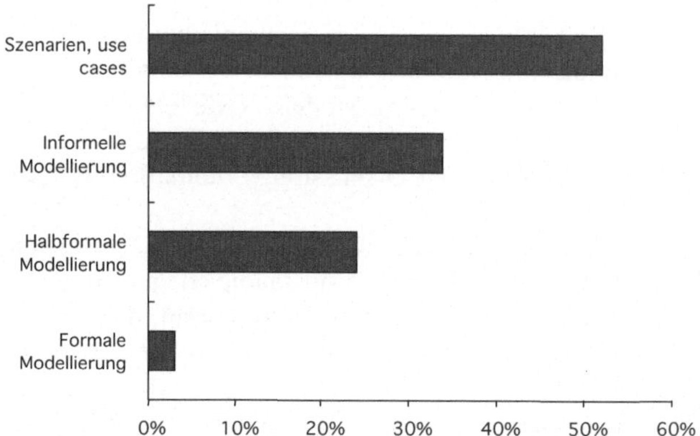

Abb. 6.4.1. In der Praxis eingesetzte Techniken (zusammengefasst, vgl. [NL 03])

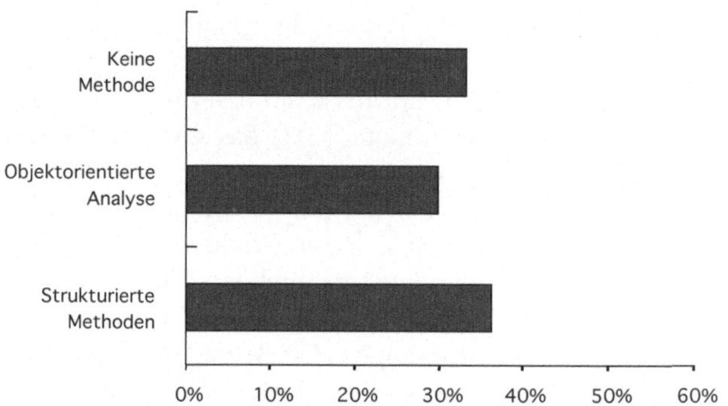

Abb. 6.4.2. In der Praxis eingesetzte Methoden (zusammengefasst, vgl. [NL 03])

6.4.3 RE als Forschungsgebiet

RE hat sich mittlerweile als breites Forschungsgebiet etabliert. Dies zeigt sich neben der großen Anzahl an Publikationen auch darin, dass es bereits vielfältige identifizierbare Teilgebiete des RE mit entsprechender „community" und spezialisierten Tagungen und Workshops gibt. Zudem findet man auch viele interessante Ideen, die sich mit der Kopplung von RE-Aspekten und Ansätzen aus anderen Bereichen beschäftigen.

Teilgebiete des RE. Ein relativ großer Teilbereich beschäftigt sich mit dem *Zielorientierten* (*goal-oriented*) *RE* mit den beiden Ansätzen i* und KAOS. KAOS (vgl. [KAO 09]) versucht zunächst die wesentlichen Ziele der Stakeholder zu erfassen, die dann in Und-Oder-Bäumen verfeinert und letztlich in entsprechende funktionale Anforderungen umgesetzt werden. Erfahrungen über den praktischen Einsatz von KAOS – z.B. hinsichtlich Projekttypen, Umfänge der Ziel-Modelle oder Aufwände bei der Erstellung – findet man in [Lam 04]. Mit i* (vgl. [ist 09]) werden Informationssysteme als heterogene Akteure mit verschiedenen, oft konkurrierenden, voneinander abhängenden Zielen modelliert. Im Mittelpunkt stehen die „intensionalen Eigenschaften" der Agenten, vor allem „harte" und „weiche" Ziele, die dann ebenfalls verfeinert und operationalisiert werden. Über einen experimentellen Vergleich von i* und KAOS in einer akademischen Umgebung berichtet [MH 07]. Eine Weiterentwicklung von i* ist URN (*User Requirements Notation*, vgl. [AM 03]).

Prominentester Vertreter des Teilgebiets *Agenten-orientiertes* (*agent-oriented*) *RE* ist Tropos (vgl. [Tro 09]). Tropos schlägt eine Softwareentwicklungsmethodik vor, die auf Konzepten zur Modellierung von Zielen und „frühen" Anforderungen beruht. Es erweitert i* (mit seinen zentralen Begriffen Akteur, Ziel, Abhängigkeit) um die Möglichkeit, Effekte zu propagieren, die die Erfüllung eines Ziel im Hinblick auf andere Ziele nach sich ziehen.

Einen ähnlich großen Teilbereich umfasst das *Szenarien-basierte* (*scenario-based*) *RE* (vgl. [Sut 03]), das häufig mit dem Benutzer-zentrierten (*user-centred*) RE (vgl. [Sut 02]) kombiniert wird. Gemeinsam mit den späteren Nutzern werden dabei aus einzelnen typischen Szenarien die Anforderungen in Form von Anwendungsfällen abgeleitet und strukturiert. Über die erfolgreiche praktische Anwendung dieses Ansatzes berichtet [MR 05], wobei insbesondere auf die Bedeutung verschiedener Informationsquellen bei der Spezifikation der Anwendungsfälle hingewiesen wird, die ein systematisches Auffinden der Anforderungen ermöglichten.

Der Teilbereich *Modell-basiertes* (*model-based*) *RE* fasst verschiedenartige Ansätze (z.B. [AKS 08, AW 00, BBR 02, Bro 06, Fle 08, LCC 07, Mil 06]) zusammen, bei denen die Verwendung von (verschiedenen Arten von) Modellen im Mittelpunkt steht. Die Modelle ihrerseits dienen dabei der Überprüfung von Eigenschaften oder als Ausgangspunkt der Codeerzeugung.

Ein stetig wachsendes Teilgebiet ist das *Aspekt-orientierte* (*aspect-oriented*) *RE* (z.B. [AML 06, BM 04b, GLP 06, Mus 08]). Die Grundidee besteht hier darin, Konzepte der Aspekt-orientierten Programmierung bereits im Rahmen des RE einzusetzen, d.h. bei der Klassifikation und Strukturierung der Anforderungen übliche funktionale Anforderungen und „Aspekt-orientierte Anforderungen" (d.h. solche, die sog. „querschnittliche Belange" betreffen) getrennt zu behandeln. Im Mittelpunkt stehen dabei geeignete Darstellungsformen (vgl. [AML 06, Mus 08]) für Aspekt-orientierte Anforderungen sowie Methoden, Algorithmen und Werkzeugunterstützung zu deren Extraktion (z.B. [GLP 06]).

Über die genannten Teilgebiete hinaus gibt es noch einige weitere Spezialisierungen, für die sich aber noch keine eigenen Teilgebiete etabliert haben. Dazu gehört zum einen das *Fertigkomponenten-basierte* (*COTS-based*) *RE* (vgl. [Alv 03]), bei dem die Besonderheit darin besteht, dass Anforderungen flexibler formuliert sein müssen, damit überhaupt eine Chance besteht passende Fertigkomponenten zu finden. Außerdem müssen die Anforderungen Angaben über Prioritäten enthalten, da die Übereinstimmung zwischen Anforderungen und verfügbaren Fertigkomponenten häufig nur approximiert werden kann. Eine andere Spezialisierung ist das *Werte-basierte* (*value-based*) *RE* (vgl. [GA 03, AW 07]), bei dem bei der Priorisierung von Anforderungen auch ökonomische Werte berücksichtigt werden. Weitere Spezialisierungen sind das *Ontologie-basierte* (*ontology-based*) *RE* (vgl. [KS 06]) und das *Marktgetriebene* (*market-driven*) *RE* (vgl. [GW 06, RB 05]), bei dem sich die Anforderungen auf die Produkte und ihre Fähigkeiten konzentrieren.

Kombination von RE-Themen mit anderen Ansätzen. Die Vielfalt an Möglichkeiten, Ideen aus anderen Bereichen der Systementwicklung mit Aspekten des RE in Verbindung zu bringen, scheint unbegrenzt. Hier einen vollständigen Überblick geben zu wollen ist ein hoffnungsloses Unterfangen. Deshalb sollen im Folgenden nur einige Möglichkeiten exemplarisch aufgezeigt werden.

Die Kombination von Zielmodellen (in KAOS) und UML betrachtet [HF 04], die Kopplung von NFR-Softgoal-Modellen (vgl. [CNY 00]) mit UML behandelt [CS 06]. Auf die Integration von i* mit Aspekt-orientierter Softwareentwicklung geht [ACM 08] ein, eine Kombination von UML mit Feature-Modellen verwendet [AKS 08]. Eine Mischung verschiedener Techniken (Zielmodellierung mit i*, Modellierung der menschlichen Aktivitäten, Kreativitäts-Workshops, Verknüpfung von Anforderungen mit Szenarien und Use Cases) schlägt [MJF 03] vor. [Som 05] empfiehlt und begründet eine Integration von RE mit anderen Entwicklungsschritten, da in manchen Situationen (z.B. Nebenläufiges RE, Verflechtung von RE und Entwurf oder Verwendung von Fertigkomponenten) die klassische Vorgehensweise, die mit den Anforderungen beginnt („requirements first") nicht funktioniert. Es wird aber auch darauf hingewiesen, dass im Zusammenhang mit kritischen Systemen klassisches RE unabdingbar ist.

Mit unterschiedlichen Aspekten des Zusammenhangs zwischen RE und Software-Produktlinien beschäftigen sich z.B. [AKS 08, KPS 08, KS 00, NE 08, SHT 06]. Einen Überblick über verschiedene Varianten von Feature-Diagrammen und einen Vergleich deren Semantiken findet man in [SHT 06]. Mit dem Thema der „Feature Interaction" aus der Sicht des RE beschäftigt sich [CHS 08].

Verschiedene Spezialisierungen des RE und ihren Zusammenhang mit der Aspekt-Orientierung untersucht [NEY 07]. Es wird eine vorläufige Taxonomie basierend auf einer Literaturrecherche vorgestellt, die verschiedene Features von asymmetrischen Anforderungsaspekten zeigt. Existierende RE-Ansätze (z.B. Anwendungsfälle, Zielmodelle, Viewpoints, Problem Frames) werden hinsichtlich verschiedener Aspekte und ihrer Behandlung verglichen und anhand der vorgeschlagenen Taxonomie klassifiziert. Die Anwendung von Aspekt-orientierten Methoden im Hinblick auf Verlässlichkeits-Anforderungen (*dependability requirements*) behandelt [ARF 04].

Mit der Verbindung von RE und Usability beschäftigt sich [Kuj 05], insbesondere mit der Integration von Benutzer-zentrierter Anforderungsanalyse und Anwendungsfall-getriebenem RE.

Werkzeuge, die mit Modellen, textuellen Anforderungen und deren Zusammenhängen umgehen können, werden in [DFD 06, GGS 06, Wil 06] vorgestellt.

Auch die Kopplung von formalen Methoden wie etwa CASL (vgl. 3.6.2) mit traditionellen RE-Ansätzen wurde untersucht, z.B. mit Jackson's Problem Frames (vgl. [CR 00]) oder mit Anwendungsfällen (vgl. [CR 04]).

Auf der Basis der Auswertung vieler Industrieprojekte hinsichtlich erfolgreicher RE-Techniken stellt [Ebe 06] einen Zusammenhang zwischen RE und dem Produktlebenszyklus her.

Die Wechselwirkung der Anforderungsentwicklung mit allen anderen Prozessen des System Engineering und die Schnittstellen des Anforderungsmanagements mit Teilaufgaben des Projektmanagements (z.B. Qualitäts-, Risiko-, Konfigurations-, Versions-, Test-, und Änderungsmanagement) betrachtet [HWF 08]. Speziell die Einbindung von Techniken des Risikomanagements in das RE werden in [Gli 08, FCH 05, FCH 08] behandelt.

6.4.4 Ungelöste Probleme

Requirements-Engineering ist eine Disziplin, die sich noch immer in der Entwicklung befindet. Nach wie vor gibt es – entgegen den großartigen Verkaufsargumenten mancher Autoren – insbesondere für die Modellierung von Anforderungen an Systeme keinen Ansatz, der alle Aspekte des RE vollständig und zufriedenstellend abdeckt. Dafür sind eine ganze Reihe verschiedenartiger Gründe verantwortlich.

Keiner der in den verschiedenen Ansätzen verwendeten Grundformalismen allein ist ausreichend, um all die vielfältigen Aspekte des Requirements-Engineering zufriedenstellend und umfassend abdecken zu können. Ohne eine Mischung verschiedener Formalismen kommt man nicht aus – selbst wenn man sich (wie etwa in UML) auf funktionale Anforderungen beschränkt. Eine geeignete Mischung erfordert aber auch eine entsprechend breite theoretische Fundierung, entweder durch die Entwicklung mächtiger neuer Theorien oder durch die Integration vorhandener Grundlagen. Bei letzterem sind insbesondere theoretische Untersuchungen notwendig, um das Problem der Interferenzen, das üblicherweise bei der Integration verschiedener Formalismen auftritt, zu beherrschen.

Daneben gibt es noch weitere, ungelöste Probleme. Diese reichen etwa von einer breiteren Integration funktionaler und nicht-funktionaler Anforderungen über wohlfundierte Bewertungsverfahren und Akzeptanzkriterien bis hin zu Methoden und Mechanismen zur Komposition und Dekomposition von Problemen, ohne die eine Bewältigung der inhärenten Komplexität nicht möglich sein wird. Unklar und häufiger Streitpunkt ist nach wie vor auch das anzustrebende Beschreibungsniveau und der Grad der Detaillierung.

Den idealen Formalismus, der allgemein genug ist für eine große Klasse verschiedener Probleme, aber gleichermaßen auch geeignet für die Spezifikation problemspezifischer Aspekte, gibt es derzeit noch nicht. Insbesondere haben auch alle existierenden Ansätze immer noch deutliche Defizite, sowohl was die Einbeziehung nicht-funktionaler Anforderungen (im umfassenden Sinn) betrifft als auch im Hinblick auf Skalierbarkeit.

Auch bezüglich der Verwendung der derzeit existierenden Ansätze gibt es noch viele unbeantwortete Fragen, zum Beispiel die nach Kriterien dafür, wann welche

Vorgehensweise eingesetzt werden sollte und welche Modellierungsschwerpunkte dabei zu setzen sind. Ebenfalls unklar ist, mit welchen Management-Praktiken die Methoden geeignet zu kombinieren sind.

Offen ist ferner die Frage, welche globale Vorgehensweise bei der Systemerstellung sich in der Zukunft durchsetzen wird. Wird man weiterhin auf das bekannte phasenorientierte Entwicklungsmodell bauen, werden sich die agilen Methoden durchsetzen oder gar eine streng formale, rechnerunterstützte Vorgehensweise? Auch ist nicht klar, ob der derzeit vielerorts favorisierte Ansatz der Modell-basierten Entwicklung die in ihn gesetzten großen Erwartungen erfüllen kann.

Unabhängig jedoch von der globalen Vorgehensweise gilt es, noch bessere Methoden für das Requirements-Engineering selbst zu entwickeln, vor allem solche, die sich dann homogen in eine Gesamtmethodik einpassen lassen. Insbesondere müssen auch dabei die Ermittlung von Anforderungen und der Schritt von den Anforderungen zu einer Realisierung noch stärker einbezogen und berücksichtigt werden.

6.5 Ausblick

In diesem Abschnitt wird noch einmal kurz auf die aktuellen Forschungsthemen des RE eingegangen, um dann daraus abzuleiten, welches die künftigen Forschungsthemen sein werden. Außerdem sollen einige Trends aufgezeigt werden, die ebenfalls Einfluss auf die künftige Forschung haben werden.

6.5.1 Aktuelle Forschungsthemen

Vielfältige Hinweise auf die aktuellen Forschungsthemen des RE finden sich bereits in 6.4.3. Einen guten Überblick über die aktuellen Forschungsthemen des RE findet man in [KYY 08]. Dort wurden mithilfe einer Literaturstudie (von über 700 Beiträgen aus einschlägigen Journalen und Konferenzen aus den Jahren 2001-2005) sowie Interviews (mit 13 renommierten Forschern und 7 erfahrenen Praktikern) die relevanten Themen des RE und deren Einordnung hinsichtlich Theorie und Praxis sowie deren Reifegrad ermittelt.

Zunächst wird in [KYY 08] darauf hingewiesen, dass es große Lücken zwischen universitärer Forschung und Praxis gibt und dass Praktiker und Forscher (in der Akademia) ein unterschiedliches Verständnis von RE haben. Eine deutliche Lücke zwischen Forschung und Praxis wird auch in [PKB 05] festgestellt. Dort wird, auf der Grundlage eines Überblicks über verschiedene, einschlägige, empirische Studien aus der Literatur der Frage nach den Gründen für die Lücke zwischen Forschung und Praxis nachgegangen. Ziel dabei ist es, durch die Beantwortung einschlägiger Fragen, in der RE-Forschung die Probleme der Praxis besser zu verstehen und zu berücksichtigen.

Als wichtigste Forschungsgebiete im RE werden in [KYY 08] die folgenden Themen identifiziert: Analyse der Stakeholder, Ziel-orientierte Ansätze, Szenarienbasierte Ansätze, Aspekt-orientierte Ideen, Problem Frames, Verhandlungsmodelle, Anforderungsmuster, domänenspezifische Modellierung, formale Methoden, nicht-funktionale Anforderungen und deren Modellierung, Konsistenz von Anforderungen, Anforderungen und Architektur, sozio-kulturelle Faktoren im RE, Anforderungsmanagement, Traceability, Studien in einer spezifischen Domäne, Interdisziplinäre Studien sowie Ausbildung im RE.

Einige der wichtigsten Erkenntnisse der Studie in [KYY 08] sind:

- Ziel-orientierte und Szenario-basierte Ansätze sind schon weit ausgereift – sowohl in der Forschung als auch in der Praxis;
- Es gibt (in der Praxis) einen Bedarf für formale oder semi-formale Methoden, aber die existierenden Methoden sind noch nicht praxistauglich;
- Es gibt viele Forschungsarbeiten über nicht-funktionale Anforderungen, aber davon sind die meisten beschränkt auf Sicherheitsaspekte (*security*);
- Um die Anforderungen von Nutzern (oder Kunden) wirklich zu verstehen, ist Domänen-spezifisches Wissen unverzichtbar;
- Obwohl man sich der Wichtigkeit einer einschlägigen RE-Ausbildung bewusst ist, gibt es nur wenige einschlägige Untersuchungen zu diesem Thema.

6.5.2 Künftige Forschungsthemen

[CA 07] leitet aus gegenwärtigen Trends und identifizierten Bedürfnissen eine Reihe von Forschungsthemen ab, die vermutlich sehr großen Einfluss auf die Forschung und die Praxis des RE haben werden.

Die *stetig zunehmende Größe und Komplexität von Softwaresystemen* erfordern neue Abstraktionen, innovative Zerlegungsstrategien, standardisierte Kompositionsoperatoren und zunehmende Automatisierung. Komplexität und Größe sowie zusätzlich dezentralisierte Entscheidungsfindung und Variabilität sind die Ursache dafür, dass man möglicherweise künftig auf Toleranz („hinreichende Korrektheit") anstelle von absoluter Korrektheit abzielt, wodurch bei der Ermittlung der Anforderungen der Fokus auf Anforderungen für akzeptables Verhalten liegen wird.

Die *engere Integration von Software mit ihrer Umgebung* und die damit verbundene zunehmende Abhängigkeit von der Umgebung erfordern eine entsprechende Formalisierung von Eigenschaften der Umgebung, mit der das System interagiert, bessere Techniken für die Integration von System und Umgebung, eine Mischung von Methoden der diskreten und kontinuierlichen Mathematik (die als Grundlage für derartig integrierte Systeme benötigt wird), die Einbeziehung von Modellen für menschliches Verhalten sowie hybride Modelle.

Die zunehmend gewünschte *größere Autonomie der Software* (sich im Sinne eines „Selbst-Managements" an eine geänderte Umgebung anzupassen) erfordert verschiedene neue Eigenschaften von Systemen: Das System kennt seine Umgebung, erkennt Veränderungen und kann sich selbständig bei Veränderungen anpassen (*self-managing*); es ist in der Lage sich selbst aus irregulären Situationen in einen sicheren Zustand zu bringen (*self-healing*); es kann sich selbständig und dynamisch an geänderte Ausführungsprofile anpassen (*self-optimizing*); und es ist in der Lage zur Laufzeit neue Anforderungen und Verhalten zu erfüllen (*self-evolving*). Insbesondere hinsichtlich Letzterem besteht akuter Forschungsbedarf, da sich keine der existierenden Modellierungs- und Verifikationstechniken mit den Herausforderungen auseinandersetzt, die sich aus dem dazu erforderlichen Grad an Evolution, Unsicherheit und unvollständiger Information ergeben.

Als Reaktion auf die *steigende Bedeutung von Sicherheitsmechanismen* werden vermutlich – an Stelle der existierenden reaktiven Ansätze, die primär auf „low-level" Sicherheitsanforderungen fokussieren – Notationen und Methoden für die Strukturierung, Modellierung und die Beweisführung über „high-level" Sicherheitsstrategien gebraucht. Dahinter steckt die viel allgemeinere Frage, nach dem optimalen Zeitpunkt zur „Operationalisierung" nicht-funktionaler Anforderungen (d.h. schon beim RE oder erst später).

Aufgrund der *zunehmenden Globalisierung der Softwareentwicklung* braucht man Vorgehensweisen die effektiv ein verteiltes RE ermöglichen, sowie neue oder erweiterte RE-Techniken, die die Fremdvergabe nachfolgender Entwicklungsaufgaben unterstützen.

Im Zusammenhang mit *Methoden, Mustern oder Werkzeugen* zur Unterstützung der Produktivität gibt es Defizite vor allem hinsichtlich der Integration verschiedener RE-Technologien in einen kohärenten RE-Prozess, da man derzeit nur wenig Kenntnisse darüber hat, wie man verschiedene Technologien effizient kombiniert. Zur Erhöhung der Effektivität von RE-Technologien braucht man neben technischem Know-How auch mehr Evaluationen darüber, inwieweit die erzielten Forschungsergebnisse auch die Bedürfnisse der Praxis abdecken (vgl. auch [DH 02]). Dazu würde sicherlich auch eine verstärkte Zusammenarbeit von RE-Forschern mit RE-Praktikern sowie von RE-Forschern mit Forschern und Praktikern aus anderen Bereichen des Software-Engineering beitragen.

6.5.3 Trends

Wie auch in anderen Teilbereichen der Softwareentwicklung ist eine deutliche Tendenz in Richtung *stärkerer Formalisierung* festzustellen. Dies ist insofern nicht überraschend, als Formalisierung eine unverzichtbare Voraussetzung ist, um wesentliche Eigenschaften von Anforderungsdefinitionen, wie Konsistenz und Vollständigkeit, zu erreichen. Auch alle Bemühungen, durch umfassende Validation und Verifikation die Qualität von Software zu erhöhen und ihre Sicherheit zu gewährleisten, sind ohne einen höheren Grad an Formalisierung zum Scheitern verurteilt. Und schließlich ist Formalisierung auch eine wichtige Voraussetzung für jegliche Art von Rechnerunterstützung, die ihrerseits unverzichtbar für große Systeme ist.

Ein weiterer Trend geht in Richtung einer noch umfassenderen, möglicherweise phasenübergreifenden *Werkzeugunterstützung*. Viele wünschenswerte Aspekte, etwa gleichzeitig verschiedene Darstellungsformen konsistent verwenden zu können oder die automatische Erzeugung von Dokumentation oder auch Code, sind zum Teil bereits in heute verfügbaren Werkzeugen realisiert. Umfassendere Hilfestellung, etwa bei der Durchführung von Änderungen, der Impact-Analyse oder für die Ausführung und Simulation von Anforderungsdefinitionen, ist sicher wünschenswert und machbar. Auch kognitive Werkzeuge zur Unterstützung der Erfassung von Anforderungen, Werkzeuge zur Projektplanung und -führung (auf der Grundlage von Anforderungen) sind im Bereich des Möglichen ebenso wie die werkzeuggestützte Analyse textueller Anforderungen und deren Umsetzung in Modelle oder die automatische Erzeugung von Traceability-Verweisen.

Aus Gründen der Qualitätsverbesserung, aber auch aus rein ökonomischen Erwägungen gibt es einen starken Trend hinsichtlich *Wiederverwendung* im Rahmen des Requirements-Engineering. Viele Anforderungsdefinitionen stimmen in wesentlichen Teilen überein, so dass man – entsprechende Standardisierung vorausgesetzt – diese Teile nicht immer wieder neu erstellen müsste, sondern einfach wiederverwenden könnte. Allerdings erfordert dies auch entsprechende Techniken um Möglichkeiten zur Wiederverwendung identifizieren und beschreiben zu können. Neben den Möglichkeiten, die im Bereich der Software-Produktlinien bereits erarbeitet wurden, scheinen vor allem Ideen zu *Analyse-* und *Entwurfsmustern* (vgl. [Fow 97, GHJ 95]), *Anforderungsmuster* sowie *Problem Frames* (die als abstrakte Muster für Kontextdiagramme aufgefasst werden können) vielversprechend. In eine zur Wiederverwendung ähnlichen Richtung geht der Trend (vgl. [EW 05]) zu einer wachsenden Verwendung kommerzieller Fertig-Komponenten und -Systeme im Rahmen der Systemerstellung, der ebenfalls entsprechend angepasste RE-Aktivitäten erfordert.

Schließlich lassen sich auch ein sich entwickelnder Fokus auf Produkt-Lebenszyklus-Management (und die damit verbundene Notwendigkeit, dass sehr heterogene „Communities" zusammenarbeiten müssen, vgl. [EW 05]) sowie deutliche Bestrebungen (vgl. [HWF 08]) feststellen, Requirements-Engineering und -Management stärker als bisher in den gesamten Systementwicklungsprozess einzubinden und als Bestandteil phasen- und projektübergreifender Aktivitäten (wie etwa Projekt-, Qualitäts-, Risiko-, Konfigurations-, Versions-, Test- und Änderungsmanagement) aufzufassen.

Literatur

[AAK 04]
Abie, H., Aredo, D., Kristoffersen, T., Mazaher, S., Raguin, T.: Integrating a Security Requirement Language with UML. In: Baar, T. et al. (eds.): UML 2004. LNCS **3273**, Berlin: Springer 2004, pp. 350-364

[ABZ 09]
ABZ-Konferenz. http://www.abzconference.org (Zugriff am 15.2.09)

[Ach 98]
Achatz, K.: Systematische Anforderungsbeschreibung für Prozessautomatisierungssysteme. Dissertation, Fakultät für Informatik, Universität Ulm 1998

[ACM 08]
Alencar, F., Castro, J., Moreira, A., Araujo, J., Silva, C., Ramos, R., Mylopoulos, J.: Integration of Aspects with i* Models. In: Kolp, M. et al. (eds.): International Bi-Conference Workshop on Agent-Oriented Information Systems (AOIS 2006). LNAI **4898**, Berlin: Springer, 2008, pp. 183-201

[ADD 05]
Asanghanwa, E., Davis, A., Dieste, O., Hickey, A., Juristo, N., Moreno, A.: Requirements Engineering Research: A Microcosm of International Economic Trends. 11th Int. Working Conf. on Requirements Engineering: Foundations for Software Quality (REFSQ 05) 2005

[AE 04]
Al-Ani, B., Edwards, K.: An Empirical Study of a Qualitative Systematic Approach to Requirements Analysis (QSARA). Int. Symp. on Empirical Software. Los Alamitos, Ca.: IEEE Computer Society 2004, pp. 177-186

[AEW 07]
Aranda, G., Easterbrook, S., Wilson, G.: Requirements in the Wild: How Small Companies Do it. 15th Int. Conf. on Requirements Engineering (RE 07). Los Alamitos, Ca.: IEEE Computer Society Press 2007, pp. 39-48

[AFD 07]
Al Balushi, T., Falcone Sampaio, P., Dabhi, D., Loucopoulos, P.: ElicitO: A Quality Ontology-Guided NFR Elicitation Tool. In: Sawyer, P. et al. (eds.): Int. Working Conf. on Requirements Engineering: Foundations for Software Quality (REFSQ 07). LNCS **4542**, Berlin: Springer 2007, pp. 306-319

[AG 90]
Ashworth, C., Goodland, M.: SSADM: A Practical Approach. London: McGraw-Hill 1990

H. Partsch, *Requirements-Engineering systematisch*, eXamen.press, 2nd ed.,
DOI 10.1007/978-3-642-05358-0, © Springer-Verlag Berlin Heidelberg 2010

[AG 06]
Ambriola, V., Gervasi, V.: On the Systematic Analysis of Natural Language Requirements with CIRCE. Automated Software Engineering **13**:1, 107-167 (2006)

[AGN 05]
Arao, T., Goto, E., Nagata, T.: „Business Process" Oriented Requirements Engineering Process. 13th Int. Conf. on Requirements Engineering (RE 05). Los Alamitos: IEEE Computer Society Press 2005, pp. 395-399

[Ahm 08]
Ahmad, S.: Negotiation in the Requirements Elicitation and Analysis Process. IEEE Australian Conf. on Software Engineering. Los Alamitos, Ca.: IEEE Computer Society Press 2008, pp. 683-689

[AKS 08]
Alferez, M., Kulesza, U., Sousa, A., Santos, J., Moreira, A., Araujo, J., Amaral, V.: A Model-Driven Approach for Software Product Lines Requirements Engineering. Int. Conf. on Software Engineering and Knowledge Engineering. New York: ACM Press 2008

[AKZ 96]
Awad, M., Kuusela, J., Ziegler, J.: Object-Oriented Technology for Real-Time Systems. Upper Saddle River, NJ: Prentice-Hall 1996

[Ale 03]
Alexander, I.: Misuse Cases Help to Elicit Non-Functional Requirements. Computing and Control Engineering **14**:1, 40-45 (2003)

[Ale 06]
Alexander, I.: 10 Small Steps to Better Requirements. IEEE Software **23**:2, 19-21 (2006)

[Ale 07]
Alexander, I.: Building What Stakeholders Desire (Point Counterpoint). IEEE Software **24**:2, 62-65 (2007)

[Alf 77]
Alford, M.: A Requirements Engineering Methodology for Real-Time Processing Requirements. In: [IEE 77], pp. 60-69

[Alf 85]
Alford, M.: SREM at the Age of Eight. In: [IEE 85], pp. 36-46. Auch in: [TD 90], pp. 392-402

[Alv 03]
Alves, C.: COTS-Based Requirements Engineering. In: Cechich, A. et al. (eds.): Component-Based Software Quality – Methods and Techniques. LNCS **2693**, Berlin: Springer 2003, pp. 21-39

[AM 03]
Amyot, D., Mussbacher, G.: URN: Towards a New Standard for the Visual Description of Requirements. In: Sherrat, E. (ed.): SAM 2002. LNCS **2599**, Berlin: Springer 2003, pp. 21-37

[AM 06]
Al-Subaie, H., Maibaum, T.: Evaluating the Effectiveness of a Goal-Oriented Requirements Engineering Method. 4th Int. Workshop on Comparative Evaluation in Requirements Engineering (CERE 06). Los Alamitos, Ca.: IEEE Computer Society Press 2006, pp. 8-19

[AML 06]
Amirat, A., Meslati, D., Laski, M.: An Aspect-Oriented Approach in Early Requirements Engineering. IEEE Int. Conf. on Computer Systems and Applications, 2006, pp. 1055 – 1058

[AMO 93]
Ahuja, R., Magnanti, T., Orlin, J.: Network Flows: Theory, Algorithms and Applications. Upper Saddle River, NJ: Prentice Hall 1993

[AN 05]
Arlow, J., Neustadt, I.: UML 2 and the Unified Process – Practical Object-Oriented Analysis & Design. 2nd edition. Amsterdam: Addison-Wesley Longman 2005

[ARB 06]
Arkley, P., Riddle, S., Brookes, T.: Tailoring Traceability Information to Business Needs. 14th Int. Conf. on Requirements Engineering (RE 06). Los Alamitos, Ca.: IEEE Computer Society Press 2006

[ARF 04]
Andrews, A., Runeson, P., France, R.: Requirements Trade-offs During UML Design. IEEE Conf. and Workshop on Engineering of Computer-Based Systems. Los Alamitos, Ca.: IEEE Computer Society Press 2004, pp. 282-291

[ART 05]
ARTIST FP5 Consortium: Tools for Requirements Capture and Exploration. Embedded Systems Design. LNCS **3436**, Berlin: Springer 2005, pp. 39-53

[AS 02]
Alexander, I., Stevens, R.: Writing Better Requirements. London: Addison-Wesley 2002

[ASM 09]
Diverse Informationen zu ASMs. http://www.eecs.umich.edu/gasm (Zugriff am 15.2.09)

[Asm 09a]
AsmL. http://research.microsoft.com/en-us/projects/asml (Zugriff am 15.2.09)

[Asm 09b]
Asmeta tool set. http://asmeta.sourceforge.net (Zugriff am 15.2.09)

[AW 00]
America, P., van Wijgerden, J.: Requirements Modeling for Families of Complex Systems. In: van der Linden, F. (ed.): Software Architectures for Product Families (IW-SAPF-3). LNCS **1951**, Berlin: Springer 2000, pp. 199-209

[AW 05]
Aurum, A., Wohlin, C. (eds.): Engineering and Managing Software Requirements. Berlin: Springer 2005

[AW 07]
Aurum, A., Wohlin, C.: A Value-Based Approach in Requirements Engineering: Explaining Some of the Fundamental Concepts. In: Sawyer, P. et al. (eds.): Int. Working Conf. on Requirements Engineering: Foundations for Software Quality (REFSQ 07). LNCS **4542**, Berlin: Springer 2007, pp. 109-115

[BA 05]
Berander, P., Andrews, A.: Requirements Prioritization. In: [AW 05], pp. 69-94

[Bal 81]
Balzer, R.: Final Report on GIST. USC/ISI, Marina del Rey, Technical Report 1981

[Bal 95]
Balzert, H: Methoden der objektorientierten Systemanalyse. Mannheim: Bibliographisches Institut 1995

[Bal 96]
Balzert, H: Lehrbuch der Software-Technik. Heidelberg: Spektrum Akademischer Verlag 1996

[Bal 05]
Balzert, H.: Lehrbuch der Objektmodellierung. Analyse und Entwurf mit der UML 2. Heidelberg: Spektrum Akademischer Verlag 2005

[Bal 06]
Balmelli L.: An Overview of the Systems Modeling Language for Products and Systems Development. IBM Technical Report TR-20060603 (2006)

[Bau 96]
Baumgarten, B.: Petri-Netze - Grundlagen und Anwendungen. Heidelberg: Spektrum Akademischer Verlag 1996

[BBB 85]
Bauer, F.L., Berghammer, R., Broy, M., Dosch, W., Geiselbrechtinger, F., Gnatz, R., Hangel, E., Hesse, W., Krieg-Brückner, B., Laut, A., Matzner, T., Möller, B., Nickl, F., Partsch, H., Pepper, P., Samelson, K., Wirsing, M., Wössner, H.: The Munich Project CIP. Volume I: The Wide Spectrum Language CIP-L. LNCS **183**, Berlin: Springer 1985

[BBD 77]
Bell, T., Bixler, D., Dyer, M.: An Extendable Approach to Computer-Aided Software Requirements Engineering. Transactions on Software Engineering **3**:1, 49-59 (1977)

[BBD 08]
Beuche, D., Birk, A., Dreier, H., Fleischmann, A., Galle, H., Heller, G., Janzen, D., John, I., Tavakoli Kolagari, R., von der Maßen, T., Wolfram, A.: Using Requirements Management Tools in Software Product Line Engineering: The State of the Practice. 11th Int. Conf. on Software Product Lines. Los Alamitos, Ca.: IEEE Computer Society Press 2008, pp. 84-93

[BBF 02]
Botella, P., Burgués, X., Franch, X., Huerta, M., Salazar, G.: Modeling Non-Functional Requirements. In: Duran, A., Toro, M. (eds.): Applying Requirements Engineering. Salamanca, Spain: Catedral Publ. 2002, pp. 13-33

[BBJ 05]

Baker, P., Bristow, P., Jervis, C., King, D., Thomson, R., Mitchell, B., Burton, S.: Detecting and Resolving Semantic Pathologies in UML Sequence Diagrams. Joint 10th European Software Engineering Conference and 13th ACM SIGSOFT Symposium on the Foundations of Software Engineering (ESEC-FSE 05). New York, NY: ACM Press 2005, pp. 50-59

[BBR 02]

von der Beeck, M., Braun, P., Rappl, M., Schröder Ch.: Model Based Requirements Engineering for Embedded Software. 10th Int. IEEE Conf. on Requirements Engineering (RE 02). Los Alamitos, Ca.: IEEE Computer Society Press 2002

[BC 89]

Beck, K., Cunningham, H.: A Laboratory for Teaching Object-Oriented Thinking. Proc. of OOPSLA '89. ACM SIGPLAN Notices **24**:10 (1989)

[BC 04]

Bernardo, M., Corradini, F. (eds.): Formal Methods for the Design of Real-Time Systems. Int. School on Formal Methods for the Design of Computer, Communication, and Software Systems, SFM-RT 2004. Revised Lectures. LNCS **3185**, Berlin: Springer 2004

[BCD 07]

Broy, M., Crane, M., Dingel, J., Hartman, A., Rumpe, B., Selic, B.: 2nd UML 2 Semantics Symposium: Formal Semantics for UML. In: Kühne, T. (ed.): MoDELS 2006 Workshops. LNCS **4364**, Berlin: Springer 2007, pp. 318–323

[BCG 89]

Burton, C., Cook, S., Gikas, S., Rowson, J., Sommerville, S.: Specifying the Apple Macintosh™ Toolbox Event Manager. Formal Aspects of Computing **1**, 147–171 (1989)

[BCG 08]

Broy, M., Cengarle, M., Grönniger, H., Rumpe, B.: Modular Description of a Comprehensive Semantics Model for the UML (Version 2.0). Technical Report 2008-06, TU Braunschweig 2008

[BCN 92]

Batini, C., Ceri, S., Navathe, S.: Conceptual Data Base Design. Redwood City, Ca.: Benjamin/Cummings Publishing Co. 1992

[BD 04]

Brügge, B., Dutoit, A.: Objektorientierte Softwaretechnik mit UML, Entwurfsmustern und Java. München: Pearson Studium 2004

[Bec 72]

Beckenstein, M.: System Requirements Analysis: A Management Tool. IEEE Transactions on Engineering Management **19**:4, 124-128 (1972)

[BEH 87]

Bauer, F.L., Ehler, H., Horsch, A., Möller, B., Partsch, H., Paukner, O., Pepper, P.: The Munich Project CIP. Volume II: The Transformation System CIP-S. LNCS **292**, Berlin: Springer 1987

[BEH 96]
   Biechele, B., Ernst, D., Houdek, F., Schmid, J., Schulte, W.: Erfahrungen bei der Modellierung eingebetteter Systeme mit verschiedenen SA/RT-Ansätzen. Ulmer Informatik-Berichte 96-09, Fakultät für Informatik, Universität Ulm 1996

[Ber 04]
   Berenbach, B.: The Evolution of Large, Complex UML Analysis and Design Models. 26th Int. Conf. on Software Engineering (ICSE 04). Los Alamitos, Ca.: IEEE Computer Society Press 2004

[BGK 07]
   Broy, M., Geisberger, E., Kazmeier, J., Rudorfer, A, Beetz, K.: Ein Requirements-Engineering-Referenzmodell. Informatik Spektrum **30**:3, 127-142 (2007)

[BGL 79]
   Biewald, J., Göhner, P., Lauber, R., Schelling, H.: EPOS - A Specification and Design Technique for Computer Controlled Real-Time Automation Systems. Proc. 4th. Int. Conf. on Software Engineering, Munich, Germany, September 1979, pp. 245-250

[BGM 04]
   Boddu, R., Guo, L., Mukhopadhyay, S.: RETNA: From Requirements to Testing in a Natural Way. 12th Int. Conf. on Requirements Engineering (RE 04). Los Alamitos, Ca.: IEEE Computer Society Press 2004, pp. 262-271

[BH 08]
   Bjørner, D., Henson, M. (eds.): Logics of Specification Languages. Monographs in Theoretical Computer Science. Berlin: Springer 2008

[BK 04]
   Berry, D., Kamsties, E.: Ambiguity in Requirements Specification. In: [SD 04], pp. 7-44

[BK 07]
   Boehm, B., Kitapci, H.: The WinWin Approach: Using a Requirements Negotiation Tool for Rationale Capture and Use. Int. Symp. on Software Metrics. Berlin: Springer, 2007, pp. 173-190

[BK 08]
   Baier, C., Katoen, J.-P.: Principles of Model Checking. Cambridge, Ma.: MIT Press 2008

[BM 04a]
   Bidoit, M., Mosses, P. (eds): Casl User Manual. LNCS **2900** (IFIP Series). Berlin: Springer 2004

[BM 04b]
   Brito, I., Moreira, A.: Integrating the NFR Framework in a RE Model. 3rd Int. Conf. on Aspect-Oriented Software Development. March 2004, pp. 22-26

[Boe 81]
   Boehm, B.W.: Software Engineering Economics. Englewood Cliffs, N.J.: Prentice-Hall 1981

[Boe 84]
Boehm, B.: Verifying and Validating Software Requirements and Design Specifications. IEEE Software System Design 1:1, 75-88 (1984). Auch in: [TD 90], pp. 471-484

[Boe 08]
Boegh, J.: A New Standard for Quality Requirements. IEEE Software **25**, 57-63 (2008)

[Bör 99]
Börger, E.: High Level System Design and Analysis Using Abstract State Machines. In: Hutter, D. et al. (eds.): Current Trends in Applied Formal Methods (FM-Trends 98). LNCS **1641**, Berlin: Springer 1999, pp. 1-43

[Boo 91]
G. Booch: Object Oriented Design with Applications. 2nd Edition. Redwood City, Ca.: Benjamin/Cummings Publishing Company 1994

[BPG 04]
Bresciani, P., Perini, A., Giorgini, P., Fausto, G., Mylopoulos, J.: Tropos: An Agent-Oriented Software Development Methodology. Autonomous Agents and Multi-Agent Systems **8**, 203-236 (2004)

[BR 69]
Buxton, J., Randell, B. (eds.): Software Engineering Techniques. Report on a Conference Sponsored by the NATO Science Committee. Rome, Italy, October 1969

[Bro 87]
Brooks, F. Jr.: No Silver Bullet: Essence and Accidents of Software Engineering. Computer **20**:4, 10-19 (1987)

[Bro 06]
Broy, M.: Requirements Engineering as a Key to Holistic Software Quality. In: Levi, A. et al. (eds.): Computer and Information Sciences – ISCIS 2006. LNCS **4263**, Berlin: Springer 2006, pp. 24-34

[BS 03]
Börger, E., Stärk, R.: Abstract State Machines: A Method for High-Level System Design and Analysis. Berlin: Springer 2003

[BS 08]
Bolloju, N., Sun, S.: Exploiting the Complementary Relationship between Use Case Models and Activity Diagrams for Developing Quality Requirements Specifications. Advances in Conceptual Modeling - Theory and Practice. In: Song, I.-Y. et al. (eds.): ER Workshops 2008. LNCS **5232**, Berlin: Springer, 2008, pp. 144-153

[BW 09]
B-Method. http://en.wikipedia.org/wiki/B-Method (Zugriff am 15.2.09)

[CA 07]
Cheng, B., Atlee, J.: Research Directions in Requirements Engineering. Future of Software Engineering (FOSE 07). Los Alamitos, Ca.: IEEE Computer Society Press 2007

[CAB 93]
Coleman, D., Arnold, P., Bodoff, S., Dollin, Ch., Gilchrist, H., Hayes, F., Jeremes, P.: Object-Oriented Development, The Fusion Method. Englewood Cliffs, NJ: Prentice-Hall 1994

[CB 04]
Courage, C., Baxter, K.: Understanding Your Users: A Practical Guide to Requirements Methods, Tools and Techniques. San Francisco, Ca.: Morgan Kauffman 2004

[CD 07]
Crane, M., Dingel. J.: UML vs. Classical vs. Rhapsody Statecharts: Not All Models are Created Equal. Journal for Software and Systems Modeling (SoSym) **6**:4. 412-435 (2007)

[CGP 01]
Clarke, E., Jr., Grumberg, O., Peled, D.: Model Checking. 3rd Edition. Cambridge, Ma.: MIT Press 2008

[Che 76]
Chen, P.: The Entity-Relationship Model – Toward a Unified View of Data. ACM Transactions on Database Systems **1**:1, 9-36 (1976)

[CHS 08]
Classen, A., Heymans, P., Schobbens, P-Y.: What's in a Feature: A Requirements Engineering Perspective. In: Fiadero, J., Invernardi, P. (eds.): Int. Conf. on Fundamental Approaches to Software Engineering (FASE 08). LNCS **4961**, Berlin: Springer 2008, pp. 16-30

[CKT 08]
Cengarle, M., Knapp, A., Tarlecki, A., Wirsing, M.: A Heterogeneous Approach to UML Semantics. In: Degano, P. et al. (eds.): Montanari Festschrift. LNCS **5065**, Berlin: Springer 2008 pp. 383–402

[CL 04]
Cysneiros, M., Leite, J.: Non-Functional Requirements: From Elicitation to Conceptual Models. IEEE Transactions on Software Engineering **30**:5, 328-350 (2004)

[Cle 05]
Cleland-Huang, J.:   Toward Improved Traceability of Non-Functional Requirements. Int. Workshop on Traceability in Emerging Forms of Software Engineering (TEFSE 2005). New York: ACM Press 2005, pp. 14-19

[CLS 06]
Carter, J., Liu, J., Schneider, K., Fourney, D.: Transforming Usability Engineering Requirements into Software Engineering Specifications: From PUF to UML. In: Seffah, A. (ed.): Human-Centered Software Engineering – Integrating Usability in the Software Development Lifecycle. Berlin: Springer 2006, pp. 147-169

[CMS 04]
Castro, J., Mylopoulos, J., Silva, C.: Agent-Driven Requirements Engineering. In: [SD 04], pp. 253-274

[CNM 95]
Coad, P., North, D., Mayfield, M.: Object Models: Strategies, Patterns and Applications. Englewood Cliffs, NJ: Prentice-Hall 1995

[CNS 89]
Collins, B., Nicholls, J., Sørensen, I.: Introducing Formal Methods: The CICS Experience with Z. IBM Technical Report TR 12.260, IBM UK Laboratories Ltd. Hursley Park, UK 1989

[CNY 00]
Chung, L., Nixon, B., Yu, E., Mylopoulos, J.: Non-Functional Requirements in Software Engineering. Boston, Ma.: Kluwer Academic Publishing 2000

[CoF 04]
CoFI (The Common Framework Initiative): Casl Reference Manual. LNCS **2960** (IFIP Series). Berlin: Springer 2004.

[Col 96]
Coleman, D.: Fusion with Use Cases: Extending Fusion for Requirements Modeling. Presentation at the Fusion Users Meeting of OOPSLA 1995

[Cor 09]
CoreASM. http://www.coreasm.org (Zugriff am 15.2.09)

[CR 00]
Choppy, C., Reggio, G.: Using CASL to Specify the Requirements and the Design: A Problem Specific Approach. In: Recent Trends in Algebraic Development Techniques. LNCS **1827**, Berlin: Springer 2000, pp. 106-126

[CR 04]
Choppy, C., Reggio, G.: Improving Use Case Based Requirements Using Formally Grounded Specifications. In: Wermlinger, M., Margaria-Steffen, T. (eds.): FASE 2004. LNCS **2984**, Berlin: Springer 2004, pp. 244-260

[CS 06]
Chung, L., Sapakkul, S.: Capturing and Reusing Functional and Non-Functional Requirements Knowledge: A Goal-Object Pattern Approach. IEEE Int. Conf. on Information Reuse and Integration, Los Alamitos, Ca.: IEEE Computer Society Press 2006, pp. 539-544

[CS 08]
Cabral, G., Sampaio, A.: Formal Specification Generation from Requirement Documents. Electronic Notes in Theoretical Computer Science **195**, 171-188 (2008)

[CSB 05]
Cleland-Huang, J., Settimi, R., BenKhadra, O., Berezhanskaya, E., Christina, S.: Goal-Centric Traceability for Managing Non-Functional Requirements. IEEE Int. Conf. on Software Engineering (ICSE 05). Los Alamitos, Ca.: IEEE Computer Society Press 2005, pp. 362-371

[CSW 09]
CSP – Wikipedia.
http://en.wikipedia.org/wiki/Communicating_sequential_processes
(Zugriff am 5.2.09)

[CSZ 07]

Cleland-Huang, J., Settimi, R., Zou, X., Solc, P.: Automated Classification of Non-Functional Requirements. Requirements Engineering **12**:2, 103-120 (2007)

[CY 91a]

Coad, P., Yourdon, E.: Object-Oriented Analysis. 2nd Edition. Englewood Cliffs, NJ: Prentice-Hall 1991

[CY 91b]

Coad, P., Yourdon, E.: Object-Oriented Design. Englewood Cliffs, NJ: Prentice-Hall 1991

[CY 04]

Cysneiros, L., Yu, E.: Non-Functional Requirements Elicitation. In: [SD 04], pp. 115-138

[CZ 05]

Coulin, C., Zowghi, D.: Requirements Elicitation for Complex Systems: Theory and Practice. In: [MS 05], pp. 37-52

[CZT 09]

Community Z Tools. http://czt.sourceforge.net (Zugriff am 15.2.09)

[Das 85]

Dasarathy, B.: Timing Constraints of Real-Time Systems: Constructs for Expressing Them, Methods for Evaluating Them. IEEE Transactions on Software Engineering **11**:1, 80-86 (1985)

[Das 05]

Dassow, J.: Logik für Informatiker. Wiesbaden: Vieweg+Teubner 2005

[Das 08]

Das, V.: Involvement of Users in Software Requirement Engineering. 10th Int. Conf. on Information Technology. Los Alamitos, Ca.: IEEE Computer Society Press 2008, pp. 230-233

[Dav 88]

Davis, A.: A Comparison of Techniques for the Specification of External System Behavior. In: [TD 90], pp. 200-217

[Dav 93]

Davis, A.: Software Requirements: Objects, Functions, & States. Englewood Cliffs, NJ: Prentice-Hall 1993

[Dav 03]

Davis, A.: The Art of Requirements Triage. IEEE Computer **36**:3, 42-49 (2003)

[Dav 09]

Davis, A.: Requirements Bibliography.
http://www.uccs.edu/~faculty/adavis/reqbib-abcd.htm (Zugriff am 15.5.09)

[Daw 91]

Dawes, J.: The VDM-SL Reference Guide. London: UCL Press / Pitman Publishing 1991

[DB 01]

Derrick, J., Boiten, E.: Refinement in Z and Object-Z – Foundations and Advanced Applications. London: Springer 2001

[DDH 06]
Davis, A., Dieste, O., Hickey, A., Juristo, N., Moreno, A.: Effectiveness of Requirements Elicitation Techniques: Empirical Results Derived from a Systematic Review. 14th Int. Conf. on Requirements Engineering (RE 06). Los Alamitos, Ca.: IEEE Computer Society Press 2006

[DeM 79]
DeMarco, T.: Structured Analysis and System Specification. Englewood Cliffs, N.J.: Prentice-Hall 1979

[DeM 97]
DeMarco, T.: Warum ist Software so teuer? ... und andere Rätsel des Informationszeitalters. München: Hanser 1997

[DFD 06]
Dascalu, S., Fritzinger, E., Debnath, N., Akinwale, O.: STORM: Software Tool for the Organization of Requirements Modeling. IEEE Int. Conf. on Electro/ Information Technology. Los Alamitos, Ca.: IEEE Computer Society Press 2006, pp. 250-255

[DH 02]
Davis, A., Hickey, A.: Requirements Researchers: Do We Practice What We Preach? Requirements Engineering 7, 107-111 (2002)

[Dil 96]
Diller, A.: Z: An Introduction to Formal Methods. 2nd Edition. Cichester: Wiley & Sons 1996

[DJS 08]
Dieste, O., Juristo, N., Shull, F.: Understanding the Customer: What Do We Know about Requirements Elicitation? IEEE Software 25, 11-13 (2008)

[DKK 05]
Doerr, J., Kerkow, D., Koenig, T., Olsson, T.: Non-Functional Requirements in Industry – Three Case Studies Adopting an Experience-Based NFR Method. 13th Int. Conf. on Requirements Engineering (RE 05). Los Alamitos, Ca.: IEEE Computer Society Press 2005, pp. 373-384

[DKR 91]
Duke, R., King, P., Rose, G., Smith, G.:. The Object-Z Specification Language. Technical Report 91-1 (Version 1). Dept. of Computer Science, Software Verification Research Centre, University of Queensland, May 1991

[DLL 06]
Damas, C., Lambeau, B., van Lamswerde, A.: Scenarios, Goals, and State Machines: a Win-Win Partnership for Model Synthesis. 14th ACM SIGSOFT Int. Symp. on Foundations of Software Engineering. New York: ACM Press 2006, pp. 197-207

[DLM 08]
Debnath, N., Leonardo, M., Mauco, M., Montejano, G., Risco, D.: Improving Model Driven Architecture with Requirements Models. 5th Int. Conf. on Information Technology. Los Alamitos, Ca.: IEEE Computer Society Press 2008, pp. 21-26

[DMN 68]

Dahl, O.-J., Myhrhaug, B., Nygaard, K.: Simula 67, Common Base Language. Oslo: Norwegisches Rechenzentrum 1968

[Dor 97]

Dorfman, M.: Requirements Engineering. In [TD 97], pp. 7-22 (1997)

[Dou 98]

Douglass, B.: Real-Time UML. Developing Efficient Objects for Embedded Systems. Reading, Ma.: Addison-Wesley 1998

[DP 05]

Dahlstedt, Å., Persson, A.: Requirements Interdependencies: State of the Art and Future Challenges. In: [AW 05], pp. 95-115

[DP 06]

Dobing, B., Parsons, J.: How UML is Used. Comm. ACM **49**:5, 109-113 (2006)

[DR 00]

Duke, R., Rose, G.: Formal Object Oriented Specification Using Object-Z. Series: Cornerstones of Computing. Houndmills: Palgrave Macmillan 2000

[DS 92]

Davies, J., Schneider, S.: A Brief History of Timed CSP. Technical Monograph PRG-96, Programming Research Group, Oxford University, April 1992

[Dür 92]

Dürr, E.: VDM^{++} – A Formal Specification Language for Object-Oriented Designs. In: Technology of Object-Oriented Languages and Systems. Proc. of TOOLS Europe 1991. Hemel Hempstead: Prentice-Hall 1992, pp. 63-78

[Dye 77]

Dyer, M. et al.: REVS User Manual. SREP Final Report, Vol. 2. TRW, Huntsville, Al., Report 27332-6921-026, 1977

[DZ 06]

Davis, A., Zowghi, D.: Good Requirements Practices are Neither Necessary nor Sufficient. Requirements Engineering **11**:1, 1-3 (2006)

[Ebe 05]

Ebert, C.: Systematisches Requirements Management. Anforderungen ermitteln, spezifizieren, analysieren und verfolgen. Heidelberg: dpunkt 2005

[Ebe 06]

Ebert, C.: Understanding the Product Life Cycle: Four Key Requirements Engineering Techniques. IEEE Software **23**:3, 19-25 (2006)

[EES 09]

Eichelberger, H., Eldogan, Y., Schmid, K.: A Comprehensive Analysis of UML Tools, their Capabilities and their Compliance. Software Systems Engineering, Institut für Informatik, Universität Hildesheim 2009

[Ehl 85]

Ehler, H.: Making Formal Specifications Readable. Bericht TUM-I8527, Institut für Informatik, Technische Universität München 1985

[EHS 98a]

Ernst, D., Houdek, F., Schwinn, T.: Experimenteller Vergleich strukturierter und objektorientierter Entwicklungsmethoden für eingebettete Systeme: Analyse. Ulmer-Informatik-Berichte, Fakultät für Informatik, Universität Ulm 1998

[EHS 98b]
Ernst, D., Houdek, F., Schwinn, T.: Experimenteller Vergleich strukturierter und objektorientierter Entwicklungsmethoden für eingebettete Systeme: Entwurf und Implementierung. Ulmer-Informatik-Berichte, Fakultät für Informatik, Universität Ulm 1998

[EP 98]
Erikson, H.-E., Penker, M.: UML Toolkit. New York: Wiley & Sons 1998

[EPK 09]
GI-Arbeitskreis „Geschäftsprozessmanagement mit Ereignisgesteuerten Prozessketten" http://www.epk-community.de/ (Zugriff am 4.2.09)

[EPW 09]
Eeignisgesteuerte Prozesskette - Wikipedia: http://de.wikipedia.org/wiki/Ereignisgesteuerte_Prozesskette (Zugriff am 4.2.09)

[ERD 09]
ER-Modell - Wikipedia: http://de.wikipedia.org/wiki/Entity-Relationship-Modell (Zugriff am 5.11.09)

[ES 90]
Ellis, M., Stroustroup, B.: The Annotated C++ Reference Manual. Reading, Ma.: Addison-Wesley 1990

[EW 05]
Ebert, C., Wieringa, R.: Requirements Engineering: Solutions and Trends. In: [AW 05], pp. 453-476

[Fai 85]
Fairley, R.: Software Engineering Concepts. New York: McGraw-Hill 1985

[FCH 05]
Feather, M., Cornford, S., Hicks, K., Johnson, K.: Applications of Tool Support for Risk-Informed Requirements Reasoning. Int. Journal of Computer Systems Science and Engineering (IJCSSE) **20**:1, 5-28 (January 2005)

[FCH 08]
Feather, M., Cornford, S., Hicks, K.: A Broad, Quantitative Model for Making Early Requirements Decisions. IEEE Software **25**, 49-56 (2008)

[FDR 97]
Failures-Divergence Refinement, FDR2 User Manual. Formal Systems Europe Ltd., May 1997

[Fei 90]
Feijs, L.: A Formalization of Design Methods. A λ-Calculus Approach to System Design with an Application to Text Editing. Ph. D. thesis, Technical University of Eindhoven 1990

[Fin 96b]
Finney, K.: Mathematical Notation in Formal Specification: Too Difficult for the Masses. IEEE Transcactions on Software Engineering **22**:2, 158-159 (1996)

[FJM 94]
Feijs, L., Jonkers, H., Middelburg, C.: Notations for Software Design. London: Springer 1994

[Fle 08]
Fleischmann, A.: Modellbasierte Formalisierung von Anforderungen für einge-
bettete Systeme im Automotive-Bereich. Dissertation, Fakultät für Informatik,
Technische Universität München 2008

[FLM 04]
Fuxman, A., Liu, L., Mylopoulos, J., Pistore, M., Roveri, M., Traverso, P.:
Specifying and Analyzing Early Requirements in Tropos. Requirements
Engineering **9**:2, 132-150 (2004)

[FMS 08]
Friedenthal, S., Moore, A., Steiner, R.: OMG SysML Tutorial. Zu finden auf:
http/ww.omgsysml.org (Zugriff am 2.7.09)

[Fow 96]
Fowler, M.: A Comparison of Object-Oriented Analysis and Design Methods.
Tutorial for 18th ICSE, Berlin 1996

[Fow 97]
Fowler, M.: Analysis Patterns: Reusable Object Models. Reading, Ma.: Addison-Wesley 1996

[FSE 09]
Formal Systems Europe. http://www.fsel.com (Zugriff am 5.2.09]

[GA 03]
Gordijn, J., Akkermans, J.: Value Based Requirmeents Engineering: Exploring
Innovative E-Commerce Ideas. Requirements Engineering **8**:2, 14-134 (2003)

[GBB 07]
Grässle, P., Baumann, H., Baumann, P.: UML 2 projektorientiert. 4., aktualisierte Auflage. Bonn: Galileo Press 2007

[GBM 86]
Greenspan, S., Borgida, A., Mylopoulos, J.: A Requirements Modeling Language and its Logic. Proc. Information Systems **11**:1, 9-23 (1986)

[GD 08]
Gorschek, T., Davis, A.: Requirements Engineering: In Search of the
Dependent Variables. Information and Software Technology **50**, 67-75 (2008)

[GG 07]
Galvao, I., Goknil, A.: Survey of Traceability Approaches in Model-Driven
Engineering. 11th Int. Enterprise Distributed Object Computing Conference.
Los Alamitos, Ca.: IEEE Computer Society Press 2007, pp. 313-3324

[GGS 06]
Geisberger, E., Grünbauer, J., Schätz, B.: Interdisciplinary Requirements
Analysis Using the Model-Based RM Tool AUTORAID. IEEE Int. Workshop
on Automotive Requirements Engineering (AuRE 06). Los Alamitos, Ca.: IEEE
Computer Society Press 2006

[GH 06]
Giese, H., Heckler, S.: A Survey of Approaches for the Visual Model-Driven
Development of Next Generation Software-Intensive Systems. Journal of
Visual Languages & Computing **17**:6, 528-550, (2006)

[GHJ 95]
Gamma, E., Helm, R., Johnson, R., Vlissides, J.: Design Patterns: Elements of Reusable Object-Oriented Software. Reading, Ma.: Addison-Wesley 1995. Deutsche Übersetzung: Entwurfsmuster: Elemente wiederverwendbarer objektorientierter Software. Bonn: Addison-Wesley 1996

[GHR 94]
Gabbay, D., Hodkinson, I., Reynolds, M.: Temporal Logic - Mathematical Foundations and Computational Aspects. Vol. 1. Oxford: Clarendon Press 1994

[GI 09]
Petrinetz-Portal.
http://www.informatik.uni-hamburg.de/TGI/GI-Fachgruppe0.0.1/
(Zugriff am 5.2.09)

[Gil 05]
Gilb, T.: Real Requirements: How to Find Out What the Requirements Really Are. 15th Annual Int. Symp. on Systems Engineering. Seattle, Washington: Int. Council on Systems Engineering, 2005

[Gli 07]
Glinz, M.: On Non-Functional Requirements. 15th Int. Conf. on Requirements Engineering (RE 07). Los Alamitos, Ca.: IEEE Computer Society Press 2007, pp. 21-26

[Gli 08]
Glinz, M.: A Risk-Based, Value-Oriented Approach to Quality Requirements. IEEE Software 25:2, 34-41 (2008)

[GLP 06]
Garcia-Duque, J., Lopez-Nores, M., Pazos-Arias, J., Fernandez-Vilas, A., Diaz-Redondo, R., Gil-Solla, A., Ramos-Cabrer, M., Blanco-Fernandez, Y.: Guidelines for the Incremental Identification of Aspects in Requirements Specifications. Requirements Engineering 11:3, 239-263 (2006)

[GMB 82]
Greenspan, S., Mylopoulos, J., Borgida, A.: Capturing More World Knowledge in the Requirements Specification. Proc. 6th Int. Conf. on Software Engineering, Tokyo, Japan, September 1982, pp. 225-234

[Gom 93]
Gomaa, H.: Software Design Methods for Concurrent and Real-Time Systems. Reading, Ma.: Addison-Wesley 1993

[GR 83]
Goldberg, A., Robson, D.: Smalltalk 80: the Language and its Implementation. Reading, Ma.: Addison-Wesley 1983

[GR 85]
Goldberg, A., Robson, D.: Smalltalk 80: the Interactive Programming Environment. Reading, Ma.: Addison-Wesley 1985

[GRA 90]
GRAPES Referenzmanual. Siemens AG, München 1990

[Gra 06]
Grady, J.: Systems Requirements Analysis. Amsterdam: Elsevier, Academic Press 2006

[GS 79]
  Gane, C., Sarson, T.: Structured System Analysis: Tools and Techniques. Englewood Cliffs, NJ: Prentice-Hall 1979
[GS 05a]
  Grünbacher, P., Seyff, N.: Requirements Negotiation. In: [AW 05], pp. 143-162
[GS 05b]
  Gregoriades, A., Sutcliffe, A.: Scenario-Based Assessment of Nonfunctional Requirements. IEEE Transactions on Software Engineering **31**:5, 392-409 (2005)
[Gur 91]
  Gurevich, Y.: Evolving Algebras. A Tutorial Introduction. Bulletin of EATCS **43**, 264-284 (1991)
[Gur 93]
  Gurevich, Y.: Evolving Algebras 93. Lipari Guide. In: Börger, E. (ed.): Specification and Validation Methods. Oxford: University Press 1995, pp. 9-36
[Gur 00]
  Gurevich, Y.: Sequential Abstract State Machines Capture Sequential Algorithms. ACM Transactions on Computational Logic **1**:1, 77-111 (2000)
[GW 06]
  Gorschek, T., Wohlin, C.: Requirements Abstraction Model. Requirements Engineering **11**:1, 79-101 (2006)
[GW 07]
  Glinz, M., Wieringa, R.: Guest Editors' Introduction: Stakeholders in Requirements Engineering. IEEE Software **24**:2, 18-20 (2007)
[Hag 04]
  Haggarty, R.: Diskrete Mathematik für Informatiker. München: Pearson Studium 2004.
[Han 93]
  Hanisch, H.-M.: Analysis of Place/Transition Nets with Timed Arcs and its Application to Batch Control Systems. In: Marsan, M. (ed.): Application and Theory of Petri Nets 1993. LNCS **691**, Berlin: Springer 1993, pp. 282-299
[Har 87]
  Harel, D.: Statecharts: A Visual Formalism for Complex Systems. Science of Computer Programming **8**, 231-274 (1987)
[Har 88]
  Harel, D.: On Visual Formalisms. Comm. ACM **31**:5, 514-530 (1988)
[Hat 07]
  Hatton, S.: Early Prioritisation of Goals. In: Hainaut, J.-L. et al. (eds.): Advances in Conceptual Modeling – Theory and Practice (ER Workshops 2007). LNCS **4802**, Berlin: Springer, 2007, pp. 235-244
[HB 06]
  Heindl, M., Biffl, S.: Risk Management with Enhanced Tracing of Requirements Rationale in Highy Distributed Projects. Proc. 2006 Int. Workshop on Global Software Development for the Practitioner. New York: ACM Press 2006, pp. 20-26

[HB 08]
Heindl, M., Biffl, S.: Modeling of Requirements Tracing. In: Meyer, B. et al. (eds.): Central and East European Conf. on Software Engineering Techniques (CEE-SET 2007). LNCS **5082**, Berlin: Springer 2008, pp. 267-278

[HD 04]
Hickey, A., Davis, A.: A Unified Model of Requirements Elicitation. Journal of Management Information Systems **20**:4, 65-84 (2004)

[HDS 07]
Huffman-Hayes, J., Dekhtyar, A., Sundaram, S., Holbrook, E., Vladamudi, A., April, A.: REquirements TRacing On target (RETRO): Improving Software Maintenance through Traceability Recovery. Innovations in Systems and Software Engineering **3**:3, 193-202 (2007)

[Hen 80]
Heninger, K.: Specifying Software Requirements for Complex Systems: New Techniques and their Application. IEEE Transactions on Software Engineering **6**:1, 2-13 (1980). Auch in: [TD 90], pp. 555-566

[Hen 81]
Henderson, P.: System Design: Analysis. In: Henderson, P. (ed.): System Design. Infotech State of the Art Report **9**:6, Maidenhead: Pergamon Infotech Ltd. 1981, pp. 5-163

[HF 04]
Heaven, W., Finkelstein, A.: A UML Profile to Support Requirements Engineering with KAOS. IEE Proceedings - Software, **151**:1, 10-27 (2004)

[HGV 02]
Hoffer, J., George, J., Valacich, J.: Modern Systems Analysis and Design. 3rd Edition. Upper Saddle River, NJ: Prentice-Hall 2002

[HH 94]
Herrtwich, R., Hommel, G.: Nebenläufige Programme. 2. Auflage. Berlin: Springer 1994

[HJ 95]
Hinchey, M., Jarvis, S.: Concurrent Systems: Formal Development in CSP. London: McGraw-Hill 1995

[HJN 94]
Hayes, I., Jones, C., Nicholls, J.: Understanding the Differences Between VDM and Z. ACM Software Engineering Notes **19**:3, 75-81 (1994)

[HK 83]
Hommel, G., Krönig, D. (Hrsg.): Requirements Engineering. Informatik-Fachberichte **74**, Berlin: Springer 1983

[HK 87]
Hull, R., King, R.: Semantic Database Modeling: Survey, Applications, and Research Issues. ACM Computing Surveys **19**:3, 201-260 (1987)

[HK 03]
Hitz, M., Kappel, G.: UML @ Work. Heidelberg: dpunkt 2003

[HKP 05]

Harel, D., Kugler, H., Pnueli, A.: Synthesis Revisited: Generating Statechart Models from Scenario-Based Requirements. In: Kreowski, H.-J. et al. (eds.): Formal Methods (Ehrig Festschrift). LNCS **3393**, Berlin: Springer 2005, pp. 309-324

[HLM 08]

Haley, C., Laney, R., Moffett, J., Nuseibeh, B.: Security Requirements Engineering: A Framework for Representation and Analysis. IEEE Transactions on Software Engineering **34**:1, 133-153 (2008)

[HLN 90]

Harel, D., Lachover, H., Naamad, A., Pnueli, A. Politi, M., Sherman, R., Shtull-Trauring, A., Trakhtenbrot, M.: Statemate: A Working Environment for the Development of Complex Reactive Systems. IEEE Transactions on Software Engineering **16**:4, 403-414 (1990)

[HM 96]

Heitmeyer, C., Mandrioli, D.: Formal Methods for Real-Time Computing: An Overview. In: Heitmeyer, C., Mandrioli, D. (eds.): Formal Methods for Real-Time Computing. Chichester: Wiley & Sons 1996, pp. 1-32

[Hoa 85]

Hoare, C.A.R.: Communicating Sequential Processes. Hemel Hempstead: Prentice-Hall 1985

[Hog 89]

Hogrefe, D.: Estelle, LOTOS und SDL: Standard-Spezifikationssprachen für verteilte Systeme. Berlin: Springer 1989

[HOS 97]

Hewitt, M., O'Halloran, C., Sennett, C.: Experiences with PiZA, an Animator for Z. In: Bowen, M. et al. (eds.): ZUM '97: The Z Formal Specification Notation. LNCS **1212**, Berlin: Springer 1997

[HP 88]

Hatley, D., Pirbhai, I.: Strategies for Real-Time System Specification. New York: Dorset House Publishing 1988. Deutsche Übersetzung: Hatley, D., Pirbhai, I.: Strategien für die Echtzeit-Programmierung. München: Hanser 1993

[HP 08]

Herrmann, A., Paech, B.: MOQARE: Misuse-Oriented Quality Requirements Engineering. Requirements Engineering **13**:1, 73-86 (2008)

[HR 02]

Hruschka, P., Rupp, C.: Agile Softwareentwicklung für Embedded Real-Time Systems mit der UML. München: Hanser 2002

[Huc 09]

Huckle, T.: Collection of Software Bugs.
http://www5.in.tum.de/~huckle/bugse.html (Zugriff am 12.8.09)

[Hud 71]

Hudson, M.: A Technique for Systems Analysis and Design. Journal of Systems Management **22**:5, 14-19 (1971)

[HWN 04]
Hill, R., Wang, J., Nahrstedt, K.: Quantifying Non-Functional Requirements: A Process-Oriented Approach. 12th Int. Conf. on Requirements Engineering (RE 04). Los Alamitos, Ca.: IEEE Computer Society Press 2004, pp. 352-353

[HWF 08]
Hood, C., Wiedemann, S., Fichtinger, S., Pautz, U.: Requirements Management. Berlin: Springer 2008

[IB 08]
Ilieva, M., Boley, H.: Representing Textual Requirements as Graphical Natural Language for UML Diagram Generation. Int. Conf. on Software Engineering and Knowledge Engineering. New York: ACM Press 2008

[IEE 77]
Special Collection on Requirement Analysis. IEEE Transactions on Software Engineering **3**:1 (1977)

[IEE 85]
IEEE Computer **18**:4 (1985)

[IEE 90]
IEEE Std. 610.12-1990: IEEE Standard Glossary of Software Engineering Terminology. IEEE 1990

[IEE 91]
IEEE Transactions on Software Engineering **17**:3 (1991)

[IEE 94]
IEEE Software March 1994

[IEE 96]
IEEE Software March 1996

[IEE 98a]
IEEE Std. 830-1998: IEEE Recommended Practice for Software Requirements Specifications. IEEE 1998

[IEE 98b]
IEEE Std. 1233-1998: IEEE Guide for Developing System Requirements Specifications. IEEE 1998

[IEE 98c]
IEEE Std. 1362-1998: IEEE Guide for Information Technology – System Definition – Concept of Operations (ConOps) Document. IEEE 1998

[Ili 07]
Ilić, D.: Deriving Formal Specifications from Informal Requirements. 31st Int. Computer Software and Applications Conf. (COMPSAC 2007). Los Alamitos, Ca.: IEEE Computer Society Press 2007, pp. 145-152

[INC 09]
INCOSE Requirements Management Tools Survey. http://www.paper-review.com/tools/rms/read.php (Zugriff am 15.5.09)

[IO 06]
Ilieva, M., Ormandjieva, O.: Models Derived from Automatically Analyzed Textual User Requirements. Proc. 4th Int. Conf. on Software Engineering Research, Management and Applications. Los Alamitos, Ca.: IEEE Computer Society Press 2006

[IRB 06]
Ingham, M., Rasmussen, R., Bennet, M., Moncada, A.: Generating Requirements for Complex Embedded Systems Using State Analysis. Acta Astronautica **58**:12, 646-661 (2006)

[IRP 80]
Einführung in das Entwurfsunterstützende Prozess-orientierte Spezifikationssystem EPOS 80. Institut für Regelungstechnik und Prozessautomatisierung, Universität Stuttgart 1980

[ISO 96]
Information Technology - Programming Languages, their Environments and System Software Interfaces - Vienna Development Method - Specification Language – Part 1: Base Language. ISO/IEC 13817-1:1996-12 und ISO/IEC 13817-1:1997-04-15

[ISO 02]
Information Technology – Z Formal Specification Notation – Syntax, Type System and Semantics. ISO/IEC 13568:2002-07

[ISO 05]
ISO/IEC 25000: Software-Engineering - Qualitätskriterien und Bewertung von Softwareprodukten (SQuaRE) - Leitfaden für SQuaRE. ISO 2005

[ist 09]
i*: An Agent-Oriented Modeling Framework.
http://www.cs.toronto.edu/km/istar (Zugriff am 30.6.09)

[ITU 92]
Specification and Description Language (SDL). Revised Recommendation Z.100. International Telecommunication Union 1992

[Jac 95]
Jackson, M.: Requirements and Specifications. Wokingham: Addison-Wesley 1995

[JCJ 92]
Jacobson, I., Christerson, M., Jonsson, P., Øvergaard, G.: Object-Oriented Software Engineering – A Use Case Driven Approach. Reading, Ma.: Addison-Wesley, 2nd Printing 1992

[JEF 08]
Jiang, L., Eberlein, A., Far, B., Mousavi, M.: A Methodology for the Selection of Requirements Engineering Techniques. Software and Systems Modeling **7**, 303-328 (2008)

[JF 89]
Jüttner, G., Feller, H.: Entscheidungstabellen und wissensbasierte Systeme. München: Oldenbourg 1989

[JFS 06]
Jureta, I., Faulkner, S., Schobbens, P.-Y.: A More Expressive Softgoal Conceptualization for Quality Requirements Analysis. In: Embley, D. et al. (eds.): Conceptual Modeling - ER 2006. LNCS **4215**, Berlin: Springer 2006, pp. 281-295

[JL 05]
Jönsson, P., Lindvall, M: Impact Analysis. In: [AW 05], pp.117-142

[JLW 07]
Jones, C., Liu, Z., Woodcock, J. (eds.): Formal Methods and Hybrid Real-Time Systems. Berlin: Springer 2007

[JM 86]
Jahanian, F., Mok, A.: Safety Analysis of Timing Properties in Real-Time Systems. IEEE Transactions on Software Engineering **12**:9, 890-904 (1986)

[JM 94]
Jahanian, F., Mok, A.: Modechart: A Specification Language for Real-Time Systems. IEEE Transactions on Software Engineering **20**:12, 933-947 (1994)

[JM 05]
Jones, S., Maiden, N.: RESCUE: An Integrated Environment for Specifying Requirements for Complex Sociotechnical Systems. In: [MS 05]: pp. 245-265

[JMS 07]
Juristo, N., Moreno, A., Sanchez-Segura, M.-I.: Guidelines for Eliciting Usability Functionalities. IEEE Transactions on Software Engineering **33**:11, 744-758 (2007)

[Jon 90]
Jones, C.: Systematic Software Development Using VDM. 2nd Edition. Hemel Hempstead: Prentice-Hall 1990

[Jør 07]
Jørgensen, J.: Executable Use Cases: a Supplement to Model-Driven Development? IEEE Int. Workshop on Model-Based Methodologies for Pervasive & Embedded Software (MOMPES 07). Los Alamitos, Ca.: IEEE Computer Society Press 2007

[JPB 08]
Johnson, T., Paredis, C., Burkhart, R.: Integrating Models and Simulations of Continuous Dynamics into SysML. Proc. 6th Int. Modelica Conf., Bielefeld, Germany 2008

[Jür 04]
Jürjens, J.: Secure Systems Development with UML. Berlin: Springer 2004

[Kah 98]
Kahlbrandt, B.: Software-Engineering. Objektorientierte Software-Entwicklung mit der Unified Modeling Language. Berlin: Springer 1998

[Kam 05]
Kamsties, E.: Understanding Ambiguity in Requirements Engineering. In: [AW 05], pp. 245-266

[KAO 09]
Goal-Driven Requirements Engineering: the KAOS Approach.
http://www.info.ucl.ac.be/research/projects/AVL/ReqEng.html
(Zugriff am 30.6.09)

[KB 06]
Kitapci, H., Boehm, B.: Using a Hybrid Method for Formalizing Informal Stakeholder Requirements Input. 4th Int. Workshop on Comparative Evaluation in Requirements Engineering (CERE 06). Los Alamitos, Ca.: IEEE Computer Society Press 2006, pp. 48-59

[KDP 05]
Kerkow, D., Dörr, J., Paech, B., Olsson, T., Koenig, T.: Elicitation and Documentation of Non-Functional Requirements for Sociotechnical Systems. In: [MS 05], pp. 284-302

[Kec 09]
Kecher, C.: UML 2. 3. Auflage. Bonn Galileo Press 2009

[KGL 06]
Konrad, S., Goldsby, H., Lopez, K., Cheng, B.: Visualizing Requirements in UML Models. IEEE Int. Workshop on Requirements Engineering Visualization (REV 06). Los Alamitos, Ca.: IEEE Computer Society Press 2006

[Kil 02]
Kilberth, K.: JSP: Einführung in die Methode des Jackson Structured Programming. 8. Auflage. Braunschweig: Vieweg 2001

[KK 08]
Kastens, U., Kleine Büning, H.: Modellierung: Grundlagen und formale Methoden. 2. Auflage. München: Hanser 2008

[KKK 08]
Kirova, V., Kirby, N., Kothari, D., Childress G.: Effective Requirements Traceability: Models, Tools, and Practices. Bell Labs Technical Journal 12:4, 143-158 (2008)

[KKL 05]
Kujala, S., Kauppinen, M., Lehtola, L., Kojo, T.: The Role of User Involvement in Requirements Quality and Project Success. 13th Int. Conf. on Requirements Engineering (RE 05). Los Alamitos, Ca.: IEEE Computer Society Press 2005, pp. 75-84

[KOD 07]
Kassab, M., Ormandjieva, O., Daneva, M.: Towards a Scope Management of Non-Functional Requirements in Requirements Engineering. Workshop on Measuring Requirements for Project and Product Success (MeReP), 2007

[Kof 07]
Kof, L.: Scenarios: Identifying Missing Objects and Actions by Means of Computational Linguistics. 15th Int. Conf. on Requirements Engineering (RE 05). Los Alamitos, Ca.: IEEE Computer Society Press 2007, pp. 121-130

[Koh 09]
Kohlmeyer, J.: Eine formale Semantik für die Verknüpfung von Verhaltensbeschreibungen in der UML 2. Dissertation, Fakultät für Ingenieurwissenschaften und Informatik, Universität Ulm 2009

[Kor 08]
Korff, A.: Modellierung von eingebetteten Systemen mit UML und SysML. Heidelberg: Spektrum 2008

[KP 02]
von Knethen, A., Paech, B.: A Survey on Tracing Approaches in Practice and Research. IESE-Report No. 095.01/E, Kaiserslautern: Fraunhofer IESE 2002

[KPR 87]
Kühnel, B., Partsch, H., Reinshagen, K.: Requirements Engineering – Versuch einer Begriffsklärung. Informatik-Spektrum 10:6, 334-335 (1987)

[KPS 97]
Kösters, G., Pagel, B.-U., Six, H.-W.: Software Engineering. Aufgaben und Lösungen. München: Oldenbourg 1997

[KPS 08]
Kim, J., Park, S., Sugumaran, V.: DRAMA: A Framework for Domain Requirements Analysis and Modeling Architectures in Software Product Lines. The Journal of Systems and Software **81**, 37-55 (2008)

[Krö 87]
Kröger, F.: Temporal Logic of Programs. Berlin: Springer 1987

[KS 00]
Kuusela, J., Savolainen, J.: Requirements Engineering for Product Families. Proc. Int. Conf. on Software Engineering 2000. Los Alamitos, Ca.: IEEE Computer Society Press 2000, pp. 61-69

[KS 04]
Kim, H., Sheldon, F.: Testing Software Requirements with Z and Statecharts Applied to an Embedded Control System. Software Quality Journal **12**:3, 231-264 (2004)

[KS 06a]
Kaiya, H., Saeki, M.: Using Domain Ontology as Domain Knowledge for Requirements Elicitation. 14th Int. Conf. on Requirements Engineering (RE 06). Los Alamitos, Ca.: IEEE Computer Society Press, 2006

[KS 06b]
Katasonov, A. Sakkinen, M.: Requirements Quality Control: A Unifying Framework. Requirements Engineering **11**:1, 42-57 (2006)

[KSM 07]
Kauppinen, M., Savolainen, J., Männistö, T.: Requirements Engineering as a Driver for Innovations. 15th Int. Conf. on Requirements Engineering (RE 07). Los Alamitos, Ca.: IEEE Computer Society Press 2007, pp. 15-20

[KT 07]
Kamata, M., Tamai, T.: How Does Requirements Quality Relate to Project Success or Failure? 15th Int. Conf. on Requirements Engineering (RE 07). Los Alamitos, Ca.: IEEE Computer Society Press 2007, pp. 69-78

[Kuj 05]
Kujala, S.: Linking User Needs and Use Case-Driven Requirements Engineering. In: Seffah, A. (ed.): Human-Centered Software Engineering – Integrating Usability in the Development Process. Berlin: Springer 2005

[KWB 03]
Kleppe, A., Warmer, J., Bat, W.: MDA Explained – The Model Driven Architecture: Practice and Promise. Boston: Addison-Wesley 2003

[KYY 08]
Kamata, M., Yoshida, A., Yoshida, H., Aoki, N.: Figure Out the Current Software Requirements Engineering. What Practitioners Expect to Requirements Engineering? Asia-Pacific Software Engineering Conf. (APSEC). Los Alamitos, Ca.: IEEE Computer Society Press 2008, pp. 89-96

[Lam 04]
van Lamsweerde, A.: Goal-Oriented Requirements Engineering: A Roundtrip from Research to Practice. 12th Int. Conf. on Requirements Engineering (RE 04). Los Alamitos, Ca.: IEEE Computer Society Press, 2004, pp. 4-7

[Lan 91]
Lano, K.: Z++, an Object-Oriented Extension to Z. In: Nicholls, J. (ed.): Z User Meeting, Oxford, UK. Workshops in Computing. Berlin: Springer 1991

[Lan 96]
Lano, K.: The B Language and Method: A Guide to Practical Formal Development. London: Springer, FACIT Series 1996

[Lar 02]
Larman, C.: Applying UML and Patterns. Upper Saddle River, NJ: Prentice-Hall 2002

[LCC 07]
Lu, C.-W., Chu, W., Chang, C.-H., Wang C.: A Model-Based Object-Oriented Approach to Requirements Engineering (MORE). IEEE Int. Computer Software and Applications Conference (COMPSAC 2007). Los Alamitos, Ca.: IEEE Computer Society Press 2007, pp. 153-156

[LCD 07]
Laurent, P., Cleland-Huang, J., Duan, C.: Towards Automated Requirements Triage. 15th Int. Conf. on Requirements Engineering (RE 07). Los Alamitos, Ca.: IEEE Computer Society Press 2007, pp. 131-140

[LD 06]
Lavazza, L., del Bianco, V.: Combining Problem Frames and UML in the Description of Software Requirements. In: Baresi, L., Heckel, R. (eds.): Int. Conf. on Fundamental Approaches to Software Engineering (FASE 06). LNCS **3922**, Berlin: Springer 2006, pp. 199-213

[LDP 05]
Li, K., Dewar, R., Pooley R.: Computer-Assisted and Customer-Oriented Requirements Elicitation. 13th Int. Conf. on Requirements Engineering (RE 05). Los Alamitos, Ca.: IEEE Computer Society Press 2005, pp. 479-480

[Lef 97]
Leffingwell, D.: Calculating the Return on Investment from More Effective Requirements Management. American Programmer **10**:4, 13-16 (1997)

[LF 82]
London, P., Feather, M.: Implementing Specification Freedoms. Science of Computer Programming **2**, 91-131 (1982)

[Lip 91]
Lippman, S.: The C++ Primer. Second Edition. Reading, Ma.: Addison-Wesley 1991

[LJ 07]
Lui, L., Jin, Z.: Requirements Analyses Integrating Goals and Problem Analysis Techniques. Tsinghua Science and Technology **12**:6, 729-740 (2007)

[LK 04]
Lavi, J., Kudish, J.: Systems Modeling & Requirements Specification Using ECSAM: A Method for Embedded and Computer-Based Systems Analysis. Proc. 11th IEEE Int. Conf. and Workshop on the Engineering of Computer-Based Systems (ECBS 04). Los Alamitos, Ca.: IEEE Computer Society Press 2004

[LKM 08]
Letier, E., Kramer, J., Magee, J., Uchiteel, S.: Deriving Event-Based Transition Systems from Goal-Oriented Requirements Models. Automated Software Engineering **15**, 175-206 (2008)

[LL 85]
Lauber, R., Lempp, P.: Integrierte Rechnerunterstützung für Entwicklung, Projektmanagement und Produktverwaltung mit EPOS. Elektronische Rechenanlagen **27**:2, 68-74 (1985)

[LL 07]
Ludewig, J., Lichter, H.: Software Engineering – Grundlagen, Menschen, Prozesse, Techniken. Heidelberg: dpunkt 2007

[LSE 04]
Liu, D., Subramaniam, K., Eberlein, A., Far, B.: Natural Language Requirement Analysis and Class Model Generation Using UCDA. In: Orchard, R. et al. (eds.): IEA/AIE 2004. LNAI **3029**, Berlin: Springer 2004, pp. 295-304

[Lun 82]
Lundeberg, M.: The ISAC Approach to Specification of Information Systems and its Application to the Organization of an IFIP Working Conference. In: Olle, T. et al. (eds.): Information Systems Design Methodologies: A Comparative Review. Amsterdam: North-Holland 1982, pp. 173-234

[LWE 01]
Lawrence, B., Wiegers, K., Ebert, C.: The Top Risks of Requirements Engineering. IEEE Software **18**:6, 62-63 (2001)

[MAA 08]
Meziane, F., Athanasakis, N., Ananiadou, S.: Generating Natural Language Specifications from UML Class Diagrams. Requirements Engineering **13**, 1–18 (2008)

[Mai 05]
Maiden, N.: What has Requirements Research Ever Done for Us? IEEE Software **22**:4, 104-105 (2005)

[Mai 06]
Maiden, N.: Improve Your Requirements: Quantify Them. IEEE Software, **23**:6, 68-69 (2006)

[Mai 08]
Maiden, N.: User Requirements and System Requirements. IEEE Software **25**:2, 90-91, (2008)

[Mau 09]
The Maude System. http://maude.cs.uiuc.edu (Zugriff am 28.1.09)

[McD 93]

McDermid, J.: Software Engineer's Reference Book. Oxford: Butterworth-Heinemann 1993

[MH 07]

Matulevicius, R., Heymans, P.: Comparing Goal Modelling Languages: an Experiment. In: Sawyer, P. et al. (eds.): Int. Working Conf. on Requirements Engineering: Foundations for Software Quality (REFSQ 07). LNCS **4542**, Berlin: Springer 2007, pp. 18-32

[Mic 09]

Michigan Interpreter. ftp://www.eecs.umich.edu/groups/gasm/interp2.tar.gz (source code archive) (Zugriff am 15.2.09)

[Mil 56]

Miller, G.: The Magical Number Seven, Plus or Minus Two: Some Limits on our Capacity for Processing Information. The Psychological Review **63**:2, 81-97 (1956)

[Mil 06]

Miller, S.: Proving the Shalls: Requirements, Proofs, and Model-Based Development. 14th Int. Conf. on Requirements Engineering (RE 06). Los Alamitos, Ca.: IEEE Computer Society Press 2006

[MJF 03]

Maiden, N., Jones, S., Flynn, M: Integrating RE Methods to Support Use Case Based Requirements Specification. 11th IEEE Int. Conf. on Requirements Engineering (RE 03). Los Alamitos, Ca.: IEEE Computer Society Press 2003, pp. 369-370

[MLC 96]

Malan, R., Letsinger, R., Coleman, D.: Object-Orientied Development at Work – Fusion in the Real World. Upper Saddle River, NJ: Prentice-Hall 1996

[MP 92]

Manna, Z., Pnueli, A.: The Temporal Logic of Reactive and Concurrent Systems. Vol.1: Specification. New York: Springer 1992

[MP 95]

Manna, Z., Pnueli, A.: The Temporal Logic of Reactive and Concurrent Systems. Vol.2: Safety Properties. New York: Springer 1995

[MR 05]

Maiden, N., Robertson, S.: Developing Use Cases and Scenarios in the Requirements Process. IEEE Int. Conf. on Software Engineering (ICSE 05). Los Alamitos, Ca.: IEEE Computer Society Press 2005, pp. 561-570

[MS 96]

Meisel, I., Saaltink, M.: The Z/EVES Reference Manual. Technical Report TR-96-5493-03b, ORA Canada 1996

[MS 05]

Maté, J., Silva, A.: Requirements Engineering for Sociotechnical Systems. Hershey, PA: Information Science Publishing 2005

[MSJ 96]
Mok, A., Stuart, D., Jahanian, F.: Specification and Analysis of Real-Time Systems: Modechart Language and Toolset. In: Heitmeyer, C., Mandrioli, D. (eds.): Formal Methods for Real-Time Computing. Chichester: Wiley & Sons 1996

[MTW 06]
Miller, S., Tribble, A., Whalen, M., Heimdahl, M.: Proving the Shalls: Early Validation of Requirements Through Formal Models. Int. Journal on Software Tools for Technology Transfer **8**:4/5, 303-319 (2006)

[Mus 08]
Mussbacher, G.: Aspect Oriented User Requirements Notation: Aspects in Goal and Scenario Models. In: Giese, H. (ed.): MoDELS 2007 Workshops. LNCS **5002**, Berlin: Springer 2008, pp. 305-316

[MW 08]
Mindock, J., Watney, G.: Integrating System and Software Engineering Through Modeling. IEEE Aerospace Conf., Los Alamitos, Ca.: IEEE Computer Society Press 2008

[NAD 03]
Niu, J., Atlee, J., Day, N.: Understanding and Comparing Model-Based Specification Notations. 11th Int. Conf. on Requirements Engineering (RE 03). Los Alamitos, Ca.: IEEE Computer Society Press 2003, pp. 188-199

[NB 02]
Nobe, C., Bingle, M.: Modellbasierte Entwicklung: Fünf von Boeing eingesetzte Prozesse. Sonderdruck OnTime, Combitech Systems AB, 2002, pp. 6-11

[NE 08]
Niu, N., Easterbrook, S.: Extracting and Modeling Product Line Functional Requirements. 16th Int. Conf. on Requirements Engineering (RE 08). Los Alamitos, Ca.: IEEE Computer Society Press 2008, pp.155-164

[NEY 07]
Niu, N., Easterbrook, S., Yu, Y.: A Taxonomy of Asymmetric Requirements Aspects. In: Moreira, A., Grundy, J. (eds.): Int. Workshop on Early Aspects. LNCS **4765**, Berlin: Springer 2007, pp. 1-18

[NL 03]
Neill, C., Laplante, P.: Requirements Engineering: The State of the Practice. IEEE Software **20**, 40-45 (2003)

[NR 68]
Naur, P., Randell, B. (eds.): Software Engineering. Report on a Conference. Garmisch, Germany, 1968. Brussels: NATO Scientific Affairs Division 1969

[NTH 07]
Nakagawa, H., Taguchi, K., Honiden, S.: Formal Specification Generator for KAOS – Model Transformation Approach to Generate Formal Specifications from KAOS Requirements Models. Int. Conf. on Automated Software Engineering (ASE 07). Berlin: Springer 2007, pp. 531-532

[OCL 09]
OMG: OCL. http://www.omg.org/spec/OCL/2.0/PDF/ (Zugriff am 9.3.09)

[Oes 06]
  Oestereich, B.: Analyse und Design mit UML 2.1. Objektorientierte Software-entwicklung. 8. Auflage. München: Oldenbourg 2006

[OMG 09a]
  OMG: UML-Infrastructure Specification.
  http://www.omg.org/spec/UML/2.2/Infrastructure/PDF (Zugriff am 20.11.09)

[OMG 09b]
  OMG: UML-Superstructure Specification.
  http://www.omg.org/spec/UML/2.2/Superstructure/PDF (Zugriff am 20.11.09)

[OP 06]
  Ontua, M., Pancho-Festin, S.: Evaluation of the Unified Modeling Language for Security Requirements Analysis. In: Song, J. et al. (eds.): Int. Workshop on Information Security Applications (WISA 2005). LNCS **3786**, Berlin: Springer 2006

[PA 06]
  Pfleeger, S., Atlee, J.: Software Engineering – Theory and Practice. 3rd Edition. Upper Saddle River, NJ: Pearson Prentice Hall 2006

[Pad 06]
  Padberg, J.: Regelbasierte Verfeinerung von Petrinetz-Modulen. 9. Fachtagung Entwurf komplexer Automatisierungssysteme (EKA 06) 2006

[Par 90]
  Partsch, H.: Specification and Transformation of Programs. Berlin: Springer 1990

[Par 91]
  Partsch, H.: Requirements Engineering. München: Oldenbourg 1991

[Par 93]
  Partsch, H.: Formal Problem Specification on an Algebraic Basis. In: Möller, B. et al. (eds.): Formal Program Development. LNCS **755**, Berlin: Springer 1993, pp. 183-224

[Pet 62]
  Petri, C.A.: Kommunikation mit Automaten. Dissertation, Institut für Instru-mentelle Mathematik, Universität Bonn 1962

[PG 08]
  Pacheco, C., Garcia, I.: Stakeholder Identification Methods in Software Requirements: Empirical Findings Derived from a Systematic Review. 3rd Int. Conf. on Software Engineering Advances. Los Alamitos, Ca.: IEEE Computer Society Press 2008, pp. 472-477

[Pin 04]
  Pinheiro, F.: Requirements Traceability. In: [SD 04], pp. 91-113

[PK 04]
  Paech, B., Kerkow, D.: Non-Functional Requirements Engineering – Quality is Essential. 10th Int. Workshop on Requirements Engineering: Foundations for Software Quality (REFSQ 04) 2004

[PKB 05]
  Paech, B., Koenig, T., Borner, L., Aurum, A.: An Analysis of Empirical Requirements Engineering Survey Data. In: [AW 05], pp. 427-452

[PNT 08]
Petri Nets Tools Database Quick Overview.
http://www.informatik.uni-hamburg.de/TGI/PetriNets/tools/quick.html (Zugriff
am 21.1.09)

[Poh 07]
Pohl, K.: Requirements Engineering. Grundlagen. Prinzipien, Techniken.
Heidelberg: dpunkt 2007

[Poo 74]
Pooch, U.: Translation of Decision Tables. ACM Computing Surveys **6**:2, 125-
151 (1974)

[PP 06]
Penczek, W., Pólrola, A.: Advances in Verification of Time Petri Nets and
Timed Automata. Berlin: Springer 2006

[PR 09]
Pohl, K., Rupp, C.: Basiswissen Requirements Engineering. Heidelberg: dpunkt
2009

[Pre 05]
Pressman, R.S.: Software Engineering: A Practitioners Approach. 6th Edition.
New York: McGraw-Hill 2005

[Pro 09]
ProofPower. http://www.lemma-one.com/ProofPower/index
(Zugriff am 15.2.09)

[PS 94]
Pagel, B.-U., Six, H.-W.: Software Engineering. Band 1: Die Phasen der Softwareentwicklung. Bonn: Addison-Wesley 1994

[pte 06]
http://pressetext.de/news/060126030/europaweit-150-milliarden-euro-schaden-
durch-fehlerhafte-software/ (Zugriff am 12.8.09)

[PW 08]
Priese, L., Wimmel, H.: Petri Netze. Berlin: Springer 2008

[Raa 93]
Raasch, J.: Systementwicklung mit strukturierten Methoden. 3. Auflage. München: Hanser 1993

[Ras 09]
Raschke, A.: Zur automatischen Verifikation von UML 2 Aktivitätsdiagram-
men. Dissertation, Fakultät für Ingenieurwissenschaften und Informatik,
Universität Ulm 2009

[RB 05]
Regnell, B., Brinkkemper, S.: Market-Driven Requirements Engineering for
Software Products. In: [AW 05], pp. 287-308

[RBP 91]
Rumbaugh, J., Blaha, M., Premerlani, W., Eddy, F., Lorensen, W.: Object-
Oriented Modeling and Design. Englewood Cliffs, NJ: Prentice-Hall 1991.
Deutsche Übersetzung: Objektorientiertes Modellieren und Entwerfen.
München: Hanser 1993

[RBS 09]
Rainer, A., Beecham, S., Sanderson, C.: An Assessment of Published Evaluations of Requirements Management Tools. Proc. 13th Int. Conf. on Evaluation and Assessment in Software Engineering (EASE) 2009

[Rei 86a]
Reisig, W.: Anforderungsbeschreibung und Systementwurf mit Petri-Netzen. Handbuch der Modernen Datenverarbeitung, Heft 130, 81-96 (1986)

[Rei 86b]
Reisig, W.: Embedded System Description Using Petri Nets. In: Kündig, A. et al. (eds.): Embedded Systems. LNCS **284**, Berlin: Springer 1986, pp. 18-62

[Rei 90]
Reisig, W.: Petrinetze - Eine Einführung. 3. Auflage. Berlin: Springer 1990

[Rei 09]
Reisig, W.: Petrinetze - Modellierungstechnik, Analysemethoden, Fallstudien. http://www2.informatik.hu-berlin.de/top/pnene_buch/index.php (Zugriff am 5.2.09)

[RHS 06]
Refsdal, A., Husa, K., Stølen, K.: Specification and Refinement of Soft Real-Time Requirements Using Sequence Diagrams. In: Petterson, P., Yi, W. (eds.): Int. Conf. on Formal Modeling and Analysis of Timed Systems (FORMATS 2005). LNCS **3829**, Berlin: Springer, 2006, pp. 32-48

[RJC 01]
Rosa, N., Justo, G., Cinha, P.: A Framework for Building Non-Functional Software Architectures. Proc. ACM Symp. on Applied Computing (SAC) 2001. New York: ACM Press 2001, pp. 141-147

[Roc 70]
Rockart, J.: Model-Based Systems Analysis: A Methodology and Case Study. Industrial Management Review **11**:2, 1-14 (1970)

[Rod 09]
RODIN Rigorous Open Development Environment for Complex Systems. http://rodin.cs.ncl.ac.uk/publications.htm (Zugriff am 21.1.09)

[Ros 77]
Ross, D.T.: Structured Analysis (SA): A Language for Communicating Ideas. In: [IEE 77], 16-34

[Ros 85]
Ross, D.T.: Applications and Extensions of SADT. In: [IEE 85], pp. 25-34

[RP 88]
Rheinische Post, Nr. 155, 7. Juli 1988

[RP 97]
Rechenberg, P., Pomberger, G. (Hrsg.): Informatik-Handbuch. München: Hanser 1997

[RR 87]
Reed, G., Roscoe, A.: A Timed Model for Communicating Sequential Processes. In: Proc. ICALP '86. LNCS **226**, Berlin: Springer 1987, pp. 314-323

[RR 06]
Robertson, S., Robertson, J.: Mastering the Requirements Process. 2nd edition. Upper Saddle River, NJ: Addison-Wesley 2006

[RQZ 07]
Rupp, C., Queins, S., Zengler, B.: UML 2 Glasklar. 3. Auflage. München: Hanser 2007

[RS 77]
Ross, D., Schoman, K.: Structured Analysis for Requirements Definition. In: [IEE 77], pp. 6-15

[RS 05]
Rolland, C., Salesini, C.: Modeling Goals and Reasoning with Them. In: [AW 05], pp. 189-217

[RS 07]
Rupp. C., SOPHISTen: Requirements-Engineering und Management. 4. Auflage. München: Hanser 2007

[RTS 09]
Real-Time Systems Group. http://www.cs.utexas.edu/users/mok/RTS (Zugriff am 28.2.09)

[Rum 95a]
Rumbaugh, J.: OMT: The Object Model. Journal of Object-Oriented Programming 7:8, 21-27 (1995)

[Rum 95b]
Rumbaugh, J.: OMT: The Dynamic Model. Journal of Object-Oriented Programming 7:9, 6-12 (1995)

[Rum 95c]
Rumbaugh, J.: OMT: The Functional Model. Journal of Object-Oriented Programming 8:1, 10-14 (1995)

[Saa 97]
Saaltink, M.: The Z/EVES System. In: Bowen, M. et al. (eds.): ZUM '97: The Z Formal Specification Notation. LNCS 1212, Berlin: Springer 1997

[Say 90]
Sayani, H.H.: PSL/PSA at the Age of Fifteen. In: [TD 90], pp. 403-417

[Sch 95]
Schwarze, J.: Systementwicklung. Herne: Verlag Neue Wissenschaftsbriefe 1995

[Sch 97]
Schneider, H.-J.: Lexikon Informatik und Datenverarbeitung. 4., aktualisierte und erweiterte Auflage. München: Oldenbourg 1997

[Sch 01]
Schneider, S.: The B-Method: An Introduction. Palgrave, Cornerstones of Computing series 2001.

[Sch 02]
Schienmann, B.: Kontinuierliches Anforderungsmanagement – Prozesse, Techniken, Werkzeuge. München: Addison-Wesley 2002

[Sch 05]
Schindel, W.: Requirements Statements Are Transfer Functions: An Insight from Model-based Systems Engineering. 15th Annual Int. Symp. on Systems Engineering. Seattle, Washington: Int. Council on Systems Engineering 2005

[SD 04]
Sampaio do Prado Leite, J., Doorn: J.: Perspectives on Software Requirements. Dordrecht: Kluwer Academic Publishers 2004

[SDB 04]
Shoval, P., Danoch, R., Balabam, M.: Hierarchical Entity-Relationship Diagrams: The Model, Method of Creation, and Experimental Evaluation. Requirements Engineering **9**, 217-228 (2004)

[SEJ 96]
Software Engineering Journal Jan. 1996

[SH 08]
Smith, M., Havelund, K.: Requirements Capture with RCAT. 16th Int. Conf. on Requirements Engineering (RE 08). Los Alamitos, Ca.: IEEE Computer Society Press 2008, pp. 183-192

[Sha 80]
Shaw, A.: Software Specification Languages Based on Regular Expressions. In: Riddle, W., Fairley, R. (eds.): Software Development Tools. Berlin: Springer 1980 , pp. 148-175

[SHT 06]
Schobbens, P.-Y., Heymans, P., Trigaux, J.-C.: Feature Diagrams: A Survey and a Formal Semantics. 14th Int. Conf. on Requirements Engineering (RE 06). Los Alamitos, Ca.: IEEE Computer Society Press 2006

[SKS 07]
Shibaoka, M., Kaiya, H., Saeki, M.: GOORE : Goal-Oriented and Ontology Driven Requirements Elicitation Method. In: Hainaut, J.-L. et al. (eds.): Advances in Conceptual Modeling - Theory and Practice (ER Workshops 2007). LNCS **4802**, Berlin: Springer 2007, pp. 225-234

[SM 85]
Sievert, G., Mizell, T.: Specification-Based Software Engineering with TAGS. In: [IEE 85], pp. 65-65

[Smi 99]
Smith, G.: The Object-Z Specification Language. Series: Advances in Formal Methods, Vol. 1. Springer US 1999

[SNL 07]
Sabetzadeh, M., Nejati, S., Liaskos, S., Easterbrook, S., Chechik, M.: Consistency Checking of Conceptual Models via Model Merging. 15th Int. Conf. on Requirements Engineering (RE 07). Los Alamitos, Ca.: IEEE Computer Society Press 2007, pp. 221-230

[Som 04]
Sommerville, I.: Software Engineering. 7th edition. Harlow: Pearson Education Limited 2004

[Som 05]
Sommerville, I.: Integrated Requirements Engineering: A Tutorial. IEEE Software **22**:1, 16-23 (2005)

[Som 07]
Sommerville, I.: Software Engineering. 8. Auflage. München: Pearson Studium 2007

[Spi 92]
Spivey, J.: The Z Notation. A Reference Manual. 2nd Edition. New York: Prentice-Hall 1992

[SR 05]
Sommerville, I., Ransom, J.: An Empirical Study of Industrial Requirements Engineering Process Assessment and Improvement. ACM Transactions on Software Engineering and Methodology **14**:1, 85-117 (2005)

[SSB 01]
Stärk, R., Schmid, J., Börger, E.: Java and the Java Virtual Machine: Definition, Verification, Validation. Berlin: Springer 2001

[SSV 06]
Sukumaran, A., Sreenivas, A., Venkatesh, R.: A Rigorous Approach to Requirements Validation. 4th Int. Conf. on Software Engineering and Formal Methods (SEFM 06). Los Alamitos, Ca.: IEEE Computer Society Press 2006, pp. 236-245

[Sta 73]
Stachowiak, H.: Allgemeine Modelltheorie: Wien: Springer 1993

[Sta 09]
Standish Group: Chaos Reports und diverse Pressmeldungen. http://www.standishgroup.com/newsroom/chaos_2009.php (Zugriff am 25.8.09)

[Ste 94]
Stein, W.: Objektorientierte Analysemethoden. Vergleich, Bewertung, Auswahl. Mannheim: BI 1994

[Ste 06]
Steeger, O.: „Hidden Champions": Was unterscheidet Spitzenprojekte von Millionenpleiten? Projektmanagement **3**, 3-11 (2006)

[Stö 05]
Störrle, H.: UML 2 für Studenten. München: Pearson 2005

[Str 77]
Strunz, H.: Entscheidungstabellentechnik. München: Hanser 1977

[Sut 02]
Sutcliffe, A.: User-Centred Requirements Engineering- London: Springer 2002

[Sut 03]
Sutcliffe, A.: Scenario-Based Requirements Engineering. 11th Int. Conf. on Requirements Engineering (RE 03). Los Alamitos, Ca.: IEEE Computer Society Press 2003, pp. 320-329

[Swa 82]

Swartout, W.: GIST English Generator. Proc. of Amer. Assoc. for Artificial Intelligence 82, Pittsburgh, Pa., August 1982, pp. 404-409

[Swa 83]

Swartout, B.: The GIST Behavior Explainer. Proc. of the 1983 Nat. Conf. on Artificial Intelligence. Washington, D.C.: AAAI 1983, pp. 402-407

[SWE 04]

„SWEBOK": Guide to the Software Engineering Body of Knowledge (SWEBOK). http://www2.computer.org/portal/web/swebok/htmlformat (Zugriff am 25.6.09)

[Sys 08]

OMG Systems Modeling Language (OMG SysML™). Version 1.1. http://www.omg.org/spec/SysML/1.1 (Zugriff am 15.7.09)

[TA 06]

Taleghani, A., Atlee, J.: Semantic Variations Among UML StateMachines. In: Nierstrasz, O. et al. (eds.): MoDELS 2006. LNCS **4199**, Berlin: Springer 2006, pp. 245-259

[TAS 09]

TASM: The Timed Abstract State Machine (TASM) Language and Toolset. http://esl.mit.edu/tasm (Zugriff am 15.2.09)

[TD 90]

Thayer, H., Dorfman, M.: Software Requirements Engineering. Los Alamitos, Ca.: IEEE Computer Society Press 1990

[TD 97]

Thayer, H., Dorfman, M.: Software Requirements Engineering. 2nd Edition. Los Alamitos, Ca.: IEEE Computer Society Press 1997

[Tei 72]

Teichroew, D.: A Survey of Languages for Stating Requirements for Computer-Based Information Systems. Fall Joint Computer Conf., 1972

[TH 77]

Teichroew, D., Hershey, E.: PSL/PSA: A Computer-Aided Technique for Structured Documentation and Analysis of Information Processing Systems. In: [IEE 77], 41-48

[Tro 08]

Troubitsyna, E.: Elicitation and Specification of Safety Requirements. 3rd Int. Conf. on Systems, Los Alamitos, Ca.: IEEE Computer Society Press 2008, pp. 202-207

[Tro 09]

Tropos: Requirements-Driven Development for Agent Software. http://www.troposproject.org (Zugriff am 30.6.09)

[TT 05]

Tonu, S., Tahvildari, L.: Towards a Framework to Incorporate NFRs into UML Models. IEEE WCRE Workshop on Reverse Engineering to Requirements (RETR). Los Alamitos, Ca.: IEEE Computer Society Press 2005, pp. 13-18

[TWY 92]
Tsai, J., Waigert, T., Young: FRORL: A Hybrid Knowledge Representation as a Basis of Requirement Specification and Specification Analysis. IEEE Transactions on Software Engineering **18**:8 (1992)

[UTJ 09]
UML-Werkzeuge. http://www.jeckle.de/umltools.htm (Zugriff am 15.5.09)

[UTO 09]
UML-Werkzeuge.
http://www.objectsbydesign.com/tools/umltools_byCompany.html
(Zugriff am 15.5.09)

[UW 09a]
OMG UML Vendor Directory Listing.
http://uml-directory.omg.org/vendor/list.htm (Zugriff am 9.12.2009)

[UW 09b]
Freie (nicht-kommerzielle) UML-Werkzeuge.
http://en.wikipedia.org/wiki/List_of_UML_tools (Zugriff am 15.5.09)

[VDI 01]
VDI-Richtlinie VDI 2519 Blatt 1: Vorgehensweise bei der Erstellung von Lasten-/Pflichtenheften. VDI 2001

[VDI 08]
VDI-Richtlinie VDI 3694: Lastenheft/Pflichtenheft für den Einsatz von Automatisierungssystemen. VDI 2008

[VDM 09a]
VDMTools. http://www.vdmtools.jp/en (Zugriff am 15.2.09)

[VDM 09b]
Informationen zu VDM.
http://www.vdmportal.org/twiki/bin/view (Zugriff am 15.2.09)

[VDM 09c]
VDM++ Bibliography.
http://liinwww.ira.uka.de/bibliography/SE/vdm.plus.plus.html
(Zugriff am 28.1.09)

[Vei 95]
Veigel, U.: Die Aussagekraft von Experimenten oder „Sind Flussdiagramme besser als Pseudocode". In: Bär, D. et al.: Experimentelle Methoden in der Informatik. Bericht 38/95, Institut für Programmstrukturen und Datenorganisation, Universität Karlsruhe 1995

[Vin 08]
Vincent, M.: Communicating Requirements for Business: UML or Problem Frames? Int. Workshop on Applications and Advances of Problem Frames, Leipzig, May 2008. New York: ACM Press 2008, pp. 16-22

[VK 08]
Verma, K., Kass, A.: Requirements Analysis Tool: A Tool for Automatically Analyzing Software Requirements Documents. Int. Conf. on Semantic Web (ISWC). In: Sheth, A. et al. (eds.): ISWC 2008. LNCS **5318**, Berlin: Springer 2008, pp. 751-763

[VXT 09]

V-Modell-XT-Gesamt-Deutsch-V1.3.
http://ftp.tu-clausthal.de/pub/institute/informatik/v-modell-xt/releases   (Zugriff
am 14.7.09)

[War 84]

Ward, P.: System Development without Pain. New York: Yourdon Press 1984

[WB 05]

Whitten, J., Bentley, L.: Systems Analysis and Design Methods. 7th Edition.
New York: McGraw Hill 2005

[Wei 06]

Weilkiens, T.: Systems Engineering mit SysML/UML. Heidelberg: dpunkt
2006

[Wie 96]

Wieringa, R.: Requirements Engineering – Frameworks for Understanding.
Cichester: Wiley & Sons 1996

[Wie 98]

Wieringa, R.: A Survey of Structured and Object-Oriented Software
Specification Methods and Techniques. ACM Computing Surveys **30**:4, 459-
527 (1998)

[Wie 03]

Wiegers, K.: Software Requirements. 2nd edition. Redmond, Washington:
Microsoft Press 2003

[Wie 04]

Wieringa, R.: Requirements Engineering: Problem Analysis and Solution
Specification (Extended Abstract). In: Koch, N. et al. (eds.): ICWE 2004.
LNCS **3140**, Berlin: Springer, 2004, pp. 13-16

[Wij 92]

Wijshoff, F.: Towards an Algebraic Specification of Microsoft Word. Diplom-
arbeit, Universität Nijmegen 1992

[Wil 06]

Wild, D.: AutoFOCUS 2 – Das Bilderbuch. Technischer Bericht TUM-I0610,
Technische Universität München 2006

[Win 07]

Winkler, S.: Information Flow Between Requirement Artifacts: Results of an
Empirical Study. In: Sawyer, P. et al. (eds.): Int. Working Conf. on Requirements Engineering: Foundations for Software Quality (REFSQ 07). LNCS
4542, Berlin: Springer 2007, pp. 232-246

[WM 85]

Ward, P., Mellor, S.: Structured Development for Real-Time Systems.
Englewood Cliffs, NJ: Yourdon Press 1985

[Wor 96]

Wordsworth, J.: Software Engineering with B. Addison Wesley Longman, 1996

[WoT 09]

WoTUG – User Group for CSP. http://www.wotug.org (Zugriff am 5.2.09)

[WSG 86]
Winter, D., Scheschonk, G., Gier, K.: ISAC – ein System zur Unterstützung der Systembeschreibung und der Systemanalyse. Handbuch der Modernen Datenverarbeitung, Heft 130, 97-106 (1986)
[WW 03]
Weber, M., Weisbrod, J.: Requirements Engineering in Automotive Development – Experiences and Challanges. IEEE Software **20**:1 (2003)
[WW 07]
Wang, C.-H., Wang, F.-J.: An Object-Oriented Modular Petri Nets for Modeling Service Oriented Applications. IEEE Int. Workshop on Requirements Engineering for Services. 31st Int. Computer Software and Applications Conf. (COMPSAC 2007). Los Alamitos, Ca.: IEEE Computer Society Press 2007, pp. 479-484
[WWW 96]
Ariane 5 – Flight 501 Failure.
http://www.erin.esa.it/htdocs/tie/Press/Press96/ariane5rep.html
(Zugriff am 20.6.98)
[XAS 09]
XASM: The Open Source ASM Language. http://www.xasm.org (Zugriff am 15.2.09)
[YC 79]
Yourdon, E., Constantine, L.: Structured Design: Fundamentals of a Discipline of Computer Program and System Design. Englewood Cliffs, NJ: Prentice-Hall 1979
[You 89]
Yourdon, E.: Modern Structured Analysis. Englewood Cliffs, NJ: Yourdan Press 1989
[YSE 93]
York Software Engineering: The CADiZ User Guide. YSE Report, July 1993
[Zav 82]
Zave, P.: An Operational Approach to Requirements Specification for Embedded Systems. IEEE Transactions on Software Engineering **8**:3, 250-269 (1982)
[Zav 91]
Zave, P.: An Insider's Evaluation of Paisley. IEEE Transactions on Software Engineering **17**:3, 212-225 (1991)
[ZB 98]
Z-Bibliography (bis 1998). http://archive.comlab.ox.ac.uk/z/bib.html (Zugriff am 15.2.09)
[ZC 05]
Zowghi, D., Coulin, C.: Requirements Elicitation: A Survey of Techniques, Approaches, and Tools. In: [AW 05], pp. 19-46
[2CV 09]
Citroën 2CV. http://de.wikipedia.org/wiki/Citroën_2CV (Zugriff am 28.7.09)

Index

Die Indexeinträge sind für zusammengesetzte Stichworte nach dem Hauptbegriff geordnet. Ausgenommen sind dabei englische Zusammensetzungen sowie einige feststehende Begriffe. Fettgedruckte Seitenzahlen verweisen auf die Erklärung eines Begriffs oder dessen detaillierte Behandlung. Normalgesetzte Seitenzahlen werden für Erwähnungen an anderer Stelle verwendet. Kursivgesetzte Seitenzahlen geben jeweils die erste von mehreren aufeinanderfolgenden Seiten an.